Dictionnaire de la colonisation française

Dans la même collection

Dictionnaire de la gauche

sous la direction d'Hélène Hatzfeld, Julian Mischi et Henri Rey

Dictionnaire de l'extrême gauche

Serge Cosseron

Dictionnaire de la droite

sous la direction de Xavier Jardin

Dictionnaire de l'extrême droite

sous la direction d'Erwan Lecœur

Photo de couverture : © Juan Manuel Castro Prieto/Agence Vu
Conception graphique : François Junot

ISBN : 978-2-03-583343-3

Depôt légal : mars 2007

Claude Liauzu

Dictionnaire de la colonisation française

en collaboration avec le Comité scientifique composé de
Hélène d'Almeida-Topor, Pierre Brocheux,
Myriam Cottias et Jean-Marc Regnault

LAROUSSE à présent

Les auteurs et leurs contributions

Raberh **Achi** est professeur agrégé en Sciences sociales, doctorant en Science politique à l'IEP d'Aix-en-Provence • Ben Badis ; confréries musulmanes ; franc-maçonnerie ; habous ; loi de séparation de 1905 ; marabout ; oulémas d'Algérie ; pélerinage

Hélène d'**Almeida-Topor** est professeure émérite Paris-I/CEMAF • **Afrique noire ;** Amazone(s) ; Béhanzin ; chef ; chefferie ; compagnies concessionnaires ou « compagnies à charte » ; cuisine ; fêtes ; industrialisation ; Kouyate ; littérature d'Afrique noire ; parlementaires africains sous la IVe République ; Sékou Touré ; **urbanisation** (Afrique noire)

Frédéric **Angleviel** est professeur en Histoire contemporaine à l'université de la Nouvelle-Calédonie • caldoche ; Kanak ; religions océaniennes ; Wallis-et-Futuna

Michel **Bailleul** est docteur en Histoire d'Outre-mer • les Marquises

Louis-José **Barbançon** est docteur en Histoire • **Bagne et déportation** ; colonisation pénale

Habib **Belaïd** est chercheur à l'Institut supérieur d'histoire du mouvement national, université de la Manouba (Tunis) • scoutisme ; sport

Michel **Beniamino** est professeur, université de Limoges • langue française et francophonie ; Le Clézio ; littérature coloniale ; Loti ; petit-nègre

Leila **Blili** est professeur, université de Tunis • Bourguiba ; jeune fille ; **le Maghreb à la veille de la colonisation ; Tunisie**

Hubert **Bonin** est professeur à l'Institut d'études politiques de Bordeaux (UMR Gretha-Université Montesquieu-Bordeaux IV) • banques et outre-mer (Intro, Les banques d'affaires, Le système bancaire) ; Bordeaux ; chambres de commerce ; Charles-Roux ; compagnies de navigation ; conférences économiques ; douanes ; huileries ; investissements ; lobby colonial ; Marseille (Le port colonial) ; monnaie outre-mer ; plan ; planification ; préférence impériale ; Suez

Anissa **Bouayed** est historienne • guerre d'Algérie et peinture

Raphaëlle **Branche** est maîtresse de conférences en Histoire contemporaine, université de Paris-I • bataille d'Alger ; Bigeard ; guérilla ; guerre d'Algérie et cinéma ; guerre d'Algérie et contingent ; guerre d'Algérie et torture ; guerre d'Algérie et viols ; Vidal-Naquet

Pierre **Brocheux** est historien ; université Paris-VII-Denis-Diderot • alcool ; banques et outre-mer (La Banque de l'Indochine) ; bouddhisme et confucianisme ; Bui Quang Chieu ; Cambodge ; Caodaïsme ; les Cinq Dragons ; congai ; Duy Tan ; **femmes** ; hévéaculture, Hoa Hao ; Hô Chi Minh ; **Indochine à la veille de la colonisation** ; Indochine : édition et littérature ; monnaie outre-mer (La piastre indochinoise) ; Ngo Dinh Diem ; nha que ; Norodom Sihanouk ; quôc-ngu ; **Urbanisation** (Indochine) ; Viêt-minh

Noëlline **Castagnez** est maître de conférences d'Histoire, IUFM de Versailles • Colonies (ministère des), Gambetta, Groupe colonial et des affaires extérieures

Évelyne **Cohen** est maître de conférences en Histoire contemporaine à l'université Paris-VII- Denis-Diderot • **guerre d'Algérie, une guerre de l'information** (Les « événements » d'Algérie et la télévision française)

Yvan **Combeau** est professeur d'Histoire contemporaine à l'université de La Réunion • Réunion (départementalisation de La)

André-Paul **Comor** est maître de conférences d'Histoire à l'Institut d'études politiques d'Aix-en-Provence et chercheur à l'UMR ESID 5609 du CNRS de Montpellier-III • bat d'Af ; bordel militaire de campagne ; Légion étrangère

Myriam **Cottias** est historienne, chercheur au CNRS (UMR 8053), université des Antilles et de la Guyane • **Temps forts** (1789-1870) • **esclavage** ; Gorée ; Schœlcher ; sucre de canne ;Toussaint Louverture ; traites

Joël **Dauphine** est historien • kanak (révolte)

Anny **Dayan Rosenman** est maître de conférences, UFR de Lettres, université Paris-VII-Denis-Diderot • Memmi

Marcel **Dorigny** est maître de conférences à l'université Paris-VIII • **Temps forts** (1789-1870) • **abolitions de l'esclavage**

Valérie **Esclangon-Morin** est docteur en Histoire • pieds-noirs ; rapatriés

Bouda **Etemad** est professeur d'Histoire aux universités de Genève et Lausanne • **budget**; **capitalisme et colonisation**; **capitulations**; cauris; colonie; commerce; **comptoir**; **comptoirs**; démographie; engagé; exclusif; FIDES; **génocide**; impôt; quinine

Sonia **Faessel** est MCF, université de Nouvelle-Calédonie • **littérature de Nouvelle-Calédonie**

Jacques **Frémeaux** est professeur à l'université de Paris-Sorbonne (Paris-IV) • Abd el-Kader; **armée (Conquête et colonisation, Armée d'Afrique, Auxiliaires ou supplétifs)**; **Bugeaud**; bureaux arabes; Gallieni; **méharistes**; **royaume arabe**; spahis; zouaves

Odile **Gannier** est professeur en Littérature générale et comparée, université de Nice Sophia-Antipolis • Césaire; Cendrars; **Eberhardt**; Écrivains et colonisation; **exotisme**; **Fanon**; **Gide**; Glissant; littérature de Polynésie; **littérature maghrébine**; Londres; **Maran**; **voyages (presse illustrée des)**

Gilles de **Gantes** est professeur agrégé • Bernard; Bert; Doumer; **Doumergue**; **Indochine**; instituts Pasteur; de Lanessan; **Laos**; **Pavie**; Thierry d'Argenlieu; Varenne

Reine-Claude **Grondin** est professeure agrégée • Béké; Bernardin de Saint-Pierre; brousse; cafre; chicotte; Comores et Mayotte; créole; Damas; **danses et musiques**; **fêtes**; **Gratiant**; Indien (océan); Lacaussade; **Leblond**; **Leconte de Lisle**; marron; Mascareignes; **morne**; **petit blanc**; Rabearivalo; **La Réunion**; Saint-John Perse; Sarda Garriga

Nadia **Hamour** est doctorante en Histoire, Paris-IV • Aumale; Cavaignac; Saint-Arnaud

Daniel **Hemery** est historien, université Paris-VII-Denis-Diderot • **guerre d'Indochine**; Poulo Condor

Catherine **Hodeir** est historienne • **Bernard**; Exposition coloniale; **Ligue maritime et coloniale**

Jean-Charles **Humbert** est professeur de Lettres • Duveyrier; Flatters; Foureau-Lamy; Laperrine; Sahara; **conquête et résistances**; Tombouctou; Touareg

Jean-Charles **Jauffret** est professeur, IEP, Aix-en-Provence • **armée (Conquête et colonisation, Troupes coloniales, Conscription)**; Challe; colonne militaire; **infanterie de marine**; Salan

Vincent **Joly** est professeur d'Histoire contemporaine à l'université Rennes-II • arachide; Brazza; Brazzaville; Diagne; Côte d'Ivoire; Dahomey; Diouf; Dogon; École des otages; école William Ponty; Faidherbe; Force noire; Haute-Volta; Hamallah; Houphouët-Boigny; Keita; Mali; monnaie outre-mer (Le franc CFA); mouridisme; Office du Niger; partage de l'Afrique; Quatre Communes; Rassemblement démocratique africain; tirailleurs sénégalais; Union des populations camerounaises; Vichy

Pierre **Journoud** est chargé de recherches au Centre d'études d'histoire de la Défense (CEHD-SGA-ministère de la Défense) • Cao Bang; Diên Biên Phu; Giap; Sainteny

Jean-Francois **Klein** est maître de conférences en Histoire contemporaine de l'Asie du Sud-Est (INALCO) • Lyon

Monique **Lakroum** est professeure, université de Reims • chemin de fer; portage en Afrique

Arnauld **Le Brusq** est docteur en histoire de l'art • architecture; Delacroix; **Lieux de mémoire** (Statues); orientaliste

Jean-Baptiste **Leccia** est directeur du Centre habitat et développement, École nationale supérieure d'Architecture de Marseille • Corses

Claude **Liauzu** est professeur émérite à l'université Paris-VII- Denis-Diderot • **Temps forts** : 1789-1870; Les années 1880; 1906-1914; 1914-1918; Les années 1920; Les années 1930; 1936; 1939-1945; 1946-1962 • Abd el-Krim; Abdou; acculturation; AEMNA; africanisme; agriculture; alcool; Alger; *Alger républicain*; algérianisme; **Algérie française**; Algésiras; ALN; Amrouche; ancien combattant; **anticolonialisme**; crise antijuive; **armée**; Augagneur; Bâ; bamboula; Bandung; baroud; Bayet; Beauvoir; Ben Barka; Berbères; Berque; Berlin; bicot; bidonville; Biribi; Bizerte; bled; Blum; Bollardière; Bourdieu; boycott; Brazza; cacao; caïd; Camus; cannibale; Casablanca; Centenaire de l'Algérie française; Challaye; chaouch; Charonne; Chasseloup-Laubat; Christianisme et décolonisation; Cochinchine; **Colons**; Communauté franco-africaine; comptoirs; concessions; conquêtes; convertis; coopération; **corps**; Corses; Crémieux; culture et colonisation; Curiel; Dahir berbère; **danses et musiques**; décolonisation; Destour; diffa; Dinet; Djebar; dockers; doctrines et théoriciens coloniaux; DOM, TOM; Doriot; Dresch; droit et colonisation; Druzes; Duras; école (les colonies à l'); École coloniale;

l'école du colonisé; **École normale d'instituteurs**; écriture; éditions de Minuit; élites nouvelles; empire; environnement; Esprit; état-civil; Éthiopie; Étienne (Napoléon); ethnologie; Étoile nord-africaine; étudiants colonisés; évolué; explorateur; exploration scientifique; Fanon; al-Fassi; fellagha; **femmes**; Feraoun; fêtes; FLN (fédération de France du); folie et psychiatrie; France; franc-maçonnerie; frontière; Gabon; géographie; Glaoui; Glorieuses (îles); **gouvernement colonial**; GPRA; **guerre d'Algérie**; guerre d'Algérie et amnistie; **guerre d'Algérie et libertés** (Camps de regroupement, État d'urgence et pouvoirs spéciaux, Justice); **guerre d'Algérie, une guerre de l'information** (L'action psychologique de l'armée, L'information anticolonialiste, La censure, Le FLN et l'information, Organisation de l'information en France); Guyane; Hached; Haddad; al-Hadj; harkis; harrisme; immigrés; impérialisme; indigénat; indigénophile; industrialisation; instituteurs; instituts Pasteur; intellectuels; intellectuels et colonisation; Internationale communiste; Jaurès; Jeune; jeune fille ; Jouhaud; Juin; Julien; kimbanguisme; Kouyate; Lagrosillière; Leiris; Leroy-Beaulieu; levantin; **lieux de mémoire** (Monuments aux morts, Musées); Ligue anti-impérialiste; littérature maghrébine; lobby colonial; Longuet; Louzon; Lyautey; Madagascar et l'insurrection de 1947; **le Maghreb à la veille de la colonisation**; makhzen; Malraux; Mandouze; manifeste des 121; **marine, marins**; **Maroc**; maronites; Marseille (La ville coloniale); Maspero; Massignon; Massu; Matswa; Mauriac; médecins; médina; Méditerranée; **Métissages et unions mixtes**; migrations et colonisation; mitidja; MNA; Mohammed V; Mokrani; Montherlant; Mosquée de Paris; Moutet; MTLD; Mus; musiques et outre-mer; Nahda; Napoléon III ; **nationalismes**; naturalisations; nègre; négritude; néocolonialisme; OAS; octobre 1961; Oran; orientalisme; panafricanisme; panislamisme; *le Paria* ; Partis communistes du Maghreb; passeurs; pataouète; paysannerie; pétrole et hydrocarbures; peuplement; Peyrouton; pieds-noirs; porteurs de valises; Présence africaine ; primitif; propagande coloniale officielle; prostitution; Pygmées; question d'Orient; race; races (politique des); racisme; radio; ramdam; ratonnade; razzia; Reclus; **République et colonisation**; **résistances à la conquête**; Rodinson; Rous ; Roy; sabir; Sadiki; Sahara; saint-simoniens; Sakiet Sidi Youssef; **santé**; Sarraut; Sartre; Saussure; scoumoune; scoutisme; Segalen; Senac; Senghor (Lamine); Senghor (Léopold); Sétif; smala; Sonacotra; souk; Soummam; sous-développement; sport; surréalistes; **syncrétismes religieux africains**; tabou; Tanger; télégraphe; Terres Australes et Antarctiques françaises; territoires du Sud; Thaalbi; Thiaroye; tiers-monde; Tillion; Tocqueville; tourisme et colonisation; Toussaint Louverture; **travailleurs, grèves et syndicalisme**; tribu; UDMA; UNEF; Urbain; **urbanisation** (Maghreb); Verne; utopie; vaudou; vêtement; vigne; Vigné d'Octon; villages de liberté; Viollette; Viollis; Voulet-Chanoine; wilaya; yaouled; Yen Bay; youyou; Zidane; Zitouna

Josette **Liauzu** est historienne • Aéropostale; Angkor; art nègre; Baker; Banania; **bande dessinée**; baraka; Bécassine; Bouhired; Boupacha; Boxers; **chanson**; **cinéma** ; Clipperton; comprador; couscous; Croisière noire et Croisière jaune; Delacroix; Delgrès; Djibouti; Dumont d'Urville; Éboué; **enfant et propagande coloniale** (Jouets et jeux, Les périodiques pour enfants); Fachoda; Foucauld; Garnier; Gauguin; **imaginaire et espaces**; interprètes; Kerguelen; Mac Orlan; Messali Hadj; Monnerville; mots et colonisation; moukère, mouquère; mousmé; ONU; orientaliste; **photographie**; publicité; Resnais; Rouch; Saint-Exupéry; Saint-Pierre-et-Miquelon; Schweitzer; SDN; signares; Solitude; Tidjani-Picard; Tintin; vahiné; Vautier; Vénus hottentote

Patricia **Lorcin** est ME, Associate Professor, Department of History, University of Minnesota-twin cities, Minneapolis • Ferry; Masqueray; saint-simoniens

Claude **Malon** est docteur de l'université Paris-IV-Sorbonne • Le Havre

Gilles **Manceron** est historien • Ligue des droits de l'homme; Mayer

Issiaka **Mande** est maître de conférences, université Paris-VII-Denis-Diderot • Cameroun; Cheikh Anta Diop; Congo; Gabon; Guinée; Gueye ; Mauritanie; Niger; Oubangui-Chari; Sénégal; Tchad; Togo; Samory Touré

Nadine **Meouchy** est historienne, chercheur associé au GREMMO (CNRS-université Lumière-Lyon-II) • Alaouites; Alexandrette; Beyrouth; Chahbandar; Chekib; Damas; druze; **Liban-Syrie**; Solh

Gilbert **Meynier** est professeur émérite d'Histoire contemporaine à l'université Nancy-II • Abbane; Ben Bella; Boudiaf; Boumediene; Clemenceau; FLN; FLN (chefs historiques du); Khaled (Émir); al-Madani; al Oqbi; **Spielmann**

Jean-David **Mizrahi** est enseignant • Catroux; Cilicie; **Liban-Syrie**; mandats français; Sykes-Picot

Sarah **Mohamed-Gaillard** est docteur en Histoire • Ataï; Matignon; nickel; **Nouvelle-Calédonie**; Tjibaou

Gilles **Morin** est docteur en Histoire, CHS du XXe siècle (université de Paris-I) • Auriol; Pelletan

Gilles **Pidard** est historien • littérature : roman policier et décolonisation

Claude **Prudhomme** est professeur d'Histoire contemporaine université Lumière, Lyon • **Christianisme, missions, colonisation**; Lavigerie; *Maximum Illud;* missionnaire; protestants et expansion

Jean-Pierre **Raison** est professeur émérite, université de Paris X-Nanterre • Gourou

Françoise **Raison-Jourde** est professeur émérite, université de Paris-VII-Denis-Diderot • **Madagascar**

Faranirina **Rajaonah** est professeur, université de Paris-VII • **Madagascar** (Colonisation, ethnies et nationalisme, Nationalisme); Tsiranana

Daniela Tovonirina **Rakotondrabe** est maître de conférences, université de Toamasina (Madagascar) • **Madagascar** (Colonisation, ethnies et nationalisme, Conquête et colonisation, Nationalisme); Madagascar et l'insurrection de 1947; Nosy Be

Solofo **Randrianja** est professeur à l'université de Tananarive • Dussac; Parti communiste de la région de Madagascar; Ralaimongo

Jean-Marc **Regnault** est maître de conférences honoraire, chercheur associé à l'université de Polynésie française • DOM, TOM; loi-cadre Defferre; loi de séparation de 1905; Moruroa; **Nouvelle-Calédonie**; Nouvelles-Hébrides ; Océanie; Ouvéa; Polynésie française; Union française

Carole **Reynaud Paligot** est chercheure associée à l'Institut historique allemand • anthropologie; ethnologie; Lévi-Strauss; **Lieux de mémoire** (Musées); Mauss; Rivet

Maria **Romo-Navarette** est historienne • Mendès France

Alain **Ruscio** est historien • Alleg; Martin

Jean-Pierre **Sainton** est maître de conférences en Histoire, université des Antilles et de la Guyane • **Antilles**; Girard; Legitimus; René-Boisneuf

Marc **Schindler-Bondiguel** est doctorant, université de Bielefeld / EHESS Paris • masculinité coloniale; homosexualité

Jean-Marie **Seillan** est professeur de Littérature française à l'université de Nice-Sophia-Antipolis • **enfant et propagande coloniale** (Littérature de jeunesse); littérature populaire et colonisation

Ouanassa **Siari Tengour** est chercheur au CRASC, Oran • Aurès

Benjamin **Stora** est professeur des universités, INALCO • Abbas; Messali Hadj

Christiane **Terrier** est maître de conférences, IUFM Nouvelle-Calédonie • coprah

Sylvie **Thenault** est chargée de recherche au CNRS • Évian; de Gaulle; **guerre d'Algérie et libertés** (Internement, Justice); Lacoste; Messmer; Mollet; Soustelle

Van Thao **Trinh** est professeur université de Marseille-Aix-en-Provence-I • Annam; Bac Son; Bao Dai; Can Vuong; École française d'Extrême-Orient; Hanoi; Indochine : art; **Indochine à la veille de la colonisation; Indochine : édition et littérature**; Ky Dong; Lang Son; mandarins; Méos; moï; Nguyen An Ninh; Nguyen Thi Minh Khai; Nguyen Tuong Tam; Nguyen Van Tao; Nguyen Van Vinh; Phan Boi Chau; Ta Thu Thau; Tonkin; Trung Trac et Trung Nhi; Truong Vinh Ky; Viêt Nam

Darrell **Tryon** est professeur de Linguistique, Research School of Pacific and Asian Studies, Australian National University, Canberra • pidgin

Frédéric **Turpin** est maître de conférences en Histoire contemporaine à l'université d'Artois • Mitterrand

Françoise **Verges** est Reader, Goldsmiths College, Londres • Comité pour la mémoire de l'esclavage

Colette **Zytnicki** est maître de conférences en Histoire contemporaine, université de Toulouse-Le Mirail • Alliance israélite universelle; Juifs au Maghreb

la colonisation en questions

Jamais la colonisation, un demi-siècle après les guerres d'Indochine et d'Algérie, jamais l'esclavage – cent cinquante ans après la deuxième abolition – n'ont occupé une telle place dans la vie publique : vote de la loi de 2001 condamnant l'esclavage comme crime contre l'humanité et lui rendant « toute la place qui lui revient dans l'enseignement et la recherche », création de la journée de commémoration du 10 mai ; en sens contraire (ou complémentaire), vote de la loi du 23 février 2005 portant « reconnaissance de la nation » aux Français d'outre-mer, dont l'article 4 stipulant l'enseignement du « rôle positif » de la présence française outre-mer et mettant en cause la liberté de l'histoire a été abrogé après une campagne d'opinion. Alors que ce dictionnaire est sous presse, le film *Indigènes*, qui conte la guerre des tirailleurs d'Afrique du Nord, connaît un succès considérable. Que les acteurs, vedettes issues de l'immigration –selon une formule approximative –, aient entonné *le Chant des Africains* lors de la remise des récompenses au festival de Cannes de 2006 a une signification symbolique. Ce chant de marche des troupes coloniales, repris à leur compte par les pieds-noirs lors de la guerre d'Algérie, l'est aussi par les enfants des « tirailleurs » : tout à la fois rappel du rôle joué par leurs parents dans la Libération, revendication de leur place en France et reconnaissance de leur appartenance à la cité française.

Pourquoi ce dictionnaire ?

Tout cela ne se limite pas à un problème de repentance, comme tendent à le faire croire ceux qui exigent cette repentance et ceux qui ne veulent entendre qu'un éloge de la colonisation : c'est un grand problème historique posé par la société d'aujourd'hui, qu'elle doit résoudre. Ces passions françaises prouvent, contrairement à une idée trop répandue, que la colonisation n'est pas réduite à des confettis exotiques lointains ni à un passé mort. Elle ne peut laisser les historiens indifférents. Elle les implique, et parfois brutalement, qu'ils le veuillent ou non. Aussi ont-ils pour tâche, pour devoir, d'établir, avec la plus grande rigueur, des faits qui sont parfois controversés, de faire connaître des pans entiers d'une histoire ignorée, d'en proposer des explications, d'essayer d'en présenter une vue synthétique, ou de dire parfois qu'ils ne savent pas.

Une vulgarisation de qualité est donc nécessaire. Si les publications se multiplient, il manque une synthèse actualisant les connaissances, présentant leur progrès dans un domaine qui n'a pas encore la place qu'exige son importance à l'école et dans la formation des enseignants, répondant à une demande forte dans la société. Une telle synthèse n'est pas à la portée d'un seul spécialiste. Il existe des livres collectifs, mais aucun n'a mobilisé comme celui-ci quelque 70 auteurs. Cet effectif tient à plusieurs raisons. Tout d'abord à la volonté de donner la parole à de jeunes chercheurs, pour faire état d'études de plus en plus nombreuses, de points de vue nouveaux. Il est important aussi de faire connaître les travaux menés dans les DOM/TOM, trop ignorés dans l'Hexagone. Autre raison : le souci de croiser les points de vue avec les spécialistes des pays anciennement colonisés : comment au XXIe siècle concevoir un monologue de l'Occidental sur lui-même et ses autres ? Cette diversité n'a pas empêché la cohérence, grâce à des échanges entre auteurs, des relectures collectives (tout particulièrement de cette introduction), à un Conseil scientifique – composé d'Hélène Almeida Topor, de Pierre Brocheux, de Myriam Cottias, de Jean-Marc Regnault – et à une collaboration étroite avec l'équipe de Larousse, avec Véroniques Sales, qui a eu l'initiative de ce dictionnaire, Carl Aderhold et Janine Faure.

Ce dictionnaire s'adresse à tout un chacun, aux citoyens concernés par l'importance politique du passé, désireux de comprendre ce qui prend parfois l'allure de guerres de mémoires, à celles et ceux – se comptant par millions en France – dont le devenir a été et est directement lié à la colonisation. À qui pense que les femmes musulmanes, asiatiques, africaines ont elles aussi une histoire, comme à qui se demande d'où viennent certains mots du vocabulaire ; à qui a gardé le souvenir de Marcel Cerdan et de Mimoun ou cherche à les retrouver, à qui s'intéresse à ces goûts étranges venus d'ailleurs envahissant son assiette. Il a été élaboré également pour celles et ceux qui, dans les anciennes colonies, s'interrogent sur la complexité de leur passé, en réaction à une histoire qui se réduit souvent à celle de l'empreinte de la colonisation, ou à celle des nationalismes, ou encore à celle de leurs affrontements. Les quelque 775 articles ne disent pas tout, mais le plus possible, dans le volume imparti. Il existe déjà des manuels scolaires et universitaires, ce dictionnaire n'est ni l'un ni l'autre, mais les étudiants et enseignants peuvent l'utiliser comme livre de référence, comme outil de travail.

On doit exprimer un regret préalable : l'impossibilité matérielle dans cet ouvrage de couvrir les cinq siècles commençant avec les Grandes Découvertes, de combler un hiatus de l'historiographie, qui est bâtie en France sur la séparation entre périodes moderne et contemporaine de part et d'autre de la Révolution. Il y a certes alors une rupture dans l'histoire de la colonisation. Mais la dissociation des études avant et après 1789 rend impossible toute vue d'ensemble des deux colonisations : de la phase esclavagiste puis de la phase communément appelée impérialiste, alors que les continuités et les héritages cumulés méritent d'être au centre des études, au même titre que les caractères nouveaux du fait colonial aux XIXe et XXe siècles. Des phénomènes tels que l'élargissement au monde entier de la culture européenne, son enrichissement par la découverte d'autres natures et d'autres humanités, tels que l'occidentalisation du monde, y trouvent leur origine.

Le découpage du temps considéré comme classique est lourd aussi de présupposés franco-centristes, qui minimisent les aspects ultramarins des réalités : par exemple – et ce n'est pas rien – le rôle des esclaves dans l'abolition, la conquête de son indépendance par Haïti... Ceci étant précisé, il a donc fallu se limiter (ce qui est déjà beaucoup) à la période contemporaine, tout en incluant des dossiers sur les traites, l'esclavage et les abolitions, qui fournissent les repères indispensables.

Le livre débute avec l'abolition de 1794, l'expédition de Bonaparte en Égypte, le rétablissement de l'esclavage en 1802, avec le débarquement de Sidi Ferruch en 1830. Une trame chronologique des principaux événements, une périodisation des grandes évolutions, fait l'objet de la première partie, les « temps forts ».

Quant aux notices, classées par ordre alphabétique comme dans tout dictionnaire, elles peuvent être lues en fonction de curiosités ponctuelles, mais aussi en fonction de questions plus générales : des renvois (*) permettent de lier, par exemple, « conquêtes, armée d'Afrique, légion, zouaves, troupes coloniales, Bugeaud, Cavaignac, Voulet... » ou encore « santé, épidémies, institut Pasteur, quinine, médecin, Schweitzer »... Les territoires et les États colonisés font l'objet de rubriques par grands ensembles géographiques (Afrique subsaharienne, Maghreb, Indochine...) et par pays, par noms de lieux si leur importance le justifie (Sétif, Diên Biên Phu, Casablanca, Fachoda, Dahomey...). La colonisation, qui se présente sous des aspects très divers, intervient en effet dans des espaces et des sociétés qui ont leurs spécificités, et il en résulte des évolutions différentes. Les histoires politiques contrastées de trois voisins colonisés par la France le montrent bien : le Maroc, où la monarchie s'impose comme l'incarnation de la nation et la guide vers l'indépendance ; la Tunisie, où elle est supprimée par des élites nouvelles ; l'Algérie, où c'est l'armée qui domine la vie politique depuis l'insurrection de 1954.

Des dossiers font le point sur un certain nombre de problèmes, les uns classiques, d'autres qui n'avaient pas encore trouvé place dans un ouvrage destiné à un large public : les facteurs de l'expansion et ses moyens, l'état des sociétés à la veille de la colonisation, les résistances aux conquêtes, le gouvernement de l'empire, les rapports entre capitalisme et colonisation (impérialisme ou capitalisme impérial selon les formules), comment on devient colon, les relations entre colons et colonisés, les transformations dues à ce contact – celles des corps, des cultures –, les métissages et syncrétismes, l'élaboration de réponses – faites de rejets, d'emprunts, d'affrontements par les sociétés dominées –, les aspects artistiques et littéraires, les imaginaires, les raisons et les conditions de la fin de la période coloniale, ses héritages et prolongements actuels.

L'objectif de ce travail est d'étudier la situation coloniale, notion définie par Georges Balandier, c'est-à-dire un ensemble, un système, un régime hors duquel ni le colonisateur ni le colonisé ne peuvent être compris. Or ils sont trop souvent perçus de manière dissociée : l'histoire a d'abord été le monopole du colonisateur, elle ignorait le colonisé parce qu'il était, à l'époque de la domination occidentale, privé d'avenir propre, donc aussi de passé. Puis, à partir des années 1960, elle s'est focalisée sur les vainqueurs des indépendances, et ce faisant, elle s'est éloignée des colons et de la métropole, au profit des sociétés colonisées et des nationalismes. Enfin, depuis une décennie surtout, un mouvement de balancier a ramené les priorités sur la France, qui redécouvre un passé enfoui depuis les crises des décolonisations. Cette redécouverte ne saurait se limiter à une exhumation, car la société qui revient sur le passé n'est plus la même, que ce soit la société impérialiste ou la société colonisée : le temps paraît venu de privilégier l'étude des relations qui se sont établies entre dominants et dominés, dans une situation de coexistence faite d'échanges et d'apartheid, de résistances souterraines et de conflits frontaux, de réinterprétations et de réappropriations. La colonisation a été un phénomène ambigu et complexe, qui a imprimé sa marque sur toutes les sociétés impliquées.

Ce voyage dans un passé toujours actuel pose des questions qui traversent le livre. Pourquoi la colonisation ? Quelle est sa place dans l'histoire de la société française et dans celles des pays hier colonisés ? Quelles sont ses spécificités par comparaison avec d'autres impérialismes ? Comment expliquer la sensibilité actuelle aux problèmes coloniaux ?

La colonisation a-t-elle été positive ou négative ?

La polémique sur le terme « mise en valeur » dans un dictionnaire est significative du poids des mots et des enjeux que les groupes de mémoires leur attribuent. Ce terme, employé par Sarraut, ministre des Colonies, signifie effort d'infrastructure et d'investissement destiné à la production coloniale. Il a été présenté comme positif par les défenseurs du système et contesté comme conçu exclusivement au profit de la colonisation par ses contempteurs.

Bardés de certitudes, les uns alignent kilomètres de routes et de chemins de fer, mètres cubes de bâtiments, statistiques de la vaccination ; les autres dénoncent les crimes contre l'humanité, l'esclavage, les massacres, la torture, le racisme. La sensibilité de la société est telle que les lois dites mémorielles se multiplient et s'opposent, toutes décidant du vrai et du faux, du juste et de l'injuste, au risque de voir des majorités politiques sujettes à variation changer notre passé à chaque législature. Tel n'est pas l'objet de l'histoire. Cela ne signifie pas que les historiens se réfugient derrière une impossible neutralité, qu'ils n'aient pas d'opinions ; et celles des auteurs du dictionnaire sont diverses, choix délibéré, le seul critère ayant été leur compétence dans leur spécialité. Leur rôle n'est pas de dire le bien ou le mal, il n'est pas de condamner ni de couvrir de lauriers leurs ancêtres, mais de comprendre toute la complexité historique. Confrontés à des sensibilités très différentes, voire opposées les historiens ne sont pas détenteurs de la Vérité absolue, ils doivent proposer des repères, aider le lecteur à comprendre le passé

Et ce n'est pas une mince affaire. Il faut écarter la tentation de l'anachronisme, qui consiste à juger hier avec les critères d'aujourd'hui. Les supplices subis par les esclaves doivent être étudiés en les comparant avec ceux infligés par l'Inquisition, par les bourreaux de Sa Majesté, par ceux de Chine ou d'Istanbul. L'esclavage a été une pratique courante depuis l'Antiquité et dans la plus grande partie du monde. La question de savoir si telle abomination du passé est un crime contre l'humanité est une question politique, juridique, peut-être morale ou philosophique, mais pas historique. Ce type de jugement, les lois qui l'imposent peuvent avoir des effets pervers en entravant un libre débat scientifique.

À l'opposé de beaucoup d'ouvrages se réclamant d'un anticolonialisme dans l'air du temps – mais anachronique et bien peu éclairant cinquante ans après la fin des grands conflits – ou d'un culte nostalgique du bon vieux temps des colonies, celui-ci a choisi : à l'encontre de trop d'auteurs qui ne disent rien de leur parti pris, il faut préciser le nôtre, ne pas penser à la place du lecteur.

Ces précautions étant prises, la première évidence, et le premier problème, à expliquer, c'est la certitude partagée par la plupart des contemporains du bien-fondé de l'expansion, la parfaite bonne conscience répandue dans les manuels scolaires depuis Jules Ferry et Lavisse jusqu'à la fin des années 1950. Ce qui est évident aussi, c'est l'amnésie qui a suivi le refoulement de l'événement traumatique des décolonisations durant un tiers de siècle, puis le malaise et parfois la culpabilisation, surtout dans la dernière décennie. On n'a pas assez réfléchi à ces variations des mémoires. Cependant, avec le temps, tout passe, et si l'histoire n'est pas dépassionnée, il n'y a plus d'enjeux politiques directs comme dans les années 1950-1960. Les générations nées après 1962 n'ont pas le même point de vue que celles ayant vécu la période coloniale. Dans les pays indépendants, l'immense majorité de la société, née après le désenchantement qui a suivi les fêtes des indépendances, ne peut plus considérer les nationalismes comme l'ont fait ceux qui ont traversé la « nuit coloniale ». Elle est beaucoup plus critique envers eux, envers les pouvoirs qui en sont issus. Cette situation incite à prêter attention à des réalités négligées, à ne plus se limiter à la priorité attribuée à la « grande histoire » des nations. Les États sont dans leur rôle quand ils se dotent d'une politique publique de la mémoire, mais la mondialisation qui va s'accélérant rend beaucoup plus sensible aux interdépendances avant que la colonisation accélère le maillage du monde. Cet immense phénomène, où l'expansion occidentale a joué un rôle moteur, est au cœur de ce livre, car c'est la principale question posée par cinq siècles d'histoire, pour ne pas remonter au-delà de 1492.

Pourquoi la colonisation ?

« Ivres d'un rêve héroïque et brutal, Ils allaient conquérir le fabuleux métal... », écrit José Maria de Heredia dans *les Conquérants*. Le mythe de l'Eldorado et la réalité des ambitions ne sont pas pour peu dans l'expansion occidentale. Cela dépasse la seule histoire de France et la période contemporaine. C'est toute l'Europe qui a participé à ce grand mouvement. Les découvertes de la fin du Moyen Âge et les conquêtes du XVIe siècle dessinent la géographie de la puissance. Le soleil ne se couchait jamais sur l'Empire de Charles Quint, ni même sur celui du minuscule Portugal. Le déplacement de la richesse et du progrès qui s'effectue ensuite au profit de l'Europe du Nord et atlantique, des Pays-Bas, de la Grande-Bretagne et de la France, s'accompagne aussi d'une hégémonie coloniale.

Les deux phénomènes que sont le développement de l'Occident, les transformations culturelles allant de la Renaissance aux Lumières, puis les mutations scientifiques et techniques contemporaines, ne peuvent être dissociés de la maîtrise du monde. Aussi y a-t-il un débat sur l'ampleur des profits dus à la traite, aux métaux précieux et au négoce de produits tropicaux, sur ce qu'on appelle « l'accumulation primitive ». Un débat analogue porte sur les rapports entre colonisation et capitalisme à l'époque contemporaine. Et les difficultés à répondre de manière globale sont les mêmes. Ces interrogations se font écho dans plusieurs notices. Mais l'économie n'est pas tout : elle se conjugue avec des enjeux géopolitiques et stratégiques, avec le goût de l'aventure, la passion de voir, d'évangéliser, de vaincre, d'agrandir son territoire. À cet égard, il faut souligner que la colonisation et l'émergence des nations se situent dans la même période, et qu'on a insuffisamment analysé les liens entre les deux phénomènes : les colonisations ont été le fait des nationalismes et les ont nourris. Cela a trop été négligé dans les controverses sur l'impérialisme, où le souci d'établir une hiérarchie entre les causes économiques et politiques de l'expansion a eu une grande importance, de même que le débat sur le rapport profits-pertes a privilégié l'économie, parce qu'ils opposaient libéraux et marxistes. Contre la légitimation de la colonisation comme œuvre civilisatrice et mise en valeur, ceux qui la contestaient ont dénoncé l'exploitation, le pillage du tiers-monde et en ont fait les causes majeures de la puissance occidentale, le sous-développement étant le prix à payer pour le Sud.

L'impérialisme résulte en effet du contraste entre une Europe dynamique, entreprenante et une Afrique ou une Asie considérées comme attardées et, de ce fait, « colonisables ». Faut-il chercher dans ces sociétés les germes de leur soumission ? « Qu'est-ce qui n'a pas marché ? », demande Bernard Lewis à propos de l'islam, conçu comme le responsable du blocage. Il lui oppose le dynamisme culturel de l'Occident, où il voit, comme beaucoup, le facteur majeur de l'expansion. Cependant, le décalage était-il si grand entre l'Occident du XVIIIe siècle et l'Asie ou le monde musulman ? Si le duel méditerranéen entre chrétienté et empire ottoman a duré du XVIe au XIXe siècle, prolongeant celui des croisades et la contre-offensive de l'Occident dès le XIIe siècle, c'est que les rapports de force étaient équilibrés. Même lors de la conquête de l'Algérie, les inégalités militaires n'étaient pas aussi importantes qu'on le croit souvent, la durée de la guerre le montre. D'autres conquêtes aussi se sont étendues sur de nombreuses années, comme en Indochine. Les sociétés précoloniales étaient loin d'être immobiles et vouées à la fermeture. En fait, la période coloniale s'insère dans des siècles de relations antérieures et postérieures à elle. La dynastie Ming expédiait chaque année des flottes considérables dans l'océan Indien au XVe siècle, et les réformateurs turcs et arabes se sont mis avec passion à l'école de l'Europe au début du XIXe siècle. De même les souverains malgaches. Mohammed Ali, pacha d'Égypte, envoie à Paris un petit groupe d'étudiants dans les années 1830, et le ministre réformateur tunisien Khereddine est fasciné par la France moderne du second Empire. La clôture tient sans aucun doute à des conservatismes internes, mais aussi à la menace étrangère, les deux facteurs se conjuguant souvent, comme dans les guerres de l'opium par exemple.

Vue du Sud, quelle est la place de la colonisation ?

Certains historiens parlent d'une « parenthèse coloniale », de la nécessité d'une provincialisation de l'Europe la remettant à sa place, en soulignant que quelques décennies ne pèsent pas lourd au regard de la très longue histoire des civilisations. C'est un fait que le passé du Maghreb et de l'Afrique au sud du Sahara a été négligé, posé comme « siècles obscurs » par l'historiographie coloniale, et on comprend la réaction tendant à mettre en relief la puissance et la splendeur des grands empires africains, les fondements bouddhiques ou confucéens de l'Asie. Mais, si le colonisé n'a jamais été l'ombre portée de la colonisation, c'est un fait que le sort des planteurs de cacao ivoiriens est, depuis celle-ci, lié à la consommation occidentale. Les économies du tiers-monde comme du Nord sont fonction des cours du pétrole. En effet, avec la colonisation, la loi du marché s'est imposée partout, elle a détruit ou fortement érodé les anciennes structures, dessiné de nouveaux clivages, fait émerger de nouveaux groupes sociaux, elle a bouleversé les rapports de travail avec la naissance d'un prolétariat; la « mise en valeur » a transformé les relations millénaires entre l'homme et son milieu. C'est lors de cette période que la « transition démographique », la croissance rapide de la population, se produit. Il ne s'agit certes pas d'un miracle de la médecine coloniale, mais la mortalité infantile diminue, et les grandes épidémies – si elles ne disparaissent pas – peuvent être attaquées grâce aux instituts Pasteur. Bouleversement non moins important lié à la colonisation, de nature politique, nous vivons dans un monde de nations, disait Zhou Enlai. L'appareil d'État moderne, imposé par la violence, par la terreur coloniale, a été soigneusement conservé par les pouvoirs indépendants. Cependant, l'Occident a aussi introduit des bribes de ses références libérales et humanistes. Aussi, quand bien même la Chine ou tel État musulman y opposent leurs spécificités culturelles et religieuses, ils ne peuvent empêcher la naissance de ce produit paradoxal et largement involontaire de la colonisation qu'est l'individu, ni l'émergence de la question de la femme. Cela ne signifie en rien que la colonisation ait été la seule voie d'accès à la modernité. Mais les raisonnements binaires empêchent de voir comment les manières de penser s'inscrivent dans des cultures antérieures et les réinterprètent. Si chacun des protagonistes a été transformé, la colonisation a également transformé la société française.

Quelle a été la place de la colonisation ?

Combien de Français ont-ils été concrètement associés à l'expansion par l'expatriation (dont le décompte précis n'a jamais été entrepris), par le service militaire, par des liens familiaux, par leur travail ? On ne le sait pas exactement. Les conquêtes coloniales ont utilisé majoritairement des conscrits par tirage au sort, soit des centaines de milliers d'hommes depuis 1830, ce qui a pu être un facteur d'impopularité. On sait que les réticences de la société face à la conscription, et plus encore à l'utilisation des appelés dans les campagnes coloniales, ont été très fortes durant le XIXe siècle. On sait aussi que l'émigration a été limitée. En 1949, 7,7 % des individus sondés disaient être allés outre-mer. Pourtant, près de deux millions de Français y vivant et autant de soldats impliqués par les combats d'Afrique du Nord dans les années 1950, ce n'est pas négligeable.

Certains historiens considèrent comme minime la portée de la colonisation. Les *Lieux de mémoire* de Pierre Nora, par exemple, ne lui consacrent qu'un chapitre. Un inventaire des vestiges de l'empire montre pourtant qu'ils abondent. Pourquoi donc ont-ils été quasi invisibles pour les historiens depuis un demi-siècle ? Telle est la vraie question. Il est nécessaire de s'interroger sur l'impact de la colonisation dans la société française, dans la culture des élites – et sur ce point, la liste des grands artistes ayant touché à la colonisation, l'analyse des sciences montrent qu'on ne saurait la sous-estimer –, dans la culture de masse, où l'outre-mer est aussi très présent.

Il ne s'agit pas non plus de dire, dans un excès contraire, que la France tournait autour de son empire. Mais, à la lumière de la remontée de la colonisation dans l'actualité, il faut réfléchir à la part qui a été la sienne dans le passé. Depuis Rabelais, à qui on doit le mot, nos marchés n'ont cessé de se remplir d'éléments « exotiques ». Le café et le chocolat ont conquis les cours royales et les grandes capitales à l'époque moderne, puis sont devenus des produits courants avec la démocratisation de la consommation. Ces révolutions de palais ont-elles moins d'importance que l'histoire dite grande ? Si l'on s'en tient à celle-ci, il est évident que la colonisation a affecté de plus en plus directement la France profonde, comme sa fin le montre avec – fait sans précédent tout au long de cinq siècles – plusieurs classes mobilisées lors de la guerre d'Algérie. Et la crise boomerang, la série de putschs causant la disparition d'une République et l'éclatement de la SFIO (1905), qui avait survécu à deux conflits mondiaux, ce n'est pas secondaire !

Autre réalité qui montre la place grandissante de la colonisation : après une expansion surtout atlantique et inscrite dans le triangle Afrique occidentale-Amériques-Europe à l'époque moderne, son espace est désormais mondial. Le début du XIXe siècle voit d'abord un retour vers la Méditerranée, qui avait été marginalisée depuis le XVIe siècle : l'expédition d'Égypte et la conquête de l'Algérie annoncent la reprise du *mare nostrum* romain. C'est bien la vision de Braudel, qui situe la colonisation dans la très longue histoire des rapports entre les trois civilisations de la mer intérieure : les tensions de l'Algérie française font écho au conflit entre Morisques et chrétiens de l'Espagne du XVIe siècle, voire à l'antinomie entre Puniques et Latins dans l'Antiquité. Henri Pirenne, dans la conclusion de *Mahomet et Charlemagne,* souligne que l'Europe tient l'Égypte mais s'inquiète de la fragilité de cette présence. Ailleurs, repoussée d'Amérique, l'Europe, suivant une Angleterre déjà installée en Inde, dans le Pacifique et en Australie, s'étend vers l'Afrique et l'Asie. Autre transformation de l'espace, la colonisation s'étend des côtes vers la profondeur des continents.

Mais les caractères nouveaux du XIXe siècle ne signifient pas qu'il y ait eu un vide entre les deux phases. La monarchie s'efforce de récupérer ses anciens territoires après la tourmente révolutionnaire. La timidité de la Restauration et de la monarchie de Juillet face à l'Angleterre, la nécessité de « digérer » l'Algérie, les préventions contre la colonisation ne sont pas contradictoires avec un impérialisme du libre-échange. Celui-ci s'intéresse aux routes maritimes, aux points d'appui et aux comptoirs qui les jalonnent, à la définition de zones d'influences, à l'ouverture de pays réfractaires telle la Chine. Cette expansion ne débouchait pas inéluctablement sur une domination politique directe. Les saint-simoniens, qui ont conçu un « système méditerranéen » et prévu le canal de Suez, prônaient ce qu'on appellera plus tard des sphères de coprospérité destinées à être « le lit nuptial de l'Orient et de l'Occident », ainsi qu'un syncrétisme des civilisations. Le second Empire, auquel ils ont fourni beaucoup de conseillers, développe la marine et progresse en Afrique et en Asie. Du côté anglais, Disraeli, très critique envers la colonisation, fait de la reine Victoria l'impératrice des Indes en 1876.

En écho, Ferry pense qu'une puissance ne peut pas être grande si elle ne colonise pas. Il l'explique dans son célèbre discours de 1885 sur le besoin de matières premières et de marchés et sur l'exportation de capitaux dont la France regorge. On est alors sous le coup de la plus grave dépression économique de l'histoire du capitalisme avant celle de 1929. Est-ce un hasard si la période impérialiste (le mot date de 1880) commence avec la recherche des moyens pour sortir d'une longue série de crises accumulées: défaite de 1870 face à la Prusse, guerre civile de la Commune, incertitude sur le régime politique, hantise de la décadence et Grande Dépression économique ? En moins de trente ans, l'Afrique est partagée et la plus grande partie de l'Asie colonisée ou sous contrôle à la veille de la Première Guerre mondiale. « Toute la terre habitable a été de nos jours reconnue, explorée, partagée entre des nations. L'ère des terrains vagues, des territoires libres est close. Il n'est plus un roc sans drapeau, un désert qui ne soit à quelqu'un. Le temps du monde fini commence », constate Valéry (*New York Herald Tribune*, avril 1928). En 1939, la Grande-Bretagne règne sur 450 millions d'âmes, la France sur 70 millions, les Néerlandais autant. En 1945, un tiers de la population mondiale est soumise à la domination coloniale européenne directe.

Cette nouvelle carte du monde ne s'est pas construite, bien évidemment, dans un consensus facile. Beaucoup ont mis en doute son intérêt. L'idée de la Plus Grande France a été contestée dans les années 1880 par les radicaux, par

Clemenceau et par la droite nationaliste: pour eux, l'horizon premier est la « ligne bleue des Vosges » et l'outre-mer détourne les énergies de la revanche. La fin de la première colonisation a entraîné un pessimisme constant. « Les colonies sont faites pour être perdues. Elles naissent avec la croix de mort au front », écrit Montherlant dans *le Maître de Santiago,* en 1947. On sait que la politique indochinoise de « Ferry-Tonkin », du « Sire de Fiche-ton-Kan », comme disent les chansons et les caricatures, a atteint un sommet d'impopularité. Et pourtant l'empire se met en place, s'organise sur le plan militaire et administratif, est l'objet de tous les soins d'un lobby colonial. Autour de Gambetta, on élabore un projet cohérent: l'expansion est indispensable pour compenser la défaite et préparer la revanche en tirant parti de la puissance acquise outre-mer, pour transformer une France très en retard sur ses voisins.

Les radicaux, puis les socialistes se rallient. Les communistes sont la seule force à mener épisodiquement des campagnes anticolonialistes, mais ils ne soutiennent pas les mouvements d'indépendance de l'outre-mer lors du Front populaire et à la Libération, c'est-à-dire quand ils se situent au cœur de la vie politique nationale. Quant à l'Église, il est significatif que ce soit le cardinal Lavigerie, primat d'Afrique, qui annonce en 1890 à Alger son « ralliement » à la République. La IIIe République, Vichy et la France libre, la IVe République – continuité qui doit être remarquée – ont lié leur destin à la colonisation. Les modalités de l'expansion posent cependant un problème. Les décisions ont souvent été prises dans la confidentialité des cercles d'initiés – qu'on pense à Ferry avançant ses pions tunisiens et indochinois en les cachant aux assemblées, à la fureur des élus. Conquérir le pays profond longtemps réticent a peut-être été plus difficile et moins réussi. Dans quelles conditions une culture coloniale s'est-elle développée, a-t-elle gagné la société, et dans quelles limites ?

Ces éléments conduisent à une constatation: étudiée dans le cadre d'un Hexagone, la société française ne gagnerait-elle pas à l'être comme une société impériale, un État-nation impérial, c'est-à-dire une société et un État qui devraient être examinés aussi à partir d'une perspective ultramarine et mondiale ? Une comparaison avec la Grande-Bretagne est intéressante à cet égard.

Y a-t-il des spécificités françaises ?

Au pays de Condorcet, on a du mal à admettre que « jamais l'Orient et l'Occident ne se rencontreront », que les droits de l'homme s'arrêtent à Suez, comme le soutenait Kipling. Alors qu'il parle du fardeau de l'homme blanc, on se réclame en France d'une œuvre civilisatrice. Si le philosophe Alain préfère la colonisation plutôt que le « Maroc aux Marocains », selon le slogan anticolonialiste de la guerre du Rif, c'est parce qu'il doute de l'existence de cette nation, et parce que – quand bien même elle existerait – il privilégie l'émancipation des individus. En cela, il est représentatif du gotha de l'intelligence française. Et il serait ridicule de n'y voir qu'un étalage de mauvaise foi justifiant l'exploitation coloniale. C'est bien cet universalisme à la française qui explique la difficulté pour l'anticolonialisme de s'imposer au sein de la gauche. Celle-ci ne voit pas dans les sociétés dominées des forces capables de proposer une alternative au modèle de progrès occidental porté par une colonisation lavée de ses abus, pour elle l'assimilation de ce modèle est l'avenir.

C'est cette attitude qui a prédominé jusqu'à la fin de la guerre d'Algérie. Seules des minorités dans la lignée de Montaigne, de Rousseau et des surréalistes ont refusé l'idée de la supériorité de la civilisation occidentale. Cependant, les luttes de libération et les décolonisations ont mis à mal ce que Jacques Berque appelait cruellement un « provincialisme de l'universel ». Les anticolonialistes ont instruit le procès de « la colonisation humaniste ». Sartre appelait à son « strip-tease », et *les Temps modernes* dénonçaient la « gauche respectueuse » par analogie avec la p… Au cœur de la lutte, cela se comprend. Aujourd'hui, il n'y a plus d'urgence, et pourtant la critique de la République colonialiste occupe le devant de la scène. Cela tient en partie à l'arrivée de jeunes chercheurs qui ont traversé les années SOS Racisme, de la « génération morale », d'autant plus attachée aux valeurs universelles des droits de l'homme que les grandes idéologies se sont effondrées.

Mais l'inflation actuelle de ce thème, qui risque de tenir lieu d'histoire de la colonisation, relève aussi d'une posture idéologique, d'une revanche posthume du tiers-mondisme des années 1960, de la mode de la repentance, ou de la critique des *post modern studies* de l'extrême gauche universitaire américaine.

Poser cette problématique au plan historique est au demeurant légitime, c'est prendre acte d'une évidence. Comment réfléchir au fait colonial et au fait républicain sans réfléchir à leurs liens ?

Par le droit, la République a construit, légitimé, organisé la colonisation, y compris contre ses propres valeurs. Et la colonisation a marqué la République, y a fait pénétrer ses catégories, a imprégné sa culture.

Sur un autre registre, on a longtemps opposé les méthodes coloniales britanniques et françaises. D'abord pour accuser les premières de verser facilement dans les massacres. Un Jules Verne, qui n'hésite pas à noyer les Touareg dans *l'Invasion de la mer* et à faire sauter les Senoussi quand ils dérangent

Mathias Sandorf, n'a pas de mots assez durs pour fustiger les Anglais. Il manifeste une compassion sans bornes pour leurs victimes, sa sympathie envers Nemo, qui appartient pour lui à la race supérieure des Aryens, il est vrai. Plus sérieusement, on a mis l'accent sur les différences entre un jardin à la française – avec son administration cartésienne, centralisée – et le jardin à l'anglaise – qui laisse une grande place aux traditions et aux élites indigènes. Cette distinction appelle des nuances.

Que le représentant de sa Gracieuse Majesté au Caire ait le titre de consul n'affaiblit pas son gant de fer. Et Londres, tout comme Paris, se débarrasse des souverains gênants, ou place ses tanks sous les fenêtres de Farouk pour l'obliger à signer la déclaration de guerre égyptienne contre l'Allemagne nazie. Quand l'Angleterre critique à la commission des mandats de la SDN la gestion française, insuffisamment respectueuse de la personnalité de la Syrie, c'est dans le cadre d'une rivalité pour l'hégémonie au Proche-Orient. Les décolonisations ont sans doute été plus précoces et plus habilement menées, moins violentes en Inde et en Égypte que du côté français, mais est-ce explicable par une psychologie des peuples ?

Ce n'est bien sûr pas l'insularité non plus qui ferait une race de marins et de conquérants. Il y a là un problème qui gagne à être posé de manière historique. La suprématie maritime britannique rend difficiles les routes françaises vers le Nouveau Monde. Alors qu'on a vendu des « arpents de neige » sous Louis XV et la Louisiane en 1803, que Haïti s'est libéré, la Révolution et la légende napoléonienne se construisent sur le continent et – après avoir rêvé un instant d'un destin transatlantique – échouent à traverser la Manche. Autre différence de taille : les Britanniques, qui émigrent massivement au XIXe siècle, ont peuplé l' Amérique du Nord, mais aussi l' Australie et la Nouvelle-Zélande. En l'absence de ces nouvelles France, sauf l'algérienne, le voisinage allemand, les trois guerres entre 1870 et 1940 sont centrales dans la culture nationale. Le cumul par Victoria de la couronne royale et de la couronne d'impératrice des Indes n'a pas d'équivalent en France.

De fait, l'outre-mer, les colonies sont surtout perçus comme une projection de la nation, comme la « Plus Grande France », expression dont le succès – alors que le terme empire peine à s'imposer – doit être pris en considération.

Cette Plus Grande France a disparu en moins de dix ans, et il n'en reste que des confettis, dit-on souvent avec amertume ou ironie.

Des sociétés postcoloniales ?

Le terme postcolonial, qui n'est pas encore dans les dictionnaires, vient des études américaines, beaucoup plus dynamiques que celles de l'école française. Il signifie que les sociétés hier coloniales et colonisées ont été – et sont – toujours profondément marquées par cette empreinte : rapports économiques et géopolitiques inégaux, obsessions et peurs réciproques, haines que l'Occident a semées au cours des siècles, profond sentiment d'impuissance des sociétés arabes, stéréotypes de la supériorité du Blanc sur « l'homme de couleur ». En effet, les traces, les mémoires de ce passé demeurent présentes.

Les processus amorcés par la période coloniale se poursuivent en s'amplifiant considérablement, telles les migrations. Aussi la tentation de percevoir le présent en fonction du passé est-elle forte. Une proportion importante de la société française a partie liée avec cette histoire qui passe mal : immigrés et leurs descendants, réfugiés, rapatriés, harkis, anciens du corps expéditionnaire en Indochine et du contingent en Algérie, citoyens des DOM-TOM. Des millions de « sans passé ». L'absence de reconnaissance officielle, dans un pays où la commémoration est une composante de la culture nationale, l'orchestration de l'amnésie des décolonisations par l'État, la marginalité dans les programmes scolaires sont un facteur de guerres de mémoires. Pourtant, les mutations du demi-siècle écoulé depuis les décolonisations, la gestion libérale de la fin des sociétés nées de la Révolution industrielle, les phénomènes de diasporas, les troubles des identités dans un monde de plus en plus transnational expliquent beaucoup plus la crise actuelle des banlieues que ce passé.

Si cela est évident, il reste à s'interroger sur les conditions et la portée de ce retour de mémoire. On peut distinguer des phases successives : celle de la bonne conscience et du triomphalisme colonial a été suivie par le refoulement de « la boîte à chagrins algérienne » (de Gaulle) et, avec elle, d'un passé dépassé. Cela explique la mise au placard d'objets du musée des Arts africains et océaniens, comme l'impossibilité d'un consensus sur une date officielle marquant la fin de la guerre d'Algérie. Mais d'autres facteurs jouent en sens inverse, de plus en plus fortement depuis les années 1980 : le succès du musée des Arts premiers, qui reprend et met en scène de manière nouvelle les collections de l'époque coloniale, celui de l'orientalisme pictural et littéraire, l'ouverture de nouveaux sites mémoriaux, la prise en compte de ce passé par le cinéma (*Chocolat, Indochine, Coup de torchon, Indigènes*...) expriment des changements d'attitudes. Va-t-on vers un apaisement ? Cette tendance se heurte aux rebonds des guerres de mémoires, à un travail de deuil inachevé. Pour Marc Bloch, « chaque fois que nos tristes sociétés, en perpétuelle crise de croissance, se prennent à douter d'elles-mêmes, on les voit se demander si elles ont eu raison de s'interroger sur leur passé ou si elles l'ont bien interrogé ». C'est la crise contemporaine en effet qui est déterminante. Quand Fanon était le chantre des lendemains meilleurs, dans *Peau noire, masques blancs,* c'est la libération du passé qu'il prônait : « Je suis un homme et c'est tout le passé du monde que j'ai à reprendre... Je ne veux pas chanter le passé aux dépens de mon présent et de mon avenir ». La situation actuelle, faute de perspectives d'avenir, risque de favoriser au contraire un enfermement des minorités dans un passé mythifié, reconstruit pour les besoins de telle ou telle cause. Une concurrence entre victimes, celles de la Shoah, celles de l'esclavage et du colonialisme ou des décolonisations, exigeant réparations matérielles et symboliques, menace de s'instaurer, pousse à une instrumentalisation du passé par des entreprises de mémoires. Pour la majorité silencieuse, dont l'attitude ambivalente mêle nostalgie du bon vieux temps, survivances des souvenirs prestigieux de la grande nation, mauvaise conscience, rancœur, sur fond d'ignorance, ces querelles ne favorisent pas un travail de deuil permettant d'intégrer la colonisation dans le devenir collectif. Les historiens pensent pouvoir y contribuer.

Au Sud, parler de sociétés postcoloniales ne doit pas non plus induire en erreur : la francophonie a quasiment disparu du Viêt Nam, la guerre américaine et la réunification ont considérablement relativisé ce passé. En Algérie, l'immense majorité de la population est née après 1962, et l'importance de la rente pétrolière et gazière relativise aussi le passé colonial. Cependant, la notion a le mérite d'attirer l'attention non seulement sur les conflits coloniaux, les nationalismes, mais aussi sur la façon dont la colonisation a été reçue. On a longtemps et légitimement prêté attention aux rejets, aux refus, aux résistances, mais il faut s'intéresser aussi à d'autres phénomènes. Il y a eu une succession d'États à l'intérieur de frontières demeurées le plus souvent les mêmes qu'à l'époque coloniale, dirigés par des élites formées au contact de la colonisation, contre elle mais aussi à son école. Par ailleurs, nous ne sommes plus dans le monde de nations que Zhou Enlai décrivait. Les sociétés indépendantes n'ont plus l'homogénéité que le discours nationaliste leur prêtait : revendications sociales, de genre, d'âge, affirmations individualistes le montrent.

Vivre dans la ville mondiale devient le sort de la majorité de la population. Partout, les changements renvoient à des interdépendances de plus en plus étroites. Aussi faut-il prendre au sérieux la façon dont on mange, on boit, on s'habille, on croit, les amusements, les loisirs et les fêtes. Le cricket anglais, indianisé, a fait l'objet d'un grand opéra « bollywood » et l'universalisation du football, né dans les grandes écoles britanniques, est un des faits majeurs de l'histoire mondiale. La généralisation du roman d'origine occidentale est un autre grand fait de l'histoire culturelle. À Alger, si le discours officiel répète le procès du colonialisme et ses outrances, dans une partie de la société, une France imaginaire idéalisée est opposée à la dureté du pouvoir et à la médiocrité de la vie. On fête le jour de l'An, les anniversaires; les islamistes ont dû renoncer à empêcher la consommation des bûches de Noël. La rumba a fait danser de Brazzaville à Paris et jazz, rai, rap font partie du paysage urbain mondial. Le succès du musée des Arts premiers traduit, de manière ambiguë, le sentiment de redécouverte des origines par le public, et non pas seulement une fascination envers la différence. Si ce n'est pas du « gibier d'historien », qu'est-ce donc ?

Ce que la colonisation a légué, souvent malgré elle, au Sud comme au Nord, est un défi qui peut être une richesse. La pluralité est trop souvent perçue comme une malédiction. Mouloud Feraoun a dit sa fierté d'être un ancien élève de l'École normale d'Alger, d'appartenir à une véritable « communauté franco-musulmane ». Mais Amrouche, Memmi et tous les métis des années de la décolonisation ont décrit leur condition comme une monstruosité condamnée par l'histoire. On n'a pas perçu alors la perte que cette attitude représentait, les démissions de tout esprit critique ainsi offertes aux partisans des fermetures identitaires. Il est temps de réexaminer ce dossier.

Autrement dit, par sociétés postcoloniales il faut comprendre des sociétés mondialisées. « Au fil des générations, les métissages sous des formes étonnamment diverses allaient façonner de nouvelles sociétés qui s'écarteraient autant des mondes indigènes que des modèles européens et africains ». Cette constatation de Serge Gruzinski et de Carmen Bernand, à propos de l'Amérique latine, a valeur générale et donne une signification majeure du fait colonial. Aussi est-il indispensable de l'inclure dans l'histoire de toutes les sociétés. Non seulement celle des métropoles, mais aussi celle des sociétés colonisées, de leurs civilisations, des transformations qu'elles ont subies et créées en réaction à la colonisation, car cette histoire est partagée. *Last but not least*, les problèmes de l'environnement, jusqu'ici négligés par les historiens de la colonisation, sont un héritage commun pour toutes les sociétés. Le mythe de la domination de la nature, qui s'est accompagné de destructions massives, les ruptures d'équilibre entre l'homme et son environnement, ont suscité des fragilités nouvelles, dont les conséquences se situent à l'échelle mondiale.

Cela exige un changement de point de vue et de perspective : il n'est plus possible de considérer le lien entre l'histoire et le roman national comme la clef de voûte de l'étude du passé.

CLAUDE LIAUZU

Temps forts

1789-1870

De l'empire d'Ancien Régime à la colonisation contemporaine

1830: débarquement à Alger; 1848: abolition définitive de l'esclavage; 1869: inauguration du canal de Suez. Ces trois faits donnent leur sens à quantité d'événements très disparates, à un désordre apparent: l'Europe pénètre de plus en plus profondément l'Afrique et l'Asie. Ses relations avec le vaste monde se transforment en fonction de celles de son économie et de la modernité, qui sont le ressort de sa puissance. Ces années sont une période de crise et de transition entre la fin de l'Ancien Régime colonial et l'âge de la grande poussée impérialiste.

Crise de l'Ancien Régime colonial

Après la perte du Canada (la Nouvelle-France) en 1763, la situation de la Louisiane est ambiguë puisque, devenue espagnole, elle reste en fait sous contrôle français avant de repasser officiellement sous souveraineté française en 1800 (traité de San Ildefonso), pour être finalement vendue aux États-Unis par Bonaparte aux termes du traité du 20 avril 1803. Ainsi, en 1789, le domaine colonial français proprement dit couvre un peu plus de 40 000 km^2 et est quasi exclusivement insulaire: Martinique, Guadeloupe, Saint-Domingue – qui est alors à l'apogée de sa prospérité et est la première productrice mondiale de sucre – Tobago, Guyane, mais également, dans l'océan Indien, Île de France (actuelle Maurice), Bourbon (actuelle Réunion), Seychelles et même Comores, qui entrent progressivement dans le giron colonial français. Mais le poids économique de ces « Isles à sucre » est bien plus grand que leur modeste superficie grâce à la traite des Noirs, aux produits tropicaux (sucre, café) et à l'exclusif*. La prospérité antillaise atteint des sommets et garantit l'excédent de la balance commerciale. Les historiens discutent de la part des Isles dans le développement du capitalisme.

Cependant, la Révolution accélère le déclin de l'Ancien Régime colonial aussi: les soulèvements d'esclaves prennent une ampleur nouvelle, alors que les guerres répétées contre la Grande-Bretagne, qui a la suprématie sur mer, réduisent les possessions françaises à une peau de chagrin. Malgré l'opposition des planteurs et des armateurs, l'esclavage est aboli dans toutes les colonies françaises le 4 février 1794 sous la pression des événements révolutionnaires de Saint-Domingue. En effet, à la suite de l'insurrection des esclaves menée par Toussaint Louverture*, l'abolition de l'esclavage est proclamée, localement, par les commissaires de la République de cette colonie dès 1793. Rétabli par le Premier consul Bonaparte – qui a le projet de reconstruire un grand empire colonial français dans les Amériques – en 1802, en Guadeloupe et en Guyane, malgré des résistances (notamment Delgrès* en Guadeloupe), il ne parvient pas à l'être à Saint-Domingue. Face à l'expédition Leclerc, la colonie s'embrase et entre en guerre contre les troupes françaises, qui sont vaincues. Le 1er janvier 1804, l'indépendance de l'île est proclamée par le général Dessalines. La première république noire est créée. En 1815, après la défaite de Napoléon, la France pourra récupérer une partie de ses possessions coloniales de 1789: la Martinique, la Guadeloupe, la Guyane et La Réunion.

Ces crises et échecs suscitent une double contestation, humanitaire et économique, d'inspiration libérale. «Il est impossible que les peuples d'Europe ne comprennent pas combien leurs colonies leur sont à charge», affirme en 1826 *le Traité d'économie politique de* Jean-Baptiste Say, parmi beaucoup d'autres, à la suite d'Adam Smith, Frédéric Bastiat, etc.

Les campagnes abolitionnistes s'intensifient à partir de 1834 (année de l'abolition en Angleterre), quand est créée la Société française pour l'abolition de l'esclavage. Enfin, la révolution de 1848 renoue avec 1794. Victor Schœlcher*, inlassable animateur de cette lutte, pousse le Gouvernement provisoire à prendre le décret émancipateur du 27 avril 1848. Triomphe de l'universalisme républicain? Les indépendances américaines, la crise due aux difficultés de plus en plus grande de la traite – illégale depuis 1815 –, les révoltes et les résistances des esclaves, la concurrence du sucre de betterave débouchent sur une réflexion antiesclavagiste mais non anticolonialiste. Ce qui est certain, c'est que la Ire République et la IIe ont étendu aux colonies le principe assimilationniste appliqué aux Juifs en 1791.

Lors des négociations de 1814 avec les vainqueurs de Napoléon, les diplomates se sont attachés à récupérer la plus grande partie de ce qui avait été pris par les Britanniques.

Retour de l'Europe sur la Méditerranée

L'aventure de Bonaparte en Égypte le 30 floréal an VI (19 mai 1798) a signalé un bouleversement durable des relations avec les voisins musulmans. L'entrée dans l'usage courant du nom « Méditerranée* » montre la place que prend cette région dans la géopolitique, mais aussi dans la culture. C'est la découverte d'une civilisation enfouie, grâce à l'égyptologie et au décryptage des hiéroglyphes, et l'organisation d'un nouveau domaine d'étude, avec l'orientalisme*, avec les enquêtes ethnographiques, dont *la Description de l'Égypte* en 19 volumes fournit le modèle. *Les Orientales,* de Victor Hugo en 1829 traduisent bien l'engouement romantique des poètes, des peintres comme Delacroix*, des voyageurs, et, plus généralement, le goût de l'époque. Mais la Méditerranée passionne aussi des faiseurs de systèmes tels les saint-simoniens*, qui rêvent de conjuguer l'âge industriel et la sagesse de l'Orient. Le séjour en Égypte et au Levant en 1833 des disciples d'Enfantin contribue au mûrissement du projet de Suez* et les prépare à jouer un rôle de médiateurs – médiation facilitée par la conversion à l'islam de certains, tel Urbain*. L'Occident fascine tout autant l'Orient: Méhémet-Ali, le pacha modernisateur de l'Égypte (1805-1848), envoie un premier contingent d'étudiants à Paris. D'autres suivront, faisant du voyage en Europe un itinéraire vers la Nahda*.

Mais la modernité bouleverse au profit de l'Occident des rapports de forces qui étaient restés à peu près équilibrés depuis le XVIe siècle. L'expédition d'Alger en fournit une illustration. Les prétextes, le «coup d'éventail» et la course barbaresque, ne sont guère crédibles. Et l'opinion française, qui y voit surtout une occasion, pour une monarchie impopulaire, de redorer son blason, n'est ni dupe ni enthousiaste. Rien de tout cela n'annonce une conquête qui a été à la fois hésitante – puisque la décision de rester n'a été prise qu'en juillet 1834 et celle de l'occupation totale qu'à partir de 1840 –, longue et difficile. Abd* el-Kader se rend le 23 décembre 1847, mais c'est seulement en 1870 que la défaite du soulèvement dirigé par El Mokrani* marque la fin de la résistance armée. C'est une France en pleine croissance démographique, où la conscription fournit plus de 100 000 hommes pour l'Algérie (plus que les effectifs mobilisés par Abd el-Kader), gouvernée de manière centralisée, qui affronte des combattants réunis par le mythe de la guerre sainte, mais divisés en fonction de leurs appartenances tribales, confrériques et ethniques. Ainsi le débarquement français a-t-il été le signal d'un soulèvement des autochtones contre les Turcs. Selon Saint-Arnaud, «chaque tribu est un peuple qui agit selon ses passions, et dont la tribu voisine est souvent l'ennemie mortelle. Si l'Afrique entière se soulevait comme un seul homme, malgré les bavards qui disent qu'il n'y a pas de population, nous serions bien vite acculés à la mer.» Barbarie des méthodes d'une guerre où l'ennemi n'est pas seulement la troupe adverse mais une société tout entière, qu'il faut traiter – selon les préceptes de Bugeaud –, en «ravageur», dont il faut détruire les assises, les récoltes, les plantations, les troupeaux, les domaines, qu'il faut soumettre ou massacrer. En Algérie se forge progressivement une «armée d'Afrique». Les conquêtes ne sont pas qu'une affaire lointaine: elles favorisent le racisme en métropole. Pourtant, les choses sont plus complexes. Abd el-Kader, ennemi valeureux et vaincu loyal, a pu devenir une grande figure de l'imaginaire français. Et le second Empire cherche à promouvoir un «Royaume* arabe».

Autre grande entreprise méditerranéenne, le canal de Suez, dont l'inauguration est l'un des événements majeurs du siècle. De Lesseps aboutit grâce à l'amitié personnelle du khédive et à l'appui de Napoléon III*. Les Britanniques, qui ont essayé de s'y opposer, n'y participent pas. Dix ans de travail, une armada d'ouvriers et d'ingénieurs européens – mais aussi 120 000 fellahs soumis à la corvée, dont des milliers sont morts d'épuisement ou de malaria, ce qu'on néglige souvent de rappeler – ont abouti au dragage d'un chenal de 160 km de long, 40 à 80 m de large et 8 de profondeur, soit la masse de 200 grandes pyramides. Les fêtes de 1869 exaltent la grandeur de la civilisation occidentale et le génie français. L'exploit est également financier, la compagnie de Suez ayant placé ses actions en France ainsi qu'auprès du souverain égyptien. C'est la part de ce dernier, réduit à la banqueroute, que l'Angleterre rachètera. Les profits considérables – les recettes seront multipliées par 87 entre 1870 et 1927 et les dividendes par 636 ! – échapperont donc à l'Égypte. Si les saint-simoniens s'enthousiasment, Adolphe Thiers, plus réaliste, voit dans le canal un facteur de guerres à venir. Près d'un siècle plus tard, la nationalisation annoncée dans le grand éclat de rire de Nasser lavera l'humiliation égyptienne.

Mais, pour l'heure, se pose la question* d'Orient. « L'homme malade de l'Europe », l'Empire ottoman, succombe, sous l'effet des soulèvements chrétiens des Balkans et de la pénétration – économique d'abord, puis de plus en plus directement politique – des puissances. Ses tentatives de modernisation militaire et technique exigent des emprunts auprès des banques étrangères qui le conduisent à la ruine. Selon un scénario bien réglé, répété en Tunisie en 1867 et en Égypte, les revenus budgétaires sont placés sous le contrôle des intérêts européens, étape préparant une mainmise politique.

Jalons en Afrique et en Asie

Le continent noir est parcouru par les explorateurs français et britanniques surtout. René Caillié parvient à Tombouctou* en 1828. Au milieu du siècle, sous l'impulsion de Faidherbe*, l'avancée se fait essentiellement au Sénégal* à partir des anciennes possessions côtières Ailleurs, il n'y a encore que quelques comptoirs et postes dans le golfe de Guinée. Libreville est fondée en 1849 au Gabon.

Dans le Pacifique*, les Marquises* et Tahiti sont acquises en 1843, la Nouvelle-Calédonie* en 1853. Dans l'océan Indien, Mayotte* l'est en 1843.

En Asie, la présence française, réduite à quelques comptoirs* en 1814, fait pâle figure à côté de la Grande-Bretagne, dont la reine Victoria est proclamée impératrice des Indes en 1876. Le Japon doit accepter au milieu du siècle une série de traités avec les puissances étrangères. Cependant, à compter de 1868, l'ère Meiji (Lumières) lui a permis d'engager des réformes empruntant à l'étranger tout en préservant son identité et de s'affirmer conquérant à son tour. Ce miracle japonais tranche sur la décomposition de l'empire du Milieu, victime d'une curée. L'Angleterre mène le jeu dans les guerres de l'opium (XIXe-XXe siècle). Le palais d'Été de Pékin est mis à sac par les troupes françaises et britanniques en 1866. On peut rappeler les moments du scénario : pression en vue d'obliger les pays de l'Asie orientale à accepter l'ouverture à l'Occident, agression militaire en cas de résistance, exigence d'indemnités exorbitantes au titre de « réparations » à chaque défaite, traités imposant concessions territoriales, franchises douanières, exceptions judiciaires et mainmise des monopoles étrangers sur l'exploitation des richesses minérales.

Dans ce contexte, la péninsule indochinoise est progressivement dominée. Contrairement à l'image qu'en donne l'historiographie coloniale, le Viêt Nam n'est pas un pays délibérément coupé du monde. C'est pour échapper à la pénétration occidentale, quand le rempart chinois ne peut plus jouer son rôle, que le pays se ferme et persécute les missionnaires chrétiens. Leur protection est le prétexte de l'intervention de la France, qui bombarde Danang en 1856, prend Saigon en 1858, occupe le sud du royaume et impose son protectorat au Cambodge* en 1863. La marine* est l'acteur des avancées en Extrême-Orient et sur les océans.

Tout cela ne doit cependant pas laisser croire à une politique d'expansion suivie et planifiée. La monarchie de Juillet, soucieuse de ne pas déplaire à l'Angleterre et très réticente sur ce point, réprouve les initiatives telles que l'annexion de Madagascar* en 1844. Napoléon III a consacré plus d'énergie au Mexique qu'à l'Afrique, où les grands projets d'extension vers le Niger de Faidherbe sont désavoués, mais où un protectorat est signé en 1863 avec le roi de Porto-Novo dans le golfe de Guinée. La période suivante voit l'accélération des conquêtes. Il n'est pas difficile de voir de manière de plus en plus nette les signes précurseurs de la poussée impérialiste des années 1880.

Les années 1880

L'âge de l'impérialisme

Avec l'échec du second Empire au Mexique, la défaite face à la Prusse, la Commune puis la difficile naissance de la IIIe République, les initiatives coloniales subissent un temps d'arrêt. L'arrivée au pouvoir des républicains « opportunistes » leur donne un nouvel élan, au point qu'il est convenu de considérer la période ainsi ouverte comme l'âge de l'impérialisme.

Débats sur l'expansion

En 1881, le traité du Bardo impose le protectorat* français à la Tunisie* ; en juin 1882, l'Égypte est occupée par les Anglais; en août 1883, l'Annam* est placé sous protectorat. En 1887, l'Union indochinoise regroupe les possessions de la péninsule, le Laos* s'y ajoutant bientôt. Le dépeçage de la Chine se poursuit. Le « scramble » (la mêlée) dépeçant le continent noir s'accélère, à l'exception de l'Abyssinie (nom donné par les Européens à l'Éthiopie), qui inflige à l'État italien la défaite d'Adoua en 1896. Madagascar* est annexée avec l'accord de Paris cette fois en 1896. Dans l'océan Indien et le Pacifique, de nouveaux établissements jalonnent les routes: Djibouti* en 1898, les archipels de la Polynésie orientale réunis à Tahiti, Wallis-et-Futuna* à la Nouvelle-Calédonie*.

Il faut rendre à Gambetta son rôle d'initiateur. La colonisation, indissociable du régime politique le plus stable depuis 1789, est partie intégrante du projet de redressement national après la défaite de 1870. Le célèbre discours du 28 juillet 1885, où Ferry* présente ce qui deviendra la vulgate de l'impérialisme, se réfère en particulier à cette nécessité. Ce sont des républicains qui organisent la Plus Grande France: Paul Bert*, Jean-Marie de Lanessan*, Gallieni*, Auguste Pavie*, Paul Doumer*, Eugène Étienne*, Paul Cambon... Ils font progresser l'idée coloniale, formulée dès le second Empire. La théorie se précise en particulier avec le livre (cinq fois réédité entre 1874 et 1908) de Paul Leroy-Beaulieu*, *De la colonisation chez les peuples modernes*. Ce sont encore des républicains qui, à la même époque, placent la notion de race au centre de l'anthropologie*.

Droite et gauche ont été associées dans l'expansion coloniale même si, au début des années 1880, les radicaux s'opposent à Ferry, pour des raisons de principe, et plus encore parce qu'ils donnent la priorité à la rivalité franco-allemande en Europe. Contre quoi Gambetta souligne que la politique coloniale est une politique de « fierté nationale ». Ferry* le répète: « Il fallait couper court à la légende qui s'accréditait de par le monde d'une France résignée et démissionnaire vouée depuis ses désastres à une retraite contemplative et impuissante. La France ne se résignerait pas de gaieté de cœur à jouer dans le monde le rôle d'une grande Belgique. » « La politique de recueillement ou d'abstention c'est tout simplement le grand chemin de la décadence. » « La politique coloniale a été une politique de foi dans la France, de foi dans sa grandeur, de foi dans la patrie. » « Vous voulez fonder un empire dans l'Indochine, nous voulons fonder une République », reproche Clemenceau* : c'est pourtant lui qui préface *À la conquête des cœurs,* de Pavie.

Aussi faut-il relativiser la chute de Ferry le 28 mars 1885, qu'on a interprétée comme la preuve d'une forte opposition à l'expansion: à l'occasion d'incidents de frontière avec la Chine, une colonne française est attaquée à Lang* Son, et l'officier commandant cette colonne ordonne une retraite précipitée. La nouvelle donne lieu à la rumeur d'un désastre militaire, qui est à l'origine de la mise en minorité de Ferry. Aux élections d'octobre 1885, pour des raisons qui dépassent largement l'Indochine, les monarchistes et les radicaux l'emportent, et les crédits pour le Tonkin ne sont votés que par trois voix de majorité en décembre! Mais, si « Ferry-Tonkin » atteint des sommets d'impopularité, la lointaine péripétie a surtout été une opportunité, exploitée à des fins de politique intérieure par une coalition des extrêmes. Cette année 1885 est l'occasion de deux grands débats, en juillet et décembre, qui, au-delà de la conquête de Madagascar et de l'Indochine, posent les problèmes fondamentaux de l'expansion, Ferry soutenant que « la politique d'expansion coloniale est le mobile général qui emporte [...] toutes les puissances européennes » et Clemenceau et Pelletan* défendant le point de vue radical, hostile. Cependant, 1885 est aussi l'année de la conférence de Berlin* ; en 1887, un sous-secrétariat d'Etat aux Colonies est confié à Eugène Étienne, en 1889 l'École coloniale ouvre.

Aux élections de 1893, seuls vingt-huit députés ont présenté à leurs électeurs une profession de foi anticolonialiste. Fait chargé de sens, c'est le cardinal Lavigerie*, archevêque d'Alger et grande figure missionnaire, qui annonce le ralliement de l'Église à la République en 1890. Une sorte d'union sacrée autour de l'empire s'instaure, Gambetta lui-même soulignant que l'anticléricalisme n'est pas un article d'exportation outre-mer. Un « parti colonial », dépassant les clivages droite-gauche, se constitue. En 1902, un radical devient ministre des Colonies pour la première fois. La conquête du Maroc* est approuvée par 460 voix contre 79 seulement en juin 1912.

Une expansion tous azimuts

Tout cela traduit une transformation en profondeur. L'expansion n'est plus seulement le fait de quelques groupes de spéculateurs désireux de faire une bonne opération, d'officiers en mal d'aventures ou de missionnaires en quête d'âmes. Ils sont certes à l'œuvre dans les affaires tunisienne ou indochinoise, ainsi que dans la conquête du Soudan*, qui est le théâtre d'un impérialisme militaire traditionnel, mais les intérêts en jeu les dépassent. Les rivalités franco-britannique en Égypte et au Soudan ou franco-italienne en Tunisie* sont des exemples de tensions résultant des heurts entre impérialismes.

La formule de Bismarck conseillant à la France de « cueillir la poire tunisienne » dit assez la situation du pays, mis en coupe réglée par des affairistes étrangers avec la complicité d'une partie de la cour. La banqueroute atteint 160 millions de francs, alors que les revenus de l'État ne dépassent pas 11 millions par an. Une commission internationale, qui prend le contrôle de la moitié des ressources budgétaires, est mise en place en 1869 et devient un véritable cheval de Troie des intérêts européens. Les efforts du grand ministre Khayr ad-Dîn, qui entreprend de redresser le pays, échouent. Ayant obtenu Chypre du sultan en échange de son aide contre les appétits russes, et guignant l'Égypte, l'Angleterre se désiste au profit de la France, que Bismarck espère détourner des provinces perdues.

Avec l'Italie récemment unifiée en 1870, éprise de grandeur nationale, qui met en avant son émigration, la rivalité est aiguë. Considérant la Méditerranée* comme son espace d'expansion, elle dispose en Tunisie d'appuis particuliers, les «Livournais» – juifs chassés d'Espagne, que le duc de Toscane a accueillis au XVIe siècle –, qui ont constitué un réseau de commerçants dans les ports méditerranéens. Très influents à la cour beylicale, ils sont animés par un patriotisme sourcilleux. Ces tensions suscitent des réactions xénophobes dans les deux pays et rebondiront sous le fascisme. Mais, dans les années 1880, les deux impérialismes ne pèsent pas le même poids. Les capitaux français, où Marseille* a une grande part, l'emportent dans les concessions de grands travaux et les acquisitions de terres. En dépit d'une forte opposition parlementaire, Gambetta et Ferry franchissent la frontière algérienne, et le bey doit signer le 12 mai 1881 le traité du Bardo. Un soulèvement dans le centre et le sud du pays est brisé en quelques mois.

Quant au Viêt Nam*, il entre dans une période critique sous le règne de Tu Duc (1847-1883). La question du Tonkin*, que soldats, pirates annamites et rebelles ont mis en coupe réglée, se pose dans le cadre d'une rivalité franco-britannique pour accéder à la Chine du Sud par voie fluviale à partir du delta du fleuve Rouge. Selon un scénario banal, un commerçant et aventurier – Jean Dupuis – obtient le soutien des militaires et de l'amirauté contre l'empereur d'Annam, sans que Paris soit clairement informé. En 1873, avec 200 fusiliers marins seulement, Francis Garnier entre dans notre légende dorée en s'emparant de Hanoi, malgré les milliers de soldats qui la défendent. Mais il est tué peu après, et sa tête promenée dans tout le pays par les Pavillons noirs, qui entrent eux aussi pour cela dans notre légende noire. Le Tonkin doit être évacué au terme du traité de Saigon, dit traité Philastre (1874). Dix ans plus tard, une deuxième initiative aboutit à la crise de 1882-1885: nouvelle prise de Hanoi en 1882 suivie par la mort du commandant de l'expédition, Henri Rivière, au même endroit que son prédécesseur! Ferry élabore un programme visant la totalité du Viêt Nam. Il impose en 1883 à l'Annam un protectorat comparable à celui de la Tunisie, qui place sous contrôle direct la Cochinchine* au sud et le Tonkin au nord. La Chine, battue à plusieurs reprises, perd sa suzeraineté sur le Viêt Nam. Il faudra plus de dix ans encore – de 1885 à 1896 – pour que Gallieni* et ses successeurs imposent la paix française contre la résistance à la conquête, le Can* Vuong. La stratégie de pacification utilise les minorités ethniques, les chrétiens et les partisans de la collaboration autour du roi Dong Khanh, intronisé par la volonté de la France en juillet 1885. Sous le désordre apparent, cependant, une volonté tenace d'expansion se traduit par la création de l'Union indochinoise. Seul le Siam échappe à l'impérialisme, en faisant fonction d'état tampon entre la Birmanie britannique et l'Indochine française; mais, en contrepartie, entre 1893 et 1907, il cède des territoires de l'est du Cambodge et de la rive droite du Mékong à la France et des principautés malaises et musulmanes à la Grande-Bretagne, désormais maîtresse de la péninsule malaise dans sa quasi-totalité.

Ces années sont celles de la grande dépression économique (1873-1897), dont certains auteurs font un facteur d'impérialisme. Est-ce un hasard si Gambetta place les colonies sous l'autorité du ministère du Commerce en 1881 et si en 1887 l'outre-mer est lié dans une union douanière avec la métropole ?

Les conquêtes se développent dans toutes les directions. En raison de l'importance prise par les affaires africaines, l'Europe s'efforce d'organiser cette course lors de la conférence de Berlin*. Les quatorze puissances signataires s'engagent à combattre la traite qui prospère à Zanzibar et alimente un trafic d'hommes dans une grande partie du continent. Mgr Lavigerie voit là une occasion propice à l'expansion du catholicisme, mais les États cantonnent ses ambitions et organisent eux-mêmes un congrès antiesclavagiste à Bruxelles en novembre 1889, afin d'apporter les « bienfaits de la paix et de la civilisation » à l'Afrique*. Le bassin – conventionnel – du Congo est défini comme une zone de libre-échange dans laquelle aucun pays européen n'aura de position privilégiée. Des critères sont définis pour le partage en devenir. Humanitarisme, accommodements avec les besoins en hommes de la colonisation et bonnes relations à préserver avec les négriers, intérêts commerciaux se combinent dans les actions des principaux pays. D'autres accords entre puissances ont pour objectif de mettre un peu d'ordre. Le 5 août 1890, Français et Britanniques délimitent leurs zones d'influence, ce qui permet la jonction entre les possessions du haut Niger et du Congo* par le Tchad*. Une convention du 4 février 1894 applique les mêmes principes à la frontière entre Congo et Cameroun allemand.

En Afrique de l'Ouest, les avancées de Faidherbe sont prolongées et conduisent à un affrontement avec les empires esclavagistes d'Ahmadu, fils d'El Hadj Ummar*, et de Samory jusqu'en 1898. Au Dahomey, la résistance de Béhanzin* est écrasée en 1894. En 1900, au Tchad, s'opère la jonction des expéditions parties d'Algérie, du Niger et du Gabon contre Rabah. Au Sahara, le général Joffre entre à Tombouctou*. À la charnière des deux siècles, donc, l'essentiel des opérations de conquête a abouti. Cependant, la confrérie Sanoussiyya, solidement implantée en Libye, s'opposera à l'avancée européenne jusqu'à ce que les Italiens l'écrasent, dans les années 1930.

Cette ruée sur l'Afrique est marquée en 1898 par une grave crise, quand se rencontrent à Fachoda, au Soudan, la mission Marchand*, destinée à étendre l'influence française vers l'Est à partir de l'Afrique occidentale, et les troupes britanniques descendant de l'Égypte vers le sud.

Madagascar* est longtemps épargnée grâce à la rivalité entre la France et l'Angleterre, entre les missions catholiques et protestantes. Ces dernières gagnent l'âme de la reine. Mais les colons de La Réunion* poussent à la conquête de la Grande Île. Un traité en décembre 1885 reconnaît la prépondérance française, qui est interprétée comme un protectorat à Paris. Londres l'admet en 1890. En 1894, le refus de la souveraine d'accepter cette tutelle entraîne le vote – par 377 voix contre 143 – de crédits conséquents pour une expédition. La campagne est coûteuse en hommes, en raison de l'impréparation des troupes de terre, le ministère de la Guerre cherchant à supplanter la marine*. Les fièvres emportent 7 000 des 18 000 soldats du corps expéditionnaire, contre 25 morts au combat ! Madagascar est annexée par un décret du 11 décembre 1895, puis rattachée au ministère des Colonies. Reste à pacifier l'île, ce à quoi vise la nomination de Gallieni, fort de son action en Indochine. Il exile la reine et abolit la monarchie dès 1897.

1906-1914

Conquête du Maroc et éveil de l'Orient

Le Maroc* est l'un des derniers espaces libres. La diplomatie française négocie avec la Grande-Bretagne et l'Italie leur désintéressement et laisse à Madrid le nord du pays. Mais à Tanger, le 31 mars 1905, Guillaume II dit sa volonté de voir « un Maroc libre... ouvert à la concurrence pacifique de toutes les nations » et impose une conférence internationale à Algésiras* début 1906.

Le Maroc, perle de l'empire

En 1907, la France occupe Casablanca et Oujda. Menacé par un soulèvement d'une partie de la population en 1911, le sultan appelle au secours l'armée française. Nouvelle tension, le *Panther* allemand croise devant Agadir, et les esprits s'enflamment de part et d'autre du Rhin. Un compromis est passé, une partie du moyen Congo étant cédée à l'Allemagne pour permettre au Cameroun allemand un accès au fleuve.

Cette mainmise sur le Maroc a été l'œuvre du parti colonial associant des militaires – dont le colonel Lyautey*, habile en incursions à partir du Sud oranais –, les colons français d'Oranie qui servent de tête de pont - avec le soutien d'Eugène Étienne* et du Comité du Maroc, créé en 1903 –, et des intérêts financiers menés par la Banque de Paris et des Pays-Bas. Certains historiens y voient une illustration de la thèse présentant l'impérialisme comme la phase où le capitalisme financier et bancaire prend le pas sur les intérêts industriels, ici le groupe Schneider, qui est évincé.

L'empire colonial français en 1914

	Superficie	Population
Afrique		
Algérie	2 899 97	15 231 850
Tunisie	120 000	2 000 000
Maroc	500 000	3 372 000
Afrique occidentale	3 913 250	8 811 849
Congo français	1 733 888	3 652 000
Côte des Somalis	120 000	8 061
Mayotte et Comores	2 168	96 314
Madagascar	585 533	2 701 081
Réunion	2 510	177 677
Île Saint-Paul	7	
Île Nouvelle-Amsterdam	66	
Kerguelen	3 414	
Asie		
Établissements français de l'Inde	513	277 723
Indochine	803 054	16 317 246
Pacifique		
Nouvelle-Calédonie	19 823	55 886
Îles Wallis	96	6 000
Îles Horne	159	
Établissements français de l'Océanie	4 140	29 000
Clipperton	6	
Amérique		
Saint-Pierre-et-Miquelon	242	6 482
Guadeloupe et dépendances	1 603	190 273
Martinique	988	182 824
Guyane	88 240	32 908
Total général	**10 799 938**	**43 149 174**

(Source : Jacques Thobie, Gilbert Meynier, Catherine Coquery-Vidrovitch, Charles-Robert Ageron, *Histoire de la France coloniale (1914-1990)*, Armand Colin, 1990, p.8)

Lyautey, nommé résident général, entre à Fès et le 28 mai Moulay Hafid doit abdiquer en faveur de son demi-frère Moulay Youssef, plus docile. Les soulèvements des Berbères du Rif et du Moyen Atlas, qui encerclent la capitale, puis du Sous, sous la conduite d'un *mahdî* qui se fait proclamer sultan à Marrakech, sont les premières manifestations d'une série de résistances armées qui ne seront réduites qu'en 1934. Le monde et le temps paraissent alors appartenir à l'Occident. Pourtant, ces avancées suscitent un «éveil de l'Orient».

L'éveil de l'Orient

La révolution perse de 1905, la prise du pouvoir par les Jeunes-Turcs en 1908, la révolution chinoise avec la naissance de la république dirigée par Sun Yat-sen en décembre 1911 sont des faits sans précédents. La défaite de la Russie face au Japon en 1905 est perçue comme une mise en cause de la supériorité blanche. Même si la victoire de l'Éthiopie contre l'Italie à Adoua n'a pas la même portée, il est difficile de considérer l'Orient et l'Afrique comme des masses inertes.

Ces chocs ont favorisé en Europe les interprétations en termes de guerre des races, de menaces que les immensités asiatiques font peser sur l'Occident. Le péril jaune, le panislamisme suscitent une littérature abondante.

Seuls quelques intellectuels et socialistes sont attentifs à ces nouvelles dynamiques. C'est le cas de Lénine, qui prêche pour la prise en compte des solidarités entre les luttes du prolétariat occidental et les luttes nationales. Mais la majorité de la IIe Internationale a une vision eurocentriste et ne se mobilise guère contre la colonisation, ou bien y adhère. Jaurès* fait exception, qui demande à la Chambre le 28 juin 1912 qu'on ne néglige pas «cette autre force qui s'éveille [...] tous ces peuples de toutes les races, jusqu'ici inertes ou qui le paraissaient, qui semblaient, pour nous, à travers notre tourbillon d'agitations européennes, couchés dans un sommeil éternel et qui, maintenant, se réveillent, réclament leurs droits, affirment leurs forces, races de l'Afrique, races de l'Asie».

Les ébranlements atteignent déjà une partie de l'empire. En Indochine*, l'abandon des tentatives d'associer à la colonisation la monarchie et les mandarins après 1894 favorise une opposition. Les transformations du Japon et de la Chine, le modèle français incitent les intellectuels à s'engager plus hardiment dans la voie du *Duy Tan** (Pour la modernisation). Le système d'enseignement franco-indigène, qui généralise l'usage du *quôc-ngu**, a été un élément clef. Un intense travail de réappropriation des références occidentales et d'élaboration d'une culture nationale enrichit le vocabulaire politique – ainsi *aï quoc*, «patriotisme», dont Hô Chi Minh* fera son nom. Une génération émerge, dont les figures de proue, Phan* Boi Chau et Phan Chau Trinh, ouvrent des perspectives entre panasiatisme et tentation de l'Occident, priorité au nationalisme et compromis réformateur avec la colonisation, centralisme étatique et libération de l'individu. Certes, ces débats ne concernent qu'une mince élite de quelque 2 000 lettrés, mais ils prennent une tournure politique quand se fait jour une opposition de la cour et d'une partie du haut mandarinat à la déposition du roi Thanh Thai en 1907. Cette opposition converge avec une poussée de protestations populaires contre un alourdissement de l'impôt et de la corvée, qui tournent par endroits à l'émeute, et les partisans de la lutte armée cherchent à en tirer parti. La mobilisation est brisée par la répression, comme le seront les nouvelles tentatives pendant la Première Guerre mondiale. Les autorités coloniales frappent durement les nationalistes mais aussi les réformistes.

Une campagne de dénonciation, menée par la presse anarchiste, la Ligue* des droits de l'homme et la SFIO, est appuyée par une importante intervention de Jaurès sur l'impôt en Indochine et les compagnies concessionnaires du Congo*, et par un rapport de Maurice Viollette* très critique envers l'administration indochinoise, tandis que Paul Louis publie *le Colonialisme,* un pamphlet dont le titre fera long feu. La Chambre approuve le principe d'une « participation consultative » des indigènes à la gestion de l'Indochine, et Albert Sarraut* est nommé gouverneur général de 1911 à 1914, puis de 1917 à 1919, pour engager des réformes.

La comparaison avec la Tunisie* permet de dégager des lignes de force analogues. Même vent nouveau, venu de la révolution turque, de la révolution constitutionnaliste en Iran et des nationalistes égyptiens. Un mouvement jeune* tunisien rassemble des intellectuels à la fois de formation française et de formation traditionnelle attachés à la modernisation. En 1905, un livre publié à Paris en langue française (car il n'aurait pu l'être en langue arabe à Tunis, où il aurait fait scandale !), *l'Esprit libéral du Coran,* par Abdelaziz Thaalbi*, défend les idées réformistes venues du Caire, tout en offrant l'originalité d'être cosigné par deux auteurs juifs. Autre analogie avec l'Indochine, ce mouvement est confronté à une vigoureuse poussée populaire par rapport à laquelle il doit se déterminer. En 1911, le projet d'immatriculation par la municipalité du cimetière musulman du Djellaz, où repose le saint patron de Tunis, est à l'origine d'une émeute, qui est le premier grand affrontement depuis 1881. L'année suivante, un boycott de plusieurs mois vise les tramways, symboles de la domination coloniale sur la capitale, à la suite d'un accident dont est victime un enfant. Comme en Indochine, la répression est sans faiblesse, et les Jeunes Tunisiens se divisent : les tenants de l'épreuve de force sont expulsés et les modérés incités à se cantonner dans une attitude positive. La stratégie coloniale consiste à empêcher toute convergence entre milieux populaires et élites, de façon à priver celles-ci des moyens d'actions autres que la sollicitation et ceux-là d'une direction à même de dépasser le niveau de l'émeute vouée à l'échec. Les Jeunes Algériens, eux, en raison de leur faiblesse, jouent la carte du réformisme colonial. En 1911, ils soutiennent le projet de conscription des indigènes et demandent en échange la diffusion de l'enseignement, la fin des inégalités juridiques entre colons et colonisés et une extension de leur représentation politique, car les musulmans ne constituent que le quart des élus municipaux. Mais les colons bloquent toute velléité de changement.

1914-1918

La Première Guerre mondiale et l'empire

Le 14 juillet 1913, les soldats venus de l'empire sont largement associés aux célébrations de la fête nationale, comme pour rassurer au moment où la guerre s'annonce en Europe. La France a, pour des raisons démographiques, précocement utilisé les colonisés pour sa défense. Ainsi, les tirailleurs algériens, les « Turcos », ont participé à la guerre de 1870, s'illustrant notamment à la bataille de Frœschwiller.

La « Force noire », tirailleurs et travailleurs : l'apport de l'empire

En 1914, l'état-major dispose des troupes coloniales et de l'armée d'Afrique stationnée au Maghreb – un peu moins d'une centaine de milliers d'hommes, des engagés pour la plupart. En effet, la conscription n'est introduite que tardivement et avec beaucoup de prudence dans les colonies. En 1914, sur les 29 000 hommes que compte l'armée d'Afrique, moins de 4 000 sont des appelés. En A-OF, le service militaire est limité à 1 ‰ en moyenne. En Indochine, l'appel ne concerne que des contingents symboliques. Le colonel Mangin dans *la Force noire* en 1910, défendait l'idée que l'armée pouvait trouver parmi les populations « guerrières » les troupes de choc qui, selon les stratèges de l'époque, devaient gagner la bataille décisive. À cet argument militaire, il en ajoutait un autre : l'expérience ferait de ces hommes des auxiliaires dociles de la colonisation et des agents actifs de la transformation de leurs sociétés. Leur emploi était aussi un moyen de préserver le sang français. Mais l'idée est loin de séduire les responsables militaires. C'est sur une initiative du gouverneur général de l'A-OF que les premiers combattants sont envoyés en métropole. Cependant, en se prolongeant, le conflit pousse à se tourner de plus en plus vers les colonies, pour y trouver les hommes qui commencent à manquer sur le front, et une campagne de recrutement est organisée chaque année en A-OF, ainsi que des levées de porteurs. Entre 535 000 et 610 000 soldats ont été mobilisés dans l'empire. Cette contribution représente environ 10 % du total des troupes françaises. Si l'Afrique occidentale et le Maghreb sont largement sollicités, Madagascar, l'Indochine et l'A-EF ne sont que des pourvoyeurs marginaux, en raison de l'éloignement, de la crise des transports maritimes ou encore du peu de ressources humaines.

On recrute aussi un grand nombre de travailleurs, jusqu'en Chine. En 1916, le gouvernement crée un service d'organisation de la main-d'œuvre, doté du monopole du recrutement. Il fait venir environ 220 000 hommes, renforcés par 80 000 ouvriers auxiliaires, mobilisés directement par les armées. Les Maghrébins représentent à eux seuls plus de la moitié des effectifs. Le dixième des jeunes Annamites est requis pour le front ou les usines.

En outre-mer, les tirailleurs participent à deux campagnes contre les colonies allemandes du Togo et du Cameroun. La première se termine par la capitulation des Allemands dès le 25 août 1914. La seconde s'étend jusqu'en février 1916, avec des opérations que le terrain rend très difficiles. Elles montrent un autre aspect, trop souvent négligé, le recrutement massif de porteurs*, environ 100 000. L'A-EF, qui fournit peu de soldats, est largement mise à contribution. C'est en Europe et sur le front d'Orient que la participation des coloniaux est la plus importante, celle des Algériens dès l'été 1914 et celle des Sénégalais à la fin de la bataille de la Marne, qui tournent au désastre. En 1916 les troupes noires sont présentes de façon massive sur le front français. En 1917, comme le reste de l'armée, elles connaissent un moment terrible. L'échec de l'offensive Nivelle, marquée par le massacre du Chemin des Dames, qui vaut à Mangin le surnom de « boucher des Sénégalais », est suivi par des mutineries, qui affectent plus les soldats d'Afrique du Nord que ceux d'Afrique noire. De cet épisode tragique naît la légende selon laquelle ces troupes ont servi de chair à canon afin d'épargner le sang des Français. En réalité, à l'exception de quelques batailles, leurs pertes équivalent à celles de l'infanterie métropolitaine.

Entre « loyalisme » et insurrection

Cette mobilisation a eu des conséquences importantes dans les sociétés qu'elle a impliquées. L'effort que l'on exige d'elles provoque des résistances violentes, dont les plus graves ont pour théâtre l'Afrique. Au début de l'année 1915, le Beledugu, au nord de Bamako, se soulève contre les recrutements. Puis, l'année suivante, le Nord Dahomey, et la région comprise entre la Volta noire et le Bani. Chaque fois, et surtout dans ce dernier cas, il faut engager de vastes et coûteuses opérations de répression. La révolte du Bani-Volta aurait fait autour de 30 000 tués du côté africain. D'autres révoltes ont lieu par la suite au Dahomey dans les régions du Mono à l'ouest, et des Hollis, à l'est. En Algérie, l'arrondissement de Batna connaît des troubles graves, qui nécessitent l'emploi d'une force de répression de 14 000 hommes. En Tunisie, dans les montagnes des Matmata, au sud, les « fellaghas » inquiètent les autorités. Les faits qui ont pour théâtre l'Aïr et le Gourma soudanais en 1916-1917 sont d'une autre nature. En effet, si les nomades n'ont jamais été concernés par les recrutements, ils supportent difficilement les réquisitions auxquelles ils sont soumis et qui ont été particulièrement lourdes au Niger en 1913-1914. Ces mêmes années sont aussi celles d'une terrible sécheresse, qui perturbe les parcours de transhumance, rendant plus insupportables encore les réglementations administratives. Dans l'Aïr, au Niger, c'est un *djihad* lancé par la Sanusiyya, en écho au sultan, qui met en péril pendant deux longs mois les Français encerclés à Agadès. Mais l'échec de ces soulèvements marque la fin d'un type de résistance. À Madagascar*, en 1913, une société secrète, *Vy Vato Sakelika* (Fer, Pierre, Ramification), dirigée par des Merina* protestants, est accusée de préparer une révolte et durement frappée par près de 200 condamnations.

On ne peut réduire cependant les réactions des colonisés aux seuls refus. En effet, en A-OF, une partie des autorités traditionnelles comme les leaders religieux musulmans optent pour le loyalisme. Tel est aussi le cas des Africains « lettrés », qui constituent le gros des fonctionnaires locaux et des agents du commerce. L'immense majorité, entièrement dépourvue de droits politiques, regarde avec envie les originaires des Quatre* Communes de plein exercice du Sénégal*. Blaise Diagne*, premier député noir de la colonie, élu en 1914, demande que les « originaires » accomplissent leurs obligations militaires aux côtés des Français et non dans les rangs des tirailleurs, cherchant à consolider leur qualité de citoyens. Diagne obtient gain de cause devant les députés en juillet 1915, mais pour le Sénégal seul, et l'accès à la citoyenneté* demeure une démarche individuelle soumise au bon vouloir de l'administration. Au Dahomey, l'élite locale, qui répugnait à servir dans les tirailleurs sénégalais, est convaincue par Blaise Diagne, devenu haut-commissaire au Recrutement en 1918, qu'en acceptant le sacrifice suprême elle obtiendra en retour les droits politiques réclamés au nom du principe de l'assimilation*. C'est aussi l'idée des Jeunes Algériens.

Outre les hommes, la métropole veut aussi des produits et des denrées. Il faut rapidement déchanter. Les relations entre la France et son outre-mer sont paralysées par une crise profonde et durable des transports maritimes. Et l'empire ne peut pas fournir grand-chose en dehors des matières premières agricoles, en raison de son sous-équipement et de sa faible mise en valeur. En juin 1917, le ministre des Colonies, André Maginot, convoque une grande conférence coloniale, chargée de réfléchir aux moyens d'accroître la participation à l'effort de guerre et à la reconstruction. Les vœux qui sont alors exprimés serviront de base au plan Sarraut* de 1920. Pour les populations locales, la guerre a entraîné l'accroissement de la fiscalité dans un contexte marqué par la cherté de la vie, due à la pénurie des marchandises importées.

Autre conséquence, la guerre a offert la première occasion d'une rencontre sur une grande échelle entre les métropolitains et les colonisés. Les soldats d'outremer côtoient des Français différents de ceux qu'ils voient chez eux. Cette rencontre est parfois féconde, bien que les ouvriers maghrébins ou indochinois soient l'objet de l'hostilité du monde syndical, qui les accuse d'être des briseurs de grève et d'accepter des salaires de misère. L'ambiguïté des représentations s'affirme dans la figure de Banania*.

Les années 1920

Parachèvement et ébranlements de l'empire

Avec les traités de Versailles (1919) et San Remo (décembre 1922) s'achève la phase d'expansion territoriale européenne. Si la « victoire mutilée » est à l'origine des revendications mussoliniennes sur la Méditerranée* et de la conquête de l'Éthiopie en 1935, l'avenir vient de contestations qui sont déjà perceptibles, accentuées par les déceptions de la paix, où le droit de peuples est ignoré par les vainqueurs. Ce droit, proclamé par le président des États-Unis, Wilson, le 27 mai 1916, passe, très amoindri, dans la formule du mandat* appliquée à l'ancien Empire ottoman et aux colonies allemandes.

Le partage des dépouilles entre les vainqueurs

L'intervention de « l'homme malade » aux côtés de l'Allemagne l'a conduit à sa perte. L'Entente a encouragé et soutenu la « Révolte arabe » contre le sultan ottoman, tout en négociant en secret le partage du Moyen-Orient par les accords Sykes-Picot* de mai 1916. L'empire s'effondre et Kemal Ataturk (le père des Turcs) recrée une nation sur ses décombres, alors que la France et la Grande-Bretagne surtout s'emparent des anciennes provinces.

L'influence française en Orient parachève une présence très ancienne : relations commerciales privilégiées avec la Sublime Porte, capitulations protégeant les marchands installés dans les « échelles du Levant », non sans une longue rivalité avec la Grande-Bretagne. La Méditerranée représente alors 16 % des exportations de capitaux français, 7 millions de francs dont 3,5 dans l'Empire ottoman et 1,5 en Égypte. Les missions chrétiennes et les associations éducatives laïques ont une audience importante avec plus de 100 000 élèves. Une des cibles de cette politique culturelle est la mosaïque des minorités, les 185 000 juifs de Méditerranée (à l'intention desquels a été créée l'Alliance* israélite universelle en 1860) et près d'un million et demi de chrétiens en Syrie. L'université Saint-Joseph des jésuites de Beyrouth date de 1875, suivant de près le collège protestant supérieur, créé en 1866, qui deviendra l'université américaine.

Cependant, l'installation française doit être imposée militairement aux musulmans qui résistent et organisent des soulèvements, l'insurrection des Druzes* en 1923 qui gagne Damas en 1925. Les nationalistes arabes développent aussi une opposition politique. Pour appuyer ses alliés chrétiens, la France découpe la « Grande Syrie » en créant un État libanais - où ils dominent- en 1920, puis un État syrien en janvier 1925. Elle joue aussi des oppositions entre populations - Alaouites, Druzes..., les grands oubliés de la région étant les Kurdes. C'est l'origine de problèmes qui alimentent jusqu'à aujourd'hui la chronique des conflits. Le Cameroun et le Togo, colonies allemandes, sont attribués à la France en tant que mandats.

Bilan de la guerre et problème de la « mise en valeur »

L'empire, qui occupe près de 12 millions de km², atteint alors sa plus grande extension. Encore faut-il le pacifier. Le Sahara* français ne l'est effectivement qu'en 1934, quand Tindouf est conquise; la résistance du Rif au Maroc cessera en 1926, celle de l'Atlas dans les années 1930. Mais en 1918, si on souligne la contribution de l'empire à la victoire, on constate également la faiblesse de son apport économique. Aussi, s'attache-t-on à sa meilleure intégration au capitalisme. Albert Sarraut* publie chez Payot en 1923 *la Mise en valeur des colonies françaises*, qui reprend les conclusions des conférences réunies pendant la guerre et son plan de 1921. C'est un programme ambitieux, prévoyant sur 10 à 15 ans un recours à l'emprunt permettant d'investir 3,5 milliards de francs (plus de quatre fois la totalité des emprunts antérieurs): améliorer l'état sanitaire et démographique, accroître l'effectif des travailleurs, développer les infrastructures qui ont vieilli, et former – avec prudence – une élite associée aux intérêts français. Cela exige d'abord un financement garanti par un État français moins avare. Mais la timidité des élus face à des prévisions financières jugées exagérées et la défaillance de l'Allemagne dans le paiement des réparations coupent court aux grandes ambitions. Les fonds publics engagés entre 1915 et 1929 ne dépassent pas le quart des années antérieures à 1914. Quant aux capitaux privés, ils ne représentent que le tiers des placements à l'étranger en 1929. Les activités demeurent dans des rapports coloniaux traditionnels: les colonies sont le marché privilégié des industries du XIXᵉ siècle, reçoivent la moitié des cotonnades, contre 30 % seulement des biens d'équipement et continuent à être fournisseurs de produits agricoles – c'est la grande époque de l'hévéa – et de minerais. Il faut ajouter que les profits réalisés ne sont pas réinvestis sur place mais largement « rapatriés », bien avant la crise de 1929. On est peu sensible à l'époque à ces fragilités. L'heure est au triomphalisme : avec bien peu de lucidité, au Maghreb, le Centenaire de la naissance de Lavigerie en 1925 est l'objet d'une grande commémoration, dont l'érection d'une statue à Tunis, aussitôt cible de protestations.

Ébranlements du système

Cet immobilisme contraste avec l'ébranlement du système : le wilsonisme, la chute de l'Empire ottoman et la révolution russe suscitent des ondes de choc en particulier en Indochine et au Maghreb. La génération des anciens combattants joue un rôle important dans les mouvements populaires. Les élites radicalisent leurs objectifs. L'émir Khaled* et les Tunisiens exilés s'adressent au président des États-Unis et aux dirigeants politiques réunis à Versailles. Les résistances, récurrentes tout au long de la guerre en Indochine, ont alimenté le banditisme, les luttes des triades chinoises, des mutineries – notamment celle de Doi Can à Thai Nguyen –, des protestations contre l'impôt et la corvée, des mouvements messianiques d'inspiration bouddhiste, des flambées de prophétismes durement réprimés. Le caodaïsme* est perçu avec méfiance par les autorités coloniales même s'il n'est l'objet de la répression qu'à partir des années 1930 lorsqu'il devient une religion de « masse ». Enfin, la défection du roi Duy* Tân, qui prend la tête d'un insurrection en 1916 est sanctionnée par l'exil. Quant au jeune Nguyen Ai Quôc (futur Hô Chi Minh), il dépose au congrès de Versailles les « Revendications du peuple annamite » (1919).

En Afrique des révoltes des Baya, à la limite du Cameroun* et de l'A-EF – contre le travail forcé –, se produisent entre 1924 et 1931. L'islam est travaillé par des courants de résistance qui tranchent sur l'attitude très collaborationniste des dirigeants de la confrérie* Tijaniyya. Cheikh Hamallah* qui s'oppose à eux, rencontre l'adhésion de Maures, Peuls, Soninké… Malgré la répression, le mouvement perdure dans les années 1930. Des messianismes manifestent le mécontentement.

C'est surtout au nord de l'Afrique et en Indochine que des formes d'opposition politique modernes émergent. La région la plus sensible du Maghreb est alors la Tunisie. Abdelaziz Thaalbi* publie à Paris *la Tunisie martyre*, qui rencontre un écho certain dans la gauche française. Le parti constitutionnaliste (Destour), émanation de la bourgeoisie citadine, né en 1920, hésite entre la revendication de l'émancipation, qui paraît alors à beaucoup hors de portée, et un compromis évitant un système d'administration directe à l'algérienne. C'est un objectif et un recrutement analogues qui expliquent les orientations du parti constitutionnaliste au Viêt Nam*. En Afrique subsaharienne se dégage un courant qui vise à tirer parti de l'effort consenti pendant la guerre, dont le porte-parole principal est Blaise Diagne*. Mais les maigres élites noires et malgaches sont plus agissantes à Paris que dans leur société où une presse apparaît, cependant, pour revendiquer plus de droits, en particulier au Dahomey*. Elles y découvrent le courant panafricain*. Des grèves se développent en plusieurs points de l'empire, par exemple à Cotonou en 1923, chez les cheminots du Dakar-Saint-Louis en avril 1919 et chez les marins sénégalais en 1928, dans les plantations d'hévéas et chez les tireurs de pousse-pousse en Indochine. Ces revendications prennent dans les grandes villes indochinoises la forme moderne de mouvements urbains et marquent l'émergence sur la scène politique de la jeunesse scolaire et de nouvelles classes (fonctionnaires, ouvriers, employés.). La création de la Confédération générale des travailleurs tunisiens a une portée bien plus grande. Pour la première fois, en rupture avec la CGT française et en s'appuyant sur les couches les plus basses du prolétariat – les dockers* en particulier –, un petit groupe de militants communistes et d'intellectuels colonisés contestataires lance un syndicat s'efforçant de lier question sociale et question nationale.

Certains mouvements indépendantistes portent un potentiel de rupture avec l'ordre colonial. C'est le cas de la longue résistance armée opposée à l'occupation espagnole et française par Abd* el-Krim dans le Rif, qui a été ressentie comme une menace d'autant plus grande qu'elle a paru s'inscrire dans une stratégie liée à la révolution russe. La création de la IIIe Internationale constitue une nouvelle donne. Moscou impose en effet aux PC la prise en considération des problèmes coloniaux. La section de Sidi Bel Abbès en Algérie, composée de petits blancs, qui défend en juin 1922 l'idée d'une prépondérance des colons sur les colonisés – ceux-ci, soumis au fanatisme musulman, seraient inaptes à l'indépendance et à la révolution – est fustigée. Pour assurer un suivi et coordonner les actions à l'échelle de l'empire une « commission coloniale » est mise en place. Elle sera très marginale dans le PC, mais elle prend du moins deux initiatives non négligeables.

Elle crée une Union intercoloniale et un journal, *le Paria**, qui, présente l'originalité d'exprimer les revendications des colonisés présents en France, en particulier les Cinq* Dragons, Messali* et les militants noirs. La commission lance aussi le premier mouvement anticolonialiste, une grève générale contre la guerre du Rif et une agitation antimilitariste. Mais les résultats sont limités, et n'ont guère de suites, ne débouchent pas sur une tradition anticolonialiste.

Les années 1920 ont profondément modifié le paysage, même si les mouvements sont écrasés par la répression. Ils ont entraîné une radicalisation idéologique, accentué les clivages entre modérés et radicaux, assimilationnistes, réformistes et nationalistes. Les modérés prédominent aux Antilles*, en Afrique et à Madagascar, et les radicaux imposent leur hégémonie en Indochine et en Tunisie surtout, l'Algérie étant encore très partagée. Au Viêt Nam, les premiers pas du communisme sont le fait d'une nouvelle génération. Le devenir de ces forces sera en grande partie fonction de la politique coloniale, des réponses qu'elle apportera à des aspirations encore floues, hésitant entre compromis et rupture. Deux expériences permettent d'analyser les tentatives et les limites d'une mise à jour des stratégies du pouvoir.

C'est en Indochine que le réformisme colonial paraît avoir été le plus loin, sous l'impulsion d'Albert Sarraut – gouverneur général de 1911 à 1914 et de 1916 à 1919, puis ministre des Colonies de 1920 à 1924 – et de ses disciples, ainsi que d'Alexandre Varenne*, membre de la SFIO et gouverneur général de 1925 à 1927. Réforme de l'enseignement, avec la généralisation du français dans le secondaire et filières de formation de médecins et de fonctionnaires, réforme de la justice par la publication de Codes modernisateurs, protection de la main-d'œuvre devaient, dans l'esprit de leurs promoteurs, être couronnées par une participation des élites francophiles à la gestion. L'élargissement s'étendra-t-il vers des classes moyennes qui y aspirent, à l'instar de l'ingénieur Bui* Quang Chieu et du parti constitutionnaliste (*Lâp Hiên*) qu'il préside, très influent dans le Sud ? L'université de Hanoi, ouverte en 1917, était un pari sur la capacité d'intégrer les nouvelles élites dans la seconde mise en valeur de l'Indochine. Mais on n'a pas franchi le pas allant vers un véritable système représentatif. Seuls les visionnaires envisagent une indépendance à un horizon très éloigné. En outre, le lobby colonial bloque les velléités du Cartel des gauches. Alexandre Varenne doit quitter son poste sous la pression des milieux d'affaires. Les délégations répétées de nationalistes modérés tunisiens n'obtiennent rien du gouvernement Herriot, sinon une commission éphémère.

Immobilisme inéluctable ? Pas entièrement. En 1932 un nouveau gouvernement Herriot, sur l'insistance de Léon Jouhaux, prendra un décret – sans équivalent dans le reste de l'empire – autorisant la création de syndicats en Tunisie.

En Algérie, par contre, la population européenne impose un gel à peu près total, le gouvernement Clemenceau* ne parvenant en 1919 qu'à prendre des mesures insuffisantes aux yeux des Jeunes Algériens, qui ont joué la carte du loyalisme : un corps électoral de 100 000 musulmans élit des représentants aux délégations financières, dans un collège distinct du collège des Français, et le nombre des conseillers municipaux indigènes est porté au tiers du total. Mais en 1926 naît dans l'immigration ouvrière à Paris l'Étoile nord-africaine* dirigée par Messali* Hadj, qui va incarner le nationalisme intransigeant jusqu'en 1954, beaucoup plus radicale. Maurice Viollette* – « Viollette l'Arabe » pour les colons – est nommé gouverneur général en avril 1925. Mais, lâché par Albert Sarraut, il est contraint à la démission. La crise de 1929 ouvrira une phase nouvelle et imposera des urgences à un appareil colonial qui paraît peu apte à un new deal.

Années 1930

Apogée et crise

6 mai 1931 : à la tête d'un cortège de voitures transportant ministres, hauts fonctionnaires, représentants étrangers et souverains sujets, le maréchal Lyautey, accompagné du président de la République, Gaston Doumergue*, qui avait débuté comme jeune magistrat en Algérie et en Indochine, inaugure l'Exposition* coloniale de Paris. Un an plus tôt a été célébré sur les deux rives le débarquement de 1830, le « Centenaire* de l'Algérie ». En 1931 encore, un Congrès eucharistique à Tunis est le prétexte à des défilés d'enfants déguisés en croisés. Ce moment est aussi celui où la grande crise économique mondiale atteint la France puis son empire. Mais, les lampions éteints, des questions se posent. Quelle est la portée de l'Exposition dans l'élaboration d'une conscience impériale ? Celle-ci a-t-elle vraiment existé ? L'exotisme de pacotille associé au chauvinisme et au racisme n'est-il pas dominant ?

Crises et doutes

Les esprits les plus lucides ne s'y trompent pas. Ils s'en inquiètent d'autant plus que le temps du reflux s'approche. Lyautey pressent le déclin. Comment en serait-il autrement dans une France affaiblie et obsédée par la décadence ? Paradoxalement, les ébranlements annonciateurs de la décolonisation (déjà engagée par les Britanniques au Proche-Orient et en Inde) coïncident avec un attachement plus affirmé à l'empire, où l'opinion voit un recours contre la dépression économique et les périls. Lors de la Conférence économique de la France métropolitaine et d'outre-mer, Albert Sarraut prône l'« autarchie », un système douanier préférentiel. La part coloniale dans le commerce extérieur, qui était de 12 % en 1913, atteint 27 % en 1938. Il est vrai qu'il ne s'agit que d'un maintien en chiffres absolus.

Au-delà des effets de conjoncture – mévente, chute des cours, fragilisation des entreprises coloniales, baisse des recettes budgétaires (moins 41 % entre 1930 et 1935 pour l'Indochine) – des problèmes structurels se posent, tel le tarissement des investissements. Entre 1930 et 1958, les capitaux privés ne représentent que le cinquième de l'investissement outre-mer. La politique d'emprunts – d'un montant de 3,4 millions de francs or – entre 1930 et 1939 obère pour des décennies les budgets locaux. En A-OF par exemple, la part effective du financement par l'État français n'atteint que 16 % du total entre 1931 et 1936. C'est donc toujours sur les populations colonisées que pèse la charge de la mise en valeur. En Indochine, l'impôt paysan a sauvé la plantation capitaliste. La conférence des gouverneurs généraux en 1936 est confrontée au problème d'une réforme du système. Mais on se contente de lancer un nouveau train d'emprunts, qui ne sont réalisés que partiellement à la veille de la guerre.

Or le sous-développement est désormais perceptible. La famine qui sévit en 1930, 1931 et 1936 sous une forme endémique au Tonkin, les années de sécheresse qui font des ravages au Maghreb traduisent la crise de l'économie et de la société rurale. Les premières enquêtes scientifiques sur les niveaux de vie montrent un état de sous-alimentation général. À la pauvreté séculaire succède la misère, avec l'accélération de l'érosion des communautés villageoises et des structures tribales. Ce n'est pas un hasard si le terme « bidon-ville* » naît à ce moment là en Tunisie*. La médina*, sous l'effet de l'entassement, subit une involution, une dégradation. Une politique du paysannat est mise en œuvre en Indochine. Mais on prend conscience alors aussi de l'insuffisance de ces solutions, de la nécessité de dépasser le pacte colonial fondé sur l'exportation vers les marchés d'outre-mer en promouvant l'industrialisation des colonies.

Les débats de l'époque, l'opposition entre les experts novateurs et les intérêts des entreprises métropolitaines les moins dynamiques, entre les partisans de l'économie de traite rénovée et ceux qui prônent une stratégie de développement font ressortir les blocages. L'accord sur l'autarcie, à laquelle se rallient les libéraux, qui garantit des débouchés à la métropole et aux colonies à des prix supérieurs aux cours mondiaux, est une solution de facilité. Cette protection a pu bénéficier par exemple aux producteurs de cultures tropicales ainsi qu'à l'industrie cotonnière métropolitaine, mais son caractère artificiel et ses effets conservateurs sont évidents.

En outre, toute politique économique à l'échelle de l'empire achoppe sur l'extrême disparité des situations. Qu'y a-t-il de commun entre l'A-OF, où des espaces sont encore ouverts, et le delta tonkinois, où les seuils critiques des rapports entre population et ressources sont dépassés ?

Les forces de rupture

La radicalisation des luttes sociales et politiques est une conséquence de cette crise. Les années 1930 marquent une rupture, avec l'apparition de nouvelles forces et d'une nouvelle génération.

En Indochine, l'insurrection des tirailleurs de Yen* Bay, encadrée par le Parti national du Viêt Nam (le *Viêt Nam Quoc Dan Dang*) échoue en février 1930 mais elle ouvre une période d'agitation paysanne qui prend par endroits une tournure insurrectionnelle (les soviets du Nghe Tinh). Les soulèvements du Nghe Tinh et de la Cochinchine* propulsent le Parti communiste indochinois nouvellement né sur le devant de la scène politique même s'ils sont brisés par la répression : l'armée, dont la Légion* étrangère, intervient et l'aviation bombarde les manifestants. Le bagne de Poulo* Condore connaît un grand afflux de prisonniers.

Une des réactions coloniales est le refus de tout changement. Pour le gouverneur général en Indochine Pasquier, érudit, connaisseur de la civilisation, il ne faut rien détruire du vieil « édifice asiatique », préserver la légitimité des souverains et savoir revenir en arrière.

Au Maghreb, les mouvements mettent en jeu des composantes identitaires très profondes. En Algérie – laquelle est celle du Centenaire pour les Français –, les premières histoires nationales sont publiées en arabe par les animateurs du mouvement des oulémas* (*oulama*). En mai 1930, au Maroc, le dahir* berbère, qui ampute le pouvoir royal de la justice en région berbérophone, suscite la première grande protestation contre le protectorat. En Tunisie, l'inhumation dans les cimetières musulmans des naturalisés français, qui sont perçus comme des renégats par la population, suscite de violentes manifestations en 1931-1933. Les autorités coloniales doivent renoncer à imposer ces enterrements et cherchent à dissuader les candidats aux naturalisations, dont le courant se tarit. À Constantine, le 5 août 1934, la profanation d'une mosquée suscite contre la population juive un pogrom, qui a aussi une portée anticolonialiste.

La répression ne peut juguler que temporairement ces poussées, qui, désormais, sont prises en charge par les organisations politiques. Certains des partis qui vont diriger la lutte nationale jusqu'aux indépendances naissent alors : le Parti* communiste vietnamien, le Néo-Destour tunisien en 1934. Le Parti du peuple algérien (PPA), qui remplace l'Étoile* nord-africaine en 1937, sous la direction de Messali, s'implante en Algérie même, et le Comité d'action marocain (1934) rassemble une pépinière de futurs dirigeants.

On ne voit cependant rien de tel au sud du Sahara*, où des mouvements contestataires apparaissent pourtant, ni aux Antilles. Les intellectuels sénégalais comme Léopold Sédar Senghor*, ou antillais comme Aimé Césaire*, donnent pour l'heure la priorité aux dimensions culturelles en créant la notion de négritude* et en animant un courant littéraire contestataire. Mais, partout, des urgences s'imposent.

1936

Le Front populaire, éphémère printemps des peuples colonisés

En 1936, prisons et bagnes s'ouvrent; une commission d'enquête, promise par le programme du Rassemblement populaire, voit le jour le 30 janvier 1937 pour définir «les besoins et les aspirations légitimes des populations» et préparer «la rénovation du système colonial». Dirigée par Henri Guernut de la Ligue des droits de l'homme, elle compte parmi ses quarante deux membres André Gide*, de hauts fonctionnaires réformateurs et des spécialistes de talent – Charles-André Julien*, Pierre Gourou*, Hubert Deschamps, Robert Delavignette, des jeunes administrateurs, parmi lesquels l'Antillais Félix Éboué*, des libéraux, des membres de la SFIO, mais aussi et surtout le personnel colonial. L'Indochine ne reçut jamais sa visite mais en 1937 elle vit venir le ministre Justin Godart, délégué par le Premier ministre Léon Blum* pour enquêter sur la situation.

L'exercice du pouvoir colonial

Avec quelles références le gouvernement Blum aborde-t-il le pouvoir? Quelles réponses apporte-t-il, après l'échec des tentatives de réformes des années 1920, face à la crise et la mobilisation anticolonialiste? L'idée d'indépendance a reculé dans la SFIO sauf à son extrême gauche. Marius Moutet*, ministre des Colonies, pense que la disparition du fait colonial «engendrerait plus d'inconvénients et de dangers que d'avantages» et qu'il s'agit d'incorporer les colonisés dans l'ensemble de notre vie nationale. Son but est d'«extraire du fait colonial le maximum de justice sociale et de possibilité humaine». Comment cette philosophie se concrétise-t-elle? «Tout notre programme colonial est basé sur la paysannerie indigène et tout ce que nous pouvons faire pour faciliter le travail des paysans noirs ou jaunes définit la véritable œuvre de la colonisation», souligne-t-il. Mais, dans la course de vitesse entre sous-développement et œuvre colonisatrice, il écarte la solution industrielle. «Il ne faut pas précipiter artificiellement cette industrialisation, car il est dangereux, sous le prétexte de créer des revenus, et partant des besoins aux travailleurs non évolués, qu'on oblige à régresser le travailleur qui est déjà arrivé au stade supérieur de l'évolution. Il faut veiller à ce que cette concurrence n'engendre pas de chômage dans la métropole…» (mars 1938 devant le Conseil supérieur des colonies). Réponses étroitement limitées à une crise sociale qui prend l'allure d'une déchirure, absence de perspectives de réformes politiques: le Front populaire paraît prisonnier des contradictions du système.

La «colonisation altruiste» qui est prônée a pour horizon l'alliance avec les couches modernes – salariat, intellectuels… Mais, face aux nationalismes, c'est l'immobilisme. Et le gouvernement Blum suscite une fronde colonialiste. La commission Guernut, dont les crédits sont coupés, se saborde en 1938. Les résistances du lobby algérien ont fait avorter le projet Blum-Viollette attribuant la citoyenneté à quelques milliers d'Algériens triés sur le volet; celui-ci n'est même pas discuté par l'Assemblée, pas plus que ne l'a été le traité réglant le sort du Liban et de la Syrie. L'une des déterminations des socialistes est la peur du « déchaînement des forces incontrôlables où des notions mal digérées de lutte des classes, certains fanatismes religieux, la nature émotive des Africains, la dissimulation asiatique et islamique se rencontreraient en des réactions complexes et imprévisibles » (Marius Moutet).

Les réformes et leurs limites

Mais la timidité politique ne doit pas masquer les améliorations apportées à la condition ouvrière. La vague de grèves de juin 1936 a un effet d'entraînement quasi immédiat en Algérie* et Tunisie, dans l'été en Indochine et en décembre en Afrique noire. Cette poussée sociale – qui a eu un impact considérable – est trop souvent négligée dans les évaluations du Front populaire outre-mer.

Les manifestations du 14 juillet 1936 et du 1er mai 1937, où défilent au coude à coude fonctionnaires et cheminots français, manœuvres et dockers indigènes, sont accompagnées par les youyous des femmes au Maghreb. Si les petits blancs et une mince aristocratie du travail colonisée n'ignoraient pas l'organisation syndicale, c'est alors que la masse des manœuvres la découvre. Dans les mines, dans les grandes plantations d'hévéas, dans les fermes des gros agrariens, l'apprentissage de la lutte ouvrière est rapide. Un embryon de droit social, une réduction de la durée du travail, les conventions collectives, des délégués ouvriers... et, chose inouïe, des congés payés, ainsi que parfois une liberté syndicale très surveillée, sont introduits par un train de lois et décrets. En Afrique noire, le droit syndical de s'organiser est réservé – par les décrets de mars 1937 – aux salariés sachant « parler, lire et écrire couramment le français et titulaires du certificat d'études primaire ». En Tunisie, il existe depuis 1932 sans de telles restrictions, mais en Indochine et au Maroc les syndicats demeurent réservés aux Français.

Les mesures sanitaires et les efforts de scolarisation, entravés par les difficultés budgétaires, n'ont pas la même portée immédiate; des efforts suivront à la Libération.

Conflits entre Front populaire et colonisés : la fin des illusions

Toutefois, dans l'immédiat, la dynamique facilitée par 1936 se retourne contre la gauche. En Algérie, un Congrès musulman regroupe assimilationnistes, communistes et ulama autour d'un programme de réformes dont l'accès à la citoyenneté est la plus importante. Seul Messali met en avant le refus d'un rattachement à la

France, mais le blocage imposé par les Européens pousse la masse de la population vers lui. En Indochine, encouragée par ses succès aux élections municipales de Saigon de 1933 et 1935, la gauche marxiste et radicale (communistes et trotskistes), unie pour un bref moment autour d'un journal d'opposition francophone, *la Lutte,* mène une vigoureuse campagne de revendication sociale dans le cadre du « Congrès indochinois » prévu (et finalement interdit) en 1937. La répression qui s'ensuit annonce la rupture entre le pouvoir et l'élite vietnamienne. Obsédé par le risque de débordement, le gouvernement Blum laisse donc s'instaurer la répression – souvent menée par une Administration bien peu républicaine – contre les communistes indochinois et les nationalistes en Tunisie et en Algérie. Seuls Marcel Peyrouton* – bête noire des nationalistes en Tunisie et au Maroc – et René Robin en Indochine sont remplacés.

Quant à la seule force qui avait été sensible dans les années 1920 aux revendications des colonisés, le Parti communiste, elle les a écartées en ralliant le Front populaire et y voit une menace d'affaiblissement des démocraties face au fascisme. Seuls quelques minoritaires d'extrême gauche demeurent fidèles à l'anticolonialisme.

Mais la situation ne peut être gelée : un directeur de la sûreté en Indochine s'inquiète : « Il faudrait faire autre chose ici que de réprimer [...] rétablir la paix dans les âmes [...] gouverner [...] réaliser sans délai les réformes qui s'imposent. »

Avec la guerre, les priorités sont autres, et le retard qui s'accumule sera durement payé quelques années plus tard. Les déceptions pèseront lourd. Ferhat Abbas* découvrira en 1943 la nation algérienne, qu'il n'avait pas trouvée en 1936 et dont il niait l'existence.

1939-1945

L'empire dans la guerre, la guerre dans l'empire

Au moment où la Seconde Guerre mondiale éclate, les Français comptent, plus encore qu'en 1914, sur les « boucliers » coloniaux pour faire face aux menaces. Le thème du repli sur l'empire a progressé avec la crise de 1929. Entre 1939 et juin 1940, 300 000 soldats sont mobilisés en Afrique du Nord, près de 200 000 en A-OF et 116 000 en Indochine*. Cependant, à la veille de l'armistice, il n'y a encore que 140 000 soldats coloniaux en métropole, alors que près de 4 millions de Français sont sous les drapeaux. Mais ils paient un tribut très lourd : les tirailleurs sénégalais perdent 38 % de leurs effectifs et un grand nombre sont dans des camps de prisonniers, comme 90 000 Nord-Africains. Près de 20 000 soldats et ouvriers d'Indochine se trouvent bloqués en France jusqu'à la fin de la guerre.

La guerre dans l'empire

Dans ce conflit, à la différence de 1914-1918, l'empire est directement touché. En Méditerranée, il faut faire face aux Espagnols et surtout aux ambitions italiennes. Mussolini revendique la Tunisie – qu'il considère comme une « colonie sans drapeau » –, ainsi que Nice et la Savoie. Il est vrai que l'armistice avec l'Allemagne ne concerne que marginalement les colonies, et les Italiens – dont les appétits sont censurés par Hitler, qui laisse l'outre-mer à Vichy* en gage de bonne collaboration – doivent accepter le maintien des troupes françaises en Afrique du Nord.

L'Indochine constitue un cas à part depuis l'été 1940. Le 20 juin, l'ambassadeur de France à Tokyo accepte l'envoi d'une mission militaire japonaise au Tonkin*. Faute d'un soutien américain ou britannique, le gouverneur général Catroux* est contraint de se soumettre. Après la prise de Lang Son* par l'armée japonaise et son débarquement près de Haiphong, un accord octroie des facilités aux troupes impériales et ouvre une série d'abandons couronnés par le protocole Kato-Darlan du 29 juillet 1941 donnant toute facilité de stationnement et de déplacement à l'armée nippone.

L'Indochine reste sous administration française, mais, pour les Indochinois, le colonisateur n'est plus le maître. Ils en ont la confirmation avec le court conflit franco-thaïlandais de 1941, lorsque la médiation de Tokyo permet à Bangkok de satisfaire ses revendications territoriales.

L'empire devient aussi le théâtre d'affrontements entre les vichystes et les gaullistes. L'armistice suscite dans un premier temps un élan patriotique parmi les autorités coloniales, qui appellent à la poursuite du combat mais se résignent vite. Le général Noguès, commandant en chef en Afrique du Nord, décide de se rallier à Pétain. Vichy met en place des hommes sûrs : Boisson à Dakar et l'amiral Decoux à Hanoi. La riposte à l'attaque de Mers el-Kébir au début juillet 1940 et de Dakar en septembre montre que les autorités sont résolues à défendre leurs territoires contre les appétits anglais et contre les gaullistes.

Mais cette reprise en main n'a pu éviter le développement de la France libre d'abord dans les territoires du Pacifique* et ensuite en A-EF. Le gouverneur du Tchad, Félix Éboué*, la rallie le 26 août 1940, entraînant derrière lui l'Afrique équatoriale et le Cameroun. Pour de Gaulle*, l'empire représente un atout essentiel. Il peut y trouver une base territoriale où la tutelle britannique serait moins pesante, des hommes pour participer effectivement au combat aux côtés des Alliés et une légitimité. Si Churchill s'est prononcé sans ambiguïté pour les gaullistes, en revanche, Roosevelt joue la carte de Weygand, délégué général à Alger et fidèle à Pétain.

En Syrie, quand Vichy autorise les Allemands à utiliser les aérodromes pour ravitailler les insurgés irakiens qui combattent les Britanniques, Churchill lance conjointement avec les FFL une opération qui, brève mais sanglante, se termine à la mi-juillet 1941. Elle débouche sur une double crise entre de Gaulle et Londres d'une part, et entre l'administration nouvellement mise en place et les Syriens et les Libanais d'autre part. Catroux* a proclamé l'indépendance des mandats au nom de De Gaulle, mais celle-ci ne devait intervenir qu'après la signature d'un traité garantissant les intérêts de la France. Politique condamnée non seulement par les Syriens et les Libanais, mais aussi par la Grande-Bretagne. Les Français sont sur la défensive et en position de faiblesse.

Maghrébins et Malgaches peuvent faire le même constat depuis la fin de l'année 1942, à partir du débarquement anglo-américain à Casablanca et à Alger et anglais à Madagascar*. L'occupation allemande en Tunisie fait de l'Afrique du Nord une zone de combat direct entre l'Axe et les Alliés et un tremplin pour les débarquements en Italie et en Provence.

Pendant plusieurs années, cependant, l'empire a été dans sa plus grande partie soumis à Vichy, qui a pu y imprimer sa marque.

L'empire et la Libération

Connaître les sentiments exacts des colonisés pendant cette période n'est pas facile. On peut cependant noter qu'en Afrique les années 1940-1943 sont des années d'épreuve aggravées par une conjoncture climatique très défavorable. Quelle a été l'efficacité des propagandes de l'Axe ? Elles ont pu servir de catalyseur à des réactions provoquées ou accélérées par la défaite. Des militants nationalistes se réjouissent de celle-ci et voient dans Berlin un modèle idéologique et un possible soutien pour leur émancipation. Ce problème a soulevé beaucoup de controverses. Mais aucune preuve convaincante n'a pu être fournie d'une « collaboration » de Messali*, de Habib Bourguiba* ou du bey Moncef.

Au lendemain des débarquements alliés en Afrique du Nord et à Madagascar, l'empire se trouve à nouveau plongé dans la guerre. L'A-OF se rallie à la France libre le 7 décembre 1942. Les populations sont donc une fois de plus sollicitées pour fournir de l'argent, des hommes et des produits. En Afrique du Nord 400 000 soldats sont mobilisés, dont 176 000 Français. Africains et Malgaches fournissent plus de 100 000 hommes. Si ce dernier chiffre peut paraître relativement modeste, il s'explique par le fait que les Américains, qui prennent en charge l'équipement des troupes françaises, ne considèrent pas comme prioritaire le réarmement de l'armée coloniale. D'autre part, en Afrique, la France ne rappelle pas les réservistes qui avaient été mobilisés en 1940 et dont elle craint le « mauvais esprit ». Enfin, la priorité en A-OF est la fourniture d'oléagineux et donc le maintien d'une main-d'œuvre importante. Il n'en reste pas moins que l'armée qui participe à la campagne de Tunisie puis à celle d'Italie avant de débarquer dans le midi de la France est d'abord une armée formée outre-mer. La contribution des colonisés à la Libération a un poids sans précédent, dont ils sont conscients, tel l'adjudant Ben Bella*, décoré à Monte Cassino.

Immobilisme impérial et accélération de l'histoire

La conférence de Brazzaville*, en 1944, veut être l'annonce d'une ère coloniale nouvelle mais aussi une réponse aux pressions américaines, qui jugent les Français incapables de prendre en charge les populations de leur empire. Elle a suscité de grandes espérances au sud du Sahara, mais les décisions politiques sont en deçà des revendications. En Algérie, l'ordonnance du 7 mars 1944, qui accorde le droit de vote dans le premier collège à 65 000 musulmans, ne peut désamorcer une contestation nationaliste de plus en plus vigoureuse. En 1945, la société française est surtout préoccupée par des problèmes métropolitains et ne prête guère attention à l'empire. Les droites s'ancrent dans le nationalisme colonial, comme Vichy et les gaullistes. Pourtant, les facteurs de rupture accumulés multiplient les crises. En Afrique, les mutineries de Thiaroye*, les émeutes de Douala, les grèves de l'été et de l'automne 1945 soulignent l'urgence du changement. À Madagascar*, l'insurrection de 1947 met fin à une longue période de calme.

À Casablanca et Alger, les troupes américaines, qui débarquent en novembre 1942, humilient les forces vichystes, et, en janvier 1943, le président Roosevelt rencontre le sultan. En Algérie, le 8 mai 1945 à Sétif*, se produit une répression sans équivalent depuis 1870. Après le coup de force japonais du 9 mars 1945 contre l'administration coloniale française et l'octroi de l'indépendance aux royaumes de l'Annam-Tonkin, du Laos et du Cambodge, l'histoire indochinoise aussi subit une brutale accélération avec la fin de trois quarts de siècle de domination française. La France, désireuse de se maintenir, crée le 24 mars 1945 une Fédération indochinoise divisant le Viêt Nam en plusieurs États, sans concertation, qui ne semble pas prendre en compte le fait que sa présence a été liquidée. Le PC, qui a fondé le front Viêt-minh*, proclame l'indépendance de la République démocratique du Viêt Nam le 2 septembre. L'empereur Bao Dai* a abdiqué le 25 août. Par contre, au Cambodge et au Laos, les monarchies sont maintenues avec Norodom Sihanouk* et Sisavang Vong. Mais le retour de la France après la capitulation du Japon annonce l'affrontement.

1946-1962

De l'Union française aux indépendances

La Constitution de 1946 stipule que « la France forme avec ses territoires d'outre-mer une union fondée sur l'égalité des droits et des devoirs sans distinction de race ou de religion ». Les populations d'outre-mer obtiennent le droit de vote. Quinze ans après l'empire se réduit à quelques confettis.

L'Union française dans la Constitution d'octobre 1946

Le titre VIII et trois paragraphes du préambule de la Constitution la définissent. « L'Union française est composée de nations et de peuples qui mettent en commun ou coordonnent leurs ressources et leurs efforts pour développer leurs civilisations respectives, accroître leur bien-être et assurer leur sécurité. Fidèle à sa mission traditionnelle, la France entend conduire les peuples dont elle a pris la charge à la liberté de s'administrer eux-mêmes et de gérer démocratiquement leurs propres affaires, écartant tout système de colonisation fondé sur l'arbitraire... » Ces quelques lignes définissent les intentions des Constituants et semblent annoncer une orientation vers l'autonomie. En réalité, le texte est le résultat de longues controverses ayant abouti à un compromis qui ne manque pas d'ambiguïtés. Les débats ont porté sur une conception jacobine de l'assimilation ou une conception fédérative. Mais le véritable problème est le statut de ceux qui sont censés ne plus être sujets. Deviennent-ils citoyens ? De quelle entité ? De l'outre-mer ou de la République française ? La chose n'a jamais été tranchée. Et l'idée d'une égalité est refusée par une majorité, y compris à gauche. Jules Moch se déclarant « hostile à donner les mêmes droits aux chefs nègres et aux représentants français. Je ne veux pas que la reine Makoko (sic !) puisse renverser le gouvernement français », Édouard Herriot, président de l'Assemblée, s'oppose le 27 août 1946 à une « fédération acéphale et anarchique », où « la France deviendrait la colonie de ses anciennes colonies ». Le principe du collège unique ne sera pas appliqué en Algérie ni dans la plus grande partie de l'Afrique noire. Autre hypothèque pesant sur l'Union française, les protectorats de la Tunisie et du Maroc refusent d'y adhérer, les Indochinois sont déjà en guerre avec la France, et la majorité des élus algériens – colons comme colonisés – y sont hostiles. Il serait trop long de suivre les péripéties et l'analyse des institutions qui trahissent les contradictions de la classe politique face à l'outre-mer. L'Assemblée de l'Union* française en est un exemple. Les seules décisions ayant obtenu un accueil favorable outre-mer ont été l'abolition du travail* forcé, la loi Lamine Gueye du 7 mai 1946 accordant la citoyenneté française (mais laquelle ?) aux ressortissants d'outre-mer et la départementalisation des anciennes colonies. Le reste sera emporté par le vent des décolonisations.

La décolonisation

Imprévue et mal gérée, elle conjugue plusieurs types de facteurs qui s'agencent dans des conditions variables selon les régions : la situation internationale met fin à la liberté d'action des puissances impérialistes, les données économiques alourdissent les charges coloniales alors que le capitalisme français tend à se désengager, les attitudes de la société française face à l'empire évoluent et la mobilisation politique des sociétés dominées devient la donnée majeure.

L'intervention des États-Unis est de plus en plus pressante, car cette question recoupe le conflit Est-Ouest. Ainsi, l'Indochine a été un « front chaud de la guerre froide ». Les États-Unis sont particulièrement critiques à l'égard de la politique nord-africaine de la France. Le séjour de Roosevelt au Maroc en 1943 a renforcé ses convictions anticolonialistes et conforté le sultan dans sa volonté de résistance. Il a été d'un poids beaucoup plus déterminant que l'ONU*, où les nationalistes ont cependant souvent mis la France en accusation avec l'appui des nouveaux États. Quant à la Ligue des États arabes, créée en 1945, la phobie qu'elle a suscitée dans l'opinion est sans commune mesure avec la portée très limitée de son action. Une donnée essentielle nouvelle est l'émergence du tiers-monde* (le mot s'impose à partir de 1952), dont la conférence de Bandung* en 1955 affirme la force.

Signe des temps, l'Église catholique, prudemment, s'est démarquée des enlisements coloniaux dans les années 1950. La peur du communisme, qui la frappe durement en Asie, joue aussi pour inciter à des solutions négociées et Rome intervient dans le sens des décolonisations. Les hiérarchies locales se montrent plus avancées que celles de la métropole. À Madagascar, par exemple, l'épiscopat souhaite un « progrès acheminant vers une indépendance conforme à la justice ».

Vers les indépendances

Mais, dans la France profonde, longtemps, face à la vague montante, malgré la présence de soixante-dix élus d'outre-mer à l'Assemblée nationale, l'ignorance et l'indifférence ont prévalu. Ce sont des solutions néocoloniales* – rejetant toute émancipation politique – qui ont été mises en œuvre. Au Proche-Orient, elles échouent piteusement sur le terrain et l'ONU fait pression pour l'indépendance des mandats. La IVe République apporte comme réponse l'Union française. Si l'on en croit le préambule de la Constitution d'octobre 1946, le rapport de domination céderait la place à l'application du modèle républicain. L'Algérie se voit attribuer un statut le 27 août 1947 un statut, qui fait toutefois l'unanimité des colons et des colonisés contre lui et sera sans portée politique réelle.

Les textes de lois et les déclarations publiques cachent mal un conservatisme qui freine les réformes. Le grand patronat s'efforce de limiter l'extension du Code du travail outre-mer, les groupes, tels ceux du textile disposant de marchés, s'opposent à une industrialisation perçue comme concurrente, et le lobby colonial, appuyé par les appareils administratifs –, le Quai d'Orsay, qui règne sur le Maroc et la Tunisie, l'armée, des réseaux d'influence dans les milieux économiques – et la presse, se refuse à envisager les indépendances, allant jusqu'à la politique du pire. Cette coalition des conservatismes est à l'origine des crises de 1952 et 1953 en Tunisie et au Maroc.

Accélération de l'histoire: la formule, qui date de cette époque, connaît alors un grand succès. En février 1946, d'anciens condamnés du VVS* fondent le Mouvement démocratique pour la rénovation malgache, qui revendique l'indépendance, et en 1947 éclate une insurrection. En 1954, la bataille de Diên Biên Phu* s'achève sur un désastre, suivi par les accords de Genève, qui mettent fin à la guerre et à la présence française en Indochine. Le roi du Maroc, déposé le 20 août 1953, est rétabli sur son trône et obtient l'indépendance le 2 mars 1956, la Tunisie en bénéficiant dans la foulée. L'année 1956 est aussi celle de Suez.

La guerre de libération du Viêt Nam a été un exemple décisif pour les colonies d'Afrique, dont plusieurs dizaines de milliers de nationaux ont fait la guerre en Indochine et ont assisté à la défaite des « Blancs » par des « Jaunes » (de Lattre de Tassigny).

Ces crises et la guerre* d'Algérie aboutissent à la chute de la IVe République. La Ve République remplace l'Union française par la Communauté française le 28 septembre 1958. Une proposition soumise à référendum laisse aux Africains le choix entre deux solutions: accepter la Communauté ou choisir l'indépendance. Seule la Guinée* fait « sécession », selon la formule de De Gaulle.

L'agression italienne en Éthiopie et les conséquences de la Seconde Guerre mondiale ont poussé dans le sens des nationalismes. La libéralisation du régime colonial, l'embryon de vie électorale qui se développe dans les années 1945 ont favorisé les « évolués », qui affirment leur vocation à se poser en classe politique. Une vie publique active – avec sa presse et ses partis – permet un apprentissage accéléré des règles du jeu. Si les organisations politiques n'étaient pas inconnues, comme le Parti socialiste sénégalais, créé par Lamine Gueye* en 1936, celles qui s'implantent alors ont plus d'ampleur et une ambition nationale, voire panafricaine, ainsi le Rassemblement démocratique africain (RDA*). L'extension de la loi sur les syndicats et celle de 1901 sur les associations favorisent l'organisation des milieux populaires et ouvriers. Ces formes nouvelles de structuration accompagnent l'urbanisation*. L'apprentissage de la grève, déjà amorcé en 1936, se généralise dans les métiers à statut, mais aussi chez les manœuvres des chemins de fer* en 1945.

Les étapes de l'accession à l'indépendance sont accélérées par la guerre d'Algérie et par le soulèvement au Cameroun à partir de 1955. L'Union des populations camerounaises fait en effet exception en choisissant la lutte armée. La loi-cadre* du 23 juin 1956, dite loi Defferre, établit une autonomie interne et instaure le suffrage universel. Mais Léopold Sédar Senghor considère qu'elle était « dépassée avant même qu'elle ne fut votée ». Ensuite, une succession de montages s'efforce de donner un cadre institutionnel à l'évolution des rapports avec Paris. À peine installée, après moins de deux ans, la Communauté disparaît à son tour. Selon ses statuts, les États autonomes sont représentés au plan international par la France. En 1960, Paris franchit un pas de plus en qualifiant la Communauté non plus de « française » mais de « rénovée ». La fédération du Mali (c'est-à-dire le Sénégal* et le Soudan* alors réunis), Madagascar et l'ancienne A-EF accèdent toutefois à l'indépendance, de même que les territoires de l'ex-A-OF. Ce sont donc désormais des accords de coopération bilatéraux qui gèrent les relations postcoloniales.

La voie africaine des décolonisations présente des caractères originaux. À l'exception de la Guinée, c'est plus un transfert de pouvoirs qu'une rupture qui se produit. Dans cette évolution, les affinités parlementaires entre la classe politique française et celle du continent africain ont joué. Dès avant la Seconde Guerre mondiale, Blaise Diagne et Galandou Diouf avaient été élus au Palais Bourbon. En octobre 1945 apparaît une nouvelle génération de parlementaires* africains – Lamine Gueye*, Félix Houphouët-Boigny*, Léopold Sédar Senghor… –, dont plusieurs seront ministres : Aujoulat, sous-secrétaire d'État à la France d'outre-mer en 1949, Modibo Keita, Hamidoun Dicko, Hubert Maga et surtout Houphouët-Boigny, ministre d'État du premier gouvernement de Gaulle. La médaille a un revers cependant : le maintien d'un continent dans un « pré carré » néocolonialiste.

À cette évolution relativement pacifique s'opposent la guerre d'Indochine et la guerre d'Algérie, ainsi que l'insurrection de 1947 à Madagascar, dont l'importance justifie des dossiers particuliers.

Dictionnaire

A

Ramdane Abbane Homme politique algérien (1920-1957). D'une famille modeste de Kabylie, il est bachelier en 1941. Mobilisé, sergent dans l'armée française, il adhère au Parti populaire algérien (PPA) en 1943. Secrétaire de commune mixte, il dirige la wilaya du PPA de Sétif. Quoique n'ayant sans doute pas appartenu à l'Organisation spéciale (OS, créée en 1947 par le PPA pour organiser la lutte armée), il est arrêté en 1950.

Libéré début 1955, il devient rapidement la tête politique du groupe d'Alger, incarnant les combattants de l'Intérieur, à l'encontre de la Délégation extérieure installée à l'étranger, dominée par Ben Bella. Il mène à bien l'unification politique de la lutte armée, crée le journal *El Moudjahid* et prépare le congrès de la Soummam*, qui lui vaut l'hostilité de Ben Bella. Il s'appuie sur les chefs de maquis pour faire prévaloir sa ligne : primauté du politique sur le militaire, de l'Intérieur sur l'Extérieur, organisation des wilayas. Principal dirigeant du premier Comité de coordination et d'exécution (CCE), il doit quitter l'Algérie dans la fournaise de la « bataille d'Alger » en février 1957.

Il sera vite circonvenu et marginalisé par les colonels des maquis retournés contre lui, et relégué au poste de rédacteur de *Moudjahid*. Le Conseil national de la révolution algérienne du Caire (20 août 1957) consacre l'élimination des politiques du CCE et la montée en puissance de l'appareil militaire naissant. Ramdane Abbane est attiré dans un guet-apens au Maroc et étranglé par des dirigeants du FLN* le 27 décembre 1957.

Ferhat Abbas Profondément musulman et républicain, il a voulu la « mixité » franco-algérienne. Né dans le Constantinois, fils de caïd*, Abbas (1899-1985) lance en 1924 l'Association des étudiants musulmans d'Afrique du Nord, qu'il préside durant cinq ans. Docteur en pharmacie à Sétif, il devient conseiller général, conseiller municipal, délégué financier. Dans le mouvement Jeune* Algérien, il se prononce en faveur de l'acquisition de la citoyenneté française pour les musulmans. Engagé volontaire dans l'armée française en

1939, il s'éloigne des positions assimilationnistes* qui étaient les siennes. Il rédige en 1943 le *Manifeste du peuple algérien,* qui affirme une identité nationale. Arrêté au lendemain des massacres de Sétif* (mai 1945), il fonde l'Union démocratique du Manifeste algérien (UDMA*) après sa libération, en 1946. Dans sa prison, il a rédigé un *Testament,* où il condamne les effets dévastateurs de la violence du nationalisme radical. Il croit aux vertus de l'instruction pour l'émancipation de son peuple. Musulman convaincu, il n'entend pas céder aux chants guerriers d'un Islam politique. Il se différencie là des militants du PPA-MTLD (Parti populaire algérien-Mouvement pour le triomphe des libertés démocratiques de Messali).

Élu à la seconde Assemblée constituante (1946), puis à l'Assemblée algérienne (1948), il participe en avril 1955 à une rencontre avec Jacques Soustelle. Déçu par l'immobilisme politique français, il se rallie secrètement au FLN* en juin 1955 et gagne Le Caire le 22 avril 1956. Membre du Conseil national de la Révolution algérienne, il préside de septembre 1958 à août 1961 le Gouvernement provisoire de la République algérienne (GPRA*), qu'il doit quitter sans avoir pu faire prévaloir le point de vue des « politiques ».

Élu président de l'Assemblée constituante, il démissionne en août 1963 pour protester contre le poids excessif du FLN, devenu parti unique. Mis en résidence surveillée, libéré en 1965, il se retire de la vie politique. Ferhat Abbas rédige *Autopsie d'une guerre,* très critique contre le FLN, en 1980. Il est décoré en 1984 de la médaille de résistant au moment où il publie *l'Indépendance confisquée,* virulente dénonciation de la corruption et de la bureaucratie algérienne.

Abd el-Kader Né près de Mascara, dans une famille de *chorfa* (descendants du Prophète), de notables de la confrérie *Qadiriya,* Abd el-Kader (1808-1883) a l'éducation d'un lettré en même temps que celle d'un guerrier. Il effectue de 1826 à 1828 le pèlerinage de La Mecque, et découvre l'Égypte de Méhémet-Ali, qui se modernise rapidement. La chute d'Alger en juillet 1830 est l'occasion pour sa famille, hostile aux Turcs, de s'imposer sur les ruines de la domination ottomane. En novembre 1832, son père, à qui les tribus de la région de Mascara viennent de proposer le titre de sultan, décline cette charge en sa faveur. Après avoir imposé son autorité aux tribus voisines, Abd el-Kader entre en conflit avec les Français, installés à Oran (1831) puis à Mostaganem (1833). Il remporte des victoires militaires, comme à la Macta (juin 1835). Sur le terrain diplomatique, il obtient de ses adversaires deux accords avantageux : le traité Desmichels, en février 1834, puis, après une rupture, en mai 1837, celui de la Tafna, négocié par Bugeaud, qui lui accordent une autorité sur l'Oranie et la région du Tittéri. Ces trêves lui permettent d'ébaucher, dans l'Algérie occidentale et centrale, un État dans lequel l'exigence religieuse s'allie au souci d'efficacité et à un effort de modernisation.

Mais la paix est fragile. La guerre recommence dès 1839, lorsque le maréchal Valée traverse un territoire qu'Abd el-Kader considère comme sien. Appuyé sur l'esprit de résistance des tribus, l'émir, qui se présente comme le champion du *djihad*, réussit à tenir en haleine, pendant plus de huit ans, une armée française commandée par Bugeaud depuis 1840 et dont l'effectif finit par atteindre 100 000 hommes. Mais ses places tombent les unes après les autres. Son camp mobile, la smala, est enlevé par le duc d'Aumale en mai 1843. Le sultan du Maroc Moulay Abd er-Rahman, sur l'appui duquel il comptait, cesse de le soutenir après la défaite de son armée à la bataille de l'Isly, près d'Oujda (août 1844). Au printemps 1846, il se trouve refoulé au Maroc, où le souverain – inquiet de sa popularité, et cédant aux menaces de la diplomatie française – envoie ses troupes contre lui. Le 23 décembre 1847, Abd el-Kader choisit de se rendre. L'émir et les siens sont successivement internés à Toulon, au château de Pau, puis à celui d'Amboise. Le vaincu, qui avait su conquérir l'estime des généraux français par ses qualités militaires, impressionne par sa dignité, sa piété, son souci de mieux connaître et comprendre ses anciens adversaires.

Sa libération par Napoléon III intervient au début de 1853. Il obtient en 1855, à l'issue d'un voyage à Paris, l'autorisation de s'établir à Damas. Il reçoit une pension annuelle du gouvernement français. Il s'adonne à la prière et la méditation, dans la lignée de Ibn Arabi (1165-1240), maître du soufisme (courant spiritualiste, mystique), auteur d'œuvres dont il finance la première édition. Comme ce dernier, il se consacre à la rédaction d'écrits mystiques qui vont faire de lui une des grandes figures religieuses de son temps. Il n'en reste pas moins le chef de la communauté algérienne de Damas, forte d'environ un millier de personnes. Il s'illustre lors du massacre des chrétiens de Syrie (juillet 1860) en contribuant à sauver des milliers de vies.

Aux yeux des Européens, l'image du chef de la guerre sainte, adversaire chevaleresque, s'efface alors au profit de celle de l'homme de paix et de réconciliation. Il reçoit les insignes de grand-croix de la Légion d'honneur, et est décoré par le pape. Il est initié à la loge franc-maçonne « les Pyramides » du Caire, puis est reçu à la loge « Henri-IV » de Paris. Dans l'entourage de Napoléon III, on pense à lui comme souverain d'un État arabe d'Orient, mais il se dérobe à ce projet, que la méfiance de l'Angleterre pour les initiatives françaises aurait rendu impossible. Lié à Lesseps, il est présent à l'inauguration du canal de Suez. Quelques années plus tard, il fournit une nouvelle preuve de son éloignement du monde profane lorsqu'il se refuse à donner le moindre encouragement à l'insurrection algérienne de mars 1871.

Après sa mort, des interprétations opposées s'affrontent. Les Français voient en lui l'adversaire sincèrement rallié. L'émir Khaled, un de ses petits-fils, se réclame de sa mémoire pour demander l'émancipation des Algériens musulmans. En octobre 1949, le gouverneur général Naegelen inaugure un monument à Cacherou, lieu de naissance d'Abd el-Kader; la presse nationaliste proteste contre ce qu'elle dénonce comme le processus de « récupération » d'un homme qui, pour elle, ne peut être que le « héros de la résistance algérienne ». Le gouvernement de l'Algérie indépendante a fait rapatrier les restes de l'émir, solennellement déposés au cimetière d'el-Alia, le 6 juillet 1966; au cœur de la capitale, sa statue équestre remplace celle de Bugeaud.

→ Résistances

Abd el-Krim Avec Abd el-Kader, Abd el-Krim (1883-1963) a incarné la résistance à la conquête, mais sans bénéficier du pardon du vainqueur! Né au moment où la France et la Grande-Bretagne mettent la main sur la Tunisie, l'Égypte, l'Indochine et se lancent à l'assaut de l'Afrique, mort quand l'Algérie devient indépendante, ainsi que la plus grande partie de l'Afrique noire, il aura donc vécu la période de l'expansion impérialiste et des décolonisations. Il y a joué un rôle fulgurant, bref mais intense, dont les répercussions ont dépassé sa montagne pauvre du nord du Maroc, le Rif. Le PCF en a fait un héros de la lutte anti-impérialiste, et Doriot a même tenté une escapade pour le rencontrer. Sa légende noire le présente comme un « tyranneau à demi sauvage », un *rogui* (rebelle), un « vieux de la montagne », un chef de djihad fanatisant des combattants habitués à la *siba,* la dissidence tribale contre le pouvoir royal et le makhzen*.

Rejeton d'une lignée de cadis (jurisconsultes de formation religieuse) attachée au makhzen, il suit cette tradition. Sa famille doit manœuvrer pour faire face aux incertitudes du temps, et elle se place d'abord sous la protection de l'Espagne. Abd el-Krim en apprend la langue à Mellila, ce qui lui permet d'être interprète du bureau des Affaires indigènes. Son objectif est d'assurer des fonctions de médiation entre l'État et la société rifaine. Décoré du mérite militaire, il demande la nationalité espagnole. Il est donc loin d'être enfermé dans l'univers ancien. Il écrit dans *le Télégramme du Rif* son admiration pour Ataturk et pour Mohamed Abdou, le grand réformateur égyptien. Mais les déceptions s'accumulent : l'hostilité de sa tribu envers les collaborateurs a valu à son père l'incendie de sa maison, la fuite et la perte de ses ressources entre 1915 et 1917. Et la politique espagnole ne laisse guère d'espace d'ascension. D'où la rupture.

À 1a mort de son père, au début de 1921, Abd el-Krim se mue en chef de guerre audacieux. Il inflige à l'Espagne une défaite cinglante en juillet de la même année, la prise de la garnison d'Anoual – 26 000 hommes. Le butin est considérable : 400 mitrailleuses, 25 000 fusils, un hôpital de campagne. Le Rif se soulève. Dès lors, c'est un affrontement où l'un des adversaires doit disparaître. La France, en intervenant, fait basculer le rapport de forces. Pour Lyautey, il est impossible de permettre au chef rifain de devenir un symbole, de laisser vivre un noyau indépendant susceptible d'être un pôle pour les forces du Maghreb profond. Pis, le Rif devient, pour la première fois dans l'histoire de l'impérialisme, un foyer pour lequel l'anticolonialisme européen se mobilise : Barcelone s'est embrasée contre l'envoi de soldats en 1909, et le PCF lance une campagne contre la guerre, avec l'appui de la CGTU, des intellectuels de *Clarté* et des surréalistes.

L'amplification du conflit met à mal la politique de Lyautey, qui se flattait d'éviter les affrontements, de se concilier les populations, de jouer des rivalités entre tribus. Abd el-Krim en avril 1925 menace Fès, ce qui entraîne la nomination de Pétain pour briser la résistance. Celui-ci bénéficie de moyens refusés à son prédécesseur : il dispose contre le Rif, outre des effectifs augmentés (130 bataillons), d'avions, de gaz asphyxiants. Les bombardements de civils sont utilisés dix ans avant Guernica. En mai 1926, Abd el-Krim doit se rendre. Il est exilé à La Réunion, où, avant lui, d'autres bannis ont été envoyés : la reine Ranavalona III de Madagascar, l'empereur d'Annam, le sultan des Comores. Ses fils ont pour condisciples au lycée Jacques Vergès et Raymond Barre. Lui est oublié dans son exil de vingt et un ans, malgré ses gestes d'allégeance, sa proposition à de Gaulle en 1943 que ses enfants servent dans l'armée française. On cherche tardivement à en faire un contrepoids au prestige de Mohammed V, après le discours de Tanger, en 1947, où le sultan réclame l'autonomie du Maroc. Un bateau le conduit vers la Côte d'Azur, il s'en échappe à Port-Saïd et rejoint les nationalistes maghrébins exilés au Caire. À soixante-quatre ans, il est proclamé président du Comité de libération du Maghreb, à la tête donc de la fine fleur des leaders – Bourguiba, Allal el-Fassi en particulier.

Mais leurs relations se détériorent. Pour les citadins de Fès, l'insurrection du Rif est un soulèvement traditionnel de paysans, une manifestation de l'anarchie tribale, une résistance primaire et non une guerre de libération, ni un nationalisme moderne.

S'il est présenté par la nouvelle génération maghrébine comme archaïque – alors qu'il a combattu les confréries et les solidarités tribales pour unifier le Rif dans son projet – Hô Chi Minh a dit son admiration pour la guérilla* rifaine, ainsi que Tito, Mao et Che Guevara. On a même présenté Diên Biên Phu comme un remake d'Anoual. Faut-il interpréter ces images comme l'opposition entre deux univers, la bourgeoisie des villes et la paysannerie révolutionnaire ? Un peu : les syndicalistes tunisiens de 1924 s'enflamment pour le Rif alors que le Destour* des notables prend frileusement ses distances. De même, les militants de l'émigration algérienne et coloniale à Paris s'engagent avec le PC dans le soutien à la république du Rif. République ? Il y a un débat sur le sens de *jumhuriyya*, qui n'est d'ailleurs pas employé par la population rifaine, laquelle parle de *jibla Rifya*. Mais il est certain que les bases d'un État ont été posées, que des infrastructures – routes, téléphone, radio – ont été créées et qu'une armée a été construite.

Quand la guerre d'Algérie commence, Abd el-Krim retrouve la vigueur de sa jeunesse et vilipende la stratégie de compromis avec la France de Bourguiba et du sultan du Maroc. Malgré les sollicitations de Mohammed V, il refuse de revenir dans son pays, même pour y mourir. Mais il est réduit à un rôle de Cassandre, rejetant les accords d'Évian, la Constitution marocaine, bref, le nouveau Maghreb alors apparemment triomphant. Il meurt au Caire en 1963.

→ Voir Maroc, résistances

Mohammed Abdou ou Muhammad Abduh Théologien et juriste à l'origine du réformisme musulman (1849-1905). Avec al-Afghani*, dont il est le disciple, il entreprend une réforme de l'islam destinée à l'adapter à son temps et au contact avec l'Occident. Il connaît bien l'Europe, certains de ses penseurs (Rousseau, Renan, Spencer…) et a appris le français et l'anglais. Mufti d'Égypte (chargé de donner une fatwa, avis sur la conformité d'un point de droit avec la loi religieuse), il a exercé une grande influence. Son œuvre tend à distinguer ce qui est le noyau intangible de la révélation au Prophète et les normes dues aux interprétations humaines, qui doivent évoluer. Ses successeurs se divisent en deux courants, l'un allant dans le sens d'une modernisation, l'autre plus sensible au maintien de l'islam classique. On trouve son empreinte dans le mouvement des oulémas* algériens et dans le milieu de la Grande Mosquée Zitouna* en Tunisie.

abolitions de l'esclavage

Un processus long et complexe (1793-1794, 1848)

Les processus d'abolition de l'esclavage dans les colonies françaises ont suivi une voie originale et complexe étalée sur un siècle. Pour le comprendre, il importe de les situer dans la longue durée des combats antiesclavagistes, qui se déroulèrent sur deux plans différents et pas nécessairement complémentaires : la formation d'un mouvement antiesclavagiste et les multiples formes de résistance à l'esclavage par les esclaves eux-mêmes.

Le progrès de l'abolitionnisme en France

Il y eut une lente prise de conscience, dans une partie de l'opinion publique éclairée, de l'iniquité de l'esclavage appliqué aux colonies, alors que la jurisprudence du royaume de France l'interdisait sur le sol métropolitain en vertu d'un adage sans cesse rappelé par le parlement de Paris : « La France, mère de liberté, ne permet aucun esclave sur son sol. » Quelques-uns des humanistes de la Renaissance ont émis les premières critiques radicales de la réduction d'êtres humains en esclavage – ce que ni l'Antiquité ni les fondateurs des Églises chrétiennes n'avaient jamais fait. Mais c'est à partir des années 1740 qu'une pensée philosophique antiesclavagiste prit forme, appuyée soit sur les fondements religieux d'un égalitarisme biblique (notamment chez les pasteurs antiesclavagistes britanniques, presque toujours issus d'Églises dissidentes de l'Église anglicane), soit sur le droit naturel, faisant de l'unité de l'espèce humaine le credo de la pensée des Lumières. Montesquieu, dans un fameux passage de *l'Esprit des lois* (1748), ouvre la voie en ne laissant subsister aucun des arguments avancés : ni la religion chrétienne, ni la différence de couleur, ni la supposée nécessité de produire du sucre et du café à bas coût, pas plus que la volonté de puissances des nations coloniales ne pouvaient justifier l'esclavage. Après lui, les arguments antiesclavagistes s'affinèrent et furent repris et amplifiés par des noms prestigieux : Voltaire, Rousseau, Prévost, Saint-Lambert, dans les années 1750 et 1760. Puis l'antiesclavagisme fut relayé par certains économistes, analysant les effets néfastes d'un système qui dépeuplait un continent pour mettre en valeur un autre, alors que la productivité du travail servile elle-même était contestée par ces tenants de la nouvelle économie libérale, comme Adam Smith en Angleterre, mais également certains des fondateurs de l'École physiocratique en France, tels le marquis de Mirabeau, Dupont de Nemours, Turgot ou Condorcet. Surtout, la critique de l'esclavage s'est progressivement répandue à travers la littérature de colportage ; les almanachs, le théâtre populaire ont contribué à diffuser plus largement une information sur l'existence d'esclaves sur des terres lointaines relevant de la souveraineté du roi de France. Enfin, alors que jusqu'au début des années 1770 cette critique de l'esclavage restait essentiellement d'ordre éthique ou religieux, sans proposer les moyens politiques pour y mettre fin, un tournant a été pris par la publication quasi simultanée de deux textes majeurs. Louis Sébastien Mercier publia, fin 1770, sa fameuse utopie*, *l'An deux mille quatre cent quarante, Rêve s'il en fut jamais,* où le chapitre « Un singulier monument » apprenait au lecteur comment la barbarie de l'esclavage avait été détruite dans les colonies : une insurrection générale des Noirs, conduite par le « Vengeur du Nouveau Monde », a massacré tous les oppresseurs blancs, aboli l'esclavage et proclamé l'indépendance de l'Amérique... La violence du passage frappa les esprits et inquiéta colons et administrateurs coloniaux, qui accusèrent Mercier de prêcher le massacre des Blancs. L'année suivante, Raynal commença la publication de son immense *Histoire philosophique et politique du commerce et des établissements des Européens dans les deux Indes*, qui contenait de vives critiques de la traite et de l'esclavage, avec surtout un passage évoquant lui aussi la proche insurrection des Noirs, détruisant à jamais la suprématie coloniale européenne. La troisième édition de ce monumental ouvrage (10 volumes), en 1780, enrichie de chapitres fournis par Diderot, porta plus loin encore la critique de l'esclavage et annonçait son inévitable destruction violente. Le succès de ces deux ouvrages fut immense : le livre de Mercier aurait été le plus vendu à travers l'Europe entière de toute la production francophone du siècle et plus de trente contrefaçons de Raynal ont été répertoriées. Au début des années 1780, la dénonciation de l'esclavage avait ainsi quitté le seul terrain philosophique pour présenter une vision de l'avenir du système, qui ne pouvait être que violent et destructeur.

Ce fut dans ce contexte idéologique nouveau qu'un second tournant fut pris, au fil de la décennie 1780 : le passage de la réflexion théorique à la mise en place de moyens politiques visant explicitement à détruire l'esclavage colonial, avec l'émergence de sociétés antiesclavagistes. Ce mouvement ne peut se concevoir à l'échelle d'un seul pays : ses initiateurs, constatant le caractère essentiellement cosmopolite de la traite négrière, conçurent d'emblée son abolition comme le résultat d'une action internationale concertée entre les grandes puissances négrières. Les premières sociétés naquirent à Philadelphie au milieu des années 1770, dans l'effervescence des débuts de la révolution américaine puis de la guerre d'indépendance des colonies anglaises, sous l'égide du quaker Benjamin Franklin. Elles ne prirent véritablement leur essor qu'après la fin de la guerre, en 1783, avec la fondation par les antiesclavagistes anglais des premiers comités, animés par des leaders prestigieux comme William Wilberforce et Thomas Clarkson, chef de file de l'abolitionnisme international jusqu'aux années 1840. La création du Comité de Londres pour l'abolition de la traite, en avril 1787, fut l'aboutissement de cette vague profonde qui mobilisa une partie de l'opinion publique britannique, notamment à travers une impressionnante série de pétitions adressées au Parlement de Londres. Enfin, en février 1788 fut fondée à Paris la Société des amis des Noirs, qui se présenta comme une émanation de celles de Londres et des États-Unis, pour agir de concert auprès des gouvernements afin d'obtenir un traité international prohibant la traite négrière. Les fondateurs des Amis des Noirs de Paris étaient issus en partie du monde intellectuel (Brissot, Mirabeau, Condorcet), en partie du monde de la haute finance (Clavière, Laborde de Méréville, Mollien, futur ministre des Finances de Napoléon, Louis, futur ministre des Finances de la Restauration...), en partie de la noblesse libérale ralliée aux idées nouvelles (La Fayette, La Rochefoucauld d'Enville, les frères Lameth...). Le programme d'action de ces sociétés abolitionnistes reposait sur un postulat: l'abolition de la traite doit être la priorité absolue et être obtenue par la voie diplomatique entre les puissances. De cette abolition découlera, presque mécaniquement, la transformation de l'esclavage lui-même, les maîtres devant désormais assurer sur place le renouvellement de la main-d'œuvre servile. Ce changement d'état d'esprit ouvrira la voie à la mise en place d'une législation abolitionniste graduelle, « programmant » la fin totale de l'esclavage à l'échelle de deux générations, voire trois chez certains auteurs. Ce « gradualisme » permettrait une lente reconversion des économies coloniales, pour les adapter au travail libre, mais il permettrait également un passage pacifique à la liberté, écartant tout risque d'insurrection. Plutôt que d'abolition, il serait plus juste de parler d'extinction de l'esclavage, selon les schémas imaginés par les sociétés antiesclavagistes du XVIIIe siècle. C'était prendre acte des prédictions apocalyptiques de Mercier ou Raynal en réformant l'esclavage avant qu'il ne devienne impossible de le maintenir. Enfin, et ce point est essentiel pour le devenir colonial des puissances européennes, l'abolition immédiate de la traite, mettant un terme au pillage humain de l'Afrique*, rendrait possible la « civilisation » de ce continent, c'est-à-dire le lancement d'entreprises de colonisation de l'« Afrique intérieure ». Il n'est pas sans importance de rappeler que la Société des amis des Noirs, réorganisée à Paris en 1796, prit alors soin d'ajouter à son titre « et des colonies », ayant inscrit à son programme « la formation de colonies nouvelles [...] créées par les principes de la philosophie du dix-huitième siècle et sous l'égide de la liberté ». Abolir l'esclavage serait donc un moyen de consolider les colonies existantes et d'ouvrir la voie à une nouvelle phase d'expansion, en Afrique principalement; il n'y a pas de solution de continuité entre le mouvement abolitionniste et la grande vague de colonialisme du XIXe siècle, le premier ouvrait la route au second: abolir devait précéder la colonisation.

Résistance et soulèvements des esclaves

Les résistances des esclaves, jamais totalement ignorées de l'historiographie, sont cependant beaucoup mieux connues aujourd'hui et surtout considérablement remises à leur place légitime dans le processus de destruction de l'esclavage. En effet, un postulat doit être clairement posé: à aucun stade de la mise en esclavage il n'y eut consentement et résignation des victimes. Les opérations de razzia en Afrique, la capture, le long cheminement des captifs jusqu'aux côtes où avait lieu la vente aux marchands négriers, ainsi que l'attente des navires dans des baraquements ou des entrepôts: toutes ces étapes, comme le signalent les documents sont marquées par des formes multiples de résistance, allant du suicide à la tentative de fuite, de la révolte individuelle aux soulèvement collectifs. La traversée de l'Atlantique n'était pas davantage paisible: refus de se nourrir, suicides par noyade, infanticides, révoltes de tout ou partie des captifs, lors de la montée quotidienne sur le pont surtout, étaient pratiques courantes, véritable hantise des équipages. Enfin, les conditions de vie et de travail sur les plantations n'étaient pas faites pour réduire au silence les victimes, coupées à jamais de leurs pays et de leurs familles: la vie était un constant état de guerre sourde entre les maîtres, leurs régisseurs et autres subalternes chargés de la surveillance des esclaves, et les esclaves, malgré les statuts et les conditions inégales qui les divisaient. Les formes prises par ces résistances allaient du refus de travailler à la révolte ouverte, individuelle ou en groupe, du refus d'avoir des enfants pour ne pas mettre au monde de futurs esclaves à la fuite hors des plantations par le marronnage, qui pouvait être de courte durée (le temps d'une fugue vers la ville ou une plantation voisine pour y retrouver une maîtresse ou un amant) ou définitif, les esclaves en rupture rejoignant les bandes organisées dans les mornes*, qui avaient recréé des formes d'agriculture et de vie sociale africaines, loin du regard des Européens incapables de réduire ces poches de liberté inaccessibles. Les insurrections furent nombreuses, surtout dans les colonies de grande superficie comme Saint-Domingue, ou la Jamaïque anglaise, mais elles furent partout et toujours réprimées par les forces armées des métropoles, parfois assistées par les puissances voisines, pourtant rivales dans la course à la suprématie coloniale. L'ensemble de ces résistances n'a jamais remis en cause l'existence de l'esclavage en lui-même, mais les recherches récentes ont bien montré un mouvement ascendant au fil du XVIIIe siècle, à mesure que le nombre d'esclaves augmentait dans les îles. Cette insécurité croissante des plantations contribua à rendre de plus en plus coûteux le système esclavagiste tout entier et à accroître son impopularité dans la métropole. La violence même des répressions fut utilisée par les abolitionnistes dans leur propagande contre les colons, telle celle de la grande insurrection du Surinam de 1772, avec la fameuse relation qu'en donna Jean Gabriel Stedman et les illustrations d'un rare réalisme de William Blaque montrant la barbarie de la répression. Ainsi, sans atteindre le cœur du système, les résistances des esclaves, marronnage et insurrections surtout, contribuèrent à l'affaiblir, à en faire ressortir les aspects les plus violents, qui ôtaient toute crédibilité au discours paternaliste des colons et aux arguments religieux des Églises, lesquelles voulaient voir dans la traite un moyen légitime d'« agrandir le royaume du Christ »…

Première abolition

La première abolition de l'esclavage fut le résultat de la conjonction de ces deux facteurs, pourtant largement indépendants l'un de l'autre : les résistances des esclaves n'avaient pas besoin, pour exister et se multiplier, des réflexions des philosophes des Lumières, et ceux-ci ne faisaient pas reposer leurs projets émancipateurs sur les révoltes serviles, dont ils connaissaient l'existence mais qu'ils redoutaient, comme le montrent les textes cités plus haut de Mercier et Raynal : s'ils décrivaient les scènes de carnage, ce n'était probablement pas pour en exalter les vertus, mais pour mettre sous les yeux des colons le résultat prochain de leur aveuglement. Du reste, les projets des sociétés antiesclavagistes excluaient toute forme d'irruption de la violence servile dans le processus abolitionniste. Pourtant, la conjoncture historique fit se croiser ces deux formes d'opposition à l'esclavage et ce fut par cette rencontre que la première abolition s'instaura. Ce croisement improbable, et unique dans l'histoire, entre l'abolitionnisme gradualiste des Amis des Noirs et l'insurrection armée des Noirs eux-mêmes a été rendu possible par la Révolution française, qui perturba l'équilibre des pouvoirs aux colonies comme en France, mit à l'ordre du jour des principes nouveaux – les droits de l'homme – incompatibles dans leur essence avec le maintien de l'esclavage et fit accéder au pouvoir politique métropolitain un personnel en grande partie acquis à l'antiesclavagisme théorique, sinon à l'urgence d'une abolition immédiate et radicale.

Lorsque près de 50 000 esclaves de la plaine du nord de Saint-Domingue (haut lieu des luttes des esclaves depuis près de cinquante ans) entrèrent simultanément en insurrection armée dans la nuit du 22 au 23 août 1791, la colonie était profondément divisée entre colons autonomistes et représentants du nouveau pouvoir français, entre libres de couleur (descendants d'esclaves libérés, eux-mêmes propriétaires d'esclaves et métis le plus souvent) qui avaient espéré obtenir l'égalité des droits et Blancs qui avaient sauvagement réprimé leur révolte en février 1791. Dès lors, l'insurrection noire s'avéra impossible à contenir, malgré les renforts militaires envoyés de France par une Assemblée législative dominée par les Amis des Noirs, mais refusant l'idée d'une victoire des esclaves pour se cramponner aux schémas anciens de l'abolition graduelle. La décision tardive (le 4 avril 1792) d'accorder la pleine égalité aux libres de couleur (possesseurs d'un quart des esclaves de la colonie) ne pouvait plus contribuer à former un front uni des maîtres, toutes couleurs réunies, contre les insurgés. La mission confiée à Sonthonax et Polverel, proches des Amis des Noirs, était illusoire : rétablir l'ordre avec l'aide des libres de couleur, puis entamer un processus de réformes aboutissant à la lente disparition de la servitude. Arrivés sur place en septembre 1792, les commissaires civils eurent beau affirmer à de multiples reprises que l'abolition de l'esclavage n'entrait pas dans le cadre de leur mission, ils furent contraints de la proclamer : la guerre déclarée à l'Angleterre le 1er février 1793, puis à l'Espagne et à la Hollande le 8 mars suivant, menaçait de faire perdre l'île à la France, qui ne pouvait lutter à la fois contre les Noirs et contre les puissances étrangères coalisées. Ainsi, face à ce double péril (« noir » et « anglais »), Sonthonax proclama-t-il la liberté générale au Cap-Français le 29 août 1793 ; son collègue Polverel fit de même pour le sud et l'ouest de la colonie le 21 septembre suivant. Pour la première fois depuis la mise en esclavage des Noirs aux Amériques, au début du XVIe siècle, une grande puissance esclavagiste abolissait la servitude. Certes, cette abolition n'avait rien de spontané et était le fruit d'une configuration complexe où rapport de forces créé par la victoire des insurgés, menace imminente d'un débarquement anglo-espagnol et popularisation des mots d'ordre égalitaires de la Révolution française elle-même avaient combiné leurs effets. La situation créée par la proclamation du 29 août 1793 était des plus ambiguës, car cette décision n'était pas celle de la République, mais celle de ses deux agents à Saint-Domingue, qui n'avaient pas reçu la mission de détruire l'esclavage. Le pouvoir métropolitain, à savoir la Convention nationale alors dominée par la Montagne, n'avait pas pris de décision : la Constitution du 24 juin 1793 avait pris soin de ne pas inclure l'existence des colonies dans la République, ce qui évitait de tomber dans la contradiction de la Constitution de 1791 proclamant les droits de l'homme en mettant les colonies hors de son champ d'application. L'arrivée à Paris, fin janvier 1794, des trois nouveaux députés de Saint-Domingue élus après la proclamation de la liberté générale fit connaître la nouvelle situation de l'île, où il n'y avait plus d'esclaves. Au lieu de provoquer l'enthousiasme des révolutionnaires, cette nouvelle fut interprétée comme un acte de sédition de la colonie, dû à Sonthonax, mis en accusation comme complice de Brissot depuis le mois de juillet précédent: les trois députés furent arrêtés et emprisonnés. Libérés quatre jours plus tard, dans des conditions mal élucidées, ils firent leur entrée à la Convention l'après-midi du 4 février 1794 (16 pluviôse an II du nouveau calendrier): la Convention entendit leur rapport sur la situation de la colonie depuis le 29 septembre puis, après un bref débat, proclama, par un décret composé d'un article unique, l'abolition de l'esclavage dans toutes les colonies françaises. C'était légaliser la situation de fait à Saint-Domingue et l'étendre à toutes les autres colonies. Ainsi la Révolution française finissait-elle par mettre en acte ses principes dans ses propres colonies, mais elle le faisait en ratifiant une décision qui ne lui revenait pas directement et qui était le résultat incontestable de l'insurrection générale commencée en août 1791. C'était la première victoire d'une révolte d'esclaves; ce fut aussi la dernière, car plus aucune colonie ne connut une telle conjonction de facteurs favorables à la victoire d'esclaves insurgés. Cette abolition de 1793-1794, acquise par la force des armes, fut appliquée immédiatement – donc sans aucune des étapes préalables prévues par les abolitionnistes – et sans aucune indemnisation des propriétaires d'esclaves, à la différence des abolitions à venir au XIXe siècle.

L'application du décret du 4 février 1794 fut inégale: à Saint-Domingue, la liberté avait précédé la loi, à la Guadeloupe et en Guyane la Convention envoya des commissaires civils chargé de l'abolition (Janet-Oudin en Guyane et Victor Hugues en Guadeloupe). Victor Hugues mena une véritable guerre de reconquête contre les Anglais et contre les colons pour imposer « révolutionnairement » l'abolition radicale de l'esclavage; en Guyane, l'abolition se fit pacifiquement, les colons ayant renoncé à résister. La Martinique, occupée par l'Angleterre depuis juillet 1793, ne fut pas concernée par la première abolition et maintint le statu quo jusqu'au retour à la France, en 1802. Les colonies de l'océan Indien, Réunion et Île de France, refusèrent d'appliquer ce décret et aucune force ne fut envoyée pour contraindre les colons à le faire.

Une liberté nouvelle difficile et le rétablissement de l'esclavage

La liberté nouvelle fut difficile à mettre en place, dans un contexte de guerre généralisée et de révolution. La question centrale était celle du travail agricole : l'unique richesse des îles étant leur agriculture, il était impératif de faire fonctionner les plantations par le seul salariat, puisqu'il n'avait pas été question de doubler la révolution antiesclavagiste d'une révolution agraire qui aurait distribué les terres aux anciens esclaves. Ce choix, maintenu par la suite par tous les régimes, eut pour conséquence immédiate la promulgation de « règlements de culture » qui étaient en fait la mise en place d'un régime spécial pour les « nouveaux libres », dérogatoire au droit commun du travail : l'obligation de travailler sur les terres des anciens maîtres, avec paiement d'un salaire pour partie en argent et pour partie en part de récolte. C'était l'ébauche d'un régime de travail forcé qui limitait la liberté de circulation et de résidence des anciens esclaves, devenus des « cultivateurs ». Ce régime, institué par Sonthonax dès le 29 août 1793, fut appliqué en Guadeloupe par Victor Hugues et en Guyane par Janet-Oudin ; il fut durci par Toussaint Louverture* en 1801 et repris par tous les dirigeants haïtiens après l'indépendance, jusqu'aux années 1960. L'esclavage avait ainsi fait place à un système ambigu, combinant liberté individuelle et réquisition de la main-d'œuvre agricole. La Constitution de 1795, intégrant les Îles à la République, affirmait le principe de l'unité législative entre métropole et colonies, et mettait fin au régime spécifique qui avait permis d'instituer dans ces dernières l'esclavage interdit en France. La loi du 1er janvier 1798 franchit un pas de plus en ce sens en transformant les colonies en départements français, juridiquement identiques à ceux de la métropole (un département par colonie et quatre pour Saint-Domingue). Cette « intégration républicaine » rendait impossible le rétablissement de l'esclavage.

Pourtant, ce nouvel équilibre fut rapidement brisé. La Constitution consulaire de l'an VIII (décembre 1799) rétablit le régime spécifique des colonies (article 91), précisant qu'elles seraient régies par des lois spéciales relevant du Premier consul. C'était ouvrir la voie à un retour de l'esclavage. Le pas fut franchi deux ans plus tard, lorsque la paix avec l'Angleterre permit enfin une vaste opération militaire aux Antilles. Le corps expéditionnaire envoyé en Guadeloupe rencontra une très vive résistance, mais réussit à reconquérir l'île fin mai 1802, au prix d'une répression qui fit plus de 10 000 victimes. L'esclavage fut rétabli en juillet suivant, avant même l'arrivée du décret du 20 mai. À Saint-Domingue, les 35 000 hommes envoyés sous le commandement du général Emmanuel Leclerc, beau-frère de Bonaparte, n'eurent pas le même destin. Après une phase de succès relativement rapide, concrétisé par la reddition de Toussaint Louverture puis son arrestation et sa déportation en France (juin 1802), la reprise de la guerre fut tragique : la nouvelle du rétablissement de l'esclavage en Guadeloupe dressa en bloc les Noirs et les mulâtres contre la France. Malgré les nombreux renforts envoyés sur place, la défaite fut inévitable, d'autant plus qu'une terrible épidémie de fièvre jaune décima les troupes européennes, y compris le général en chef. Le 18 novembre 1803, le successeur de Leclerc fut battu à Vertières et dut négocier avec les Anglais, qui avaient repris la guerre contre Napoléon, l'évacuation du reste de son armée. Saint-Domingue fut évacuée définitivement par la France en décembre 1803. Le 1er janvier 1804, Jean-Jacques Dessalines proclama l'indépendance de la colonie, qui reprenait le nom d'Haïti, porté avant l'arrivée de Christophe Colomb. C'était la seconde indépendance d'Amérique, cette fois proclamée non plus par les colons contre leur métropole, mais par les anciens esclaves, qui s'étaient affranchis eux-mêmes en 1793 et qui créaient un nouvel État.

L'abolition de 1848

Les colonies restées françaises après 1804, redevenues esclavagistes, ne jouaient plus le rôle moteur qui avait été celui du complexe sucrier du temps de la splendeur de Saint-Domingue : les milieux coloniaux français renoncèrent peu à peu au projet de reconquérir l'ancienne « perle des Antilles », dont l'indépendance fut finalement reconnue en avril 1825 en échange d'une lourde indemnité (150 millions de francs or) destinée aux colons dépossédés. Désormais, d'autres horizons coloniaux étaient recherchés, notamment l'Afrique du Nord, déjà visée lors de l'expédition d'Égypte de Bonaparte, puis à nouveau objet de plusieurs projets de débarquement sous l'Empire, mais non réalisés. La traite ayant été officiellement interdite par le traité de Vienne de 1815 – même si l'application n'a été effective qu'après 1832 –, restait la question de l'esclavage, exclusivement confinée à ce qu'on appellerait bientôt les « vieilles colonies ». La renaissance d'un mouvement antiesclavagiste fut lente après 1815 et prit d'abord la forme d'un Comité pour l'abolition de la traite, institué au sein de la Société de la morale chrétienne en 1822 : le traumatisme des événements de Saint-Domingue dominait les débats et transformait la question de l'esclavage en un véritable tabou. La révolution de 1830 ne toucha pas à l'esclavage lui-même, malgré l'orientation antiesclavagiste de la plupart des nouveaux dirigeants, dont Guizot et Louis-Philippe lui-même. Ce fut par l'application effective de l'interdiction de la traite que la monarchie de Juillet rompit avec la Restauration en matière coloniale, ainsi que la loi de 1832, qui accordait l'égalité des droits aux libres de couleur, renouant avec la législation de 1792. Enfin, une législation favorable aux affranchissements fut mise en place : le pouvoir espérait ainsi faire baisser rapidement la proportion des esclaves dans les colonies et parvenir à une extinction en douceur de ce régime archaïque, sans avoir à prononcer une abolition qui faisait très peur. Ce schéma ne fonctionna pas aussi bien que prévu : à partir des années 1840, le nombre d'affranchissements diminua et le taux d'esclaves dans la population resta stable, à environ 50 %. Les planteurs avaient bien accepté d'affranchir les esclaves domestiques et les « esclaves à talents », mais refusaient de donner la liberté à ceux appliqués à la terre, par crainte d'une pénurie de main-d'œuvre, du refus des nouveaux libres de travailler la canne, symbole de servitude. Ce fut l'abolition anglaise de 1834 qui relança le mouvement en France, mais sans pour autant faire fléchir le pouvoir, qui se limita à des réformes sans portée réelle. La création de la Société française pour l'abolition de l'esclavage, en décembre 1834, renouait avec la pratique de la fin du XVIIIe siècle et les deux Sociétés des amis des Noirs. Regroupant l'élite libérale, républicains et orléanistes – Lamartine, Tocqueville, Rémusat, Odilon Barrot, Schoelcher –, elle était étroitement liée au mouvement abolitionniste anglais et proposait un programme gradualiste. Malgré son active propagande en direction du grand public, elle ne réussit pas à faire de l'abolition de l'esclavage un sujet de débat national, ce qui permit au gouvernement en place de différer sans cesse toute décision. Ainsi l'esclavage était-il intact au moment où la révolution de février 1848 renversait Louis-Philippe et son régime. Dès la formation du Gouvernement provisoire achevée, le 3 mars, François Arago, ministre de la Marine et des Colonies, nomma Victor Schoelcher* sous-secrétaire d'État chargé des colonies avec pour mission explicite de préparer immédiatement l'abolition de l'esclavage. La commission présidée par Schoelcher termina son travail le 27 avril, jour où fut aussitôt signé le décret abolissant l'esclavage dans les vieilles colonies, mais prévoyant une indemnisation des propriétaires et un délai de deux mois pour l'entrée effective en application de la liberté générale. Les révoltes d'esclaves de Martinique et de Guadeloupe imposèrent des décisions plus rapides : le 22 mai pour la première et le 27 pour la seconde.

La Guyane respecta le délai légal et prononça l'abolition le 10 juin ; la lointaine Réunion attendit le 20 décembre pour sortir de la servitude. Un siècle après le fameux chapitre de Montesquieu, l'esclavage était enfin aboli dans toutes les colonies françaises.

---> Antilles, esclavage, La Réunion, traite

acculturation Le terme s'impose vers 1950, bien au-delà de l'ethnologie*, qui l'a créé, et il entre dans le vocabulaire des décolonisations pour rendre compte des situations de domination coloniale en particulier. Il est connoté négativement parce qu'il renvoie à des relations inégales, sources d'aliénation. L'anticolonialisme* incrimine alors l'enseignement niant l'identité du colonisé, l'assimilation*, les missions*, etc. Dans *les Immémoriaux,* Segalen a rendu compte de la destruction des cultures de Tahiti, ce que Robert Jaulin appellera ethnocide. Claude Lévi-Strauss* dit, lors de sa leçon inaugurale du Collège de France, la dignité des cultures menacées, dont la sauvegarde est la vocation de l'anthropologie, telle qu'il la redéfinit, avec Balandier, Leiris*, Roger Bastide. Par opposition, on parle d'inculturation*, c'est-à-dire d'intégration, de réinterprétation des emprunts à l'Occident dans de nouvelles synthèses culturelles, comme les syncrétismes* religieux.

AEMNA L'Union des étudiants algériens, composée d'Européens, refusant les indigènes, une association des étudiants musulmans est créée à Alger en 1919. Ferhat Abbas* en a été le très actif président. Mais c'est l'AEMNA (Association des étudiants musulmans nord-africains) qui va entrer dans l'histoire.

Née en 1927 à Paris, au même moment que les associations indochinoise, antillaise et africaine, elle a été la pépinière des élites nationalistes, qui s'y initient à l'art politique, aux relations avec les partis français, de gauche surtout. Elles trouvent aussi dans la capitale de l'Empire une dimension intercoloniale et internationale précieuse, un relais vers les opinions musulmanes, grâce à Chekib* Arslan en particulier. Les animateurs les plus actifs en sont les Tunisiens, les Algériens étant très en retrait, comme le regrette Messali.

En février 1930, l'AEMNA exclut de ses rangs ceux qui ont choisi la naturalisation*. Ce choix de défense identitaire musulmane vise à s'assurer l'hégémonie sur le mouvement populaire et à contrecarrer l'influence des hommes des grandes mosquées, des étudiants en théologie, en chassant sur leur terrain, en leur contestant le monopole de la défense de l'islam. Il tranche sur le communisme athée, qui gagne alors les étudiants vietnamiens, et sur la négritude* des Africains. Au moment des indépendances, l'AEMNA cède la place à des associations nationales, l'Union générale des étudiants tunisiens (UGET), ou l'Union générale des étudiants musulmans algériens (UGEMA), qui sont les tremplins pour les hautes fonctions dans les nouveaux États.

Aéropostale Au sortir de la guerre, les lignes aériennes Latécoère se lancent à la conquête de l'espace ultra-marin, avec la première liaison France-Sénégal passant par l'Espagne et le Maroc. Les débuts sont difficiles: dix navigants sont tués ou portés disparus les deux premières années. Mais Latécoère construit des avions plus modernes et lance de nouvelles lignes toujours plus au Sud. Dans les années 1920, le trafic du courrier représente encore l'activité essentielle. C'est en 1927 que naît la Compagnie générale connue sous le nom d'« Aéropostale ». Les principales lignes sont : Alger (1921), Tunis (1923), Casablanca (1924), Dakar, puis Tananarive, Brazzaville, Bamako dans les années 1930. Beyrouth, Saigon, Hanoi (cinq jours et demi) en 1935. L'année 1931 inaugure les premières liaisons entre l'Afrique et l'Amérique du Sud, après la traversée de l'Atlantique par Mermoz. On compte 41 000 km de lignes et 7 000 passagers en 1939.

Ce mélange d'exploits techniques et d'aventure est du Jules Verne : Mermoz est capturé par les Maures en 1926, Saint-Exupéry* a dit cette épopée dans *Vol de nuit* en 1931. Le cinéma* a fait de l'aviation un de ses thèmes favoris, avec *l'Équipage* de Maurice Tourneur sur un scénario de Kessel en 1928, *Courrier Sud* avec un scénario de Saint-Exupéry en 1936, *Mermoz* en 1942. Récemment, un clip à succès de Michel Sardou, *Musulmanes*, grand prix de la Chanson française, a chanté le thème de l'aviateur-héros-libérateur-séducteur de la musulmane, preuve de l'importance du mythe.

africanisme Cette spécialité scientifique s'inscrit dans un espace et, à l'origine, dans une discipline, l'ethnographie*. La Société des africanistes naît en 1930, moment de l'apogée colonial, et ses membres sont surtout des fonctionnaires, qui – quand ils se piquent d'ethnographie — alimentent les « Renseignements coloniaux » du Comité de l'Afrique française. En 1936 est créé l'Institut français d'Afrique noire, dix ans après l'International Institute of African Languages and Cultures de Londres.

Ses liens avec la colonisation ont hypothéqué le statut scientifique de ce domaine, qui souffre aussi de la supériorité attribuée aux civilisations orientales. Les élites autochtones lui reprochent d'enfermer leurs sociétés dans l'archaïsme, de servir au contrôle des populations, de légitimer la politique d'association et de soutenir les notables traditionnels. Mais l'ethnographie n'est pas seulement le fait des coloniaux : y figurent aussi des Africains : Paul Hazoumé au Dahomey, recruté par le musée de l'Homme, ou Hampâté* Bâ.

C'est avec les décolonisations que s'amorce un renouvellement, quand, par exemple, Henri Moniot affirme que les sociétés africaines ont une histoire. Aujourd'hui, se dire africaniste, c'est définir son savoir comme centré sur une aire culturelle plus que sur une discipline.

Afrique noire
Du partage aux nouveaux États

Après plusieurs siècles de traite*, le continent est partagé entre les grandes puissances, en quelques décennies, à partir des années 1880, à l'exception de l'Éthiopie.

À la veille du partage

Les régions qui allaient constituer l'Afrique noire française étaient peuplées inégalement, tant à cause des conditions naturelles plus ou moins favorables que de l'évolution historique. Ainsi, le « retournement de l'Afrique », consécutif au développement des échanges atlantiques depuis le XVIe siècle, en particulier au commerce des esclaves, avait valorisé les régions littorales peu peuplées auparavant. Les populations présentaient une grande diversité : en A-OF, par exemple, 126 groupes étaient répertoriés au début du XXe siècle. Leur importance quantitative était variable. Les Dogon* (Mali actuel), les Bwa (Mali, Burkina Faso), les Ouolof et les Toucouleur (Sénégal), les Mina (Bénin actuel, Togo), les Fon (Bénin), les Anyi (Côte d'Ivoire) etc., étaient moins nombreux que les Peul (zone soudano-sahélienne), les Haoussa ([*Hausa*] Niger, Nigeria), les Bambara (Afrique de l'Ouest), les Mossi (Burkina Faso), les Yorouba ([*Yoruba*] Bénin et Nigeria), les Bamiléké (Cameroun), les Fang (Gabon) etc. Le mot « ethnie », pour désigner ces ensembles caractérisés par des traits spécifiques – la langue, les coutumes… –, est contesté aujourd'hui par nombre de spécialistes parce qu'il tend à cristalliser une situation qui n'a existé qu'à un moment donné et que l'administration coloniale a pérennisée par la suite. Or les groupes n'étaient pas figés. Ils rassemblaient généralement des éléments de diverses origines, l'intégration s'opérant dans le cadre d'occupations pacifiques du sol, ou par voie de conquêtes militaires. En outre, leur aire d'extension ne coïncidait pas forcément avec le découpage politique. Les Bambara, par exemple, avaient créé deux royaumes rivaux, ceux de Ségou et de Kaarta, alors que nombre d'entre eux résidaient ailleurs.

La situation géopolitique résultait à la fois de la désagrégation de vastes empires antérieurs et de nouvelles recompositions territoriales. Dans l'Ouest africain, des mouvements expansionnistes, le plus souvent portés par l'islam dès les premières décennies du XIXe siècle, avaient entraîné la fondation d'États luttant pour s'agrandir au détriment des autres : royaumes peuls s'étendant jusqu'au nord du Cameroun actuel, État créé par El Hadj Omar (El Hadj* Umar), empire de Samori* à partir des années 1860, arrêté par la conquête française en 1898, ou de Rabah (Rabeh) à la fin du siècle dans la zone tchadienne. Des entités politiques multiples existaient donc, plus ou moins stables, mais avec des frontières connues: sociétés segmentaires ou acéphales parfois appelées anarchies, comme les Bwa et les Dogon du Mali, ou les Pygmées* en Afrique équatoriale, cités-États, royaumes centralisés dont ceux de moindre envergure étaient qualifiés de chefferies* par les Européens, empires. La présence française, à la même époque, résidait dans des possessions coloniales ponctuelles au Sénégal, depuis le XVIIe siècle, sur les côtes du golfe de Guinée, au Gabon, ainsi que dans des comptoirs commerciaux établis avec l'accord des autorités africaines dans des lieux où ils voisinaient avec d'autres négociants étrangers.

Conquête et organisation

La prise de possession par la France s'effectua à la fois d'une manière pacifique, par la signature de traités de protectorat, dont l'un des plus connus fut passé en 1880 entre le Makoko, souverain des Batéké au Congo, et Savorgnan de Brazza*, et par des guerres de conquête. Ces dernières furent justifiées par les gouvernements français successifs, favorables à la politique coloniale, comme des actes humanitaires menés contre des « despotes », des « roitelets sanguinaires », images qui seront diffusées par l'école pendant longtemps. Les troupes françaises, composées souvent de soldats recrutés dans d'autres parties de l'Afrique, étaient placées sous le commandement d'officiers métropolitains. À partir des points d'appui côtiers, elles s'attaquèrent aux États africains qui entravaient leur progression vers le Niger, le Tchad et le Haut-Nil, ainsi qu'à ceux qui empêchaient la jonction entre les possessions françaises de part et d'autre du Sahara*. Après les conquêtes, la « pacification » devait venir à bout des résistances, certaines régions étant, plus que d'autres, réfractaires à l'ordre colonial: les parties forestières (entre autres, en basse Côte d'Ivoire, soumise entre 1908 et 1912, et en Casamance), les zones refuges (les Somba, ou les Hollis du Dahomey, par exemple), ou la circonscription des Bacougnis, au Congo en 1913, etc.

Les colonies françaises d'Afrique noire relevaient du ministère des Colonies, qui succéda au sous-secrétariat d'État aux Colonies, en 1894. Elles furent regroupées en deux fédérations: l'Afrique-Occidentale française (A-OF), créée en 1895 et réorganisée en 1904, et l'Afrique-Équatoriale française (A-EF), fondée en 1910. À leur tête, un gouverneur général (installé respectivement à Dakar et à Brazzaville) était assisté d'un conseil de gouvernement à compétence consultative, formé des responsables des divisions et services administratifs de la fédération, des gouverneurs de chaque colonie, de représentants des maisons de commerce et de quelques notables locaux nommés, puis élus au suffrage restreint à partir de 1925. Ses décisions étaient publiées au *Journal officiel* de la fédération.

La composition intérieure de l'A-OF a été modifiée au fil du temps. À la veille des indépendances, elle regroupait le Sénégal, la Mauritanie*, le Soudan français (Mali* actuel), la Haute-Volta*, supprimée entre 1933 et 1947 (Burkina Faso actuel), le Niger*, la Guinée*, la Côte* d'Ivoire, le Dahomey* (Bénin actuel), ainsi que le Togo* sous tutelle. À la même époque, l'A-EF rassemblait le Moyen-Congo (Congo* actuel), le Gabon*, l'Oubangui-Chari* (Centrafrique), le Tchad* et le Cameroun* sous tutelle. Dans chaque colonie, un lieutenant-gouverneur, couramment appelé gouverneur avant d'en obtenir officiellement le titre en 1937, présidait le Conseil d'administration. Les arrêtés locaux, publiés au *Journal officiel* de la colonie, émanaient en pratique de sa seule autorité, en conformité avec les directives du gouverneur général. Son territoire était divisé en circonscriptions : les « cercles » en A-OF, les « régions » réparties en « districts » en A-EF, placées sous la responsabilité d'administrateurs, surnommés « commandants ». Tous étaient français. L'administration s'appuyait sur les forces de l'ordre : milices, gardes-cercles, policiers… L'ensemble était contrôlé environ tous les cinq ans par l'inspection générale des Colonies, qui dépendait étroitement du ministre et dont les membres, recrutés par cooptation, avaient des prérogatives particulièrement étendues en matière d'investigation. L'armée, avec les tirailleurs dits sénégalais, avait son siège à Dakar, mais elle était envoyée dans les colonies du groupe, le cas échéant, pour y rétablir l'ordre. Au point de vue financier, les colonies versaient au budget de leur fédération le montant des taxes douanières, dont elles ne récupéraient qu'une partie sous la forme d'une subvention variable d'une année à l'autre au nom de la nécessaire solidarité entre les colonies du groupe. Elles devaient donc, en cas de besoin, augmenter l'impôt direct. Des sommes importantes étaient affectées au fonctionnement du gouvernement général et investies pour construire des édifices publics et moderniser les capitales fédérales. Cette organisation devait se maintenir, avec des modifications de détail, jusqu'en 1956.

L'ordre colonial

Deux catégories d'habitants coexistaient auxquelles correspondaient deux types de droit et de justice : une minorité d'Européens et assimilés, plus souvent des coloniaux que des colons, relevant de la loi métropolitaine, et une majorité d'Africains régis par des réglementations spécifiques tenant plus ou moins compte de leurs coutumes. La réorganisation judiciaire aboutit à priver les chefs de leur juridiction au criminel et ne leur laissa qu'un rôle mineur au civil. Les tribunaux dits « indigènes » furent rarement présidés par un Africain. Pour les affaires criminelles, un « tribunal de premier degré » siégeait sous la présidence d'un administrateur aidé de deux assesseurs africains et, au-dessus, un « tribunal criminel » était placé sous la responsabilité de l'administrateur de cercle, entouré de deux assesseurs européens et de deux assesseurs africains. L'indigénat donnait une compétence très étendue aux administrateurs en matière de justice. Seuls échappaient à ce régime les habitants des « Quatre* Communes » du Sénégal qui servirent de modèles à ceux qui réclamaient pour les Africains une part plus active et plus de droits dans les colonies. Les Africains obtenaient la naturalisation difficilement : le décret de 1912 posait cinq conditions pour devenir français ; la législation de 1932 complétée en 1937 et 1938 en exigea onze, dont « n'avoir manifesté aucune hostilité contre la France par actes, écrits ou paroles ». Bien que des conditions spéciales aient été prévues pour les anciens* combattants de la Première Guerre mondiale, le nombre des demandes de naturalisation* était minime.

Gérés en majorité par l'État colonial, ou placés sous la dépendance de compagnies concessionnaires, les Africains, agriculteurs et/ou éleveurs, dans la proportion d'environ 90 %, étaient voués à devenir des producteurs de matières premières exportables et des consommateurs d'objets importés, selon les fondements de l'économie de traite, ainsi que des contribuables acquittant l'impôt de capitation et diverses taxes. Ils fournissaient également la main-d'œuvre dans le cadre des prestations (corvées) et du travail* forcé, pour assurer le portage et réaliser les travaux publics. Des Sociétés indigènes de prévoyance (SIP), instituées au Sénégal en 1907 sur le modèle algérien, puis étendues aux autres colonies, devaient prêter des semences à des taux modérés aux agriculteurs, mais ces derniers furent obligés d'y adhérer, ce qu'ils considéraient comme un nouvel impôt. Celui-ci sera maintenu en dépit des critiques portées à son encontre, et bien que les élus africains en aient réclamé la suppression à plusieurs reprises à partir de 1946.

Les exigences coloniales furent renforcées pendant les conflits mondiaux et la crise des années 1930. Les efforts productifs et financiers ainsi que les recrutements militaires imposés pendant la Première Guerre mondiale suscitèrent plusieurs révoltes armées – entre autres la « Grande Révolte » de l'Ouest-Volta, et celles de populations diverses au Dahomey – sévèrement réprimées. Or, en dépit de l'aide précieuse apportée par les colonies, les rapports de soumission antérieurs furent peu modifiés. La création en 1919-1920, dans chaque circonscription d'Afrique noire, de « conseils de notables indigènes », dont les membres étaient nommés et qui étaient présidés par l'administrateur, ne leur octroyait qu'une compétence consultative. Il en allait de même des collèges électoraux « indigènes », qui élisaient des membres africains dans les conseils d'administration des colonies ainsi qu'au Conseil de gouvernement au niveau fédéral. Les périodes électorales suscitèrent pourtant un semblant de vie politique pour l'infime minorité d'électeurs dans chaque colonie, soit en A-OF environ 10 000 pour une population totale de près de 14 millions. Le régime de l'indigénat continua à être appliqué, mais la rédaction de « coutumiers », regroupant les dispositions juridiques « traditionnelles », fut entreprise dans chaque colonie durant les années 1930. Les libertés dites essentielles étaient limitées, la presse étroitement surveillée, et les associations devaient être autorisées. Le gouvernement du Front populaire prit quelques mesures en faveur des Africains : autorisation de créer des syndicats, ratification de la recommandation du Bureau international du travail (BIT) prise en 1930 contre le travail forcé, mais cette dernière ne fut pas vraiment appliquée en Afrique noire, où l'on manquait de main-d'œuvre.

Réponses culturelles et politiques

La période de l'entre-deux-guerres fut marquée par une floraison de mouvements revendicatifs, autorisés, tolérés ou clandestins selon les cas, qui mirent tous en cause les fondements de la dépendance. Dans le cas de l'islam, des voies diversifiées virent le jour, en particulier avec Ahmadou Bemba, dont le projet religieux intégra le mouridisme* à l'économie coloniale, et avec Cheikh Hamallah*, dont la contestation théologique eut des implications politiques. Le christianisme gagnait du terrain. Cependant, le recours au religieux produisait aussi des syncrétismes*, comme dans l'organisation d'André Matswa* en A-EF. Condamné pour subversion en 1930, déporté, il mourut en 1942, laissant un mouvement messianique qui attendait son retour. En Afrique de l'Ouest, William Wade Harris proposait une nouvelle religion à partir de la Bible, avec un culte intégrant des éléments culturels africains (musique, danse, transe) et des valeurs morales ancestrales. Considéré comme un agent britannique par les autorités françaises de Côte d'Ivoire, il en fut expulsé en 1915 et mourut en 1929. Un moment en sommeil, le harrisme* connut un nouvel essor à partir de 1925, en particulier dans les régions lagunaires de Côte d'Ivoire, où il l'emportait même sur les autres religions.

Sur le plan politique, les revendications défendues par les élites scolarisées portaient avant tout sur l'obtention de l'égalité des droits avec les métropolitains. Une option modérée réclamait l'obtention de la citoyenneté au nom des principes démocratiques. La première action, dans ce sens, fut la création du Parti socialiste sénégalais dans les Quatre Communes, afin de soutenir Lamine Gueye * aux élections de 1936, mais celui-ci fut battu par Galandou Diouf*. Une voie extrémiste refusant toute collaboration avec le pouvoir colonial était préconisée par des communistes africains, dirigés au Sénégal par Lamine Senghor*, à qui succéda, en 1927, Garan Kouyaté*. Ce dernier rompit avec le Parti communiste français en 1933, parce qu'il ne voulait pas faire passer la lutte anticoloniale après la lutte antifasciste. Un mouvement de contestation s'attachait à défendre les valeurs culturelles, principalement parmi les intellectuels africains vivant à Paris, dans les années 1920, en particulier l'avocat dahoméen Kodjo Houénou (qui s'appelait également Marc Tovalou-Quenum), fondateur du journal *les Continents*, et créateur de la Ligue universelle pour la défense de la race noire. Poursuivi par les autorités coloniales, il fut arrêté à plusieurs reprises et déporté à Dakar. Dans les années 1930, une nouvelle phase marqua les revendications identitaires, prenant pour cible l'assimilation qui méprisait les valeurs ancestrales africaines. Elle fut développée dans *l'Étudiant noir* dès 1934, et donna naissance au concept de négritude*, créé en 1939 par Léopold Sedar Senghor* et Aimé Césaire*.

Pendant la Seconde Guerre mondiale, les populations de l'A-OF durent participer à l'effort de guerre en faveur du gouvernement de Vichy jusqu'au 7 décembre 1942, date où la fédération rejoignit la France libre, que l'A-EF avait intégrée à partir de la fin août 1940, grâce, notamment, à Félix Éboué* qui organisa une aide contraignante au profit des Alliés. Pourtant, les recommandations de la conférence de Brazzaville* (janvier-février 1944) ne devaient pas bouleverser l'ordre établi, même si le 7 août 1944 un décret instituait la liberté syndicale en Afrique noire française. En outre, la répression sanglante de la mutinerie des tirailleurs rapatriés d'Europe à Thiaroye*, au Sénégal (28 novembre-11 décembre 1945), montrait que les méthodes pour maintenir l'ordre n'avaient pas changé.

Vers l'autonomie et l'indépendance

Dans le cadre de l'Union* française, une législation plus libérale abolit le travail forcé (loi Houphouët-Boigny* du 11 avril 1946), appliqua le Code pénal métropolitain (30 avril 1946), étendit la citoyenneté à tous les habitants de l'Union française (première loi Lamine Gueye du 7 mai 1946). Un décret du 11 avril 1946 promulgua la loi métropolitaine de juin 1881 sur la liberté de réunion, et un autre, du 16 avril, celle de juillet 1901 sur les associations. Un conseil général, établi dans chaque territoire, devait en voter le budget (décret du 17 mai 1946). Des députés à l'Assemblée nationale et des conseillers à l'Assemblée de l'Union française furent élus d'abord par deux collèges séparés pour les Français et assimilés et pour les Africains, puis par un collège unique.

Le sentiment national se développa donc dans le cadre du découpage colonial, même si les partis politiques désiraient promouvoir une certaine unité interafricaine, comme ce fut le cas du Rassemblement* démocratique africain (RDA), fondé à Bamako, en septembre 1946. Les contradictions allaient se révéler pleinement lorsque le Parti du rassemblement africain (PRA), constitué en juillet 1958, et le Parti des fédéralistes africains (PFA), fondé en juillet 1959, qui voulaient une indépendance dans le cadre de l'ancienne A-OF avec une « nation africaine », furent désavoués par les populations au moment où se posaient les choix de leur avenir.

Après la création du franc CFA, le 26 décembre 1945, celle du FIDES*, le 30 avril 1946, devait promouvoir l'équipement de l'Afrique noire française, tandis que la Caisse* centrale de la France d'outre-mer devenait également une banque d'investissements. Des plans* furent élaborés, mais leurs moyens n'étaient pas à la mesure des besoins. Dans le domaine économique, ils n'introduisaient aucun changement structurel en privilégiant les moyens d'échange entre la métropole et ses territoires : les transports routiers plutôt que les chemins de fer et, en Côte d'Ivoire à partir de 1950, la construction du canal de Vridi puis du port d'Abidjan. Au point de vue social, l'école primaire implantée dès avant la Première Guerre mondiale progressa faiblement par la suite. À la fin des années 1950, les taux de scolarisation variaient de 4 % en Haute-Volta et au Tchad à plus de 50 % au Congo et au Gabon, la moyenne des autres territoires atteignant à peine 20 %. L'enseignement secondaire s'étendit, mais avec de fortes disparités, tandis que l'enseignement supérieur n'existait qu'à Dakar et à Brazzaville. Sur le plan de la santé, l'assistance médicale gratuite s'était développée lentement, d'abord dans les capitales puis dans les chefs-lieux de circonscription. Pendant l'entre-deux-guerres, la lutte contre certaines endémies avait été menée plus systématiquement, en particulier contre la variole et contre la maladie du sommeil, combattue par le docteur Eugène Jamot (1879-1937). À la veille des indépendances, l'état sanitaire des populations restait précaire, les taux de mortalité et de surmortalité infantile élevés. Toutefois, le nombre des habitants avait fortement augmenté grâce à une forte natalité, et l'urbanisation s'était accélérée.

Au sein de chaque territoire, le développement des revendications syndicales – à l'instar des grèves de 1947 – et/ou politiques se fit de façon plus ou moins violente. Au Cameroun, une révolte armée éclata à partir de 1955 sous les auspices de l'Union* des populations du Cameroun (UPC), fondée en 1948 par Ruben Um Nyobé et qui prônait des méthodes révolutionnaires. Devenue la cible de l'administration française à cause de son influence, elle fut dissoute en juillet 1955 et exclue du RDA. Toutefois, le mouvement se poursuivit clandestinement.

Dans le contexte général de la décolonisation française, et afin d'éviter des conflits comme en Indochine puis en Algérie, l'Afrique noire française se vit accorder l'autonomie interne par la loi-cadre* ou loi Defferre, en juin 1956. Des gouvernements locaux, dirigés par des personnalités africaines élues au suffrage universel, décidaient des affaires intérieures de chaque territoire; toutefois, le gouverneur français y présidait l'exécutif. La Ve République allait promouvoir une Communauté* française acceptée par référendum en France et dans les pays africains et malgaches, le 28 septembre 1958, après une tournée du général de Gaulle (20-29 août); seule la Guinée refusa et devint immédiatement indépendante. Les territoires membres de la Communauté étaient alors dotés d'une autonomie interne complète, mais la politique extérieure restait du ressort de la France. Le gouvernement français proposa, en 1960, une Communauté « rénovée » qui n'était plus qualifiée de « française », dans laquelle les États désormais indépendants seraient unis à la France par des liens d'amitié volontairement établis, et qui serait présidée de droit par le président de la République française. La plupart des pays préférèrent prendre leur indépendance sans adhérer à cet ensemble, ce qui ouvrit l'ère des conventions bilatérales.

La présence française allait se pérenniser dans le cadre de la politique d'aide et de coopération, avec le maintien de la zone franc, la primauté du commerce français, et la francophonie.

agriculture L'agriculture des économies autochtones, avec ses techniques à l'efficacité limitée et sa productivité faible, est qualifiée de « traditionnelle » par opposition à la culture moderne européenne. En Afrique, la houe et la bêche dominent à l'époque précoloniale. Au Maghreb, en 1954, on compte 300 000 araires qui égratignent le sol sans le retourner, contournant les massifs de jujubiers. La riche plaine atlantique marocaine est en jachère tous les deux ans. Mais ces techniques ont l'avantage de préserver des terres fragiles et sont souvent en adéquation avec les conditions naturelles. Un travail intensif est à la base de la riziculture, qui a donné longtemps à l'Asie une supériorité sur les sociétés du blé et de l'orge, et le partage de l'eau des oasis est une merveille d'ingéniosité et de solidarité. Par ailleurs, cette agriculture n'est pas figée : riz, ignames, haricots sont arrivés en Afrique par l'océan Indien et le Sahara ; maïs, patate douce, manioc, arachide, piment ont été introduits au XVe siècle par les Portugais et sont devenus la base de l'alimentation.

De longs rapports entre homme et milieu expliquent l'importance du riz dans les deltas d'Asie, celle des céréales dans la savane africaine (du mil – riche en vitamines sauf A et en protéines, mangé cru ou en bouillie, ou base pour la bière –, du sorgho, fomo, éleusine), des tubercules dans les régions équatoriales (45 variétés d'ignames en Afrique centrale, manioc...), celle du blé dur, de l'orge et de l'olivier au Maghreb.

Si la production commercialisée est réduite, les excédents de blé dans une Algérie héritière du grenier romain sont exportés en France au début du XIXe siècle. Ce qui ne signifie certes pas que les sociétés soient à l'abri des famines, des disettes et des calamités naturelles : celles des années 1860 (sécheresse, sauterelles, épidémies) frappent durement la Tunisie mais aussi l'Algérie française, où 15 % de la population aurait disparu.

À la différence des sociétés européennes où le capitalisme s'est implanté, on ne saurait considérer cette agriculture comme une activité économique dissociée des autres aspects de la vie sociale. Le fellah ne s'inscrit pas dans une logique de production de biens, mais de reproduction familiale. La terre africaine a un caractère sacré, féminité et fertilité sont étroitement associées, et les rites de fécondité païens transparaissent sous le vernis islamique du Maghreb lors des fêtes du printemps.

La colonisation a transformé ce paysage. Elle a d'abord dépossédé les populations rurales dans des mesures très diverses selon les pays. En Algérie, l'application du droit français transfère au domaine de l'État les biens confisqués des vaincus, mais aussi les biens habous* des fondations pieuses dès 1843, les forêts, les terres dites *arch*, sur lesquelles les paysans avaient un droit d'usage dans le territoire de leur tribu, et décrétées sans propriétaire. Une législation empruntée au Code civil français, fondée sur la privatisation des terres, dépouille les fellahs : ordonnances de 1844 et 1846, cantonnement en 1857, lois de 1863, 1873 (loi Warnier), 1887, 1897 et 1926. Ce modèle a été étendu à l'Empire. En Indochine, où les terres collectives sont très importantes, sauf en Cochinchine, elles sont soumises à des mesures analogues, à l'immatriculation, au cadastre, à la domanialisation, avec des résultats inégaux. Ces opérations existaient avant l'arrivée des Français mais elles ont été appliquées avec plus de rigueur et par des agents d'administration extérieurs à la communauté villageoise. Il en résulte un gigantesque transfert de propriété au profit de la colonisation : 2,7 millions d'hectares en Algérie (le quart des terres cultivables), 1,5 au Maroc et en Tunisie, 900 000 hectares de concessions à Madagascar, 127 000 d'hévéas en Indochine (sur des terres sous-peuplées, il est vrai, surtout dans le delta du Mékong, où la législation très libérale a créé des grandes concessions, dont bénéficient aussi des Vietnamiens), 900 000 km² en Afrique noire.

Mais ces terres n'accueillent pas une paysannerie française. Bugeaud avait rêvé de soldats laboureurs et on a cultivé le mythe d'une colonisation de peuplement algérienne et calédonienne. Elle a échoué. Les grands propriétaires, les sociétés par actions sont les vrais gagnants, profitant d'aides publiques, s'organisant en lobby; ils ont bénéficié de crédits importants, qui ont permis une agriculture spéculative. Elle a connu au Maghreb des phases successives, céréalière, puis viticole, puis celle de l'agrumiculture (la clémentine est née en Algérie en 1892) et des primeurs pour le marché métropolitain. Mais la crise de 1929 a porté un coup d'arrêt à l'appropriation foncière et suscité la ruine des plus endettés. C'est le temps des « colons tondus » manifestant contre les pouvoirs publics et les banques qui « assainissent » l'agriculture. Tout est relatif: en Algérie, dans les années 1950, la masse des fellahs reçoit dix-sept fois moins de crédits que les grands propriétaires.

L'agriculture autochtone a été bouleversée. On a imposé les cultures forcées (achetées au quart du prix du marché au Niger en 1931), introduit ou développé l'économie de marché par l'impôt en numéraire et les productions commerciales. C'est ce qui est à l'origine de l'expansion de l'arachide au Sénégal, substitut aux profits tirés de l'esclavage et du troc*, du cacao en Côte d'Ivoire. Le riz se développe en Cochinchine occidentale sur un front pionnier de grandes propriétés affermées (attribuées à des Français et à des indigènes): les superficies passent de 50 000 hectares à plus de 2 millions en 1939, les exportations de 300 000 tonnes en 1880 à 1,8 million en 1928. Les anciens paysans dépossédés constituent la main-d'œuvre. Les engagés* du Tonkin s'emploient sur les grandes plantations arboricoles françaises.

L'exaltation de la mise en valeur des terres, des techniques modernes – tracteurs, charrue à disques, emploi des phosphates, barrages, irrigation, *dry farming* – cache mal le caractère dualiste de l'économie. Des disettes au XIXᵉ siècle et dans les années 1910, 1920 au Gabon, puis 1930 au Niger, signalent la fragilité des sociétés rurales, même si une petite partie de la population colonisée a profité de la modernisation. Au moment des indépendances, l'autosuffisance alimentaire est loin d'être atteinte, des famines éclatent au Maghreb en 1947, par exemple, et en Indochine. Un colon vaut cent paysans algériens en 1954. En Tunisie, avec 9 % des terres, les Français produisent

28 % de la valeur agricole. En Afrique, les résultats sont contrastés : l'Ouest devient dépendant du riz d'Asie en raison du développement des cultures monétaires, qui limitent les cultures de subsistance, alors que le Cameroun est exportateur. L'héritage du sous-développement et de la question agraire va peser sur les sociétés indépendantes, et les premiers travaux de l'agronome René Dumont annoncent que *L'Afrique est mal partie*.

→ arachide, cacao, coprah, hévéaculture, vigne

Alaouites Branche du chiisme fondée au IXe siècle. Rejetés par l'islam sunnite comme secte hétérodoxe, ils fuient les persécutions au XIe siècle en se réfugiant en Syrie du Nord notamment dans le djebel Ansariyyé (montagne des Alaouites). En 1914, 140 000 Alaouites, pauvres et isolés, peuplent le djebel, qui possède en tout 7 km de routes pour 7 000 km², tandis que 60 000 de leurs coreligionnaires vivent dans le sandjak d'Alexandrette. En 1920, la politique française de division de la Syrie et de défense des minorités aboutit à l'autonomie d'un État des Alaouites. Ceux-ci bénéficient de la politique scolaire du mandat* et descendent sur la côte, à Lattaquieh et Tartous. La montagne s'ouvre au mouvement économique. En 1936, des chefs alaouites espèrent même la séparation définitive de la Syrie ou le rattachement au Liban, « pays de minorités associées ». Mais la montagne alaouite est finalement unie à la Syrie nationaliste avec le soutien de chefs religieux et de la nouvelle génération de citadins instruits.

→ Liban, Syrie

alcool Il est produit et consommé dans toutes les sociétés, et licite sauf en terre d'islam. En Afrique, avant la colonisation, dans les prestations dues au souverain figurait la bière de banane, de mil et de sorgho, produit très demandé. Les Européens ont développé le commerce de l'alcool, qui paie parfois un travail ou une denrée, qui prend même la place de l'or quand ce métal diminue au Brésil et à Cuba, et fait partie des échanges privilégiés entre Marseille et le Dahomey. Les exportations britanniques vers l'Afrique occidentale doublent dans la première moitié du XIXe siècle. L'alcool s'est rapidement répandu par la suite, et représente par exemple 28 % des importations du Dahomey en 1900 (contre 20 % pour les tissus de coton). Des mouvements revendicatifs obtiennent une baisse des prix ainsi qu'une amélioration de la qualité au début du siècle.

Certains administrateurs, inquiets, ont tenté de limiter sa consommation ; en 1906 au Congo la vente aux indigènes est interdite, mais en raison des pertes fiscales, l'interdiction est limitée aux boissons de plus de 60 degrés. La conférence de Brazzaville, en 1944, lèvera ces interdits. Aussi la consommation en A-EF sextuple-t-elle entre 1938 et 1953. Le docteur Schweitzer dénonce la ruine des habitants du fleuve Ogooué par l'eau-de-vie. La chambre de commerce de Bamako s'inquiète des progrès de l'alcoolisme. En dehors du vin, du gin, etc., la bière, boisson locale et artisanale, est très consommée. Après la Seconde Guerre mondiale, les brasseries industrielles apparaissent.

Le budget général de l'Indochine était alimenté essentiellement par trois monopoles : opium, alcool et sel. Le monopole a détruit la production paysanne d'alcool de riz, au profit principalement des Distilleries générales de l'Indochine, qui, avec la Banque de l'Indochine, la Société des charbonnages du Tonkin et la Société des cotonnières du Tonkin, étaient une des plus grosses entreprises capitalistes coloniales. Les douaniers étaient habilités à perquisitionner de jour et de nuit dans les villages pour réprimer la distillation d'alcool clandestin. Dans les révoltes populaires, les revendeurs détaillants étaient la cible principale des manifestants.

En Algérie, la vigne* est devenue la grande culture coloniale, et elle occupe une place importante au Maroc et en Tunisie. Dans certains pays musulmans, où la consommation d'alcool est interdite, le développement de l'alcoolisme pose des problèmes moraux et religieux.

L'alcool est aussi un chapitre de l'histoire des colons : le stéréotype du foie colonial, soigné à Vichy – quand on en a les moyens –, s'il est exagéré, n'est pas toujours faux.

sandjak d'Alexandrette Territoire de 5 570 km², il bénéficie, après 1921, d'un régime spécial d'autonomie lié à la présence d'une forte communauté turque. Cela ne satisfait ni Ankara, qui réclame son rattachement à la Turquie de Mustapha Kemal, ni les nationalistes arabes, qui condamnent la division artificielle de la Syrie. En 1936, la question rebondit. Il s'agit, pour les Français, de gagner l'alliance de la Turquie dans la guerre qui s'annonce. Malgré les protestations syriennes, la monnaie d'échange est toute trouvée : en juin 1939, Alexandrette devient turque sous le nom d'Iskenderun.

Alger Fondée au Xe siècle, la ville prend le nom d'*al-Djaza'ir* (« les îles ») en raison des îlots bordant sa baie. Maître de la ville, le corsaire Barberousse au service du sultan ottoman crée le port, protégé du norois, en 1525 et y place la capitale de la régence de l'Empire ottoman. En 1830, la ville, qui ne compte que le tiers de sa population du XVIIe siècle, est en partie détruite par les

Français. Les mosquées sont saisies par le vainqueur. Delacroix se lamente de voir disparaître « tout ce qu'il a été possible de l'ornement des maisons mauresques… Nous voulons dépouiller Alger de sa physionomie pittoresque. »

La *casbah* (la forteresse, le palais), quartier ancien établi à l'intérieur des murs turcs, se dégrade, se paupérise, devenant le lieu d'afflux des ruraux chassés de la campagne. Elle a failli être en grande partie détruite à la veille de la Première Guerre mondiale à l'initiative de la municipalité coloniale, qui voulait se débarrasser des « chiottes de la casbah ». Le précédent de l'émeute du cimetière du Djellaz de Tunisie en 1911 n'avait guère alerté des colons sûrs d'eux-mêmes. Mystérieuse, inquiétante, la casbah est montrée dans *Pépé le Moko* de Julien Duvivier comme un sanctuaire des hors-la-loi.

Hors ce réduit, Alger est française, jusque dans son architecture officielle, qui ne découvre le style mauresque qu'au début du siècle. Prisonnière de son site – une plaine côtière étroite –, d'un bâti du XIXe siècle, elle n'a pas la grandeur de Casablanca, grande œuvre d'urbanisme de Lyautey. Provinciale, elle a fasciné les plus grands architectes – Le Corbusier et Pouillon – mais n'en a guère profité. Elle a, il est vrai, été un temps capitale de la France libre durant la Seconde Guerre mondiale et un foyer culturel et scientifique avec des talents reconnus. Les Européens y sont majoritaires en 1930 : 220 000 sur 337 000 (la proportion est encore plus forte à Oran* avec 136 000 sur 172 000, Sidi Bel Abbes, Tlemcen (Constantine faisant exception). Les petits blancs ont leur place forte – Bab el-Oued – à deux pas de la place du Forum et du palais du Gouvernement général. Mais la population musulmane augmente et elle est aussi nombreuse que la population française dans les années 1950. La ségrégation l'emporte, sauf dans de rares points de contact, en de rares moments comme les 1er mai du Front populaire et de la Libération.

Si peu à peu la présence des Algériens s'affirme, dans le football par exemple, les lieux de pouvoir leur échappent : la mairie reste hors de leur portée. Elle est l'enjeu de rivalités politiques entre Européens – « antijuifs* », dans la tradition antisémite des années 1890, gauche, libéraux tel le dernier maire français, Chevalier. Cette ségrégation explique l'enchaînement terrorisme-répression, qui conduit à la « bataille d'Alger* ». Le terme de ratonnade* est inventé pour illustrer les lynchages des Arabes. Mais, signe du renversement du rapport des forces, les manifestations des pieds-noirs* contre la visite de De Gaulle en décembre 1960 suscitent des cortèges d'Algériens, qui sortent de la casbah aux cris d'« Algérie musulmane », « FLN vaincra ». Quand les Européens sont victimes de la fusillade de la rue d'Isly par l'armée, le 26 mars 1962, il est évident que la répétition des scénarios où ils ont imposé leur volonté à la métropole devient impossible. La riposte de l'OAS*, la politique de la table rase, a une signification anthropologique: la défaite dans la « dispute pour les bases » (Berque) entre deux communautés ne doit rien laisser au vainqueur.

L'exode de l'été 1962 est le signal d'un *spoil system* au profit des colonisés, ou du moins de ceux qui sont les plus à même de prendre la place des colons. La rumeur dit que Nasser se serait réjoui avec Ben Bella, à la vue de la ville laissée par le vaincu: bel héritage!

algérianisme Mouvement littéraire et culturel né dans l'Algérie de la fin du XIXe siècle, dont le fondateur est Louis Bertrand*, l'idéologue de l'Algérie française. Il crée une association des écrivains algériens en 1920 et un grand prix littéraire en 1921, et a eu une longue lignée d'épigones, qui, dans une veine réaliste ou comique (Edmond Brua, *Fables bônoises;* Musette, *Cagayous*), ont exalté les Européens d'Algérie ou plutôt les « Algériens ». Ses successeurs les plus brillants, Robert Randau (*les Compagnons du jardin*, 1933, dialogue entre colons et élite colonisée) et surtout Gabriel Audisio, se feront au contraire les chantres du métissage* culturel méditerranéen et s'éloigneront de cette culture fondée sur la supériorité de la latinité et l'infériorité de l'islam, dont on retrouve des traces dans certaines associations de rapatriés* en quête d'identité.

Algérie française
L'Algérie des Français

Le nom d'Algérie est attribué sur une directive du ministre de la Guerre en 1839, en remplacement de « Établissements français » et à partir de l'étymologie arabe al-*Djazair*. Ce pouvoir de désigner est un attribut de la domination coloniale et, en 1930, on parlera du « centenaire de l'Algérie » pour commémorer la conquête. Les Européens choisissent de s'appeler « Algériens » à partir de la crise des années 1890, en réaction contre la métropole. Les colonisés revendiquent ce nom dans le Parti du peuple algérien (PPA) en 1937. Cette querelle n'est pas seulement querelle de vocabulaire, elle résume les tensions de la situation coloniale.

Les débuts: indécisions et violence

En 1830, il est difficile de trouver à ce pays une unité comparable à celle du reste du Maghreb. Il échappe en grande partie au contrôle d'un pouvoir qui se préoccupe surtout de récolter l'impôt. Le débarquement français du 14 juin (675 navires et 37 000 hommes) a été le signal d'un soulèvement de la population contre les Turcs. Cette conquête embarrasse, et on passe avec beaucoup d'hésitations de l'occupation restreinte à la mainmise sur tout le pays. La résistance a duré près de quarante ans et elle a coûté quelque 100 000 soldats, plus en raison des maladies que des combats, il est vrai. Le Sud saharien n'est « pacifié » qu'au début du siècle. La lutte d'Abd* el-Kader est prolongée après sa défaite (1847) par des soulèvements dont le dernier important est celui de Mokrani* en Kabylie (1871). Tocqueville* a dit la violence de cette « chouannerie », cette « chasse aux hommes », où s'illustrent des Saint-Arnaud* et Cavaignac*, qui a « rendu la société musulmane beaucoup plus misérable, plus désordonnée, plus ignorante et plus barbare qu'elle ne l'était avant de nous connaître » (rapport de la commission parlementaire de 1847).

Pour une longue période, l'ordre règne. Mais quel ordre ? L'Algérie a « essuyé les plâtres » de la politique coloniale, avec les variations entre administration militaire ou civile, directe ou indirecte, peuplement de paysans ou grande propriété, association ou assimilation, qui ont eu des conséquences différentes sur la situation des indigènes. Il y a un paradoxe algérien qui doit être bien compris sous peine de multiplier les contresens : le régime des militaires, celui des bureaux arabes, si rigoureux qu'il ait été, assurait une protection des indigènes contre le pouvoir absolu des civils. De même, le « royaume* arabe » de Napoléon III portait en lui la possibilité du respect de la « nationalité d'un peuple » et de garanties évitant la mainmise des « colonistes », des partisans du pouvoir absolu des colons.

L'Algérie des colons

Mais ce qui l'emporte sous la IIe République, dont la Constitution déclare l'Algérie partie intégrante du territoire français, et de plus en plus avec la IIIe République, c'est le régime civil, c'est l'assimilation. Comprenons bien : celle des citoyens colons*, qui disposent seuls de parlementaires et dominent les assemblées locales, mais non des Algériens musulmans. Les tribus sont détruites au profit de divisions territoriales qui brisent les solidarités lignagères. La justice passe aux juges de paix français et aux jurys d'assises. Jules Ferry, d'abord partisan de l'assimilation*, se ralliera au protectorat devant les ravages du régime civil en Algérie, ce qui lui vaudra d'être qualifié de « gâteux du Sénat » atteint « de sentimentalisme puéril ». Le budget est sous le contrôle des colons, avec la création des délégations financières, assemblées où ils sont majoritaires. L'agriculture, assise de la société indigène, est soumise à leurs appétits. Avec le statut de l'indigénat*, instauré en 1881, et qui durera quasiment jusqu'en 1947, puis les pouvoirs spéciaux à partir de 1956, la répression interdit toute velléité d'opposition. On a détruit l'aristocratie pour la remplacer par des hommes dociles, les « béni oui-oui », la tribu de ceux qui disent toujours oui. En 1930, centenaire* de la conquête, les Européens sont propriétaires de près de 2 millions et demi d'hectares, dont un million et demi fourni par la colonisation officielle. La vigne (qui a décuplé entre 1878 et 1905) est non seulement une richesse, mais aussi l'empreinte de la colonisation dans le paysage. La production moyenne de vin est de 7 à 8 millions d'hectolitres en 1914. Les surfaces consacrées à la vigne s'accroissent considérablement ensuite. Elle devient le premier revenu, la base de l'économie coloniale, aux dépens des cultures vivrières et de l'élevage.

Si le film officiel exaltant le mythe du terrien est *le Bled*, les Européens habitent les villes. Ils représentent le dixième de la population du pays en 1954. Ils bloquent le système, refusant toute évolution. À l'École coloniale, un cours de 1919 présente l'Algérie « comme la vivante exposition de toutes les fautes que pouvait accumuler la politique d'assimilation ».

Blocages et crise

Les élites autochtones nouvelles, alors qu'elles émergent dans les pays voisins – en particulier avec le Néo-Destour* tunisien –, ne parviennent en Algérie ni à s'imposer à la tête de mouvements populaires ni à jouer le rôle de médiatrices avec la société française. Il leur est impossible d'aller, comme le souhaitait Ferhat Abbas* dans les années 1930, de « la colonie vers la province ». Aussi, « l'heure est passée où un musulman algérien demandera autre chose que d'être un Algérien musulman », conclura-t-il en 1943 dans son *Manifeste*. Toutes les tentatives successives de réformes ont avorté, et la tardive institution d'une assemblée algérienne par le statut de 1947 (qui ne prévoit qu'une égalité du poids politique des 900 000 Européens et des 8 millions de musulmans) est torpillée. Le trucage des élections par Edmond Naegelen en 1948, pour écarter les majorités MTLD* et UDMA*, résume le système. Il n'y a pas en Algérie de bourgeoisie économique comparable à celle de l'Indochine ou de l'Égypte, ni même du Maroc et de la Tunisie.

Le bilan de plus d'un siècle de colonisation établi par un esprit peu suspect de malveillance, Jacques Soustelle*, est particulièrement pessimiste. « Tandis que le sous-prolétariat s'accroît et s'aigrit chaque jour davantage, une petite bourgeoisie musulmane, instruite à notre contact, cherche vainement un débouché non seulement économique, mais encore et surtout administratif et politique. » Aussi la violence devient-elle une donnée politique et le populisme marque-t-il l'idéologie nationaliste. Ses référents sont l'arabité et l'islam, correspondant à la culture populaire sans contrepoids. Le mouvement réformiste des Ulémas* fournit la légitimité du sacré aux politiques. Toutes les conditions sont réunies pour que la fin de la période coloniale soit une guerre entre communautés.

→ bureaux arabes

Algérie (guerre d') → guerre d'Algérie

Alger républicain Loin d'être une feuille confidentielle, ce journal communiste fondé en 1938 tirait entre 25 000 et 35 000 exemplaires avant son interdiction en septembre 1955. Surtout, il a acquis une valeur symbolique très forte. Albert Camus y fait ses armes de journaliste. Kateb Yacine y a écrit.

Henri Alleg*, son responsable, est devenu l'homme qui dénonce la torture. C'est toute l'équipe, représentative de la pluralité algérienne, qui a payé tribut à la répression. Elle s'est engagée dans la lutte de libération, ainsi qu'un noyau de communistes « pieds-noirs », malgré la tiédeur du PCF. Le journal revivra dans l'Algérie indépendante, non sans mal. Le PCA (Parti communiste algérien) est interdit en 1962. En 1965, Alleg fuit l'Algérie de Boumediene et le journal est interdit une nouvelle fois, avant de reparaître en 1989 – mais son heure de gloire est passée.

conférence d'Algésiras Au cours de la crise marocaine, le discours de Tanger de Guillaume II en mars 1905 accroît la tension entre l'Allemagne, qui se pose en protectrice du sultan, et la France. À la conférence d'Algésiras (janvier-juin 1906), chargée d'un arbitrage international, la France, soutenue par la Grande-Bretagne, se voit confier, dans certaines limites, la police des ports marocains et une place privilégiée dans la création d'une banque d'État marocaine. Cependant, la clause de la nation la plus favorisée impose l'égalité commerciale des puissances sans privilège français. Cette conférence prélude à l'établissement du protectorat* mais marque une internationalisation des questions coloniales, où les États-Unis, nouveaux venus dans ce domaine, seront désormais présents aussi.

→ Maroc

Henri Alleg Journaliste français, de son vrai nom Harry Salem, né à Londres en 1921. Arrivé en Algérie en 1939, il milite au sein du Parti communiste algérien (PCA). Il signe de nombreux articles dans *Alger* Républicain* dont il est le directeur de 1951 à 1955, date de l'interdiction du journal. Entré dans la clandestinité, il est arrêté le 12 juin 1957 et torturé. Il réussit, avec l'aide de son avocat, à faire passer son témoignage dans *la Question*, que publient les éditions* de Minuit le 12 février 1958. L'interdiction immédiate de son livre en France lui donne un écho international. En quelques semaines, 60 000 exemplaires sont vendus. Son livre a grandement contribué à mettre au jour le problème de la torture.

Après l'indépendance, il reste en Algérie, mais quitte le pays lors du coup d'État de Houari Boumediene en 1965. La publication récente de ses *Mémoires* a confirmé sa fidélité aux idées et aux pratiques communistes.

Alliance israélite universelle Elle a été créée en 1860 à Paris par des israélites français (dont Adolphe Crémieux*, Eugène Manuel) pour défendre les droits de leurs coreligionnaires et accélérer leur « émancipation » selon le modèle socioculturel français. Considérant que c'est par l'éducation que l'œuvre émancipatrice devait être menée, l'AIU a fondé dans tout le bassin méditerranéen (de la Bulgarie au Maroc en passant par l'Empire ottoman) un large réseau scolaire. L'AIU n'était pas présente en Algérie, où les enfants juifs étaient accueillis dans les écoles publiques. Elle a joué un rôle important en Tunisie, où la première école fut ouverte en 1878 à Tunis (Sousse, 1883; Sfax, 1905). Au Maroc, où fut inauguré le premier établissement du réseau à Tétouan, en 1862, l'AIU implanta des écoles dans plus de soixante localités. Bénéficiant du soutien des autorités coloniales, elles ont largement participé, surtout avant 1939, à la diffusion de la langue et de la culture françaises parmi les communautés juives méditerranéennes.

ALN Active dès le 1er novembre 1954, l'armée du FLN est d'abord composée de petits groupes de partisans mal équipés et mal préparés, puis tend à se rapprocher d'une armée classique. Organisée et hiérarchisée lors du congrès de la Soummam* en août 1956, l'Armée de libération nationale algérienne est constituée de troupes très mobiles. Mais le rôle des « fellaghas » (pour les Français) ou « moudjahidin » (pour les Algériens) de l'intérieur, laminés par l'armée française, se réduit, et ils ne sont guère plus de 5 000 à continuer le combat. Avec les barrages minés et électrifiés mis en place le long de la frontière tuniso-algérienne en 1957 constituant ce qu'on a appelé la « ligne Morice » (du nom du ministre de la Défense nationale) et installés aussi sur la frontière marocaine, les forces situées en Tunisie et au Maroc ont de plus en plus de mal à passer la frontière à partir de 1958. Paradoxalement, cette « armée des frontières », dotée d'armes modernes et lourdes, devient alors la principale force militaire, et l'état-major général supplante le GPRA* (Gouvernement provisoire de la République algérienne). Boumediene* à la tête de ses troupes pénétrera à Alger en septembre 1962 et imposera Ben Bella* contre le GPRA. L'ALN deviendra l'ANP (Armée nationale populaire) et l'Algérie indépendante une armée qui, comme la Prusse, a créé son État.

→ guerre d'Algérie

Amazone(s) Nom donné par les Européens aux guerrières du Danhomè (Dahomey*), royaume fondé au XVIIe siècle. Leur origine et les conditions de leur création sont inconnues, mais leur présence est attestée en 1708 sous le roi Akaba et en 1728 lorsque le roi Agadja conquiert Ouidah, l'un des centres du trafic négrier sur la côte des Esclaves. Recrutées périodiquement parmi les jeunes filles du royaume, les troupes féminines sont réorganisées par le roi Gézo (1818-1858). L'infanterie est formée en majorité de *gulonento* (fusilières) équipées de fusils de traite depuis le XVIIIe siècle, mais aussi d'archères et de *nyekplo-hen-to* (faucheuses) qui doivent déstabiliser l'ennemi en brandissant des sortes de grands « rasoirs ». Les plus fortes sont chasseresses ou « artilleuses ». Soumises à un entraînement rigoureux, elles constituent des corps d'élite permanents alors que la masse des guerriers est composée de villageois renouvelés chaque année pour le temps de la campagne militaire. Elles seront décimées lors de la conquête de leur pays par les Français (1890-1894).

Jean Mouhouv **Amrouche** Écrivain français et algérien (1906-1962). Ce Berbère catholique et français, mort un mois avant Feraoun*, avait dit à Jules Roy* qu'il appartenait aux « erreurs de l'histoire », car « les hybrides culturels sont... des monstres sans avenir ». Tout a commencé par le péché de sa grand-mère, veuve qui accouche d'une fille illégitime. Celle-ci, Fadhma, a écrit *Histoire de ma vie*, publié par Maspero* en 1968, où elle explique comment un juge de paix l'a soustraite aux persécutions du village et comment, recueillie par les Sœurs blanches, elle s'est convertie et mariée avec un chrétien kabyle. Elle raconte cette traversée des frontières. « Pour les Kabyles nous étions des... renégats. Pour la France des bicots... »

L'itinéraire de Jean ressemble à un cursus honorum: passé par l'École normale supérieure, découvert en tant qu'écrivain par Gide, il a été le professeur de Memmi*, et devient un critique littéraire reconnu. Mais il est écorché vif, déchiré entre deux identités. S'il admire la langue française, il ne peut pleurer qu'en kabyle. Il s'identifie à *l'Éternel Jugurtha*, qui symbolise l'irréductibilité du Maghreb, mais aussi son « impuissance congénitale ».

Sa sœur, Marguerite Taos, prolonge aussi la lignée de poètes familiale. Reconnue pour son interprétation des chants berbères et non pour ses romans, elle y voit un enfermement dans l'exotisme. Ainsi, une génération d'écrivains maghrébins a pensé son métissage comme un malheur, une monstruosité condamnée par l'histoire, non comme une chance pour leur société.

→ métissages et unions mixtes

ancien combattant La génération qui a participé aux conflits, découvert la métropole et ses libertés, en est transformée. « Tuer Blancs, couper caboche aux Allemands... », comme on fait dire aux tirailleurs, brise les tabous. Être décoré à Monte Cassino en janvier 1944 comme l'adjudant Ben Bella* et se retrouver indigène est insupportable. D'où le rôle politique des anciens combattants, dans la création à Paris du *Paria**, et après chacune des deux guerres mondiales. Un type social est né. L'emploi des soldats coloniaux modifie les rapports sociaux aux dépens des notables traditionnels en raison des revenus dus aux retraites – même minimes –, des avantages – même réduits – accordés dans la petite fonction publique. Cela n'empêche pas le statut subordonné, dont l'inégalité des retraites symbolise celle des sangs versés. L'audience du film *Indigènes* en 2006 confirme l'importance de ces problèmes.

Angkor Capitale des rois khmers du IXe au XVe siècle, située au nord-ouest du Cambodge*, elle a été construite à l'origine autour de Phnom Bakheng, un temple bâti au Xe siècle sur une colline symbolisant le centre du monde selon la cosmologie hindouiste. Parmi les nombreux temples, le principal ensemble est Angkor Vat (la ville-temple), édifié au XIIe siècle pour honorer le roi en tant qu'incarnation du dieu Vishnou. Le déclin de la ville – une des plus grandes du monde au XIIIe siècle – commence au XIVe siècle. Abandonnée au XVe siècle, elle est recouverte par la jungle. L'École* française d'Extrême-Orient (EFO) l'a redécouverte et a commencé sa restauration en 1898. La reproduction en grandeur nature du troisième étage du temple est le clou de l'Exposition* coloniale de 1931. Il faut aussi souligner que l'EFO a contribué à l'affirmation d'une identité khmère.

→ Indochine à la veille de la colonisation

Annam Région centrale du Viêt Nam*, l'Annam représente un long corridor qui descend entre la mer et le pourtour montagneux (la chaîne Truong Son ou la cordillère Annamitique), limité par le Cambodge et le Laos à l'ouest, et la mer de Chine méridionale à l'est. La ville la plus importante est Huê. Longtemps occupé par la Chine, l'Annam devient une monarchie au XVe siècle. Le pays Dai Viêt, ainsi nommé au XIe siècle (sous les Ly) par les Vietnamiens, qui récusaient la dénomination chinoise d'An Nam (c'est-à-dire le « Sud pacifié » en usage dans l'administration directe), est rebaptisé Viêt Nam en 1804. Par le traité de Huê (1883) puis le traité Patenôtre (1886), le royaume d'Annam devient protectorat français jusqu'à l'abdication de Bao* Dai et la proclamation à Hanoi le 2 septembre 1945 de la République démocratique du Viêt Nam. La France a divisé sa nouvelle conquête en trois parties : le Tonkin au nord, l'Annam au centre et la Cochinchine au sud.

anthropologie En 1860 est créée la Société d'anthropologie de Paris, dont l'objectif est l' « histoire naturelle de l'homme » : ses rapports avec le règne animal, ses divisions, en fonction des caractères biologiques, des aptitudes intellectuelles... Classer et hiérarchiser conduit à placer la notion de race* au cœur de la science, à l'intégrer dans la culture coloniale. Malgré les incertitudes scientifiques des travaux fondés sur la mesure des traits physiques, des connaissances sur l'hérédité, des enquêtes sur les métis*, le paradigme racial reste central jusque dans les années 1940. Il recule sous l'effet des transformations de la biologie et des crises des systèmes politiques qu'il légitimait. Le terme d'anthropologie, utilisé dans un sens culturel, devient ensuite synonyme d'anthropologie sociale ou d'ethnologie*, et prend une place considérable dans le renouvellement des connaissances des sociétés du Sud en mutation.

→ Bourdieu, Leiris, Lévi-Strauss, Mauss, Mus, Rivet, Rouch

anticolonialisme

Un courant minoritaire mais constant

Le débat entre partisans et adversaires de la colonisation remonte à ses origines, avec les critiques de Las Casas, Montaigne, Thomas More... Étendu sur plus de cinq siècles, il est d'une grande complexité. Contrairement à ce que donnent à croire les controverses principales actuelles, il n'est pas inspiré seulement par des considérations morales : c'est au nom d'intérêts matériels que les principaux débats ont eu lieu. Et l'idée reçue liant capitalistes et colonisation, milieux populaires et anticolonialisme n'est pas juste. Qui plus est, les réalités ont évolué, et les opinions aussi. Or les opinions vont, avec la démocratisation de la vie publique, devenir une donnée politique, influer sur les doctrines et les actions.

En fait, l'idée coloniale a conquis très progressivement au cours du XIXe siècle une grande partie de la classe dirigeante, de ses familles d'esprit et des intellectuels, elle tend à gagner la société. Dans les années 1930, la vulgate coloniale est la chose la mieux partagée. On est loin du *Dictionnaire des idées reçues* de Flaubert: « Colonies (nos): s'attrister quand on en parle. » Et c'est contre cette dominante que l'anticolonialisme s'est affirmé. Pour ajouter encore aux difficultés, les termes sont imprécis. « Colonialisme », dû semble-t-il à l'économiste de Molinari en 1895, péjoratif, est vulgarisé par le socialiste Paul Louis qui, le premier, l'utilise dans son livre de 1905; mais aucun dictionnaire ne le cite avant 1910.

Équivoques du mot

Comment définir l'anticolonialisme, que *le Trésor de la langue française* attribue à Péguy en 1903 ? Il ne décalque pas le clivage droite-gauche: l'Algérie française a eu ses partisans républicains jusqu'au bout, et ce au nom même des valeurs universalistes. Les critiques et condamnations des abus et crimes coloniaux n'entraînent pas forcément la condamnation de l'expansion outremer. On leur oppose une colonisation civilisatrice. Au contraire, dans les courants conservateurs – à côté des partisans de la domination blanche – on peut trouver des opposants à la colonisation, au nom du respect des cultures, du rejet de la modernité, de l'universalisme et de la notion de civilisation héritée des Lumières. C'est le cas d'un Loti*, par islamophilie. Un Clemenceau, admirateur de la civilisation chinoise, désapprouve pour les Asiatiques ce qu'il accepte pour les Noirs, et le président du Conseil gérant l'Empire aurait mérité, quand il couvre l'expédition de Casablanca en 1907, les admonestations qu'il avait infligées dans les années 1880 à Ferry – et les attitudes de ce type ne sont pas rares avec le ralliement des radicaux.

Quel est donc le contenu de l'anticolonialisme ? Quelle est son évolution, de l'ancien régime colonial à l'impérialisme contemporain ? Quelle est sa portée ?

À la fin du XVIIIe et au début du XIXe siècle, les conquêtes, la traite et l'esclavage sont soumis à une contestation qui devient le point de vue prépondérant. Si *l'Encyclopédie* souligne l'intérêt des colonies, Montesquieu et Voltaire les accusent de dépeupler les métropoles, et les physiocrates (école d'économistes favorables à l'abolitionnisme) nient leur utilité. L'exemple américain incite à penser que les indépendances sont inéluctables. Chez les économistes, Adam Smith, Jeremy Bentham, Arthur Young puis Jean-Baptiste Say et Ricardo, Molinari, les penseurs du libéralisme critiquent le monopole colonial. Pour eux, le commerce exotique est déséquilibré au profit des îles, l'exclusif* enrichissant quelques intermédiaires – bref, les colonies coûtent plus qu'elles ne rapportent. À cela, il faut ajouter la condamnation de l'esclavage, dont la plus flamboyante est *l'Histoire philosophique et politique des établissements et du commerce des Européens des deux Indes*, par Diderot et Raynal, qui dresse une statue au Vengeur du nouveau monde, libérateur des esclaves.

Avec la Révolution, ces débats deviennent des urgences politiques et ils confrontent idéaux et intérêts. L'esclavage* est aboli le 4 février 1794 par acclamations, les Antillais demeurent des citoyens dans la république. La formule de Robespierre le 13 mai 1791 : « Périssent les colonies, s'il doit vous en coûter votre honneur, votre gloire, votre liberté ! » vise non les colonisés mais les colons et leur égoïsme. Condorcet dans son *Esquisse d'un tableau des progrès de l'esprit humain* (1793) prophétise une assimilation des peuples « dans la civilisation la plus élevée ». Cet héritage de la culture républicaine française mêlant universalisme et patriotisme, tendant à confondre libération et assimilation, constamment invoqué, est gros d'ambiguïtés et d'interprétations contradictoires possibles.

La conquête* de l'Algérie est contestée au début par Bugeaud, pour qui c'est « une faute », par Frédéric Bastiat, Jean-Lois Reybaud dans *Jérome Paturot à la recherche de la meilleure des Républiques* en 1862 – cela représentant l'orthodoxie libérale. *La Réforme*, journal le plus avancé des années 1840, certaines chansons populaires témoignent d'une réelle sympathie envers Abd el-Kader. Mais un Hugo, après Lamartine, est favorable à l'expansion, œuvre de civilisation et de grandeur.

Socialisme et anticolonialisme

Hugo voit aussi dans la colonisation un moyen d'échapper aux révolutions, par l'extinction du paupérisme. Du côté des socialistes, les utopistes se partagent entre Fourier, favorable à l'expansion, et ses adversaires, tel Proudhon. Mais seuls les saint-simoniens ont une réflexion et une action véritables, avec Enfantin* et Ismayl Urbain*. Marx a vu dans la colonisation une des dimensions clefs du capitalisme depuis les Grandes Découvertes et a fait de l'« accumulation primitive » une des explications de l'essor de la bourgeoisie conquérante. Anticolonialiste ? Pour lui, l'Europe a une mission historique : détruire les structures anciennes qui entravent les sociétés, les entraîner dans l'histoire à sa suite. À Alger, où il séjourne, et dont la conquête ne lui paraît pas pire que la domination ottomane, il constate la violence coloniale mais il n'échappe pas aux stéréotypes.

La Ire Internationale ignore entièrement l'outre-mer. La IIe, confrontée à la poussée impérialiste peu après sa naissance (1889), ne commence à s'en préoccuper vraiment qu'en 1896, où elle définit la colonisation comme l'extension de l'exploitation capitaliste. En 1907, au congrès de Stuttgart, s'affichent les divisions et, si la motion condamne « la politique d'exploitation capitaliste », l'asservissement, la destruction des populations, un fort courant admet la colonisation comme une étape de la civilisation des sociétés attardées et, surtout, n'y voit pas de substitut, sauf la révolution socialiste. *Le Colonialisme* de Paul Louis (1905), solide étude théorique, ne débouche cependant sur aucune perspective politique concrète. Les guesdistes condamnent le capitalisme colonialiste mais ne mènent aucune campagne, et le patriotisme les pousse par moments à un ralliement. Jaurès* ne pense pas possible de s'opposer au grand mouvement de domination, et il prône une colonisation plus juste sous l'influence du socialisme, sauf pour le Maroc au début du siècle, qu'il défend contre les appétits du lobby* colonial. Il se radicalise dans les années 1910 contre les risques de guerre entre la France et l'Allemagne. Quant aux anarchistes et syndicalistes, ils sont prisonniers de leur culture ouvriériste, qui leur rend totalement opaques les sociétés paysannes non européennes. Aussi la contestation de la colonisation a-t-elle été surtout un prolongement de l'antimilitarisme et de l'antipatriotisme. Gustave Hervé s'en est fait le champion en appelant dans *la Guerre sociale* à planter le drapeau dans le fumier et en félicitant les Marocains de tuer les soldats français (avant de verser dans le chauvinisme). Vigné d'Octon* est un pamphlétaire au vitriol, mais non un analyste de l'impérialisme*. À gauche et à l'extrême gauche, comme à droite, le francocentrisme est la chose la mieux partagée. C'est bien ce qui prévaut quand les députés de la SFIO votent en décembre 1911, comme la majorité, lors de la deuxième crise marocaine, en faveur de la convention franco-allemande organisant le troc de territoires – et d'hommes – africains. Ils choisissent une priorité européenne.

C'est chez Lénine, lui-même empruntant aux économistes Hobson et Hilferding, qu'il faut chercher la contestation la plus vigoureuse. Il la formule dans *l'Impérialisme, stade suprême du capitalisme* (1917), où il remet en cause le dogme faisant de la classe ouvrière occidentale la seule accoucheuse de l'histoire, en insistant sur les forces révolutionnaires de l'Asie. Sa thèse est simple : l'expansion coloniale ne résout pas les problèmes du capitalisme, elle aboutit inéluctablement à des affrontements et à son effondrement. Les nations dominées sont des forces opposées à l'impérialisme, des alliées du prolétariat. Il soumet l'adhésion à la IIIe Internationale*, créée en 1919, à vingt et une conditions. Selon la huitième, « Tout parti [...] a pour devoir de dévoiler impitoyablement les prouesses de « ses » impérialistes aux colonies, de soutenir, non en paroles, mais en fait, tout mouvement d'émancipation dans les colonies, d'exiger l'expulsion des colonies des impérialistes de la métropole, de nourrir au cœur des travailleurs du pays des sentiments véritablement fraternels vis-à-vis de la population laborieuse des colonies et des nationalités opprimées et d'entretenir parmi les troupes de la métropole une agitation continue contre toute oppression des peuples coloniaux». Un jeune délégué indochinois, futur Hô Chi Minh, rappelle lors du congrès de Tours, où naît, par scission de la SFIO, le PCF en 1920, aux Français les réalités indigènes qu'ils négligent. Mais un Léon Blum*, qui voyait dans le bolchevisme un socialisme de moujik, ne pouvait se reconnaître dans un socialisme de fellahs ou de nha* que. La motion qu'il défend le dit clairement: «Il [le parti] se refuse à confondre le mouvement de révolte des peuples opprimés avec le travail de libération prolétarienne; il ne peut accepter une propagande qui tendrait à fausser la lutte des classes et à déchaîner une guerre de races également contraire à ses principes de fraternité et de volonté de paix.»

C'est sous l'aiguillon du Komintern que le PCF soutient *le Paria** et engage en 1924-1925 une campagne contre la conquête du Maroc, la première – et dernière – avant la guerre d'Indochine*. L'effet à long terme de cette mobilisation est réduit. La capacité du PC à élaborer une théorie et une stratégie sur deux problèmes fondamentaux: l'immigration et l'impérialisme, ne fait guère illusion. Les stéréotypes raciaux sont évidents, non seulement à la base, mais chez les dirigeants les plus importants, tel Doriot*. Dans ses périodes de retour au patriotisme – comme sous le Front populaire et la Résistance ainsi qu'à la Libération –, le PCF sacrifie les mouvements nationalistes – même les communistes indochinois – sur l'autel de l'alliance antifasciste, considérant qu'ils sont mineurs par rapport aux intérêts du mouvement ouvrier de la métropole. En mai 1945, le PC appelle les peuples colonisés à œuvrer à la reconstruction de la France et reste inerte face au massacre de Sétif*. La partie est secondaire par rapport au tout, et le tout c'est le prolétariat français. Les colonies ne sont jamais entrées dans les catégories du communisme français, en raison du gommage à peu près total de la question nationale (de la nation algérienne jusqu'en 1956!). Les cultures asiatiques et arabo-musulmane sont ignorées.

La difficulté de connaître et reconnaître l'autre

Car ce déficit n'est pas seulement politique, il est culturel. L'attention aux autres civilisations est rarissime. Sans doute cette incapacité de la Ligue* des droits de l'homme à penser l'égalité dans la différence, la pluralité, a-t-elle fait obstacle à une rencontre entre droits de l'homme et sociétés dominées. Cela est vrai de toute la culture laïque. Jaurès* tranchait sur les socialistes d'avant 1914 sur ce point. Quelques personnalités font exception : Robert Louzon*, Francis Jourdain, ou Robert-Jean Longuet*, Daniel Guérin, Félicien Challaye*. L'ouverture à l'altérité est le fait de quelques avant-gardes intellectuelles et révolutionnaires. En réaction à la tuerie de la Grande Guerre, les surréalistes répudient une « Europe exsangue, ruine d'une bourgeoisie-cadavre et un prolétariat abâtardi » et en appellent à des « forces neuves, souterraines, et capables de bousculer l'histoire [...] c'est au tour des Mongols de camper sur nos places ». D'où leurs initiatives anticolonialistes, leur intérêt envers les cultures non européennes, l'art nègre et les premiers écrits des jeunes écrivains antillais des années 1930, tel Césaire*. Mais le nombre d'abonnés à *la Révolution surréaliste* n'est que de quelques dizaines.

Dans les années 1930, la crise économique, les doutes sur l'excellence d'une civilisation d'où est sortie la guerre (et qui en prépare une seconde plus « grande » encore) ébranlent les certitudes et la bonne conscience. Pour *Esprit** en décembre 1933, « ...la civilisation est une notion abstraite et au concret il n'y a que des civilisations... Ceci ne veut pas dire que toutes les civilisations se valent, mais ceci veut dire qu'aucune civilisation concrète ne peut prétendre avoir réalisé toute la civilisation, ni vouloir imposer de force son moule aux autres. » Emmanuel Mounier prend en 1934 l'initiative d'un *Manifeste d'intellectuels catholiques pour la justice et la paix* contre la conquête de l'Éthiopie par Mussolini et dénonce « le sophisme de l'inégalité des races. Si l'on veut dire que certaines races ou certaines nations se trouvent dans un état de culture moins avancé que d'autres, on constate simplement un fait évident. Mais on passe de là à l'affirmation implicite d'une inégalité *essentielle* qui députerait certaines races ou certaines nations au service des autres, et qui changerait à leur égard les lois du juste et de l'injuste. C'est là du paganisme pur. Le christianisme nous fait comprendre et réaliser cette vérité d'ordre naturel que la justice est due aux hommes sans exception de personne, ni de race, ni de nation, et que l'âme et la vie d'un Noir sont aussi sacrées que celles d'un Blanc. » Sans nier l'importance de l'œuvre colonisatrice accomplie par les États européens qui « ne pourrait être anéantie sans un immense détriment pour l'humanité », le *Manifeste* dénonce les « lourdes fautes » de l'Europe et appelle à une évolution du régime de la colonisation. Il s'inscrit dans un courant minoritaire mais actif du christianisme*, dont le Comité de protection et de défense des indigènes émanait à la Belle Époque.

En 1936, le Comité de vigilance des intellectuels antifascistes (CVIA) fait part de doutes. « Comment peser la valeur réelle de deux civilisations ? La supériorité des nations blanches du XVIe au XIXe siècle a été essentiellement technique : c'est une supériorité de moyens matériels, une supériorité de quantité et non de qualité [...] Le bonheur du civilisé est pour le moins discutable... L'Europe a imposé au monde sa civilisation mécanique avec toutes ses tares, mais lui a-t-elle apporté le bonheur ? » « La valeur, si haute qu'elle soit, d'une civilisation ne confère à aucun peuple le droit [...] d'en asservir un autre ». Mais ce sont les mouvements de libération, la guerre* d'Algérie qui imposeront une révision souvent déchirante dans les années 1950-1960. Cet héritage pèse toujours sur la culture de la société française, ambiguë à l'égard de ce passé colonial et de la perte du statut de grande puissance.

→ République et colonisation

crise antijuive (1898-1900) C'est le nom d'un violent mouvement des Européens d'Algérie. Il traduit les réactions populaires à la grande dépression économique de la fin du siècle – ce qui explique que Jaurès y ait vu un moment une protestation sociale –, mais aussi des tensions communautaires, qui convergent avec l'antisémitisme métropolitain tout en portant des aspects spécifiques. Ils mêlent un catholicisme méditerranéen, un racisme colonial et une rivalité électorale depuis l'accès à la citoyenneté des israélites par le décret Crémieux de 1870. Sacs de magasins et de synagogues en Oranie, émeutes à Alger, élection de quatre députés antijuifs, triomphe de Drumont et de ses épigones locaux, tel Maximiliano Régis. Sa calèche est tirée à bout de bras par ses admirateurs, dans une parodie plébéienne de triomphe romain.

Ce mouvement traduit aussi un autonomisme antimétropolitain, qui veut affirmer une identité « algérienne », c'est-à-dire des Européens d'Algérie. Il est aiguillonné par un rapport de Jules Ferry au Sénat en 1891, très critique contre eux. C'est également une réaction aux tentatives de Jules Cambon, gouverneur de 1891 à 1897, de mettre un frein à leur pouvoir. La métropole cède et accorde la création de délégations financières en 1898, assemblées où les Français d'Algérie contrôlent les impôts et les dépenses, ainsi que la loi de 1900 sur la personnalité civile de l'Algérie et un budget spécifique, où les dépenses militaires incombent à la France. Scénario qui ne manquera pas de se répéter. Mais, dans l'immédiat, une émeute à Margueritte en 1901 ramène le péril indigène au premier plan. De manière générale, une tradition antijuive s'inscrit dans la culture des petits blancs, dans la vie électorale : on parle de « radicaux antijuifs », de municipalité antijuive, comme celle d'Oran* dans les années 1920-1930, avant la victoire du Front populaire.

→ Juifs au Maghreb

Antilles

Entre assimilationnisme, autonomisme et nationalisme

La période révolutionnaire, avec la Iʳᵉ République, qui abolit l'esclavage* (1794) et décrète l'égalité civique et politique entre les citoyens, a été la première expérience politique des colonisés français, établissant un lien entre les idées d'émancipation et le triomphe de l'idée républicaine.

« Émancipation » et « République »

La continuité du rapport esclavagiste en Martinique (qui, occupée par l'Angleterre, ne connut pas l'abolition de 1794), le rétablissement de l'esclavage en Guadeloupe par Napoléon (1802), le triomphe d'une république des Nègres et hommes de couleur à Saint-Domingue (1804) perçu comme la réalisation finale de la conjonction entre le mouvement émancipateur des Nègres et les idées républicaines sont autant d'événements qui donnèrent du sens à la pensée politique des Antillais français.

La période de la IIᵉ République, entre 1848 et 1851, en décrétant l'abolition, en octroyant l'égalité civique et l'intégralité des droits politiques (y compris le suffrage universel), fixe dans la culture politique antillaise une expérience inédite d'accession à la liberté et de subversion. Elle marque également une nationalité acquise par l'égale citoyenneté, et non plus par l'origine, la « race » et la couleur, du sceau de la légitimation.

Durant toute la seconde moitié du XIXᵉ siècle, c'est autour de Victor Schœlcher* que se structure la pensée politique majoritaire. Ce fut, en même temps qu'un corpus d'idées (défense des « Nègres et hommes de couleur », abolition de toute trace de sujétion personnelle, plaidoyer pour l'égalité des races, égalité des chances), un culte rendu à l'abolitionniste et à un fait fondateur, d'autant plus vivace qu'il était justifié par de continuelles remises en cause du principe égalitaire. Le « schœlchérisme » représente la pensée républicaine antillaise, dont il fut le point de référence pour combattre le maintien des politiques d'exception du second Empire comme les tendances coloniales « réactionnaires » sous la IIIᵉ République.

Après le retour au régime républicain et le recouvrement des droits civiques et politiques (1871), la doctrine coloniale orientée vers un « assimilationnisme mitigé » dessine une intégration à terme des « vieilles colonies » au sein de l'ensemble français tandis que la crise de la société coloniale de production redéfinit le vieux rapport métropole-colonies.

L'extension aux Antilles de la plupart des lois républicaines constitue un puissant facteur d'intégration à la vie politique nationale : les partis politiques locaux qui se constituent (socialistes ou radicaux), dont les dirigeants (Lagrosillière*) sont souvent personnellement liés aux leaders nationaux, apparaissent comme des appendices reprenant les idées et programmes généraux métropolitains. Mais les luttes politiques gardent un enjeu principalement local : il s'agit de déterminer qui de la plantocratie ou de la bourgeoisie de couleur détiendra les clefs du pouvoir sur le plan local (municipalités, conseil général) et la représentation parlementaire, au plus près de l'État tutélaire.

Sur cette toile de fond commune, chacune des colonies a eu ses particularités. En Martinique, la minorité blanche affiche longtemps un dédain pour l'intervention directe dans des luttes politiques arbitrées par le suffrage universel, laissant aux élites de couleur, au travers de jeux d'alliances personnelles, le monopole apparent de la participation politique. Le Parti socialiste naissant (1901) présente l'assimilation complète comme un de ses objectifs politiques et lie explicitement la possibilité des avancées sociales sur place aux conquêtes de la classe ouvrière en France.

En Guadeloupe, le jeu politique bipolaire entre plantocratie et fractions de la bourgeoisie républicaine est troublé par l'intrusion d'un parti noir qui, sous l'étiquette socialiste, se fait le porte-parole des descendants des esclaves d'avant 1848 et réclame sa place dans la société coloniale avec Légitimus*.

On s'explique mieux qu'aucun des deux territoires n'ait connu de précédent nationaliste avant les années 1960. Les positions anticolonialistes se sont exprimées soit à travers l'assimilationnisme*, soit dans le panafricanisme* ou dans la tentation du communisme*. Si certaines personnalités politiques comme Marius Hurard en Martinique, Achille René-Boisneuf* en Guadeloupe expriment plus que d'autres une volonté de voir respecter les franchises locales, de défendre et d'étendre le pouvoir des assemblées locales face au pouvoir central et à l'arbitraire de l'administration coloniale, ces velléités régionalistes ou autonomistes ne vont pas jusqu'à l'éclosion d'une pensée nationaliste et à la remise en cause de l'appartenance à la République française.

L'assimilationnisme comme projection politique dominante

Il s'agit d'un corpus d'idées et de propositions, patiné d'affects souhaitant (ou revendiquant) l'accélération de la marche vers l'intégration politique des colonies à la « mère patrie » par l'adoption de mesures législatives.

Si la demande est très clairement tout le contraire d'une revendication particulariste, a fortiori nationaliste, elle est formulée et comprise comme la négation du colonialisme, notamment dans sa sensibilité de gauche. Cette demande est variable dans le temps et dans l'espace. Exprimée avec vigueur à plusieurs reprises en Martinique depuis la Première Guerre mondiale, comme élément de programme des républicains radicaux et des socialistes dans leur lutte contre l'Usine (usine à sucre* aux Antilles), elle le fut moins en Guadeloupe, où la transformation de la colonie en département apparaît moins comme une préoccupation centrale de la vie politique que la lutte pour la reconnaissance de la place des Nègres dans la société.

L'expérience de la Première Guerre mondiale, avec la participation des troupes coloniales, relance la revendication. À part quelques moments ponctuels (violences électorales) qui nécessitent de la part du pouvoir central une attention particulière à la situation politique et la surveillance des mouvements panafricains et communistes dans la crainte d'une contagion politique, il n'y eut pas lieu pour les gouvernements successifs de la France de s'inquiéter d'un nationalisme séparatiste antillais inexistant.

Au sortir de la Seconde Guerre mondiale, la proposition de loi tendant au classement de la Guadeloupe, de la Guyane*, de la Martinique et de La Réunion* en départements français, présentée à l'Assemblée nationale par Aimé Césaire*, apparaît donc autant comme la conclusion logique d'un mouvement historique ancien que comme un fait de conjoncture justifié par le programme du CNR et la concordance de majorités socialo-communistes en France et aux Antilles, et par le rejet populaire de l'expérience du régime de Vichy, vécue comme le retour à la discrimination raciale, à la domination de la plantocratie et au régime d'exception.

L'éveil d'une conscience identitaire

En dehors de certaines réserves exprimées au moment de la discussion, notamment par le député socialiste de la Guadeloupe, Paul Valentino, la loi de départementalisation fut accueillie favorablement par l'opinion publique et la classe politique antillaises : la question coloniale apparaissait théoriquement résolue, les résistances ne pouvant qu'être l'effet de la « réaction usinière locale ». Mais, dès l'année 1949, les premières critiques se font jour. La perte du pouvoir autonome du conseil général ramené au droit commun, les lenteurs et la mauvaise volonté du pouvoir central dans l'application des lois à fort coût social, s'ajoutant à la persistance des procédés arbitraires hérités de l'époque coloniale la plus classique (fraude électorale, pouvoirs spéciaux des préfets locaux), conduisent vers un assimilationnisme critique et mitigé qui prône la lutte pour l'égalité des droits. Apparaissent alors dans le débat politique antillais les premières mentions de la nécessité du changement de statut, devant se traduire par un accroissement du pouvoir local (années 1949-1950).

La rupture avec la revendication politique de l'assimilation s'effectue entre 1955 et 1958. Elle est la conséquence aussi bien de la critique de la classe politique sur les « insuffisances de la départementalisation » que des influences extérieures des luttes de la décolonisation, particulièrement en Algérie et en Afrique noire, luttes auxquelles les jeunes Antillais d'alors ont été particulièrement sensibles et qui ont provoqué, parallèlement à une certaine identification politique à ces peuples du tiers-monde, un réveil culturel identitaire.

C'est d'abord au sein des mouvances communistes antillaises que l'assimilationnisme critique évolue vers des positions autonomistes : en décembre 1955, la Fédération martiniquaise du PCF se prononce pour « une plus large participation des Martiniquais à la gestion de leurs propres affaires » ; en janvier 1956, le programme aux élections législatives de la Fédération guadeloupéenne inscrit à coté de « la lutte contre le colonialisme pour l'égalité des droits » la perspective pour « le peuple guadeloupéen », « un jour », de « gérer démocratiquement ses propres affaires ».

Une rupture plus radicale avec la politique assimilationniste se dessine avec, en octobre 1956, la démission du PCF d'Aimé Césaire. Le leader politique martiniquais dénonce, outre l'intervention soviétique en Hongrie, le peu d'empressement du PCF à dénoncer le stalinisme, ainsi qu'un certain assimilationnisme et paternalisme colonial l'empêchant de comprendre les aspirations des peuples coloniaux nègres. Dans la foulée de son *Discours sur le colonialisme,* violent pamphlet anticolonialiste, antiassimilationniste et tiers-mondiste, Césaire fonde en février 1958 le Parti progressiste martiniquais (PPM), premier parti politique antillais à n'être rattaché à aucun parti de la métropole.

L'année 1958 fut à plusieurs égards une année charnière de l'histoire politique antillaise : le tournant autonomiste est pris, cette année-là, non seulement par le PPM mais aussi par les fédérations communistes qui s'érigent en partis autonomes (Parti communiste martiniquais [PCM] et Parti communiste guadeloupéen [PCG]), ainsi que par les associations étudiantes antillaises en France. Mais ce mouvement ascendant est confronté cette même année au retour du général de Gaulle* au pouvoir. Il est très populaire aux Antilles, où, pour une grande majorité de l'opinion, il personnifie la France et la lutte pour la liberté, et son identification au pouvoir central a troublé profondément la donne politique jusqu'au sein des mouvances autonomistes. La consultation sur la nouvelle Constitution de 1958 (qui n'évoquait pas la révision statutaire des Antilles) divisa le mouvement autonomiste antillo-guyanais : le PPM de Césaire ainsi que le PSG (Parti socialiste guyanais) de Cataye, suivis d'une forte majorité des électeurs antillo-guyanais, approuvèrent le référendum.

Après 1958, l'option assimilationniste, vécue jusque-là comme une revendication de gauche, s'identifie alors nettement au discours politique officiel de la République française, en réponse au discours autonomiste ascendant.

En Martinique, en dépit de certaines phases de tension extrême (émeutes de décembre 1959 à Fort-de-France), l'initiative autonomiste marque le pas, paralysée par la lutte fratricide des deux grands partis de gauche (PCM et PPM), tandis que la revendication de l'autonomie s'élargit à de larges secteurs de l'opinion guadeloupéenne et guyanaise. En Guadeloupe, un colloque de *la Revue guadeloupéenne* rassemblant des notables (1958) conclut à la nécessité de l'autonomie. L'Association générale des étudiants guadeloupéens (AGEG) affirme sa volonté de contribuer à la lutte pour l'autonomie en organisant sur le territoire une large mobilisation des jeunes en 1960, tandis qu'en Guyane le député apparenté socialiste Justin Cataye développe ses propositions pour l'érection de la Guyane en État autonome associé.

En 1961 est créé à Paris un Front antillo-guyanais pour l'autodétermination (FAG) regroupant les différents partis autonomistes des Antilles et de la Guyane françaises. L'objectif est d'imposer au gouvernement le changement de statut. Le Front est dirigé par un collectif de personnalités tel l'écrivain martiniquais Édouard Glissant*, l'administrateur civil guadeloupéen Albert Béville, l'avocat martiniquais Manville; sa base est le milieu étudiant antillais. Les contacts internationaux du Front antillais avec les nouveaux États indépendants et les mouvements de libération nationale entraîneront sa dissolution dès sa création. En 1962, Béville, Tropos et le député Cataye trouvent la mort dans l'accident du Boeing d'Air France qui s'écrase en Guadeloupe.

Les étudiants antillais décident alors de susciter, sur leurs territoires respectifs, la création de nouvelles organisations politiques ayant comme perspective la libération nationale. En 1962, des étudiants de l'Association générale des étudiants martiniquais en liaison avec des membres du PCM créent une Organisation de la jeunesse autonomiste de la Martinique, rapidement démantelée par la police. Une dizaine de membres de l'organisation à peine constituée sont arrêtés, emprisonnés et déférés devant la Cour de sûreté de l'État pour complot; le procès aboutira à un non-lieu. En juin 1963, sous l'impulsion de cadres étudiants issus de l'AGEG, est créée clandestinement le GONG (Groupe d'organisation nationale de la Guadeloupe), première organisation clairement nationaliste qui se propose, à l'image du CRUA (Comité révolutionnaire d'unité et d'action) algérien, d'unifier et d'entraîner les différentes tendances autonomistes dans une lutte armée de libération nationale.

Entre les années1960 et 1980, le mouvement indépendantiste, issu pour l'essentiel du GONG, se développe surtout en Guadeloupe, à partir de quatre points: l'idée de l'indépendance, le refus de la participation aux élections, la possibilité d'une lutte de libération violente et d'une révolution populaire « ouvrière et paysanne ». Plusieurs tentatives de rapprochement avec les autonomistes du PCG (comme celle du Front guadeloupéen pour l'autonomie en 1965) échouent. En Martinique, des groupes indépendantistes développent des perspectives similaires tout en admettant la participation aux élections.

La première phase du nationalisme guadeloupéen s'achève avec les événements des 26 et 27 mai 1967. À la faveur d'émeutes spontanées à l'issue d'un mouvement de grève, un couvre-feu est instauré à Pointe-à-Pitre et l'ordre est donné de tirer à vue. La sévère répression de la gendarmerie mobile fera officiellement dans la population sept morts et plusieurs dizaines de blessés graves, touchés par balles. À la suite de ces événements, les responsables du GONG et d'autres nationalistes seront transférés à Paris et déférés devant la Cour de sûreté. Le procès (appelé « le procès des 18 Guadeloupéens »), où viendront témoigner pour la défense des personnalités aussi diverses qu'Aimé Césaire, Jean-Paul Sartre* et d'Astier de La Vigerie, tenu en avril-mai 1968, sera l'occasion de la première internationalisation de la question antillaise.

En août 1971, une conférence des partis autonomistes des quatre DOM* au Morne-Rouge (Martinique) réaffirme l'option autonomiste. Cependant, les lois de décentralisation votées en 1982 redistribuent profondément la donne politique dans les territoires antillais et requalifient la relation à l'État central. Si on ne peut exclure que les Antilles puissent vivre encore des situations de crise – comme l'ont montré certains moments de tension dans les années 1980, notamment en Guadeloupe –, la tendance dominante est à la dédramatisation et à la pacification de la question politique. Il ne semble pas que d'éventuelles modifications statutaires puissent avoir lieu hors des évolutions institutionnelles prévues par l'État central.

→ Girard (Rosan)

Antilles

Des îles à sucre aux départements d'outre-mer

Le mot « Antilles », dans le français courant, ne désigne que les Antilles françaises (la Guadeloupe et ses îles proches, la Martinique, Saint-Barthélemy, Saint-Martin). Son équivalent anglais, « West-Indies » (en espagnol « Las Indias » ou « Indes occidentales », qui dans l'usage

colonial désigna longtemps les îles d'Amérique), ne renvoie, dans l'usage des locuteurs anglo-saxons, qu'aux Antilles anglophones. Cette tendance réductrice de part et d'autre reflète les paradoxes nés des héritages coloniaux.

Îles des Caraïbes

Depuis la seconde moitié du XXe siècle, le terme « Caraïbes », employé au pluriel ou au singulier, a eu tendance à se substituer à « Antilles » forgeant ainsi l'image d'un espace insulaire globalisé (Grandes et Petites Antilles) étendu aux littoraux baignés par la mer des Caraïbes. Sur le plan géographique, l'usage fait que les deux termes sont aujourd'hui quasi synonymes.

Bien que resserrées dans l'espace, les Antilles n'ont pas de continuité territoriale. À cette segmentation répond une fragmentation politique en différents États indépendants (Haïti 1804, Cuba 1898, ex-colonies de l'Empire britannique) et en territoires reliés statutairement à une métropole : DOM (Guadeloupe, Martinique), Porto Rico (associé aux États-Unis). S'y ajoute une hétérogénéité culturelle et linguistique, héritage de la diversité des colonisateurs qui, dès la fin du XVe siècle, ont occupé l'espace antillais.

L'espagnol demeure la première langue, suivi du créole (à base lexicale française), puis de l'anglais, l'usage du français étant limité aux seuls DOM et à Haïti. À l'image de la langue, hétérogénéité mais imbrication et interrelations sont les caractères de fond qui forment un substrat de civilisation commun marqué par la colonisation, l'esclavage, la plantation et l'élimination des civilisations autochtones amérindiennes de souche arawak par génocide dans les Grandes Antilles (disparition de la civilisation taïno au cours du XVIe siècle), par le refoulement et l'absorption progressive dans les Petites Antilles (extinction de la civilisation kallinago, ou caraïbe, entre le XVIe et le XVIIIe siècle). Sur un fond autochtone, entièrement éliminé dans certaines îles, résiduel dans d'autres, les populations, composites, résultent des immigrations : européennes depuis la fin du XVe siècle à la première moitié du XXe siècle ; africaines du XVIe jusqu'à la seconde moitié du XIXe siècle. Ces dernières, avec les grands flux de la Traite négrière, confèrent à l'espace antillais dès la fin du XVIIe siècle sa physionomie. Des flux migratoires post-esclavagistes venus principalement de l'Asie (Inde du Nord et du Sud, Chine) au XIXe siècle, puis plus tardivement du Proche-Orient au XXe siècle ont complété la palette du peuplement et des influences culturelles.

La diversité des apports de populations a fait des Antilles un fleuron de l'Amérique métisse, surtout dans les îles ayant porté les structures de la plantation esclavagiste. Ce métissage doit être représenté comme un spectre large :

on oppose classiquement la plus « africaine » des îles antillaises, Haïti, aux îles à physionomie européenne prédominante (Porto Rico) voire carrément « blanches », comme l'île française de Saint-Barthélemy.

Les cultures créoles contemporaines de la Caraïbe sont le résultat mouvant, divers, de ces rencontres et brassages. La « créolisation », commencée au XVIe siècle, territorialisée avec l'installation et la mise en valeur des îles (XVIIe siècle), stabilisée dans les îles d'occupation plus ancienne au courant du XVIIIe siècle, doit être comprise comme un processus sociologique et culturel continué jusqu'à la présente période dans un espace où la mobilité des populations fut une des permanences.

L'héritage de la plantation et de l'esclavage

Pour les Petites Antilles et pour certaines des Grandes Antilles comme Saint-Domingue et la Jamaïque, le XVIIIe siècle représente l'apogée de la société esclavagiste de plantation. Aux productions du premier âge colonial (tabac, sucre*, coton, indigo) s'ajoutent le café et le cacao*. C'est également à ce moment que se stabilisent les structures sociales et que se « créolisent » les populations coloniales.

Si on relève des différences d'un empire colonial à l'autre, voire d'une île à l'autre, la société de plantation insulaire présente une typologie globale qui répond à une triple logique.

La première est une hiérarchie juridique, prédominante, officielle, qui fixe des catégories ordonnées selon le rapport à la liberté et ne reconnaît que trois catégories d'individus. On trouve d'abord les personnes libres par nature, c'est-à-dire les Blancs jouissant dans le cadre des franchises coloniales de la plénitude des droits des nationaux et sujets de la Couronne. Puis viennent les personnes admises au bénéfice de la liberté : gens de couleur libres, affranchis de l'esclavage* ou descendants d'affranchis (métis ou non), catégorie juridique discriminée ou soumise à la ségrégation ne jouissant que d'une partie des droits civils. Pour finir, une classe de non-libres ou d'esclaves, juridiquement unifiée par son statut et son origine, mais hétérogène dans ses fonctions sociales, sa couleur, les aménagements de statut personnel.

La deuxième est une hiérarchie socio-économique, également évidente mais plus complexe, où l'on peut distinguer : au sommet, les couches possédantes supérieures de la plantocratie, auxquelles s'agglomère l'administration coloniale d'origine européenne, concentrant le pouvoir économique, politique, militaire ; puis les couches intermédiaires que constituent les habitants propriétaires moyens, les artisans, tenanciers, etc., ouvertes pour la plupart aux « gens de couleur libres », qui peuvent ainsi occuper une position sociale variable, voire même jouir d'une certaine puissance économique et influence sociale (cas de Saint-Domingue) ; les couches inférieures, enfin, elles-mêmes hiérarchisées selon la fonction occupée, le rapport à la propriété et à la liberté : petits blancs, petits habitants, domestiques, journaliers, esclaves domestiques et urbains, esclaves ouvriers « à talents » et sous-cadres du domaine, et, à la base de cette hiérarchie, la masse des cultivateurs esclaves qui dans les sociétés de plantation « mûres » représente les majorités sociales. La catégorie juridique « esclave » ne désigne pas en effet un groupe social homogène mais recouvre une large palette de fonctions et de statuts sociaux.

La troisième logique de la société de plantation insulaire relève d'un ordre anthropologique, officiellement et savamment géré, se déclinant par la « race », l'origine et la nuance de couleur : tout d'abord les Blancs européens, puis les différentes nuances de métis, et les Noirs créolisés, les Africains.

On peut considérer que l'âge colonial antillais classique s'achève entre la fin du XVIIIe et le début du XIXe siècle. Ce processus éclot plus complètement dans l'abolition* de l'esclavage et l'indépendance de la partie française de Saint-Domingue, qui devient Haïti le 1er janvier 1804 ; il avorte dans les îles de Saint-Vincent (déportation des Caraïbes noirs en 1796), de la Grenade (écrasement de la rébellion de Fédon en 1797), et de la Guadeloupe (écrasement de la rébellion et rétablissement de l'esclavage en 1802). De cette période, le système colonial esclavagiste classique sort profondément fragilisé.

Des émancipations à l'âge postcolonial (XIXe-XXe siècle)

Au XIXe siècle, la société coloniale esclavagiste de plantation connaît aux Antilles deux mouvements contraires : alors que le système – en crise – tend à s'affaiblir dans les îles anglaises et françaises, il se renforce dans le domaine espagnol caribéen. Ainsi, le XIXe siècle est pour Cuba le grand siècle de la Traite et de l'esclavage négrier.

En 1831, la traite française est définitivement abolie ; entre 1830 et 1847, plusieurs propositions sont déposées en ce sens tandis que des réformes modifient le système et que les droits civils et politiques sont reconnus aux libres (1833). La révolution de février 1848 tranche le débat lorsque le Gouvernement provisoire décide l'abolition immédiate et sans conditions en l'adjoignant simultanément de l'octroi des droits civiques et politiques aux nouveaux libres, atténué toutefois dans les faits par une politique réglementaire puis législative instaurant un rigoureux contrôle social sur le travail aux colonies (1848-1853). Cette concomitance d'une égale citoyenneté reconnue, d'une certaine intégration politique et de l'abolition du rapport juridique servile, spécifique aux colonies, avec un corpus perpétuant la pratique d'un rapport social néoesclavagiste est l'un des traits distinctifs de la politique coloniale française de nature à expliquer la forme qu'y prirent les luttes anticoloniales, l'expérience politique des Antilles françaises.

D'une façon générale, le XIXe siècle est un siècle de mutation de la société de plantation, de crises des productions coloniales classiques et de réajustements des relations des colonies antillaises avec leurs métropoles respectives.

Ce processus aboutit à l'indépendance des colonies hispaniques ou à leur cession aux États-Unis (1898) tandis que la colonisation britannique accentue une évolution vers le self-government au profit des plantocraties locales. Dans les colonies françaises, la crise de la société de plantation ne crée pas une modification des structures socio-économiques, et les désormais « vieilles colonies » poursuivent un processus d'intégration à leur métropole.

Le XXe siècle voit l'accentuation de ces évolutions divergentes : le retrait progressif des anciennes puissances coloniales au profit de la puissance américaine, qui joue un rôle grandissant, en faisant passer sous sa tutelle directe ou indirecte les îles Vierges achetées en 1917 au Danemark, Porto Rico (cédé aux États-Unis en 1898), Haïti et la République dominicaine (occupée en 1915).

La loi de départementalisation* du 19 mars 1946 parachève le mouvement d'intégration commencé en 1848 en faisant des colonies de Guadeloupe et de Martinique des départements français d'outre-mer*.

arachide Plante légumineuse d'origine américaine, elle se développe au Sénégal à partir de la seconde moitié du XIXe siècle pour répondre à la demande en corps gras de l'industrie française. Elle devient la principale exportation de cette colonie et de l'A-OF dès le début du XXe siècle. Sa culture progresse avec le chemin de fer sous la double impulsion de l'administration et, au Sénégal, de la confrérie mouride. Elle est aussi à l'origine de l'essor de petits centres commerciaux, les « escales ». Elle séduit de plus en plus de paysans, les détournant, au Sénégal surtout, des cultures vivrières. Elle attire dans cette colonie jusqu'au début des années 1950 des milliers de migrants, les *navétanes*, venus principalement du Soudan voisin. L'essor des huileries intervient à partir de la Seconde Guerre mondiale. En 1960, les économies du Sénégal* et du Niger* dépendent pratiquement d'un seul produit : l'arachide.

architecture Dans les anciens espaces colonisés, l'héritage architectural forme aujourd'hui la trace matérielle la plus tangible. Elle s'est adaptée aux contraintes naturelles et a réorganisé les découpages culturels: la véranda, galerie de régulation thermique, est la réponse aux exigences climatiques; la « boyerie » (le logement des « boys », les serviteurs) réinterprète le partage de l'espace domestique métropolitain. Elle a donné forme aux programmes nouveaux de la modernité, gares, banques, musées, etc., imposés aux populations colonisées.

En période de conquête, les premiers praticiens sont les militaires du génie. Les bâtiments à structure métallique préfabriquée équipent aussi bien le Saint-Louis du Sénégal du gouvernement Faidherbe* que le Saigon des années 1870. Dans la seconde moitié du XIXe siècle, les architectes de l'École des beaux-arts exportent l'éclectisme alors dominant pour habiller les immeubles à arcades de conception haussmannienne sur le front de mer à Alger, ceux de l'avenue Jules-Ferry à Tunis, ou bien les édifices de la puissance publique, tels les hôtels des gouvernements généraux de Saint-Louis (v. 1900) ou de Hanoi (1907). La gamme des styles régionaux de métropole se prolonge outre-mer: au Maghreb par l'architecture « néomauresque » de Henri Petit à Alger, ou des édifices publics de Raphaël Guy à Tunis, Sousse et Sfax; en Afrique de l'Ouest par le style « néosoudanais » tel qu'il s'exprime à la polyclinique Roume de Dakar; en Indochine par l'architecture « indochinoise » théorisée par Ernest Hébrard, auquel est dû le musée Louis-Finot de Hanoi (1931). Chacun de ces styles contribue à particulariser l'identité des « petites patries » qui composent l'Empire. Après la Première Guerre mondiale, le mouvement moderne propose un substitut fonctionnel d'esthétique internationale, adopté pour les grands équipements, depuis le palais du Gouvernement général d'Alger par Jacques Guiauchain (1930) jusqu'à l'hôpital de Brazzaville par Henri Calsat (1952). Dans les années 1950, Alger devient un lieu d'expérimentation des ZUP.

armée

Conquête et colonisation

L'armée d'Afrique et la Marine* se sont longtemps partagé conquêtes et occupations, avant que la Royale ne soit évincée, en raison de la pénétration de plus en plus profonde de la colonisation, par la loi de 1900, qui place l'outre-mer sous l'autorité du ministère de la Guerre. Non sans rivalités. Mais le problème majeur a été le recrutement: l'utilisation du contingent* a toujours été impopulaire, et la guerre* d'Algérie le confirmera. La loi de 1905 affecte outre-mer les Français des colonies, des engagés et des recrues, avec leur consentement. Mais le

gros de l'infanterie est composé de colonisés, volontaires ou recrues et supplétifs. L'empire a été conquis et de plus en plus gardé par eux. Ils ont aussi fourni des centaines de milliers de combattants lors des deux guerres mondiales et de celle d'Indochine*.

Armée d'Afrique

La conquête de l'Afrique du Nord, du Sahara*, puis des mandats* du Levant a été menée par une portion de l'armée qui a conservé le nom d'armée d'Afrique, qu'elle a porté officiellement de 1830 jusqu'aux réformes des années 1870. Un nouveau type d'officier apparaît, baroudeur, mais aussi expert en gestion indigène. Le corps expéditionnaire d'Alger comprend uniquement des régiments européens, quoique très vite soient organisés des corps spéciaux d'infanterie (zouaves*, Légion*, bataillons d'Afrique ou bat*d'Af) et de cavalerie (chasseurs d'Afrique). D'autres unités sont recrutées parmi les autochtones : tirailleurs* et spahis* algériens (1841), puis zouaves tunisiens, tirailleurs et spahis tunisiens et marocains apparaissent lors de la conquête de ces deux pays. Au XIXe siècle, l'armée d'Afrique comprend surtout des soldats de métier. Au début du XXe siècle, les zouaves et les chasseurs d'Afrique accueillent des conscrits. La conscription, par ailleurs, est introduite pour les indigènes en Algérie et en Tunisie.

L'armée d'Afrique participe aux deux guerres mondiales. On évalue à 73 000 Français et 180 000 « indigènes » le nombre de soldats fournis par les trois pays du Maghreb en 1914-1918. En 1940, les divisions d'infanterie nord-africaines (DINA) combattent courageusement, avant d'être entraînées dans la défaite. Après le débarquement allié de novembre 1942, la participation de l'armée d'Afrique est déterminante dans la mise sur pied d'une armée française équipée de matériel américain. Ses soldats s'illustrent en Tunisie, en Italie, en France et en Allemagne. Le maréchal Juin proclamera que « les Français doivent à l'armée d'Afrique une immense reconnaissance ».

Troupes coloniales

Elles sont organisées par la loi du 5 juillet 1900 qui fait suite à l'un des plus longs débats parlementaires de la IIIe République : 19 ans, 102 projets et propositions de loi. Le général Famin est chargé de l'application de la loi.

Disposant d'une direction autonome au sein du ministère de la Guerre, composées d'appelés et de soldats de métier qui se reposent du service colonial entre deux relèves, les troupes coloniales forment en métropole un corps d'armée (régiments dans les ports) qui se mobilise à Paris comme force de second échelon des forces de couverture. La priorité revenant à la défense de la frontière de l'Est, sont envoyés outre-mer, dans les régiments d'infanterie et d'artillerie coloniale, les engagés et les rengagés ainsi que des appelés volontaires. Ces unités, présentes dans les derniers moments de la conquête (Tchad, Mauritanie, Maroc), participent à la Première Guerre mondiale (le Régiment d'infanterie coloniale du Maroc reprend Douaumont), puis à tous les conflits ultérieurs (Rif*, Yen* Bay...). Après s'être distinguées en métropole en 1940 puis au Tchad (1941-1942), en Italie (1943) ou dans la libération de Toulon (août 1944), les troupes coloniales forment l'ossature du corps expéditionnaire d'Indochine avec l'armée d'Afrique. Elles se dotent de bataillons parachutistes en Indochine et forment une partie des forces de réserve générale (10e DP) lors de la guerre d'Algérie en laissant le souvenir d'âpres combats, mais aussi d'exactions lors de la bataille d'Alger.

Dotées d'un esprit de corps de « frères d'armes » forgé au feu, les troupes coloniales, au nom du principe de l'économie des forces et d'une politique ambiguë d'assimilation, comportent également des effectifs « indigènes » en croissance régulière : cipahis des comptoirs français de l'Inde, tirailleurs annamites, tonkinois, malgaches, somalis, et surtout sénégalais recrutés dans l'A-OF. Au Dobro Polje, le 15 septembre 1918, le 20e Bataillon fait de l'armée d'Orient la seule troupe alliée ayant réussi à percer un front. Les unités sénégalaises servent aussi de troupes de souveraineté et de maintien de l'ordre, du Rif au Levant (1925), en passant par la Rhénanie (années 1920), l'Algérie (répression de mai 1945) et Madagascar où, en 1947, elles laissent le souvenir d'exécutions sommaires et d'exactions diverses.

Décolonisation oblige, en décembre 1958, les troupes coloniales redeviennent troupes de marine en perdant les dernières unités « indigènes ».

Conscription

La loi de 1872 sur le recrutement supprime l'armée de métier, et les appelés deviennent donc majoritaires dans les troupes de marine (infanterie et artillerie). Mais l'impopularité de la conquête coloniale, jusqu'à Fachoda, dans une France de fils uniques en raison de la faible natalité, oblige le législateur à adopter la loi bâclée de 1893 instaurant le recrutement par volontariat. Les troupes de marine recevant alors la « lie de la société », le Parlement est contraint, en créant les troupes coloniales en 1900, de revenir à la conscription : les unités coloniales stationnées sur le territoire national sont composées d'appelés qui peuvent partir outre-mer sur leur demande. Les « vieilles colonies » sont tardivement alignées sur le régime de recrutement métropolitain (loi Mahy de 1895 pour La Réunion). Les Français d'Algérie sont régis par un régime d'exception depuis la loi du 20 novembre 1875, autorisant tout d'abord un service court de six mois à un an.

Le problème d'une conscription des indigènes est autrement plus complexe, car l'impôt du sang est lié à l'exercice de la citoyenneté, dont les colonisés sont exclus. En outre, par crainte de former les cadres d'une future insurrection, l'article 83 de la loi de 1889 sur le recrutement qui les concerne ne reçoit un début d'application que par les décrets de janvier et février 1912. Sont alors instaurés les appels dits spéciaux, tolérant le tirage au sort et le remplacement pour les unités de tirailleurs et de spahis. Même prudence pour la Tunisie, où les traditions de recrutement par appel sont maintenues. En Indochine, le modèle de la conscription annamite (1879), où chaque communauté villageoise doit fournir son contingent, est étendu au Tonkin en 1884 et pèse lourdement sur les populations. À Madagascar, Gallieni*, en 1896, reconduit la conscription antérieure à la colonisation, mais préfère tenir la Grande Île avec les unités sénégalaises formées de volontaires. Suite de *la Force noire** chère à Mangin, en février 1912 le régime des appels spéciaux est appliqué à l'A-OF, qui est soumise à un régime de recrutement forcé pendant la Grande Guerre, origine de la révolte d'octobre 1915 à juin 1916 (et 1917 au Dahomey).

Auxiliaires ou supplétifs

Sans eux, les conquêtes auraient été impossibles. Ces formations sont commandées par les officiers d'Affaires indigènes. Leur contrat purement oral est facilement révocable de part et d'autre. Leur solde, prélevée sur les budgets locaux et non sur celui de la Guerre, se complète souvent de parts de butin. Les guerriers ne sont pas encasernés, continuent à vivre en famille. Ils s'équipent – sauf pour les fusils et les munitions qui sont fournis – et se nourrissent eux-mêmes, ont leurs propres montures, chameaux, dromadaires ou chevaux. L'instruction militaire est réduite au minimum. L'obéissance est celle qui est due au chef de tribu. À Madagascar, les corps de partisans sont organisés à partir des anciennes brigades assurant la sécurité des *fokonolona* (« communautés villageoises »).

Les missions sont diverses : au Maroc, par exemple, les cavaliers du Makhzen (de l'État) font la police ; les partisans, levés pour une campagne, forment le premier échelon lors des assauts ; les goums, à pied ou à cheval, constituent des groupes de combat permanents. Les méharistes* assurent le contrôle du Sahara. Leur histoire se termine avec les indépendances, leur dernier et tragique avatar étant constitué par les harkis* de la guerre d'Algérie.

art nègre Art africain considéré en tant que source d'inspiration au XXe siècle de certains courants de l'art occidental.

Les objets transportés dans les valises des explorateurs ou des curieux et des ethnologues n'ont pas accédé pendant longtemps à la qualité d'œuvres d'art. Le terme « art nègre » est inventé au début du siècle. Lorsque Tristan Tzara lance le mouvement dada, il entonne des chants et des poèmes nègres, et, en 1918, les artisans du surréalisme envisagent d'appeler leur première revue *le Nègre*. Cette rencontre des intellectuels et de l'art nègre se fait dans un contexte où le jazz, qui conquiert Paris, a une place importante. Sa découverte répond à un mouvement de révolte des fauves et des futurs cubistes contre l'académisme. En mettant l'accent sur l'aspect esthétique de la sculpture « nègre », Guillaume Apollinaire a contribué à lui conférer le statut d'un art à part entière. La première exposition de sculptures africaines et océaniennes, en 1919 a lieu à la galerie Devambez. Les années 1920 sont un temps fort de cet engouement – qui n'est pas sans équivoque – pour un art « sauvage », « primitif ». Louis Aragon et les surréalistes ont aidé à sa reconnaissance en montrant des objets « primitifs » choisis soit pour leurs qualités plastiques, soit pour leur valeur symbolique lors de l'exposition anticolonialiste de 1931. Il faut attendre les années 1960 pour que soient organisées de grandes expositions d'art primitif, puis 1992, où est inauguré le musée des Arts africains, océaniens et amérindiens, et juin 2006, qui voit la naissance du musée des Arts premiers.

assimilation ou association « Une bonne loi devrait être bonne pour tous les hommes », disait Condorcet. L'universalisme des Lumières et de 1789, à l'origine de la doctrine de l'assimilation, contre le préjugé de couleur, est appliqué en 1794 et en 1848aux esclaves libérés, qui deviennent citoyens. Tel serait donc le modèle de la république*. Les problèmes sont plus complexes.

L'extension des institutions métropolitaines se fait très lentement : les DOM* ne sont créés qu'en 1946. Cela pour les « vieilles colonies ». Celles du XIXe siècle ne verront pas leurs sujets transformés en citoyens, et l'Algérie cultive le paradoxe d'avoir, depuis le sénatus-consulte de 1865 (daté du 14 juillet), des musulmans de nationalité française à qui la citoyenneté est interdite. Le discours évolutionniste de la gauche, qui promet la civilisation et avec elle l'assimilation, n'a pas de calendrier défini. Cet horizon lointain passe par une longue œuvre de régénération. « Dans l'argile informe des attitudes primitives, elle modèle le visage d'une nouvelle humanité », disait Sarraut*. L'affirmation de l'égalité et de la similitude des hommes, formulée par la pensée universaliste du XVIIIe siècle, tend à faire place à un accent mis sur les différences et sur la notion de « race* ». Cette notion fonde une politique dite d'association, considérant que la fusion entre des populations trop différentes est impossible ou très éloignée dans le temps. C'est le sens du grand débat de la fin du XIXe siècle entre assimilation et association.

Les congrès coloniaux, en particulier le Congrès de sociologie coloniale de 1900, voient la déroute de l'assimilationnisme au profit de l'association. Respecter les spécificités, ne pas faire des colonisés des Français, ce n'est ni possible ni souhaitable. Arthur Girault, grand théoricien du droit colonial, est clair : « Assimiler l'indigène ? On y a songé, mais l'expérience a montré qu'il y avait là une illusion et un danger [...] quant à lui inculquer nos conceptions européennes et nos idées françaises, le mieux est d'y renoncer absolument. » Respect ou mépris ?

Le gouverneur d'Indochine, Pierre Pasquier, bon connaisseur de la civilisation asiatique, affirme : « Ne détruisons rien du vieil édifice asiatique. Respectons le "caractère" où palpite une pensée ». Un Lyautey* a la même opinion. Mais l'idée d'association habille aussi les idées racistes de Léopold de Saussure. Pour lui, l'assimilation « satisfait les intérêts et la vanité des nègres ou mulâtres de nos anciennes colonies créoles... Inadaptée, l'assimilation par la loi, l'école, est impossible et nuisible. » Disciple du docteur Le Bon, il en applique les théories aux races considérées comme inférieures. *Psychologie de la colonisation française dans ses rapports avec les races indigènes* (1899) a un grand écho. « Il n'appartient pas à une race [...] de s'assimiler les institutions et les croyances d'une race supérieure [...] la grenouille ne devient pas l'égale du bœuf ».

Porteuse de cette ambiguïté, la formule d'association s'impose à la fin du XIXe siècle. Waldeck-Rousseau inaugure officiellement la nouvelle politique en 1901 : il faut renoncer à mener les indigènes à la civilisation, mais « les faire entrer dans la loi du progrès [...] évoluer eux-mêmes non pas dans notre civilisation mais dans la leur ». En 1906, Georges Leygues dénonce « l'erreur funeste » : « C'est folie que de vouloir couler tous les esprits dans le même moule. » « Le principe est le respect scrupuleux des croyances, des mœurs et des traditions ». L'association devient la doctrine officielle jusqu'au Front populaire, qui tente d'attribuer la citoyenneté à une élite musulmane moderne.

En 1946, la création de l'Union* française et l'attribution de la citoyenneté à tous les habitants de l'outre-mer, l'abandon de la notion d'empire semblent une avancée vers l'assimilation. Mais les colons n'en veulent toujours pas et une partie grandissante des colonisés, même ceux qui ont espéré longtemps, n'en veulent plus, tel Abbas*. Ils n'ont au demeurant jamais été unanimes. La volonté d'assimilation achoppe en effet sur les identités des populations dominées, à qui elle apparaît – à juste titre – comme un machine de guerre destinée à les détruire. Pour Paul Bert*, ces populations ont le choix entre s'assimiler ou disparaître. Cette conception de la laïcité pure et dure semble parfois très dominatrice. La gauche en particulier ressentira la décolonisation comme un rejet de la cité française par le colonisé. Cette blessure pèse lourd aujourd'hui encore.

Ataï Chef de la résistance kanak (?-1878). Originaire de Komale, près de La Foa, sur la côte ouest de la Nouvelle-Calédonie*, il est issu d'une tribu qui, comme les autres tribus, a été repoussée sur des sols ingrats, à l'intérieur des terres, afin de permettre l'installation de colons et du pénitencier agricole de Fonwhari. Ataï est l'un des chefs qui déclenchent la révolte de 1878. Le 1er septembre, âgé d'une quarantaine d'années, il tombe avec six de ses compagnons sous les coups des Canala alliés aux autorités coloniales. Il est décapité, sa tête est envoyée à Paris. Depuis le milieu des années 1970, l'insurrection de 1878 et la figure d'Ataï sont devenues des symboles de la résistance kanak* et sont régulièrement évoquées par les indépendantistes, dont les revendications politiques et culturelles découlent largement de leur rapport à la terre.

→ résistances

Victor **Augagneur** Médecin et homme politique français (1855-1931). Agrégé de médecine, franc-maçon et dreyfusard, il est maire de Lyon (1900-1905) et député du groupe républicain-socialiste. De 1905 à 1909, il est gouverneur de Madagascar et favorise le développement d'un mouvement assimilationniste*. Il a critiqué la pacification menée par Gallieni dans *Erreurs et brutalités coloniales* (1905). Il est nommé gouverneur d'A-EF de 1920 à 1923, quand débutent les travaux du chemin de fer Congo-Océan, en 1921.

Henri d'Orléans, duc d'**Aumale** Militaire, vainqueur d'Abd el-Kader et homme politique français (1822-1897). Cinquième fils de Louis-Philippe, il est affecté en 1839 à l'état-major de la première division de l'armée* d'Afrique, à la disposition du maréchal Valée. Il commande ensuite la brigade de Médéa et de la province de Titeri. En mai 1843, avec une petite colonne de 500 hommes, il enlève la smala d'Abd el-Kader*. Cet exploit lui donne un grand prestige dans l'armée et une grande popularité en France. Après le retrait de Bugeaud, Aumale lui succède comme gouverneur général. Le 23 décembre 1847, il reçoit la soumission d'Abd el-Kader. Le retour de la république en France puis l'avènement du second Empire entraînent un long exil et la confiscation des biens de la famille d'Orléans. Expulsé du territoire français en 1866, rayé des cadres de l'armée par Boulanger en 1886, frappé d'exil, il décède le 7 mai 1897.

Aurès Ce massif montagneux du sud-est de Constantine culmine au mont Chélia (2 328 m). Les Chaouia sont berbérophones et ont une solide réputation de résistance à toute domination.

Au lendemain de la conquête française, et dès la prise de Constantine en 1837, le bey Ahmed trouvera naturellement refuge auprès d'eux. De nombreux troubles en 1850, 1859, 1879 ont été réprimés avec violence: pertes humaines, internements, confiscations de terres et de troupeaux. En 1916, la crainte de voir la révolte contre le service militaire et le recrutement des travailleurs à Mac Mahon (Aïn Touta) gagner d'autres régions – alors que la France est en guerre contre l'Allemagne – explique qu'on ne lésine pas sur les moyens humains (plus de 14 000 soldats mobilisés) et matériels (recours à l'aviation) pour venir à bout des insurgés durant cinq mois. Les viols, les incendies des *mechtas* (groupes de quelques maisons), les exécutions publiques, les lourdes peines prononcées par le conseil de guerre de Constantine, le séquestre des terres, les amendes collectives ont marqué douloureusement les mémoires.

Dans les années 1930, le quotidien des populations est difficile: le patrimoine foncier n'a cessé de s'amenuiser et la poussée démographique rompt les équilibres traditionnels, accélérant l'émigration des hommes vers la France. De plus, la région de l'Aurès (Batna, Khenchela, Arris, Barika, El-Kantara…) n'a attiré qu'une faible implantation de colons. Aussi les signes de la présence française (écoles, routes et chemin de fer) sont-ils limités aux centres de colonisation. L'Aurès est gagné par l'effervescence politique des années 1945-1954. Toutes les tendances nationalistes y sont implantées et se disputent les électeurs.

L'un des acteurs de la guerre de libération, Mostefa Ben Boulaïd (1917-1956), participe à la préparation des premiers groupes armés de l'Organisation spéciale (créée en 1947 par le PPA ou Parti populaire algérien) en 1950. Il fait partie des neuf chefs historiques. La nuit du 1er novembre 1954, ses hommes lancent plusieurs attaques contre des postes militaires à Batna, Khenchela… et harcèlent Arris. Dès lors, les autorités françaises mobilisent d'énormes moyens militaires pour mettre fin à la « rébellion ». Mesures d'exception, déplacements des populations civiles, quadrillage du territoire, arrestations massives, vastes opérations de ratissage, bombardements aériens, circulation restreinte, zones interdites, exécutions sommaires… rien n'est épargné à l'Aurès, dont la résistance va devenir le symbole de tout un peuple, comme le montrent les films *le Vent des Aurès* de Lakhdar Hamina en 1966 ou *Avoir vingt ans dans les Aurès* de René Vautier* en 1972.

→ guerre d'Algérie

Vincent Auriol Journaliste, avocat et député, ministre du Front populaire, résistant, ministre d'État de De Gaulle en 1945, Vincent Auriol (1884-1966) est président de la République de janvier 1947 à 1954 et joue un rôle majeur dans la mise en place des institutions de la IVe République et de l'Union* française. Formé à l'orée du XXe siècle, ne pouvant imaginer une émancipation loin de la France, il prône le développement des colonies et « l'association de représentants des indigènes ». Espérant faire de l'Union française son domaine d'intervention par excellence, il penche pour une Union fédérale. Mais la situation intérieure impose ses priorités et, dès 1948, il s'efforce de « contenir », faute de réformer. Son *Journal* montre le poids de la guerre froide sur les décisions concernant l'outre-mer et la guerre* d'Indochine, quand il cherche à freiner les initiatives colonialistes et les décolonisations, sans y parvenir.

B

Amadou Hampâté Bâ Écrivain malien (1901-1991). Il a incarné la sagesse africaine. Né dans une famille peul maraboutique, il fréquente l'école coranique, celle des otages* de Kaye, puis l'École normale de Gorée. En 1933, il devient interprète du gouverneur et s'en inspire pour *l'Étrange destin de Wangrin*, récit haut en couleur. À la veille de la guerre, il prend parti pour cheikh Hamallah*, très critique contre les confréries religieuses soumises au pouvoir, mais Théodore Monod lui fournit asile à l'institut français d'Afrique noire de Dakar, où il rassemble les traditions orales des Peuls et en tire ses romans. En 1960, il représente son pays à la conférence de l'Unesco, puis, en 1962, il est ensuite délégué à l'Unesco, où il s'attache au dialogue entre cultures.

soulèvement de Bac Son Profitant en septembre 1940 du conflit entre la garnison française de Lang Son* et les troupes japonaises, des combattants communistes vietnamiens s'emparent de quelques postes isolés. Mais un accord franco-japonais permet aux autorités coloniales de réprimer les villages impliqués dans l'insurrection. Le soulèvement, déclenché au sud par le Comité central du PC dans les provinces périphériques de Saigon puis dans le delta du Mékong, est étouffé en quinze jours et la répression élimine l'essentiel de la direction communiste: Nguyên Thi Minh Khai, Nguyên Van Cu, Ha Huy Tap… sont condamnés à mort et exécutés. Arrêté, Le Hong Phong (secrétaire général du parti) est torturé à mort dans les bagnes de Poulo*Condor en 1942. Ces échecs répétés ont décidé le parti à choisir la voie de la clandestinité et à adopter une nouvelle stratégie aboutissant à la formation d'un vaste front, le Viêt-minh*.

Bagne et déportation Les termes s'imposent dans l'imaginaire. Les pénitenciers coloniaux sont conçus pour remplacer les bagnes portuaires et le système répressif qu'ils symbolisent. Dans cette acception large, les bagnes des colonies recouvrent des régimes très différents: le transport des condamnés aux travaux forcés, la déportation des politiques et la relégation des récidivistes. On peut donc dater les premiers bagnes de 1795 avec la déportation en Guyane, notamment, de Billaud-Varenne et Collot d'Herbois puis avec les déportations entre 1796 et 1798. En 1850, les insurgés de juin 1848 sont transportés en Algérie, suivis de milliers d'opposants au coup d'État et au second Empire exilés en Algérie ou en Guyane.

Mais la véritable histoire des bagnes d'outre-mer commence en 1852 avec l'ouverture des pénitenciers guyanais destinés à recevoir les forçats des bagnes portuaires métropolitains (le dernier, Toulon, ferme en 1873). Avec la loi du 30 mai 1854, tous les condamnés aux travaux forcés sont obligatoirement transportés dans une colonie autre que l'Algérie. En 1864, un premier convoi de forçats arrive en Nouvelle-Calédonie*. Entre 1867 et 1887, la « Nouvelle » reçoit seule les convois de forçats d'origine européenne, les condamnés d'Algérie étant envoyés en Guyane puis à Obock, puis indifféremment en Guyane et en Nouvelle-Calédonie. Les convois de forçats reprennent ensuite vers la Guyane jusqu'à la veille de la Seconde Guerre mondiale, alors qu'ils ont cessé depuis 1897 vers la Nouvelle-Calédonie. Près de 100 000 forçats, dont environ 900 femmes, sont « partis au Malheur » dans ces deux colonies.

Il faut ajouter à ces chiffres des milliers de récidivistes, dont un millier de femmes, condamnés à la relégation collective ou individuelle et relégués à partir de 1887 en Guyane et à la « Nouvelle ». Les convois de relégués cessent en 1897 en Nouvelle-Calédonie et la relégation des femmes est supprimée en 1907. Les campagnes menées par Albert Londres*, puis l'action de personnalités comme Gaston Monnerville, conduisent à l'arrêt des convois vers la Guyane en 1938 et à la fermeture définitive du bagne après la guerre. Les derniers « bagnards », forçats et relégués sont rapatriés progressivement à partir de 1946 grâce à l'action de Charles Péan et de l'armée du Salut.

Quant à la déportation politique, après avoir été infligée une première et unique fois aux Marquises entre 1852 et 1854 à Gent, Ode et Longomazino, elle est de nouveau appliquée entre 1873 et 1880 à plus de 4 000 communards déportés en Nouvelle-Calédonie, dont Louise Michel et Henri Rochefort. De nombreux opposants des colonies sont condamnés à la déportation politique, dont des Algériens et des Indochinois. Cette peine est aussi subie par Dreyfus (réhabilité en 1906), ainsi que par des espions, des déserteurs, des opposants avant et après la Grande Guerre. Enfin, les administrations coloniales ont largement pratiqué des éloignements administratifs de rebelles ou d'opposants aux « bienfaits » de la colonisation française sans fonder leurs décisions sur des sanctions judiciaires. Le bagne, la chaîne, la déportation ont fasciné et nourri l'imaginaire au point que le passage des transportés finit par être caché au public. Il serait impossible de citer tous les auteurs qui ont parlé du bagne ou inclus un bagnard comme personnage – Eugène Sue, Dumas, Balzac, Hugo, Zola… Francis Carco a décrit la route du bagne et les hommes en cage, Mac Orlan *l'Ancre de miséricorde*. Mais le grand œuvre dont le bagnard est le héros est *Chéri-Bibi*, de Gaston Leroux qui a consacré cinq titres entre 1913 et 1925 à cette « tête d'enfer », à ses amis – Kanak le cannibale, l'Africain… – et à ses ennemis –, le Caïd, musulman pédéraste et violeur, le surveillant corse, les sauvages…

Les déportés kabyles. La « Nouvelle » a reçu, en même temps que les communards, 101 insurgés kabyles de 1871, dont Bou Mezrag, le frère du bachaga Mokrani* tué au combat. Ils sont rejoints entre 1877 et 1883 par 26 déportés condamnés à la suite des révoltes d'El Amri, des Aurès et du Sud-Oranais et par un déporté condamné à Tunis. Onze étant décédés en mer, c'est donc 117 originaires du Maghreb qui arrivent à « Caledoune ». Les déportés politiques sont amnistiés en 1895. Entre temps, de nombreuses grâces individuelles ont été accordées : sur les 117 déportés initiaux, ils ne sont plus que 24 dans la colonie (25 y sont décédés). Bou Mezrag el-Mokrani n'est amnistié qu'en 1904. Il meurt à Alger en juillet 1905 après trente ans d'exil.

Ces chiffres ne tiennent pas compte des Algériens condamnés aux travaux forcés et transportés en Guyane ou en Nouvelle-Calédonie, alors que leurs condamnations sont souvent, mais pas toujours, fondées sur des motivations politiques. Ces derniers sont à l'origine d'une importante communauté dite « arabe » en Nouvelle-Calédonie.

Joséphine Baker Artiste de music-hall française, d'origine américaine (1906-1975). En octobre 1925, celle que Picasso appela la « Néfertiti des temps modernes » apparaît dans « la Revue nègre ». Bien que née à Saint-Louis, elle est le symbole de la femme sauvage avec sa ceinture de bananes. Critiquée violemment pour son « indécence » ou au contraire exaltée comme symbole de la libération des tabous, de l'Éros africain, elle accède à la célébrité par le cinéma*, où elle devient l'indigène Fatou, en 1926. Engagée par le Casino de Paris en 1930-1931, elle se produit dans une série de tableaux. Son succès est à son comble avec *la Petite Tonkinoise*. Elle subvertit la chanson* avec humour quand, noire, elle chante une Asiatique, et avec *J'ai deux amours*. Mais elle reste *la Princesse Tam-Tam*, jeune fille « sauvage » de Tunisie en 1935 (film de E. T. Gréville). Pendant la Seconde Guerre mondiale, elle s'engage, devient sous-lieutenant des Forces françaises libres comme auxiliaire de l'armée de l'air, chante en Afrique du Nord pour les soldats. Elle a obtenu la Légion d'honneur pour son action dans la Résistance et accueilli des orphelins dans une maison cosmopolite à laquelle a été consacrée toute sa fortune.

bamboula Ce mot d'origine africaine, attesté avant le XVIIIe siècle, désigne un tambour ou une flûte, ou une danse « sauvage » au son de ces instruments. Il signifie aussi « nègre » en argot, puis « tirailleur* sénégalais », « fête bruyante » et « ripaille ». En 1994 encore, une marque de gâteaux porte ce nom.

Banania (« Y'a bon ») Il n'est pas mort, ce succès exceptionnel du message publicitaire, même si l'image s'est transformée. Qui a oublié ce tirailleur sénégalais – né le 30 août 1915 de l'imagination d'un pharmacien, Pierre François Lardet, et du peintre De Andreis – vantant les mérites d'un délicieux petit-déjeuner avec son bon sourire ? Fond jaune – pour rappeler la banane –, chéchia rouge au pompon bleu, tirailleur chocolat, et le slogan « Y'a bon... » reproduisant le « petit-nègre* ». Il faut attendre les années 1980 pour qu'il disparaisse des affiches au profit d'un visage stylisé toujours avec chéchia et arborant le même sourire. Le personnage du bon géant, dont la force n'a d'égale que la simplicité, traduit le paternalisme dont « bénéficient » les troupes coloniales, les Noirs en particulier, durant la Première Guerre mondiale, traités par la chanson* sur le mode chauvin, comique, grivois et sentimental. La réalité est moins réjouissante : indésirables en métropole après le 11 novembre 1918, ils ont été rapidement renvoyés au pays. Senghor a dit la colère des étudiants africains devant le sourire Banania sur les murs de Paris. Banania symbolise donc l'ambiguïté des attitudes face à la force* noire.

⇢ publicité

bande dessinée (BD)

...ou les bulles coloniales

Elle a acquis une place fondamentale dans la culture des enfants et façonné les représentations des futurs adultes en reprenant les stéréotypes majeurs. La comparaison avec d'autres genres de la littérature de jeunesse s'impose. Par leur diffusion, leur impact, certaines séries ont occupé une place particulière comme *Bécassine, *Tintin**, *les Pieds nickelés*.**

Les colonies, terrain de jeu des enfants blancs

Dès ses débuts, la BD a eu la fibre coloniale. En 1893, *la Famille Fenouillard* (de Christophe) se retrouve chez les Papous et ne doit son salut qu'à la superstition de ce peuple, qui sacre M. Fenouillard Agénor Ier. En 1897 *les Katzenjammer Kids* (*Pim, Pam, Poum* en français) font leurs quatre cents coups sur une île imaginaire gouvernée par un roi « nègre », « roi fainéant » qui se promène en barque avec un réveil autour du cou.

Il est difficile de fixer la proportion des héros ayant participé à la saga coloniale, mais rares sont ceux qui ne font pas au moins un tour outre-mer comme *Bécassine* ou les *Pieds nickelés*. Puis, dans les années 1920, *Tintin* devient un héros de la culture de masse. Une galerie des portraits serait trop longue. Le roman de Edgar Rice Burroughs *Tarzan of the Apes* (1912) est suivi en 1918 de la première adaptation cinématographique, mais il faut attendre 1930 pour que Tarzan apparaisse dans de nombreux périodiques français; suivront des émules, *Jungle Jim, le Fantôme*.

Le continent noir a la place la plus importante dans la BD, surtout dans le journal *Tintin*, un des plus lus. Dans *les Chevaliers du ciel*, les aventures de Tanguy et Laverdure se déroulent en Afrique (8 albums), en France (5), au Moyen-Orient (5) et dans le Pacifique (2). Les récits historiques entretiennent l'idée d'une Afrique sans histoire avant l'arrivée des Européens. La nature, hostile, permet de valoriser l'homme blanc, seul capable de la dominer et de la transformer. Elle abrite des animaux inédits (le gorille blanc, des animaux préhistoriques comme dans « Safari vers Dialo », de *Spirou*), des tribus cannibales, des hommes-lions, des cimetières d'éléphants (« Sur la piste des éléphants », dans *Spirou*, 1956-1957, « Patrouille dans la jungle », dans *Vaillant* 1962-1963). Quant à Tarzan, le lieu de ses aventures est une jungle mi-africaine, mi-asiatique, plus imaginaire que réelle. C'est qu'il vit, comme tous les autres héros, dans une géographie de fiction, où certains stéréotypes sont associés de façon quasi systématique: Afrique et sauvagerie, Maghreb et casbah, Égypte et archéologie (avec une prééminence de l'Égypte pharaonique), Sahara et Touareg...

Les scénarios, bâtis sur des thèmes répétitifs, utilisent donc les mêmes poncifs et les mêmes personnages: le grand chasseur, la nature hostile, les sauvages... Le Blanc est presque toujours « bon »; parfois sans pays d'attache, explorateur hardi, soldat conquérant, il devient civilisateur et pacificateur. L'« Oncle Paul », dans *Spirou*, en 1953, décrit « Le sergent héroïque » qui se bat contre l'esclavage, ou encore un jeune officier qui meurt aux côtés de ses tirailleurs* sénégalais lors de la guerre du Rif. Les missionnaires sont aussi des héros, comme dans « *Tif et Tondu au Congo* » (*Spirou*). Pour répondre à l'imaginaire des lecteurs, ces héros sont souvent des adolescents. Lorsque le Blanc est « mauvais », il est le plus souvent d'origine douteuse : dans *Spirou* et *Tintin*, on trouve beaucoup d'apatrides d'Europe centrale et méditerranéenne.

Le monde manichéen de la BD permet de conforter la bonne conscience du colonisateur. Le bon indigène est soumis (porteur, serviteur), souvent vieux, et a été christianisé. Il s'occupe des enfants, et peut même sacrifier sa vie pour son maître (Balongo dans « le Péril vert », *Spirou*, 1942). Dans *Blake et Mortimer*, Ahmed Nasir va jusqu'à tuer pour son maître, mais il reste un domestique (on le tutoie, on lui donne des ordres). Le Noir peut être aussi un soldat fidèle comme dans l'aventure de*Tintin et le Crabe aux pinces d'or.* Dominent cependant les fourbes, féroces « sauvages » comme les Zoulous, ou les esclavagistes – ainsi dans « l'Oncle Paul ». Les hommes-léopards en particulier symbolisent l'obscurantisme des populations africaines dans *Spirou* (*Tif et Tondu au Congo belge, Spirou chez les pygmées*) en 1939-1940. *Tintin au Congo* décrit des indigènes naïfs, superstitieux. Le racisme ambiant transparaît aussi dans le choix des mots : dans les *Nouvelles Aventures de Blondin et Cirage* (1947), on trouve l'oasis Boughre d'Ahn ; Aïcha, que Ribouldingue songe à épouser, est la fille de Maka Bey… « Zig et Puce à l'Exposition coloniale » (*Dimanche illustré*, 1931) montre sur un mode comique deux cannibales bien décidés à assouvir leur faim. Dans l'ensemble, le Blanc finit toujours par triompher.

La BD se décolonise lentement

Avec le temps, cependant, une évolution se manifeste. Dans certains épisodes tardifs de *Spirou et Fantasio* (*la Corne du rhinocéros,* par exemple, en 1953), les colons, présentés comme des exploiteurs, ne sont pas à leur avantage. Dans *Vaillant,* surtout, proche du PC, qui se démarque des autres illustrés et veut présenter à son jeune public une vision plus égalitaire du monde, *Lynx Blanc* (1947-1967, créé par Paul Gillon), le chasseur de fauves, est « anticolonialiste ». Assoiffé de justice, il soutient les Noirs contre les mauvais Blancs avec son ami Moki (guide malais). Dans *Lynx et les hommes-lions* (1957), le journal fait de ces derniers des victimes de Blancs crapuleux qui camouflent leurs meurtres en les leur attribuant.

L'indigène peut aussi apparaître comme le compagnon du héros et faire couple avec lui. C'est le cas dans *Bibi Fricotin* (créé en 1924 par Gérald Forton) qui rencontre au n° 23 Razibus Zouzou, un petit Noir qui va l'accompagner dans ses aventures et être le héros de plusieurs albums. *Blondin*, le petit garçon aux cheveux clairs et son comparse Cirage, du plus beau noir, font bande commune et Cirage y a parfois le meilleur rôle. Le magicien *Mandrake*

(1934), dans sa lutte contre le crime, peut compter sur son fidèle Lothar, un géant noir, ancien roi africain, mais qui reste dans son ombre il est vrai.

Dans les années 1950, avec *Blake et Mortimer* (E. P. Jacobs), les personnages se diversifient : Ahmed Rassim Bey est l'ami personnel de Mortimer, alors que Bendzedjas se place du côté de son ennemi, Olrik.

Après 1960, la BD change : les domestiques et guides qui font office de faire-valoir des Blancs n'ont plus bonne presse. Le médecin remplace le chasseur, le bon Blanc est un redresseur de torts. Certains classiques sont réécrits comme *Coke en stock* de Hergé ; *Vaillant* transforme en 1962 le récit d'un accident survenu à deux pilotes de la ligne Casablanca-Dakar en un sauvetage par les Touareg. Les vedettes prennent fait et cause pour les indépendances (*Bob Mallard* en Guinée en 1960, « Jimmy Tousseul » au Congo dans *Spirou*). Même si les héros restent occidentaux, sauf exception, le regard envers l'Autre change. Dans *Spirou* en 1959 – peu coutumier du fait –, les Aniotos portent secours aux scouts (« le Secret des monts Tabous »). Quant aux colonisés qui prennent place dans les BD, ils sont jeunes, occidentalisés, intégrés comme Cirage. Dans *Spirou*, l'« Oncle Paul », 1960), le héros de « Rastus au pays des merveilles » accède au statut d'évolué à partir d'un voyage aux États-Unis ; dans « L'escadrille de la dernière chance » (*Vaillant*, « Bob Mallard », 1960-1961), le pilote Sama et sa fiancée sont des Noirs occidentalisés.

Les années 1970-1980 marquent un tournant. Les décolonisations sont achevées ; la BD cesse d'être réservée aux enfants et elle s'intéresse désormais de plus en plus au public adulte. Le simplisme de mise au départ ne peut donc plus être conservé ni la vision raciste des colonisés. Dans *les Scorpions du désert*, Hugo Pratt dénonce l'absurdité de la guerre et le tribut versé par les soldats enrôlés de force (années 1970). En 1981, dans *Spirou*, la série « Lloyd » est hostile à la colonisation.

La guerre d'Algérie a fait tardivement l'objet de scénarios de BD ; quelques titres dont *Azrayen* (Frank Giroud), grand prix de la Critique 1997 ; les souvenirs d'un appelé sont évoqués dans *Une éducation algérienne* (Guy Vidal), le retour des pieds-noirs dans *Là-bas* (Anne Sibran). Ferrandez a bâti la saga des Européens d'Algérie depuis 1830. *La Grippe coloniale* est une satire de La Réunion dans les années 1920 (Apollo, 2004).

conférence de Bandung La première conférence afro-asiatique se tient, du 18 au 24 avril 1955, dans cette ville de Java. Y participent notamment Nehru, Zhou En lai, Nasser, Soekarno. Elle réunit vingt-quatre pays du tiers-monde*, dont la plupart sont décolonisés depuis peu, ainsi que des représentants des mouvements nationalistes, dont le FLN*. Dans cette période de guerre froide, il s'agit de créer une troisième force entre les deux Grands. La conférence lance un appel contre le racisme et le colonialisme, réclame une coopération économique mondiale contre le sous-développement*. Elle achoppe sur les divisions entre les non-alignés comme l'Inde, les pays pro-occidentaux – Pakistan, Turquie… –, et les pays communistes – Chine et Viêt Nam du Nord. C'est seulement à la conférence de Brioni (avec Nasser, Nehru et Tito) en 1956 que s'affirme le non-alignement. Mais Bandung est le symbole de la naissance du tiers-monde.

Banques et outre-mer Au sommet, la Banque de France assure la fonction de banque centrale. Elle est relayée dans les protectorats par la Banque de l'Indochine (1875) et par la Banque d'État du Maroc (1907). La Banque de l'Algérie (1851) couvre aussi la Tunisie, la Banque du Sénégal (1859) devenue la Banque de l'Afrique occidentale (1901), s'occupe de l'Afrique centrale. La Banque de Madagascar, créée en 1925, est, comme les autres, banque d'émission et banque commerciale.

Le système bancaire. Le Comptoir national d'escompte de Paris est le correspondant à Paris de cette dernière ainsi que des banques antillaises par le biais de l'Agence centrale des banques coloniales (Martinique, Guadeloupe, La Réunion, Guyane) et, au début, de la Banque de l'Indochine. Il s'est affirmé comme un pionnier ultramarin avec un réseau couvrant la Tunisie, l'Égypte et l'Australie pour accompagner les entreprises des places métropolitaines dans leurs achats (laine, coton, grains, huile, etc.).

Le Crédit Lyonnais l'imite en s'implantant en Égypte et en Algérie, où la Société générale s'installe juste avant 1914. Tous deux lancent des têtes de pont en Afrique noire à partir des années 1940. Les grandes banques de dépôts financent les échanges ultramarins depuis les succursales établies dans les places marchandes, en particulier portuaires; elles y sont concurrencées par des banques locales créées par la communauté des affaires de la ville (Société bordelaise de CIC, Crédit havrais, Crédit nantais, Société marseillaise de crédit, etc.). Depuis Lille et Roubaix sont financés d'énormes achats de laine et de coton, tandis que la place lyonnaise – avec une succursale de la Hong Kong and Shanghai Bank – finance l'achat des soies asiatiques.

Cependant, des banques spécialisées dans la gestion des risques outre-mer structurent la « mise en valeur » impériale: le Crédit foncier d'Algérie et de Tunisie (CFAT) et la Compagnie algérienne font essaimer la banque moderne au Maghreb au profit de l'économie d'origine européenne mais aussi des commerçants et paysans autochtones, la Banque de Syrie et du Liban déploie son réseau au Levant français à partir des années 1920.

Le crédit immobilier et hypothécaire urbain (pour les promoteurs immobiliers) et rural (pour les plantations) s'affirme en rouage utile (Crédit foncier d'Indochine, Crédit foncier colonial et de banque). La monétarisation des populations des territoires d'outre-mer qui sont impliquées dans l'économie moderne (la traite des produits, l'agriculture commerciale, etc.) est le fruit de cette activité. Les réseaux d'agences épaulent la pénétration commerciale : le système économique colonial français est ainsi aussi bien structuré financièrement que le britannique.

Les banques d'affaires. Prêtes à investir en fonds propres une partie de leurs portefeuilles-titres ou à assurer l'émission de titres boursiers parmi leur clientèle, elles participent à l'élan colonisateur pour de « bonnes affaires », permettant des gains en commissions d'émission et de placement et des gains en Bourse. L'empire ne représente qu'une faible partie de leurs activités, bien qu'il constitue pour elles une chasse gardée financière apte à procurer des profits récurrents. La mise en valeur minière suscite l'appel à des capitaux de plus en plus abondants : la banque Rothschild a vu dès les années 1880 l'intérêt du nickel* néo-calédonien et est devenue la marraine de la société Le Nickel. Elle chapeaute la société de transit euro-africaine SAGA, avant de prendre part au boom des titres émis dans les années 1950 pour financer les investissements en Algérie. Chaque banque d'affaires constitue un réseau structurant de mini-systèmes coloniaux. La Banque de l'union parisienne accompagne la maison Mirabaud dans la Compagnie algérienne, elle supervise la stratégie des sociétés minières Mokta et de Penarroya, elle fédère les intérêts d'un groupe informel d'investisseurs liés à la Haute Société protestante avec le transport maritime et le transit (SCAC) et le négoce en Afrique et Indochine (OPTORG). Paribas, le leader, orchestre la fondation de la Banque d'État du Maroc et crée la Compagnie générale du Maroc, une holding multipliant les filiales, avant de lancer en 1920 la Compagnie générale des colonies, superholding pour parrainer des firmes outre-mer. Paribas émerge après la Seconde Guerre mondiale comme le financier de l'effort minier africain, en parrainant des sociétés en Mauritanie. Ainsi se constituent des groupes d'intérêts coloniaux.

Toutefois, nombre d'entreprises actives outre-mer sont indépendantes de ces banques d'affaires et sont aptes à structurer par elles-mêmes leur stratégie et leurs circuits de financement. L'indépendance entaille fortement les actifs ultramarins des banques d'affaires mais celles-ci savent habilement récupérer les avoirs les plus liquides et les réorienter vers la métropole – d'où la multiplication de sociétés de portefeuille qui participent au boom des Trente Glorieuses – ou financer les entreprises qui ont survécu aux indépendances et modernisé leurs activités outre-mer, ainsi Paribas.

La Banque de l'Indochine. Fondée en 1875 par trois grandes banques françaises, la BIC ne fut pas une banque coloniale mais une banque d'outre-mer, ne serait-ce que parce qu'elle détint le privilège exceptionnel de l'émission de la monnaie*, la piastre BIC, et parce que ses activités s'étendaient de Djibouti à Nouméa, de Shanghai à Singapour. Bien que ses privilèges fussent abolis en 1948, la Banque émit la monnaie indochinoise jusqu'en 1952. La BIC ne fut pas créée en priorité pour financer les activités de l'économie indigène (le crédit agricole n'apparut qu'en 1928 au moment du boom rizicole). Elle a servi avant tout à financer les grandes affaires conduites par les capitalistes français de la métropole comme le port de Haïphong, le chemin de fer du Yunnan, les charbonnages du Tonkin. Et, jusqu'en 1920, la Chine fut même le principal théâtre d'opérations de la BIC, qui servit d'instrument à la « diplomatie ferroviaire » puis à la « diplomatie financière » de l'État français dans un pays partagé en zones d'influence des grandes puissances européennes.

Jusqu'à la grande crise qui atteint l'Indochine en 1931, la BIC est portée par une conjoncture extrêmement favorable où les capitalistes français se prennent d'engouement pour les placements indochinois. De 1888 à la Seconde Guerre mondiale, le fonds d'épargne du Trésor indochinois est logé à la BIC de Saigon et la Banque est autorisée à y puiser de l'argent pour le prêter à court terme tandis qu'en même temps elle prélève un taux d'intérêt sur ces dépôts. En 1933, le gouvernement général renforce la puissance de la BIC en lui confiant le soutien et l'assainissement de l'économie indochinoise, plongée dans la grande dépression. La Banque donne alors la priorité au sauvetage des grandes entreprises françaises et aux Européens sur les PME, les individus et les clients asiatiques. De 1930 à 1937, à la sortie de la crise, la BIC absorbe 27 sociétés agricoles et industrielles et devient propriétaire, à bas prix, d'un patrimoine immobilier dont les revenus doublent à partir de 1936.

À la veille de la Seconde Guerre mondiale, le BIC est devenue à la fois une banque d'affaires et une banque centrale. Le gouverneur général Decoux lui confie la conduite des négociations économiques et financières avec les Japonais pendant leur présence en Indochine. En 1945, des transactions de cette période, la Banque hérite 32 tonnes d'or déposées sur son compte à la Yokohama Specie Bank ; la même année la dette du Trésor public indochinois vis-à-vis de la BIC s'élevait à 200 millions de piastres. Pièce maîtresse du système économique colonial de l'Indochine française, la Banque résista aux trois tentatives (d'Édouard Daladier en 1925, du gouvernement du Front populaire en 1936 et de Pierre Mendès France en 1945) d'amoindrir ou de brider sa puissance. L'alliance scellée avec l'État colonial lui évita une subordination complète voire la nationalisation. La BIC accompagna la décolonisation en accomplissant sa mue (comme la Compagnie algérienne dans BUP, ou CFAT dans Société générale...), qui en fit, par sa fusion avec la Compagnie universelle du canal de Suez*, le premier grand groupe financier de France.

Bao Dai Fils de l'empereur Khai Dinh et de Doan Huy Hoang Thai Hau, Bao Dai (1913-1997) est le dernier empereur d'Annam (1925-1945). Après une formation classique puis des études en France, il monte sur le trône, où il montre une certaine volonté de changement avec une équipe d'hommes nouveaux comme Ngo* Dinh Diem et Pham Quynh. Mais, vite désenchanté, il se détourne de la vie politique. Après le coup d'État de l'armée japonaise le 3 mars 1945, il proclame l'indépendance et nomme Tran* Trong Kim à la tête d'un gouvernement d'intellectuels. Devant la vague révolutionnaire, dans une déclaration pleine de dignité se réclamant du mandat céleste selon Mencius (Dân vi quy), c'est-à-dire du rapport de confiance et de légitimité entre le pouvoir politique (incarné par l'empereur) et le peuple, il abdique. En effet, dans la tradition confucéenne, de nombreux « signes » de cette légitimité permettent de l'éprouver aux yeux du commun des mortels: la sécurité du royaume, les bonnes récoltes et la paix sociale, et, selon Mencius, perdre le mandat céleste, c'est perdre tout charisme nécessaire pour gouverner. Bao Dai accepte alors un poste de conseiller suprême du gouvernement d'union nationale présidé par Hô* Chi Minh. Les divergences avec le chef de la révolution le font s'exiler à Hongkong. L'accord de juin 1948 et la naissance du nouvel État vietnamien ouvrent une période de gouvernement à éclipses, car l'indépendance promise par la France reste largement hypothéquée. Au lendemain des accords de Genève, en 1954, Bao Dai reste chef de l'État du Viêt* Nam du Sud, mais il est destitué par son Premier ministre Ngo Dinh Diem en 1955 et contraint à un long exil en France jusqu'à sa mort, à Paris. Il est l'auteur d'une autobiographie, *le Dragon d'Annam* (1990).

baraka Ce mot d'origine arabe apparaît au début du XXe siècle et signifie « bénédiction de Dieu ». Ce don d'origine divine est réservé à des individus élus (pouvoir de thaumaturge, miracles, etc.). En langage populaire, *avoir la baraka* signifie « avoir une chance exceptionnelle ».

baroud Ce mot d'origine arabe signifie « poudre, combat ». Le *Grand Robert* et le *Trésor de la langue française* attribuent son origine au dialecte berbère chleuh dans le Sud marocain (1924). En argot militaire, le terme est introduit par la Légion étrangère pour désigner les combats. Plus tard, en 1936, il prend, avec l'expression *baroud d'honneur*, le sens de « dernier combat », de « guerre perdue ». Le terme a été précédé par celui de *barouder*, « faire le baroud », « se battre », qui est attesté en 1915, et par *baroudeur* en 1923.

Bataille d'Alger Épisode le plus connu de la guerre* d'Algérie qui se déroule de janvier à septembre 1957, elle est devenue un symbole de la lutte anticoloniale, tant pour la dimension inégalitaire des camps en présence que pour les méthodes utilisées : quadrillage systématique, tortures massives et disparitions de plus de 3 000 personnes d'un côté, terrorisme aveugle de l'autre.

Le 7 janvier 1957, le général Massu*, commandant la 10e division parachutiste, s'est vu confier les pouvoirs de police pour rétablir l'ordre contre des attentats qui ensanglantent la ville. La tension monte à l'annonce d'une grève générale fin janvier. Le choix politique de s'en remettre à des parachutistes témoigne d'un certain désarroi et du désir d'en finir avec les actions d'éclat du FLN* au cœur de l'Algérie française. Le dispositif de quadrillage mis en place repose sur la dénonciation, l'infiltration et surtout des arrestations massives illégales. Pendant plusieurs mois, l'action des militaires n'est soumise à aucun contrôle. L'arrestation de Larbi ben M'hidi, en février 1957, est saluée comme un grand succès, son suicide fabriqué atteste le pouvoir pris par l'armée. Les révélations des méthodes employées pour démanteler les réseaux du FLN amènent le gouvernement français à réagir et à tenter de rétablir un cadre légal plus ferme. Cependant, dès le mois de juin, la reprise des attentats témoigne de la capacité du FLN à se réorganiser malgré l'ampleur de la répression. Ce n'est qu'en octobre, après l'arrestation de Yacef Saadi, que le FLN semble vaincu. La bataille d'Alger n'en est pas moins célébrée par les nationalistes comme un moment important du martyrologe algérien, l'emploi du mot « bataille », pourtant peu adapté à la réalité, contribuant à ennoblir ce moment.

bat d'Af L'ordonnance royale de juin 1832 crée deux bataillons d'infanterie légère d'Afrique, plus connus sous le nom de « bat d'Af », formés – aux côtés d'engagés volontaires – de soldats issus des compagnies de discipline, pour répondre aux demandes de renfort pour la conquête de l'Algérie*. Comme les légionnaires, les « joyeux » (ou zéphirs à poils) occupent une place à part dans l'histoire de l'armée* d'Afrique. Le recrutement de ces chasseurs va être étendu, après la loi du 15 juillet 1889, aux condamnés pour crimes ou en correctionnelle à plus de trois mois de prison. Souvent confondus avec les volontaires étrangers, qui portent un uniforme presque identique et partagent avec eux une réputation sulfureuse, ils sont engagés dans les théâtres d'opération de l'empire jusqu'à la guerre d'Indochine. Aristide Bruant et Pierre Mac* Orlan ont célébré à leur manière ces bat d'Af et contribué à réhabiliter les « bataillonnaires », indésirables dans les corps de troupe de la métropole.

Albert Bayet Sociologue, président de la Ligue de l'enseignement (1880-1961). À la jonction de l'Université, de la presse, du Parti radical-socialiste et des associations laïques, il a joué un rôle important. Professeur de sociologie à la Sorbonne en 1932, situé à l'aile gauche du radicalisme, militant de la Ligue* des droits de l'homme, il prône une colonisation de progrès au congrès de la LDH en 1931. Révoqué par Vichy, résistant, il est président de la Ligue de l'enseignement de 1945 à 1959. Partisan de la présence française en Algérie, il est représentatif de la gauche assimilationniste.

Simone de Beauvoir Professeur de philosophie, la plus jeune agrégée de philo – deuxième après Sartre* –, Beauvoir (1906-1986) participe à la fondation des *Temps modernes*. *Le Deuxième Sexe* (1949) fait scandale et elle obtient en 1954 le prix Goncourt pour *les Mandarins*. Au cours de la guerre* d'Algérie, elle s'engage énergiquement dans un itinéraire qui se radicalise vers le tiers-mondisme. Elle prend la défense de Djamila Boupacha* avec Gisèle Halimi et signe le manifeste* des 121. Détestant Camus*, elle ironise sur sa tentative de «trêve civile».

Bécassine La servante bretonne, godiche et ignorante, qui est l'héroïne de *la Semaine de Suzette* en 1905, est aussi témoin de son temps et trouve plus indigène qu'elle. En 1915, mobilisée pour vanter la « force* noire », elle est la marraine du prince Boudou, spahi courageux, élevé par les missionnaires, mais qui parle « petit nègre ». En 1922, on la retrouve dans *Bécassine nourrice* avec un petit prince d'Afrique, Zozo (niais selon le *Trésor de la langue française*). En 1936 apparaît Hamidou, domestique sur le paquebot *Exocet*, débrouillard, dévoué et… parlant toujours petit nègre. Dans *Bécassine durant la Grande Guerre*, elle soupçonne son filleul de guerre, un spahi de Tombouctou, d'être « trop potage » (anthropophage).

Dans *Bécassine chez les Turcs* (1919), *Bécassine en croisière* (1936), *les Mésaventures de Bécassine* (1939), la petite Bretonne croise aussi des musulmans. Dans le premier, Ben Kaddour – qui a cru faire fortune comme danseur et musicien à l'Exposition universelle –, a élu domicile dans une poubelle où il se réfugie « avec la souplesse d'un singe ». Si Ernest Pacha est un lâche et un menteur, Mourad – ami des Français – est un digne vieillard. Mais, dans l'ensemble, les Arabes sont fourbes, les Noirs naïfs.

Béhanzin Résistant à la conquête française, dernier roi du Dahomey (? - 10 décembre 1906). Succédant à son père Glèlè sur le trône du Danhomè (Dahomey*), en décembre 1889, le prince héritier Kondo prit pour nom Gbèhanzin Aï Djéré (Béhanzin) et pour emblème le requin, « qui empêche l'étranger de débarquer sur la terre danhoméenne », allusion aux menaces françaises contre le royaume. Une mission dirigée par le Dr Jean Bayol, lieutenant-gouverneur des Rivières du Sud, venait de quitter Abomey (Agbomè), la capitale, n'ayant pu faire admettre que le territoire de Cotonou appartenait à la France en vertu des traités de 1868 et 1878, car le défunt roi niait avoir abandonné sa souveraineté sur cette partie de son sol. Cette mission n'avait obtenu ni la cessation des incursions dans le royaume voisin de Porto-Novo, sous protectorat français depuis 1863-1883, ni la fin des sacrifices humains. Béhanzin, lui aussi, était déterminé à se battre pour conserver l'intégrité de son royaume, ce qu'exprime sa correspondance avec Victor Ballot, le représentant de la France à Porto-Novo. La première guerre, en 1890, montra l'importance de son armée, dans laquelle les amazones* menèrent l'attaque contre Cotonou. Des Français installés à Ouidah furent pris en otages, puis libérés à la suite de négociations. Béhanzin fit alors appel à des négociants allemands pour obtenir des armes en échange d'esclaves capturés pour servir dans les plantations du Cameroun allemand. La deuxième guerre fut déclarée par la France en avril 1892. Les troupes du général Dodds prirent Abomey en novembre 1892. Béhanzin se réfugia en brousse avec des fidèles, des guerriers, et les amazones survivantes. Il engagea une guérilla et mena des actions pour sensibiliser la population, mais il ne put organiser une résistance effective, d'autant qu'une épidémie de variole sévissait parmi les siens. Il se livra en janvier 1894, fut déporté en Martinique, puis en 1900 à Alger où il demeura jusqu'à sa mort. Le gouvernement français fit rapatrier ses cendres au Dahomey, en 1928.

Béké Ce terme antillais désigne les descendants des planteurs, plus nombreux en Martinique qu'en Guadeloupe, identifiés à La Réunion par le terme « Gros/Grand Blanc ». Malgré le déclin de l'économie de plantation, les Blancs maintiennent leur prépondérance culturelle et la cohésion ethnique d'un groupe qui est loin d'être homogène. Les Grands Békés, issus des familles de sucriers porteurs de noms prestigieux, propriétaires fonciers ou chefs d'entreprises commerciales, dominent une classe moyenne composée de cadres travaillant dans leurs entreprises et enfin les petits blancs : « Bitaco, Blanc goyave, Békés en bas de feuille ». À La Réunion*, la diversification économique a aussi modifié l'image du Gros Blanc, qui n'est plus synonyme de propriétaire terrien. Quelques Békés sont impliqués dans les activités industrielles et commerciales de dimension mondiale. Mais, d'une manière générale, les descendants des planteurs n'exercent plus de pouvoir politique.

Abd El-Hamid **Ben Badis** Réformiste musulman d'origine algérienne (1889-1940). Né dans une vieille famille de Constantine, il a fait ses études à la *Zeytuna* (Zitouna*). De retour en Algérie, il développe l'enseignement de l'arabe et crée des écoles coraniques, suscitant l'hostilité des autorités. Fort de son succès, il fonde en 1931 l'Association des oulémas* d'Algérie. S'inspirant du réformisme (*islâh*), il prône un retour au texte coranique et à la tradition prophétique. Il exhorte l'État colonial à la neutralité envers l'enseignement de l'arabe, la justice et le culte musulmans. Participant au Congrès musulman algérien de 1936, favorable au projet Blum-Viollette*, il ne cesse d'œuvrer à rassembler les indigènes musulmans sous le patronage de l'Association. À sa tête jusqu'à sa mort, il est considéré comme une figure centrale de la lutte anticoloniale et de la cause nationale : « L'Algérie est notre patrie, l'arabe notre langue, l'islam notre religion. »

Medhi Al **Ben Barka** Nationaliste marocain (1920-1965). Ni Fassi (citadin de Fès) ni notable, il force les portes de l'École* française peu ouvertes au Maroc d'en bas. Son action nationaliste contre le protectorat lui vaut d'être emprisonné pendant trois ans, jusqu'en 1954. Son radicalisme rend un conflit avec Allal al-Fassi* inéluctable. Écarté du gouvernement au moment de l'indépendance, il crée en 1958 le Néo-Istiqlal, qui devient, en septembre 1959, l'Union nationale des forces populaires (UNFP). Il incarne le courant socialiste et a l'appui du bidonville des « Carrières centrales » à Casablanca*, dont il est député en 1963. Sa vie se partage entre le Maroc* (où il est condamné à mort) et l'exil – ce qui lui confère une dimension internationale tiers-mondiste – jusqu'à son enlèvement à Paris, en octobre 1965, et son assassinat (il préparait alors la conférence de La Havane rassemblant les États et les organisations tiers-mondistes). La complicité de barbouzes françaises et de la pègre avec le général Oufkir, alors ministre de l'Intérieur, est évidente. En 1967, le général sera condamné par les tribunaux français par contumace.

Ahmed Ben Bella Nationaliste, premier président de l'Algérie indépendante (né en 1918). Il est né à la frontière algéro-marocaine d'une famille de paysans, mais aussi d'une *zâwiya* (zaouia, siège d'une confrérie religieuse) marocaine, c'est-à-dire d'une origine confrérique. Enrôlé dans l'armée française pendant la Seconde Guerre mondiale, il est adjudant lors de la campagne d'Italie. Il est ensuite élu conseiller municipal de Maghnia et nommé à un poste de petit responsable de la police. À l'OS (Organisation spéciale), branche paramilitaire du MTLD*, il remplace Hocine Aït Ahmed en 1949, à l'issue de la « crise berbériste » (conflit entre Messali et les dirigeants berbères du MTLD accusés de particularisme). Arrêté, puis emprisonné à Blida, il s'évade en 1951. Il gagne ensuite Le Caire, où il devient la personnalité la plus éminente de la Délégation extérieure du MTLD, puis du FLN*, constamment en phase avec les services égyptiens. Arrêté le 22 octobre 1956 grâce au détournement de l'avion marocain qui le conduit de Rabat à Tunis par la chasse aérienne française, il est emprisonné à la Santé. Principalement préoccupé de questions de pouvoir, il approuve alors chaudement l'assassinat de Ramdane Abbane*. Après la crise de l'été 1962, allié conjoncturel de Boumediene*, il devient le *leader* de l'Algérie* indépendante, puis son président de la République. Évincé lors du coup d'État du 19 juin 1965 conduit par le colonel Boumediene – de la bureaucratie militaire algérienne –, il est arrêté et emprisonné pendant près de deux décennies. À sa libération, il fonde le MDA (Mouvement des démocrates algériens), parti qui prétend lier démocratie et islam.

Berbères En latin, le terme signifie « ceux qui n'appartiennent pas à la civilisation romaine ». Le mot a été arabisé. Le terme berbérophone évite de poser comme une entité homogène des populations très diverses : 12 millions parlent cette langue, de la Kabylie au Sahara. Résistant aux influences étrangères depuis Carthage, déchristianisés par les invasions arabes, lentement islamisés, les Berbères marquent leur différence par l'adhésion à des hérésies (du donatisme au kharijisme), et le maintien de coutumes juridiques et de traits culturels antéislamiques. On a voulu en faire sous la colonisation une race proche et alliée de la France, assimilable, à l'opposé des Arabes. Le dahir* berbère en est une illustration. Ces tentatives ont échoué à empêcher l'adhésion au nationalisme, mais la réalité d'une personnalité originale nourrit la méfiance ou fournit le prétexte d'un conflit « berbériste » au sein du MTLD* en 1948.

Cette personnalité s'est imposée, au prix d'un long conflit avec l'État dans l'Algérie indépendante.

conférence de Berlin Organisée par la France et l'Allemagne de novembre 1884 à février 1885, elle réunit 14 nations afin de débattre des questions économiques, judiciaires et morales concernant les bassins des fleuves Congo et Niger. La conférence, qui s'achève le 26 février 1885, avait pour but d'établir les bases du maintien de la neutralité des deux fleuves et d'assurer la liberté de navigation et l'activité commerciale mais imposait la notification aux autres puissances et l'occupation effective en cas d'installation sur la côte. Si la conférence n'avait pas pour but de partager l'Afrique* entre les puissances européennes, ce résultat fut cependant atteint quand l'acte de Berlin fut signé, en 1885.

Paul Bernard Entrepreneur et économiste français (1892-1960). Polytechnicien, après avoir servi pendant quatre ans en A-EF, il devient en 1923 officier d'ordonnance de Martial Merlin, gouverneur général de l'Indochine. Il passe au secteur privé et entre en 1925 à la Société financière, française et coloniale, dont il devient rapidement le vice-président. Dans *le Problème économique indochinois* (1934), il propose l'intervention de l'État dans le marché intérieur indochinois (industrialisation, hydraulique agricole). Militant pour l'industrialisation de l'empire colonial français, il est président du COPIC (Comité des productions industrielles coloniales) sous Vichy. En 1943, il entre en clandestinité pour diriger le réseau de résistance Alliance. Arrêté et déporté, il revient d'Allemagne en 1945. Il achève sa carrière d'entrepreneur en créant, en 1946, la TAI, compagnie des transports aériens intercontinentaux. Il exerce alors de nombreuses fonctions : conseiller pour le commissariat au Plan, membre du CNPF, membre du Conseil économique. Leader d'opinion, il écrit régulièrement dans les journaux pour défendre, tout au long de la décolonisation, ses positions et celle du grand patronat colonial, en particulier sur l'Indochine* puis l'Union* française.

Jacques-Henri Bernardin de Saint-Pierre Écrivain français (1737-1814). Académicien en 1803, il figure d'abord parmi ces « aventuriers des Lumières » recherchant les faveurs des grands de ce monde. Capitaine-ingénieur du roi à l'Île de France (Maurice), il accomplit en 1769 un voyage d'exploration autour de l'île, qu'il raconte dans *Voyage à l'île de France* (1773), ouvrage qui en fait l'inventeur du voyage pittoresque. Mais sa dénonciation de l'esclavage lui attira de la part des colons mauriciens le reproche d'avoir maltraité les esclaves qui lui servaient de porteurs.

Dans les *Études de la nature*, inspirées par son ami Rousseau, *Paul et Virginie* (4e volume des *Études*, 1789) assure sa célébrité et la mode des prénoms Paul ou Virginie et de nombreux produits dérivés (assiettes, tasses, tapisseries, etc.). Il crée « le dictionnaire du pittoresque, des paysages » et fonde l'exotisme français. *Paul et Virginie* est aujourd'hui encore considéré comme vérité historique à Maurice.

Jacques Berque Orientaliste (1910-1995). Né en Algérie, fils d'Augustin Berque, un fonctionnaire qui est aussi un éminent spécialiste de la société musulmane, Jacques Berque est d'abord administrateur colonial au Maroc. Attaché aux efforts de réforme, il abandonne sa fonction pour se consacrer à la recherche. Il est passionné par les mutations des sociétés musulmanes, la naissance des nations. Il assure le passage entre l'orientalisme de Massignon* ou l'ethnologie de Montagne* et l'étude d'une aire culturelle confrontée à la modernisation. Ses livres des années 1960, *le Maghreb entre deux guerres*, *l'Égypte, impérialisme et révolution*, sont consacrés à ces problèmes. Plus tard, il traduit le Coran. Il a rendu compte de cet itinéraire dans *Mémoires des deux rives*. Dans sa dernière leçon au Collège de France en 1981, il « appelle à des Andalousies toujours recommencées, dont nous portons en nous à la fois les décombres amoncelés et l'inlassable espérance. »

Paul Bert Homme politique, laïque, résident général en Annam-Tonkin (1833-1886). Élève de Claude Bernard, universitaire à Bordeaux, puis au muséum d'Histoire naturelle de Paris, à la Sorbonne et à l'Académie des sciences, il est élu député de l'Yonne en 1872. Proche de Gambetta, il intervient à la Chambre sur les questions scolaires dans un sens anticlérical et sur les questions coloniales (il a fait plusieurs séjours en Kabylie depuis 1857). Il soutient la politique de Jules Ferry*. Nommé résident général en Annam-Tonkin en avril 1886 par le gouvernement Freycinet, et succédant aux militaires qui avaient mené une politique d'occupation brutale, il tente d'associer les Vietnamiens à l'administration coloniale. Tout en restaurant le prestige de l'empereur d'Annam, il essaye d'en détacher le Tonkin en faisant nommer un vice-roi (*kinh luoc*) plus ou moins autonome par rapport à l'empereur. Il encourage l'émergence de notables ouverts aux idées des Lumières contre les lettrés et les fonctionnaires – traditionalistes – nommés par la cour de Huê. Certaines des innovations introduites par Paul Bert pendant les six mois que dura son gouvernement ont marqué l'Indochine* jusqu'en 1945 : définition du rôle des résidents français, création d'une milice dont le commandement leur est confié, établissement d'un budget général, création d'un impôt sur le sel, notamment. De plus, il est le premier à avoir défini et tenté d'appliquer une politique indigène qui servira de modèle à ses successeurs progressistes Lanessan*, Beau* et Sarraut*. Paul Bert meurt à Hanoi.

Beyrouth Carrefour entre l'Europe et l'Orient, elle doit sa fortune au commerce européen. Grand port au XIXe siècle, elle attire les routes venues de l'hinterland syrien. Historiquement peuplée de sunnites et de Grecs-orthodoxes, puis de maronites*, elle est rompue à la coexistence islamo-chrétienne dans le commerce et ensuite dans les écoles, les universités et les courants intellectuels. En 1920, avec la création du Grand Liban*, Beyrouth est rattachée au Mont-Liban, contre la volonté de beaucoup de ses habitants. Capitale de l'État libanais et centre du pouvoir mandataire, elle constitue également la base de la flotte française en Méditerranée orientale. L'élite, soucieuse de promouvoir sa ville, joue un rôle essentiel dans la construction des institutions et de la modernité. Vitrine de la mission civilisatrice de la France, Beyrouth est aidée pour les aménagements urbains, les services publics, les transports, les communications et l'enseignement supérieur. La presse est diversifiée et pléthorique (263 titres entre 1918 et 1939). La double vocation de Beyrouth, port national et capitale, accentue la marginalisation de Tripoli, qui demande son rattachement à la Syrie. Malgré les tarifs douaniers élevés que lui impose le mandat*, le port de Beyrouth, qui subit la concurrence de celui de Haïfa, bénéficie d'une zone franche et de travaux d'agrandissement à partir de 1933. Sa population double entre 1914 et 1930 (180 000 habitants) : outre l'afflux de réfugiés arméniens, l'exode rural pousse des maronites et des chiites vers des banlieues, appelées à grossir, qui rompent l'unité géographique et sociale de la ville. Entre 1920 et 1946 se profilent donc les données et les axes des conflits civils futurs.

bicot Ce mot, qui vient d'*Arbicot,* « tirailleur algérien », forme diminutive d'*Arbi*, « Arabe », apparaît au XIXe siècle. Attesté dans le « Esnault » en 1892, ce terme injurieux qui désigne les Arabes fait partie d'une longue famille avec « raton » (qui a donné « ratonnade »), « melon », « sidi » (qui joue sur la dévalorisation de ce terme de respect en langue arabe, cf. Jean Damase, *Sidi de banlieue,* 1937), « bougnoul » (du ouolof noir, 1890).

bidonville Agglomération construite avec des débris par des paysans qu'ont ruinés les calamités naturelles, les accidents de la vie et le sous-développement*, et qui s'installent aux abords des villes. Contrairement à ce qu'affirme *le Robert,* qui lui attribue une origine marocaine, le mot est inventé par un médecin nationaliste de Tunis, le docteur Matéri, en 1931. Après la médina* et la ville coloniale, le bidonville devient bientôt une troisième ville, car il s'enfle des flux de la misère, et ses habitants se comptent par centaines de milliers au moment des indépendances, fournissant les masses les plus combatives aux nationalismes*, comme Halfaouine à Tunis et les Carrières centrales à Casablanca*. Cet habitat précaire s'enracine, s'organise, connaît un semblant d'urbanisme minimal, faute de pouvoir être éradiqué. L'émigration transporte les bidonvilles en métropole, dans les banlieues, celui de Nanterre étant le plus connu. Des HLM géantes les remplaceront, surtout après 1968.

Marcel Bigeard Général français né en 1916. Son destin militaire est lié aux guerres coloniales. Prisonnier en juin 1940, il s'évade et rejoint l'Afrique. Officier FFI, il s'engage ensuite pour l'Indochine, où il effectue trois séjours, jusqu'à Diên* Biên Phu, y gagnant son image de guerrier charismatique à la baraka* exceptionnelle. Le mythe se constitue alors, entretenu par lui-même et par ses hommes à qui il est très lié. Au président Coty, qui le fait grand officier de la Légion d'honneur, en 1956, il répond : « La Légion d'honneur, c'est moi qui la porterai mais ce sont mes hommes qui l'ont gagnée. » En Algérie, Bigeard continue à se distinguer, engageant la lutte contre la guérilla* ou, en 1957 à Alger*, contre le nationalisme et le terrorisme. De cette période, il écrira : « Trois longs mois à obtenir une gloriole facile sans risques sérieux, car nos pertes seront insignifiantes. En fait : il ne s'agit pas d'une bataille, mais tout simplement et hélas, d'un travail policier. » Bigeard quitte définitivement l'Algérie en 1960.

Biribi Il ne s'agit pas d'un lieu, mais d'une institution répressive, dont l'étymologie est mal connue. Ces compagnies disciplinaires, créées en 1818 pour les fortes têtes, sont devenues célèbres avec le roman autobiographique éponyme de Georges Adrien (qui signe sous le pseudonyme de Darien, comme pour le roman *le Voleur*). L'affaire Rousset et Aernoult, en 1910-1912, deux disciplinaires qui deviennent les héros du mouvement antimilitariste, montre la sensibilité ouvrière à ces bagnes*. Les obsèques d'Aernoult (11 février 1912), mort en Tunisie dans un Biribi, sont suivies par 20 000 personnes au Père-Lachaise, quarante-cinq drapeaux rouge et noir en tête, au son de Chopin, de *Gloire au 17e* et de *l'Internationale*. En effet, contrairement à la chanson d'Aristide Bruant, qui les présente comme des marginaux, les disciplinaires sont représentatifs des milieux populaires, ouvriers en particulier. Les Biribi, « là-bas en Afrique », accueillent des réfractaires au service, à sa durée, à sa dureté. Associés aux colonies, comme les bagnes civils, on les trouve au Tonkin, en Afrique, à Madagascar. En 1924, Albert Londres* les dénonce dans *Dante n'avait rien vu. Biribi*. Sa dénonciation entraîne la suppression formelle mais non réelle des lieux de répression militaire.

crise de Bizerte Rade très vaste, arsenal, chantiers navals, aéroports, Bizerte, avec Mers el-Kebir et Toulon, contrôle le passage entre Méditerranée* orientale et occidentale. Détruite à 90 % lors de la Seconde Guerre mondiale, la base a été rapidement remise en état après le conflit et les Français tardent à l'évacuer après l'accession à l'indépendance de la Tunisie, en 1956. Mais, dans les années 1960, l'arme atomique réduit son rôle. Cependant, l'affaire algérienne pèse sur le dossier et certains officiers français envisagent même d'utiliser cette base contre le FLN*, hypothèse extrême qui ne sera pas concrétisée. En juillet 1961, la Tunisie* demande le retrait de la base française, et, après l'échec de pourparlers, elle envoie des troupes mais subit un échec cuisant. Comment en est-on arrivé à un combat qui fait des centaines de morts tunisiens, et qui entraîne une condamnation de la France par 66 voix contre 30 abstentions à l'ONU* ? L'échec des premiers pourparlers d'Évian* en mai-juin 1961 a-t-il incité Bourguiba*, très mal vu dans le monde arabe pour ses liens avec l'Ouest, à accélérer un retrait déjà prévu ? L'orgueil de De Gaulle* fait le reste. L'évacuation de Bizerte s'effectuera en 1963.

bled Ce terme, qui apparaît au XIXe siècle, vient de l'arabe algérien et désigne le « pays ». Par extension, il signifie la campagne pour les colons. *Le Bled* est le titre d'un film de Renoir, ainsi que le titre de l'hebdomadaire de propagande, dépendant de l'action psychologique, distribué au contingent pendant la guerre d'Algérie, et dont le but est d'entretenir le moral des troupes en les distrayant. Gratuit, il tirait à 350 000 exemplaires.

→ guerre d'Algérie et médias

Léon Blum Homme politique socialiste (1872-1950). Principal porte-parole des opposants au communisme lors du congrès de Tours, il est – tout en dénonçant le colonialisme – réservé dès cette date envers les nationalismes* et prône une colonisation de progrès favorable aux « races inférieures ». En

1936, son gouvernement, le premier socialiste, est confronté à la crise coloniale. Son projet de réforme accordant le droit de vote à quelques milliers de musulmans algériens, préparé avec Viollette*, échoue face au refus des coloniaux et aux poussées nationalistes. L'Union* française et les réformes de la Libération sont une nouvelle donne, mais les espoirs d'évolution pacifique tournent court. Blum, chef du gouvernement en 1946, est confronté au début de la guerre d'Indochine. De fait, la difficulté de la SFIO à reconnaître les forces indépendantistes et à mesurer leur enracinement populaire, à imposer son autorité au lobby colonial, ouvre une période de crises.

→ République et colonisation

Jacques Paris de Bollardière Général français (1907-1986). Sorti de Saint-Cyr en 1930, il rejoint Londres au cours de la Seconde Guerre mondiale. En 1946, il est envoyé en Indochine à la tête de la demi-brigade de parachutistes SAS, puis il est étaché en 1956 à la division militaire d'Alger.

Lors de la bataille d'Alger*, en 1957, il demande au général Massu* de le relever de son commandement. Surtout, il adresse à *l'Express*, dont le directeur, Jean-Jacques Servan-Schreiber, vient de servir sous ses ordres, une lettre dénonçant la torture*, publiée le 27 avril. Que cette dénonciation émane de l'officier le plus décoré de la France libre, grand officier de la Légion d'honneur et compagnon de la Libération soulève un scandale. Il est mis pour deux mois aux arrêts en forteresse. Il n'aura plus de commandement. Il renverra ses insignes de grand officier de la Légion d'honneur, et participera activement aux mouvements pacifistes.

Bordeaux Après le déclin provoqué par la chute de Saint-Domingue et le conflit avec le Royaume-Uni, le port redémarre: les Antilles* lui procurent de nouvelles occasions d'affaires (rhum, sucre*); des pionniers prospectent le Sénégal et la Gambie pour en rapporter la gomme arabique et y implanter la culture de l'arachide*. Concurrent de Marseille*, Bordeaux devient le levier de la pénétration commerciale entre Saint-Louis du Sénégal et la Guinée. De grosses sociétés de négoce pratiquant la traite des oléagineux se multiplient (Maurel frères, Buhan & Teisseire, Chavanel, etc.), permettant la création d'huileries* qui élaborent un quart de la production française. Une communauté d'affaires impériale se constitue autour de la chambre de commerce et des associations interprofessionnelles, autour des banques (Société bordelaise de CIC). La ville s'oriente aussi vers l'Afrique centrale grâce aux marchands de bois tropicaux, et, plus ponctuellement, vers l'océan Indien, la

Nouvelle-Calédonie et l'Indochine (Denis frères) avec, pour chaque zone, une forte société familiale spécialisée. L'hinterland fournit aux exportations vers l'outre-mer des spiritueux (Marie Brizard), des vins, des équipements, etc. Ce système s'effondre peu à peu pendant les années 1960-1970 et les entreprises impliquées ne parviennent pas à se redéployer, sauf à de rares exceptions (Denis). La mémoire même de cet outre-mer peine à être revivifiée sur une place oublieuse de cette période d'expansion.

bordel militaire de campagne La création de ce type de maison « d'utilité publique » date de la fin de la Première Guerre mondiale. Les BMC sont rattachées aux unités selon une réglementation qui spécifie leur organisation sous le double contrôle du commandement et du service de santé des armées. Destinées dans un premier temps à prévenir la transmission des maladies vénériennes, ils permettent l'application de mesures prophylactiques au sein d'une population militaire particulièrement exposée. La fréquentation et la tarification sont arrêtées par le chef de corps. Dans les colonies, notamment en Afrique du Nord, les filles indigènes sous la tutelle d'une matrone – la *riffa* au Maroc – « agréée » par l'armée accompagnent les unités dans tous leurs déplacements. Les BMC ont largement contribué à réduire les exactions et autres comportements déviants de certaines troupes au cours des opérations. Ils apparaissent pendant la guerre en Indochine en 1946-1954. L'institution survit à la décolonisation et disparaît après la guerre du Golfe.

bouddhisme et confucianisme en Indochine Ces deux doctrines que l'on qualifie de religieuses, alors qu'elles ne l'étaient pas à l'origine, s'implantent très tôt dans la péninsule indochinoise. D'abord au Cambodge, le bouddhisme theravadda (des Anciens) succède à l'hindouisme au XIIe siècle. Au Laos, la religion fait son apparition et triomphe au XIIIe siècle. Au Viêt Nam, le bouddhisme zen et le *mahayana* (« grand véhicule ») tient une place prépondérante du Xe au XVe siècle, moment où le confucianisme prend sa place et joue le rôle de facteur structurant de l'organisation politique en même temps que de régulateur des relations sociales. Sa prépondérance est aussi celle de la classe des lettrés fonctionnaires et elle s'opère au dépens du clergé bouddhiste. Dans la réalité le bouddhisme, le confucianisme et le taoïsme ne s'excluent pas les uns les autres mais sont souvent associés dans les trois religions (*tam dao*). Par ailleurs, le bouddhisme populaire associe les croyances et les cultes des génies (*phi, neak ta* et *thân*) enracinés dans les communautés paysannes.

Lorsque les Français conquièrent la péninsule, ils se présentent comme les « protecteurs » des populations et des États ; par conséquent, ils ne cherchent pas à éradiquer les credo et les pratiques religieuses indigènes au profit du christianisme, d'autant que c'est la IIIe République qui administre les colonies. Au contraire, la montée des idées révolutionnaires dès le début du XXe siècle et notamment l'expansion du mouvement communiste dans les années 1930 incitent les autorités françaises à consolider le rôle officiel du bouddhisme au Cambodge et au Laos. Au Viêt Nam, le bouddhisme « orthodoxe » prêchant le retrait du temporel et la non-violence, a la faveur des Français, qui ne répriment que les messianismes tels que la religion Hoa* Hao. Dans les trois pays vietnamiens (Annam, Tonkin et Cochinchine), le néoconfucianisme enseigne le respect des hiérarchies familiale, sociale et politique ; il prône l'obéissance et la fidélité aux autorités établies. Pour ces raisons, le confucianisme fut explicitement instrumentalisé par le gouvernement vichyste de l'amiral Decoux (1941-1945), qui estimait que la devise « Travail, Famille, Patrie » devait avoir une résonance familière sur les Vietnamiens. Mais le confucianisme étant pluriel, il imprégnait les mentalités et les comportements aussi bien conservateurs que progressistes.

Mohammed Boudiaf Nationaliste algérien (1919-1992). Originaire d'une branche déclassée de la grande famille de « noblesse d'épée » des Boudiaf Seddiq de M'Sila, il ne peut terminer ses études secondaires, vit de petits boulots, devient petit fonctionnaire après son service militaire. Militant du PPA*, il organise l'OS (Organisation spéciale) dans l'Est algérien et échappe à la répression de 1950-1951. De juin 1953 à février 1954, il est responsable à l'organisation de la Fédération de France du MTLD*. De sensibilité centraliste (on désignait ainsi les membres du Comité central, opposés à Messali* à la veille de l'insurrection), il tente sans succès, lors de l'éclatement du MTLD, de le réunifier dans le CRUA (Comité révolutionnaire d'unité et d'action) en regroupant messalistes et centralistes autour du projet de lutte armée en mars 1954. Principal maître d'œuvre de la préparation du 1er novembre et chargé de tâches logistiques au Maroc, il fait la navette avec Le Caire, où réside la Délégation extérieure. Arrêté par la chasse française avec les autres leaders lors du rapt de l'avion qui les ramenait de Rabat à Tunis le 22 octobre 1956, il passe le reste de la guerre en prison. Lors de la crise de l'été 1962, il se range résolument contre Ben Bella* ; il fonde le Parti de la révolution socialiste (PRS) en septembre, sans succès. Un temps arrêté et emprisonné en 1963, il vit en exil au Maroc jusqu'au 16 janvier 1992. L'armée l'appelle alors à la rescousse. À la tête du Haut Comité d'État, tout en luttant contre l'islamisme, il tente de moraliser le pouvoir. Il est assassiné le 29 juin 1992.

→ FLN (chefs historiques du)

Djamila Bouhired Militante algérienne née en 1935. Cette jeune Algérienne a été accusée d'avoir posé des bombes lors de la bataille d'Alger*. Arrêtée, jugée à Alger dans un procès partial, elle est condamnée à mort en 1957. Jacques Vergès, qui assure sa défense et qui l'épousera en 1962, obtient que sa peine soit commuée. Avec Georges Arnaud, il fait paraître à l'automne 1957 – premier livre des éditions de Minuit à dénoncer la pratique de la torture* par l'armée française – *Pour Djamila Bouhired*. Le retentissement de cet ouvrage, auquel Pierre Lazareff, André Frossard, *l'Aurore* et *France-Soir* font écho, permettra d'obtenir la grâce de Djamila Bouhired. Son histoire a fait l'objet d'un film coproduit avec l'Égypte, *Djamila l'Algérienne*. Elle a été aussi le thème d'un spectacle de la troupe de théâtre du FLN.

Houari Boumediene Nationaliste algérien, président de la République algérienne (1932-1978). Originaire de la région de Guelma, Mohammed Boukharouba, dit Houari Boumediene, suit, après l'école primaire française, un cursus arabe, via la *madrasa* Kattaniyya de Constantine, qui finit par l'amener au Caire. Un temps inscrit à Al Azhar, il aurait suivi des cours à l'école de guerre d'Alexandrie. Après un passage furtif au maquis, il devient, à la *wilaya** 5 (Oranie), le bras droit du colonel Boussouf, auquel il succède en 1957. Commandant de l'état-major de l'Est, incontournable colonel de l'armée des frontières, énergique, austère et travailleur, il est nommé, fin 1959, au premier Conseil national de la révolution algérienne (CNRA, parlement du FLN*) de Tripoli, commandant de l'état-major général.

Son sens du maniement des hommes et son habileté politique, un langage et une posture révolutionnaires lui valent une grande popularité. Il s'appuie sur une armée des frontières bien équipée qui l'emporte dans l'été 1962, au prix d'une brève mais sanglante campagne militaire, contre la wilaya 4 de la province d'Alger opposée à Ben Bella*.

Après son coup d'État contre Ben Bella en juin 1965, il peaufine un régime autoritaire et à estampille islamique. Il utilise la rente pétrolière, relativement redistribuée à des fins sociales, pour asseoir un régime à soubassements militaires, une planification économique privilégiant l'industrialisation lourde aux dépens de l'agriculture, et pour développer la scolarisation et le système de santé. Il nationalise les hydrocarbures en 1971. Président du Conseil de la révolution, puis chef de l'État, promoteur de la Charte nationale (1976), il meurt fin 1978 à la suite d'une longue maladie.

Djamila Boupacha Militante algérienne née en 1938. Membre du FLN*, arrêtée en 1960, mise au secret à la prison de Barberousse d'Alger, elle a été torturée, violée par les parachutistes français. Gisèle Halimi, son avocate, qui s'est illustrée dans la défense des droits pendant la guerre d'Algérie* et dans la cause des femmes, fonde un comité de défense « Pour Djamila Boupacha » avec Simone de Beauvoir, qui recueille l'adhésion d'Aragon, d'Elsa Triolet, de Sartre, Geneviève de Gaulle... Un livre signé par l'avocate et préfacé par Simone de Beauvoir* est publié par les éditions Gallimard en 1962, sur lequel figure le portrait de Picasso, *Djamila*. Les auteures seront poursuivies par les autorités, mais le livre a un retentissement international et est un élément de la lutte contre la guerre d'Algérie.

Claude Bourdet Journaliste, anticolonialiste (1909-1996). Résistant, il fonde en 1950 avec Gilles Martinet *l'Observateur* et participe aux initiatives des courants minoritaires, en particulier à la création du PSU. Très actif contre les guerres d'Indochine et d'Algérie, il dénonce la «Gestapo algérienne», c'est-à-dire les méthodes de la police et de l'armée française, et devient un militant du tiers-mondisme.

Pierre Bourdieu Sociologue (1930-2002). Ses deux premiers livres présentent une sociologie confrontée à la guerre d'Algérie et aux mutations qu'elle entraîne : un « Que sais-je », *Travail et travailleurs*, qui étudie le sous-prolétariat et sa culture, *le Déracinement*, écrit avec Abdelmalek Sayad, qui étudie la situation d'une paysannerie victime de la colonisation et de la guerre. Sa sociologie est engagée dans la recherche des solutions à une crise, d'une issue libérant la société des pesanteurs d'une civilisation « dont on ne pourra plus parler qu'au passé », comme du système colonial qui détruit sans permettre la recomposition d'un ensemble social.

Habib Bourguiba Homme d'État tunisien (1903-2000). Né à Monastir, dans une modeste famille du Sahel, il est inscrit au collège Sadiki* et au lycée Carnot de Tunis. Entre 1924 et 1927, il étudie le droit et les sciences politiques à Paris, et épouse Mathilde Lefras, mère de son unique fils, dont il divorcera en 1962 pour épouser Wassila ben Ammar. De retour à Tunis, ce parfait produit d'une double culture adhère au Destour*. Il n'en partage pas la mollesse.

Le 3 mars 1934, il fonde à Ksar Hellal le Néo-Destour avec le Dr Matéri. La crise des années 1930 suscite une mobilisation qui conforte le parti. Le résident général Peyrouton frappe et, le 3 septembre 1934, Bourguiba et quatre de ses compagnons sont exilés dans le Sud tunisien. L'arrivée du Front populaire en mars 1936 les libère. Bourguiba entame ses premières entrevues avec les autorités françaises et, grâce à Charles-André Julien, rencontre Viénot, sous-secrétaire d'État aux Affaires étrangères, espérant obtenir une émancipation par étapes. La chute du Front populaire met fin à cet espoir.

Le 9 avril 1938, la répression de la manifestation populaire contre le blocage des réformes fait des dizaines de morts et des milliers d'arrestations. Bourguiba et ses compagnons comparaissent devant un tribunal militaire pour complot contre la sûreté de l'État. L'instruction est en cours quand la Seconde Guerre mondiale éclate. En décembre 1942, Bourguiba est libéré par les Italiens, mais reste distant envers l'Axe. Accusé par les autorités coloniales d'accointances avec les fascistes, il bénéficie de l'intervention du consul général des États-Unis à Tunis. Il entreprend une tournée dans les pays arabes et auprès de l'ONU. En janvier 1952, il est emprisonné dans l'île de la Galite, ensuite en France. À l'arrivée de Mendès* France au pouvoir, en 1954, il est libéré. L'autonomie accordée conforte sa « politique des étapes » et son rapport privilégié avec la gauche française. À l'indépendance, Premier ministre, ensuite président de la République, il se distingue par sa politique moderniste, particulièrement à l'égard des femmes. Président à vie, il est destitué le 7 novembre 1987, et meurt dans sa ville natale.

→ nationalismes, Tunisie

Boxers L'insurrection nationaliste, menée par la secte des Boxers (ou Boxeurs) – fondée vers la fin du XVIIIe siècle (la *Yihetuan*, « poings de justice et de concorde ») –, contre les légations étrangères et les missions catholiques à Pékin en 1900, menace les visées des grandes puissances en Chine. Soutenue par le pouvoir, elle a pour but l'expulsion des étrangers. Un corps expéditionnaire occidental (auquel s'ajoute le Japon) reprend Tianjin et mène une politique de répression brutale. Le traité de paix du 17 septembre 1901 impose à la Chine le versement de lourdes indemnités, des concessions commerciales et un droit de stationnement des troupes. La Russie profite de cette occasion pour étendre son influence sur la Mandchourie.

boycott Utilisé par Gandhi avec art, il l'a été dans une moindre mesure contre la colonisation française. Celui des trams de Tunis en 1912, à la suite d'un banal accident, a le sens d'un affrontement des villes européenne et musulmane, la compagnie des trams symbolisant la ségrégation, les inégalités entre travailleurs et l'agression occidentale. Lors de la crise des années 1930, qui réduit à la misère les métiers les plus prestigieux, impose aux maîtres de faire la queue mêlés à la plèbe en haillons pour quémander un peu d'huile et de céréales, les artisans ruinés par l'industrie européenne lancent le même mot d'ordre. Avec des accents eschatologiques, ils appellent à se vêtir des tissus produits par leurs frères, à refuser ceux du colon. En solidarité avec l'Éthiopie, les mouvements noirs de Paris lancent un boycott des produits italiens. Lors de la guerre* d'Algérie, le FLN* interdit la cigarette et l'alcool, sous peine de sanctions allant jusqu'aux mutilations, celle du nez notamment, considéré comme le siège de l'honneur.

Pierre Savorgnan de Brazza Explorateur français d'origine italienne, gouverneur du Congo (1852-1905). Né à Rome dans une famille aristocratique originaire du Frioul, il entre à l'École navale en 1868 à titre d'étranger, puis est naturalisé en 1874. En 1875, il organise sa première exploration dans la vallée de l'Ogooué. Il franchit la ligne de partage des eaux du Congo* sans atteindre le fleuve. Ayant refusé de servir le roi des Belges Léopold II, Brazza repart en 1880 pour une mission beaucoup plus politique qui permet à la France de s'installer sur la rive droite du Congo. Devançant Stanley, il signe avec le *makoko* (le « souverain ») téké, Iloo, un traité de protectorat et fonde le poste qui allait prendre le nom de Brazzaville. Le traité, ratifié par les députés en 1882, ouvre le champ aux rivalités internationales dans cette partie du continent, rendant ainsi nécessaire la convocation d'une grande conférence à Berlin* en novembre 1884. En 1883, Brazza repart au Congo avec le titre de commissaire général. Il lance ses collaborateurs (de Chavannes, Dolisie) vers la Sangha et l'Oubangui, fondant les bases territoriales de la future A-EF.

Il est l'opposé de Stanley, brutal et doté de moyens considérables par le roi de Belgique Léopold II, et réussit à lui damer le pion, le sergent Malamine, à qui il a confié la garde du poste qui deviendra Brazzaville, repoussant l'aventurier avec ses quelques hommes. Les manuels scolaires ont donné la clef, montrant Brazza libérant les esclaves sous le drapeau français.

Mais il ne fait pas l'unanimité, et il est rappelé en France en 1896 – sous prétexte d'incapacité administrative et victime des désordres causés par le passage de la mission Marchand en route vers le haut Nil. « Napolitain », dit de lui le jeune officier, qui n'obtient pas le ravitaillement ni les porteurs exigés. Il dérange aussi certains affairistes. Il s'installe à Alger et ne revient dans la colonie qu'en 1905, chargé d'enquêter sur des exactions commises en Oubangui. Son rapport, préparé malgré la mauvaise volonté de ses successeurs, dénonçant les abus dans la perception de la capitation, le portage*, les violences en tout genre, gelé par le Parlement, est publié par Challaye*. Brazza, mort pendant cette mission, a longtemps conservé l'image d'un explorateur pacifique, libérateur, préférant la négociation à la force. Son tempérament mais aussi la modestie de ses moyens matériels expliquent en partie cette approche. Ses successeurs au Congo ont en revanche dénoncé la légende d'une colonie qui aurait été conquise pacifiquement. De même, il a souvent été présenté comme un adversaire du système des compagnies concessionnaires, alors qu'il a longtemps pensé que l'avenir économique du Congo pouvait être assuré par la création d'une grande compagnie, tout en dénonçant les abus du système. Fait rarissime pour un colonial, un mausolée en son honneur est construit à Brazzaville par le gouvernement congolais, qui est inauguré en octobre 2006. Par contre, la discrétion de la statuaire et des noms de rue en métropole trahit le malaise suscité par son enquête de 1905.

conférence de Brazzaville Convoquée par de Gaulle* au nom du Comité français de libération nationale du 30 janvier au 8 février 1944, elle réunit des gouverneurs des colonies et des représentants de l'Assemblée consultative provisoire. Aucun colonisé n'y prend part directement. Elle a pour but de définir une nouvelle politique coloniale et de réaffirmer la souveraineté française. Ses recommandations comprennent des innovations incontestables – décentralisation administrative et économique, fin du « pacte colonial », création d'un fonds d'investissements financé par l'État, participation des indigènes au gouvernement des territoires – mais elles rappellent aussi qu'il ne peut y avoir d'évolution en dehors du bloc français et répudient toute idée de « self-government ». Pour de Gaulle et les initiateurs de la conférence (Pleven, Éboué*, Laurentie*), il fallait envisager les relations entre la métropole et l'outre-mer sous une forme fédérale. « L'esprit de Brazzaville » heurtait la tradition unitaire jacobine mais aussi les mentalités des milieux coloniaux inquiets devant ces ouvertures libérales. Les Africains y virent un premier pas vers l'égalité plutôt que vers la décolonisation.

brousse terrain couvert d'arbrisseaux épars et de broussailles en Afrique, la brousse s'oppose aux espaces peuplés des plantations européennes et constitue un « archipel paysan » – « battu par la forêt, la savane et le désert », écrit le gouverneur Robert Delavignette – qui échappe en partie aux pouvoirs coloniaux. Ce caractère a fait de la brousse un espace authentiquement africain et synonyme d'aventure ou un espace soumis au bon vouloir des commandants de cercle. Pour le commandant J. Van Vollenhoven, elle offre l'opportunité d'une lutte sur un « sol déshérité contre les éléments souverains et hostiles » pour « en tirer quelque suc ». La brousse, comme le désert, a été vécue comme une épreuve qui a soit forgé le caractère et les vocations des broussards (coloniaux ou soldats d'expédition), soit été perçue comme un lieu de relégation propice à l'hystérie, telle la soudanite (déséquilibre mental dû à l'isolement, au soleil et à l'absinthe).

budget Les bâtisseurs d'empire du XIXe siècle étaient tous d'accord sur un point : l'acquisition et la mise en valeur des colonies, qui n'avaient pas vocation à être peuplées par des Européens, ne devaient rien coûter à la métropole. Elles devaient au contraire être une source de profit. L'une des conditions à remplir était que leur coût d'acquisition et d'exploitation soit supporté sur les indigènes.

C'est le but de la loi de 1900 sur l'autonomie financière des colonies. Elle supprime le principe de la subvention métropolitaine, tolérée à titre provisoire et pour autant que les mises de fonds soient remboursées avec intérêts. Elle prévoit que chaque territoire de l'empire vive sur ses propres ressources (impôts* et taxes de douanes*). L'idée de faire contribuer financièrement la métropole à l'administration et au développement des colonies n'apparaîtra qu'après la Seconde Guerre mondiale avec le FIDES*.

De fait, le coût de l'expansion coloniale durant la seconde moitié du XIXe siècle n'a pas excédé 6 % des dépenses budgétaires de la France métropolitaine. De 1900 à 1946, l'équipement de l'empire (chemins de fer, routes, canaux, installations portuaires) a été financé soit sur les ressources budgétaires des colonies, soit sur des fonds d'emprunt entièrement remboursés par des revenus issus de prélèvements locaux. Après la Seconde Guerre mondiale, au moment où a cessé l'obligation faite aux colonies d'être financièrement autonomes, les investissements dans l'empire ont représenté moins de 5 % des dépenses totales de l'État métropolitain. Soit un « taux d'effort » deux fois moins important qu'à la veille de la Grande Guerre.

La colonisation n'a donc pas été le gouffre budgétaire que de nombreux polémistes ont dénoncé. Les historiens de tous bords admettent aujourd'hui que l'empire a été acquis à des prix de solde. Il apparaît par ailleurs que le financement des « sales » guerres de décolonisation en Indochine et en Algérie n'a pas plombé la croissance économique de la France.

Ainsi, la France métropolitaine n'a pas été, comme l'ont prétendu des cartiéristes (de Raymond Cartier, journaliste, qui prône le désengagement des colonies en raison de leur charge et de leur inutilité pour les métropoles), une « bonne affaire » pour des colonies pesant, tel un fardeau fiscal, sur le dos des contribuables français. Si, en fin de compte, la charge budgétaire de l'empire a été légère pour la métropole, c'est parce que les contribuables indigènes ont supporté la majeure partie des frais de conquête, d'administration et de développement des colonies.

Thomas-Robert Bugeaud Maréchal de France, gouverneur de l'Algérie (1784-1849). De petite noblesse périgourdine, il s'engage à vingt ans comme simple soldat. Colonel en 1814, en demi-solde en 1815, il reprend du service en 1830. Il est longtemps hostile à la conquête de l'Algérie*, qu'il juge inutile et coûteuse. En 1837, il négocie le traité de la Tafna, qui reconnaît à Abd* el-Kader la possession des deux tiers de l'Algérie. Il se fait payer par son ennemi pour accorder ces conditions, la somme étant destinée en partie à sa réélection à la députation. Gouverneur général de l'Algérie de 1841 à 1847, avec un plan de conquête totale, il conduit une guerre impitoyable, épuisante pour ses troupes et effroyable. Maréchal en 1843, il devient duc d'Isly en 1844, après sa victoire sur l'armée marocaine. À son départ, la soumission de l'Algérie est acquise, Kabylie exceptée. Abd el-Kader a été contraint de se réfugier au Maroc. Un système de commandement efficace des tribus a été établi. En revanche, Bugeaud n'a pas pu faire prévaloir son programme : implanter des colonies d'anciens soldats. Après la révolution de février 1848, il appuie vigoureusement le parti conservateur. Il meurt du choléra à Paris.

Quang Chieu Bui Leader du Parti constitutionnaliste indochinois (1873-1945). D'une famille de propriétaires fonciers vietnamiens du delta du Mékong (Cochinchine), après des études à Alger et Paris, il devient ingénieur agronome et retourne en Indochine travailler dans les services agricoles. Il participe à la vie associative puis se lance dans la riziculture et l'industrie de la soie. Naturalisé français, franc-maçon, il fonde le Parti constitutionnaliste indochinois et publie de 1923 à 1943 *la Tribune indochinoise*. Représentatif d'une partie de la bourgeoisie vietnamienne de Cochinchine qui aspirait à une égalité avec les Européens et à une place dans l'évolution économique et politique, élu au Conseil colonial de la Cochinchine et nommé représentant au Conseil supérieur des colonies, il prenait au sérieux la politique d'association prônée par le ministre des Colonies Albert Sarraut ainsi que les espoirs suscités par la nomination du socialiste Alexandre Varenne* comme gouverneur général en 1925. Modérés, partisans de réformes du régime colonial, faisant confiance à la France républicaine et libérale en réclamant le statut de dominion pour leur pays, Bui et ses amis ont dû affronter l'hostilité des autorités et de l'*establishment,* qui les considéraient comme de « dangereux ennemis de la France ». C'est un courant qu'on retrouve à Madagascar, au Sénégal, en Tunisie et en Algérie... À partir de 1930-1931, Bui est pris en tenaille entre ses compatriotes radicaux, notamment les communistes, et ses compagnons constitutionnalistes de la première heure qui se séparent de lui. En 1939, il se retire de la politique, ce qui ne l'empêche pas d'être assassiné par les communistes en 1945.

bureaux arabes Le premier a été créé en 1833, et en 1844 Bugeaud les organise définitivement. Leurs missions sont variées : contrôle des chefs locaux, police, renseignements en tout genre, levée des impôts, surveillance des tribunaux, des écoles coraniques, des marchés, travaux publics (routes, ponts), santé. Le service emploie un peu moins de deux cents officiers, pour une quarantaine de bureaux, coiffés par une direction centrale. Les responsables des bureaux, lieutenants ou capitaines triés sur le volet, se rendent vite indispensables par leur connaissance des langues, des sociétés et des réseaux d'influence, réussissent à imposer l'autorité française à l'ensemble des populations autochtones. En revanche, les représentants des colons leur reprochent de s'opposer aux prélèvements sur la propriété indigène et d'empêcher l'instauration d'un régime civil au profit des citoyens français. La chute de Napoléon III* scelle leur destin. Dès 1880, ils ont disparu de la quasi-totalité de l'Algérie du Nord. Les héritiers des bureaux arabes s'illustrent au Sahara, au Maroc, au Levant. Avec les SAS (Sections administratives spécialisées), ils connaîtront, pendant la guerre d'Algérie, leur dernier avatar.

C

cacao Africanisé à partir du XIXe siècle, il est venu d'Amérique. Le chocolat sucré, boisson de la cour d'Espagne au début du XVIIe siècle, fait fureur en Europe. L'île de São Tomé est le premier producteur mondial vers 1800. Culture forcée à partir de 1908, le cacao fait de la Côte* d'Ivoire le premier producteur mondial, supplantant le Ghana. Au Gabon, au Ghana, les missionnaires ont joué un rôle important dans son développement. Mais les Africains participent aussi au boom du cacao, qui permet la reconversion de planteurs prospères. En 1952, chez les Yoruba, 53 % de la production est assurée par 18 % des producteurs, quoique les petits propriétaires ne soient pas absents. « Si vous ne voulez pas végéter dans vos huttes de bambou, faites du bon café et du cacao », dit Houphouët-Boigny* aux paysans. Mais la dépendance aux marchés occidentaux en est la rançon.

cafre De l'arabe *kafir*, « infidèle » ; cafre est synonyme, en créole* réunionnais, de « nègre » et désigne les populations de type négroïde plus ou moins métissées de l'île. Elles forment dès le XVIIIe siècle l'essentiel des esclaves, achetés à Zanzibar et au Mozambique. Après l'abolition* de 1848, des engagés* africains du Mozambique, des Comores et de Somalie viennent grossir l'effectif des travailleurs. L'abolition n'a pas débouché sur l'intégration des cafres, désignés péjorativement par l'expression « nouveaux citoyens ». S'ils ne sont pas officiellement discriminés, leur image est restée marquée par la période servile et s'exprime dans les expressions populaires telle « le cafre a sept peaux », souvenir de sa résistance au fouet et à la tâche ou encore qu'il a de « vilaines manières » sous-entendant son caractère « primitif ». La Réunion* n'a pas participé au mouvement de valorisation du « nègre » qu'ont connues les Antilles*.

caïd Représentant du Makhzen* en territoire tribal, ou du monde tribal auprès du souverain, il appartient à l'aristocratie. Avec la colonisation, il est soumis à une nouvelle autorité. En Tunisie, recruté souvent dans les grandes familles, même si quelques réformateurs Jeunes-Tunisiens* sont nommés, il dépend des contrôleurs civils, dont l'administration se fait de plus en plus directe. En Algérie, la destruction délibérée de la vieille aristocratie fait qu'on puise chez de nouveaux notables, d'autant plus dociles qu'ils sont entièrement fabriqués par la France. Au Maroc, le protectorat a utilisé les caïds pour imposer son ordre en leur laissant « tondre le fellah jusqu'à lui écorcher la peau », comme on dit dans les milieux populaires. « Le caïd trait la vache tandis que le Français lui tient les cornes », dit-on aussi dans les campagnes. Lyautey*, en plaquant sa vision d'Ancien Régime, voit en eux des « grands féodaux », alors que la réalité est beaucoup plus sordide, faite de clientélisme, voire de corruption dans le cas du Glaoui*.

Caldoche Le mot entre dans les dictionnaires en 1983. Membre de la communauté européenne et métissée, le Caldoche considère qu'il appartient à la culture occidentale et que ses racines sont en Nouvelle-Calédonie*. Son mode de vie est intimement lié aux réalités insulaires et à l'environnement.

Le préambule de l'accord de Nouméa* en 1998 rappelait que « Des hommes et des femmes sont venus en grand nombre, aux XIXe et XXe siècles, convaincus d'apporter le progrès, animés par leur foi religieuse, venus contre leur gré ou cherchant une seconde chance en Nouvelle-Calédonie. Ils se sont installés et y ont fait souche. [...] Les communautés qui vivent sur le Territoire ont acquis par leur participation à l'édification de la Nouvelle-Calédonie une légitimité à y vivre et à continuer à contribuer à son développement ».

Dans les années 1960, le terme paraît péjoratif pour beaucoup, d'aucuns lui préfèrent Calédonien. La communauté caldoche est une et divisible, par ses origines, sa répartition spatiale ou par son mode de vie. Les Caldoches seraient 50 000, soit un peu plus de 20 % de la population totale.

Le Caldoche s'est toujours positionné de façon radicale, d'abord face aux Kanak* et aux immigrés polynésiens, puis face aux métropolitains. Cette population se sent menacée par l'avenir, son indéniable enracinement étant contrebalancé par une légitimité historique discutable, ce qui la rend politiquement conservatrice.

Cambodge Après son essor et son apogée (IXe siècle-XIIIe siècle), l'empire d'Angkor*, peuplé de Khmers bouddhistes, décline et tombe sous la coupe de ses puissants voisins siamois et viet, qui annexent une partie de son territoire (XVIIe et XIXe siècles) et lui imposent un condominium en 1845. Lorsqu'à leur tour les Français, qui ont commencé la conquête du sud du royaume vietnamien en 1860, imposent leur protectorat au royaume du Cambodge, en 1863, ils sauvent celui-ci de la disparition. La politique française est paradoxale : en 1884, la France renforce son protectorat en dépouillant le roi Norodom Ier de tous ses pouvoirs et en doublant tous les mandarins* indigènes d'administrateurs français tandis qu'en 1904 et 1907 ils font pression sur le Siam et obtiennent la rétrocession de plusieurs provinces.

Avec le gouverneur général de l'Indochine Paul Doumer* débute la modernisation matérielle et culturelle du pays (vers 1902). Comparativement au Viêt* Nam et même au Laos, le processus est très lent et fait apparaître le Cambodge comme la moins « avancée » des possessions françaises de la péninsule indochinoise. Les transformations principales concernent les voies de communication et de transport (routes et chemin de fer) mais le flux des investissements* français est faible. Les capitalistes français s'intéressent principalement à l'hévéaculture*, créant quatre grandes plantations de plusieurs dizaines de milliers d'hectares. L'économie demeure en majorité agricole (riziculture et polyculture des berges) et reste intégrée dans une économie de traite où les paysans khmers sont liés aux réseaux commerciaux chinois, qui jouent un rôle de premier plan comme c'était le cas avant l'arrivée des Français. Pour travailler sur les plantations et aussi dans les services, les Français font venir une nombreuse main-d'œuvre vietnamienne qui grossit les rangs des pêcheurs des Grands Lacs. Cette immigration porte le germe potentiel des pogroms antivietnamiens de 1970. Dans le domaine culturel, l'École* française d'Extrême-Orient arrache les vestiges des temples et palais d'Angkor à la jungle et à l'oubli, elle crée l'Institut bouddhique ou l'École supérieure de pâli (langue religieuse du sud de l'Inde, porteuse de la littérature bouddhique) pour soustraire le clergé à l'influence des Siamois, elle réhabilite les arts traditionnels qui périclitaient, elle « rénove » les écoles de pagode en y introduisant des matières profanes comme le calcul arithmétique. Ces écoles de pagode où l'enseignement est donné entièrement en langue cambodgienne, compensent la très faible attraction de l'enseignement (officiel) primaire franco-indigène. Toutes ces initiatives ont pour résultat, si ce n'est pour intention, de rehausser le prestige et l'autorité de la monarchie khmère (où le souverain possède l'aura d'une divinité). En même temps, elles inculquent aux Cambodgiens la fierté d'appartenir à un passé glorieux, par conséquent et à terme, elles nourrissent le sentiment national. Pendant la Seconde Guerre mondiale, encouragé par la présence japonaise, un mouvement nationaliste émerge et se manifeste au grand jour en juillet 1942 avec une participation massive des moines bouddhistes. Le 12 mai 1945, le jeune roi Norodom* Sihanouk, intronisé par les Français, décrète l'indépendance à l'instigation des Japonais, mais, après le retour des Français (septembre 1945), il doit y renoncer et attendre 1953 pour obtenir l'indépendance réelle à l'issue de négociations très serrées.

Cameroun Alors que les missionnaires et les commerçants anglais s'intéressent tout au long du XIXe siècle aux liens commerciaux avec le sud du Nigeria, les Allemands grâce à Gustav Nachtigal s'imposent au Cameroun, signent des traités avec les rois et y établissent leur protectorat en 1884. Leurs méthodes brutales d'exploitation les confrontent à plusieurs révoltes. Suite à la défaite de l'Allemagne, le traité de Versailles de 1919 confie l'administration sous mandat* (puis sous tutelle) du Cameroun à la France (environ 4/5 du territoire) et à l'Angleterre. Passé sous la tutelle de l'ONU* en 1945, le Cameroun oriental est intégré à la Communauté française en 1958, puis devient indépendant en 1960. En 1961, l'ONU organise un référendum dont le résultat permet la réunification du sud de la partie anglophone avec la partie francophone – le Nord, musulman, choisissant de demeurer nigérian.

Albert Camus Orphelin de guerre, d'un milieu très pauvre, né d'une mère qui « faisait des ménages », Camus (1913-1960) est d'abord une réussite de la laïque, et il remercie son instituteur après son prix Nobel. Il est aussi représentatif des pieds-noirs* progressistes. Philosophe, membre très éphémère et indiscipliné du PC, il dénonce la misère en Kabylie dans *Alger* républicain* en 1938. Il est de ceux, comme Gabriel Audisio, qui cherchent une alternative à l'algérianisme*, à l'exaltation de la latinité comme héritage légitime du *mare nostrum,* en prônant une culture du métissage*. Il publie, en 1942, *l'Étranger* puis *le Mythe de Sisyphe.* Résistant, il dirige le journal clandestin *Combat,* dont il est rédacteur en chef de 1944 à 1947, année de *la Peste.* Classé parmi les grands intellectuels de gauche, condamnant dès 1946 le communisme stalinien, il publie en 1951 *l'Homme révolté.* Sa polémique avec Sartre* en 1952 s'achève par une rupture.

Il est aussi très pied-noir par le culte du corps, du soleil, des femmes – « petit voyou d'Alger » disait Sartre. La guerre est pour lui une déchirure. Il rallie *l'Express* en 1955 pour défendre son point de vue. Sa tentative de « trêve civile » en 1956, destinée à préserver les civils des deux communautés des violences de la guerre, affirmée dans un meeting à Alger en janvier échoue contre l'engrenage du terrorisme et de la torture. Mais le charisme de Camus explique que les libéraux français, un Ferhat Abbas*, le cheikh al Oqbi aient manifesté leur soutien. L'archevêque d'Alger marque son intérêt, le FLN, qui entoure la salle de manifestants formant barrage contre les ultras, aussi. Tentative contre laquelle Simone de Beauvoir* a un mot féroce : « Jamais Camus ne prononça de phrase plus creuse que lorsqu'il demanda pitié pour les civils. Il s'agissait d'un conflit entre deux communautés civiles, les ennemis des colonisés c'était d'abord les colons, accessoirement l'armée qui les défendait. »

Refusant l'Algérie française et l'Algérie des Algériens telles qu'elles s'affrontent, il se réfugie de plus en plus dans le silence, intervenant pour des raisons humanitaires, et ses chroniques algériennes d'*Actuelles* cessent en 1958. Lors de la remise en 1957 du prix Nobel de littérature, dans une polémique avec un étudiant algérien, il déclare, face à une menace terroriste, « je défendrai ma mère avant la justice », formule qu'on ne lui a pas pardonnée. Albert Memmi, l'un des rares à comprendre, par empathie, le décrit comme « assuré de récolter à la fois la suspicion des colonisés, l'indignation des métropolitains de gauche et la colère des siens » dans *la Nef* de décembre 1957. Un accident de la route empêche Camus de terminer son récit, *le Premier Homme*, qui mêle le souvenir de son père et les années de plomb, et qui sera publié en 1994. S'il a retrouvé, après les désillusions révolutionnaires, une image positive d'intellectuel antitotalitaire en France, l'Algérie* ne l'a pas encore réintégré parmi les siens.

cannibale De l'espagnol *canibal,* lui-même né d'une déformation de *caribal* (mot des Caraïbes signifiant « hardi », mais aussi « féroce »), le cannibale fait scandale aux yeux des Européens lors des Grandes Découvertes.

Le cannibalisme est un acte rituel, un sacrifice. Marcel Mauss voit dans l'endocannibalisme – la dévoration du cadavre par les proches – une identification ou une fusion entre le sacrifiant, la victime et le destinataire, l'exocannibalisme en étant une forme détournée. En Afrique, les Azandé (aux confins du Soudan, du Zaïre et de la République centrafricaine), appelés aussi Niam Niam par les premiers voyageurs, étaient accusés de cannibalisme, accusations qui ont parfois permis de justifier la conquête, de même pour les Kanak.

On sait que des actes de cannibalisme se sont produits entre Blancs dans des situations limites, comme le radeau de *la Méduse* ou certaines expéditions sahariennes. Dans l'imaginaire européen, le cannibale est l'une des plus fortes et des plus négatives représentations du « sauvage », suscitant fascination et répulsion. Paul Vigné* d'Octon ne craint pas d'affirmer que les troupes noires utilisées contre les grévistes en métropole pourraient les dévorer… Lors de la crise de 1984 en Nouvelle-Calédonie, *le Figaro* (29 novembre) s'inquiétait encore pour les 140 000 Français : « C'est tout juste si les Canaques ne font pas déjà chauffer la marmite.» Le premier film consacré aux Kanak*, en 1930, s'intitule *les Mangeurs d'hommes*. C'est pour arrondir ses ressources que la Fédération française des anciens coloniaux en expose une centaine au jardin d'Acclimatation de Boulogne – et non à Vincennes, dans le cadre de l'exposition officielle – en leur imposant de « faire les cannibales ». Il en coûtait 8 francs pour les voir. Didier Daeninckx a dénoncé dans un roman cette farce raciste à laquelle a été mêlé un ancêtre du footballeur Karambeu.

Le mode comique permet de désamorcer la tension due à la forte charge de l'image. Le cannibale est aussi présent dans la philosophie : Montaigne en fait un témoin à charge contre l'Europe et Lévi-Strauss pose ainsi le problème : savoir ce qu'est le cannibalisme non pas en soi ou pour nous mais pour ceux qui le pratiquent.

Can Vuong (« soutien au roi ») Il s'agit d'un mouvement national (1885-1896) constitué à l'appel du jeune empereur du Viêt Nam, Ham Nghi, contre l'occupation française et les traités imposant à la cour de Huê un protectorat. Le 5 juillet 1885, l'attaque contre 1 100 hommes du général Roussel de Courcy échoue, ce qui oblige à évacuer le souverain vers les frontières du Laos, où s'organisait la résistance. Dans les semaines qui suivent, les lettrés soulèvent l'ensemble des provinces de l'Annam, et, au Tonkin, la résistance se développe sous la direction des grands mandarins* (Nguyen Quang Bich, Tan Thuat...). Dans une première phase, de l'été 1885 au courant de l'année 1886, les troupes coloniales lancées à la poursuite de Ham Nghi et du régent Ton That Thuyet – établis dans la haute région de Ha Tinh – frappent dans le vide, incapables d'empêcher les massacres des catholiques (40 000 morts). Au cours de la seconde phase, de 1887 à 1891, le Can Vuong connaît à la fois un certain renforcement et de graves défaites. Celle de Ba Dinh en 1887, après une longue résistance qui l'a fait entrer dans la mémoire nationale, est suivie de la capture du jeune roi (1888), qui sera proscrit. La nouvelle stratégie de Jean-Louis de Lanessan* associant la cour de Huê, où règne désormais Dong Khanh – intronisé depuis 1885 –, retourne la situation en faveur du protectorat. La résistance perdure, par exemple avec Hoang Hoa Tham (ou De Tham) jusqu'en 1913, mais c'est un combat désespéré. Ce chef militaire, en fortifiant le maquis de Yen The, situé à une soixantaine de kilomètres de Hanoi, a obligé la France à négocier plusieurs armistices. Vaincu, il sera assassiné en 1913 par les hommes de main d'un ancien partisan chinois rallié.

Cette résistance, profondément nationale, a été prisonnière d'une conception de la nation fondée sur la fidélité envers le prince, et on comprend que le ralliement de la dynastie à l'autorité française ait brouillé les cartes. Surtout, il n'a pas posé la question sociale, alors que ses forces proviennent des paysans et que ses cadres sont des lettrés, un bas clergé. Les mandarins, après avoir partiellement participé, se rallient à la paix française. Le Can Vuong a aussi souffert du conflit avec les chrétiens et avec les minorités montagnardes, dans des régions où elles auraient pu mener la vie dure aux troupes françaises. C'est ce qui explique l'échec de Doc Ngu dans la région de Hung Hoa face au colonel Pennequin.

Cao Bang (septembre-octobre 1950) Depuis 1948, les postes isolés au nord-est du Tonkin, défendus à grands frais par le Corps expéditionnaire français le long de la RC 4, entre Cao Bang et Lang Son*, sont soumis à une pression croissante de l'Armée populaire du Viêt Nam (APV). Le général Revers, chef d'état-major général des armées, est partisan de les évacuer dès 1949, mais les responsables sont divisés et tergiversent. Le 16 septembre 1950, le jour même où l'ordre d'évacuation est enfin donné, l'APV s'empare de Dong Khe. Les colonnes de repli françaises sont piégées, début octobre, dans une gigantesque embuscade. Le général Giap* vient de remporter sa première grande victoire. C'est un tournant majeur de la guerre* d'Indochine et une tragédie pour le Corps expéditionnaire français : 5 000 tués, blessés et prisonniers (dont, pour la première fois, des officiers supérieurs) et des pertes matérielles considérables. La République démocratique du Viêt Nam acquiert la maîtrise de la zone frontalière et la liberté de communication avec la Chine communiste, dont l'aide sera décisive. Si le recours au chef prestigieux – le général de Lattre en décembre 1950 – favorise un sursaut temporaire de la France, la guerre prend une dimension nouvelle et Giap peut désormais songer à concrétiser l'ultime phase de sa stratégie : la contre-offensive générale.

caodaïsme Ce mot vient de *cao dai,* qui signifie haute tour, éminence, terrasse élevée (mot du vocabulaire taoïste). En l'occurrence, il désigne l'Être suprême qui se manifeste pour apporter la paix, l'harmonie et le salut de l'humanité. Le caodaïsme – mot français – est une religion syncrétique qui amalgame le confucianisme, le culte des génies tutélaires, le christianisme, le taoïsme et le bouddhisme. Sa dimension majeure est le prophétisme, qui s'exprime dans des séances d'invocation des esprits (elle explique la vénération portée à Jeanne d'Arc, Victor Hugo, Allan Kardec, Camille Flammarion, considérés comme des spiritistes). Dans ces assemblées de fidèles, Cao Daï délivre des messages par l'intermédiaire de jeunes mediums en transe.

La religion est fondée en 1919 par un cercle de fonctionnaires vietnamiens de l'administration coloniale. D'abord ésotérique, elle prend son essor à partir de 1926 sous l'impulsion de Lê Van Trung, fonctionnaire des douanes et régies et membre du conseil privé du gouverneur de la Cochinchine. De nombreux propriétaires fonciers, suivis par leurs fermiers, y adhèrent. Elle est dotée d'une organisation inspirée de celle de l'Église catholique avec un « pape » à sa tête, assisté de dignitaires et dont le « saint siège » est bâti à Tay Ninh près de la frontière cambodgienne. Le spiritisme donne une tournure messianique et millénariste au caodaïsme et lui assure des liens avec les théosophes et spiritistes européens. Il traduit une aspiration de la bourgeoisie méridionale à l'égalité avec les colonisateurs en même temps qu'il vise à resserrer les liens entre propriétaires fonciers et tenanciers. Bien qu'ils se présentent en hommes d'ordre et respectueux de l'autorité, les caodaïstes inquiètent l'administration coloniale, qui joue sur les dissensions entre différentes obédiences dont toutes ne reconnaissent pas la prééminence du « saint siège ». Celui-ci est fermé en 1940 et le pape Pham Cong Tac est exilé à Nosy Lava, dans l'océan Indien. En effet, les caodaïstes entrent en politique vers 1936.

Au fur et à mesure que les menaces de guerre mondiale se précisent, les prophéties ont un contenu politique plus net, avec une mise en cause de la domination française. Entre 1941 et 1945, l'obédience de Tay Ninh – majoritaire –, coopère avec les Japonais qui protègent le parti de la Restauration nationale (fondé par le prince Cuong Dê, prétendant au trône d'Annam, auquel les hauts dignitaires de Tay Ninh se sont ralliés). Les Japonais recrutent leur main-d'œuvre chez les caodaïstes et les organisent en formation paramilitaire. C'est à partir de ce moment que l'on peut parler d'une secte politico-religieuse qui revendique 1 million d'adhérents et partisans (en réalité 500 000), avec une assise territoriale importante en Cochinchine. Anticommunistes, les caodaïstes s'allient aux Français en 1946 (sauf la secte de Baclieu, qui adhère au front Viêt-minh dirigé par les communistes). Le caodaïsme est ramené à sa dimension religieuse lorsque Ngo Dinh Diem instaure la république du Viêt Nam au sud du 17e parallèle en 1955 et s'applique à réduire les féodalités nées de la guerre d'Indochine et qui contestaient le pouvoir central.

capitalisme et colonisation
Un débat

La question de la contribution des empires à la prospérité des métropoles est presque aussi vieille que l'histoire de la colonisation elle-même.

Un débat très idéologique

L'évaluation de cette contribution s'est toujours heurtée à des difficultés méthodologiques et à des idées préconçues, au débat sur l'impérialisme* entre marxistes et libéraux. L'une de ces idées consiste à voir dans les gains issus de la colonisation le moteur de la croissance métropolitaine. Une autre, très en vogue en France, tient à l'inverse les possessions d'outre-mer pour un fardeau coûteux et encombrant. Voltaire stigmatisait déjà dans les années 1760 le Canada – colonie prétendument improductive et peuplée de barbares, d'ours et de castors –, où la France aurait englouti en pure perte pendant des décennies des sommes colossales, qui auraient été mieux employées à défricher les terres incultes de la métropole. Près de deux siècles plus tard, Raymond Cartier, journaliste à *Paris Match*, popularisait le vieil argument anticolonialiste selon lequel la domination formelle est une charge d'autant plus lourde qu'elle détourne inutilement les capitaux nécessaires au développement de la France. De retour d'un reportage effectué en Afrique noire à la veille de la décolonisation, Cartier écrivit : « Il est temps de consacrer au Lot-et-Garonne et aux Basses-Alpes, les dizaines de milliards que nous gaspillons au Sénégal et à Madagascar. » Beaucoup d'historiens français sont convaincus que le bilan de la colonisation est désastreux pour la métropole. L'expansion coloniale aurait été non seulement un frein à la croissance économique, mais également un mal ayant perverti la nation. À ce double titre, elle serait l'un des facteurs de l'« arriération » de la France de l'après-Seconde Guerre mondiale.

Entre ces deux stratégies du soupçon, celle d'une colonisation qui dope la croissance française et celle d'un empire-boulet tirant la métropole vers le bas, il y a un juste milieu qui exige d'opérer des coupes dans la longue période coloniale.

Des vieilles colonies à l'empire contemporain

Avant le XVIIIe siècle, le domaine français était trop inconsistant pour avoir un quelconque poids économique. Il en était de même entre la Révolution et le second Empire (1789-1870), phase durant laquelle il périclita, disparut puis renaquit et se recomposa lentement. Restent deux temps forts : le XVIIIe siècle, qui, surtout dans sa seconde moitié, connut un apogée colonial en même temps qu'il ressentit les premiers frémissements de la croissance moderne; et le court siècle du deuxième empire colonial (des années 1880 aux années 1950), durant lequel l'alternance de phases de croissance avec des moments de crise donna à l'évolution économique de la France une allure contrastée.

La périodisation de la croissance française durant le second empire colonial fait apparaître les années 1860-1890 comme une phase de ralentissement économique, la seule du XIXe siècle français à connaître le libre-échangisme. Cet affaiblissement de la croissance n'introduisit toutefois pas de rupture dans le processus d'industrialisation, axé jusqu'au milieu du XIXe siècle sur la production de biens de consommation (textiles, biens alimentaires), puis sur la métallurgie, dopée dans les années 1850 par la construction de matériel ferroviaire et la fabrication de machines à vapeur. Les années 1890-1913 constituèrent une phase d'accélération de la croissance, de retour progressif (dès 1881) au protectionnisme et de regain du dynamisme industriel. Un nouvel élan fut donné à l'industrialisation par de nouvelles branches (automobile, chimie, électricité, aéronautique), à partir desquelles se diffusa l'innovation. Au moment où se reconstitua un marché colonial digne de ce nom, la France avait un niveau d'industrialisation par habitant appréciable, certes très inférieur à celui de la Grande-Bretagne, mais juste au-dessus de celui de l'Allemagne. Le marché captif potentiel que lui offraient ses conquêtes coloniales du dernier tiers du XIXe siècle acquit rapidement une dimension imposante: de 1880 à 1913, la population des territoires conquis par la France passa de 7 à 48 millions d'habitants, pour dépasser 70 millions en 1938.

Le marché colonial, après un intermède d'environ un siècle, put à nouveau jouer un rôle dans la croissance de la France en remplissant la fonction de débouché de produits industriels métropolitains et d'approvisionnement en produits tropicaux. Grâce à sa croissance régulière et soutenue, il joua sur le long terme un rôle de volant régulateur de la conjoncture. La fonction régulatrice du débouché colonial s'accentua à partir de 1928, date à laquelle l'empire devint le premier partenaire commercial de la France.

L'analyse sectorielle du commerce entre la France et son empire révèle de plus que, en devenant, avant la Première Guerre mondiale déjà, un débouché privilégié pour des branches essentielles du capitalisme français (textiles, métallurgie), l'empire joua un rôle fondamental dans la croissance économique de la France. Les colonies remplirent leur fonction d'approvisionnement en produits tropicaux avec le même dynamisme. De surcroît, le réservoir colonial offrait l'avantage de soutenir à la fois les phases dépressives et les phases d'accélération de la croissance.

L'évolution de la part des colonies dans les avoirs extérieurs de l'Hexagone confirme qu'à la veille de la Première Guerre mondiale l'empire était bien devenu l'un des lieux privilégiés d'expansion du capitalisme français. Jusqu'au milieu du XIXe siècle, les colonies n'apparaissent pas dans les statistiques, au demeurant extrêmement fragiles, des investissements à l'étranger. Durant les années 1852-1881, elles accueillaient moins de 5 % du total des placements extérieurs français. Pour l'entre-deux-guerres, les investissements métropolitains dans l'empire colonial représentèrent 8 à 15 % du total des capitaux placés à l'étranger par la France ; cette part atteignit 30-40 % en 1929 et 40-50 % en 1939.

Au-delà des grosses marges d'erreur dont elles sont entachées, ces évaluations établissent sans contredit que, en plus d'être le premier partenaire commercial de la France à la veille de la crise des années 1930, l'empire devint également à cette date son premier actif financier extérieur. Le placement colonial cumulait alors deux avantages majeurs, la rentabilité et la sécurité qu'offre la domination formelle. Jusqu'à la grande dépression, le rendement des investissements coloniaux laisse rêveur : dans les mines, les plantations, le commerce, la banque et les transports, les taux de profit s'échelonnaient de 20 % à plus de 120 %.

Crise des années 1930 et colonisation

L'importance de l'empire en tant que débouché et source d'approvisionnement de l'industrie française et comme lieu de placement des capitaux métropolitains s'accrut avec la dépression des années 1930. Le déclin, absolu et relatif, de la position internationale de l'économie française incita tout naturellement au repli sur l'empire colonial.

Pour la plupart des historiens, l'importance grandissante de l'empire à partir des années 1930 masque toute une série d'effets limitatifs et pervers. La suspicion se porte d'abord sur le rôle du débouché colonial, qui se modifia sous l'influence des mutations de l'économie française. Facile d'accès parce que non concurrentiel, l'empire devint un « refuge structurel » pour des branches auparavant motrices mais désormais en perte de vitesse. Il servit d'« oreiller de paresse », notamment pour les industries textiles, qui l'accaparèrent afin de freiner leur déclin et de retarder leur nécessaire reconversion. En assurant la survie de canards boiteux, le marché colonial aurait ainsi entravé la compétitivité de l'ensemble de l'économie française. En revanche, pour les nouvelles branches dynamiques – comme l'industrie de transformation des métaux, les industries chimique et électrique, l'industrie automobile –, le marché colonial ne fut qu'un « refuge conjoncturel ». Une fois passé le mauvais temps, ces branches retournèrent à leur débouché « naturel » en regagnant les marchés concurrentiels des pays industriels. L'utilité du réservoir colonial, en voie d'élargissement, est également mise en doute. Celui-ci, incapable de fournir à la métropole, en quantité suffisante et à bon compte, des fibres textiles, des minerais, des métaux et des combustibles minéraux, n'aurait pas joué le rôle stratégique qui en aurait fait un atout pour la croissance française. Une dernière suspicion plane sur les colonies, cette fois en tant que lieu de placement de capitaux. À partir des années 1930, les capitaux privés français dans l'empire amorcèrent un mouvement de retraite, en raison principalement de la baisse tendancielle des taux de profit dans les activités coloniales. Après qu'on eut préparé le terrain de l'investissement privé en créant depuis la fin du XIXe siècle l'infrastructure nécessaire au développement des firmes métropolitaines, c'est l'investissement public qui prit le relais en assurant l'essentiel des exportations des capitaux outre-mer.

Essai de conclusion

Le second empire colonial eut une durée de vie « utile » plus longue que le premier. Il fut plus vaste et plus varié. Sa contribution à la croissance métropolitaine n'en était que mieux assurée. Des années 1880 à la fin des années 1920, soit durant une période de croissance soutenue de l'économie française, le marché colonial remplit pleinement les fonctions qui lui étaient dévolues : celle de débouché de branches industrielles motrices ; celle de pourvoyeur de matières premières de toute une série d'industries métropolitaines ; celle, enfin, de lieu de placement sûr et rémunérateur de capitaux français.

Bien sûr, la France aurait voulu que la mariée coloniale fût belle jusqu'au bout. Elle aurait voulu que le débouché colonial se développât de telle sorte qu'il pût continûment soutenir des branches industrielles tirant la croissance économique vers le haut. Elle aurait voulu que l'empire lui procurât les matières premières susceptibles d'alimenter avant tout les branches ascendantes. Elle aurait préféré que les colonies fussent plus un réservoir de produits tropicaux variés qu'un large débouché, ce qui lui aurait permis d'économiser des devises fortes, le déficit étant réglé en francs. En un mot, la France coloniale aurait voulu le beurre et l'argent du beurre.

En un sens, elle l'a eu. Compte tenu des écarts de développement entre la France et son empire entre le milieu du XIXe siècle et le milieu du XXe siècle, celui-ci remplit entièrement le rôle qui lui fut assigné. Les limites de la contribution coloniale à l'économie métropolitaine auraient pu être dépassées et ses effets pervers éliminés. Il aurait fallu pour cela que la France modifiât sa stratégie coloniale et payât le prix de la « mise en valeur » de son empire.

Cette « mise* en valeur » fut imposée en France par les petites et moyennes entreprises des industries cotonnière, métallurgique et alimentaire, auxquelles les colonies offraient un marché protégé de la concurrence étrangère. Jusqu'à la fin de la période coloniale, les liens économiques entre métropole et colonies se développèrent à l'intérieur d'une zone protégée dans laquelle les productions des deux entités, ne formant qu'un seul bloc, étaient complémentaires. Ce système fonctionnant en circuit fermé impliquait non seulement une large protection de la production française, mais également une revalorisation du prix des produits coloniaux, afin que l'empire pût absorber les biens industriels métropolitains.

Ce n'est donc pas le marché colonial mais la stratégie de repli sur l'empire, imposée par certaines branches du capitalisme français, qui à terme isola et sclérosa l'économie métropolitaine. Le niveau de développement économique de la France et les rapports de forces au sein du capitalisme métropolitain ont permis à cette stratégie de l'emporter jusqu'à ce qu'elle entre, dans les années 1950, en contradiction avec les forces de « modernisation » à l'œuvre dans l'Hexagone.

régime des capitulations Ces accords règlent le statut des étrangers dans l'Empire ottoman (et par extension les relations commerciales avec une puissance occidentale) en leur accordant le droit de commercer, de circuler, d'être exonérés d'impôts (hormis les taxes douanières), de pratiquer leur religion et d'être jugés en matière pénale par leurs représentants consulaires. Ces conventions ont été conclues avec Istanbul par la France (1535) – qui, depuis 1673, se fit reconnaître comme la protectrice de tous les chrétiens dans l'Empire ottoman – l'Angleterre (1580), les Provinces-Unies (1609) et l'Autriche (1615). Avec l'affaiblissement de l'Empire ottoman, ce régime sera dénoncé comme accordant l'extraterritorialité aux étrangers au mépris de la souveraineté ottomane. La conquête de l'Algérie (1830) et l'établissement du protectorat sur la Tunisie (1881) ont entraîné sa suppression. Aboli en Turquie par le traité de Lausanne (1923), il a définitivement disparu en 1937 (conférence de Montreux).

Casablanca Dar el-Beida est un bourg de quelques milliers d'habitants, d'accès difficile par la mer en raison de la barre. Le débarquement des troupes françaises en 1907, puis l'installation du protectorat vont permettre à Lyautey* d'en faire son chef-d'œuvre et la ville champignon la plus importante du Maroc. Le port – conquis sur la mer – est une réussite. La ville compte au moment de l'indépendance près d'un million d'habitants, dont plus de 130 000 Européens. Elle devient le pôle économique du pays et le centre du mouvement nationaliste. Une classe d'entrepreneurs marocains venus de Fès, actifs surtout dans le commerce, y émerge. Mais c'est son prolétariat qui va en faire le foyer de l'opposition au protectorat, la capitale de la résistance dans les années 1950. L'assassinat de Farhat Hached*, le leader de l'Union générale des travailleurs tunisiens, suscite un rassemblement de protestation à la Maison des syndicats. Le cycle agitation-répression débouche sur les incidents du bidonville* des Carrières centrales, qui dégénèrent en émeutes le 8 décembre 1952. Les obsèques des victimes, accompagnées par un cortège silencieux de dizaines de milliers de manifestants venus des bidonvilles qui traverse la ville européenne, marquent la reconquête symbolique de la cité par le monde sous un monde. « Casa » imprime sa marque au nationalisme par les grandes grèves, les émeutes et le terrorisme. L'Union marocaine du travail y est créée en 1955.

Georges Catroux Général français (1877-1969). De 1920 à 1922, il est le premier délégué français à Damas, où, inspiré par Lyautey, il s'appuie sur la notabilité citadine sunnite. En 1926-1927, il revient comme chef du Service de renseignement du Levant et dirige la répression de la révolte druze*. Nommé gouverneur général en Indochine en 1936, il doit céder au Japon en 1940, mais il rejoint la France libre. En 1941, contre l'administration vichyssoise de Beyrouth, il installe l'autorité de De Gaulle* au Levant et proclame l'indépendance, encore toute théorique, de la Syrie et du Liban (8 juin). Délégué général de la France libre à Beyrouth jusqu'en juillet 1943, il s'efforce de rétablir la vie constitutionnelle locale, tout en ménageant les intérêts français et en louvoyant entre les obstacles semés par le général Spears, représentant de la Grande-Bretagne. Commissaire d'État chargé des Affaires musulmanes en 1943 puis gouverneur général de l'Algérie, il signe l'ordonnance du 7 mars 1944 attribuant la citoyenneté à quelque 65 000 musulmans, ce qui lui vaut la haine des Européens. En 1956, ils s'opposent à sa nomination de ministre résidant par Guy Mollet*, qui cède. Catroux sera membre du tribunal qui jugera les putschistes de 1961.

cauri ou bouge Petit coquillage, d'environ deux centimètres de long, de la famille des cyprées (ou porcelaines), mollusques des océans Pacifique et Indien, plus particulièrement des îles Maldives. Depuis l'Antiquité, les cauris ont servi de signes monétaires dans différentes régions d'Asie, d'Océanie et d'Afrique noire. René Caillié signalait en 1828 leur circulation à Tombouctou. Au Dahomey, en 1899, un sac de 20000 cauris valait 7 francs. Les cauris sont surtout connus pour avoir facilité la traite négrière atlantique, où ils représentaient environ un tiers de l'assortiment de biens contre lesquels on échangeait les esclaves. En 1880, plus d'un demi-siècle après l'abolition de l'esclavage, un captif pouvait s'échanger en Afrique occidentale contre 120000 à 140000 cauris. Dépouillé de son attribut monétaire au début du XXe siècle, le cauri fit un retour après la crise de 1929 en suppléant le manque de numéraire dans diverses colonies africaines.

Louis Eugène Cavaignac Général et homme politique français (1802-1857). Second fils de Jean-Baptiste Cavaignac, député montagnard de la Convention et banni sous la Restauration, il est affecté en 1832 en Algérie. Envoyé à Oran, il est chargé d'occuper Tlemcen. Il commande ensuite le 2e bataillon de bat d'Af, à Cherchell. Lieutenant-colonel des zouaves puis colonel, il établit en 1843 un poste à El-Asnam. Après la révolution de février 1848, il est nommé gouverneur général de l'Algérie. Ministre de la Guerre dans le Gouvernement provisoire, il dirige la répression contre l'insurrection parisienne de juin en s'inspirant des violences coloniales. Il est battu par Louis Napoléon Bonaparte à l'élection présidentielle de décembre 1848.

Louis-Ferdinand Céline De son vrai nom Destouches, Céline (1894-1961) est connu pour ses idées antisémites. Blessé au cours de la Première Guerre mondiale dès 1914, il part en Afrique pour tenter de se « refaire aux Colonies », en s'engageant auprès de la compagnie forestière Sangha Oubanghi comme gérant de plantation au Cameroun. Jusqu'à un certain point, *Voyage au bout de la nuit* (1932) rejoint sa propre expérience. Sa description est sans complaisance : il dépeint des colons cupides, minables, malades et alcooliques, un portrait guère plus flatteur que celui des « indigènes », certes exploités par le système colonial, mais passifs et trop facilement escroqués. Le principe de la colonisation lui-même n'est pas contesté. Les *Lettres et premiers écrits d'Afrique (1916-1917)* à ses proches le montrent sans scrupules, décidé à s'enrichir aux dépens des « nègres » qu'il méprise. Si la fiction est ambiguë, les lettres sont cyniquement racistes et colonialistes.

Blaise Cendrars Aventurier, Frédéric Sauser dit Blaise Cendrars (1887-1961) puise dans le voyage l'inspiration de ses poèmes, romans (*l'Or*, 1925, *Moravagine*, 1926...) et textes autobiographiques (*l'Homme foudroyé*, *la Main coupée*, *Bourlinguer*, *le Lotissement du ciel*). *Rhum* (1930) est la biographie de Jean Galmot, installé en Guyane pour y exploiter la forêt et élu ensuite député. Il publie aussi des reportages, parfois sous forme poétique *(Du monde entier*, *Feuilles de route*, *Au cœur du monde)*. *L'Anthologie nègre* (1921) compile des textes cosmogoniques africains dans une forme d'inspiration ethnographique et contribue à la vogue de l'art nègre*. Les *Petits Contes noirs pour les enfants blancs* (1928) reprennent cette veine. « Continent noir », dans *Poèmes nègres,* reprend les clichés sur l'Afrique au second degré. Il inspire *la Création du monde* à Darius Milhaud. D'une curiosité et d'une ouverture d'esprit de cosmopolite, il constate que la civilisation occidentale a détruit d'autres cultures, mais n'a jamais pu s'imposer en Asie.

Centenaire de l'Algérie française Le 5 mai 1930 à Alger et le 14 juillet à Paris, le débarquement de Sidi Ferruch est commémoré par des défilés de soldats en uniforme de 1830. Plus d'un million de brochures sont distribuées. La *Cantate du Centenaire* – commandée par l'État – affirme que du VIIe au XIXe siècle, dans les cités romaines détruites par les invasions musulmanes, les troupeaux ont brouté l'herbe poussant dans les ruines, avant que l'héritage latin ne soit restauré par la France.

Une foule de parlementaires, congressistes, écoliers (80 000 au total) – président de la République compris – se sont rendus en pèlerinage dans les provinces d'Algérie. Gaston Doumergue* inaugure les monuments aux colons héroïques, à l'armée d'Afrique... Exotisme de pacotille et exaltation de l'œuvre civilisatrice, de la vigne et du progrès technique laissent dans l'ombre les musulmans, sauf par quelques témoignages de loyalisme. Au même moment, les oulémas* publient les premières histoires de l'Algérie*.

Marcel Cerdan C'est dans sa ville d'adoption, Casablanca, que Marcel Cerdan (1916-1949) a été enterré, loin des capitales et de Piaf, qui l'avaient enlevé au Maroc. Pied-noir*, il l'est par son accent, par son origine, car la famille venue de la vallée du Têt dans les Pyrénées s'est installée à Sidi Bel Abbes, là où résidait le premier régiment de la Légion. L'Oranie est alors une base de la colonisation du Maroc, qui apparaît comme un eldorado pour ses petits blancs. Le père devient charcutier au Marif. Le « bombardier de Casablanca » y fait ses premières armes. Le noble art est une chance d'ascension sociale.

Le culte du corps et de la virilité est inscrit dans la culture des Européens d'Afrique du Nord. En 1933, à dix-sept ans, il dispute son premier combat professionnel. Champion de France en 1938, il voit sa carrière bloquée par la guerre. Mais, en 1948, il devient champion du monde et du même coup héros national. Il est conquis par Édith Piaf et choyé par Chevalier, Cocteau, Vincent Auriol*, il joue son rôle dans *l'Homme aux mains d'argile* de Léon Mathot. Il achète un bar et une ferme au Maroc. Sa mort en novembre 1949, dans l'avion qui le conduisait vers une revanche pour le titre de champion du monde, le fait entrer dans la légende. Celle des pieds-noirs, mais aussi – fait rare – celle de la France tout entière.

Aimé Césaire Né en 1913, il est député, maire de Fort-de-France à partir de 1945. Ami du Guyanais Léon Gontran Damas et du Sénégalais Senghor*, il transforme en 1934 la revue *Légitime Défense* en *l'Étudiant noir*, où il parle de « négritude* », concept aussi cher à l'Haïtien J. Roumain. Après de brillantes études à Paris, il publie en 1938 *Cahier d'un retour au pays natal,* dont Breton rédige en 1943 la préface. Sous la forme d'un long poème aux accents surréalistes, il défend la dignité de son pays noir « emprisonné de blanc » : cette forme apparemment autobiographique rappelle, plus largement, sa filiation avec ses ancêtres esclaves. Césaire fonde *Tropiques* puis collabore à la création de *Présence* africaine*. Il publie des recueils poétiques, mais aussi des essais, se faisant peu à peu le défenseur de l'autonomie antillaise : en 1950, le *Discours sur le colonialisme* dénonce abruptement la « barbarie de l'Europe occidentale », l'hypocrisie de sa bonne conscience et la violence de l'impérialisme qui a piétiné les autres civilisations. Il revendique pour les Antilles* la reconnaissance de leur identité. Son œuvre ne peut être dissociée de son engagement politique, qui s'appuie aussi sur des considérations historiques. Ses essais (*Toussaint-Louverture,* 1961), recueils poétiques (*les Armes miraculeuses,* 1946, *Moi, laminaire,* 1982) et œuvres théâtrales (*Et les chiens se taisaient,* 1956, *la Tragédie du roi Christophe,* 1963, *Une saison au Congo,* 1965, *Une tempête,* 1969) s'inscrivent dans la lutte contre le colonialisme. Mais, à la différence d'autres écrivains créoles, Césaire a toujours écrit en français. « Il installe en lui, comme une broyeuse, l'appareil à penser de l'ennemi », écrivit Sartre. Aimé Césaire reste aux Antilles la grande figure de l'anticolonialisme.

Abderrahman Chahbandar Homme politique, nationaliste arabe (1879-1940). Fils d'un commerçant aisé de Damas, médecin diplômé de l'université américaine de Beyrouth, il est ministre sous le règne de Faysal (1918-1920). Arrêté par les Français en 1922, libéré en 1923, il fonde le Parti du peuple en 1924 à Damas. Il rejoint la direction de la révolte druze*, dont l'échec le conduit en exil au Caire, jusqu'en 1937. En 1933, il patronne la création à Damas, de la Ligue d'action nationale, organisation de jeunes radicaux panarabes, d'où sortira le courant baassiste. Orateur populaire, figure républicaine, proachémite (dynastie descendant du Prophète et ambitionnant de construire un grand royaume arabe sur les décombres de l'Empire ottoman) et nationaliste arabe, il s'oppose à la tendance modérée du Bloc national syrien et au traité franco-syrien de 1936. En 1940, il est assassiné sur ordre de personnalités du Bloc.

Félicien Challaye Essayiste français (1875-1967). Normalien, premier à l'agrégation de philosophie, dreyfusard comme Péguy, il entreprend en 1899 un tour du monde grâce à une bourse et découvre l'Asie. À son retour, dans *les Cahiers de la Quinzaine,* il critique la politique française en Indochine (1901). Que ce soit avec la mission Brazza* au Congo* français en 1905, dont il publie le dossier préfacé par Péguy, en 1911 à propos des scandales financiers de la N'Goko Sangha, où André Tardieu est compromis, en 1933 dans le Comité d'amnistie et de défense des Indochinois et des peuples colonisés, il est l'une des grandes voix anticolonialistes. Il est aussi un bon connaisseur des cultures asiatiques. Il invente la notion « christianocentrique » ou « eurocentrique ». Après la Première Guerre mondiale, il évolue vers le pacifisme intégral, adhère au PCF de 1920 à 1923, puis rejoint la SFIO. Membre du comité central de la Ligue* des droits de l'homme, il anime le courant anticolonialiste minoritaire, en particulier lors du congrès de Vichy en 1931, contre les tenants de la mission civilisatrice. Il s'y fait l'interprète de Bourguiba*. En opposition avec la politique internationale de la LDH, il en démissionne en 1937. Signataire de la pétition « paix immédiate », il loue l'action de Pétain en automne 1940 et défend la collaboration par pacifisme. Il sera poursuivi à la Libération et acquitté grâce aux témoignages de Robert Jospin et Michel Alexandre. Parmi ses nombreux écrits figurent *Souvenirs sur la colonisation* (1935).

Maurice Challe Général d'aviation français (1905-1979). Saint-cyrien, il choisit de servir dans l'armée de l'air en 1925. Engagé dans la Résistance en novembre 1942, il participe à la campagne d'Allemagne en 1945. Après avoir contribué au projet d'armée européenne, en 1956, il est l'un des responsables de l'opération « Mousquetaire » sur Suez*. Le 16 décembre 1958, il succède au général Salan* comme commandant en chef des forces en Algérie*. Prenant en écharpe le territoire algérien d'ouest en est, selon la pugnacité de l'adversaire, son plan bénéficie du verrouillage des frontières et entraîne une radicalisation de la guerre : les regroupements de population s'accentuent, tandis que les DOP (détachements opérationnels de protection) atteignent leur pleine puissance. En 1960, devenu gênant pour la nouvelle politique algérienne menée par de Gaulle, il demande sa retraite anticipée et est mis en disponibilité. Il se lance dans le putsch du 21 avril 1961, en compagnie des généraux Zeller et Jouhaud*, bientôt rejoints par Salan. Le 22, dans une proclamation radiodiffusée à l'armée, il fait le serment de garder l'Algérie, sans vouloir attaquer la métropole. Une minorité seulement rejoint les putschistes. L'attentisme général des cadres, l'action décidée de chefs légalistes et surtout le refus de la plus grande partie du contingent expliquent l'échec de cette « Fronde militaire » après l'allocution du général de Gaulle*, le 23 avril. Officiellement destitué le 24 avril, pour éviter un affrontement (« L'armée ne tire pas sur l'armée »), le général Challe se constitue prisonnier dans la nuit du 25 au 26. Avec le général Zeller, il est traduit à la fin mai 1961 devant le Haut Tribunal militaire et condamné à quinze ans de réclusion. Il sera amnistié en 1968.

chambres de commerce Elles représentent jusqu'à la fin du XIXe siècle une minorité de négociants et d'industriels. Dans ces foyers de discussion relativement ouverte, les groupes d'intérêts confrontent leurs points de vue. Disposant des revenus de taxes parafiscales, les chambres de commerce plaident pour des investissements* favorables au développement maritime (équipement des ports, etc.) et font des avances à l'État en cas de besoin, en émettant leurs propres emprunts. La chambre de Marseille* stimule ainsi la construction du port de la Joliette à partir des années 1850, le désenclavement du port vers le Rhône, la modernisation des installations de manutention. La chambre d'Alger (créée dès 1830) plaide également pour la diffusion sur place des outils de modernisation et finance ainsi des hangars et le nouveau port (1897). Au sein de ces chambres, leviers de transmission de l'opinion des milieux d'affaires locaux, une partie des débats tournent autour du libre-échange – soutenu par la chambre de Bordeaux dans les années 1860-1900 – et du protectionnisme. Si Bordeaux soutient la chasse gardée africaine, Marseille reste favorable à la « porte ouverte », car ses négociants sont actifs dans les territoires français et anglais ouverts à la concurrence commerciale.

Ce n'est qu'au milieu des années 1930 qu'ils rallient les partisans du protectionnisme impérial. Les chambres promeuvent aussi la colonisation, par des « foires » ou des expositions commerciales. Dans les années 1930-1950, elles demandent l'accélération de l'investissement public dotant les colonies d'équipements de transport. Au tournant des années 1950, elles resserrent les liens avec des territoires de l'empire (Bordeaux et le Maroc, par exemple) et les pérennisent au-delà des indépendances, par le biais de liens avec les chambres de commerce outre-mer.

chanson

Un témoignage de la culture populaire

Au XIXe siècle, la chanson occupe une place centrale dans la culture populaire; à l'époque de la décolonisation, elle est un élément de la culture de masse et accompagne les transformations sociales et culturelles des années 1960. Dans tous les cas, elle fournit un éclairage irremplaçable des représentations, des mentalités. La chanson véhicule une idéologie qui est dans l'air du temps, celle du sens commun, beaucoup plus qu'un message élaboré par des propagandistes.

La chanson conquise

Elle est conquise peu à peu par la colonisation, à laquelle, au début du XIXe siècle, aucun des grands chansonniers (Béranger, Pottier, Clément...) n'accorde d'importance. Mais, dans les années 1930, lors de l'apogée impérial, pratiquement tous les grands noms ont chanté les colonies (Joséphine Baker*, Édith Piaf, Maurice Chevalier...). Le registre se situe entre satire, gaudriole, comique, patriotisme et tragique.

Au demeurant, la chanson n'est pas qu'un reflet de l'opinion, elle agit sur elle. Comment expliquer autrement le luxe de précautions, la censure, la répression contre les refrains jugés séditieux ou dangereux, contre les sociétés chantantes durant une grande partie du XIXe siècle ?

Son impact tient à ce qu'elle cumule le choc des mots et le poids de la mélodie. C'est le cas de *la Casquette du père Bugeaud,* entrée dans les recueils de soldats, les répertoires scolaires et la culture populaire. N'est-ce pas au son de *Ma Tonkinoise*, à son rythme entraînant, que les troupes françaises ont pris d'assaut Casablanca en 1907, et n'est-ce pas sur ce même air que les poilus ont chanté leur *Mi-Mi-Mi mitrailleuse* ? D'où l'importance des troupiers, le légionnaire bien sûr, mais aussi les soldats coloniaux auxquels la chanson rend souvent hommage *(Bou dou Badabou)*. Dans de nombreux titres on chante le courage et la valeur de la « force* noire » : *le Fils d'Allah* ou *le Turco de Wissembourg, le Petit Turco,* ou encore *Coup'coup' la cabèche à Guillaume,* avec un intérêt particulier pour le tirailleur* *(Ali Baba).*

La chanson retranscrit aussi les événements, fidèle à sa fonction première de chroniqueuse pour les milieux populaires : ainsi, la résistance de Behanzin*, la conquête de la Tunisie en 1881… Celle de l'Algérie suscite une bataille de chansons pour et contre. Si la fibre patriotique domine *(la Grande Prise d'Abd el-Kader),* certains auteurs prennent le parti d'Abd* el-Kader, tels Charles Gille *(l'Arabe en fuite)*, Colmance *(le Chant de l'Arabe),* mettant en avant la « juste résistance » devant l'envahisseur. La chanson permet aussi de brocarder les hommes politiques, tel Jules Ferry* *(le Sire de Fich Ton-Kin)* au moment du revers de Lang Son*, en 1885.

Exotisme, érotisme et comique

Si le Français est nul en géographie, il tient à ses possessions. Plus parce qu'elles lui renvoient une image gratifiante de lui-même qu'en vertu d'une conscience impériale, et la chanson en est un bon témoignage, véhiculant les stéréotypes du temps. On y retrouve les thèmes courants. L'exotisme* d'abord : il suffit d'un petit format, d'un nom de lieu évocateur, d'une musique de « fox-trot oriental » avec un mot magique, Saigon, pour que *Nuits de Chine* soit un succès ! Le respect de la géographie est inutile, Saigon est en Chine…, *la Fille du Bédouin* suit la caravane entre Le Caire et Biskra…

Le colonisé, bien sûr, est traité sur un mode comique *(À la Martinique, la Cannibale, Niam Niam Y a bon les Blancs),* exprimant souvent le racisme le plus outrancier. Les femmes y occupent une place prépondérante. Cependant, les registres diffèrent selon les continents. Seuls les charmes des Asiatiques et des vahinés* font, parfois, palpiter les cœurs. Mais, même à regret, on les quitte comme *la Petite Tonkinoise.* Il serait difficile de reprendre la formule de Baudelaire, « la langoureuse Asie et la brûlante Afrique », quand on constate le sort que la chanson fait aux Africaines *(Boîte à cirage, la Vénus hottentote).* Quant à la femme musulmane, cachée au regard du colonisé dans la réalité, ce qui explique, en compensation, son importance dans l'imaginaire, elle apparaît – en dehors de quelques romances chantant les Almées, la solitude dans le harem qui fascine toujours les compositeurs… – le plus souvent comme nymphomane. Certains chanteurs se sont spécialisés dans ce domaine, tel Mayol avec *la Fille du Bédouin*, ou *Arrouah Sidi (*1909), dont le héros est invité par une « fatma » : « J'ai des appâts sous ma gandoura/ Laisse moi, beau roumi/ Mo'hamet au lit. » Les textes multiplient les onomapotées, le langage « petit nègre», «Allah, Ali, Allo/ Travaja la moukère/ Ah, Ah, Ah C'est la chouia Barka» (*la Chouia Barka*, 1913).

Quelques titres traitent des unions entre Noirs et Blanches. Dans *À la cabane Bambou*, le héros préfère «les danseuses de chez nous/Qui remuent leur bedon sens dessus dessous...», mais il emmènera «Jolie petite femme au corps blanc» qui lui donnera «Petits enfants couleur café au lait».

Les doutes

Dans les années du «Centenaire*» et de l'Exposition* coloniale, la célébration de la Plus Grande France ne masque cependant pas les doutes ni les premières lézardes de l'édifice. En 1936, les chansons de Raymond Asso pour Édith Piaf, qui sont un immense succès (*Mon légionnaire, le Fanion de la légion...)*, montrent des héros fatigués ou fragiles, comme le cinéma*.

Quant à la chanson anticolonialiste, sa place est réduite. Elle va souvent de pair avec l'antimilitarisme, la défense des jeunes envoyés dans les corps disciplinaires, dont *Biribi** de Bruant est l'exemple le plus connu. La conquête du Maroc donne lieu à des chansons de Gaston Couté *(la Petite Fleur bleue, la Marseillaise des requins)*, et la guerre du Rif suscite quelques titres dont *Sous le soleil marocain*, qui conte la mort d'un soldat loin de son aimée. Lors de l'exposition anticoloniale, *Han coolie!* traduit de l'allemand par Aragon et mis en musique par Paul Arma, n'a qu'un succès limité. Durant les guerres de décolonisation, cependant, la chanson demeure très décalée par rapport aux urgences de l'heure. Rares sont les titres traitant de la guerre* d'Algérie. Boris Vian écrit *le Déserteur*, créé par Mouloudji, fils d'immigré algérien, entre Diên Biên Phu et le 1er novembre 1954. Léo Ferré est l'un des rares à parler de la torture de manière explicite dans *Les temps sont difficiles*. Mais le triomphe du yéyé et son silence sur les «événements» en disent long.

Charles Trénet l'a bien chanté: «Longtemps, longtemps après que les poètes ont disparu, leurs chansons courent encore dans les rues...» Ce n'est pas vrai seulement des plus grandes, ni des plus belles... si l'on en croit les polémiques actuelles sur la chanson coloniale.

chaouch Ce mot vient du turc *tchaouch* et signifie «huissier, serviteur» en Afrique du Nord et dans le Moyen-Orient.

François Charles-Roux Homme d'affaires et diplomate (1879-1961). Fils de Jules Charles-Roux, grande figure marseillaise et vice-président de la Compagnie universelle du canal maritime de Suez* entre 1898 et 1918, il rejoint les

Affaires étrangères en 1902 et devient ambassadeur au Vatican en 1932-1940 puis secrétaire général du quai d'Orsay en mai-octobre 1940. Entré au conseil de Suez en 1944, il en occupe la présidence entre 1948 et 1957. C'est lui qui gouverne l'ultime période impériale de la Compagnie, confrontée à la montée du nationalisme égyptien, à la prise du pouvoir par les militaires en 1952, au départ des troupes britanniques de la zone du canal en 1954 et enfin à la nationalisation en juillet 1956. C'est une personnalité bien introduite dans les milieux diplomatiques et l'administration : à l'heure où s'engagent des négociations ardues sur la place à accorder à l'Égypte (part dans le capital et les revenus, poids dans la direction, les services et le pilotage), la Compagnie doit disposer d'une bonne assise au sein de la communauté internationale dans la mesure où elle souhaite offrir l'image d'un grand service public et non plus d'un outil de l'impérialisme. À mi-chemin de l' « esprit économique impérial » (il est administrateur de la Compagnie française de l'Afrique occidentale, de la Société marseillaise de crédit, de la Peninsular & Oriental et de la Compagnie générale du Maroc) et du monde intellectuel fasciné par le Proche-Orient (sur lequel il a publié plusieurs ouvrages dont la partie contemporaine de la vaste *Histoire de la nation égyptienne*, parue en 1926-1940), Charles-Roux n'a guère les moyens de promouvoir une stratégie propre et se trouve pris dans les contradictions entre le tiers-mondisme et l'impérialisme, confronté au dessein de Nasser de reprendre Suez.

Charonne (8 février 1962) Station de métro parisienne où, au cours d'une manifestation de protestation contre les attentats de l'OAS* – dont celui qui visait André Malraux, et qui a coûté la vue à une petite fille de quatre ans –, neuf militants communistes sont tués lors d'une charge de police. Le préfet de police de Paris est alors Maurice Papon*. Les obsèques des victimes seront suivies par 500 000 personnes et accompagnées par une grève générale. Charonne a éclipsé longtemps le 17 octobre* 1961 parce qu'il entrait mieux dans les catégories de la culture républicaine (antifascisme, pacifisme) que la manifestation algérienne.

Justin-Prosper marquis de Chasseloup-Laubat Marin et homme politique (1825-1873). Il a été le grand artisan de l'expansion coloniale sous le second Empire. En 1851, il est nommé ministre de la Marine et des Colonies et, en mars 1859, il remplace le prince Napoléon au ministère de l'Algérie et des Colonies, où il prend ses distances par rapport à la politique favorable aux colons de son prédécesseur et abroge un décret facilitant leur mainmise sur les terres. Nommé gouverneur général de l'Algérie en novembre 1860, il redevient ministre de la Marine jusqu'en 1867. Il pousse à une implantation vers l'intérieur de l'Afrique occidentale et empêche Faidherbe* d'échanger les comptoirs français du golfe de Guinée avec les Britanniques et les Portugais. Il est aussi l'un des artisans de l'implantation en Cochinchine et au Cambodge, où il encourage la mission Doudart de Lagrée (à qui il fait obtenir la médaille d'or de la Société de géographie* en 1869). De 1864 à sa mort, il participe à la direction de la Société de géographie de Paris, qu'il préside à partir de 1868. Une statue est érigée à sa mémoire rue de Marenne en 1874.

chef, chefferie Avant la période coloniale, les Européens appelaient « chef » en Afrique noire tout individu censé exercer un pouvoir sur un groupe, et « chefferie » son territoire, sans préjuger de la réalité de ses compétences. Durant la colonisation, deux types coexistent dans les mêmes conditions : les chefs « traditionnels » maintenus lorsqu'ils s'acquittent de leurs tâches, et ceux qu'a installés par l'administration, par droit « de conquête ». Les gouverneurs généraux de l'A-OF, Joost Van Vollenhoven en 1917 et Jules Brévié en 1932, les considéraient comme les intermédiaires indispensables avec les populations. À la base, les « chefs de village » devaient exécuter les ordres, collecter l'impôt de capitation et recruter des travailleurs dans leur communauté, ce qui rendait leur position ambiguë. Ils étaient intégrés dans un système de primes hiérarchisées aboutissant au « chef supérieur » (parfois un ancien roi), en passant par le « chef de canton ». Considérée comme un rouage essentiel de la domination coloniale, la chefferie fut abolie en Guinée pour cette raison par Sékou Touré en 1957.

Cheikh Anta Diop Intellectuel africain (1923-1986). Né dans le canton de Diourbel au Sénégal, il fait ses études secondaires à Saint-Louis et à Dakar avant de les poursuivre en France, où il suit parallèlement deux cursus, en sciences et en lettres. Sa thèse de doctorat, rejetée en 1954 mais éditée, connaît un succès qui fait dire à Aimé Césaire* qu'il a produit « le livre le plus audacieux qu'un nègre ait jamais écrit ». En effet, il y affirme « l'antériorité de la civilisation nègre et sa parenté avec l'Égypte antique ». Finalement soutenue en 1960, cette thèse ne lui ouvre les portes de l'enseignement universitaire qu'en 1980, ce qui en fait, pour beaucoup, un martyr. Par son audace et son parcours intellectuel de militant panafricaniste*, il se situe à l'avant-garde dans la lutte pour l'affirmation de la production d'une histoire indigène débarrassée des scories des représentations occidentales. Ses prises de position à la frontière du militant et du scientifique, malgré certaines remises en cause, par exemple celle des interprétations de la civilisation égyptienne comme d'origine noire, font de lui le héraut de l'afrocentrisme et un intellectuel adulé par la jeunesse africaine en quête d'identité.

Arslan Chekib Émir druze originaire du Liban* (1869-1946). Fils d'une grande famille druze* du Mont-Liban, éduqué à Beyrouth, il est député du Hauran syrien au Parlement d'Istanbul (1913-1918). Figure cosmopolite de l'intellectuel arabe ottoman, il est, en 1918, partisan du maintien des Arabes dans l'empire musulman pour les protéger des assauts européens. Puis il prône l'indépendance de la Syrie dans le cadre de l'unité arabe et de la solidarité musulmane. Membre éminent du Congrès syro-palestinien du Caire, il y incarne la tendance antihachémite, antibritannique, proche d'Ibn Séoud et opposée à celle du Dr Chahbandar*. L'échec de la Grande Révolte syrienne (1920) fait éclater les divisions intranationalistes et il démissionne du CSP en 1927. De 1930 à 1938, il publie à Genève, avec un autre exilé syrien, la revue *la Nation arabe,* qui a un grand impact sur les nationalistes d'Afrique du Nord. Il est au centre de l'action contre le Dahir* berbère et reçoit Messali Hadj à Genève. Il meurt peu après son retour au Liban.

chemin de fer L'expansion coloniale coïncide avec l'âge du chemin de fer. Le Hanoi-Yunnan en Chine est entré dans la légende avec ses cent ponts et cent cinquante tunnels. Mais les chemins de fer ont une importance particulière en Afrique, où ils ont désenclavé l'intérieur et fait reculer le portage humain, comme le préconisait la Conférence de géographie de Bruxelles en 1876. Cependant, les deux objectifs fixés – contrôle des territoires et voie de commerce en direction des ports – furent souvent difficiles à concilier: les voies de pénétration hâtivement jetées, dès les années 1880, visaient les grands bassins intérieurs du Niger ou du Congo* mais ignoraient les grands centres de production ou de commerce, alors que les chemins de fer d'intérêt économique et industriel, jalonnant les villes et les ports, se révélaient coûteux à construire et à entretenir. La rentabilité de ces entreprises était limitée et les pouvoirs coloniaux eurent recours à l'emprunt pour financer, tronçon après tronçon, ces travaux d'infrastructure. L'A-OF compte 2 200 km en 1914, qui ont coûté 24 millions de francs à l'État, faisant de Dakar le sixième port français. Pour l'A-EF, c'est le Congo-Océan, entre Brazzaville et Pointe-Noire, qui est entré dans la légende – sombre – en raison de son coût financier (le double de celui de l'A-OF) et humain: près de 128 000 hommes, dont 20 000 meurent. Il a été dénoncé par Simenon*, Londres* et Gide*. Le mythe de la domination de la nature alimente le projet de transsaharien, qui ne sortira pas des cartons. D'autres projets, amorcés à partir de l'Afrique du Nord, ne furent jamais achevés et le programme de mise en valeur coloniale, défini en 1921 par Albert Sarraut*, servit plus à la reconstruction et à la consolidation des tronçons existants qu'à l'édification de véritables réseaux ferroviaires. À la différence de ce qui caractérise son essor en Europe et aux États-Unis, le chemin de fer n'a pas eu dans les colonies d'effet d'entraînement et de développement et il n'y a eu de réseaux que dans les colonies du Maghreb. Dans l'entre-deux-guerres, les investissements s'essoufflent. Casablanca n'est reliée à Alger qu'en 1934. L'automobile, dont le raid Citroën* a fait la gloire, prend une place grandissante, et la « révolution du camion » assouplit les conditions de circulation. Dans le sud du Sahara*, l'A-OF est privilégiée, et compte 2 300 km de routes empierrées et 3 000 véhicules en 1926, 10 000 en 1940. Au cours des années 1950, la concurrence des trafics routiers et fluviaux aboutit à une redéfinition des systèmes de transport africains. L'absence d'interconnexions régionales et l'hétérogénéité des voies et des matériels ferroviaires profitèrent aux autres modes de transport : route, biefs navigables, cabotage.

chicotte Fouet à lanières nouées en nerf de bœuf ou d'hippopotame, et, par extension, tout objet permettant de fouetter, associé à la colonisation de l'Afrique. Il concerne toutes les colonies. Son administration était l'objet d'une réglementation comme au Congo belge, qui interdisait de donner plus de vingt-cinq coups par jour à un même individu ; mais, dans la réalité, les abus étaient fréquents. Instrument de discipline, il est administré surtout par les surveillants de plantation des compagnies* concessionnaires ou les « capitas », chefs désignés par les autorités locales. Synonyme d'arbitraire, la chicotte, associée aux pratiques esclavagistes et au travail forcé, est devenue le symbole de la violence coloniale, dégradante pour les victimes mais signe aussi de dépravation des colons*, exerçant, sans contrôle de la métropole, leur pouvoir de coercition.

christianisme, missions, colonisation

Liens et distinctions

Le mot mission, au sens de moyens mobilisés par les Églises afin de diffuser le message chrétien, est apparu à l'époque moderne. Jusque-là, les Églises de l'Antiquité avaient pré-

féré parler de «témoignage» et celles du Moyen Âge de «dilatation du royaume de Dieu». L'émergence de l'idée de mission correspond à la volonté de se démarquer du modèle de la croisade pour proposer une forme pacifique d'évangélisation. Élaboré au XVIe siècle au sein de la compagnie de Jésus, le modèle entend organiser de manière méthodique la reconquête des populations passées au protestantisme ou christianisées de manière superficielle (mission intérieure) et la conquête spirituelle des peuples découverts (mission extérieure). Ces deux objectifs sont contenus dans la définition donnée par la première édition du dictionnaire de l'Académie en 1694 : «*Mission*. Est aussi un terme collectif, qui se dit des Prestres Seculiers ou Reguliers employez en quelque endroit, soit pour la conversion des Infidelles, soit pour l'instruction des Chrestiens.»

À travers la colonisation

Les premières missions sont placées au XVIe siècle sous l'autorité du pape mais celui-ci délègue aux souverains ibériques le soin de les financer, transporter, installer dans les colonies (système du *padroado*). Cette première expérience se solde par la prédominance du pouvoir politique, débouche sur des conflits et conduit Rome à reprendre la direction et le contrôle. La création en 1622 d'un ministère des missions au sein du gouvernement de l'Église appelé Congrégation pour la propagation de la foi (*Propaganda fide*) traduit cette reprise en main. Elle s'accompagne d'un programme fondé sur trois objectifs : priorité à la formation d'un clergé indigène, indépendance à l'égard des pouvoirs politiques européens ou locaux, recherche d'une autosuffisance financière. Le modèle missionnaire catholique sera donc caractérisé par sa centralisation et sa subordination exclusive à Rome. La papauté répartit les territoires entre les congrégations, nomme les chefs de mission (préfets ou vicaires apostoliques), donne des instructions, légifère en matière de droit canonique pour définir ce qui est permis, toléré, interdit, approuve ou sanctionne l'action menée sur la base de rapports annuels et quinquennaux.

Le mouvement missionnaire protestant se développe à une date plus tardive, essentiellement pour des raisons théologiques. Il prend consistance à la fin du XVIIIe siècle au sein des mouvements dits de « réveil » qui font de la mission le prolongement naturel et nécessaire de la rencontre de Dieu par le croyant. Il se manifeste par la naissance de multiples sociétés missionnaires, autonomes et liées à des Églises établies, ou indépendantes et sans rattachement à une Église particulière. Le foisonnement d'initiatives, en Europe puis aux États-Unis, contraste avec la centralisation uniformisatrice du catholicisme. Néanmoins, les risques de concurrence entre missions incitent celles-ci à passer des accords de gré à gré pour se répartir les zones à christianiser et offrir un front unique face aux catholiques. La prise de conscience des effets pervers des divisions est une des raisons qui poussent les Églises protestantes sur la voie d'un œcuménisme intraprotestant à partir de 1908 (Conférence missionnaire d'Édimbourg).

La mission extérieure se trouve d'emblée confrontée à la question de la colonisation puisque ses premiers destinataires vivent sur les territoires conquis au XVIe siècle (Amériques, Philippines, Indes portugaises...). Sa légitimité est l'objet dans l'Espagne de Charles Quint d'une vive controverse qui oppose trois points de vue. Le chanoine Sepulveda (1490-1573) justifie la conquête coloniale par la lutte contre la barbarie et l'évangélisation des populations, deux conditions nécessaires au salut. Dans un raisonnement inspiré de la guerre juste, il légitime le moyen par la fin. Le dominicain Bartolomeo Las Casas (1474-1566), ancien colon, conclut à l'opposé à l'incompatibilité des deux projets. « Les Espagnols, oubliant qu'ils étaient hommes, ont traité des innocentes créatures avec une cruauté digne des loups, des tigres et des lions affamés... On garantit comme une chose certaine que les Espagnols ont fait mourir par leur inhumaine et atroce politique douze millions de personnes, hommes, femmes et enfants; mais j'en estime le nombre à plus de quinze millions » (*Mémoires*). « L'animal n'est pas celui qu'on croit. Le vrai croyant non plus, ils n'ont connu d'autre dieu que l'or ». S'adressant au roi d'Espagne, il affirme : « Votre Majesté n'est le souverain des Indiens qu'autant qu'ils veulent bien s'engager à la reconnaître; sans cette condition, ils ne sont pas ses sujets » et revendique la constitution de territoires ecclésiastiques placés sous l'autorité exclusive des missionnaires. Il en naîtra les fameuses réductions. Enfin, le grand théologien de Salamanque, également dominicain, Francisco de Vitoria (1483-1546), subordonne la colonisation à deux conditions principales : la nécessité de mettre à la disposition de tous les hommes les richesses non exploitées par les indigènes et l'obligation de garantir partout la liberté de prédication du christianisme. Il développe cette thèse peu de temps après la conquête de l'Amérique et sans se prononcer explicitement sur la légitimité d'une colonisation qui se maintiendrait dès lors que les deux conditions avancées sont remplies. Ses héritiers retiendront que la colonisation est justifiée à certaines conditions, sans s'interroger sur son terme.

Un consensus s'est donc établi dans le christianisme pour admettre la colonisation comme une tutelle légitime dès lors qu'elle respecte certaines exigences morales, contribue à l'action missionnaire, concourt à l'éducation des populations. Il n'est pas mis en cause par la deuxième vague impériale européenne du XIXe siècle. Les autorités religieuses voient dans l'expansion une occasion historique, providentielle, pour évangéliser de nouvelles régions du monde. Sans se prononcer par des déclaration officielles sur la légitimité des conquêtes (il n'existe pas d'encyclique pontificale consacrée à la question coloniale), les Églises considèrent la colonisation comme un fait accompli, globalement positif, enseignent l'obéissance aux autorités, revendiquent la liberté de prédication et la sécurité pour leurs missions (inscrites dans l'article 6 de la conférence de Berlin*, qui fixe les règles du jeu dans le bassin du Congo en 1885). En retour, les sociétés missionnaires proposent leurs services aux États colonisateurs et deviennent les agents de la moralisation et du progrès social. En somme, les missions voient dans le cadre colonial le moyen de construire de nouvelles sociétés chrétiennes et de démontrer la supériorité du christianisme en matière de civilisation. Favorables à une division des tâches, elles recherchent une collaboration qui leur confie la direction morale et spirituelle des sociétés indigènes.

La lutte contre l'esclavage s'inscrit dans cette même perspective. Celui-ci, longtemps admis par la théologie chrétienne, qui s'en tenait à Aristote et à la scolastique médiévale, et se contentait d'un traitement « humain » et du baptême, apparaît incompatible avec la christianisation autour de 1800. Les campagnes abolitionnistes lancées par les missionnaires protestants* en Angleterre font tache d'huile, rejoignent la contestation au nom des droits de l'homme, obtiennent l'abolition dans les colonies britanniques (1835), puis françaises (1848). La lutte contre l'esclavage, désormais associé aux musulmans, devient une croisade humanitaire et le symbole de l'action civilisatrice du christianisme.

Réunis par l'histoire, le mouvement colonial et le mouvement missionnaire vivent donc le plus souvent sous le régime de l'association, parfois de l'alliance officielle (convention entre le Saint-Siège et la Belgique pour le Congo en 1906 ; accord missionnaire avec le Portugal en 1940). La propagande de chacun des acteurs célèbre avec emphase cette union, particulièrement à l'occasion des expositions coloniales, au point que les divergences de stratégie et d'objectifs à long terme sont reléguées à l'arrière-plan. Mgr Verdier, primat des Gaules, est à l'unisson des officiels en 1931. « L'intérêt humain, l'intérêt national, l'intérêt chrétien se rejoignent et s'unissent. Quel hommage a été rendu ici au génie colonisateur de notre France », s'écrie-t-il dans le *Te Deum* qui clôt l'Exposition. Le cardinal exalte aussi ce génie à l'occasion de la création de la cathédrale du « souvenir africain » à Dakar, dédiée « à la mémoire de tous les héros de l'épopée africaine, explorateurs, missionnaires, soldats, marins, administrateurs, commerçants, morts là-bas au service de la France, les uns en répandant glorieusement leur sang, les autres victimes ignorées de leur dévouement au pays ».

Dieu et César

Pourtant, une compétition entre deux logiques divergentes est évidente. Le premier conflit a pour terrain l'autorité exercée sur les populations. Il se règle dans un premier temps au profit des missions. L'incapacité des puissances à assurer un encadrement laisse le champ libre aux œuvres missionnaires. Mais l'administration coloniale et la mission entrent en concurrence pour imposer leurs écoles, leurs services et, au-delà, leur autorité et leurs valeurs. Une deuxième ligne de démarcation a pour origine le caractère national propre à toute colonisation alors que les missions, catholiques ou protestantes, prétendent implanter des Églises supranationales. La Première Guerre mondiale met en évidence les graves dérives qui découlent de la confusion entre missions et intérêts nationaux (encyclique *Maximum* Illud*). Une troisième divergence concerne la nature des relations que les acteurs cherchent à nouer avec les populations. L'efficacité de l'entreprise de christianisation suppose que la présence missionnaire soit acceptée, et même désirée par les populations. La réussite de la mission, sans éliminer les préjugés raciaux ni empêcher le recours à des méthodes coercitives, implique une proximité et favorise une familiarité, imprégnée de paternalisme, qui conduit les missionnaires à valoriser les indigènes et à défendre leurs intérêts. Enfin, et c'est sans doute la principale différence, la mission a pour objectif essentiel l'édification d'Églises indigènes, dotées de cadres indigènes, appelées à terme à assurer leurs propres besoins et à devenir à leur tour missionnaires. Contrairement à la colonisation, la réussite de la mission conduit à son dépassement et à la passation des pouvoirs. Parfois renvoyée à une perspective éloignée, dans « plusieurs générations », la création d'Églises protestantes autonomes ou d'un clergé catholique indigène responsable devient effectivement une priorité pour les autorités missionnaires après la Première Guerre mondiale. Si elle met du temps à s'imposer comme une urgence à tous les missionnaires de terrain, elle est inscrite à terme dans la stratégie.

Projet essentiellement religieux, centré sur le salut des âmes, celle du missionnaire comme celle du païen, la mission ne sépare pas conversion et civilisation. En 1846, pour le père Libermann, le refondateur de la congrégation missionnaire du Saint-Esprit, pas de christianisme sans civilisation, pas de civilisation sans christianisme. Sans doute, selon leur culture d'origine, certaines missions associent-elles plutôt la civilisation chrétienne à des sociétés rurales (catholicisme) alors que d'autres valorisent le développement du commerce (protestants), mais toutes rêvent de faire surgir, à l'échelle locale du village ou à l'échelle nationale du royaume, une société indigène fondée sur les valeurs chrétiennes. Dans cette perspective, la prédication est inséparable des œuvres, en particulier écoles, dispensaires, asiles, mais aussi formation professionnelle, voire action économique par le biais de plantations, de briqueteries, de menuiseries... Les œuvres sont le moyen d'entrer en contact avec les populations, de montrer concrètement l'apport du christianisme, de diffuser le message. La mission acquiert donc une forte visibilité. Elle se matérialise dans un espace particulier (on va « à la mission »), elle donne naissance à des complexes de bâtiments et à un tissu d'institutions qui contribuent à la transformation du paysage et des sociétés.

Mais la mission n'est pas seulement un ensemble de moyens et de personnels mobilisés en un lieu donné pour constituer une communauté de croyants civilisés. Elle tisse aussi une vaste toile qui insère les nouvelles Églises dans un réseau international de relations et d'échanges pour financer les missions, leur procurer le personnel et le matériel nécessaire, former les cadres indigènes dont elles ont besoin, consolider et faire progresser les jeunes communautés. Congrégations missionnaires catholiques, sociétés missionnaires protestantes, associations d'aide aux missions en Europe et en Amérique du Nord préfigurent, par bien des aspects, les ONG. Elles mettent au point, dès le début du XIXe siècle, un triptyque qui ne tarde pas à prouver son efficacité en conjuguant : action sur le terrain, mobilisation à l'arrière par le recours aux moyens de communication modernes, information régulière sur l'usage des fonds et le résultat obtenu.

Décolonisation et « indigénisation » du christianisme

L'ambition missionnaire, parce qu'elle vise à englober tout l'homme et tous les hommes, ne laisse guère de place à ceux qui la refusent ou la contestent. Les missions combattent sur le terrain les religions nonchrétiennes aussi bien que les confessions chrétiennes concurrentes. Sauf cas particuliers, elles ne réussissent cependant pas à obtenir des États coloniaux une sorte de monopole qui serait en contradiction avec le droit international. La lutte contre l'islam ou l'hindouisme est d'ailleurs regardée avec méfiance par les colonisateurs.

Cette perception initiale des autres religions, largement dépréciative, n'est cependant pas générale, encore moins définitive. La fréquentation des populations conduit quelques missionnaires à adopter une approche plus ouverte des religions traditionnelles, de l'islam ou de l'hindouisme. Leur point de vue, longtemps minoritaire, commence à s'affirmer dans l'entre-deux-guerres (conférence de Jérusalem des missions protestantes en 1928; travaux de Massignon* sur l'islam). Il devient majoritaire à la fin de l'ère coloniale et permet l'instauration d'un dialogue interreligieux (concile Vatican II en 1965).

La perspective de la décolonisation* ne pose pas après la Seconde Guerre mondiale de problème théorique majeur aux Églises missionnaires. De même que la colonisation avait semblé une occasion historique à saisir, de même la décolonisation paraît une phase nouvelle et normale de l'évolution, dès lors qu'elle ne met pas en danger l'avenir des Églises autochtones. Elle offre en Afrique noire l'occasion de porter à la tête des jeunes États les élites formées dans les écoles des missions, c'est-à-dire la quasi-totalité des pères de la nation. Le débat porte surtout sur le calendrier et l'opportunité des indépendances, et sur le risque de favoriser l'accès au pouvoir de communistes. Néanmoins, la contestation de l'impérialisme colonial, le regard critique porté par l'anthropologie* et la fin de la croyance dans la supériorité de la civilisation occidentale trouvent leur prolongement dans une contestation radicale de la mission, qui paie les alliances passées avec les colonisateurs. Les appels à la « dé-mission », et surtout la crise spectaculaire de recrutement qui touche la plupart des sociétés missionnaires, obligent après 1960 à redéfinir les liens entre Églises mères et filles, à s'interroger à nouveau sur la légitimité et les objectifs de la mission dans ce qui est devenu le tiers-monde. Dans les années 1950-1960, l'engagement de nombre de missionnaires et de chrétiens pour le développement des anciens pays colonisés, visible dans les initiatives des réseaux missionnaires en faveur de la coopération ou la fondation d'ONG catholiques et protestantes puissantes, atteste que cette histoire n'a pas seulement changé la géographie religieuse mais aussi largement influencé la perception de l'autre et le rapport à l'autre, colonisé ou décolonisé.

christianisme et décolonisation Longtemps associée à l'expansion, l'Église catholique prend progressivement ses distances. Le Vatican pousse dans ce sens. En 1919, une lettre apostolique insiste sur la nécessité de former le clergé et la hiérarchie indigènes et critique les insuffisances des missions en la matière. Les encycliques *Maximum* illud* de 1919 et *Rerum Ecclesiae* de 1926 dissocient le royaume de Dieu et celui de César. Le pape Benoît XV voit dans la confusion entre les intérêts des puissances coloniales et ceux de l'Église la « peste la plus affreuse ». D'importantes études théologiques s'attachent à accorder la doctrine avec les transformations du monde : celle du père Délos, qui pose en 1930 la question : « l'expansion coloniale est-elle légitime ? », la thèse de Joseph Folliet en 1931 sur *le Droit de colonisation*. Ces interrogations sont assorties, comme le souligne le père Bruno de Solages, d'une réflexion sur les *Devoirs, droits et responsabilités des puissances coloniales*.

Pie XII reconnaît le droit des peuples colonisés à l'émancipation politique à Noël 1954. Jean XXIII affirme au IIe congrès mondial des Écrivains et Artistes noirs que « l'Église ne s'identifie à aucune culture, pas même à la culture occidentale à laquelle pourtant son histoire est étroitement mêlée car sa mission est d'un autre ordre, celui du salut religieux de l'homme ».

Du côté protestant*, en France, le statut de minorité a favorisé une attention et une sensibilité particulières aux abus coloniaux, et l'engagement en faveur des mouvements de libération a été facilité par la moindre imbrication dans les affaires politiques.

Chez les fidèles, on trouve un large éventail d'opinions, allant de l'esprit de croisade, de la défense de l'Occident chrétien au respect de l'humanité des colonisés et au soutien aux nationalismes. Le courant progressiste chrétien, fondé sur la lutte contre le fascisme et sur la question sociale, a accordé une grande importance au droit des peuples. Dans la période des décolonisations, il a alimenté une protestation contre la répression, en particulier autour de *Témoignage chrétien, Esprit,* des prêtres de la Mission, de Robert Barrat et André Mandouze*. François Mauriac* y apporte son talent et son autorité. Durant la guerre* d'Algérie, ce catholicisme a été une des composantes de l'anticolonialisme* radical. Mais l'expérience la plus remarquable de la décolonisation du christianisme est le choix, fait par quelques membres du clergé français, dont certains évêques, de devenir algériens. À partir d'une réévaluation du rôle de l'Église dans une société non chrétienne, ce choix est assorti d'un renoncement à la conversion au profit du témoignage. « Le Saint-Esprit agit en dehors des limites visibles de l'Église, et le chrétien peut être enrichi par le dialogue avec l'autre, apprendre de lui sur le message évangélique. L'Église doit vivre avec et pour les hommes, et l'Église n'a, en aucune manière, la prétention de s'imposer, ni d'imposer quoi que ce soit dans la vie de l'Algérie », affirme un successeur du cardinal Lavigerie*, Mgr Duval.

Cette capacité de rompre le cordon ombilical pour rester fidèle à l'idéal évangélique ne représente certes pas toute la chrétienté ni tout le christianisme. Et le résultat peut sembler dérisoire, quand on sait que les islamistes ont fait des moines et évêques algériens leur cible. Mais le christianisme est confronté par le tiers-monde à des défis nouveaux. Si la théologie de la libération a été surtout latino-américaine, les problèmes qu'elle pose intéressent les croyants de tous les continents. Les remous suscités par le livre du jésuite Jacques Dupuis, *Vers une théologie chrétienne du pluralisme religieux* en 1998, les accusations de relativisme dont il est l'objet, en raison de la reconnaissance du fait que les autres traditions religieuses ont leurs propres figures du salut et leurs propres écritures saintes, sont un exemple de l'acuité de ces défis. Ces facettes nouvelles de l'éternelle tension entre la fidélité à la tradition et l'adaptation au monde prennent aujourd'hui le pas sur les controverses entre théologiens européens.

Cilicie Selon les accords Sykes-Picot*, cette plaine du sud de l'Anatolie revenait à la France, qui comptait y développer ses intérêts économiques (culture du coton) et culturels (dans le souvenir du royaume médiéval de Petite Arménie). En 1919, pour affaiblir l'élément turc, les premiers administrateurs français y favorisent l'installation des réfugiés arméniens dispersés dans tout le Levant par les massacres de 1915, et s'appuient sur une Légion arménienne qui est une source importante de tensions. Mais cette politique se heurte à l'État turc. Les moyens militaires que la France peut consentir sont trop limités. Le mandat* est placé devant une alternative : sacrifier la Cilicie ou tenir l'essentiel (Syrie et Liban*). Une série de défaites militaires précipite l'abandon de la Cilicie en octobre 1921.

les **Cinq Dragons** (1919-1923) Nom donné aux cinq Vietnamiens regroupés à Paris autour du lettré Phan Chu Trinh et de l'avocat Phan Van Truong. Nguyen The Truyen, Nguyen Tat Thanh alias Nguyen Ai Quoc (Hô* Chi Minh) et Nguyen* An Ninh rejoignirent leurs deux aînés après la guerre 1914-1918 et le groupe se dispersa en 1923. Leur présence en France s'inscrivait dans le courant de migration appelé *Tay zu* (« le voyage à l'Ouest ») qui se substitua au *Dong zu* (« le voyage à l'Est ») que le lettré Phan* Boi Chau avait initié et qui conduisit les jeunes Vietnamiens au Japon jusqu'en 1908.

Phan Chu Trinh (1872-1926), lettré et très brièvement mandarin*, participa au mouvement Zuy* Tan (« Modernité ») et Minh Tan (« Lumière nouvelle »), et, en 1906, en appela à la France républicaine pour qu'elle mette fin à la monarchie sclérosée et au mandarinat archaïque et oppresseur. Emprisonné au bagne de Poulo* Condor en 1908, il en fut sauvé par ses amis français et la Ligue* des droits de l'homme et admis à résider en France en 1911. Contrairement à Phan Boi Chau qui prônait l'action directe contre la domination française, Trinh misait sur les idéaux de la Révolution française et sur les libéraux et les démocrates pour réformer de façon légale et pacifique la monarchie viet et pour moderniser son pays. C'est dans ce sens qu'il agit dans la métropole jusqu'à ce qu'il perde tout espoir sur la volonté française de changer le régime colonial. En 1923, tandis que Nguyen Ai Quoc part pour Moscou se mettre au service de la IIIe Internationale, Trinh rentre au pays pour y œuvrer à l'émancipation de son peuple sans abandonner la méthode réformatrice et en prônant l'éducation. Quand il meurt, en 1926, ses compatriotes lui font de véritables funérailles nationales, non officielles.

Son compagnon de lutte de la première heure, Phan Van Truong (1875-1933), citoyen français et avocat du barreau de Paris, fut un ardent défenseur et propagateur du *quôc-ngu** tout en luttant contre le régime colonial. Évoluant vers le radicalisme politique, il traduit en quôc-ngu et publie, à Saigon, le *Manifeste du Parti communiste*. De retour en Indochine comme avocat et publiciste à Saigon, aux côtés de Nguyen An Ninh, il est condamné à la prison en 1928 et meurt à Hanoi en 1933. De même que Trinh initia Nguyen Tat Thanh à la retouche photographique, Truong corrigea les premiers écrits de Thanh en français.

Nguyen The Truyen (1878-1969), ingénieur chimiste diplômé de l'université de Toulouse, fut la troisième figure importante du groupe. Membre de l'Union intercoloniale, il joua un rôle important au journal *le Paria**, lorsque Nguyen Ai Quoc partit pour Moscou. Il se sépara du Parti communiste français pour fonder le Parti annamite de l'indépendance et poursuivit un itinéraire politique parallèle à celui de Nguyen Ai Quoc mais divergent, dans la mouvance nationaliste anticommuniste, jusqu'à sa mort en 1969 au Sud-Viêt Nam. Ce cercle des Cinq Dragons fut le laboratoire d'où le mouvement politique moderne vietnamien prit son essor.

cinéma

Le septième art et les quatre continents

Le septième art se développe à l'époque coloniale, et celle-ci y tient une place non négligeable. On peut évaluer à un peu moins de 2 % les documentaires coloniaux conservés sur le total des archives du Centre national de la cinématographie (CNC). 45 % de la production concerne le Maghreb, un quart l'Afrique noire. Parmi les thèmes dominants, le tourisme* et l'exotisme* représentent le tiers.

Dès les dernières années du XIXe siècle, des opérateurs des frères Lumière ramènent de leurs voyages au Maghreb, en Égypte, en Palestine, en Syrie, ou au Liban des « vues » – courtes bandes d'une minute environ –, des scènes pittoresques (la rue de Tlemcen par exemple). Dès 1896, les mêmes frères Lumière produisent *Baignade de nègres*, et projettent un documentaire sur la colonisation à l'Exposition universelle de 1900. Méliès lui-même réalise *le Musulman rigolo (1897)*, *la Danse du sérail*, *Ali Barbouyou* et *Ali Bouf à l'Huile*... Pendant la Première Guerre mondiale, la section cinématographique des Armées filme les soldats d'outre-mer, indochinois en particulier. Deux films muets de Franz Toussaint : *Inch Allah* (1922), *la Sultane de l'amour* (1918), puis *les Cinq Gentlemen maudits* (Luitz-Morat et P. Régnier, 1919), *Mektoub* (Jean Pinchon, 1919) donnent un premier départ au cinéma colonial. Mais on peut considérer que le véritable coup d'envoi des films liés à l'expansion ultramarine date de 1921, quand Jacques Feyder adapte *l'Atlantide* de Pierre Benoît. L'aventure, le désert*, sa fascination, les razzias, les officiers égarés dans cette immensité face à une guerrière belle et redoutable s'offrent sur le grand écran. Le thème sera repris en 1932 avec une vision plus onirique et une plongée chez les Touareg*.

Des thèmes et des héros sans surprise

Le cinéma cultive l'exotisme comme les autres arts. Dans les films de fiction, l'absence de localisation réelle fait que l'étranger est étrange, lointain, et sa représentation stéréotypée, quels que soient le lieu et l'époque. Les titres renvoient à notre imaginaire : *Mektoub* (Luitz-Morat), *Inch Allah* (Franz Toussaint), *l'Esclave blanche* (Augusto Genina), *Dans l'ombre du harem* (Léon Mathot), *Amours exotiques* (1928), *L'Afrique indomptée* (1930), *Simoun* (Firmin Gémier, 1933), *Sirocco* (Jacques Séverac, 1930)... Les bas-fonds aussi sont exotiques, et la casbah d'Alger de *Pépé le Moko*, tourné en studio par Duvivier en 1937, a l'avantage sur Marseille d'être un ailleurs plus éloigné.

Le film a aussi une vocation de propagande. Le documentaire (*le Continent mystérieux*, 1924, ramené de la croisière Citroën; *Chez les mangeurs d'hommes*, 1928), insiste plus encore sur l'arriération du colonisé et glorifie le rôle civilisateur de la France. En 1929, Jean Renoir tourne *le Bled*, commande du gouvernement pour accompagner le « Centenaire* » de l'Algérie. Son dernier film muet, qui devait s'intituler *la Prise d'Alger*, raconte l'histoire d'un jeune mondain, parti pour essayer de régler des problèmes financiers, qui découvre en Algérie le dur travail de la terre et l'amour. Un cinéma soutenu par l'État dans les années 1930 multiplie les titres : *La France est un empire* (Jean d'Agraives, 1931), *les Sentinelles de l'Empire* (1938), *Ceux de la coloniale*, *le Chemin de l'honneur*, *Trois de Saint-Cyr* (1939) où l'on exalte la bravoure et la grandeur morale. Léon Poirier, l'auteur de *la Croisière noire*, réalise un film sur *Brazza ou l'Épopée du Congo* (1939) – dont « le courage peut servir d'exemple au monde » – et un autre sur le père de Foucauld, *l'Appel du silence* (1936), un des grands succès du temps. Autre thème colonial : la présence de Rome et du christianisme bien avant l'islam, tard venu. Julien Duvivier utilise dans une scène des *Cinq Gentlemen maudits* (1931) les ruines de Volubilis au Maroc pour rappeler l'ancienneté de cette présence. Puis il tourne en pays d'islam *Golgotha* sur un scénario écrit par le créateur du Comité catholique du cinéma, Joseph Raymond.

La gloire militaire fait recette. En 1935, le mythe du légionnaire – tête brûlée mais brave devant l'ennemi – est exalté dans *la Bandera* (Julien Duvivier). *Les Réprouvés* (Jacques Séverac, 1936) met en scène la vaillance des bat* d'Af contre des « dissidents ». *La Grande Inconnue* (1939) montre les légionnaires dans des travaux quotidiens pacifiques, la construction de routes... La même année, un film de Christian-Jaque, *Un de la Légion*, voit un petit-bourgeois (Fernandel) se transformer en soldat couvert de gloire. Ce film marque une nouveauté avec un traitement comique de la légende. Cependant, rares sont les films inscrits dans cette veine, comme *Tartarin de Tarascon* de Marcel Pagnol (1934). Affaire sérieuse, l'empire forge *les Hommes nouveaux* (Marcel L'Herbier, 1936). L'action se déroule au Maroc avec la figure de Lyautey. Le Maroc, perle de l'outre-mer, est un lieu de tournage privilégié : près de 40 films entre 1930 et 1938.

Amours

Le thème du gynécée, reprenant celui des *Mille et une nuits*, par exemple avec *Dans l'ombre du harem* de Léon Mathot (1928), est un classique. Sensuelles et envoûtantes, les femmes* sont, comme dans *Daïnah la métisse*, perfides plus souvent que positives. Julien Duvivier met en scène les filles de joie dans *Pépé le Moko* et *la Bandera*. La plupart des films montrent deux mondes qui ne fusionnent pas, et n'ont de contacts qu'à la marge. Dans les amours contrariées entre Européenne et indigène, c'est l'opposition irréductible entre deux civilisations qui est mise en avant, comme dans *Visages voilés, âmes closes* (Henri Roussel, 1921), où une jeune Française mesure ce qui la sépare du caïd qu'elle aime. *L'Esclave blanche* (Augusto Genina, 1927) est le récit tragique d'une Française ayant épousé un cheikh et apprenant l'existence d'une épouse musulmane. Dans *la Croix du Sud* (André Hugon, né à Alger, 1931), l'amour du chef targui et de Madeleine – qu'il a sauvée des pillards – est impossible car ils appartiennent à deux mondes bien distincts. C'est le même réalisateur qui produit en 1926 *Yasmina*, histoire, pour une fois, à dénouement heureux d'une jeune fille de père arabe et mère française mariée à un vieil homme, qui aime et est aimée d'un jeune médecin européen. Le plus souvent, les indigènes demeurent des « sauvages ». C'est le cas, dans les années 1920, de la mise en scène du corps* du danseur et acteur Habib Benglia, qui a tourné dans de nombreux films, et dont la critique salue la « grâce animale ». L'Oriental peut parfois aussi séduire l'âme, tel *le Cheikh*, immortalisé par Rudolph Valentino (Georges Melford, 1921). *Le Fils du cheikh,* en 1926, dernier film du symbole sexuel, est censé se dérouler à Touggourt.

Du figurant à l'intrusion du colonisé

Mais, hors quelques rôles, le colonisé est le plus souvent éliminé de l'écran. Les rares héros positifs sont presque toujours joués par un interprète européen : Annabella dans *la Bandera*, ou Ramon Novarro dans *l'Arabe.* À l'exception de certaines productions : *Samba,* d'un réalisateur inconnu, présenté en 1929 par la Compagnie coloniale du film et les Sélections cinématographiques Maurice Rouhier, réputé pour être le premier film entièrement tourné par des Noirs, décrit – à travers une histoire d'amour – la vie quotidienne des années 1920. Samama Chikli introduit en 1897 le cinéma en Tunisie, réalise des documentaires sur Tunis (1907) et produit en 1924 *Ghézal la fille de Carthage*. Exception aussi, *la Rose du souk* (de Jacques Severac et Mohammed Mammeri en 1930), tournée à Marrakech – le premier film parlant arabe et qui sera rebaptisé *Sirocco* pour le public français.

Un tournant s'opère cependant à partir des années 1930. À côté des certitudes confortables *(l'Île des démons,* 1935, *le Gong ou la Danse des vierges,* 1935*),* le cinéma traduit les premiers doutes. Ses héros sont moins clairs et moins limpides : ils défendent une société qui les a mis très souvent au ban et rachètent leurs fautes envers elle. Car la colonie est aussi un exil, où vivent les marginaux à la Gabin, les exclus de la vie sociale, qui se retrouvent avec ceux de la Légion*, porteurs parfois d'une blessure d'amour : c'est le cas du héros du *Grand Jeu* (Jacques Feyder, 1934), avec Pierre Richard-Willm.

En face, le colonisé ne peut demeurer indéfiniment dans l'ombre. Il représente une menace. *Sous le ciel d'Orient* (Fred Leroy-Granville, 1927) montre un agitateur fourbe. En 1939, Jacques de Baroncelli tourne *l'Homme du Niger*, où le héros venu apporter la civilisation est abattu lâchement par un Noir. C'est une prostituée « indigène » et un policier arabe qui causent la perte de *Pépé le Moko.* Cette vision de l'autre joue le même rôle que le western américain. La « conquête de l'Ouest », le grand mythe des États-Unis, a traité les

Indiens sur un mode comparable à celui de l'« indigène » des colonies européennes, rappelant ainsi l'origine coloniale de la grande puissance.

Quelques scénarios montrent une autre réalité : *Itto* (1934) met en scène des tribus de l'Atlas et deux familles déchirées entre l'allégeance et le refus du colonisateur. L'épouse d'un médecin européen représente l'image de la réconciliation en recueillant le bébé d'une jeune rebelle. C'est la glorification de la femme donnant la vie. La mixité « raciale » est perçue moins négativement dans *la Maison du Maltais*, qui met en scène les amours malheureuses de Matteo, épris d'une prostituée tunisienne ; de même *Bourrasque* (Pierre Billon, 1935) traduit une évolution dans le regard porté sur les colonisés à travers l'amour entre un jeune Français et une jeune Algérienne. *Occident*, dans sa version de 1937 (Henri Fescourt), relate l'amour d'un officier métropolitain et d'une indigène « évoluée » (inscrite à la Sorbonne) dont les parents ont été massacrés par un chef de rezzou.

Les décolonisations

C'est après la Seconde Guerre mondiale surtout que l'évolution est sensible : montée du nationalisme, acuité des problèmes économiques et sociaux entraînent un autre regard. En 1951, René Vautier* réalise dans la semi-clandestinité *Afrique 50*, aussitôt saisi et censuré. À l'origine documentaire sur la vie villageoise commandé par la Ligue de l'enseignement, il devient un dossier accablant, interdit durant quarante ans. *Les statues meurent aussi* d'Alain Resnais* et Chris Marker (1953) subit aussi la censure. En 1954, Jean Rouch* tourne *les Maîtres fous* sur les travailleurs migrants en Gold Coast, mais le film, très controversé quand il est projeté au musée de l'Homme, ne sera jamais commercialisé. Ses films ethnographiques sont confidentiels hors du milieu des spécialistes. Car le grand public se reconnaît plutôt dans *Mogambo* de John Ford en 1953, où Ava Gardner et Grace Kelly se disputent Clark Gable dans une jungle où ne manquent aucun animal ni aucun sauvage du bon vieux temps. Le cinéma indépendant a toujours inquiété l'administration coloniale, qui ne se prive pas de censurer outre-mer des films susceptibles de porter atteinte à l'image du maître, même involontairement. En 1938, *Tempête sur l'Asie*, bien que présentant des personnages français positifs, est interdit parce qu'il traite de la révolte. Les rapports soulignent que les scènes crues suscitent l'hilarité des Asiatiques. Au Tonkin, avec 27 salles de cinéma en 1932, dans l'Annam – avec 11 salles –, en Cochinchine – avec 13 salles – mais aussi en prenant en compte les projectionnistes ambulants, la passion du public ne peut que conforter cette inquiétude.

Pourtant, les décolonisations ne sont abordées que rarement. La guerre d'Indochine n'est pas évoquée avant 1957, année où sortent *Mort en fraude* de Marcel Camus, adapté d'un roman de Jean Hougron, montrant l'Indochine dans la guerre et le cheminement d'un jeune Français pour comprendre les « indigènes », et *Patrouille de choc* de Claude Bernard-Aubert, histoire d'une petite unité encerclée par les Vietnamiens. Intitulé au départ *Patrouille sans espoir*, le film a dû subir des retouches imposées par l'armée. Mais il faut attendre 1965 pour que sorte le film majeur de la guerre d'Indochine, *la 317e Section* de Pierre Schœndoerffer.

Pendant la guerre* d'Algérie, la censure repousse à la fin du conflit les quelques films y touchant. Le septième art en métropole est soumis à une surveillance étroite. *Le Petit Soldat* de Jean-Luc Godard est interdit en 1959 pour « apologie de la désertion ». Mais la censure n'explique pas tout : le cinéma français a du mal, à la différence du cinéma américain, à rendre compte du fait colonial et des drames qui en découlent. Alain Delon figure le soldat perdu des causes désespérées dans *l'Insoumis* (Alain Cavalier, 1964), qui n'a pas eu un grand succès. Il faut attendre 1970 pour qu'*Élise ou la Vraie Vie* (Michel Drach) évoque avec pudeur l'existence difficile des Maghrébins en France. La satire est un mode plus fréquent.

Plus tard, *la Victoire en chantant* de Jean-Jacques Annaud (1976), *Coup de Torchon* de Bertrand Tavernier (adapté d'un polar de Jim Thompson qui peint les petits blancs* du sud des États-Unis) détruisent les images d'Épinal. Au contraire, en 1984, Alain Corneau dans *Fort Saganne* restitue l'aventure militaire dans les territoires sahariens, prouvant que le mythe demeure.

L'exploration des relations entre mémoire et histoire coloniale commence avec *Chocolat* de Claire Denis (1988), puis *Indochine* de Michel Wargnier. *Chocolat*, film autobiographique, croise deux regards sur la colonisation et la décolonisation à deux périodes différentes de la vie d'une femme. Le film peint l'Ouest africain à travers la mémoire de la jeune France et le regard de Protée, le « boy » de la famille. La petite fille, qui le traite comme compagnon de jeu et subalterne, déroge parfois et se laisse aller aux délices du décivilisé en croquant des fourmis sur sa tartine de beurre ! Un cinéma inspiré par l'Algérie française reprend aussi ce thème de la mémoire, comme les films d'Alexandre Arcady dont *le Coup de sirocco* sorti en 1979 rend bien compte. Les années 1980 voient émerger des aspects postcoloniaux de la société française avec les migrations, les relations interculturelles… Le succès actuel du film *Indigènes* de Rachid Bouchareb, sorti en 2006, par exemple, fait apparaître au premier plan le regard des descendants de colonisés sur les « tirailleurs » qui ont participé aux deux guerres mondiales et sur la société française. Quant au film *Mon colonel* de Laurent Herbiet sorti en novembre 2006, il rappelle le lourd passé de la guerre d'Algérie.

Georges Clemenceau Homme politique français (1841-1929). Médecin, député et leader radical de 1870 à 1920, il s'oppose aux « folles entreprises » en Égypte et en Tunisie en 1881, pour ne pas affaiblir la France face à l'Allemagne. « Tombeur de ministères », il contribue à la chute de Ferry* après l'échec de Lang* Son, en 1885. Compromis dans le boulangisme puis dans le scandale de Panamá, il revient comme sénateur durant l'affaire Dreyfus et, président du Conseil à poigne en 1906-1909, gère l'empire, prépare la conquête du Maroc. Avec Georges Leygues, Clemenceau demande en 1915, au nom du « loyalisme » des populations, la mise en place de réformes en Algérie. Rappelé au pouvoir en 1917, il se heurte au groupe de pression colonial, qui limite tout changement politique, et qui empêche en particulier l'octroi de la citoyenneté aux élites musulmanes algériennes en 1919.

Clipperton Bien que découvert en 1701, d'abord nommé île de la Passion, cet atoll désert à 1 300 kilomètres au sud de la côte mexicaine n'est occupé au nom de Napoléon III* qu'en 1858. Son histoire mouvementée lui doit des surnoms tels qu'« île de la désolation, de l'oubli »... Après l'épuisement des réserves de guano, son intérêt tient à son domaine maritime. Un décret du 12 juin 1936 l'a rattaché au gouvernement des Établissements français d'Océanie*. En 1986, il dépend du haut-commissaire en Polynésie française. Une station météorologique y est en place depuis 1980.

Cochinchine Située au sud-ouest du Viêt Nam*, en bordure du golfe du Siam et de la mer de Chine méridionale, elle couvre la région du delta du Mékong. La principale ville est Hô Chi Minh-Ville (ancienne Saigon). Conquise par les Khmers, la Cochinchine passe sous le contrôle de l'Annam aux XVIIe-XVIIIe siècles. En 1867, elle est annexée par la France. République autonome de 1946 à 1949, elle est unie au Viêt Nam. En 1954, elle fait partie du Viêt Nam du Sud, et est intégrée en 1975 à la république socialiste du Viêt Nam.

colonie De l'Antiquité au XXe siècle, le mot a désigné deux types d'établissement: la colonie de peuplement et la colonie d'exploitation. Le premier implique appropriation et occupation du sol, arrivée en masse d'immigrants et de capitaux, donnant naissance à une société capable de se diriger elle-même. À l'exemple de la colonie grecque, la colonie de peuplement entretient des liens filiaux avec sa métropole. Les États-Unis, le Canada, l'Australie et la Nouvelle-Zélande en ont été les prototypes. Le second type n'implique pas de peuplement. Comme la colonie romaine, sans existence propre, la colonie d'exploitation est subordonnée politiquement et économiquement à la métropole. C'est le cas des colonies françaises d'Asie et d'Afrique noire. Dans toute typologie, il y a des cas hybrides : l'Algérie est une colonie mixte, où une forte minorité européenne accapare les meilleures terres. Après la Seconde Guerre mondiale, le mot disparaît du vocabulaire officiel, signe de l'ampleur de la contestation par les colonisés, les colonies devenant départements ou territoires d'outre-mer. Le terme décolonisation s'impose dans les années 1950.

colonisation pénale Au sens restreint, il s'agit d'une politique menée au sein des bagnes coloniaux fondée sur les mises en concessions, les mariages et les regroupements familiaux des condamnés et des libérés. Au sens large, cette forme de colonisation d'État a contribué à peupler des colonies, la Guyane* et surtout la Nouvelle-Calédonie*, avec des femmes et des hommes condamnés de droit commun ou politiques, mais aussi avec des fonctionnaires de l'administration pénitentiaire militaires ou civils et leurs familles. Elle a aussi assuré le développement de ces colonies par un important budget affecté aux infrastructures, et par le travail et les savoir-faire des condamnés mis à la disposition des entrepreneurs privés, des colons, des compagnies minières ou des ateliers et fermes pénitentiaires. Dans les faits, le projet de colonisation pénale a été supplanté par la notion de peine coloniale, car la sauvegarde de la société française de métropole a toujours prévalu sur les intérêts des colonies. Il s'agissait avant tout de répondre à la criminalité et à la délinquance françaises par l'éloignement des politiques à partir de 1850, des criminels à partir de 1852, puis des délinquants récidivistes à partir de 1885. Sur le court terme, au regard des sommes investies et des populations déplacées (plus de 120 000 condamnés vers la Guyane et la Nouvelle-Calédonie), la colonisation pénale en tant que forme de colonisation est perçue comme un échec. Mais à l'échelle de la Nouvelle-Calédonie, plus que de la Guyane, au regard de la faiblesse des chiffres de populations venues dans le même temps au titre de la colonisation libre, la colonisation pénale, sur le long terme, peut être considérée comme la principale source de peuplement de la colonie.

colonne militaire La conquête des pays dépourvus de routes ou d'animaux de bât en raison de maladies tropicales entraîne la levée, souvent forcée, de porteurs, et la pénétration en territoire dit insoumis se fait le plus souvent en colonne d'infanterie. Ce dispositif permet de couvrir les flancs d'une colonne divisée en trois échelons, le dernier pouvant comporter un soutien d'artillerie.

Certaines colonnes légères ont respecté les populations, notamment la mission d'exploration du capitaine d'infanterie de marine Paul-Louis Monteil, qui réussit le raid Bamako-Tripoli, en 1890-1892, sans avoir tiré un coup de feu. En revanche, en dehors d'autres colonnes célèbres telles celles des missions Largeau, Gentil ou Marchand* (Fachoda), certaines ont laissé des souvenirs douloureux. Au cours de la répression de la révolte algérienne de 1871, en Kabylie, celle du colonel Fourchaud évoque par ses méthodes les colonnes infernales du général Tureau lors des guerres de Vendée. La même attitude concerne la célèbre colonne Voulet-Chanoine* en 1899. Après les conquêtes du Dahomey (colonne Dodds), du Tonkin et de Madagascar, les plus importantes colonnes réunies par portage sous commandement français ont été celles de la conquête du Cameroun allemand, en 1914-1915.

colons

Petits blancs et « Français majorés »

Le terme de colon désigne un expatrié outre-mer propriétaire d'une terre – soit allotie, soit acquise – qu'il cultive. Il s'est étendu à tous les habitants appartenant à la société dominante, les coloniaux. Au « temps béni des colonies » qu'a chanté Michel Sardou, l'histoire de la colonisation se confondait avec la leur. Depuis les indépendances, les historiens se sont intéressés d'abord aux colonisés et ce sont surtout les associations de rapatriés qui ont cultivé la « nostalgérie ». Aujourd'hui, la nécessité d'une histoire moins partiale et moins partielle s'impose. La situation coloniale se définit en effet par la relation entre ces deux populations.

Diversité des situations

Des réalités très contrastées doivent être distinguées. Dans les vieilles colonies, la disparition quasi complète des habitants originels a fait que Blancs et esclaves se sont enracinés à partir du XVIe siècle. L'originalité des « Îles » tient aussi à l'importance des « libres de couleur », des métis. Quant à La Réunion, déserte au moment de l'arrivée des Européens, elle a été peuplée par des Français, des esclaves africains et des engagés* et immigrés venus de Madagascar, de l'océan Indien et de l'Asie.

Au sud du Sahara, la proportion des coloniaux a toujours été très faible : ils sont 7 400 en A-OF en 1908, dont plus de 2 000 militaires et autant de commerçants, ainsi qu'un millier de fonctionnaires, 533 en A-EF. Pour 2,5 à

3 millions de Malgaches en 1905, on compte 7 820 Français, moins nombreux que les Mauriciens, Indiens, Chinois et Comoriens. En Indochine, les coloniaux ne représentent en 1940 que 0,15 % de la population. Les « Pondichériens » , venus des comptoirs de l'Inde, et donc français avant les Corses – comme le fit remarquer l'un d'eux à un magistrat –, dépassent les métropolitains. On est aux antipodes de l'Algérie, qui, à la veille de la Première Guerre mondiale, regroupe 500 000 des 700 000 Européens de l'empire, effectif qui atteindra le million dans les années 1950 (1/10e de la population totale). En Afrique du Nord vivent un million et demi de Français, si l'on ajoute le Maroc et la Tunisie. Hors l'Algérie et la Nouvelle-Calédonie, les colonies ne sont donc pas toujours des terres de peuplement. Contrairement à ce que dit Hugo en 1879, quand il appelle à résoudre la question sociale par les conquêtes, cette fonction est très réduite, sauf lors de la crise de 1848 quand les volontaires pour l'Algérie se pressent de manière éphémère. La France n'est pas l'Irlande ni le Mezzogiorno italien. Les Alsaciens-Lorrains constituent un cas à part, largement amplifié par la légende : on leur a accordé 1 183 concessions gratuites en Algérie, sur lesquelles 387 seraient devenues définitives.

En Afrique du Nord, tout aussi importants numériquement que les Français (42 % de la population européenne d'Algérie en 1866), et parfois même plus nombreux, Espagnols, Italiens, Maltais, Grecs etc., ont fourni la main-d'œuvre indispensable, bien que l'on criât au « péril étranger ». Cette population a été naturalisée automatiquement en Algérie par extension de la loi française de 1889 sur la nationalité ; mais, en Tunisie, les Italiens – majoritairement du Mezzogiorno et de Sardaigne – ont conservé leur nationalité en vertu d'accords internationaux jusqu'à la défaite de l'Axe. Cette dominante du Sud colore aussi les Français. Les Corses* – 180 000 dans l'empire – ont peuplé armée, police, fonction publique. « Sans les Corses, pas de colonisation », disait le général Gouraud. Dans les trois départements algériens, les juifs, depuis le décret Crémieux*, sont aussi devenus français. Mais les naturalisations* n'ont guère concerné les colonisés.

La vie coloniale

Plus encore que les faits et les chiffres, l'histoire des colons est porteuse de mythes. Celui du martyrologe, des pertes subies a une part de vérité, en raison de la transportation de 6 000 opposants de 1848 et 1851 et de l'exode plus ou moins forcé des chômeurs en Algérie, des bagnards vers La Nouvelle-Calédonie et la Guyane. Cette face sombre a été inversée sur un mode positif par l'exaltation des pionniers défricheurs. Autre légende noire, celle de terres dévolues aux fils de famille dégénérés, à la lie de la métropole, à des aventuriers et chevaliers d'industrie, aux « mercantis » interlopes et aux levantins. L'alcoolisme est un stéréotype qui a lui aussi sa part de vérité et de caricature. On ne peut pas non plus négliger deux images contradictoires, l'exploiteur fortuné faisant « suer le burnous » et le « petit ». Beaucoup, en effet, sont venus la faim au ventre et les statistiques d'enfants naturels en Algérie disent bien la misère initiale. Si humble, cependant, que soit le petit blanc, il jouit d'un statut privilégié. On a évalué à 688 francs le coût moyen de l'installation d'un colon sur son lot par l'administration au début du siècle. Les colonies offrent des avantages matériels conséquents, tels les suppléments et primes dont bénéficient les fonctionnaires expatriés – le « tiers colonial » en Afrique du Nord, qu'on retrouve avec des variantes au sud du Sahara et en Indochine. Le Maroc, perçu comme un eldorado, a attiré un tertiaire petit bourgeois et des entrepreneurs. On a pu parler de « micro-sociétés d'abondance » en Afrique.

Pour analyser ces caractères, il faut recourir à la notion de situation coloniale, définie par Georges Balandier comme la domination imposée par une minorité étrangère au nom d'une supériorité raciale (ou ethnique) et culturelle à une majorité autochtone. Cette situation explique l'originalité de la structure sociale, très différente de celle de la métropole. En colonie, il n'y a pas de paysans, de petits propriétaires sur le modèle de la métropole, sinon en nombre très faible. Quant aux ouvriers, en dehors d'une aristocratie du travail française dans des secteurs tels que les chemins de fer et les activités liées à la présence militaire – les arsenaux –, ils se recrutent principalement dans l'immigration étrangère et dans la population colonisée. L'Algérie, qui conserve une forte proportion de petits blancs, amène toutefois à relativiser cette tendance. Mais ce qui domine presque partout ailleurs, c'est un tertiaire composé de fonctionnaires – qui regroupent le tiers des Français d'Indochine et d'Afrique noire –, et d'employés assurant des fonctions d'encadrement technique. Les rapports des sexes et la condition féminine aussi sont marqués par la situation coloniale. Hors des pays musulmans, les liaisons avec des femmes* indigènes ont été une pratique courante. Mais établir un peuplement féminin français a été une préoccupation constante. « Le petit nombre de femmes européennes que l'on rencontre aux colonies n'est pas seulement fâcheux au point de vue de l'accroissement de la population française. Au point de vue social et moral, il entraîne des maux incalculables » : alcoolisme, drogue, voire vices « contre nature » et comportements sadiques envers les indigènes, constate Arthur Girault. Une littérature officielle encourageant le départ se développe. La fonction reproductrice prend une importance particulière dans des contrées où les Français sont minoritaires. Mais la mère de famille n'est pas le seul type social. Des laïques et des religieuses assurent des fonctions de médiation avec la population indigène, comme les sages-femmes, les infirmières, les doctoresses, les enseignantes. Des romancières et des essayistes ont développé ce thème, telle Claudine Chivas-Baron, dans *la Femme française aux colonies* (1929). Le rôle des femmes a été magnifié lors de l'Exposition* coloniale de 1931, où un colloque leur a été consacré. Mais, de manière plus prosaïque, les Françaises sont nombreuses aussi comme employées de bureau et de magasin. On ne saurait non plus ignorer qu'une partie de l'immigration féminine, très pauvre, a fourni avant les colonisées les femmes de ménage au service des riches Européens – ainsi la mère de Camus* –, les ouvrières, souvent d'origine espagnole ou italienne, telles les cigarières d'Oran*. À quoi il faut ajouter les prostituées. Car les inégalités entre petits blancs et notables, entre la Petite Sicile de Tunis ou Bab el-Oued et les banlieues chics sont immenses. À l'argent s'ajoutent les inégalités symboliques. Les « vieux Marocains », pionniers par opposition aux tard venus, sont une aristocratie. De même, les grands propriétaires terriens participent d'une sorte de noblesse. Dans la région phosphatière de Gafsa, les courts de tennis de la compagnie sont interdits aux instituteurs.

Cependant, les clivages principaux sont « raciaux ». Les « Français majorés » sont des citoyens en pays d'hilotes et ont le monopole presque total de la représentation politique. Cela, en Algérie, depuis les communes « de plein exercice » quand ils sont assez nombreux, ou « mixtes », jusqu'aux délégations financières et au Parlement. « Français majorés » s'entend aussi au sens matériel. Passé le temps des débuts difficiles, le voyage est de plus en plus rapide et confortable (5 jours en 1936 par avion contre 36 par bateau en 1900 pour l'Indochine), et la vie plus facile qu'en métropole. L'emploi d'une « fatma », signe de distinction, dans la petite bourgeoisie au Maghreb est fréquent. « Après le feu sacré, le pot au feu », dit Albert Londres* à propos de Saigon, qui a « mis ses bigoudis » et chaussé ses pantoufles... La capitale de l'Indochine, avec l'église catholique, la statue de Gambetta, le théâtre, le palais du gouverneur, le cercle sportif, lui paraît très provinciale. Il préfère Cholon, la ville chinoise. La situation coloniale est fondée sur une ségrégation systématique et confère des traits de castes aux groupes sociaux.

Attitudes politiques

Mais un autre des caractères les plus originaux des colonies tient à l'ambiguïté de leurs rapports avec la métropole et à l'existence d'une culture spécifique, voire parfois d'un autonomisme. Un sentiment communautaire – on se dit « algérien » ou « marocain », en faisant peu de cas de l'identité de l'« indigène » – se développe chez les expatriés. C'est en 1936, parce que les nationalistes du Néo-Destour l'imposent, que les dénombrements officiels de la population remplacent le terme « indigène musulman » par « Tunisien ». Le discours des Français d'Algérie à l'égard de l'Hexagone, contradictoire et variable, oscille entre les déclamations patriotiques exacerbées – la confiscation du *Chant des Africains*, à l'origine marche militaire, en est une illustration – et le chantage au séparatisme. Les Caldoches* portent aussi une blessure. C'est que les contentieux ne se sont pas liquidés chez les descendants des transportés et des miséreux contraints de quitter le pays natal. Il s'y ajoute les conflits avec les partisans métropolitains d'une intégration des indigènes au système, d'une assimilation*. En outre, un phénomène de succession des générations a favorisé l'affirmation des spécificités: dès le début du XXe siècle, ceux qui sont nés sur place sont majoritaires en Algérie, et ils représentent 88 % de la population en 1954. Quant aux étrangers naturalisés, ils sont francisés par l'école et le service militaire, mais la France – que beaucoup ne découvriront que lors de l'exode de 1962 – ne leur parle pas au cœur. Leurs caractéristiques culturelles n'ont pas disparu sous l'effet d'un modèle assimilationniste et d'autres traits originaux ont émergé.

Aussi les échanges entre les communautés européennes et les rapports avec les indigènes ont-ils suscité le développement d'une sous-culture originale. Elle a son accent, son dialecte, ses héros, sa littérature algérianiste. Le terme « pied-noir* » lui-même, dont l'origine reste controversée, apparaît parce que celui d'« Algérien » est conquis par les colonisés à partir de la Seconde Guerre mondiale. Car c'est bien la dimension politique des rapports avec les indigènes qui détermine la situation du colon. En Nouvelle-Calédonie aussi, en dépit de la diversité des populations – bagnards et leurs descendants, colons et fonctionnaires... –, une identité caldoche s'est élaborée.

La situation coloniale a donc suscité des comportements et une culture politiques spécifiques. Le clientélisme méditerranéen et la pression systématique sur la métropole en sont deux éléments fondamentaux. Certains élus ont un poids considérable dans le parti colonial, voire au gouvernement, tel Eugène Étienne*. Quant aux musulmans, ils sont minoritaires dans les assemblées – 4 conseillers municipaux sur 40 à Alger en 1914, 12 contre 32 à partir des réformes de 1919 – et ils n'obtiendront l'équivalent d'un vote par collège ou ordre – posant comme égaux un million d'Européens et neuf millions de musulmans – qu'après la Seconde Guerre mondiale. Cette situation extrême est un modèle pour les autres Français d'outre-mer.

Cela n'annule pas les contradictions internes de la société dominante, les conflits d'intérêts entre propriétaires fonciers, industriels, commerçants et fonctionnaires. Les agrariens sont hostiles à une administration qu'ils jugent budgétivore et inutile, ainsi qu'aux banques, qu'ils accusent de les étrangler, en particulier lors de la crise de 1930. Ces conflits recoupent des désaccords idéologiques, les « petits » se situant longtemps dans la mouvance de la gauche, qui, pour sa part, y voit sa base sociale, comme en métropole. Partis et associations essaiment en effet outre-mer et animent une vie politique parfois effervescente, mais qui fonctionne en vase clos, comme surimposée aux problèmes du pays réel. C'est ce « peuple de gauche » qui a eu longtemps le monopole de la représentation de la colonie auprès des organisations métropolitaines, rôle que les nouvelles élites colonisées se sont attachées à lui disputer.

C'est lui aussi qui a donné vie au mouvement ouvrier. Son implantation dans les sociétés coloniales a été due aux petits blancs. Et le socialisme, voire le communisme sont loin d'avoir été marginaux parmi eux. Aux élections de 1936, le Rassemblement populaire l'emporte à Alger et à Oran. La gauche a su, dans certains espaces – l'école, la Bourse du travail –, et à certains moments, établir des passerelles entre les populations. Les 1er mai 1919 et 1920, à Alger et Oran par exemple, ont été des manifestations intercommunautaires. En 1936 et 1937 surtout, à Alger et Tunis, les défilés du 14 juillet et du 1er mai rassemblent une foule bigarrée, où casquettes, chéchias, feutres, femmes européennes et voilées se côtoient, ce qui fait la joie des partisans de la « fusion des races ». À Saigon, communistes vietnamiens et fonctionnaires français lèvent le poing et chantent *l'Internationale*. D'autres exemples mériteraient d'être recensés.

Mais, indispensables aux partis de gauche et aux syndicats, modèles pour les colonisés, les Européens ont fait en même temps écran aux aspirations indigènes, qui verront de plus en plus des rivaux en eux avec le temps. Des mouvements littéraires s'efforcent de faire trait d'union, autour d'Emmanuel Roblès et de Camus. Gabriel Audisio exalte la bâtardise : « Une seule tradition vous fossilise, dix traditions vous régénèrent... C'est la copie du père qui fait le fils emmailloté : la voix de mille ancêtres, et les plus opposés, dénoue tous les liens, rend la démarche dégagée, l'âme libre. » Cette tentative de rejeter une latinité européenne et une arabité algérienne, aussi exclusives l'une que l'autre, a donné de magnifiques expressions esthétiques et elle a été partagée par des auteurs tel Feraoun, mais elle n'a guère eu d'impact politique.

Seuls de très rares passeurs ont franchi les frontières « raciales » et choisi le camp des vaincus. Ainsi Victor Spielmann*, ainsi Jean-Paul Finidori, militant syndicaliste révolutionnaire et participant actif aux luttes ouvrières de Tunisie, expulsé en France en 1925 (en application d'un édit royal de Louis XIV !), mais qui vécut clandestinement dans le protectorat, ainsi Paul Dussac* à Madagascar. Ou les quelques dizaines de communistes et chrétiens européens qui choisiront de devenir Algériens dans l'épreuve de la guerre.

On sait assez que la fin de la pièce a été un affrontement interethnique. C'est que la tendance la plus lourde a été raciale, pour employer le vocabulaire de l'époque. L'Algérie est un cas extrême en raison de l'évidente composante « sudiste » de la culture politique des Européens. « Ensemble de conduites, de réflexes appris, exercés depuis la toute première enfance, fixé, valorisé par l'éducation, le racisme colonial est si spontanément incorporé aux gestes, aux paroles même les plus banales, qu'il semble constituer une des structures les plus solides de la personnalité colonialiste », dit Albert Memmi*. Et, pour lui, il ne peut y avoir de colonisateur démocrate. Frantz Fanon* dans *les Damnés de la terre* a montré l'autre face de cette situation. « Le regard que le colonisé jette sur la ville du colon est un regard de luxure, un regard d'envie. Rêves de possession. Tous les modes de possession : s'asseoir à la table du colon, coucher dans le lit du colon, avec sa femme si possible. »

Chaque tentative de réforme, même la plus modeste, a suscité une levée de boucliers des prépondérants. Le plus souvent, ces frondes ont fait reculer le pouvoir ou opposé une force d'inertie efficace à la mise en application des mesures contestées. La liste des « occasions manquées » par ce refus de toute évolution serait trop longue.

Depuis la guerre* d'Algérie, ce sont surtout ces crises et les chocs en retour sur la vie politique métropolitaine qui ont été retenus par la mémoire collective. D'où le désarroi et le malaise des forces démocratiques qui ont été longtemps attachées à la défense de ce qu'elles considéraient comme un rameau du peuple de gauche, face à ces débordements et à l'impact d'un colonialisme populiste fascisant, face aux coups d'État. D'où, chez les anticolonialistes radicaux, la répudiation des pieds-noirs. Une vulgate a été ainsi élaborée, faisant d'eux le bouc émissaire des décolonisations ratées.

Dans sa préface aux *Français d'Algérie* de Pierre Nora, paru chez Julliard en 1961, Charles-André Julien* écrit : « Ce qu'ils revendiquent en Algérie, c'est l'Algérie ; sous les deux aspects qu'ils lui voient : la terre et l'Arabe. Par là, dès le départ et spontanément, ils se sont installés à contre-courant de toute évolution, ils ont bloqué l'histoire. » Pour Pierre Nora, « les partisans les plus fervents de l'Algérie française sont peut-être ceux qui, isolés dans le bled, ont subi l'influence du milieu arabe ; et partageant sous le même climat la même vie, ils ont fini par adopter les mêmes mœurs ». La carence majeure des Européens d'Algérie serait donc pour lui leur éloignement de la métropole, qui les prive de « cette précieuse substance occidentale qu'ils ont en partie perdue ». Monnaie de la pièce rendue à des pieds-noirs qui manifestent un profond mépris envers les « patos » (les canards, c'est-à-dire les « Français de France »). Ces jugements sommaires, compréhensibles au feu des crises des décolonisations, ne sauraient cependant être le dernier mot. Avec le recul du demi-siècle, la xénophobie anti-immigrés, qui s'est installée en métropole en rapport étroit avec les décolonisations, montre que la perte de « la précieuse substance occidentale » ne suffit pas à tout expliquer. L'absence d'une catégorie de métis*, de médiateurs entre les communautés d'Afrique du Nord a pesé lourd sur ce plan. Mais tout portrait serait incomplet s'il ignorait que le colonisé, lui aussi, contribue à produire le colon par les représentations qu'il en a.

Le colon vu par le colonisé

Cette facette des représentations réciproques est beaucoup moins étudiée que l'autre. En Asie, le barbare occidental est le diable ou encore un être difforme aux yeux bleus et au nez proéminent. En Afrique, le blanc est la couleur des féticheurs et des initiés, des revenants pour les Pygmées*, et on prête souvent aux Européens une origine aquatique, comme celle des albinos. Leur arrivée est présentée parfois comme une punition ou comme la venue de héros civilisateurs de la tradition. Jomo Kenyata a dit la terreur des sorciers prophétisant cette venue du Blanc, armé de ses bâtons de feu et de mille-pattes de fer crachant des flammes. Peur qui s'accompagne d'une fascination devant la puissance que représentent les produits européens, dont les emprunts, les imitations témoignent. Ce sont les mêmes attitudes contrastées qui prévalent à propos de la médecine*, de l'école*, du culte catholique. Il y a, dans la culture populaire, une galerie de portraits – l'administrateur, le colon, le médecin, l'instituteur, le policier, le missionnaire – où l'ironie n'est pas en reste. Les représentations sont fonction aussi de la proximité et de l'éloignement, et, s'il n'y pas de grand homme pour son valet, Ferdinand Oyono montre qu'il en est de même dans *Une vie de boy*. Il sait cependant distinguer entre bon et mauvais maître.

La ville du colon est cruelle, dit Mongo Beti, elle est ogresse et prostituée, fascinante et terrifiante pour les écrivains maghrébins. La France, Paris, qui sont l'objet de voyages initiatiques, sont valorisés par rapport à l'univers colonial; c'est une échappée belle, le pays où les femmes sont libres et les colonisés parfois aussi. Frantz Fanon* a souligné la violence qui caractérise les rapports entre colonisés et qui contraste avec l'inertie face aux violences du colon. Il a dit aussi les rêves de possession, le désir, le regard de luxure et d'envie que le colonisé jette sur les richesses, sur la femme du colon. Le retour des soldats des deux guerres mondiales a alimenté ce désir de la femme blanche, qui fait l'objet d'un investissement fantasmatique considérable. Le colon est à la fois modèle et rival dans une vision profondément manichéenne, qui est réduite le plus souvent au consumérisme. Albert Memmi a finement montré que le colonisé et le colon se construisaient dans un face-à-face.

Comité pour la mémoire de l'esclavage La loi dite *Taubira*, adoptée le 10 mai 2001, proclame: « La République française reconnaît que la traite* négrière transatlantique et l'esclavage* perpétrés à partir du XVe siècle contre les populations africaines déportées en Europe, aux Amériques et dans l'océan Indien constituent un crime contre l'humanité. » Un comité voit le jour le 6 janvier 2004, qui a pour mission de proposer une date de la commémoration annuelle de l'abolition, d'identifier des lieux de célébration et de mémoire sur l'ensemble du territoire national, et de proposer des mesures d'adaptation des programmes d'enseignement, des actions de sensibilisation dans les établissements scolaires et des programmes de recherche en histoire et dans les autres sciences humaines. Dans son rapport remis le 12 avril 2005 au gouvernement, le CPME propose le 10 mai comme date de commémoration nationale pour sa « portée citoyenne, européenne et internationale ». Un travail en profondeur d'analyse des programmes et des manuels scolaires est accompli. Le CPME constate le retard de la recherche en France sur la traite négrière, l'esclavage et leurs abolitions, notamment parce que l'histoire coloniale reste marginalisée. Il demande aux Archives nationales un guide national et à la Direction des musées de France un inventaire des objets relatifs à la traite négrière, à l'esclavage et à leurs abolitions. Le CPME préconise la création d'un « Centre national d'histoire et de mémoire de la traite négrière, de l'esclavage et de leurs abolitions ». Il insiste sur la nécessité d'inscrire et de reconnaître ce chapitre central de l'histoire de la nation française et de l'humanité pour, enfin, assumer l'héritage de l'esclavage.

commerce Ce n'est pas avant les années 1870 que le commerce colonial se releva de l'écroulement du premier Empire, centré sur les Antilles. Il faut dire que, de la fin de l'Ancien Régime (1789) au début de la IIIe République

(1870), la France demeura, avec moins de 0,5 % du total des superficies et des populations coloniales, la lanterne rouge de l'Europe impériale. La « perte » de Saint-Domingue (Haïti) a totalement bouleversé les structures anciennes du commerce colonial. À partir de la fin du XIXe siècle, les nouvelles zones d'échange furent, par ordre d'importance, le Maghreb, l'Afrique noire et l'Indochine. Mais il faut attendre les années 1930 pour que la France retrouve dans ses échanges commerciaux avec ses nouvelles possessions d'outre-mer la même intensité que celle qu'on enregistre à la fin du XVIIIe siècle. Le regain d'activité est tel qu'en 1928 l'empire devient le premier partenaire commercial de la France, place qu'il ne quitte plus jusqu'à la décolonisation. L'empire accède à ce rang parce que, de 1880 à 1958, les échanges avec les colonies ont augmenté à un rythme supérieur à celui des échanges avec l'étranger. Durant cette période, la part des colonies dans les exportations françaises s'est accrue de 6 % à 34 % et celle qui concerne les importations de 5 % à 25 %.

L'analyse sectorielle du commerce entre la France et son empire révèle le poids considérable, dès la fin du XIXe siècle, des débouchés coloniaux pour certaines branches importantes de l'industrie métropolitaine: textiles; fers, aciers et ouvrages en métaux; machines et mécaniques. Les colonies remplirent leur fonction d'approvisionnement avec le même dynamisme. Elles ont été un réservoir de matières* premières essentiel pour des branches comme l'industrie des corps gras, l'industrie sucrière, la fabrication des pâtes et des semoules, mais aussi l'industrie des superphosphates. Le gros de la consommation métropolitaine de café et de cacao* a été en outre assuré par l'empire. L'importance de l'empire pour l'économie métropolitaine en tant que débouchés de produits industriels et en tant que sources d'approvisionnement de matières brutes fut la plus grande entre les années 1920 et les années 1950.

L'émancipation politique des colonies a fortement distendu les liens commerciaux entre métropole et possessions d'outre-mer. Les nouveaux États d'Asie et d'Afrique issus de la décolonisation ont cherché à réduire le poids de l'ex-métropole dans leurs échanges extérieurs. De son côté, la France, à l'instar des autres puissances colonisatrices du Vieux Continent, s'est tournée résolument dès les années 1950 vers des partenaires commerciaux « de proximité » – c'est-à-dire proches par leur localisation et leur niveau de développement – membres du Marché commun puis de l'Union européenne. Si bien qu'aujourd'hui les ex-colonies françaises assurent moins de 5 % des exportations et des importations de l'Hexagone. Dans l'autre sens, la part de la France dans les échanges extérieurs de ses ex-colonies a baissé de 65 % à moins de 20 % entre les années 1930 et le début du XXIe siècle.

Communauté franco-africaine Elle succède à l'Union* française en 1958. Elle est refusée par la seule Guinée* lors du référendum du 28 septembre 1958, et ses institutions, fixées dans la Constitution, concernent onze États africains et Madagascar. Le 14 juillet 1959, une première et dernière cérémonie la célèbre en grande pompe. En septembre, la fédération du Mali (Sénégal et Soudan) demande à accéder à l'indépendance sans rupture des liens avec la France. Révisée en 1960, la Communauté « rénovée » accepte les États devenus indépendants et membres de l'ONU. Mais Houphouët-Boigny* choisit d'en sortir. Elle disparaît, et avec elle les fédérations africaines (Mali*...), qui laissent place à des États. Ni l'UF ni la Communauté, qui n'a eu qu'une vie éphémère, ne peuvent être comparées au Commonwealth britannique, même si celui-ci a une valeur plus symbolique qu'effective aujourd'hui. En mai 1961, un ministère de la Coopération* annonce la période nouvelle.

Comores et Mayotte Au nord du canal de Mozambique, cet archipel est composé de la Grande Comore, d'Anjouan et de Mayotte (capitale Dzaoudzi). Après la cession de Mayotte à la France en 1841 par Andrian Souli, d'origine sakalava, l'île est placée sous la tutelle de Bourbon (La Réunion). En 1886, les autres îles deviennent à leur tour des protectorats* selon des traités signés par des souverains contestés qui espéraient obtenir ainsi le rétablissement de leur autorité. La colonisation française est préparée pour la Grande Comore par le naturaliste Humblot et sa Société de la Grande Comore. Les ressources sont la vanille, les plantes à parfum et le sisal. L'archipel, sous la dénomination juridique « Mayotte et dépendances », est rattaché à Madagascar par la loi du 25 juillet 1912. Après deux révoltes importantes, les Comores obtiennent en 1946 une autonomie administrative et sont détachées de Madagascar, puis deviennent en 1958 Territoires français d'outre-mer (TOM). En 1974, par référendum, Anjouan, Mohéli et la Grande Comore choisissent l'indépendance. La déclaration unilatérale d'Ahmed Abdallah le 6 juillet 1975 instaure l'État des Comores. Mayotte opte pour la France et devient en 2001 la Collectivité départementale de Mayotte.

La diversité ethnique reflète les différentes occupations humaines : les Mahorais forment l'ethnie principale et cohabitent avec des descendants de Malgaches, de groupes africains, des minorités indiennes et des originaires des Mascareignes. La population de Mayotte pratique un islam sunnite qui a inspiré, en partie, le droit coutumier, reconnu en 2001 par la France. Ainsi, les Mahorais peuvent conserver leur statut personnel et pratiquer la polygamie, la répudiation et l'inégalité des sexes dans les successions. Ce dispositif est assorti d'une juridiction spécifique: le tribunal de cadi.

Compagnies concessionnaires ou **« compagnies à charte »** Le système des grandes compagnies disposant du monopole du commerce avec des régions extraeuropéennes, supprimé pendant la Révolution, fut réactivé sous des formes nouvelles dans les dernières décennies du XIXe siècle, en France et dans les autres pays colonisateurs. L'État concédait à des compagnies privées la gestion des populations et l'exploitation des terres acquises en Afrique noire, selon un cahier des charges qui lui laissait la propriété éminente et un droit de contrôle. S'opposaient à cette pratique les négociants, en particulier les entreprises bordelaises et marseillaises, qui avaient implanté de longue date des factoreries* et qui défendaient la liberté du commerce. En A-OF où la terre appartenait à une population relativement dense et où les rares concessions ont périclité rapidement, des groupes de pression ont fait échouer le projet. En revanche, à l'issue de vifs débats à la Chambre, les partisans l'emportèrent en 1898 pour la future Afrique équatoriale: 40 compagnies, au capital total de 59 millions de francs or, se partagèrent plus des trois quarts des 900 000 km^2 sous domination française.

Les populations placées sous la tutelle des compagnies devaient livrer des produits en quantité maximale, parfois au titre de l'impôt, sans tenir compte de l'épuisement des ressources, comme ce fut le cas pour l'exploitation du caoutchouc de cueillette au Congo*. Les méthodes de contrainte utilisées à leur encontre provoquèrent des révoltes dont la dure répression suscita l'indignation en Europe. Cette « économie de pillage », selon l'expression de l'historienne Catherine Coquery-Vidrovitch, fut rentable à court terme pour les compagnies, qui limitaient leurs frais et n'effectuaient aucun investissement sur place. Six ans après, huit avaient fait faillite, et, en 1911, alors que l'État modifiait le régime des concessions, il n'en restait plus que vingt-deux. Les dernières disparurent au tournant des années 1930.

Compagnies de navigation Malgré la toute-puissance des armateurs britanniques au XIXe siècle, des flottes du Royaume-Uni, de la Norvège et de l'Allemagne pendant la première moitié du XXe siècle, les lignes avec l'outre-mer colonial fournissent une part importante du volume assumé par les compagnies françaises. Le système de concession du courrier postal et des transports pour le compte des administrations et de l'armée permet de favoriser – par une subvention d'équilibre – les Messageries maritimes (1851) vers l'Extrême-Orient (Indochine et Shanghai), la Compagnie générale transatlantique (CGT) vers les Antilles françaises mais aussi vers l'Algérie et la Tunisie (depuis 1879) ou la Compagnie marseillaise de navigation à vapeur (Fraissinet) pour la concession postale (1889) entre Marseille* et l'Afrique occidentale. De tels avantages, complétés par des subventions à la modernisation des navires et, pour beaucoup de territoires (l'Algérie à partir de 1884, mais non le Maroc), par le monopole de pavillon, permettent à ces sociétés de lancer des lignes dans le secteur concurrentiel, par complémentarité : la CGT vers les Amériques, les Chargeurs réunis depuis l'Afrique noire vers l'Amérique du Sud, la ligne aéronavale et postale lancée dans les années 1920-1930 vers Dakar puis le Brésil.

L'armement national est représenté depuis Le Havre* et Nantes-Saint-Nazaire par la CGT, qui se diversifie vers le Maghreb dès les années 1880 et ouvre une ligne vers le Maroc en 1911. Le groupe Worms prend le contrôle de la Compagnie havraise péninsulaire de navigation, qui se consacre aux îles françaises de l'océan Indien. Les Messageries maritimes gèrent la route vers l'Indochine (à Saigon dès 1862) et la Chine. Un homme d'affaires influent, André Lebon, les préside en 1902-1914 et, surtout, organise avec Paul Maurel et Jules Charles-Roux* en 1903 le Comité central des armateurs de France, qui – avec 93 membres – devient un groupe de pression efficace. Il plaide pour l'équipement portuaire en métropole et outre-mer et la modernisation de la flotte, notamment face à l'essor allemand.

Mais, sur le pôle marseillais, des dynasties d'armateurs jouent un rôle clef en s'appuyant sur la vitalité du capitalisme local. Les Fraissinet ont percé dès les années 1840, les Paquet dès les années 1860. Les premiers gèrent des lignes vers le Levant et l'Afrique occidentale, les seconds sont spécialistes du Maroc (dès 1863) mais touchent aussi l'Afrique noire (entre 1908 et 1973). Des armateurs et capitalistes marseillais contrôlent la Compagnie de navigation mixte (CNM, créée en 1855), qui devient le leader sur l'Algérie ; enfin, Daher gère une flotte de cargos spécialisés vers la Tunisie et le Liban. Ils se heurtent à la concurrence des Fabre, qui prennent le contrôle des Chargeurs réunis en 1927 et deviennent un géant impérial (Algérie, Maroc, côte occidentale d'Afrique, Indochine et Asie). Le capitalisme national a pris pied sur la place phocéenne avec la Société générale des transports maritimes à vapeur (SGTM, 1865), qui domine à Marseille dans les années 1910-1920 (et qui constitue le 4e français), avec notamment des lignes vers l'Algérie et les Antilles et les Messageries maritimes.

Bordeaux*, où certains négociants ont monté leur propre compagnie, comme Maurel & Prom, est un pôle plus modeste, surtout drainé par les compagnies nationales et étrangères. Nantes a perdu de sa gloire ancienne mais reste une tête de ligne pour les Antilles. Paradoxalement, le port de La Rochelle-La Pallice émerge car il traite les affaires de cognac à l'export, importe des bois coloniaux (et nord-européens) et se constitue un relatif hinterland vers la France du Centre-Est. La société locale d'armement Delmas-Vieljeux, créée dans les années 1860, a su affirmer sa force dans les rapports euro-africains, où elle devient le leader au XXe siècle. Le Havre bénéficie de sa nouvelle vocation de plate-forme d'importation et de réexportation des produits exotiques et des matériaux en provenance du monde colonial français et étranger, le port alimentant en coton, laine et denrées alimentaires les régions industrielles, y compris celles de l'Est (Alsace, Suisse) – même si la concurrence d'Anvers et de l'axe Rhin-Escaut est vigoureuse. Les deux grands pôles des liaisons maritimes avec l'Afrique noire restent Marseille* (36 navires chargés chaque année pour le Sénégal en 1937-1940) et Bordeaux (32 navires), devant Nantes (9) et Le Havre (6).

Même si la marine* française assure en 1924 87 % des importations en provenance des colonies et 98 % des exportations qui leur sont destinées, une part du trafic ultramarin est assuré par des compagnies étrangères, qui passent par des escales africaines, par exemple, ou qui traitent entre la France, l'Asie et l'Australie : les navires britanniques – mais aussi hollandais – fréquentent les ports métropolitains, car la flotte française manque de puissance. En 1929, seulement 54 navires marseillais touchent l'Afrique noire chaque année, contre 168 britanniques et 84 allemands, et les Messageries maritimes paraissent chétives face à la grande Peninsular & Oriental anglaise.

Les échanges sont structurés dans une filière intégrée comprenant des chargeurs, des courtiers maritimes, des sociétés d'entreposage et de manutention, les sociétés des transitaires, des réparations et de l'entretien navals, les avitailleurs en charbon, comme la puissante Worms, dont les dépôts essaiment par exemple en Méditerranée, à Port-Saïd et en Asie, etc. Ce schéma est reproduit outre-mer. En Afrique noire, notamment, les armateurs et négociants contrôlent la Manutention africaine et les Messageries fluviales, qui gèrent le stockage et le transport avec l'hinterland, en complément des lignes ferroviaires publiques. La SAGA (créée en 1920, entrée dans le groupe Rothschild) juxtapose transport maritime et fluvial, manutention portuaire et transit dans toute l'Afrique noire française et anglaise. La SCAC (dans la mouvance des familles proches de Mirabaud puis de la Banque de l'union parisienne, puis au sein du groupe Suez entre la fin des années 1960 et 1986) devient dès le tournant du XXe siècle la grande compagnie de transit entre la métropole et le Maghreb, mais des dizaines de petites sociétés attisent la concurrence. La CFAO, la société de négoce leader en Afrique noire, filialise son activité de transit et transport intégrée, Transcap, à partir de 1959, en reprenant une société marseillaise créée en 1931.

La solidité de cette filière est mise à mal par les indépendances : la chaîne asiatique s'écroule avec la perte de Shanghai puis celle de l'Indochine, la concurrence s'intensifie dans les ports africains, et surtout les lignes internationales de porte-conteneurs bouleversent les circuits. Les implantations dans les ports des pays indépendants sont transférées aux intérêts locaux, mais le système Nord-Sud est maintenu pour l'armement maritime, avec un processus de concentration. Le regroupement dans les années 1960 de SGTM, Fabre, Fraissinet, Chargeurs réunis échoue et le groupe cesse l'armement en 1974. Mais la société familiale franco-libanaise CMA a récupéré la Compagnie générale maritime privatisée (elle-même ayant acquis la flotte de la CNM à la fin des années 1960 et ayant rassemblé la CGT et les Messageries maritimes en 1973) et acquiert en 2005 l'armement du groupe Bolloré. Bolloré a fédéré depuis les années 1980 pratiquement l'ensemble des sociétés de transit et est le leader pour les relations Nord-Sud ; en un bel héritage de l'époque impériale, il perce en Afrique orientale et australe, rachetant nombre de sociétés délaissées par leur ancienne puissance coloniale belge ou britannique.

comprador Ce mot, venant du portugais *comprar* et signifiant « acheter », désigne en Extrême-Orient tout intermédiaire chinois indispensable aux Occidentaux, marchand ou banquier négociant avec les clientèles locales. Les compradors travaillaient souvent pour leur compte en même temps que pour leurs employeurs étrangers, certains fondant des entreprises commerciales et industrielles autonomes. La propagande anticolonialiste et notamment marxiste fit du mot une notion dépréciative désignant une bourgeoisie dépendante du capitalisme étranger, par opposition à la « bourgeoisie nationale », luttant contre l'impérialisme pour édifier une économie indépendante.

comptoir Agence ou établissement commercial d'une entreprise privée ou publique à l'étranger, puis, plus particulièrement à partir du XVIIe siècle, dans les colonies. La plupart des comptoirs français ont été établis avant le XIXe siècle. Les premiers ont été fondés dès le milieu du XVIe siècle sur les côtes algériennes, suivis d'autres, aux destinées diverses, au Canada, à Madagascar, au Sénégal et en Inde. La création de comptoirs en Afrique noire s'est poursuivie durant la seconde moitié du XIXe siècle (Côte d'Ivoire, Guinée, Dahomey) et a souvent devancé les annexions territoriales. En revanche, les seuls comptoirs que la France a gardés au XXe siècle, c'est-à-dire ses établissements d'Inde (Pondichéry, Chandernagor, Mahé, Yanaon, Karikal), sont restés jusqu'au bout des enclaves sans arrière-pays.

comptoirs ou établissements français de l'Inde Ces comptoirs ont été fondés entre 1670 et 1741. La possession de Pondichéry, Chandernagor, Mahé, Karikal et Yanaon a été reconnue par les Anglais en 1763. Ils abritent280 000 habitants en 1913. Outre des produits tropicaux, ils fournissent des « engagés* ». La politique d'assimilation* achoppe sur le refus des hautes castes de perdre leur statut privilégié et le droit de suffrage accordé en 1848, en même temps qu'à Saint-Louis et Gorée, sans obligation de renoncer au statut personnel lié à l'hindouisme, n'a été appliqué que le moins possible. Le divorce se fait en 1949 pour Chandernagor et en 1954 pour les autres. Selon le souhait de Nehru, Pondichéry, qui abrite aujourd'hui un institut français de renom sur le patrimoine culturel de l'Inde, est devenu une « fenêtre ouverte sur la France ». Mais la célébrité de ces comptoirs en France doit plus à la chanson de Guy Béart qu'à leur poids colonial.

concessions Au XIXe siècle, l'empire du Milieu en Chine subit une crise et des agressions qui en font une « hypocolonie », comme disait le leader républicain Sun Yat-sen. Les guerres de l'opium imposent son ouverture. Dans sa lutte contre la contrebande provenant des Indes britanniques, en 1839, la Chine fait détruire à Canton une grande quantité d'opium. La Grande-Bretagne riposte en envoyant des navires de guerre, inaugurant la « diplomatie de la canonnière » ; la Chine, incapable de résister, doit signer le traité de Nankin (1842) et le traité du Bogue (1843). Cinq ports – dont Canton et Shanghai – sont ouverts aux Européens et Hongkong est cédée aux Britanniques. Dans les années suivantes, d'autres puissances occidentales obtiennent les mêmes avantages. La seconde guerre de l'opium (1856-1858), menée par la France et l'Angleterre, impose l'ouverture de onze ports de plus. La Chine tente une riposte, mais une nouvelle guerre en 1859 s'achève par l'incendie du palais d'été et le traité de Pékin, en 1860, qui entérine l'ouverture du pays. L'échec de la révolte des Boxers* en 1900, l'intervention du Japon et de la Russie accélèrent la décomposition et la ruée. Les concessions de Shanghai, Canton, Tsien-Tsin, Han-Kéou dépendent du Quai d'Orsay, le territoire de Kouang

Tchéou Wan est rattaché à l'Indochine. La France n'a eu pas le premier rôle, mais Paul Doumer*, alors gouverneur d'Indochine, a été très présent, et la Banque d'Indochine très active. En 1949, la République populaire de Chine reprendra les concessions.

conférences économiques En 1917, Maginot, le ministre des Colonies, réunit une première conférence coloniale pour esquisser une politique économique ultramarine, suivie par une conférence à Madagascar en 1919. En 1920-1921, les initiatives de Sarraut* pour un grand plan de mise en valeur sont freinées faute de financement. Quinze ans plus tard, en pleine crise économique, on entreprend de consolider le « pré carré » commercial, avec le renforcement du protectionnisme (1931-1935) et le « repli sur l'empire » : la conférence économique de la France métropolitaine et d'outre-mer (décembre 1934-avril 1935) réunit à Paris les milieux d'affaires, des experts et l'administration coloniale pour définir des priorités d'investissement, préciser un catalogue pour chaque ensemble de territoires. Ses rapports nourrissent les plans d'action que soutiennent les emprunts émis par les colonies. Ils se situent dans la logique d'une conception « économiste » du développement colonial, selon laquelle l'augmentation de la production de richesses et des échanges sert de levier à l'élévation du niveau de vie des populations et à leur intégration consentie à l'empire. Marius Moutet* réunit en 1936 une conférence des gouverneurs généraux. Deux conceptions s'opposent, l'une favorable à l'industrialisation des colonies, de l'Indochine en particulier, l'autre y voyant une menace pour les entreprises métropolitaines. Ces travaux inspirent la conférence de Brazzaville* en 1944.

confréries musulmanes Ces associations pieuses (*turuq*) rassemblent des fidèles autour d'un lignage mystique doué d'une puissance d'origine divine (*baraka*) et incarné par le *cheikh*, le maître de la confrérie. Elles exaltent la vie contemplative et prônent le retour à la simplicité coranique. Du fait de leur audience, elles oscillent, selon les situations coloniales, entre le statut d'adversaires redoutés et celui d'alliés, toujours soumises à un contrôle serré.

Le centre actif est la *zaouïa*, coïncidant souvent avec le tombeau du saint fondateur. En sus des prières rituelles, les adeptes se réunissent pour pratiquer le *dhikr*, l'invocation répétée collective ou individuelle du nom de Dieu, pouvant donner lieu à un état extatique. Sur le plan social, la confrérie joue un rôle d'arbitrage et de protection de ses adeptes et peut intercéder en leur faveur auprès de l'administration. Financées par les dons des croyants et les revenus des éventuels *habous* (fondations) constitués à leur profit, elles reçoivent des aides des autorités coloniales. Elles peuvent également entrer en concurrence. Ainsi, au Sénégal, la confrérie *Tijaniyya*, fondée par Ahmed El-Tijani, et la *Qadiriyya*, confrérie plus ancienne qui joua un rôle important dans l'islamisation des populations d'Afrique au sud du Sahara.

Les autorités coloniales développent un intérêt croissant à l'égard de ces groupements religieux, particulièrement en Algérie, en raison de leurs nombreuses ramifications. Ils incarnent à bien des égards le spectre de la résistance à la colonisation et du panislamisme*. Selon les administrateurs, l'attitude des populations à l'égard du pouvoir colonial dépendait de la position des confréries. On oppose souvent une confrérie loyale, la *Tijaniyya*, et une hostile, la *Sanusiyya*. Considérées comme de véritables « gouvernements occultes », selon l'expression de Depont et Coppolani – administrateurs d'Algérie auteurs d'une étude sur les confréries musulmanes en 1897 –, elles sont perçues comme des ennemies et font l'objet d'une « politique des confréries ». Certains troubles leur sont attribués, comme lors de l'insurrection de 1870 en Algérie avec la *Rahmania*. C'est envers la Sanusiyya, créée en 1837 par Mohammed Ben Ali Senoussi, qui défendait l'idée d'un territoire placé sous la bannière de l'islam, dont le cœur était en Libye, que les autorités coloniales, craignant une extension du « senoussisme », ont été les plus hostiles. Entre 1860 et 1900, la Sanusiyya s'affiche comme une organisation missionnaire et, à partir de 1911, agit en structure politico-militaire désireuse de centraliser l'unité musulmane de l'Afrique. À partir de 1901 et jusqu'en 1918, les autorités militaires affrontent des membres de la Sanusiyya dans le Sahara, au Tchad, en Algérie et au Niger. Durant le premier conflit mondial, la confrérie répond favorablement à l'appel à la « guerre sainte » lancé par le sultan ottoman Mehmet V, mais sans grand effet en Afrique du Nord. Sa légende noire a été répandue par Duveyrier* dès 1874. Il lui impute faussement le massacre de la mission Flatters* en 1881, la présente comme le maître d'œuvre d'une menace islamiste allant jusqu'à Istanbul, comptant des centaines de milliers de fidèles et fonctionnant comme une société secrète. Jules Verne* a donné une résonance à ce mythe. En réalité, la Sanusiyya se manifeste surtout dans la résistance à l'occupation italienne de la Libye jusque dans les années 1930.

Une des réponses à l'hostilité potentielle des confréries fut d'entretenir un « clergé musulman » à même de concurrencer leur légitimité religieuse auprès de la population. Les confréries incarnèrent la sauvegarde de l'identité des populations musulmanes, mais, dans la plupart des territoires coloniaux, les autorités réussirent progressivement à obtenir d'elles prudence et déférence.

congaï Ce mot vient du vietnamien et signifie « jeune fille », « personne du sexe féminin non mariée ». Les coloniaux l'utilisent pour désigner la concubine indigène d'un Européen. Les verbes *s'encongaïer* et *encongaïer* sont péjoratifs.

Congo Après le traité de protectorat conclu par Brazza* en 1880 avec le roi des Batéké, Makoko, la France, dont les droits étaient ainsi reconnus sur la rive droite du Congo, étend ses possessions vers le nord. Les limites sont négociées à la conférence de Berlin* en 1885. En 1903, la région, devenue Moyen-Congo, est intégrée à l'A-EF. La mise en valeur du pays est confiée aux compagnies* concessionnaires. Travail forcé* et portage* déciment les populations. Pour évacuer les matières premières, on décide la construction du chemin de fer* Congo-Océan et des ports de Brazzaville et Pointe-Noire. L'exploitation humaine qui en résulte – dénoncée notamment par André Gide* – est telle que les populations se tournent vers des messianismes* comme le kimbanguisme* et le nationalisme*, dont la figure de proue est Matswa* de 1922 à 1942. Pendant la Seconde Guerre mondiale, Brazzaville* devient la capitale de la France libre ainsi que le lieu de la Conférence qui jette les bases de l'Union française. Aux élections de 1959 émerge la figure de l'abbé Fulbert Youlou qui conduit le pays à l'indépendance le 15 août 1960.

conquêtes Celle de l'Algérie par Bugeaud* a été épouvantable. La soumission des Kanak* n'a pas été moins brutale, et tel officier pour les réduire propose de faire des battues « comme pour les loups en France »... Les « sauvages », « salopards », « hyènes » fourbes, attaquent par traîtrise, massacrant et mutilant les civils, voire les mangeant. Il n'est pas question d'appliquer les manuels de tactique militaire : en Nouvelle-Calédonie* comme en Algérie, contre des peuples de paysans, on utilise systématiquement la terre brûlée, la dépossession, le cantonnement sur les sols les moins fertiles. Contre la tactique de harcèlement, la razzia est la règle d'or. « Toute opération qui n'a pas pour couronnement la razzia, et la razzia complète, n'a qu'un résultat momentané » pour Bugeaud. La troupe, recrutée par tirage au sort jusqu'aux années 1880, soumise à un service allant jusqu'à sept ans, coupée du pays, adhère à cette violence, pille et viole. Et elle écrase les mouvements populaires en métropole. Cavaignac*, qui a fait ses armes en Algérie, réprime juin 1848. Le paysan que Zola a décrit dans *la Terre,* comme le type de l'ancien soldat de l'armée d'Afrique, a parmi ses souvenirs « des oreilles de Bédouins coupées et enfilées en chapelets, des Bédouines à la peau frottée d'huile, pincées derrière les haies et tamponnées dans tous les trous. Jésus-Christ surtout répétait une histoire qui enflait de rires énormes les ventres des paysans : une grande cavale de femme, jaune comme un citron, qu'on avait fait courir toute nue, avec une pipe dans le derrière. » La diminution de la population suit souvent les conquêtes (20 % des Kanak). Les rares tentatives gouvernementales de limiter les violences sont ignorées sur le terrain : Yusuf en est un des nombreux exemples, les enfumades* de Saint-Arnaud* en sont un autre. On retrouvera ces tendances lors des guerres de libération dans les années 1945-1960. Un des cas extrêmes, attribué à un coup de folie, est l'affaire Voulet-Chanoine*. La conquête est-elle une guerre raciale de nature différente des conflits européens ? Ce serait oublier la violence des guerres de Religion des XVIe et XVIIe siècles, celle des guerres civiles – de la Vendée à la Commune et à l'Espagne – ou la Révolution russe. On peut penser cependant que l'atténuation de ces conflits sur le vieux continent et un début de réglementation s'accompagnent des déchaînements ultramarins. Mais la conquête n'est pas qu'affaire de sabreurs. Plus politique, la méthode de la « tache d'huile », élaborée d'abord en Indochine par Pennequin et Gallieni*, vise à gagner les indigènes : n'avancer qu'après avoir organisé les territoires conquis et montré par leur exemple les avantages de la colonisation, faire une politique des races*.

Pour s'adapter aux caractères spécifiques de milieux très divers, sur le modèle mis au point en Algérie, outre les auxiliaires, des corps spécialisés ont été créés : méharistes*, bataillons d'Afrique, spahis*, zouaves*, Légion*, infanterie* de marine, tirailleurs* sénégalais etc. Au bout du compte, l'empire a été soumis et tenu par des effectifs très réduits et de plus en plus recrutés chez les indigènes. Faidherbe* n'a jamais utilisé beaucoup plus de 4 000 hommes dans une expédition au Sénégal. En Indochine, la conquête s'achève avec deux tiers de soldats indigènes. Et, parmi les raisons de ce recours aux autochtones, il y a un souci d'économie : entre 1859 et 1895, on a englouti dans la péninsule 750 millions de francs, 15 % de l'indemnité due à l'Allemagne après la défaite de 1870. Il y a aussi l'impopularité des guerres coloniales, menées avant les progrès de la lutte microbiologique, qui entraînent des coupes claires dans les rangs français. Ce qui conduit à nuancer les résistances* opposées par les autochtones à la conquête, et à s'interroger sur l'attitude de la société dominée face à la colonisation, sur son acceptation de celle-ci, sur le contraste entre deux moments : celui de la conquête et celui des décolonisations.

Paul Leroy-Beaulieu* a prôné un recrutement utilisant les fortes têtes de métropole et les colonisés : « Ainsi composée, l'armée coloniale ne pèse pas sur la jeunesse de la mère patrie ; au contraire, elle se dégage de la partie la plus agitée, la plus instable… En outre, il faut des troupes indigènes professionnelles, et consentantes, que l'on attache par des liens d'intérêt très solides, très étroits, très visibles à la métropole. Elles doivent être, dans toute la force du mot, des mercenaires... assurés de quelque petite pension ou de quelque petit emploi ou de quelque dotation de terre, quand le pays s'y prête, pour garantir à la fois leur existence et leur fidélité... » On peut aussi expliquer le loyalisme des troupes par le partage de valeurs guerrières. L'outre-mer a façonné une armée très différente de celle de métropole, où les interprètes* ont eu un rôle important. Les officiers des troupes coloniales – œuvre de Famin* – et de l'armée* d'Afrique ont disposé d'un pouvoir assurément beaucoup plus grand que ceux de France. Leurs conditions de vie, rémunérations et fonctions ne sont pas les mêmes. Ils explorent (Marchand, Pavie*), étudient les langues, défrichent, bâtissent, construisent routes et villes, soignent... Lyautey* a contribué à l'élaboration du mythe positif et romantique. Loin d'une France petite-bourgeoise, les chefs se sentent libres, plus à même de cultiver leur goût de l'aventure et du panache. Certains affirment des affinités avec les chefs bédouins, tel Charles Saganne ou les officiers des bureaux* arabes, dont quelques-uns prônent et pratiquent les unions familiales avec les indigènes. Mais les guerres de décolonisation mettront la légende dorée à mal.

convertis « Elle était une renégate... Elle et sa famille formaient une race à part, car le pays avait été coupé en deux le jour où les missionnaires étaient venus l'évangéliser. Depuis, les membres d'une même famille se regardaient d'une rive à l'autre, désespérant de se rejoindre jamais. » Marguerite Taos Amrouche* a bien dit la spécificité de ces passages. L'espoir de Bourmont de « rouvrir la porte du christianisme en Afrique », partagé par Rome et les premiers évêques, était un mirage. La réaction est si violente que l'autorité militaire interdit le prosélytisme par peur d'un soulèvement antichrétien. Lorsque la famine – entre 1864 et 1867 – fait des milliers d'orphelins, Lavigerie* y voit des âmes fraîches à recueillir. Mais le résultat est réduit : autour de 1930, on ne compte qu'un millier de convertis en Algérie (aujourd'hui, 6 000 de leurs descendants vivent en France). Coûteuse, l'entreprise obtient un financement de l'État qui se tarit dès 1875. Deux villages, Saint-Cyprien et Sainte-Monique, destinés aux « colons convertis », stagnent. Ceux-ci constituent une aberration, que les tribunaux tranchent parfois avec un humour involontaire – mais révélateur de la vérité coloniale – en leur imposant de demeurer soumis au statut coranique, car « le terme musulman n'a pas un sens confessionnel ».Ces passages se sont effectués dans les deux sens : Ismayl

Urbain*, Isabelle Eberhardt*, Étienne Dinet* Nasr Eddine sont connus, mais d'autres sont demeurés dans l'ombre de l'islam.

coopération Son ministère, qui remplace le secrétariat d'État chargé des relations avec les États de la Communauté, est créé en juin 1961. Le but est de renouveler les relations avec l'outre-mer en fonction d'une « grande ambition », dit de Gaulle* : l'œuvre commune de développement. Avec les nouveaux États sont signées 138 conventions sur la défense, la culture et l'enseignement, l'économie. Elles concernent surtout l'Afrique noire et le Maghreb. Malgré son nom et la mise en avant de l'idée de partenariat, cette politique reste inégalitaire et elle est accusée de néocolonialisme* à propos de la politique africaine de la France, du « pré carré » en particulier. À la coopération interétatique s'est ajoutée l'action des ONG, émanant de l'initiative privée, associations laïques mais aussi souvent d'inspiration chrétienne. Dans la dynamique des décolonisations*, elles se sont attachées à développer des relations directes, des solidarités, de société à société.

coprah Au milieu du XIXe siècle, la forte demande mondiale de matières grasses conduit à une nouvelle utilisation du cocotier, « l'arbre aux milles usages » des sociétés insulaires tropicales, grâce à la fabrication d'huile végétale à partir de la pulpe séchée de la noix de coco, ou coprah. Des plantations industrielles sont développées dans l'océan Indien, aux Indes néerlandaises, aux Philippines, en Inde mais aussi en Océanie, particulièrement par les Allemands aux Samoa à partir de 1870, et en Nouvelle-Guinée à partir de 1883. La Levers anglo-australienne s'est intéressée aux Salomon et aux Nouvelles-Hébrides. Des planteurs français et polynésiens ont étendu les cocoteraies aux Nouvelles-Hébrides*, à Tahiti et à Wallis. Mais, à partir des années 1930, la production a commencé à décliner, par suite de la concurrence d'autres huiles végétales. L'huile de coprah ne représente plus que 3 % des huiles végétales à l'échelle mondiale, quoique le coprah reste une ressource essentielle si ce n'est la seule ressource commercialisable pour certains archipels.

corps
Réalités et imaginaire

Préoccupés longtemps par le choc des armes et les luttes politiques, les historiens commencent à peine à s'intéresser à ce domaine nouveau.

Corps du colon

Pour les Européens sous les tropiques, l'acclimatement a préoccupé anthropologues et médecins. Selon Louis Adolphe Bertillon, il est impossible : même l'Algérie lui paraît insalubre pour les Français, alors que la « race » espagnole prospère, étant de sang mêlé maure. Conserver le Tonkin, « c'est vouer à la mort nos compatriotes forcés d'aller sous ce climat meurtrier », affirme le député de Mortillet en 1885, et, si tous n'en meurent pas, beaucoup seront affaiblis par ces climats. Les hécatombes des conquêtes et celles dont sont victimes les premiers colons montrent qu'il ne s'agit pas de légendes. D'autres spécialistes proposent des métissages qui feront une « race coloniale ». Ce souci a été à l'origine de multiples topographies médicales au XIXe siècle. C'est la découverte de la base microbienne des maladies tropicales qui a permis les grands progrès de la santé*. Le rôle des instituts* Pasteur a été déterminant. Mais la dureté du climat fait partie des stéréotypes coloniaux, comme Albert Memmi* l'a montré. « Il fait chaud, chaud, chaud archi chaud, et il n'y a plus de glace dans ma carafe », disent les Pieds nickelés. Dans l'Empire britannique, on parle de l'« indianisation » du conquérant, mais le colon se reconnaît dans la posture altière, le regard dominateur que montrent les images. L'algérianisme* souligne la régénération des corps souffreteux venus de métropole, le retour de santé dû au contact avec la terre, à la lutte contre le climat et les hommes, à la vie barbare. Comment le terme *pato*, « canard » en espagnol, en est-il venu à désigner le Français de France ? Petit mystère intéressant. Camus* a exalté le culte du corps, du sport*, de la mer. Il n'est pas étonnant que Cerdan* ait été un grand mythe d'identification pied-noir. Dans cette culture, la sexualité est une composante de la situation coloniale qui impose une rivalité entre corps du colon et du colonisé. On impute aux tropiques et à leur chaleur une influence génésique. En sens contraire parfois, les difficultés de l'acclimatement, l'alcool*, l'opium, la décivilisation entraînent une dégradation physique et morale : la dégénérescence qui hante la métropole revient par les colonies, où il y a toujours quelque chose de menaçant. Le métis* en est un exemple.

Corps du colonisé

Le colonisé, c'est un corps, et ce n'est souvent que cela. Il est porteur des phénotypes, des signes extérieurs de la race, et la différence apparaît aussi dans les peintures, les scarifications en Afrique, les tatouages polynésiens. Dans le théâtre et au cinéma, les « accents africains » passent mal. Une nomenclature raciale distingue des espèces belles (le Touareg, le Masai, le Peul…), ou le plus souvent laides (Pygmée*…), voire monstrueuses. Car le corps colonisé suscite fascination et répulsion. Les premiers à s'y intéresser ont été les scientifiques, l'anthropologie*. Le Noir, perçu comme puissant, proche de l'animalité, est opposé au Blanc dans les spectacles de lutte et de boxe de la Belle Époque. Par opposition au bon sourire de Banania*, le visage du boxeur noir traduit sa violence innée. L'ambiguïté apparaît dans la séduction qu'exerce un Habib Benglia. D'origine soudanaise, né à Oran, acteur de cinéma et théâtre, il a tourné dans plus de vingt films entre les années 1920 et 1950, parfois avec les plus grands (*la Putain respectueuse,* en 1946). Il a été perçu avant tout comme « splendidement bestial ». « Il est impossible d'être plus près de l'animalité et d'être plus artiste. » Une « personnification grandiose et effarante de toute une primitivité mi-animale mi-démone », s'exclame la critique Jane Catulle-Mendès en 1923-1924. Certains ironisent ou s'indignent devant les « petits cris d'admiration des dames pour son académie colorée ». Plus récemment, le film *Chocolat* a montré le désir nocturne de la maîtresse envers le boy, tabou à l'époque coloniale. « Le Noir est transformé en pénis. Il est pénis », disait Fanon* en 1952. Inversement, l'image coloniale retient le dénuement, le spectacle de famines, la malédiction pesant sur les races inférieures, la lèpre et ses déformations du corps… La propagande associe souvent l'uniforme du médecin*, de l'infirmière ou de la bonne sœur et les corps dénudés souffrants : fardeau de l'homme blanc. Enfin, ces corps sont aussi des corps suppliciés bien après l'esclavage. Alors qu'en métropole cela est de plus en plus caché, aux colonies le spectacle s'affiche : flagellations, port du carcan, exécutions, tortures… même si les codes juridiques tendent à limiter ces peines.

La critique anticolonialiste présente une contre-image. Les affiches communistes montrent souvent la force du colonisé brisant ses chaînes. En réaction à l'image négative du docker* sous-prolétaire, surnommé *bouchkara* (l'homme au sac de jute), la carte d'adhésion de la CGT tunisienne, en 1924, représente un artisan en costume traditionnel. Le corps du travailleur, solide ou usé, du coolie comme dans la chanson *Han coolie!* (Aragon), l'épuisement dû au travail forcé, au portage sont des pièces du procès.

Corps de la colonisée : réalités et fantasme

Sur lui aussi, plus lentement et plus difficilement, la colonisation va imposer sa marque. L'école* est un lieu majeur, le vêtement* souvent un enjeu. Exposer le corps féminin, se livrer à des exercices physiques constitue une nouveauté scandaleuse en Indochine. Le remplacement dans les écoles du *cai ao* noir par un violet, pourtant couleur traditionnelle, a suscité des résistances.

La gymnastique et le chant sont considérés comme le fait de filles publiques. Un long travail de persuasion a été nécessaire pour obtenir l'adhésion des parents. Cela étant, l'ascétisme vestimentaire suscite parfois son contraire : les textes érotiques de la poétesse Ho Xuan Huong (XIXe siècle) et l'invention par le peintre Cat Tuong (Lemur) des longues tuniques qui mettent en valeur le corps des vietnamiennes modernes. L'émancipation ne s'arrête pas là : en 1932, un groupe de jeunes* filles entreprend une marche de Hanoi à Haiphong sous les railleries, car il est convenu que dans les bonnes familles on ne se déplace pas à pied. Que dire du vélo, qui fait son entrée chez les Saigonnaises en 1936 ?

La colonisation peut aussi partir en guerre contre l'exhibition des corps, comme les missionnaires d'Afrique et de Polynésie. En terre d'islam, la femme se voile quand elle passe au statut de citadine, ce qui est une promotion.

Dans l'imaginaire du colon, la colonie est de nature féminine, la plus grande partie des affiches de propagande la présentent sous les traits du deuxième sexe. Elle est associée au désir, à la possession, à la domination, comme les statues de la gare Saint-Charles à Marseille. Alger est « femelle », dit Loti*. Que cache cette enveloppe corporelle ? Rarement une âme. Surtout si on y voit une monstruosité : Vénus* hottentote, « femme à plateaux », « femme girafe »… L'image de la colonisation obéit à une stricte loi du genre : le colon est masculin, la femme n'apparaît pratiquement jamais, sauf quand elle symbolise la France, comme la statue dressée sur le parvis du palais des Colonies en 1930, ou celle de la ville de Marseille – sur les escaliers de la gare Saint-Charles –, drapée et assise, à la différence des colonisées dénudées. Maupassant dans *Allouma* en 1889 rappelle qu'il n'y pas d'amour, sauf physique, en colonie : « On n'aime point les filles de ce continent primitif…, elles ont un cœur trop rudimentaire. » Parmi les débordements de Gustave Flaubert dans sa *Correspondance d'Égypte,* ceux des sentiments n'occupent guère de place. Au demeurant, l'éventuel amour d'une indigène inquiète car il risque de conduire l'homme à se déciviliser. On retrouve cette fascination-répulsion chez Loti envers les Africaines. Et la « contagion arabe », la syphilis, sanctionne les fautes, insiste-t-il dans *les Trois Dames de la Kasbah* en 1897. Sous la caution d'Adolphe Bertillon, un médecin va jusqu'à annoncer la disparition de la race par la syphilis et la sodomie.

Dans la peinture orientaliste, chez Gauguin*, dans la photo*, dans la carte postale…, la femme est souvent représentée nue. La couverture d'un des livres de chevet des jeunes coloniaux, *l'Art d'aimer aux colonies,* d'un pseudo-docteur Jacobus, s'orne d'une femme offerte et ouverte. Aussi le corps caché de la musulmane, soustrait à tout regard, interdit, obsède-t-il. La sexualité qu'on lui prête fascine. Elle est souvent présentée comme nymphomane, experte dans l'art de l'amour comme l'Asiatique, alors que la Noire est considérée comme une primitive porteuse de pulsions naturelles. Le voile, le drapé deviennent figure esthétique, et le harem (espace interdit) a une importance imaginaire inversement proportionnelle à ce que l'on en sait.

Corses Ils représentent 0,5 % de la population française en 1939, mais 15 à 20 % de l'administration coloniale, 30 % des douanes, un tiers des sous-officiers et 20 % des officiers, ils sont 150 000 au Maghreb vers 1930. Les descendants de Pascal Paoli, l'Abd el-Kader corse vaincu, ont soumis les populations à la domination française. Ils ont adhéré à la Plus Grande France, alliant l'intérêt matériel d'une société pauvre, bénéficiant de lots de colonisation et des postes de la fonction publique, avec le mythe impérial, Napoléon accompagnant la République. Dans la haute administration, ils ont été nombreux. Lucciardi et Bereni à Madagascar, François-Marie Colombani au Niger et au Dahomey, Antonetti gouverneur général de l'A-EF et Ignace Colombani gouverneur de l'A-OF, Anziani gouverneur en Océanie... Ils ont joué un rôle important dans la vie politique coloniale, au Maghreb en particulier, où leur nombre et leur solidarité leur assurent beaucoup d'élus dans les assemblées locales et au Parlement. Au Maroc, François Pietri, directeur général des Finances, a tenu une place déterminante dans l'histoire du protectorat. En Tunisie, les coloniaux les plus intransigeants s'assurent le soutien de la communauté corse, entraînant la réaction des nationalistes, qui la stigmatisent comme monopolisant la fonction publique et défendant les positions les plus conservatrices. Les Corses ont en effet une part importante dans les mouvements hostiles aux indépendances. L'île est une pièce du dispositif du putsch de mai 1958, et elle le sera en d'autres occasions. Dans les universités, l'Algérie française trouve des appuis chez les étudiants en droit d'Aix-en-Provence et Montpellier, par exemple, qui comprennent une grande proportion de Corses. Dans une société que l'émigration saigne, la colonisation a contribué au dépeuplement tout en masquant la gravité de la crise: vieillissement, atonie économique. Mais la décolonisation est une des origines du renversement conduisant au nationalisme et à l'autonomisme corse depuis les années 1970, l'île hier coloniale se redécouvrant colonisée. Il est significatif que l'installation de rapatriés d'Algérie ait suscité des réactions violentes. Ce passé colonial, s'ajoutant aux conflits méditerranéens séculaires entre la Croix et le Croissant, alimente aussi des tensions racistes antimaghrébines.

Une exposition sur les Corses et la colonisation en 2002 a posé avec une grande honnêteté tous ces problèmes.

Côte d'Ivoire Cette colonie est créée le 10 mars 1893 avec pour capitale Grand-Bassam. Ses frontières occidentales avec le Liberia sont délimitées en 1892. La pénétration est lente et entravée jusqu'en 1898 par Samory*. La « pacification » complète intervient sous l'autorité du gouverneur Angoulvant de 1908 à 1915. La capitale est installée à Bingerville en 1900 puis à Abidjan à partir de 1934. De 1932 à 1947, la Côte d'Ivoire récupère les cercles (territoires) méridionaux de la Haute-Volta, alors supprimée. La colonie n'entre véritablement dans une phase de développement économique qu'à partir des années 1920, grâce au cacao*, puis à partir de 1925, grâce au café. Le chemin de fer* atteint Bobo-Dioulasso, en Haute-Volta, en 1934 mais la colonie n'a pas de port convenable avant le percement du canal de Vridi, en 1951, qui ouvre la lagune Ébrié et Abidjan sur la mer. Les deux tiers des producteurs de café et de cacao sont ivoiriens et ces cultures sont à l'origine d'une transformation sociale et économique dont bénéficie essentiellement le Sud, qui attire un grand nombre de migrants venus du Nord. Le développement économique permet l'émergence d'une élite de grands planteurs autochtones qui vont monopoliser le jeu politique local sans remettre en cause la colonisation jusqu'à l'indépendance. En 1944, l'un d'entre eux, Félix Houphouët-Boigny*, fonde le Syndicat agricole africain, qui sert de matrice au Parti démocratique de Côte d'Ivoire, apparu en avril 1946 (section ivoirienne du Rassemblement démocratique africain [RDA*], fondé en 1946 à Bamako au Mali). Apparenté au PCF, il se heurte à l'hostilité de l'administration jusqu'en octobre 1950, lorsque le RDA se détache des communistes. La colonie connaît entre 1950 et 1960 un remarquable développement de l'économie de plantation. Elle est le principal exportateur de l'A-OF et le premier contributeur à son budget. En 1956, Houphouët-Boigny, en défendant la loi-cadre*, manifeste sa volonté de maintenir des liens forts avec la métropole dans le cadre de l'Union* française puis dans celui de la Communauté*. L'échec de cette dernière conduit la Côte d'Ivoire à demander l'indépendance en août 1960. Avec plus de 3 millions d'habitants, un taux de scolarisation relativement élevé, une bonne infrastructure et une organisation efficace de sa production agricole, le pays accédait à l'indépendance dans des conditions favorables.

couscous Le mot apparaît très tôt, dès 1534 selon le *Trésor de la Langue française*, sous la forme de *coscosson* dans Rabelais. Il vient de l'arabe *kûskûs*. C'est un plat du Maghreb composé de semoule, de viandes et de légumes avec une sauce relevée à l'harissa. Il s'agit d'une semoule de blé roulée en grains. Grossièrement moulue, elle est roulée à la main dans une mince couche de farine qui empêche les grains de coller au cours de la cuisson. Elle passe successivement dans plusieurs tamis (*ghorbal*) de plus en plus fins. Au début du XXe siècle en France, l'immigration familiale est rarissime, la cuisine est donc celle des hommes. L'État s'attache à leur fournir la semoule. Sous l'Occupation, il existe des tickets de ravitaillement spéciaux marqués d'un croissant à l'usage des « indigènes ». C'est à partir des années 1960, avec l'arrivée des pieds-noirs et le regroupement familial, que le couscous prend la place qu'il occupe aujourd'hui et que les restaurants se multiplient. Les minotiers intègrent la semoule à leurs produits, suivis par l'agroalimentaire, qui commercialise des boîtes de couscous, du couscous précuit... Dans le milieu des années 1990, plus de 21 000 tonnes de couscous en conserve ont été produites.

Adolphe Crémieux Avocat et homme politique français (1796-1880). Il est appelé, en 1830, à la Cour de cassation par Odilon Barrot. Député à partir de 1842, président du consistoire central des Israélites de France en 1843, il devient ministre de la Justice dans le gouvernement provisoire de 1848. Avec Victor Schœlcher*, il est à l'origine du décret du 27 avril 1848 abolissant l'esclavage*. D'abord partisan de Louis Napoléon Bonaparte à la présidence de la République, il siège à gauche à partir de 1848 et est arrêté lors du coup d'État du 2 décembre 1851. En 1860, il crée l'Alliance* israélite universelle. Il retrouve la politique en 1870 quand il est nommé garde des Sceaux et responsable de l'Algérie. Il est l'auteur du décret qui attribue aux juifs algériens la citoyenneté en les soumettant au droit français et donc en annulant les dispositions de la loi mosaïque. Si la mesure, inspirée du modèle républicain de 1791, a suscité l'hostilité des tenants de la tradition, elle a été acceptée par la majorité de la communauté. Appliquée de 1870 à 1940 puis abrogée par les lois antisémites de Vichy*, elle est rétablie à la Libération.

créole De l'espagnol *criollo*, ce mot désigne à l'origine l'Européen né hors de son pays, puis les natifs du pays blancs ou esclaves. Mais les sens contemporains varient. Aux Petites Antilles sont créoles les natifs de race blanche, à La Réunion les natifs blancs ou noirs, à Haïti et à Maurice les natifs noirs. Le terme est aussi appliqué à la langue née sur les plantations, qui emprunte au français des matériaux linguistiques, se restructure au contact des communautés serviles (d'où leur variété), et s'autonomise par rapport au français. Le créole est aujourd'hui la langue véhiculaire à Maurice et dans les DOM*, la langue officielle aux Seychelles et à Haïti. Au cours des années 1970, sa défense, synonyme du refus de l'assimilation, appuie les revendications identitaires. Le créole a été reconnu comme langue régionale et son enseignement reste facultatif du fait des résistances locales, mais il figure parmi les options dans les concours de recrutement des enseignants.

Croisière noire et Croisière jaune Elles conjuguent goût de l'aventure, exotisme* et glorification de la Plus Grande France. Les 3 200 km de Touggourt à Tombouctou sont franchis entre le 14 décembre 1922 et le 7 janvier 1923, associant l'exploit de la traversée du Sahara* à la promotion des autochenilles. L'objectif suivant est de relier l'Algérie à l'océan Indien. La Croisière noire s'élance le 28 octobre 1924 et arrive à Tananarive le 26 juin 1925. Elle collecte des photographies* permettant un « voyage dans le temps » avec les Pygmées*, « dernier réduit de la préhistoire », les « femmes à plateaux », les cérémonies rituelles, les danses… Elle présente aussi des Occidentaux investis d'une mission civilisatrice et triomphant d'une nature hostile. En 1931, la Croisière jaune répond à l'appel de l'Orient ressenti par Kipling, Kessel, Malraux*… avec l'appui du gouvernement et du lobby colonial. Ce n'est pas un hasard si l'expédition démarre un mois environ avant l'Exposition* coloniale. Reliant Beyrouth et Pékin, elle emprunte certains tronçons de la mythique route de la soie, trajet périlleux, jalonné par des prouesses techniques pour franchir les obstacles himalayens. Il s'agit, outre l'aventure, de montrer à l'Asie que la France peut être une troisième voie entre la Grande-Bretagne et la Russie. Ces deux croisières deviennent une épopée, et dès 1932 une exposition est présentée sous l'égide de Citroën. Alexandre Iacovleff a rapporté des milliers de photos et de dessins qui se trouvent au musée des Années trente de Boulogne-Billancourt. Le film de Léon Poirier, *la Croisière noire* (présenté sans les paroles aujourd'hui, tant elles choqueraient le public), « dédié à la jeunesse de France », contribuera à entretenir leur légende.

cuisine Les pratiques alimentaires des contrées lointaines, connues par l'expansion européenne, ont été qualifiées de « coloniales » ou d'« exotiques » jusqu'au milieu du XXe siècle, même lorsqu'elles ne provenaient pas de territoires colonisés. Ces termes ont désigné des denrées d'Asie, du Nouveau Monde ou d'Afrique*, en particulier les épices*, le thé, le cacao*, le café, les fruits… En revanche, les savoir-faire culinaires des colonies françaises ont été reconnus tardivement si l'on compare avec les Pays-Bas pour l'Insulinde, ou avec l'Angleterre, où des plats de facture indienne sont diffusés à partir du XVIIIe siècle, et gagnent la France. Les mets coloniaux, ou présentés comme tels, font pendant longtemps figure de curiosité. Le couscous, évoqué dans plusieurs livres de cuisine généralistes dès le XIXe siècle, peut être acheté chez le traiteur Hédiard dans les années 1900. L'Exposition* coloniale de 1931 montre la variété des cuisines de l'empire, alors que paraissent des recueils de recettes spécialisés, le premier ayant été *l'Algérie gourmande* de Léon Isnard (1920). Les quelques restaurants ouverts dans la région parisienne par des originaires des colonies sont destinés à leurs compatriotes, qu'il s'agisse d'Indochinois (le premier restaurant chinois, au quartier Latin, date de 1913) ou de Maghrébins. Dans les colonies, des denrées nouvelles ont été importées, comme le lait concentré, les conserves, les biscuits ou les pâtes, sans oublier les boissons, tandis que la consommation du riz s'étend, et que celle du pain augmente dans les villes. Après 1945, les influences réciproques s'accroissent, et plus encore après les indépendances. Les modes de consommation alimentaires s'occidentalisent dans les anciennes colonies, dont les cuisines sont de plus en plus appréciées dans l'ex-métropole, où leur gamme s'élargit avec l'essor des migrations internationales, tandis que leur clientèle se diversifie.

culture et colonisation Les théories et doctrines coloniales ont été étudiées depuis longtemps, et on s'est attaché plus récemment aux attitudes de l'opinion à l'égard de l'expansion puis des décolonisations, face à la guerre d'Algérie surtout. Par contre, la place et la part de l'impérialisme, de cinq siècles de conquêtes et de domination dans la culture, restent à analyser. On commence à le faire pour certaines sciences (orientalisme*, ethnologie*, etc.), mais on n'a pas encore de vue d'ensemble. Certes, le volet colonial des savoirs et de l'esthétique (la littérature, l'image, la musique…) est en partie décrit et analysé. Au-delà, il est difficile de répondre à ces questions : s'agit-il d'un exotisme* marginal ou bien l'outre-mer a-t-il pénétré notre vision du monde ? Les grands noms de la littérature qui s'y sont intéressés peu ou prou laissent penser que tel est bien le cas. Raynal-Diderot le disait dans son *Histoire philosophique et politique des établissements et du commerce des Européens dans les deux Indes* : « Sans doute est-il important aux générations futures de ne pas perdre le tableau de la vie et des mœurs des sauvages. C'est peut-être à cette connaissance que nous devons tous les progrès que la philosophie morale a fait parmi nous. » Le dialogue entre Malraux* et Ling dans *la Tentation de l'Occident*, l'engouement pour l'art* nègre, l'attention des surréalistes à l'Orient sont-ils des postures superficielles ou représentent-ils un courant permanent, qu'on peut faire remonter à Montaigne, en passant par Rousseau ? Un Valéry, selon qui l'Occident a « digéré » les monstres d'Asie, tout en restant identique à lui-même et n'a rien à en craindre parce qu'il n'en attend rien, n'est-il pas plus représentatif ? C'est bien de ce côté que penche l'ethnocentrisme*, même dans l'universalisme le plus généreux. « Toutes les nations ne doivent-elles pas se rapprocher de l'état de civilisation où sont parvenus les peuples les plus éclairés, les plus libres, les plus affranchis de préjugés, les Français et les Anglo-Américains ? Cette distance immense qui sépare les peuples de la servitude des Indiens, de la barbarie des peuplades africaines, de l'ignorance des sauvages doit-elle peu à peu s'évanouir ? Y a-t-il sur le globe des contrées dont la nature ait condamné les habitants à ne jamais jouir de la liberté, à ne jamais exercer leur raison ? » Condorcet, dans son *Esquisse d'un tableau historique des progrès de l'esprit humain*, montre que la civilisation, qui se confond avec l'Europe, est l'avenir de l'homme. Il y a là une explication de la faible influence de l'anticolonialisme*. À l'opposé, une conception de la différence mettant en avant son caractère irréductible nourrit une vision inégalitaire, le racisme, puisque le terme s'impose dans les années 1930. La colonisation en a été une composante. Il y a bien une hiérarchie des races*, et la république y a adhéré. Plus réduit, un autre courant valorise les cultures non occidentales, qui va de Montaigne à Lévi-Strauss* en passant par Segalen*.

Cela pour les élites intellectuelles et politiques. Quid de la culture de masse ? Peut-on affirmer l'existence d'un « impérialisme populaire », une adhésion du pays profond comme on a pu le relever pour la Grande-Bretagne ? Les conquêtes ont été organisées dans le secret des cabinets ministériels, des états-majors et des conseils d'administration, et les réalités de la gestion de l'empire – pas toujours limpides – soumises à la plus grande discrétion, sauf scandale. Mais le lobby* colonial, comme les sociétés de géographie* se sont préoccupés de propagande*. En outre, l'âge de l'impérialisme coïncide avec une démocratisation du savoir par l'école*, la presse, les expositions, les musées, le cinéma*, la chanson*, la publicité*… qui impliquent aussi l'outre-mer. L'imaginaire s'enrichit de cette propagation de la culture. On n'est plus le même, on n'est plus blanc en revenant de l'Exposition coloniale de 1931… Pacotille, ou connaissance sérieuse ? Si l'attachement à l'empire a progressé dans les années 1930 selon certains signes, d'autres attitudes montrent des réserves et beaucoup d'indifférence, laquelle reste la mieux partagée. La préférence impériale, qui, de la crise de 1929 à l'après-guerre, nourrit la propagande officielle, achoppe sur des intérêts économiques divergents. Et les colonies ne suscitent pas l'attachement des provinces menacées: on les troquerait pour avoir la paix avec l'Allemagne. Surtout, ce qui l'emporte, c'est l'ignorance des réalités élémentaires et la fragilité de l'idée de « fardeau de l'homme blanc », qui devient très vite trop pesant. Ce qui caractériserait donc le roman national, ce seraient plus les troupes héroïques et les victoires, les conquêtes de la médecine, l'œuvre civilisatrice que l'outre-mer, ses populations, ses particularités. « La Plus Grande France » : la formule est claire. Cette intégration de l'empire dans l'identité française sous la IIIe République explique les difficultés des décolonisations*, et sans doute l'enfouissement rapide de cinq siècles de notre histoire après la disparition de l'outre-mer, sous l'effet de la modernité, de la consommation triomphantes, mais aussi d'un refoulement de ce passé qui ne passe pas. On comprend mieux ainsi la très grande sensibilité de la société, aujourd'hui encore, à l'égard de ces crises des décolonisations et la complexité des problèmes de mémoire. D'autant plus que les mémoires des colonisés ont pris racine ici aussi.

Henri Curiel Journaliste, militant communiste (1914-1978). Issu d'une famille de banquiers juifs d'Égypte qui ont pris la nationalité italienne, il choisit de devenir égyptien. Membre du PC égyptien et fondateur du PC soudanais, il est expulsé d'Égypte. Revenu après le coup d'État de Nasser, il est expulsé de nouveau en 1956. Il rencontre Francis Jeanson en 1957 et rejoint le réseau des « porteurs de valises » ; il prend sa succession à la tête des réseaux d'aide au FLN*. Il fonde le Mouvement anticolonialiste français (MAF) en juillet 1960. Emprisonné à Fresnes en octobre, il fait le jeûne pendant le mois de ramadan et s'attache à ce que les militants athées et fumeurs fassent de même, par respect envers les détenus musulmans. C'est là une attitude qui tranche sur l'idée qu'on se fait d'un « révolutionnaire professionnel » dans le style du Komintern. Il est libéré dix-huit mois après. Le MAF, dont le premier congrès se tient en Suisse, veut doter d'un programme et d'une organisation clandestine la mobilisation anticolonialiste. C'est le moment où paraissent *le Déserteur* de Maurienne (Jean-Louis Hurst, octobre 1960, éditions de Minuit), et *le Refus* de Maurice Maschino (octobre 1960, Maspero), et où est signé, le 6 septembre, le manifeste* des 121. Après la guerre, Curiel organise la solidarité avec les mouvements radicaux du tiers-monde*, en particulier par la formation des militants au travail clandestin, jusqu'à son assassinat, demeuré obscur. A-t-il été victime des « faucons » israéliens ou palestiniens, des services secrets de l'Afrique du Sud ? Les assassins n'ont jamais été retrouvés.

D

dahir berbère (6 mai 1930) Texte de loi imposé par le résident général Lucien Saint (nommé au Maroc après Tunis) au jeune souverain Mohammed V*, dont l'article 6 place le pays berbère* dans la compétence des tribunaux français, retirant ainsi au roi le pouvoir de justice et divisant la population marocaine sur une base ethnique. C'est un cas extrême du mythe berbérophile, qui a été cultivé en Algérie, puis au Maroc. Depuis le dahir du 11 septembre 1914, décidant que « les tribus dites de coutume berbère sont et demeurent régies et administrées selon leurs lois et coutumes propres sous le contrôle des autorités », ce domaine a été l'un des plus importants de la politique indigène. Créé en janvier 1915, le Comité des études berbères, dont l'un des objectifs est de recenser les tribus, est contrôlé par des experts – tels Georges Hardy (géographe, directeur de l'Instruction publique, qui appliquera avec zèle les mesures antijuives de Vichy*), Urbain Blanc –, par des officiers et par une coterie proche de l'évêché nourrie d'un catholicisme de reconquête. Le dahir est perçu comme un attentat contre l'islam et la destruction de l'unité marocaine, et dans les mosquées on récite contre lui la prière du *latif* (prière du sauveur, dite dans les périodes de calamités pour implorer le secours divin). Ce premier grand mouvement nationaliste depuis la défaite d'Abd* el-Krim ouvre une page nouvelle où les villes deviennent un foyer de mobilisation, où les jeunes intellectuels ont une part déterminante. Le mouvement est relayé par Chekib* Arslan en Europe et au Proche-Orient. Il obtient des appuis à Paris. Sous le pseudonyme de Mouslim Barbari (qui regroupe les Jeunes Marocains) est publié *Tempête sur le Maroc* (février 1931). Ses auteurs créent la revue *Maghreb* (juin 1932-octobre 1935) avec des socialistes comme Robert-Jean Longuet. En juillet 1933, Lucien Saint quitte son poste et en 1934 le dahir est abrogé.

Dahomey (Bénin) Le royaume, qui entretient des relations commerciales anciennes avec les Européens, a réussi à préserver son indépendance jusqu'en

1892. Cette année-là, les Français s'en emparent au prix d'une difficile campagne militaire où s'illustrent les amazones*. La résistance ne cesse qu'après la capture du roi Béhanzin*, en 1894, et les Français peinent à s'installer dans le Nord, au Borgou. La colonie du Dahomey est officiellement organisée par le décret du 27 juin 1894 mais ses frontières ne sont fixées qu'en 1897 et 1898. Elle est le théâtre d'une série de soulèvements de grande ampleur pendant la Première Guerre mondiale, comme celui des Holli. L'exploitation de la palmeraie du bas-Dahomey est le moteur de la mise en valeur. Le chemin de fer* atteint Parakou, au centre du pays, en 1934. Cotonou est doté d'un wharf (appontement perpendiculaire à la rive) et devient la capitale économique alors que Porto-Novo reste son chef-lieu administratif. Entre les deux guerres, le groupe des « évolués » – qui associe la communauté afro-brésilienne* et les intellectuels sortis des écoles françaises comme Louis Hunkanrin – tente de jouer un rôle politique. Son action est marquée par la création de journaux comme *la Voix du Dahomey* en 1927, en faveur de l'égalité des droits et contre les abus de la colonisation mais qui ne remet pas celle-ci en cause. En 1946 est créée l'Union progressiste du Dahomey, premier parti politique, dont le leader est S. M. Apithy. Il éclate dès 1947 en organisations qui se constituent autour de personnalités marquantes, E. Derlin Zinsou et H. Maga, et sur des bases régionales qui aggravent le clivage entre le Nord et le Sud, expliquant l'absence de parti dominant comme dans le reste de l'A-OF. Le Rassemblement démocratique africain (RDA) n'a pas réussi son implantation locale et le Dahomey a refusé de s'associer à la fédération du Mali*. Le pays accède à l'indépendance le 1er août 1960 et en 1975 prend le nom de Bénin.

Léon-Gontran Damas Poète guyanais (1912-1978). Métis guyanais, il est le premier des « pères de la négritude* » à publier un ouvrage. *Pigments* (1937, préface de Robert Desnos) stigmatise le pouvoir colonial et le racisme qu'il engendre. En 1938, un pamphlet, *Retour de Guyane*, où il dresse le procès de la colonisation, lui vaut la censure. En 1942, il est chargé en qualité de membre du Groupe d'études antiracistes d'établir un rapport sur la « situation des hommes de couleur en France, de 1919 à 1940 » afin de jeter les bases de la communauté française. Il sera en contact avec des membres du mouvement de la Harlem Renaissance (mouvement culturel affirmant l'identité noire). En 1946, il s'oppose - avec le député René Jadfard – à Gaston Monnerville*, défenseur de l'assimilation. Ils fondent le Mouvement de la renaissance guyanaise, l'année de l'adoption du statut de département pour les

« vieilles colonies ». Après la mort de Jadfard en 1947, élu député de Guyane (1947-1951), il siège dans les rangs de la SFIO. Il a écrit une anthologie, *Poètes d'expression française* (1947), un essai, *Poèmes nègres sur des airs africains* (1948), et trois recueils de poèmes: *Graffiti* (1952), *Black Label* (1956) et *Névralgies* (1966).

Damas Ville millénaire, elle a été la capitale de l'Empire omeyyade au VIIe siècle, puis celle de Saladin lors des croisades. Carrefour pour le négoce international, ville-marché avec les ruraux et les Bédouins, elle déploie ses réseaux humains et économiques entre la Ghouta (son oasis), la plaine de la Bekaa et le Hauran. Sa modernisation, déjà amorcée sous les Ottomans, et la révolution des transports sous le mandat* favorisent son rayonnement jusqu'à Bagdad. Lieu de départ du pèlerinage à La Mecque, centre des débats réformistes et intellectuels au début du XXe siècle, elle est capitale du premier État arabe moderne, avec le prince Faysal, puis de l'État sous mandat. Elle a 196 000 habitants en 1930. Dotée d'une presse très politique malgré la censure, elle incarne le cœur battant du nationalisme arabe en lutte pour l'indépendance et l'unité de la Syrie. Mais ses élites éviteront toujours de laisser les insurrections armées y entrer et se rallieront au Bloc national au temps des négociations avec la puissance mandataire.

danses et musiques

Expressions du corps et de l'identité culturelle

Ces indissociables moyens d'expression faisant au corps* une place centrale sont au cœur de la culture africaine. Ils accompagnent les cultes et les rites, les transes et les possessions, où les percussions ont un rôle majeur, les funérailles, les cérémonies de passage et d'initiation. De nombreuses religions africaines estiment que le son est le principal moyen qu'ont les dieux et les hommes d'ordonner l'Univers. Un bon percussionniste, responsable de la régulation des pouvoirs surnaturels au cours de cérémonies, doit connaître des dizaines de rythmes spécifiques. La musique est associée aux événements et aux hommes importants. Le pouvoir exhibe musiciens et danseurs, et le Buganda exigeait un contingent de griots* des peuples conquis. Quand le tribunal de Londres condamne l'esclavage sur le sol anglais, un bal célèbre la victoire.

L'Occident a retenu une image simplifiée, caricaturale de la danse, dont il ne comprend pas le sens, qu'il réduit à des contorsions, des gesticulations inquiétantes ou amusantes. Cocteau ne frémissait-il pas à l'idée que les danseuses en tutu de nos ballets puissent avoir la même origine que les Africaines ? La transe fascine et inquiète. Ces stéréotypes concernent aussi les derviches tourneurs, morceau obligé de tout récit du voyage en Orient, et les Gnaoua du Sud marocain.

En Afrique et dans les îles

La danse, libération des énergies vitales, peut aussi inquiéter comme facteur de désordre. Ainsi pour les religions du Livre, hostiles à l'exhibition et à l'exubérance des corps. Cheikou Ahmadou l'interdit (ainsi que le tabac) dans son empire au milieu du XIXe siècle. Les missionnaires ont tenté de l'interdire, par exemple en Océanie. Le fait de maintenir ce mode d'expression est donc parfois une forme de résistance*. Aussi les maîtres ont-ils cherché à limiter les fêtes nocturnes et les rassemblements, et on retrouve des interdits venant du code noir dans l'indigénat. La danse, exercice physique imposé sur les navires négriers, n'est que tolérée sur les plantations (sauf la *kalenda*, secrète et interdite).

Musique et danse ont été en effet des moyens de défense identitaire, et leur violence a une fonction. Le *candombé*, inventé par les esclaves d'Amérique, moque les maîtres et conserve la mémoire des rois du Congo*. Le *maloya* de La Réunion* a un but analogue : le terme, venu du malgache, signifierait « parler », « dégoiser », mais la musique, où les percussions ont un rôle important, est proprement réunionnaise. Que ce soit pour le *léwoz* de la Guadeloupe, exécuté au son du tambour, ou le maloya, la politique de valorisation des racines africaines en a fait l'expression d'une contre-culture esclave. Plainte contre le maître, mémoire des ancêtres, cette chanson et danse où l'île reconnaît son identité bénéficie aujourd'hui du soutien communiste.

La danse est aussi liée au cosmopolitisme et prouve l'importance des emprunts et réinterprétations. Les esclaves ont conservé des danses africaines mais ont emprunté aux Européens certaines figures et des instruments de musique qui ont complété les leurs : le quadrille guadeloupéen était accompagné par un accordéon et un tambour. Les musiciens ont ainsi transféré les danses entre les deux populations. À La Réunion, le *séga*, identifié comme danse des esclaves, est pratiqué par les Blancs avec une chorégraphie plus retenue. À la Martinique, la biguine, à l'origine très satirique, s'est européanisée, et est devenue une figure du *bel air*, présentée comme d'origine africaine.

Sous Ranavalona, le cosmopolitisme s'affiche à la cour de Madagascar, avec, lors des cérémonies, une succession de danses *sakalava* en costumes arabes, de danses paysannes anglaises et de danses européennes en tenue bourgeoise. Le menuet est réinterprété dans l'*afindrafindrao* (pas à pas) au XIXe siècle. De même, sous la colonisation, l'opérette, marie la voix nasale traditionnelle de la Grande Île avec les airs occidentaux, véhiculant de manière voilée patriotisme et critiques. À Madagascar, la musique a une telle importance qu'elle est enseignée dans les écoles.

Dans les villes d'A-OF, aux associations de danses « héritées des ancêtres » s'ajoutent au début du siècle de nouveaux rythmes et instruments de musique, l'accordéon et la guitare s'adaptant tout particulièrement. Ce sont les élites, d'abord, qui adoptent les danses européennes. Au Tanganyika, le *bom* conte les violences de la conquête alors que les évolués dansent le *chapaulinge*, ailleurs c'est la mazurka.

Deux danses ont eu un succès particulier : le *highlife* et la rumba. Musique syncrétique qui combine des éléments européens, africains et américains dans les gammes, les harmonies et certains instruments, le highlife est né au Ghana à la fin du XIXe siècle à la confluence de chants de marins, de marches militaires, d'hymnes religieux. Son nom, « haute société », traduit son succès dans la bourgeoisie noire et métisse. Le remplacement du pidgin* par la langue akan répand le highlife dans les milieux populaires et ruraux.

Mais le succès de la « rumba Congo » est sans équivalent. La rumba aussi suit les chemins de la traite. Il est remarquable que les airs et les danses partis d'Afrique avec les esclaves y reviennent, transformés, dans la musique afro-cubaine, très populaire lors des années 1950, ainsi que le jazz, quand Armstrong fait une tournée en Afrique dans ces mêmes années. Son foyer est le melting-pot des « Congo bars » – lieux de sociabilité masculine, « tous les jours c'est fête sur fête » –, dancings fréquentés par des associations, des élégantes et élégants, les dancings, où l'on affiche aussi une passion pour Tino Rossi. « Dans tous les quartiers, autour des tam-tams qui maintiennent des thèmes folkloriques ou des orchestres de fortune, les danses ne s'interrompent plus… au-delà, dans les quartiers européens, l'ennui des dimanches s'installe », observe Balandier dans *les Brazzavilles noires*.

Le changement passe en effet par l'urbanisation et le contact avec l'Europe. Au Congo, c'est du côté des Grecs et des Portugais, plutôt que du côté des Belges, que la rumba a ses soutiens logistiques. Quoi de plus cosmopolite dans l'Afrique coloniale que de chanter l'automobile, la ville, la femme, largement inaccessibles ? Au Mali, les jeunes filles associent la musique à la beauté et à un monde du luxe dont elles sont exclues. Enfin, calypso, meringué, rythm and blues, reggae, etc., se répandent, s'adaptant très bien aux danses et rythmes traditionnels : par exemple la danse *odonso* venue de la danse *odowe*. Dans le nord de l'Afrique, le raï*est un phénomène du même ordre. La danse s'inscrit dans le mouvement d'affirmation culturelle noire. L'Académie africaine des arts et de la recherche le manifeste à Carnegie Hall, à New York, à partir de 1945. Les États indépendants chercheront à faire des arts traditionnels des symboles nationaux. À Dakar, en 1966, le Festival des arts africains leur accorde une grande place à l'initiative de L. S. Senghor*. Le métissage musical qui s'est développé est une étape vers le phénomène actuel de la *world music,* où l'Afrique a une place considérable.

Au Cambodge

En Indochine, les cours royales, celle du Cambodge et celle de l'Annam, avaient chacune leur orchestre et leur ballet ; placées sous protectorat de la France, elles se devaient d'entretenir ces troupes dont les répertoires et les techniques demeurèrent classiques comme signes d'une identité culturelle nationale et d'une majesté royale encore vivante. Mais, au niveau populaire, les danses et chants paysans (comme les chants alternés des garçons et des filles) à caractère cultuel ou religieux ne cessent d'être pratiqués chez les Viêt, les Lao et les Khmers.

En Océanie

À Tahiti aussi, la musique fait partie de la vie. Les instruments traditionnels à vent et à percussion dominent, soit indigènes, soit empruntés comme le *ukulele* (portugais via Hawaï). Les chanteurs ont une grande importance, certains (le *'orero*) ayant beaucoup d'analogies avec les griots africains. Le métissage avec les hymnes chrétiens a été très important dans les *hymene*, qui sont aussi bien liturgiques que profanes. Divers types de danses, certaines d'origine guerrière comme le *o'te'a*, d'autres érotiques, ont été victimes d'interdits en particulier parce qu'elles se dansaient nues. Une confrérie, les *arioi*, s'y consacrait. D'autres danses accompagnaient les travaux, les départs des marins. Au total, on est loin de l'imaginaire érotisé de la vahiné.

déciviliser Un roman de Charles Renel en 1923, *le Décivilisé*, expose ce qui est un fantasme européen. Le contact avec les sociétés colonisées, et en particulier avec les femmes indigènes, porte le risque d'une décivilisation, d'une « congaïsation », d'une régression où le Blanc s'abaisse au niveau de l'inférieur. Simenon reprend ce thème dans *Deux Cœurs de femmes*, et il n'est pas le seul. On pourrait citer Maupassant, parmi bien d'autres.

On retrouve là l'idée de la dégénérescence qui menace les races et civilisations supérieures à laquelle la littérature et le cinéma ont donné nombre d'illustrations. On peut en trouver des réminiscences dans les personnages du *Salaire de la peur* (1950) de Georges Arnaud dont Georges-Henri Clouzot a tiré un grand film en 1953 ; dans ces épaves de l'histoire européenne, échouées dans des tropiques interlopes. La même année, Gérard Philipe campe un médecin alcoolique, réfugié au fond du Mexique dans le film de Yves Allégret, *les Orgueilleux*.

Aimé Césaire dans son *Discours sur le colonialisme* en 1955 reprend ce thème, mais en l'imputant à la situation coloniale. C'est chez lui une idée forte : « Il faudrait d'abord étudier comment la colonisation travaille à déciviliser le colonisateur [...], une régression universelle qui s'opère, une gangrène qui s'installe, un foyer d'infection qui s'étend. »

Alors que déciviliser était un lieu commun de l'époque coloniale, il n'a curieusement pas trouvé place dans les dictionnaires.

décolonisation Venu de l'anglais, le terme s'impose dans les années 1950 avec Bandung*, Suez*, comme le mot « tiers-monde* ». Trop eurocentrique, il appelle quelques réserves, et Jacques Berque* lui reprochait de ne pas rendre compte de ce phénomène historique immense que représentait la naissance de « nations jusqu'alors assoupies ou inaperçues ». Largement imprévu, sauf pour quelques esprits lucides, ce processus répond à plusieurs facteurs : une modification de la conjoncture internationale mettant fin à la liberté totale des puissances impérialistes, un alourdissement des charges coloniales dans le domaine économique et, surtout, la mobilisation politique des sociétés colonisées. Il constitue le temps fort de l'après-guerre et l'un des phénomènes les plus considérables de l'histoire mondiale.

On retient le plus souvent les épisodes tragiques, les guerres* d'Indochine et d'Algérie, alors que l'évolution de l'Union* française vers la Communauté puis les indépendances africaines et les indépendances marocaine et tunisienne ont été moins violentes. La disparition de la Plus Grande France a représenté pour la société française un événement traumatique, non encore surmonté aujourd'hui.

On souligne souvent que la décolonisation britannique a été plus réussie. Elle a certes été engagée plus précocement au Moyen-Orient, et le gradualisme favorisant le « self government » tranche sur l'esprit de Brazzaville*. Cependant, l'effondrement de la puissance britannique dans le monde arabe et en Palestine est brutale. Suez a été une mésaventure engageant également

Paris et Londres. Le désengagement rapide en Inde, qui est dû à l'impossibilité de « tenir » le subcontinent, est suivi par la crise indo-pakistanaise, et le Commonwealth ne parvient pas à résoudre le problème de l'Afrique du Sud.

Eugène Delacroix Peintre français (1798-1863). Avec *la Mort de Sardanapale*, manifeste de l'orientalisme romantique tiré d'un drame de Byron, exposé au Salon de 1827, Delacroix contribue magistralement à faire déborder la peinture d'histoire de son cadre gréco-romain. De janvier à juin 1832, sa participation à la mission diplomatique conduite par le comte de Mornay au Maroc* fait figure de prototype des voyages d'artistes au Maghreb. Delacroix est choqué par les destructions infligées à la vieille ville d'Alger*. À son retour, il peint *Femmes d'Alger dans leur appartement* (1834), dont Assia Djebar* fait un titre de roman, et reviendra régulièrement aux souvenirs de son voyage (*Noce juive*, 1841 ; *Sultan du Maroc entouré de sa garde*, 1845) en les augmentant des ressources de l'imagination (*Entrée des croisés à Constantinople*, 1841). Les visions exotiques et somptueuses, entre érotisme des odalisques et violence des fantasias et chasses aux lions, participent d'un imaginaire épique à même de nourrir le roman national : la grande exposition rétrospective du Louvre, en 1930, s'associe à la célébration du Centenaire* de la prise d'Alger, en symétrie des manifestations de « l'année Delacroix » de 1963, au moment du repli hexagonal.

Louis Delgrès Combattant anti-esclavagiste (1766-1802). Né à Saint-Pierre en Martinique, métis, il s'engage dans les troupes révolutionnaires en 1794, quand l'esclavage* est aboli en Guadeloupe. Plusieurs fois fait prisonnier par les Anglais, après des campagnes où il se comporte avec bravoure, promu colonel, il revient en 1799 et organise la résistance au rétablissement de l'esclavage en 1802. Opposé aux troupes de Richepance, il doit se replier au pied de la Soufrière à Matouba avec ses compagnons, dont Solitude*. Acculé, il choisit la mort et, avant de se faire sauter avec ses hommes, proclame : « La résistance à l'oppression est un droit naturel. La divinité même ne peut être offensée que nous défendions notre cause [...] et toi postérité, accorde une larme à nos malheurs et nous mourrons satisfaits. » En 2002, pour le bicentenaire, de nombreuses manifestations ont été organisées : un mémorial a été inauguré en son honneur, un timbre émis à son effigie, et depuis 2005 un salon au ministère de l'Outre-Mer porte son nom. À Basse-Terre, le fort baptisé Richepance est devenu le fort Delgrès depuis 1989. Une plaque au Panthéon, depuis 1998, rappelle son sacrifice.

démographie L'importance d'un empire colonial peut se mesurer par sa taille démographique. Celle du domaine français est passée entre 1830 et 1938 de 0,5 à 70,6 millions d'habitants. Le critère démographique fait apparaître le Maghreb, l'Afrique noire et l'Indochine comme les trois principales zones de l'empire français. L'une des caractéristiques des possessions était de compter très peu d'Européens, qui, durant l'entre-deux-guerres, représentaient moins de 2 % de la population totale des colonies. Jusqu'à la décolonisation, les effectifs européens dans l'empire ont formé plus des isolats que de véritables communautés. Le seul territoire où se constitua un véritable noyau de colonat fut l'Algérie. Les Européens (Français, Espagnols, Italiens, Maltais et juifs francisés) y étaient au nombre de 960 000 en 1938, soit près de 13 % de la population totale. La violence des guerres de conquête et la propagation de maladies jusqu'alors inconnues ou peu répandues ont provoqué dans certains cas une dépopulation (Algérie, Gabon, Oubangui-Chari, Côte d'Ivoire, Tahiti, Nouvelle-Calédonie) et dans d'autres un frein à la croissance démographique (Indochine). Mais la régression et le ralentissement démographique ont presque toujours été temporaires. Ils ont généralement été suivis par une phase de relèvement qui le plus souvent a débouché sur un emballement démographique. En un mot, la colonisation a engendré à terme un processus de croissance rapide des populations indigènes, marquée à ses débuts par de graves crises démographiques. La fin de l'empire a surtout eu pour effet des déplacements qui ont concerné environ 2 millions de personnes : Français d'Algérie pour la plupart, mais aussi métropolitains rapatriés, intermédiaires locaux (métis* d'Européens) et « auxiliaires indigènes » (harkis*).

déportés kabyles → bagne et déportation

Destour En arabe, ce terme signifie « constitution ». C'est le nom pris par les partis nationalistes de Tunisie* se référant à la réforme de 1861. Créé en 1919, le Destour est supplanté par le Néo-Destour, né en 1934, qui est l'instrument politique de Bourguiba*. Les leaders des deux partis sont différents, notables tunisois pour le « vieux Destour », petite bourgeoisie du Sahel (centre du pays) formée à Sadiki* et Paris pour le Néo-Destour ; les stratégies aussi diffèrent, Bourguiba* se posant à la fois en guide du peuple, développant des méthodes plus radicales et la mobilisation des masses, et en interlocuteur de la gauche française. Stratégie qui a réussi admirablement, en écartant toute autre force politique.

Blaise Diagne Né à Gorée, adopté par un riche catholique créole, Diagne (1872-1934) fait ses études en France et intègre l'administration des douanes en 1892. Il sert au Congo*, à La Réunion*, à Madagascar* et en Guyane. Il revient au Sénégal* en 1914 pour se présenter aux législatives. Soutenu par la communauté lébou et la jeune élite des originaires, il bénéficie de l'appui financier des Mourides. Élu en 1914, il est le premier député africain à siéger au Palais Bourbon. Nommé par Clemenceau* commissaire général aux Troupes noires avec pour mission de réussir le grand recrutement prévu en A-OF à l'été 1918, il mène à bien cette tâche. D'abord proche de la gauche, il se rapproche du centre après ses réélections de 1919 à 1932. Diagne se fait connaître par deux lois. Celle du 19 octobre 1915 prévoit que les originaires doivent le service militaire au même titre que les autres citoyens français. Celle du 29 septembre 1916 précise que les originaires et leurs descendants sont et demeurent français. Ainsi, par le biais des obligations militaires, Diagne confirme une citoyenneté encore contestée par les milieux coloniaux. Franc-maçon, marié à une Française, il fait de l'égalité et de l'assimilation* les deux axes de son action. Il est un ardent défenseur de la colonisation française, comme il le montre lors des deux premières conférences panafricaines de Paris en 1919 et 1921 et devant le BIT à Genève en 1930, où il défend l'idée d'une suppression progressive du travail forcé. En 1931, il est le premier Africain à entrer dans un gouvernement, celui de Pierre Laval, en tant que sous-secrétaire d'État aux Colonies.

Diên Biên Phu Par ses conséquences politico-militaires disproportionnées au regard de son enjeu initial, elle a pris rang parmi les batailles mythiques du XXe siècle. Défaite sans précédent pour le corps expéditionnaire français en Indochine, Diên Biên Phu (20 novembre 1953-7 mai 1954) a contribué à imposer en France la nécessité d'un règlement diplomatique de la guerre et accéléré le processus de décomposition de l'empire colonial, particulièrement en Algérie. Pour la République démocratique du Viêt Nam*, au contraire, cette victoire re-fondatrice a consacré le triomphe d'une stratégie dont Vietnamiens et Chinois se disputent encore la paternité: faire de l'assaut contre le camp retranché la bataille décisive d'une offensive généralisée sur tout le théâtre indochinois. Très éloignée des bases habituelles de ravitaillement, la bataille proprement dite dura cinquante-cinq jours. Utilisées pour la première fois par l'Armée populaire du Viêt Nam (APV), l'artillerie et la DCA firent des ravages sur les hommes et les matériels commandés par le général de Castries. Les pertes humaines sont à la mesure de l'acharnement des deux adversaires sur le terrain: entre 15 et 20 000 tués et disparus pour l'APV (sur environ 50 000 combattants, avec le renfort d'au moins 260 000 « travailleurs civils »), 3 000 morts, déserteurs et disparus pour l'Union française (sur 15 000 combattants au total), auxquels il convient d'ajouter plusieurs milliers d'hommes jamais revenus de captivité. Les responsabilités françaises ont donné lieu depuis 1954 à des interprétations souvent contradictoires. Le manque de clarté, d'unité et de détermination du gouvernement français, l'excès de confiance, le complexe de supériorité du général Navarre et de ses collaborateurs, persuadés de pouvoir conduire leur offensive principale dans le Centre-Annam (opération Atlante) en même temps qu'une bataille perçue comme secondaire à Diên Biên Phu, les erreurs tactiques une fois la bataille engagée expliquent en partie seulement ce désastre. L'aide chinoise considérable, la volonté et l'audace des Vietnamiens, mobilisés par le général Giap* au service d'une guerre totale, ont fait le reste.

diffa Ce mot, qui vient de l'arabe *dif* (« hospitalité »), est utilisé pour indiquer la réception des hôtes de marque avec repas et fête (1846), il renvoie à l'imaginaire orientaliste et romantique du Bédouin, de l'hospitalité arabe.

Étienne Dinet ou Nasr Eddine Peintre et écrivain français (1861-1929). Il s'installe en Algérie* en 1905, à Bou Saada, séduit par la lumière et par le Sud. Orientaliste, comme quantité d'autres ? Les catégories de classement sont commodes mais insuffisantes pour rendre compte de la complexité du réel. « Depuis quarante ans, j'ai fixé les choses que la civilisation détruit peu à peu implacablement. J'étais le seul... à pouvoir le faire avant la disparition complète », écrit Dinet. Converti à l'islam en 1913, il rend publique sa conversion. C'est un passeur heureux, qui peint *la Prière*. Artiste connu, il n'a pas souffert de ce choix: honoré aussi bien par les oulémas* que par le gouverneur général, il est consacré lors du Centenaire*. « Dinet musulman était toujours français », affirme Maurice Viollette dans son hommage funèbre. Dinet a contribué au développement de la peinture en Algérie, en soutenant en particulier la maison Abdeltif, destinée aux jeunes artistes. Mais il est aussi un défenseur des musulmans ; il demande le respect du culte des soldats pendant la Première Guerre mondiale. Il dénonce l'ignorance de l'Orient et annonce les tempêtes qui se lèvent. « Si cela continue, nous perdrons certainement l'Afrique du Nord. » À l'approche du Centenaire, découragé par le tour unilatéral que prennent les cérémonies, il refuse de les patronner: « Notre politique est arrivée à un degré d'imbécillité qu'elle n'avait jamais atteint et j'ai perdu tout espoir dans l'avenir… Quant aux Européens de ce pays, leur aveuglement les fera disparaître. » Aussi a-t-il été également reconnu par l'Algérie indépendante, qui lui a consacré un musée en 1993. Il est vrai que les islamistes, plus sourcilleux, l'ont incendié, en raison des nus qu'il contenait. Parmi les œuvres littéraires d'Étienne Dinet : *la Vie de Mohammed, Prophète d'Allah*, *Pèlerinage à la maison sacrée d'Allah*, *l'Orient vu de l'Occident.*

Galandou Diouf Homme politique sénégalais (1875-1940). Né à Saint-Louis du Sénégal, il fait ses études à l'école des Frères bien que musulman, puis au collège secondaire. Élu conseiller général de Rufisque en 1908, il soutient Blaise Diagne* en 1914, lors des élections législatives. Après la Première Guerre mondiale, il obtient la Légion d'honneur à titre militaire. En 1919, il est maire de Rufisque. Brouillé avec Diagne, il se présente contre lui aux élections de 1928 et 1932. Il est battu mais la mort de son adversaire, en 1934, lui permet de remporter la victoire face à Lamine Gueye*. Réélu en 1936, il siège au groupe de la gauche indépendante et est membre de la commission de l'Algérie et des colonies. Il bénéficie du soutien de l'administration et du commerce. En 1936, sa proposition de loi visant à accorder la qualité de citoyen français à tout ancien combattant d'A-OF et d'A-EF et demandant l'extension des communes de plein exercice, c'est-à-dire d'un système municipal représentatif, se heurte à l'opposition du gouverneur général de Coppet. Malade, il assiste à la débâcle en France avant de rejoindre le Sénégal*, où il meurt en août 1940.

Assia Djebar Écrivaine algérienne d'expression française, née en 1936. Née à Cherchell, de son vrai nom Fatima-Zohra Imalayene, elle est conduite à l'école française par son père, instituteur. Après des études à Alger, elle entre en 1954 en khâgne à Paris et à l'ENS de Sèvres en 1955. En 1956, elle participe à la grève des étudiants algériens. Elle est journaliste à *El Moudjahid* à Tunis. Après un DES en histoire en 1959, elle enseigne à l'université de Rabat puis d'Alger. Semoncée pour faire du Françoise Sagan alors que le peuple se bat et souffre, elle participe à la lutte littéraire nationale sans la confondre avec l'idéologie du FLN*. Elle a obtenu le prix de la Critique internationale à Venise en 1979 pour *la Nouba des femmes du mont Chenoua*, ainsi que diverses autres récompenses : prix Maurice-Maeterlinck (Bruxelles), 1995, International Literary Neustadt Prize (USA), 1996, prix international de Palmi (Italie), 1998. Son œuvre fait pénétrer au cœur des ambiguïtés de la colonisation : « Comment aimer dans-la-langue-adverse ? Fuir au-delà et en venir à soi ? », « 1830, est-ce le viol, est-ce l'amour inavoué, vaguement perçu comme une pulsion coupable ? » (*Amour et fantasia*, 1962). La reconnaissance de son talent par son élection à l'Académie française en 2005 dit bien l'apport des écrivains francophones.

Djibouti (Côte française des Somalis) Région aride peuplée de pasteurs nomades musulmans, elle représente pour la France une escale charbonnière vers l'Indochine, un verrou de la mer Rouge, le débouché de l'Abyssinie et du haut Nil. La région gagne en intérêt à la fin du XIXe siècle, particulièrement avec l'ouverture du canal de Suez*. Le port d'Obock, acheté en 1862, est occupé en 1884, mais il est supplanté par Djibouti, créé par les Français et modernisé dès la fin du siècle. Des traités élargissent la zone française entre Érythrée italienne et Somalie britannique. La Côte française des Somalis est organisée par décret en mai 1896. Le chemin de fer vers Addis-Abeba (784 km), commencé en 1897, est achevé en 1917. Les ambitions italiennes agitent la région. Durant la Seconde Guerre mondiale, Djibouti, bastion de la collaboration, représentait pour les Alliés et les Forces françaises libres un obstacle à abattre. Il faudra un blocus sévère pour obtenir la reddition de cette colonie en décembre 1942. Territoire d'outre-mer en 1946, port franc, elle ne retrouve plus calme et prospérité. Les ports de Massouah et Assab la concurrencent. Les conflits entre Afar et Issa, le développement du nationalisme suscitent une série de crises en 1956, 1958 et 1967 en particulier, tandis que l'importance stratégique de la base navale diminue. La Côte française des Somalis devient territoire français des Afars et des Issas en 1967. En 1977, le territoire accède à l'indépendance sous le nom de république de Djibouti.

dockers Ce mot, emprunté à l'anglais, supplante celui de « portefaix », signe de la supériorité britannique dans le domaine maritime. On compte de 20 000 à 30 000 dockers en France entre les deux guerres. Le métier assure des fonctions stratégiques. Ses grandes grèves le rappellent périodiquement : celles, politiques, qui sont déclenchées contre les guerres d'Espagne et d'Indochine surtout, mais aussi économiques, comme la grève des Tunisiens en 1924 qui fait baisser les prix du blé et leur vaut le soutien populaire. L'enjeu y est d'abord la lutte entre travailleurs et acconiers pour l'emploi : sur les quais afflue une masse de candidats surabondante provenant de la crise du monde rural et des vieux métiers citadins, alimentée par le sous-prolétariat. C'est la loi de la jungle. Aussi seuls les grands arrêts du travail collectifs parviennent-ils à contrebalancer la concurrence individuelle et à imposer au patronat une négociation. Les syndicats sont donc des structures « dures », vitales au sens fort du terme, et imposent un contrôle rigoureux de l'embauche par la violence. Un peu partout, à Alger comme à Tunis ou Saigon, on réinvente ce modèle né sur les quais de Londres au début du XIXe siècle.

doctrines et théoriciens coloniaux Ils ont été l'objet d'études et d'enseignements à l'époque coloniale, où l'École* du même nom et une Académie* des sciences ont été créées. La collection des PUF dirigée par Charles-André Julien dans les années 1945 y consacre une série de volumes. Un droit colonial, dont le maître a été Arthur Girault, a été inscrit dans les programmes universitaires, de même que des branches ultramarines de la géographie*, l'histoire... Science et colonisation* sont liés.

L'un des débats clefs a porté sur la légitimité et l'utilité de l'expansion, longtemps contestées par les humanistes et les économistes libéraux. C'est pourtant l'un d'entre eux, Leroy Beaulieu*, qui fonde la thèse dominante à la fin du XIXe siècle, à laquelle des politiques, Ferry*, Gambetta*, puis Sarraut* entre les deux guerres, des gouverneurs – Beau*, Delavignette, Varenne*, Viollette* –, des soldats, Gallieni*, Lyautey*... apportent leur contribution. Le lobby* colonial prend une part considérable à un travail intellectuel de fond, avec ses revues, dont *l'Afrique française* est un modèle. Si la cause est entendue, d'autres controverses concernent les politiques. Les méthodes, assimilation* versus association, colonisation de peuplement* ou capitaliste, enseignement des indigènes*, occupent les énergies, l'universalisme étant mis à mal par un de Saussure* ou par un Georges Hardy*, avant de revenir dans la politique de la gauche, sous la forme d'un évolutionnisme tempéré par la sage patience demandée aux colonisés. Avec les années 1930, des débats nouveaux, économiques (préférence impériale, industrialisation des colonies) et politiques (tentatives de néocolonialisme*, de réformes comme le souhaitait Laurentie*, par exemple), émergent. Mais l'accélération de l'histoire va rendre dépassée une grande partie de cette pensée, qui est perçue comme un archaïsme gênant, ou traitée sur le mode du procès, de la repentance. La revoir avec un regard neuf est intéressant.

→ algérianisme, écrivains et colonisation

Dogon Le pays dogon est situé au centre du Mali*, en bordure orientale du delta central du Niger. Les origines des Dogon sont controversées mais ils proviennent sans doute du Mandé comme le suggèrent leurs relations avec les

Bambara. Ils se sont installés sur le plateau de Bandiagara, véritable forteresse naturelle, à partir du XIe siècle et y ont supplanté les Tellem, qui s'y trouvaient déjà. Les Dogon sont connus grâce aux travaux de Griaule, qui les a « découverts » en 1931 lors de la mission Dakar-Djibouti. Dans son *Masques dogons* (1938), il avait analysé leurs rituels, mais c'est avec *Dieu d'eau* qu'il les rend célèbres. Les Dogon ont une longue tradition de résistance, contre l'islamisation mais aussi contre les Français. Dès 1896, le Dacol Sangha se révolte contre l'impôt; en 1909, il faut une nouvelle expédition militaire pour soumettre les villages du plateau. L'administration cherche alors à les déménager vers la plaine, plus facile à contrôler. En 1920, Tabi est le théâtre d'une dernière opération militaire d'envergure au Soudan français. En 1947, s'appuyant sur le fort particularisme local, se constitue l'Union dogon, mais elle se fond dans l'Union soudanaise, qui fait partie du Rassemblement démocratique africain (US-RDA), en 1957, abandonnant ses mots d'ordre régionalistes.

DOM, TOM La loi du 19 mars 1946 crée quatre départements d'outre-mer (Guyane, Martinique, Guadeloupe, La Réunion). La Constitution de 1946 institue les territoires d'outre-mer, qui remplacent les colonies. Les territoires sous mandat*, les protectorats, les départements d'Algérie et le condominium des Nouvelles-Hébrides ne sont pas concernés par ces réformes. Dans les DOM, tous les règlements et les lois doivent s'appliquer, sauf mention contraire. En fait, les dispositions législatives sont souvent différées et/ou leur contenu est édulcoré. Ainsi, le principe de l'assimilation par le droit ne se réalise que partiellement. Aimé Césaire* a pu le regretter: « On a vu réapparaître, rajeuni, même fortifié, le spectre du colonialisme… » (AN 10 juin 1953). En réaction, trois attitudes se sont affirmées, l'assimilationnisme reculant au profit de l'indépendantisme, lui-même en recul dans les vieilles colonies au profit d'un autonomisme. Actuellement, le malaise dans les DOM ne provoque pas de mouvement suffisamment fort pour réclamer autre chose qu'une vaine égalité ou des transferts financiers massifs de la métropole. L'émigration est aussi une réponse aux crises. Dans les TOM, les réformes promises n'ont été appliquées qu'incomplètement et tardivement (exemple, la loi-cadre de 1956). Avec la Ve République, la plupart des TOM deviennent des États de la Communauté rapidement indépendants: Comores* en 1975 (sauf Mayotte), Côte française des Somalis en 1977.

Dans les TOM actuels (Nouvelle-Calédonie, Polynésie française, Wallis-et-Futuna [1961], terres Australes et Antarctiques françaises), la législation de la république ne s'applique que partiellement et l'autonomie plus ou moins poussée est la règle. Depuis la réforme de la Constitution (mars 2003), la Polynésie française (aussi un « pays d'outre-mer » par son statut de 2004), Wallis-et-Futuna, Saint-Pierre-et-Miquelon et Mayotte sont des collectivités (COM). La Nouvelle-Calédonie est une collectivité *sui generis*.

Confettis ? « Régions ultrapériphériques » selon les catégories de l'Union européenne, 3 % de la population française, 2,5 millions d'habitants, intérêt économique réduit et charge budgétaire, puisque 40 % des revenus proviennent de transferts métropolitains. Mais les enjeux stratégiques de Moruroa* et de Kourou, les fonds marins ne sont pas négligeables. Le plus important est cependant ailleurs : certaines des îles sont des laboratoires d'identités en chantier, de créolisation et de métissages*, d'innovations culturelles, de pluralité. Le monde de demain, peut-être.

Jacques Doriot Dirigeant communiste chargé des colonies puis dirigeant du PPF (1898-1945). En 1920, il rallie la IIIe Internationale et représente les Jeunesses communistes (JC) au IIe Congrès mondial à Moscou en juin 1921. En 1922, devenu secrétaire des Jeunesses internationales et membre de l'exécutif du Komintern, il réside pendant dix-huit mois à Moscou, puis il entre au comité central du PCF durant l'été de 1923. Il publie coup sur coup deux pamphlets très violents, *Entre deux guerres* (1923) et *l'Armée et la défense du capitalisme* (1924), qui lui valent la prison. Élu député de Saint-Denis aux élections du 11 mai 1924, il est libéré. Intervenant contre le plan Dawes, l'occupation de la Ruhr, la guerre du Rif, il engage les JC dans une campagne antimilitariste très activiste. Doriot est l'un des rares dirigeants à avoir écrit sur *les Colonies et le communisme* (1929) : le livre abonde en préjugés raciaux et eurocentristes, où les Noirs sont « très arriérés ». On sait que par la suite il évoluera vers l'extrême droite.

douanes Elles ont pour but d'infléchir les échanges, de protéger les productions locales et de fournir une partie des ressources budgétaires, les colonies devant être autosuffisantes depuis 1900, c'est-à-dire ne pas peser sur le budget métropolitain. L'empire ne constitue pas un système douanier unique en raison de la variété des statuts des territoires. Antilles et Réunion*, puis Sénégal* et Madagascar* ont des échanges sans taxes avec la métropole. Les barrières douanières restent d'abord modestes en Afrique de l'Ouest : le « droit d'entrée » instauré est peu à peu élevé en 1877 à 7 %, payé par toutes les importations, françaises ou étrangères. Les protectorats et les colonies doivent tenir compte d'accords qui imposent la règle clef du libre-échange, la « clause de la nation la plus favorisée » (tout avantage commercial consenti par un pays à un autre doit être étendu à tous), l'égalité des autres pays avec la France (la future A-EF depuis la conférence de Berlin* de 1885, Tunisie*, Maroc* surtout depuis la conférence d'Algésiras* en 1906, pays de l'aire du bas Niger entre 1898 et 1936 – dont Côte d'Ivoire* et Dahomey –, Togo* et Cameroun* depuis 1919). Inversement des groupes de pression métropolitains plaident pour le renforcement de la « préférence impériale ». L'Algérie* s'inscrit ainsi à partir de 1884 dans la grille des tarifs métropolitains, suivie en 1887 par l'Indochine*, désormais insérée dans le protectionnisme impérial, qui se renforce avec le resserrement des réglementations douanières pour l'outre-mer en 1892 et en 1928, et avec les hausses successives des tarifs (1910, 1921, 1931).

Ce système a empêché les possibilités d'industrialisation des colonies, en laissant la porte ouverte aux produits métropolitains.

Paul Doumer Homme politique, gouverneur général d'Indochine, président de la République française (1857-1932). Né dans un milieu modeste, titulaire d'une licence de mathématiques, il se lie au sénateur Henri Martin et à Gabriel Hanotaux et débute sa carrière politique dans l'Aisne et l'Yonne, devenant une personnalité du Grand Orient et du Parti radical, qui jouent un rôle déterminant en Indochine et dans le lobby colonial. Il se spécialise dans le domaine ferroviaire et les questions financières et rapporte sur les finances du protectorat de l'Annam-Tonkin. En 1895, il est ministre des Finances. Au décès subit du gouverneur général de l'Indochine Armand Rousseau (décembre 1896), Jules Méline nomme Doumer à ce poste. Son œuvre indochinoise, qu'il décrit dans *l'Indochine française. Souvenirs* (1905), est si importante qu'il peut être qualifié de créateur de la colonie. Il refond tout d'abord les services administratifs dans un sens centralisateur en créant de grandes directions fédérales (Services civils, Travaux publics, Douanes & Régies notamment) et un budget général. Il réorganise par ailleurs le système fiscal en alourdissant très nettement les charges pesant sur les colonisés, qui triplent entre 1897 et 1904. Enfin, grâce aux produits ainsi créés, il obtient du Parlement l'autorisation d'émettre un emprunt de 200 millions de francs, ce qui lui permet de lancer un programme de constructions ferroviaires en Indochine et vers le Yunnan favorisant les sidérurgistes et les armateurs français. Sa politique expansionniste active (visées sur le Siam et sur le Yunnan) le met en conflit permanent avec le ministre des Affaires étrangères Delcassé. Rentré en métropole en 1902, il est de nouveau député, puis sénateur (1912-1931). Plusieurs fois ministre dans les années 1920, président du Sénat (1927), il est élu président de la République en juin 1931, au moment de l'apogée colonial, et meurt assassiné le 7 mai 1932 à Paris.

Gaston Doumergue Homme politique, ministre des colonies, président de la République (1863-1937). Né dans une famille protestante de viticulteurs aisés, avocat stagiaire à Nîmes, il est ensuite magistrat en Cochinchine en 1890. Après un retour en métropole suite au décès de son père, il est juge de paix en Algérie. Élu député du Gard en 1893, il poursuit une carrière politique brillante : député, sénateur, ministre, président du Conseil, président de la République en 1924. Il a été ministre des Colonies à deux reprises (juin 1902 - janvier 1905, où il est le premier radical à ce poste, août 1914 - mars 1917, où la mobilisation de la « Force noire » a une grande importance).

Jean Dresch Géographe français (1905-1994). Anticolonialiste, il milite au Parti communiste au Maroc* en 1936, publie des articles sur les problèmes économiques et sociaux du protectorat dans son journal *l'Espoir*. Il combat en France comme tirailleur et revient en 1940 au Maroc, dont il est expulsé pour motif politique. Il soutient sa thèse à la Sorbonne en 1941, mais n'obtient pas de chaire en raison de son engagement. En 1945, au cours d'une mission avec Michel Leiris* sur le travail* forcé en Côte d'Ivoire*, il recueille les doléances d'Houphouët-Boigny*. Le rapport servira de base à la loi sur l'abolition du travail forcé. Il publie en 1956 dans *la Pensée* un article sur « le Fait national algérien », où il se démarque de la direction du PC, qui sous-estime le fait national. Nommé professeur à Strasbourg, à l'École nationale de la France d'outre-mer (1947-1948), puis à la Sorbonne, qu'il quittera pour fonder Jussieu, il contribue par ses travaux à la création d'un domaine d'étude sur le tiers-monde et le développement. Vice-président du comité Audin, il est un des premiers à dénoncer l'enlèvement et la disparition de Ben Barka*.

droit et colonisation La colonisation a posé des problèmes juridiques complexes, aussi bien théoriques que pratiques. Quelles justifications internationales de la conquête, quelles règles du jeu entre les puissances ? Quelles lois pour l'outre-mer, quel statut pour les indigènes ? Concernant ces questions, où entrent en conflits des droits très différents, des innovations par rapport aux codes français ont été élaborées. L'universalisme de la pensée des Lumières et de 1789 s'inscrit dans l'article 6 de la Constitution du 22 août 1795 :

les colonies sont soumises aux lois de la métropole. C'est le fondement de la citoyenneté accordée aux esclaves. Mais, en un sens tout à fait opposé, la monarchie et l'Empire ont posé le principe de lois et règlements particuliers : la charte du 4 juin 1814 stipule : « Les lois et règlements en vigueur dans la métropole ne sont pas applicables aux colonies, sauf décision contraire du pouvoir compétent. » C'est cette tendance qui l'emporte sous la IIIe République. La promulgation des lois par décret du président est indispensable, et les gouverneurs ont la possibilité de proposer des modifications.

Les contacts et les conflits entre les différents droits ont été des problèmes majeurs pour l'élaboration de codes, que la colonisation tend à généraliser. Dans des sociétés où l'individu demeure souvent dépendant du groupe – ce qui est contradictoire avec le droit français –, pour ne pas se heurter aux traditions, on n'a touché que partiellement aux rapports homme-femme, au statut personnel lié à la religion. Cette prudence explique que le droit musulman en Algérie soit l'objet d'un recueil, le code Morand, en 1916 seulement. En Afrique*, l'enregistrement des coutumes se développe dans un souci d'encadrement juridique et d'administration. Rédigées avec les notables, elles en expriment les intérêts et en renforcent les pouvoirs. Ces recueils ont contribué, en dotant les ethnies de coutumiers spécifiques, à en faire des entités distinctes, à les créer comme unités politiques. En Indochine*, un travail de codification et de transformation des coutumes donne des codes civils et pénaux, en 1883 pour la Cochinchine*, dans les années 1920 pour le Cambodge*, en 1931 pour le Tonkin*, en 1908 et 1927 pour le Laos*, en 1933 et 1936 pour la refonte du code de Gia Long au Viêt Nam.

Le droit est d'abord un instrument de gouvernement colonial auquel la société dominée doit être soumise. Le gouverneur général de l'Algérie entre 1871 et 1873, Louis Henri de Gueydon, a dit cette philosophie : « La justice est un des attributs de la souveraineté ; le juge musulman doit s'effacer devant le juge français ; nous sommes les conquérants, sachons le vouloir. » Et la politique algérienne n'a cessé d'étendre les prérogatives des magistrats français : les juges de paix supplantent les cadis (juges indigènes) en Kabylie dès 1874 et, en 1886, ils ont en charge les litiges mobiliers. Jusqu'en 1945, les musulmans ne peuvent accéder à la magistrature. Quant aux affaires criminelles, elles relèvent de jurys français à partir de 1870. Cette intervention coloniale a pu parfois représenter un progrès dans la défense des droits individuels. Ainsi, la mère de Jean Amrouche*, fille naturelle, a été protégée par un juge français de la vindicte de sa famille et de sa tribu, où l'adultère et la bâtardise sont des atteintes à l'honneur. Mais cette préoccupation n'est certes pas le souci de la majorité des coloniaux; on la trouve plutôt dans le statut de l'indigénat*, qui crée une législation répressive spécifique. La phobie suscitée par toute tentative de résistance rend impitoyable: la cour d'Alger refuse d'accorder aux insurgés de 1870, déportés en Nouvelle-Calédonie*, l'amnistie dont bénéficient les communards. En Afrique, la colonisation introduit un usage massif de la prison dans des sociétés qui ne la connaissaient pas.

Le droit est aussi un instrument de destruction des assises des sociétés indigènes. La terre a été l'objet de conflits qui se sont soldés par l'application du régime foncier français favorisant le domaine public et la privatisation, de manière à alimenter la colonisation et l'agriculture* moderne. Le roi Pomaré V ne peut l'éviter à Tahiti. On a utilisé le droit comme un cheval de Troie pour opposer les populations: les Berbères* surtout ont été l'objet de tentatives d'éradication du droit coranique au profit de leur droit coutumier et du droit français. De nombreuses études ont été consacrées à la codification de leurs coutumes (*kanoun*), considérées comme indemnes de l'islam.

Le droit vise aussi à préserver la prépondérance française. La charia (statut personnel lié à l'islam) est jugée antinomique avec la citoyenneté: c'est le motif avancé pour refuser la naturalisation* des musulmans algériens. Mais les Africains et les Asiatiques aussi n'ont accédé à cette citoyenneté qu'au compte-gouttes. Et les métis* sont si mal perçus que les enfants dits naturels, à la différence des métropolitains, ne sont considérés comme français que par des décrets datant des années 1930.

En raison de son importance, le droit colonial a été inclus dans les programmes universitaires en 1889, puis définitivement en 1905. Innovant par rapport au droit métropolitain, il fait l'objet de recueils, de précis, ceux d'Arthur Girault (1865-1931) publiés en 1896 en étant à la 5e édition en 1927, le *Recueil Dareste*, le *Recueil Penant*, qui constituent une riche documentation et permettent de réfléchir aux effets de la colonisation sur la culture française, au décalage avec le principe d'universalisme. Autre dérogation aux principes républicains, le Parlement n'exerce que faiblement son pouvoir législatif pour l'outre-mer. Les décrets du président de la République et des gouverneurs sont la pratique courante, ce qui fait l'économie d'un contrôle et d'un débat.

révolte druze La communauté, divisée par la frontière syro-libanaise qui place son centre religieux, Hasbayya, en territoire libanais, est regroupée en Syrie* dans sa montagne, le djebel Druze, où elle entretient une tradition d'insurrection contre toute ingérence du pouvoir central. Pour des raisons locales à l'origine, la révolte éclate en juillet 1925 sous la direction de Sultan Pacha al-Atrache, proche des nationalistes damascènes. Avec la victoire de Salkhad du 21 juillet 1925, le clan Atrache rallie tous les Druzes*. Avec la victoire du 3 août 1925, contre la colonne Michaud, l'insurrection prend une dimension nationale contre le mandat* et rallie la direction nationaliste de Damas. Elle peut désormais compter sur le soutien des moudjahidin des faubourgs de la capitale et de la Ghouta (oasis de Damas), de clans chiites et de Druzes du Liban*, et sur l'appui de certaines tribus. Avec la Palestine et la Transjordanie comme base arrière, la révolte druze (ou Grande Révolte syrienne) couvre toute la Syrie méridionale jusqu'à Homs. Les tensions communautaires sont ravivées: villages chrétiens armés par les Français, auxiliaires circassiens utilisés pour la répression. Les unités de guérilla, organisées comme une armée par Sultan Pacha et le Dr Chahbandar*, résistent jusqu'à l'arrivée de 30 000 soldats du Maroc, en mars 1926. Le général Sarrail, qui a fait bombarder Damas en octobre 1925, est remplacé par le premier haut-commissaire civil, chargé de promouvoir une politique d'entente après l'écrasement de la révolte. Celle-ci a contribué à la pénétration de l'idée nationale dans les campagnes mais a poussé les notables urbains damascènes du côté des autorités mandataires par peur des mouvements populaires et des ruraux, comme quand Fès s'inquiète de la puissance d'Abd* el-Krim. Elle a contribué aussi à la mise en place du lourd appareil sécuritaire de la domination française.

Druzes Musulmans chiites hétérodoxes, au nombre de 400 000 dans la montagne du Hawran – connue sous le nom de djebel Druze – et en Galilée. Ils survivent depuis le XIe siècle en communauté fermée dans leur bastion, sous l'autorité de leurs émirs, se soulevant à plusieurs reprises contre l'autorité ottomane et française. En 1860, ils s'attaquent aux maronites*, entraînant une intervention française. Ils ont été parmi les principaux adversaires du mandat lors de la révolte druze.

Jules Dumont d'Urville Officier de marine (1790-1842). Il explore le Pacifique Sud et l'Antarctique. Au cours de son tour du monde de 1822 à 1825, il effectue le relevé des îles Malouines et de la Nouvelle-Zélande. Envoyé à la recherche de La Pérouse entre 1826 et 1829, il longe la côte sud de l'Australie, visite la Nouvelle-Guinée, la Nouvelle-Calédonie*, et apporte la preuve que l'expédition a été massacrée sur l'île Vanikoro, aux Nouvelles-Hébrides. En 1837, dans une expédition au pôle Sud avec *l'Astrolabe*, il atteint l'île de Joinville à sa pointe nord. Reparti depuis la Tasmanie en 1840, il prend possession d'une terre qu'il appelle Adélie (du prénom de sa femme). À son retour, élevé au rang de contre-amiral, il rédige ses Mémoires. Cette terre fait aujourd'hui partie des terres Australes et Antarctiques françaises.

Marguerite Duras Écrivaine française (1914-1996). Née en Cochinchine*, de son vrai nom Donnadieu, elle y passe dix-huit ans qui contribuent à imprégner son œuvre, où elle décrit le milieu des plantations. *L'Amant* (Goncourt 1984) est le récit d'une « union mixte » dans une société qui lui est hostile. La colonisation concerne aussi sa vie publique, car elle est proche du ministre des Colonies, Georges Mandel, dont elle rédige les discours. Elle écrit un livre de propagande, *l'Empire français* (1940), où elle développe l'idée d'une défense impériale contre l'Allemagne et montre aussi sa perméabilité aux préjugés raciaux du temps. Plus tard, elle dénoncera la guerre* d'Algérie.

Paul Dussac Militant anticolonialiste réunionnais et malgache (1876-1938). Né d'un communard et d'une de Villèle installés à La Réunion, il est amené à l'anticolonialisme par ses études de droit, l'affaire Dreyfus, la participation à la Première Guerre mondiale. Conseiller général à La Réunion*, il intervient dans *le Journal de l'île de La Réunion* pour la défense de la créolité. Au début des années 1920, devenu indésirable, il part à Madagascar*, se lie avec Jean Ralaimongo* et collabore à plusieurs journaux anticolonialistes dont *l'Opinion* et *le Prolétariat malgache*. Militant précoce de ce qui deviendra la départementalisation, il dénonce le Code de l'indigénat*. Il devient premier secrétaire général du Parti communiste de la Région de Madagascar, créé à l'arrivée du Front populaire. Mais son parti se brouille avec le PCF et rejoint l'extrême gauche. Au cours d'une mission à Paris, épuisé par ses nombreux séjours en prison, ruiné par les condamnations, il est terrassé par une crise cardiaque.

Henri Duveyrier Géographe-explorateur (1840-1892). Il n'a pas vingt ans au début de son voyage au pays des Touareg*. Après le Mzab et le Sahara* tunisien, il quitte El Oued en juillet 1860 pour Ghadamès, la Tripolitaine, les oasis de Rhat et de Mourzouk au Fezzan avant de joindre Tripoli en septembre 1861. Au terme d'une fantastique équipée réussie grâce au vieux chef touareg ajjer Ikhenoukhen et au cheikh Si-Othman, il rapporte une foule de renseignements ethnographiques et géographiques. Malade à son retour à Alger, il publie en 1864, avec l'aide de son ami Warnier, une carte du Sahara et *les Touareg du Nord*. Ce succès, récompensé par la médaille d'or de la Société de géographie* et la Légion d'honneur, a favorisé la signature à Ghadamès le 26 novembre 1862 d'une Convention commerciale entre la France et les Touareg. On lui reprocha d'avoir donné d'eux une image trompeuse de chevaliers loyaux, alors que la mission Flatters* est leur victime. Duveyrier est à l'origine de la légende noire de la confrérie* Sanusiyya. Il se suicide à Paris en 1892.

Duy (Zuy) Tan Vinh San Empereur d'Annam (1900-1945). À l'âge de huit ans, le prince Vinh San est intronisé empereur d'Annam* sous le nom de Duy Tan (« Modernisme ») à la place de son père Thanh Thai que les Français viennent de destituer. En 1916, il accepte de prendre la tête d'une insurrection armée fomentée par le lettré Cao Van. Capturé, il est exilé à La Réunion. Lors de la Seconde Guerre mondiale, il s'engage dans les Forces françaises libres et rencontre le général de Gaulle qui nourrit le dessein de réinstaller la domination française sur les possessions d'Asie en restaurant le prince Vinh San (ex-empereur Duy Tan) en remplacement de Bao* Dai sur le trône d'Annam. Il confie une mission exploratoire à Vinh San, qui périt prématurément dans un accident d'avion en Afrique. « La France n'a pas de chance, la mort du prince nous prive d'une carte maîtresse en Indochine », aurait dit le général. S'il comptait « utiliser » le prince annamite pour sa politique néo-impériale, savait-il qu'avant de quitter la France ce dernier avait pris clairement position pour l'indépendance et la réunification des trois pays, Annam, Tonkin* et Cochinchine*, renouvelant ainsi une revendication qu'il avait présentée au moment de la conférence de la paix de Versailles (1919).

E

Isabelle Eberhardt Écrivaine (1877-1904). De mère allemande et de père russe, élevée à Genève dans une atmosphère cosmopolite, elle parle le français, le russe, l'allemand et l'arabe. Indépendante, elle arrive en 1897 avec sa mère en Algérie ; elle dérange l'ordre établi en se convertissant à l'islam – d'autant plus que sa confrérie*, la *Qadiriyya*, est perçue comme antifrançaise –, en s'éprenant de Slimène Ehnni, spahi indigène de l'armée française qu'elle épouse en 1901. Elle a décrit ainsi sa conversion : « Un soir limpide d'été [...] Là-haut, dans la lumière de pourpre et d'or irisé, Hassen le *mueddin* chantait de sa voix mélancolique, aux douces modulations lentes, l'éternel cantique du Dieu unique. Cette voix traduisait d'une manière saisissante toute la grande sérénité de l'Islam [...] Et soudain, comme touchée par une grâce divine [...] je sentis une exaltation sans nom emporter mon âme vers les régions ignorées de l'extase. » Elle exècre la province coloniale et sa petitesse, dont elle a eu à souffrir. Elle écrit ses *Journaliers* et des nouvelles dans une prose inspirée de l'orientalisme*. En 1903, reporter de guerre pour le journal *l'Akhbar*, elle parcourt l'Algérie vêtue en homme. Dans ses articles, elle défend les opprimés, critique la colonisation. Très estimée par Lyautey*, elle pousse son mari à donner « à messieurs les Français arabophobes et dédaigneux l'exemple d'un Arabe qui, ayant commencé comme spahi de 2e classe, se sera élevé à un rang envié et estimé par son intelligence et son travail », pour les faire « changer d'avis au sujet des "bicots". C'est comme cela qu'il faut servir l'Islam et la patrie arabe. » Elle meurt noyée dans le sud lors d'un orage.

Félix Éboué Administrateur colonial guyanais (1884-1944). Né à Cayenne, en Guyane, descendant d'esclaves noirs affranchis, il est le fils d'un chercheur d'or. Il obtient une bourse en 1898 et fait ses études à Bordeaux, où il découvre l'histoire de la traite négrière, puis à Paris. Reçu au concours de l'École* coloniale, il est affecté en Afrique-Équatoriale française. Nommé à Madagascar puis en Oubangui (1908), secrétaire général de la Martinique

(1932), il contribue à redresser la situation économique de la colonie, puis il est secrétaire général du Soudan français (1934). Nommé gouverneur de la Guadeloupe en 1936, premier Noir à accéder à un grade aussi élevé, il met en pratique son esprit de conciliation dans un contexte social troublé. C'est là que, à l'occasion de la remise des prix le 1er juillet 1937 au lycée Carnot de Pointe-à-Pitre, il exhorte la jeunesse d'outre-mer à « jouer le jeu », c'est-à-dire à respecter les valeurs authentiques, à « être désintéressé », à garder une ligne droite dans la conduite de la vie, discours qui définit son pragmatisme et son idéal assimilateur. Gouverneur du Tchad* en 1938, il proclame son ralliement à la France libre, en août 1940, donnant le signal du basculement de l'empire colonial vers de Gaulle. Il devient gouverneur général de l'A-EF. Membre de la SFIO, il souhaite décentraliser l'administration, mettre en place une économie autonome, s'appuyer sur les élites locales pour faire émerger une classe moyenne indigène capable de prendre en main les destinées du territoire, tout en restant dans le giron de la France. Défenseur de cette thèse assimilationniste à la conférence de Brazzaville* (1944), dont il a été l'un des instigateurs, il meurt brutalement au Caire, sans voir la réalisation de la nouvelle politique coloniale qu'il avait souhaitée. En 1949, ses cendres sont transférées au Panthéon aux côtés de celles de Victor Schœlcher*. Il représente pour les uns la réussite de l'assimilation*, attestée par la place des Antillais dans l'administration coloniale et la carrière de Gaston Monnerville*, pour les autres l'aliénation du Noir à masque blanc.

École coloniale Dans un grand bâtiment de briques rouges, rue de l'Observatoire, elle est ouverte en 1889 par Eugène Étienne*, à partir d'un précédent indochinois, le Collège des stagiaires de Saigon en 1874. Elle s'étend à l'Afrique en 1892. Elle devient École de la France d'outre-mer en 1936, puis l'Institut des hautes études d'outre-mer en 1959. Après la Première Guerre mondiale, tous les administrateurs passent par elle. Le niveau de recrutement se renforce (avant 1900, la moitié seulement des candidats étaient bacheliers) et le nombre d'étudiants passe de 32 en 1912 à 118 en 1930, 428 en 1938, la crise des années 1930 étant une incitation à en suivre les cours. La formation, qui inclut les langues, est améliorée par Maurice Delafosse et Robert Delavignette, auteur de *Paysans noirs* et chef-adjoint du cabinet de Marius Moutet*, qui veut fonder une « science politique des colonies ». L'École est en effet l'enjeu d'une rivalité entre les juristes – tel Paul Dislère, souvent présent dans les cabinets ministériels, auteur de traités de législation, partisan de l'assimilation* –, et les ethnologues, favorables à l'association*, qui l'emportent progressivement au début du siècle et surtout à partir de 1926. Les trois années d'enseignement s'organisent en apprentissage des langues, stage de terrain, enseignement des sciences sociales – assuré par Paul Mus*, Jean Dresch*, Charles-André Julien*. En 1936, un Centre des hautes études d'administration musulmane, confié à Robert Montagne, est également créé, destiné plus spécialement à l'Afrique du Nord.

École des otages Elle est créée par Faidherbe* à Saint-Louis du Sénégal en 1856. Les otages qu'elle accueille sont des « élèves boursiers d'un gouvernement étranger ». Elle prend le nom d'École des fils de chef et des interprètes en 1864. Son but est de favoriser l'expansion de la France en Sénégambie en faisant des fils et parents des personnages influents des chefs dévoués. Ils reçoivent un enseignement pratique, mais les résultats des premières promotions sont jugés peu probants. En 1870, environ 120 élèves y ont été formés mais l'administration, pour des raisons d'économie, décide de fermer l'École. Ouverte à nouveau en 1892, elle accueille les élèves dans deux cours où ils reçoivent un enseignement plus étoffé, comprenant des notions de droit. Remaniée en 1903, elle devient une simple division de l'École normale. Elle en est séparée en 1907 et redevient École des fils de chef à partir de 1922. Elle subsiste sous des formes diverses jusqu'à la Seconde Guerre mondiale.

l'école du colonisé

Une immense faim scolaire non satisfaite

Le mythe scolaire a été étroitement lié à la colonisation : celui de « nos ancêtres les Gaulois », dénoncé par les nationalistes, est aussi simpliste que celui des « hussards de la République », missionnaires laïcs de la civilisation.

L'école existait avant Ferry

Contrairement à une idée reçue, la colonisation ne s'est pas installée sur une table rase. En Afrique, l'oral véhicule une transmission des savoirs, et, dans les régions islamisées, la langue arabe s'impose avec les *kouteb* (écoles coraniques). Dans le monde sinisé, la tradition universitaire mise en place au Ier millénaire a été maintenue et renforcée sous la monarchie des Lê (1428-1788) et des Nguyen (1802-1945). Contrairement à son discours de légitimité, la colonisation n'a pas créé une scolarité moderne. Dans l'Empire ottoman, des filières existent à partir des années 1830 pour former des fonctionnaires, des officiers, des ingénieurs, des médecins. Le plus souvent publics, ces établissements sont dus aussi au zèle missionnaire chrétien ou aux notables musulmans. L'université Saint-Joseph est fondée à Beyrouth en 1875, le collège Sadiki* est une création des réformateurs tunisiens avant le protectorat. En Afrique, d'autres exemples pourraient être cités, en rapport avec la construction d'États. À Madagascar*, les efforts de centralisation, entrepris à partir du roi Radama Ier au début du XIXe siècle, ont favorisé le développement de l'enseignement du malgache écrit – sur la base d'une transcription en caractères latins par les missionnaires – pour former une élite nationale.

Quel sort est réservé au système scolaire précolonial ? En Algérie, les écoles musulmanes ont subi un déclin irréversible. En Tunisie, on a évité de ruiner les fondations pieuses qui les financent, comme au Maroc, où elles reçoivent 100 000 élèves contre 20 000 dans le primaire franco-musulman dépendant de la direction de l'Instruction publique, donc de l'administration coloniale, et 3 000 dans les écoles coraniques rénovées créées par les notables modernistes en 1935. En Afrique noire, l'ouverture des écoles coraniques est soumise à l'autorisation de l'administration. En Indochine, on a composé avec l'enseignement traditionnel et on l'a intégré, en particulier en Annam et au Tonkin. À Madagascar, Gallieni*, partisan dans un premier temps d'une francisation, y renonce, mais il cherche à cantonner la langue des notables merina* et incite les instituteurs à employer les langues des autres populations.

École de la République, ou enseignement indigène ?

Cela étant précisé, avec la domination française, un système d'éducation nouveau se généralise. Au pays de Jules Ferry*, instigateur à la fois des lois scolaires laïques et de l'expansion impérialiste, l'école a une place politique centrale. Y a-t-il eu pour autant un projet clairement défini ? Il y en a eu plusieurs, et très divergents. Les controverses opposent les tenants de l'application du modèle républicain et ceux qui, mettant en avant les seuls besoins économiques de la colonisation – dégrossir et dresser des ouvriers dociles –, s'inquiétaient des dangers d'une diffusion excessive de la culture française. Émile Masqueray voulait mettre en place des « écoles ministérielles » en Kabylie dans la perspective d'un enseignement de masse, qui ne verra jamais le jour par refus des colons ; le recteur Jeanmaire, acculé à la démission par les algérianistes, a essayé de mettre fin aux « écoles-gourbis » : « Je ne veux pas croire que ce qui fut bon pour nos enfants soit mauvais pour les indigènes ».

On peut ajouter, dans le registre de l'opposition à l'école gratuite, laïque et obligatoire assimilatrice une variante, plus élitiste, représentée par le « réformisme conservateur » de Pierre Pasquier (gouverneur de l'Indochine de

1928 à 1934), admirateur de la civilisation asiatique. « Depuis des milliers d'années, l'Asie possède son éthique personnelle, son art, sa métaphysique, ses rêves. Assimilera-t-elle jamais notre pensée grecque et romaine ? Est-ce possible ? Est-ce désirable ? Peut-il y avoir pénétration intime ? Où trouver entre l'Asiatique et nous le ciment et le lien ? [...] En Asie, sans parler des éloignements de race, nous trouvons des âmes et des esprits pétris par la plus vieille civilisation du globe. » Pour Lyautey*, il faut empêcher la jeunesse de « renier ses traditions, prendre le tracassin européen et se lancer très vite dans des visées de réformes politiques, sociales et religieuses [...] L'instruction publique, d'emblée, n'est pas conçue comme un instrument de combat contre la société marocaine. »

Une porte étroite

Dans la grande diversité des politiques scolaires, selon les territoires, les moments, on peut dégager une logique. La faiblesse des investissements, tout d'abord. L'enseignement représente 6 % du budget indochinois en 1930 et 7,8 % en 1942, 5 % de celui de l'A-OF en 1919. Le taux de scolarisation est de 1,9 % en Algérie en 1890, 6 % en 1930, 14,6 % en 1954 ; il est de 1,1 % en 1919 et 4 % en 1936 en A-OF, de 23 % à Madagascar qui fait exception. En Indochine, il n'atteint 25 % que dans les années 1940. C'est par la suite que l'effort s'est amplifié, sans jamais rattraper le retard. Au Maroc, dans les années 1920, la part de l'éducation atteint 3 % des dépenses, puis 10 % en 1937 et 12 % en 1952, les Marocains absorbant seulement 1/5 de ce budget dans les années 1930 et un peu moins de la moitié dans les années 1950.

Par souci d'économie, dans le sud du Sahara, les missionnaires ont le quasi-monopole de l'enseignement jusqu'en 1914. En A-OF, c'est seulement à partir de 1903 que se met en place un système public. Le lycée Faidherbe est ouvert à Saint-Louis en 1920. Deux Écoles normales sont créées dans les années 1930, longtemps après l'école* William Ponty (1916). Dans les vieilles colonies, la législation de la métropole est appliquée moins chichement. Le taux de scolarisation en Guadeloupe est de 50 % en 1920, mais à La Réunion plus de la moitié de la population est illettrée.

Les trois objectifs scolaires s'inscrivent dans les orientations de la politique indigène : inspirer et contrôler les savoirs enseignés, faire pénétrer un minimum de modernité permettant d'intégrer la population utile dans le système capitaliste, former des élites indigènes adaptées aux fonctions qui leur sont assignées. L'espoir de conquérir les âmes des Berbères explique l'effort consenti en Kabylie. En A-OF, l'enseignement indigène a pour objectif de faire passer le paysan de la houe à la charrue, grâce à des fermes-écoles. À la base, il y a l'école de village à classe unique, confiée en A-OF à un maître africain, partagée en Algérie au XIXe siècle entre un *talib* enseignant le Coran et un instituteur français. Les ambitions des filières indigènes sont limitées le plus souvent à l'apprentissage des rudiments de la langue française, de l'hygiène, et à une initiation au travail manuel. Jamais le principe de l'école obligatoire et gratuite n'a été établi. Lyautey distingue un enseignement minimum « pratique et utilitaire » pour les classes populaires et des collèges musulmans pour les enfants de notables, destinés à la reproduction des élites.

La réforme de 1906 de Paul Beau et le règlement général de l'Instruction publique d'Albert Sarraut* pour l'Indochine (21 décembre 1917), l'organisation du service de l'Instruction publique de l'A-OF (23 novembre 1903) ou l'arrêté du 16 avril 1898 de Gallieni pour Madagascar cadrent cette politique. Les réalisations ont été souvent très en deçà.

Certains domaines font l'objet des formations techniques subalternes, ainsi pour les 600 sages-femmes et infirmières d'A-OF durant toute la période (une vingtaine par an). L'école de médecine de l'A-OF créée en 1918 forme des aides médecins à l'hôpital de Dakar : 329 entre 1918 et 1943, et 34 pharmaciens, 62 infirmiers. Les instituteurs de l'École normale de garçons de William Ponty, de la Bouzareah à Alger, sont conçus à l'origine comme des passeurs d'un savoir de base en direction de leur société, mais l'idéal de la laïque infléchit le projet dans un sens égalitaire.

Deux systèmes scolaires, européen et indigène, coexistent donc. En A-OF, il y a deux Africains dans les lycées en 1926. Du côté des colonisés, l'école a été une obsession : elle est perçue comme un cheval de Troie colonialiste, celui de nos ancêtres les Gaulois, et les attitudes de rejet ne sont pas rares au début. Les enfants des ruraux se pressent longtemps vers l'université-mosquée, idéal de civilisation et haut lieu de défense identitaire. Les notables du Maghreb s'efforcent d'abord de promouvoir des écoles coraniques modernisées, mais une fois mieux avertis, les parents envoient leurs enfants à l'école des Français, pour leur éviter le sort d'une plèbe intellectuelle famélique et sans perspective d'insertion dans le système. Car, avec l'approfondissement de la crise de la société colonisée, l'école apparaît de plus en plus comme un recours et suscite une demande grandissante après les années 1930.

Ambiguïté de la colonisation et du colonisé

À partir de 1946, le modèle métropolitain devient la référence sinon la réalité. Au Maroc, par exemple, le résident général Eirik Labonne engage une course de vitesse avec la croissance de la population, se fixe des objectifs de 20 000 nouveaux élèves et de 300 maîtres par an en 1947. Il obtient le soutien des paysans, qui bâtissent les écoles, et même d'une partie des colons, leurs femmes enseignant à titre gratuit. En A-OF, le nombre d'élèves passe de 240 000 à 430 000 entre 1954 et 1958, celui des filles doublant. Les contenus s'alignent sur ceux de la métropole, Union française oblige. Il est certain aussi que les bribes de culture française diffusées ont un écho important passé les premières résistances. Le contraste entre l'enseignement autoritaire et répétitif de l'école coranique et l'éveil des esprits de la laïque joue en faveur de cette dernière. Les enfants doivent parfois même le cacher à leurs parents, pour éviter d'être suspects d'innovations coupables. Kateb Yacine a montré comment la relation enchantée avec sa mère avait été mise à mal par la rivale, l'institutrice française dont il tombe amoureux, par cette langue interdite à sa mère. Feraoun* a vécu à l'École normale l'utopie d'une Algérie fraternelle. Toutes les biographies ont dit l'émotion suscitée par le vent de liberté de 1789, par les héros républicains. En Indochine, Jeanne d'Arc est réinterprétée en fonction des sœurs Trung*. La colonisation a ouvert une immense faim scolaire qu'elle n'a pas satisfaite et que les États indépendants devront assumer.

École française d'Extrême-Orient Par arrêté du 15 décembre 1898, Paul Doumer* crée la Mission archéologique permanente sous la tutelle de l'Académie des inscriptions et belles-lettres. Le décret du 20 janvier 1900 la transforme en EFEO. Un arrêté du 9 mars 1900 lui assigne une nouvelle tâche qui va vite devenir son activité essentielle : le classement et la conservation des monuments de l'Indochine, à travers la commission des Antiquités du Tonkin (1901), la commission du Cambodge (1905), puis d'un service chargé de la conservation du site d'Angkor* (1907). D'abord installée à Saigon, elle déménage en 1901 à Hanoi avec sa bibliothèque. En 1920, son statut d'établissement public doté de la personnalité civile lui permet de s'attacher des fonctionnaires permanents et spécialisés. Comme les écoles de Rome et d'Athènes, l'EFEO est un institut de recherches archéologiques, philologiques et historiques. Son territoire ne se cantonne pas à l'Indochine mais s'étend aux « civilisations voisines » (Inde, Malaisie, Japon, etc.), regroupées sous le vocable d'« extrême-orientales ».

Outre la tutelle scientifique de divers musées – musée Khai Dinh (1923) à Huê, musée de Phnom Penh, musée Blanchard de La Brosse de Saigon (1929) –, l'EFEO possède le musée Louis-Finot à Hanoi et le musée cham de Danang (1918). La bibliothèque constitue l'autre instrument privilégié de la recherche. Le personnel comprend des membres permanents, temporaires, pensionnaires et correspondants, majoritairement européens, et des auxiliaires et vacataires asiatiques. Par ses nombreuses publications, expositions, commémorations, restaurations – la plus spectaculaire est la mise au jour des ruines d'Angkor, qui sauve soixante-seize temples, et permet une collecte d'inscriptions… –, par la présence de chercheurs prestigieux, l'EFEO s'affirme comme le lieu consacré de l'orientalisme* français, mais ce statut scientifique ne doit pas dissimuler la réalité des missions plus politiques et culturelles au service de l'État dominant. L'Exposition coloniale de 1931, après celle de Marseille, fait d'Angkor restauré le fleuron de la propagande impériale.

École normale d'instituteurs de la Bouzareah En 1883, le premier système d'enseignement destiné aux indigènes, inspiré du modèle Ferry – obligation en moins ! –, est mis en place en Algérie* et, avec lui, un corps de maîtres indigènes et français. Leur formation est définie dans une école normale. Cette impulsion a subi les hypothèques des colons, hostiles à tout enseignement de type républicain pour les indigènes, mais l'École normale y a survécu. Son objectif était de former des élites assurant des fonctions d'intermédiaires culturels avec la population colonisée. Elle a été pour Mouloud Feraoun* le lieu idéal d'une Algérie dépassant les conflits communautaires. Son enthousiasme était certes excessif, mais les deux sections originelles fusionnent et les salaires sont égaux à partir de 1920. Ces intermédiaires politiques et culturels proviennent surtout de milieux déjà scolarisés, citadins, souvent kabyles et donc considérés comme fidèles à l'ordre colonial. Ce sont eux qui sont les appuis principaux de l'assimilationnisme*.

école William Ponty À l'origine, école normale de Saint-Louis, créée en 1903, elle prend le nom du gouverneur Ponty en 1915. Installée à Gorée en 1913, elle est transférée à Sébikotane en 1938. Son but est de substituer un personnel africain au personnel métropolitain. Les promotions doivent répondre strictement aux besoins et aux moyens du gouvernement général. Elle recrute sur concours dans toute l'A-OF des jeunes gens qui se destinent d'abord à l'enseignement primaire. À partir de 1921, elle prépare à l'école de médecine de Dakar et à l'école vétérinaire. En 1945, 2 080 étudiants, dont plus de la moitié a choisi l'enseignement, y ont été formés, et, parmi eux, les premiers militants de la décolonisation comme Houphouët-Boigny*, Mamadou Konaté, Modibo Keita*. C'est une école prestigieuse en Afrique, mais ses diplômes, obtenus après un cursus de quatre ans, ne sont pas reconnus en métropole, et les diplômés sont cantonnés au cadre secondaire de la fonction publique. Seule une infime minorité, qui a pu compléter sa formation en France, peut accéder au cadre supérieur. En 1938, une école normale de jeunes filles est créée sur le modèle de Ponty à Rufisque. Deux autres écoles normales rurales sont fondées à Katibougou au Soudan et à Dabou en Côte d'Ivoire, et une école technique supérieure est installée à Bamako en 1940.

les colonies à l'école Ferry a été à la fois l'un des créateurs de l'école et de l'empire colonial sous la IIIe République, réalités fondamentales de la France contemporaine qui ont été étroitement liées. Les colonies ont pénétré les salles de classe avec leurs planisphères colorés de rose et les globes terrestres : « La Troisième République nous a constitué un nouvel empire colonial », et l'institut Pasteur d'Annam, dont les « vaccins sont gratuits », est une visite obligée. « La France, généreuse, donne à tous sans compter, ses bienfaits et ses secours ».

Le Tour de la France par deux enfants, où l'on affirme la supériorité de la race blanche, ne pouvait pas ne pas s'achever par un détour dans les colonies. Avec *les Enfants de Marcel*, les héros franchissent la Méditerranée pour une description édifiante de l'Algérie, comme l'ont fait dans la réalité 20 000 élèves des caravanes scolaires en 1931. Les manuels d'Ernest Lavisse embouchent la trompette héroïque outre-mer comme sur la ligne bleue des Vosges. Ils mettent en scène la prise de la smala d'Abd* el-Kader et autres faits d'armes, ou la libération des esclaves, agenouillés devant le drapeau, par Brazza*. La place de l'outre-mer dans l'enseignement tend à augmenter, en particulier en 1923 puis en 1938 à l'initiative de Jean Zay. Le « Malet-Isaac » des classes terminales s'inscrit dans cette tendance : celui de 1931 consacre 7 % de son volume à l'empire – « œuvre maîtresse de la IIIe république, de Jules Ferry ». Gallieni*, alliant force et pacification, est « le colonial par excellence ». En 1953, les programmes scolaires, qui s'arrêtaient en 1914, sont prolongés jusqu'en 1939. La colonisation représente alors 5 % du volume, s'enrichissant de Lyautey*, du père de Foucauld*, des thèmes de la mise en valeur économique. Hormis les rois nègres guerriers et les références à des populations « arriérées et primitives », les indigènes n'apparaissent toujours qu'en ombre portée. C'est un miroir du roman national que les manuels offrent.

Entre les deux guerres, le cinéma*, dont Albert Sarraut* est un partisan, entre à l'école : la mission cinématographique en Indochine est pionnière, l'Agence coloniale, en charge de la propagande*, effectue de nombreux prêts scolaires. Parmi les principales productions, *le Réveil d'une race au Cameroun* en 1930 – retenu par la SDN comme film éducatif – montre la lutte du docteur Jamot contre la maladie du sommeil. *L'Œuvre de la République* évoque la conquête du Sahara en 1931. Ce viatique accompagnera les jeunes paysans qui constitueront la majorité du contingent pendant la guerre d'Algérie*.

Premier ébranlement de cet atlas mental, en 1957, sur l'insistance de l'Unesco et d'un rapport de Fernand Braudel, la nécessité d'intégrer la période contemporaine, les autres civilisations et la pluridisciplinarité remettent en question l'histoire événementielle centrée sur la patrie. Les programmes incluent alors une approche nouvelle et Braudel publie *Grammaire des civilisations*. C'est un échec pour l'auteur, que les élèves ne peuvent pas lire et que beaucoup de professeurs ne veulent pas lire.

Au total, il est difficile de dire si l'école a vraiment préparé des vocations coloniales, aidé les Français à connaître leur géographie, mais il est certain qu'elles ne les a pas préparés aux décolonisations ni à la décolonisation de la métropole. La vague du cartiérisme gagne alors l'institution scolaire. C'est seulement en 1983 que les programmes s'étendent à la période postérieure à la Seconde Guerre mondiale et donc aux décolonisations.

écriture L'Afrique* noire terre sans écriture est un cliché. En réalité, les alphabets arabe, dès le Xe siècle, et latin dès le XVIe siècle y ont pénétré. L'alphabet arabe a adopté des variantes dues à la phonétique. Il existe aussi des écritures négro-africaines, tel le *bamum,* inventé vers 1900 par le sultan Njoya, d'abord en idéogrammes puis avec un alphabet. De même, le *vaï*, inventé vers 1835, système syllabique et l'alphabet mende. D'autres exemples prouvent que l'expression graphique de la pensée, réservée à des initiés le plus souvent, était relativement répandue. À Madagascar, le roi Radama Ier et les missionnaires créent un alphabet, la Bible est traduite et imprimée en 1835, ainsi que des documents de la monarchie. La colonisation a été importante dans le développement de l'écriture, les missions ont transcrit une centaine de langues africaines. L'administration française généralise le *quôc-ngu** en Indochine. Mais le seul pays musulman ayant abandonné les caractères arabes est la Turquie, précisément peut-être parce qu'elle n'a pas été colonisée et qu'elle ne s'est pas raidie dans une défense identitaire.

écrivains et colonisation La littérature* coloniale n'est qu'un aspect de la place de la colonisation dans la culture. Sans être exhaustif, on peut signaler cependant cette place, méconnue ou oubliée, chez certains grands auteurs.

Certains écrivains ont un lien biographique avec la question coloniale: Leconte de Lisle*, Saint-John* Perse, Camus*, Roy*, Memmi*, Duras*, Le Clézio*… sont nés outre-mer, et, directement ou de manière plus complexe, cette origine et leur enfance ont nourri leur œuvre. Plusieurs y ont vécu, qu'ils soient soldats ou marins, comme Loti, Montherlant, Psichari, employés tel Céline ou fonctionnaires comme René Maran; d'autres encore ont eu des familiers aux colonies, tel Léon Bloy. Des grands reporters (Londres*, Andrée Viollis*) et voyageurs (Verne*, Maupassant, Daudet, Cendrars*, Gide*, Montherlant*, Saint-Exupéry, Malraux*…) ont tiré parti de leurs expériences, en particulier s'ils se sont installés outre-mer comme Isabelle Eberhardt*. La rencontre d'un Simenon avec Joséphine Baker* n'a pu être sans effet. Les Antillais ou les Sénégalais ont une part importante à partir des années 1920 (Césaire*, Senghor*, Fanon*, Glissant*).

Des écrivains ont choisi, pour des raisons idéologiques, de traiter dans leurs œuvres la question coloniale. Ils passent d'une critique parfois cinglante (Bernanos*, France*, Alphonse Daudet*, Gide) ou d'une adhésion sans réserve, majoritaire (l'Académie française, Marcel Aymé, Louis Bertrand*, Henri Bordeaux, Claude Farrère, Robert Brasillach, Léon Daudet, Henri Massis, Drieu la Rochelle, Pierre Mac Orlan*, Maurice Martin du Gard, Gabriel Marcel, Maurras, Thierry Maulnier, Paul Valéry, Robert Vallery-Radot…), à un engagement plus direct: celui des surréalistes et des communistes, puis, lors des décolonisations, d'un nombre grandissant d'intellectuels* à gauche, de Vercors à Sartre*. Des chrétiens y prennent une part nouvelle, un Mauriac* avec son talent, par exemple. À droite aussi, les écrivains se mobilisent, pour défendre la conquête italienne de l'Éthiopie puis l'Algérie française: Antoine Blondin, Henry Bordeaux, Roland Dorgelès, Jean Dutourd, Henri de Monfreid, Louis Pauwels… qui signent le manifeste des intellectuels français contre les 121. La guerre d'Algérie, qui a marqué aussi le « polar », produit des auteurs aussi opposés que Jean Lartéguy et Gilles Perrault.

Dans le cadre de cette littérature, poètes, mais surtout romanciers et essayistes se partagent les genres, d'une diversité remarquable: romans exotiques, récits de voyage, romans illustrant l'installation coloniale, aventures, amours, tragédies personnelles, souvenirs d'enfance, témoignages et pamphlets… Selon les cas, la colonisation peut être envisagée comme un cadre ou une donnée historique que les écrivains ne mettent pas en question, ou être l'objet de prises de positions plus ou moins affirmées. La tonalité du récit permet seule, parfois, de prendre la mesure de la position de l'écrivain face à la situation coloniale.

éditions de Minuit Jerôme Lindon, directeur de cette maison née de la Résistance, qui a publié deux Nobel – Beckett et Claude Simon – et des Goncourt, est très engagé contre la guerre d'Algérie*. Il publie *la Question* de Henri Alleg* (le premier livre saisi) en 1958, *Pour Djamila Bouhired* de Jacques Vergès et Georges Arnaud, ainsi que les œuvres de Germaine Tillion*.

élites nouvelles Même si certaines sociétés s'étaient déjà engagées dans un processus de modernisation, les « nouvelles élites » sont le produit, parfois largement involontaire, de la colonisation. Le terme ne doit pas cacher que, pour une bonne part, elles se recrutent chez les notables: mandarins*, chefs* africains et catégories dirigeantes, ulémas, beldi, makhzen*... Ce qui est nouveau est la formation à l'occidentale de ces élites. Avec l'occupation européenne, qui ébranle les hiérarchies traditionnelles, deux grands facteurs de mobilité jouent, l'argent et l'école*. Les anciens notables ne pouvaient survivre indéfiniment dans leurs fonctions. Aussi s'orientent-ils vers le secteur économique capitaliste, les activités modernes et, plus encore, l'école.

Dans des sociétés jusqu'alors peu fluides, la colonisation a fourni des perspectives à des hommes nouveaux. La traite de l'huile de palme permet une mobilité sociale et des promotions, dont un exemple remarquable est celui de l'esclave Ja Ja, qui construit une cité-État à Opobo, au Nigeria. Ainsi, les propriétaires fonciers vietnamiens – auxquels le mandarinat était fermé – peuvent s'orienter vers les fonctions d'une bourgeoisie capacitaire: administration, commerce, industrie, professions libérales. Cependant, les colonies étant des marchés réservés pour la métropole, les entrepreneurs autochtones n'ont jamais joui que d'un espace restreint. On ne compte en 1947 que neuf sociétés anonymes intégralement vietnamiennes. L'éloignement, il est vrai, a laissé quelques facilités aux Indochinois qui ont vendu les surplus de riz, ce qui a permis des investissements dans des activités à débouché local. En Afrique, Houphouët-Boigny* est représentatif des reconversions des chefferies anciennes vers le cacao* et la politique, et les planteurs et les négociants de produits tropicaux s'enrichissent.

Au Maghreb, le poids du peuplement européen et la proximité de la métropole ont limité ces possibilités. En 1947, une seule société anonyme est à capitaux exclusivement marocains et il n'y a pas de classe d'entrepreneurs au moment de l'indépendance. L'assise de ce capitalisme demeure familiale et il utilise très peu les banques, dont la plupart refusent dans les années 1950 encore l'usage de la langue arabe! En Tunisie, la principale figure des entrepreneurs, Mohammed Chenik, a été l'objet de la vindicte de la Résidence générale, et la Coopérative tunisienne de crédit, qu'il avait créée pour l'artisanat, torpillée. Quant aux ateliers algériens, ils représentent à peine l'équivalent du dixième de la production des Européens et les investissements autochtones 8 % du total. Rien à voir avec les Égyptiens.

Plus que l'économie, le principal vecteur de mobilité sociale, ou d'espoir de mobilité dans le cadre du régime colonial, a donc été l'école. Elle ouvre la voie aux destins de Nguyen* Van Ninh, Nguyen* Tuong Tam, Truong* Vinh Ky, des Cinq* Dragons, des Jeunes* Algériens, Tunisiens, etc. La politique, là où le système électoral le permet, a permis de belles carrières, à Diagne*, Diouf*, Candace, Gueye*, Keita*... Quelques chiffres donnent la mesure de l'état embryonnaire des couches nouvelles : en A-OF, les « évolués », que l'on définit comme les classes moyennes – fonctionnaires, professions libérales, commerçants, planteurs... –, représentent 0,5 % de la population dans l'entre-deux-guerres ; en Indochine, en 1939, on évalue à 5 000 les membres des professions libérales ; en 1954, en Algérie, la fonction publique compte 29 % de musulmans (contre 54 % en Tunisie), massés dans les emplois inférieurs. Cette situation bloquée a conduit les élites nouvelles, les intellectuels* vers la contestation de l'ordre colonial.

empire Le terme a surtout été employé entre les deux guerres pour désigner les possessions françaises. Paul Reynaud, ministre des Colonies lors de l'Exposition coloniale de 1931 s'efforce de le populariser, de Gaulle l'emploie, ainsi que Vichy, qui l'inscrit dans son projet de Constitution. Mais les précédents napoléoniens rendent son usage difficile par des républicains. Et en 1944, « outre-mer » puis « Union française » le supplantent.

enfant et propagande coloniale

Convaincre les jeunes de la métropole

Le lobby colonial a voulu convaincre la population métropolitaine de l'importance de la colonisation, les parents certes, mais aussi les enfants. L'école* – avec ses programmes, ses manuels, ses musées pédagogiques –, les caravanes scolaires, les romans – Jules Verne* –, les images d'Épinal, la BD*, la publicité des produits alimentaires – riz, cacao*–, les jouets et les jeux , le cinéma* ont assuré une propagande intense.

Jouets et jeux

Dans les années 1930, les magasins du Louvre proposent un personnage africain à habiller. Sur les quatre costumes proposés, trois véhiculent l'image du sauvage (danseur, guerrier, sorcier). Aux images d'Épinal, comportant toute la galerie des soldats coloniaux, s'ajoutent les figurines de plomb après la Première Guerre mondiale ou le personnage de l'explorateur accompagné de ses porteurs noirs et de « sauvages » brandissant des sagaies... Poupons et poupées – « Doudou » et « Bamboula » – sont vendus également, mais leur succès n'est pas celui des petites têtes blondes dans le milieu enfantin. À l'Exposition* coloniale de 1931, un jeu de l'oie de l'huile de table des Chartreux permet la découverte de l'empire. Les firmes – en particulier les chocolats Meunier et Cémoi – offrent des vignettes avec cartes de géographie et portraits d'indigènes stéréotypés, distribuent des albums à colorier. La Belle Jardinière donne des découpages présentant des pavillons de l'Exposition. Banania* a diffusé plusieurs séries de vignettes racontant l'histoire du bon soldat. La sortie du film *la Croisière noire* permet la vente d'un jouet faisant revivre cette aventure. À la veille de la guerre, en 1939, un puzzle dans lequel figure le cannibale*, l'Africain guerrier avec son os dans le nez, l'Asiatique avec sa natte et l'Indien avec sa plume permet un apprentissage ludique de la géographie. Des bons points représentent de grands faits de la conquête coloniale. Toutes ces histoires confortent l'idée d'un ordre social dominant.

Les périodiques pour enfants

On en compte soixante-deux entre 1905 et 1939. La plupart d'entre eux font place à la colonisation, adaptant les héros et les scénarios, mais jouant des mêmes ressorts que pour les adultes : évasion exotique, patriotisme, comique, et, pour les fillettes, soucis domestiques, tout en cultivant un sentiment de supériorité sans inquiétude. *La Semaine de Suzette*, qui paraît en 1905, doit d'abord sa célébrité à Bécassine*. Cet hebdomadaire ne cessera pas « d'amuser et d'instruire » les petites filles jusqu'en 1961. Son histoire coïncide avec l'épopée de « la Plus Grande France », souvent abordée dans le journal, qui publie des récits dont l'action se déroule outre-mer et dont les héros sont des enfants : « l'Oncle d'Afrique », dont les histoires merveilleuses fascinent ses neveux ; « À la conquête de l'Atlas », où le courage de deux enfants à la recherche de leurs parents émeut leur ravisseur, le chérif El Mokri ; « Jocelyne ou la Petite Fille qui voulut voir l'Exposition », mettant en scène un indigène fourbe qui finit par se repentir et entrer au service de la France. Un mois après le débarquement allié en Afrique du Nord de novembre 1942 est lancé un *Cœurs vaillants* marocain (par l'abbé Gérard) pour pallier la coupure avec Paris. *Fripounet et Marisette,* qui paraît en novembre 1945, destiné à la jeunesse rurale, célèbre l'épopée des grands hommes dont Lyautey, Mermoz, Foucauld l'Africain… Dans les années 1950 encore, *le Journal de Tintin* consacre deux numéros à Charles de Foucauld et Abd el-Kader, et « l'Oncle Paul » y raconte les grands moments et les grands hommes.

Littérature de jeunesse

La littérature coloniale possède un abondant rayon destiné à récréer et à éduquer la jeunesse. Exotiques, ces romans font visiter le monde comme un vaste zoo en liberté ; pathétiques, ils jettent des enfants perdus dans le dédale dévorant des forêts vierges ; édifiants, ils les éveillent au drame de l'esclavagisme en mettant à la chaîne de petits Français qui soulagent et libèrent leurs compagnons d'infortune ; civilisateurs, ils confient à leur supériorité native le soin d'éduquer les « sauvages » ; propagandistes, ils vantent les bienfaits apportés par les colons aux peuples inférieurs remplis de gratitude. Mais ils maintiennent fermement la hiérarchie raciale, au point que le petit Français, scénario banal, se retrouve « naturellement » roi de peuples primitifs émerveillés. Tel est l'univers d'André Laurie (*Gérard et Colette*), d'Henri Monnet (*Aventures de deux jeunes gens au Dahomey*) et de Constant Améro (*Tiko le Négrillon, aventures d'un esclave à travers l'Afrique*).

Ce type de livres est assez important pour que Lyautey préface *Nane au Maroc*. Claude Aveline tranche sur cette littérature avec *Baba Diène et Morceau de sucre* (1937), où un enfant blanc, « Morceau de sucre », trouve refuge dans une famille noire ; en réalité, il a été « blanchi » par un savant français et retrouvera sa couleur naturelle, preuve que les hommes sont frères.

Comme la BD, cette production montre une grande inertie, un décalage face aux mouvements de décolonisation. La collection « Signe de piste » fait écho aux drames à travers le destin de soldats français plus que des colonisés, tout en prenant ses distances envers les deux extrémismes.

engagé Ce terme désigne un immigrant blanc pauvre qui, dans les colonies d'Amérique aux XVIIe et XVIIIe siècles, s'engageait à travailler sans salaire pour une durée déterminée (trois ans dans les colonies françaises) afin de rembourser la traversée payée par son employeur. Avec l'accélération de la traite* négrière ce recrutement cesse, mais l'abolition du « trafic honteux » et de l'esclavage*, en raréfiant la main-d'œuvre dans les colonies à sucre, incite les planteurs à recourir à des engagés (ou « coolies ») originaires d'Inde puis de Chine. Jusque vers 1850, les Établissements français d'Inde en fournirent plusieurs milliers à La Réunion* et à l'île Maurice. Les Antilles* et la Guyane* françaises en accueillirent près de 100 000 jusqu'aux années 1880. Au total, de 2 à 3 millions de travailleurs sous contrat indien et chinois furent transportés dans les Caraïbes, les Mascareignes, l'Afrique du Sud, l'Australie et les îles Fidji. Leurs conditions de travail étaient souvent proches de l'esclavage.

environnement Fille de l'Europe prométhéenne, la colonisation a voulu dominer et exploiter la nature comme les hommes, et elle a contribué à de graves ruptures des équilibres écologiques, les exemples extrêmes étant ceux des compagnies* concessionnaires d'Afrique; le nickel* a mis à mal l'environnement en Nouvelle-Calédonie, les expériences nucléaires ont pollué la Polynésie... Une longue liste pourrait être dressée. Mais les préoccupations écologiques apparaissent chez certains héros de *l'Invasion de la mer* de Jules Verne*, qui regrettent le pouvoir incontrôlé de la technologie, et de manière plus réaliste dans l'œuvre d'un Pierre Gourou*. Elles ne sont pas absentes dans le Jardin colonial créé en 1899 à Nogent pour former des agronomes et expérimenter des cultures. Elles s'affirment tardivement dans les politiques de mise en valeur, dans la formule de « développement durable ».

esclavage

Quatre siècles d'histoire de la colonisation

La première vague de colonisation européenne vers les Amériques, entre le XVIe et le milieu du XIXe siècle, est liée au développement de l'esclavage transatlantique à partir des côtes africaines, à la traite*. L'exploitation des richesses minières et des terres que Christophe Colomb fait connaître à l'Europe à partir de son premier voyage, en 1492, est réalisée par la mise en esclavage, d'abord des populations autochtones, puis de celles qui y sont déportées, européennes dans une infime proportion et seulement jusqu'au début du XVIIIe siècle et, surtout, subsahariennes.

Il est vrai que jusqu'au XVIIe siècle, si l'on excepte Jean Bodin, il demeure impossible de penser une organisation sociale sans esclaves. Bien que le Nouveau Testament abolisse les distinctions entre les hommes et affirme leur égale dignité devant Dieu, l'esclavage demeure admis par l'Église catholique. Le christianisme a tout au plus contribué à la disparition très progressive du phénomène, à l'intérieur des frontières de l'Europe, à la fin du Moyen Âge. En revanche, étroitement lié au système commercial global capitaliste qui se développe avec la mise en culture des terres américaines, l'esclavage a constitué le modèle unique d'organisation des sociétés du Nouveau Monde. Bien que le terme d'« esclave », dérivé d'un mot grec byzantin, *sclavus*, désignant les « slaves » vendus sur les marchés d'Orient, apparaisse en Europe, dès le Xe siècle, pour signifier l'état servile, sa définition s'est figée et enracinée sur les terres du Nouveau Monde jusqu'à caractériser une catégorie raciale. Au XVIIIe siècle, au plus fort du développement des sociétés esclavagistes américaines, l'équivalence des termes entre « esclave » et « Noir » (ou « nègre ») est établie : les deux mots sont utilisés indifféremment car la pensée occidentale moderne a, entre-temps, établi sur la base de l'exemple américain que si un être humain avait le statut d'« esclave », il était, de par son état, « noir » ou « nègre ». Du milieu du XVIIe jusqu'au XIXe siècle, dans les colonies européennes, entre 12 et 15 millions d'Africains sont déportés au travers de circuits de traite initiés par des nations musulmanes et africaines, et développés par la plupart des pays d'Europe. Acquérant le statut d'esclaves dans les Antilles*, ils permettent, surtout à partir du XVIIe siècle, la production du sucre*, principale richesse commerciale des pays européens qui s'affrontent pour son contrôle au cours de guerres de suprématie coloniale dans la mer des Caraïbes. Sucre et esclavage sont les marqueurs de la modernité occidentale.

Les premières mises en esclavage

Dès 1494, deux ans après son arrivée sur l'île d'Hispaniola (Haïti), Christophe Colomb forme le projet de réduire en esclavage les trois millions d'Indiens Taïnos qui y vivent pour exploiter les mines d'or du Cibao. Contrairement aux Petites Antilles, où les puissances européennes ne réussirent pas à asservir les Caraïbes, ou Caribs, l'obligation de rapporter tous les trois mois une quantité fixe d'or est faite à tous les hommes et femmes taïnos de plus de quatorze ans. En 1502, Nicolas de Ovando, nouveau gouverneur de Saint-Domingue renforce encore leur exploitation. Des centaines de milliers de Taïnos sont contraints d'extraire cinq tonnes d'or acheminées vers Séville. Après l'extermination de 90 % de la population, les conquistadores se tournent vers Cuba, les Bahamas et Porto Rico pour y mener la même politique. Malgré la condamnation officielle de la Couronne espagnole et les protestations des religieux franciscains et dominicains contre leur asservissement, le dernier Taïnos meurt en 1541. Ce peuple a péri sous les effets du choc biologique, de la guerre, des mauvais traitements et du travail* forcé, auquel il a souvent préféré le suicide individuel ou collectif. Averti par le combat du dominicain Las Casas, en 1520, Charles Quint, roi de Castille, avait pourtant proclamé la liberté complète des Indiens à La Corogne. En 1537, une bulle papale interdit leur mise en servitude tandis que le 20 novembre 1542 Charles Quint édicte les Nouvelles Lois, qui mettent officiellement un terme à l'esclavage de ceux qui résistaient aux Espagnols au nom de la « juste guerre ». Cette interdiction eut une conséquence importante : celle du développement de la traite des Africains et de leur réduction en esclavage.

Les premiers captifs dans l'Atlantique

C'est entre 1511 et 1515 qu'arrive à Hispaniola (Saint-Domingue) le premier bateau chargé d'esclaves noirs arrivant de la péninsule Ibérique. Leur présence s'explique par le mouvement de colonisation du Portugal en Afrique, continent que cette nation européenne avait reçu lors du partage du monde par le pape en 1445 et confirmée en 1493 (l'Afrique devient monopole portugais tandis que le Nouveau Monde est celui des Espagnols). En 1454, le pape déclare d'ailleurs le commerce des esclaves africains licite. De 1486 à 1493, la douane de Lisbonne enregistre 3 589 arrivées d'esclaves noirs, ce qui représente environ un dixième de la population de la ville. À cette première vague de déportation en a succédé une seconde, plus importante numériquement, liée au développement de l'économie sucrière atlantique. Dans un premier temps, parallèlement aux captifs africains, arrivent sur les terres américaines des engagés*, appelés encore « trente-six mois ». Dès 1620, de jeunes hommes s'engagent, envers une compagnie de commerce ou un particulier, à travailler gratuitement au service d'un maître pendant trois ans contre la gratuité de leur voyage et la fourniture de vêtements. À la fin de ce contrat de mise en servitude temporaire et volontaire, l'engagé reçoit des terres, des outils et des semences pour débuter une petite exploitation. Cependant, devant leur mortalité importante – un quart d'entre eux chaque année – et l'offre faible, ce type de main-d'œuvre disparaît dans les années 1720, en pleine expansion sucrière. Toutes les terres défrichées sont consacrées alors à ce produit d'exportation qui demande une main-d'œuvre nombreuse et peu coûteuse.

L'esclavage des Africains dans les Antilles françaises

Dès le début du XVIIe siècle, l'Afrique semble être une source inépuisable d'approvisionnement en esclaves, et le choix de cette main-d'œuvre est rapidement fait, d'autant que le capital investi par les colons des Antilles pour leur achat est remboursé en un an et demi. L'augmentation du nombre d'esclaves par colonie est en rapport avec le niveau de conquête des terres et les capacités de développement de la production de sucre et de café. Jusqu'en 1740-1750, les petites îles des Antilles (Martinique et Guadeloupe principalement) annexées par la France depuis 1645 ont la plus grosse production de sucre et de café tandis qu'à partir de 1785 la tendance se renverse totalement en faveur de Saint-Domingue. Cette île devient non seulement le fleuron de la colonisation française dans les Antilles mais plus encore « le point le plus florissant et prospère du globe », selon la formule de CLR James dans *les Jacobins noirs* (1980). Elle assure, à la fin du XVIIIe siècle, 79 % de la production de sucre, la plus grande part de celle du café, et reçoit 71 % des navires voguant en droiture vers les colonies françaises. Elle garantit aussi l'excédent commercial de sa métropole. Cette expansion économique accélérée s'est accompagnée d'un développement important de la population esclave, presque dix-sept fois plus nombreuse qu'en 1713. Archétype de la colonie esclavagiste de plantation, Saint-Domingue abrite une population comprenant 89 % d'esclaves, 5 % répertoriés comme « libres de couleur » et 6 % de « Blancs ». Le rapport du nombre d'esclaves par colon y est, à la fin du XVIIIe siècle, de 1 à 15 tandis qu'il est à la Martinique de 1 à 8.

La plantation coloniale esclavagiste et le pouvoir des colons

Un nouveau type de rapport esclavagiste proto-industriel s'est développé dans la Caraïbe, avec une différence importante entre les Grandes Antilles (Saint-Domingue) et les Petites Antilles (au XVIIIe siècle, Guadeloupe, Martinique, Sainte-Lucie, Dominique). À Saint-Domingue, un géreur dirigeait la plantation au nom de propriétaires habitant la métropole tandis que, dans les Petites Antilles, les colons habitaient sur leurs propriétés, d'où le nom d'« habitation » donné aux exploitations agricoles. Au XVIIe siècle, la dimension moyenne des concessions oscille entre 10 et 20 ha tandis qu'au XVIIIe siècle, en plein essor de l'économie de plantation, elle est de 50 ha pour la canne à sucre dans les Petites Antilles, de plus de 90 ha à Saint-Domingue.

La plantation réunissait en un seul lieu à la fois l'espace agricole (les champs de cannes à sucre ou de café), l'espace industriel (de transformation de la canne en sucre) et l'espace de vie quotidienne (la maison du maître ou du géreur et les cases des esclaves, notamment). Guy Lasserre a qualifié cette organisation d'« État aux petits pieds » car le maître imposait sans intervention d'un pouvoir extérieur (ou rarement) son autorité, ses règlements et sa justice arbitraires. Tout au long de la période coloniale, au-delà même de la seconde abolition de l'esclavage, les colons se sont constamment opposés aux représentants locaux de l'État. Les conseils souverains dans lesquels ils étaient représentés ont œuvré à restreindre autant que possible l'intervention de l'État dans la gestion des productions et des relations entre maîtres et esclaves. Il s'agit là d'une des caractéristiques de la relation coloniale, plus particulièrement esclavagiste. En 1685, un « Édit du Roi concernant la discipline de l'Église et de l'État et la qualité des nègres esclaves aux îles de l'Amérique » est promulgué. Il symbolise le particularisme juridique et organisationnel des colonies en tentant d'établir une loi qui soit propre à la nouvelle société esclavagiste. Il est connu improprement sous le nom de « Code noir », celui-ci ayant été donné au XVIIIe siècle à un ensemble de textes législatifs concernant les colonies des Antilles. Établi à partir de la jurisprudence des conseils souverains aux Antilles et des Mémoires du gouverneur et de l'intendant de la Martinique, le règlement de 1685 stipule les droits et obligations des maîtres et des esclaves, la nature, contradictoire, de l'esclave (déclaré « meuble » à l'article 44, mais dans la pratique « immeuble », c'est-à-dire ne pouvant pas être saisi) ainsi que les formes de justice, de peines et d'affranchissement des esclaves. Avant le XIXe siècle, peu d'applications en ont été faites.

L'organisation du travail des esclaves

La vie d'esclave débutait pour les captifs africains dès leur arrivée sur la plantation. Ils étaient alors baptisés dans la foi chrétienne ; les maîtres leur attribuaient un nouveau nom dans lequel ils ne se reconnaissaient pas. On leur apprenait les rudiments de ce qui allait devenir leur moyen de communication, le créole*, car venus de toute la côte africaine, ils ne pouvaient communiquer en recourant à leurs langues d'origine. Cette période de quelques mois passée, ils rejoignaient le groupe des travailleurs des champs. Ceux-ci étaient divisés en trois groupes : les domestiques attachés à la maison du maître, les ouvriers – ou « nègres à talents » – et les esclaves agricoles dits « de jardin », les plus nombreux. Les adultes constituaient le « grand atelier » tandis que le « petit atelier » était destiné aux enfants de moins de 12 ans et que les « surâgés » comprenaient les plus de 60 ans. La journée de travail débutait au lever du jour, à 5 heures. Au son de la cloche, les esclaves se rassemblaient en brigades de travail pour une journée de labeur qui ne s'achevait qu'au coucher du soleil en temps normal, à la nuit en saison de roulaison (récolte de la canne), provoquant de nombreux accidents. Bien qu'obligés par des ordonnances de consacrer une part de leurs plantations à la nourriture des esclaves, les maîtres se sont surtout attachés à la production des denrées coloniales. La majorité des esclaves ont souffert de sous-alimentation et de malnutrition et la mortalité était très forte : jusqu'au milieu du XIXe siècle, l'espérance de vie oscillait entre 20 et 40 ans à la naissance selon le type d'habitation, de gestion et d'ancienneté de la propriété. En effet, au fil des siècles, une population « créole », c'est-à-dire née dans les colonies, s'est enracinée dans les Petites Antilles avec une culture créée par les différents apports de chaque composante de la société (Saint-Domingue, devenue Haïti en 1804, a rompu sa relation coloniale avec la France en devenant un État indépendant). Ce n'est qu'à partir de 1828, que l'État français, plus structuré, plus empreint de justice sociale, confronté au succès du sucre de betterave face à celui de la canne, a réussi à imposer des lois favorables aux traitements des esclaves et à leur affranchissement. Le 1er mars 1831, puis le 12 juillet 1832, deux ordonnances suppriment toute taxe sur les concessions de liberté. En 1839, les conditions d'affranchissement de droit sont établies pour ceux qui forment le projet de se marier et pour ceux qui sont légataires universels ou enfants naturels de leurs maîtres, ou bien pour les pères et mères qui sont esclaves de leur frère ou de leur sœur. Le 18 juillet 1845, enfin, une loi donne la possibilité aux esclaves de racheter leur liberté à un prix fixé à l'amiable avec un maître, ou, s'il n'y a pas entente sur la question, à un prix fixé par la commission coloniale.

En 1848, en dépit des mesures prises entre 1814 et 1839 pour protéger le « sucre colonial », le sucre de betterave s'impose et ce, non pas tant en termes de production qu'en termes de prix de revient. Face à une industrie dynamique, innovante et moderne, l'esclavage coûtait trop cher. Il est aboli en 1848 dans toutes les colonies françaises. C'est au nom de la civilisation, du progrès, et de la preuve obtenue, dans les colonies qui devenaient les « vieilles colonies » (Guadeloupe, Guyane, Martinique, Réunion), que les anciens esclaves peuvent devenir de véritables citoyens français, que les puissances occidentales décident, à la fin du XIXe siècle, lors de la conférence de Berlin, du partage du continent africain et de sa colonisation en avançant l'argument d'y supprimer l'esclavage. Cette nouvelle phase du mouvement colonial de la fin du XIXe siècle rétablit, entre esclavage et colonisation, un rapport inverse de celui qui l'avait conduit sur les terres antillaises. Dans le premier cas, la colonisation avait utilisé une main d'œuvre esclave pour coloniser de nouvelles terres, dans le second cas, la colonisation se faisait sous le prétexte d'éradiquer l'esclavage sur les terres africaines et la traite musulmane au nom du droit naturel et universel de la liberté des individus.

Esprit Créée en 1932 par Emmanuel Mounier (1905-1950), le fondateur du personnalisme, attentive à la colonisation, la revue publie contre la conquête de l'Éthiopie par l'Italie, en octobre 1935 le « Manifeste pour la justice et la liberté » contre le « Manifeste des intellectuels pour la défense de l'Occident » de Maurras, Drieu la Rochelle, Brasillach paru dans *le Temps* du 4 octobre. « Il importe aussi de dénoncer le sophisme de l'inégalité des races [...] c'est là du paganisme pur. Le christianisme nous fait comprendre et réaliser [...]

que la justice est due aux hommes sans exception de personne, ni de race, ni de nation [...] » Ce texte, une des plus nettes prises de position contre le racisme colonial dans l'histoire des intellectuels français, est meilleur que celui que Jules Romain publie dans *l'Œuvre* au nom du Comité de vigilance des intellectuels antifascistes (CVIA). Dès la Libération, *Esprit* observe avec sympathie et inquiétude le projet d'Union* française et met en garde contre les crises à venir. S'il publie le premier témoignage – de Robert Bonnaud – contre les crimes de la « pacification » de l'Algérie en 1956, il marque sa différence avec *les Temps modernes* et le manifeste* des 121 et exprime ses doutes sur le mythe révolutionnaire tiers-mondiste.

état-civil En Algérie*, il est établi en 1882 avec création des noms patronymiques. C'est un moyen de dissoudre les identités dites tribales, définies par un ancêtre commun, réel ou imaginé, par des appartenances collectives, de « libérer l'individu », ou de le déraciner. Étendu petit à petit à l'ensemble de l'empire, il s'est imposé comme un élément de modernité, enregistrant naissances et décès, actes inconnus auparavant, le plus souvent, renforçant l'emprise de l'État, mais contribuant aussi à l'émergence d'identités individuelles.

guerre d'Éthiopie Dernière conquête coloniale européenne en 1935, elle a des allures de revanche italienne contre la défaite d'Adoua en 1896, qui sanctionne la première tentative. Elle mobilise les élites* africaines, en particulier dans la diaspora parisienne et londonienne, ravivant le panafricanisme. La crise qui en résulte prouve l'impuissance de la SDN* et est à l'origine d'une guerre de manifestes entre intellectuels français. Henri Massis dénonce les sanctions contre l'Italie et met en cause le « faux universalisme juridique qui met sur le pied d'égalité l'inférieur et le supérieur, le civilisé et le barbare », qui protège « l'indépendance d'un amalgame de tribus incultes ». Ce serait « une démission de l'esprit civilisateur », un « attentat contre la civilisation de l'Occident », la seule qui ait une vocation universelle. *Esprit** y répond.

ethnologie Étude des phénomènes culturels des sociétés primitives, complémentaire de l'étude des caractères physiques, domaine de l'anthropologie*, elle prend son essor, avec la naissance du mot, dans les années 1830, et elle a d'étroits rapports avec la colonisation. Son domaine est l'ethnie. Le terme désigne une population dotée de caractères linguistiques et culturels communs et d'un territoire, unité de base de l'ethnologie. Dû à Vacher de Lapouge, théoricien raciste, en 1896, il est très marqué par la pensée raciale et coloniale.

Les ethnologues tendent à développer une conception faisant de l'ethnie une entité, lui attribuent sa psychologie, fondent une politique des races* dont le but est de dominer les sociétés colonisées. Le mythe hova ou mérina en est un exemple, comme le mythe berbère*. « Le Hova, supérieur à ses voisins, doit s'élever rapidement à un niveau de civilisation proche de celui des Européens », écrit André Wiou dans *l'Ethnographie* en 1932.

Paul Rivet* a l'ambition de rassembler l'anthropologie physique, l'ethnographie et la préhistoire. C'est l'objectif de l'Institut d'ethnologie de l'université de Paris créé en 1925 par Lucien Lévy-Bruhl*, Paul Rivet et Marcel Mauss*, pour pallier les graves insuffisances des études françaises, initiative soutenue par Herriot et Daladier (ministre des Colonies puis de l'Instruction publique). Le but de l'Institut est de délivrer un diplôme spécifique d'ethnologie et de se mettre au service du monde colonial. L'Institut a eu plusieurs générations de brillants élèves : Jacques Soustelle*, André Leroi-Gourhan, Michel Leiris, Jean-Pierre Vernant, Paul-Émile Victor, Jean Rouch*... Se proposant de faire progresser la connaissance des populations indigènes afin de mieux les administrer, il a été financé par les colonies, par l'Indochine et l'Afrique noire en particulier, puis directement par le ministère des Colonies. L'ethnologie se dégage de l'anthropologie physique, des courants racistes lors de la lutte contre le nazisme, et de l'idéologie coloniale plus nettement dans les années 1950 avec une nouvelle génération de chercheurs dont certains (Michel Leiris*) s'engagent en faveur de la décolonisation*.

On a souligné récemment les métissages* et le fait que les ethnies ont une histoire, qu'elles sont donc créées par les relations entre groupes plus que par leurs caractères intrinsèques. Pourtant, l'ethnocentrisme, la propension d'un groupe à se considérer comme le sel de la terre, est partagé par tous.

Eugène Étienne Homme politique français, chef du lobby colonial (1844-1921). Employé de commerce, gambettiste, cacique du Parti colonial, il est né à Oran, dont il fait son fief électoral, au prix de concessions envers les « antijuifs ». Initié franc-maçon* en 1881, il a été sous-secrétaire d'État aux Colonies en 1887 et 1889, et a créé l'École* coloniale. Élu président du groupe colonial à la Chambre des députés en 1895, il est présent dans la plupart des associations. Il participe à la fondation de l'Union coloniale et a été un des animateurs du groupe préparant la conquête du Maroc*. Un jeune professeur courageux, Charles-André Julien, est son adversaire aux élections après la Première Guerre mondiale. Il se verra renvoyé en métropole pour ce crime de lèse-majesté.

Étoile nord-africaine (ENA) Après l'Union intercoloniale et *le Paria**, les militants nationalistes et communistes émigrés en métropole créent des organisations nationales, telle l'ENA en 1926. Messali* en est l'un des fondateurs et le dirigeant. L'Étoile, qui revendique l'indépendance, est interdite en 1929 puis en 1937. Ses relations avec le PCF tendent vers l'éloignement. Succèdent à l'ENA le Parti du peuple algérien (PPA), interdit en 1939, puis le MTLD* en 1946. Autant de viviers du nationalisme préparant l'apparition du FLN*.

étudiants colonisés En dehors de l'Indochine et d'Alger, la colonisation n'a pas créé d'enseignement supérieur. Une soif de savoir et de mobilité sociale conduisent vers l'étranger. Les Indochinois font le voyage de l'est vers le Japon et la Chine et de l'ouest vers la France. Antillais et Africains se dirigent vers Paris, comme les étudiants arabes, pour qui ce voyage a commencé dès les années 1830 avec les Égyptiens. Mais il n'y a guère de facilités offertes par l'administration : le gouverneur Cognac de Cochinchine* l'a dit avec brutalité : « Des intellectuels, nous n'en voulons pas. » Albert Sarraut*, de manière plus feutrée, dit ses réticences : « Les hautes spéculations scientifiques sont un vin capiteux qui tourne facilement les têtes. Certains tempéraments n'offrent aucune résistance aux excitants [...]. L'enseignement supérieur suppose, avec une hérédité préparatoire, un équilibre des facultés réceptives, un jugement dont seule une faible minorité de nos sujets et protégés est encore capable [...]. Si l'administration ne peut les absorber, ils deviennent des déclassés, des aigris et trop souvent de mauvais bergers. »

La métropole ne fournit pas seulement un bagage universitaire mais aussi une initiation à l'action politique, comme pour les Cinq* Dragons. Les diasporas étudiantes créent des associations : l'AEMNA*, des associations indochinoises, antillaises, bien avant la Fédération des étudiants d'Afrique noire en France, en 1950. Le contact avec la classe politique, la création de journaux sont des préparatifs au rôle d'élite. La négritude*, la contestation antillaise se préparent à Paris. Ils sont 1 550 Indochinois (lycéens compris), 300 Syro-Libanais, 44 Tunisiens, une cinquantaine d'Africains et Malgaches, une quarantaine d'Algériens, 15 Marocains autour de 1930. Ces effectifs augmentent (près de 300 Tunisiens vers 1950). La majorité s'oriente vers les professions libérales pour échapper au sort des fonctionnaires soumis au pouvoir colonial, et va « au peuple » : « Si nous voulons tirer notre peuple des ténèbres où il s'égare, il faut nous mettre sérieusement à l'ouvrage... Nous, colonisés, instruits, devons consacrer nos moyens et notre temps à la défense des intérêts de nos patries », dit l'*Annam scolaire* en avril 1927.

accords d'Évian Le 18 mars 1962, les délégations conduites par Louis Joxe et Krim Belkacem signent à Évian des accords mettant fin à la guerre en Algérie*, aboutissement de deux années d'âpres échanges depuis l'échec des négociations de Melun, en juin 1960. Les premiers pourparlers avaient suivi l'annonce de l'autodétermination par de Gaulle, qui s'engageait à respecter le choix des habitants du pays, y compris l'indépendance.

La première partie des accords (96 pages) fixe les conditions de ce scrutin, confiant à un « Exécutif provisoire » le soin de le préparer et de gérer le pays. La deuxième partie, anticipant l'indépendance, résout les points les plus discutés : le statut des Français d'Algérie, appelés à choisir, dans les trois ans, entre la nationalité française et la nationalité algérienne ; le maintien d'une présence militaire française, à Mers el-Kébir en particulier ; la question du Sahara*, sur lequel le général de Gaulle a reconnu la souveraineté algérienne, mais où la France obtient d'importants privilèges économiques, ainsi que la possibilité de continuer ses essais nucléaires. La troisième partie garantit aux Français d'Algérie le respect de leurs biens. Elle mandate l'Exécutif provisoire pour organiser, après l'autodétermination, des élections installant un pouvoir indépendant. Elle prévoit, enfin, le cessez-le-feu le 19 mars à 12 heures.

La guerre continue, pourtant. Car, si l'armée française et l'ALN* cessent de s'affronter, le terrorisme de l'OAS* atteint son paroxysme, et des Algériens, forts de leur victoire, s'en prennent aux harkis* et aux Français d'Algérie. Puis, après le scrutin d'autodétermination et la célébration de l'indépendance le 5 juillet, l'opposition entre l'état-major du général Boumediene et le GPRA dégénère en guerre civile, jusqu'en septembre. Cette conjoncture explique en partie que les garanties prévues pour les Français d'Algérie ne sont pas respectées. Les partisans du général Boumediene, finalement arrivés au pouvoir, ont toujours été hostiles aux accords et les ont sciemment bafoués.

évolué Le terme désigne – très officiellement en Afrique – tout indigène modernisé au contact de la colonisation. La presse du Syndicat national des instituteurs, parle dans les années 1950 de « peuples sous-évolués ». Censés être des médiateurs, les évolués sont suspects d'être contaminés par l'Occident aux yeux des conservateurs de leur société. Ils le sont aussi pour les colons, qui craignent qu'ils ne retournent leurs armes contre eux ou qu'ils ne deviennent des concurrents revendiquant l'assimilation. « Il faut que les représentants des indigènes soient de véritables indigènes appartenant au même milieu et à la même civilisation que la masse de la population et non des indigènes européanisés qui vivent en marge de la société indigène, ne connaissant plus ses besoins et ses aspirations », affirme Maurice Delafosse, administrateur et enseignant de l'École* coloniale, soulignant une contradiction majeure du système. Car les leaders des nationalismes sont précisément les élites modernes.

exclusif Aux XVIIe et XVIIIe siècles, le terme désigne un régime commercial imposé par les métropoles à leurs colonies. Ce régime, défini en France en 1664, met les colonies au service de la métropole, conformément aux principes du mercantilisme. Il comprend pour l'essentiel trois règles : les marchandises importées par la colonie doivent provenir de la métropole ou du moins être transportés par des navires nationaux ; les produits exportés par la colonie doivent se faire uniquement à destination de la métropole (d'où ils peuvent être réexportés) et par des navires nationaux ; la colonie a l'interdiction de commercer directement avec des colonies étrangères. En contrepartie, la métropole accorde la préférence* impériale (franchise ou droits de douane peu élevés) aux produits de ses colonies. Au début du XIXe siècle, le régime de l'exclusif a été remplacé par celui, moins rigide, du pacte colonial. L'exclusif peut être violé par un commerce, un navire de contrebande interlopes. Par extension ce dernier terme désigne un individu ou un groupe équivoque.

exotisme Emprunté au grec par Rabelais, ce mot s'est peu à peu formalisé. D'abord simple marque d'existence d'un ailleurs aux réalités et aux coutumes différentes des habitudes européennes, peut-être toujours étrange, le dépaysement devient attrayant et recherché par le voyageur. L'amateur d'exotisme, souvent le touriste qui rentre chez lui avec des images et des souvenirs d'un pays plus chaud, associe à quelques traits, objets, paysages, une différence d'origine géographique, qu'il apprécie sans nécessairement tenter de comprendre l'autre : l'exotisme a plutôt la vertu de faire rêver, tant que persiste la « sensation du divers », qu'a définie Segalen* dans *l'Essai sur l'exotisme* (1918), tant que, dit-il, l'uniformisation due au progrès et les « proxénètes » de l'exotisme ne l'ont pas affadie. Dans l'écriture, l'exotisme n'évite pas toujours le cliché et le pur pittoresque. Né avec la conquête de l'Amérique, le mot est une province de l'imaginaire* occidental.

explorateur C'est par abus de langage qu'on parle de découverte d'une terre, car la formule n'est vraie que pour les Européens, pas pour les autochtones. Voir le monde dans sa totalité a été une ambition de l'Occident moderne, et il n'est pas étonnant que le terme « explorateur » s'impose à la fin du Moyen Âge. Le Pacifique est sillonné à la fin du XVIIIe et au début du XIXe siècle par

Cook, Bougainville, La Pérouse, Dumont d'Urville*... L'Afrique, « continent noir », « obscur », a été parcourue au XIXe siècle selon deux axes, du nord au sud, à travers le Sahara*, et de l'est vers l'ouest, de l'Atlantique à l'océan Indien. Le désert, la forêt équatoriale ont mobilisé les énergies et les imaginaires. Certains noms, lieux et dates jalonnent ces itinéraires : Mungo Park, mort en 1806, Tombouctou*, où René Caillé – déguisé en musulman – entre enfin en 1828, Livingstone. Brazza* – le rival de Stanley, dont la descente du Congo vers la mer coûte 242 vies – s'attache dans les années 1880 à remonter des voies navigables de la côte vers le centre, comme tous les explorateurs – Niger, Congo, Nil, lac Tchad, etc. Binger sillonne l'enfer vert de Côte d'Ivoire. En Indochine, Francis Garnier et Doudart de Lagrée s'illustrent dans l'exploration du Mékong en 1866-1869. Explorer devient un métier et l'explorateur un conquérant. L'expédition Marchand le montre à la fin du XIXe siècle. Aventurier, patriote, martyr, l'explorateur devient un des héros contribuant au « roman de la science » de Jules Verne*, à la littérature*, à la BD*, au cinéma*. Les photos* le montrent souvent en pied, entouré de ses porteurs.

exploration scientifique Toute exploration a un aspect scientifique. Mais la notion d'exploration scientifique a été utilisée plus spécifiquement pour les pays arabes. Celle-ci accompagne l'occupation d'un pays. La Commission scientifique pour l'exploration de l'Algérie* (1840-1842) publie 39 tomes, dont 5 sur la Kabylie. Elle accorde une grande importance à la langue et prépare dictionnaires et grammaires. Elle vise aussi à l'exploitation coloniale et établit une série de monographies sur les tribus, les confréries... Dans le cas du Maroc*, la mission scientifique date de 1903 et précède la conquête. Il s'agit de connaître le pays et de séduire la population par l'étalage du progrès, comme l'avait fait Bonaparte au Caire. Lyautey* crée de surcroît en 1913 une « École de langue arabe et des dialectes berbères », qui devient en 1920 l'Institut des hautes études marocaines. C'est là que se forment les experts de la politique indigène, c'est de là que sort Robert Montagne*. L'École* française d'Extrême Orient s'inscrit dans la même logique. De même les instituts africains. Mais le modèle inégalé demeure celui de Bonaparte en Égypte.

Exposition coloniale internationale et des pays d'outre-mer (1931) Les colonies se mettent en scène, dès 1851, à Londres, et 1855, à Paris. C'est en 1889 qu'une cité exotique centrée sur un pavillon abritant les exposants de quatorze colonies et protectorats s'offre, place des Invalides, au public attiré par les cafés et les boutiques maures de la rue du Caire. En 1900, sur l'esplanade du Trocadéro, la section coloniale est devenue un espace essentiel : les pavillons des colonies britanniques, danoises, néerlandaises sont venus s'agréger à un quartier exotique dominé par le palais du ministère des Colonies. Parallèlement, des expositions coloniales nationales voient le jour telles Lyon (1894), Rouen (1896) et surtout Marseille (1906 puis 1922).

Après bien des atermoiements, la loi du 22 juillet 1927 est votée : internationale, l'exposition se tiendra au bois de Vincennes du 6 mai au 15 novembre 1931. Son commissaire général est Lyautey*. Le budget s'élève à 375 millions de francs avec un bénéfice de 33 millions de francs. Organisé autour du lac Daumesnil, l'espace, de 110 ha, est entouré par une enceinte percée de quatorze portes, l'entrée principale se trouvant porte Dorée. Pour accomplir « le tour du monde en un jour » vanté par la publicité, le visiteur s'arrête, sur la grande avenue des Colonies françaises, devant le clou de l'exposition : la reproduction, à l'échelle exacte, du troisième étage du massif central du temple d'Angkor Vat, image récurrente de l'Indochine aux expositions. Angkor* offre le parfait contraste avec la masse brute de (faux) pisé rouge du pavillon de l'A-OF, évocation agrandie à 45 m de haut d'un tata, ou palais fortifié de Tombouctou. Derrière la tour de bronze de l'armée coloniale, la place d'Afrique du Nord montre un pavillon algérien à minaret contre la volonté de son commissaire, qui envisageait une architecture à l'image de la Cité des informations, où se tiennent les multiples congrès accompagnant l'exposition. L'intérieur des pavillons intègre la même démarche pédagogique : mise en valeur des produits de la colonie, de son art, avec, en contrepoint, une présentation positive de la colonisation à la française. Les puissances étrangères présentes, la Belgique, l'Italie, les Pays-Bas, le Portugal, le Danemark, ne font pas oublier l'absence d'un pavillon britannique, même si les États-Unis ont accepté l'invitation de la France. Avec 33 millions de tickets vendus et 8 millions de visiteurs, l'exposition est un spectacle permanent animé par des colonisés originaires de la Plus Grande France, qui travaillent sous contrat comme artisans, marchands, jouent le rôle qui leur a été assigné dans les villages « indigènes », chantent et dansent enfin dans les spectacles, comme les jeux d'eau et de lumière. Célébrée par la majorité des partis politiques, l'exposition coloniale n'est critiquée que par l'extrême droite et par les surréalistes, alors très liés au PC dans une « contre-exposition ». Qu'en reste-t-il ? L'ancrage de l'idée coloniale jusqu'à la période post-coloniale ? Cela fait débat. Il demeure plusieurs bâtiments dont l'ancien musée permanent des Colonies, devenu musée des Arts africains et océaniens, destiné à abriter, à partir de 2007, la Cité nationale de l'histoire de l'immigration.

F

Fachoda En 1898, l'événement symbolise la rivalité anglo-française. La France lance en 1896 une expédition – encouragée par Delcassé et Hanotaux – sous le prétexte de relier le Congo* à Djibouti*. Son but est de créer un axe ouest-est, alors que les Anglais veulent relier l'Égypte au Cap: les deux routes se croisent! Le capitaine Jean-Baptiste Marchand est chargé de conduire cette mission avec 154 tirailleurs sénégalais encadrés par 8 officiers. Le recrutement forcé des porteurs est l'occasion d'un conflit avec Brazza. Après beaucoup de difficultés, la mission, qui est repartie de Brazzaville, en janvier n'atteint l'Oubangui qu'en avril 1897. À Paris, la presse répète « Marchand marche ». Fachoda au Soudan n'est atteinte que le 10 juillet 1898. Mais les troupes britanniques conduites par le général Kitchener y arrivent le 25 septembre, auréolées de leur victoire sur le Mahdi et de la reconquête du Soudan.

La confrontation semble inévitable, malgré l'infériorité des troupes françaises, qui ne veulent pas s'effacer. La tension monte, mais la France – en pleine affaire Dreyfus et moins préparée militairement – cède. Le 3 novembre, Marchand doit évacuer Fachoda. La domination anglaise sur le Soudan est confirmée et, en 1899, la France renonce dans un accord à toute prétention sur le bassin du Nil. Cette affaire entraîne une anglophobie exacerbée qui ne s'effacera partiellement qu'avec l'Entente cordiale, en 1904.

Louis-Léon **Faidherbe** Militaire, gouverneur, créateur des tirailleurs sénégalais (1818-1889). Fils d'un bonnetier volontaire en 1792, il prépare l'École polytechnique, au sortir de laquelle il choisit le génie. Il sert en Algérie en 1843 sous le commandement de Bugeaud* puis en Guadeloupe avant d'être affecté au Sénégal*. Il est lié d'amitié à Schoelcher. En 1854, il est nommé gouverneur du Sénégal grâce à l'appui de la maison de commerce bordelaise Maurel et Prom, à un moment où Saint-Louis et Gorée, anciens comptoirs de la traite, vivotent du commerce de la gomme, qui est sous le contrôle des Maures. À Saint-Louis, qui a connu 31 gouverneurs entre 1817 et 1854, il cherche à améliorer la sécurité des comptoirs sur le fleuve, à briser la domination des Maures sur le bas Sénégal et à repousser sur le haut Sénégal el Hadj Ummar* vers l'est, tout en passant des accords avec les chefs toucouleur. Il s'empare du Waalo, établit un protectorat sur le delta du Siné Saloum, joignant Dakar et Saint-Louis, mais ne peut s'imposer définitivement au Kajoor (Cayor). Il a étendu l'influence de la France au Sénégal par la colonne* – utilisée en Algérie –, mais aussi par la canonnière, qui lui donne la maîtrise du fleuve. Type nouveau de technicien de la colonisation, il associe le savoir-faire militaire à une réelle volonté de comprendre les populations locales, d'étudier leurs langues, se faisant ethnographe. Il a conseillé à ses officiers et pratiqué le « mariage d'Afrique », et il a eu un fils métis qui a servi dans l'armée. Il s'impose politiquement grâce à un réseau d'alliances et de protectorats, maintenant les chefs traditionnels sous l'autorité des officiers français, et organise le territoire en cercles et en arrondissements. Il est à l'origine du premier bataillon de tirailleurs* sénégalais, en 1857, et a fondé l'École* des otages, en 1855. L'assimilation* des Sénégalais influencés par la culture française, des esclaves libérés, même de statut musulman, s'inscrit dans l'esprit de 1848. Faidherbe envisage une poussée en direction du haut Niger. Il quitte le Sénégal en 1861, il y revient en 1863 pour deux ans avant d'être nommé en Algérie. Lors de la guerre franco-prussienne de 1870, il commande l'armée du Nord.

Frantz Fanon Intellectuel antillais, tiers-mondiste (1925-1961). Né à Fort-de-France, il est un élève de Césaire*. Il s'engage dans les FFL (Forces françaises libres), puis fait des études de philosophie et de médecine et devient psychiatre. Installé à l'hôpital de Blida comme médecin-chef en 1953, il y découvre les thèses racistes du professeur Porot. Il publie *Peau noire, masques blancs* en 1952 et la même année, dans *Esprit*, « le Syndrome nord-africain ». En 1956, il démissionne de son poste et rejoint le FLN*. Expulsé d'Algérie, il s'installe à Tunis et collabore à *El Moujahid*. En 1958, il participe au congrès panafricain, l'année suivante au 2e Congrès des écrivains et des artistes noirs, et il publie *l'An V de la révolution algérienne* en 1960. Il est nommé ambassadeur au Ghana par le GPRA, mais il meurt d'une leucémie. Il est enterré à la frontière algérienne. En 1961, Maspero publie *les Damnés de la terre,* préfacés par Sartre, qui sera traduit en dix-neuf langues. Son œuvre a été utilisée pour justifier le mythe révolutionnaire du tiers-monde*, celui d'une révolution paysanne en Algérie par le FLN. Il appelait les colonisés à lutter aussi pour la liberté de l'Occident et refusait de faire le procès de l'homme blanc. Il symbolise une génération d'espoir et d'illusions.

Mohammed Allal al-Fassi Nationaliste marocain (1910-1974). Son nom dit bien le citadin de Fès (Fassi), de l'ancienne capitale marocaine, la ville la plus prestigieuse du Maghreb, et le diplômé de la grande mosquée, où il a été enseignant. Petit, le regard magnétique, brillant orateur, il établit son ascendant sur les autres Jeunes Marocains. Le « cheikh Allal al-Fassi » s'inscrit dans le mouvement de réforme religieuse lancé par Mohammed Abdou, relayé en Algérie par Ahmed Ben Badis et les oulémas*. Il est très influencé, comme tous les nationalistes arabes, par Chekib* Arslan. C'est l'un des animateurs de la campagne contre le dahir* berbère. Pour défendre l'identité marocaine, il organise des écoles coraniques rénovées. Il est l'un des dix membres du Comité d'action marocaine qui élabore le plan de réforme de novembre 1934, première grande revendication contre le protectorat. Le Comité devient parti national en février 1937. À la fin de la même année, al-Fassi est banni au Gabon*, où il demeure dix ans, jusqu'à l'autorisation de son retour par Eirik Labonne. L'Istiqlal (parti de l'Indépendance) vient d'être créé, en 1944. Mais al-Fassi ne reste pas longtemps au Maroc et se rend en mai 1947 au Caire, où il rencontre Abd el-Krim ainsi que Bourguiba*. Il ne s'imposera pas comme le leader suprême et n'aura jamais la même audience que Mohammed V*, ni dans les campagnes, ni à Casablanca*, la ville prolétarienne qui prend désormais le pas sur Fès. C'est qu'il est avant tout un « beldi » (descendant d'une famille de vieille citadinité). L'Union nationale des forces populaires (UNFP) de Mehdi Ben Barka traduira ces tensions en essayant de proposer un substitut de gauche au parti de l'Istiqlal, dont al-Fassi est l'âme.

fellagha Ce mot, qui signifie en arabe, « coupeur de routes, bandit », est employé par l'armée française lors de la Première Guerre mondiale contre les insurgés du Sud tunisien. Curieusement, les nationalistes tunisiens l'utilisent en 1952 et 1954 pour désigner très officiellement les combattants armés. Sous les raccourcis « fell » ou « fellouze », l'armée française désigne, dès novembre 1954, les *moudjahidin* dans les Aurès*, lors de la guerre d'Algérie.

femmes

Elles aussi ont une histoire

Elles ont été oubliées par l'histoire coloniale et par l'histoire nationaliste, en particulier dans les études francophones. Les progrès récents sont venus des études anglo-saxonnes du « gender » (genre), qui étudient l'histoire des femmes à partir de la notion de genre ou

de sexe, à la différence des études raisonnant exclusivement en termes de groupes sociaux ou de nations, etc.

À la veille de la colonisation

Ce qui définit les femmes et ce que les hommes veulent contrôler est leur fécondité. En Afrique, souligne Georges Balandier, « les relations entre un homme et une femme se réglaient toujours par l'intermédiaire des groupes au sein desquels chacun d'eux s'inscrivait... Venu l'âge du mariage, les considérations tenant à la situation clanique, à la position dans les groupements familiaux et au statut de ceux-ci dominaient les possibilités de choix. » Au Viêt Nam, le confucianisme légitime un système de contrôle laissant peu de place à l'individu et organisant le mariage en fonction de l'intérêt de la communauté villageoise et des stratégies familiales. Au Maghreb, l'endogamie vise à garder les biens à l'intérieur du groupe.

Les femmes sont assignées à certaines tâches, celles de la vie domestique et celles qui contribuent à la vie de la cellule sociale de base, le plus souvent considérées comme inférieures à celles des hommes. Cependant, toutes les sociétés connaissent des exceptions. Être mère du souverain en Afrique et en Asie peut conférer des pouvoirs de régente. La reine Ranavalona de Madagascar, hostile aux ambitions françaises, a été assez influente pour que Gallieni juge nécessaire de la déposer. Par ailleurs, on ne peut définir un modèle général de la condition féminine à l'époque précoloniale. Entre le Cambodge ou certaines sociétés matrilinéaires africaines et les sociétés patrilinéaires, les différences sont considérables. Au Viêt Nam, le statut de la femme n'est nullement confiné dans le cadre étriqué de la Chinoise, qui doit répondre aux trois soumissions (au père, au mari, au fils aîné) et aux quatre vertus (être bonne ménagère, garder un visage sérieux sans jouer de sa séduction, parler de manière soumise, préserver sa virginité). Il y a un certain équilibre entre les conjoints : partage égal de l'héritage, limites à la répudiation, divorce, droit de poursuite en cas de différends et protection juridique des veuves. Le droit de propriété détenu par les femmes (22 % d'entre elles sont propriétaires de terres collectives et 17 % possèdent des terres privées) renvoie à la situation générale des pays de l'Asie du Sud-Est.

Les statuts sexuels touchent au sacré, et dans l'aire musulmane ce caractère est particulièrement accentué. L'islam dresse une frontière stricte entre la fornication, qui voue aux foudres de l'enfer, et la sexualité légitime, dans le cadre du mariage. Celle-ci est valorisée, au point que le plaisir accordé au conjoint est comparable pour Dieu à un acte de charité. La législation définit un certain nombre de droits pour l'épouse: conjoint qui ne présente pas de tares physiques rédhibitoires, amour ludique et régulier, autorisation d'une certaine forme de contraception – le coït interrompu. Certes, l'application de ces droits varie selon les rites; le rite malikite majoritaire au Maghreb est plus rigoriste que le hanafite introduit par les Turcs, mais nul n'interdit qu'un malikite utilise les libéralités de l'autre rite, tous les deux étant orthodoxes. Certaines femmes demandent aux tribunaux la dissolution d'un mariage pour défaillance sexuelle, mais elles appartiennent à des milieux populaires, l'éducation dans les grandes familles interdisant une telle conduite. C'est dire que le code social empêche l'exploitation des possibilités accordées par le droit. Car la femme est la gardienne d'un conservatisme social qui passe par le refoulement et l'intériorisation de ses désirs, l'étouffement de ses révoltes. Dans cet univers, elle n'accède au statut d'acteur social qu'après la ménopause. Elle peut alors exercer un pouvoir important dans la famille, et, si l'on en croit le proverbe kabyle, « l'homme est un lion dehors, un lapin à la maison ». Le recours au cadi pour protéger ses biens, éviter la polygamie n'est pas impossible. Une sociabilité féminine s'organise, décrite dans certains romans – par exemple *les Confidences d'une fille de la nuit* (1939) de François Bonjean, qui s'appuie sur une connaissance précise –, avec ses espaces réservés comme le montrent les tableaux de Delacroix*, ou plus récemment le film *Halfaouine.*

Impact de la colonisation

Les rôles féminins, dévolus à la conservation du sang, à la reproduction de la famille et de ses valeurs, opposent des obstacles aux changements beaucoup plus importants que chez les hommes. Gardienne de l'identité du groupe, la femme a le rôle de fixer la mémoire dans ses chants, qui rappellent les résistances à la conquête, ainsi que l'a conté Assia Djebar*. Cette fonction entraîne un durcissement de la tradition: à Constantine, le port du haïk de deuil lors de la prise de la ville en 1837 reste la norme jusqu'à l'indépendance; au Maroc, les nationalistes empêchent toute manifestation de joie féminine après la déposition du sultan en 1953. Les notables d'Alger interdisent les terrasses aux femmes après l'arrivée des Français. Les nationalistes théorisent volontiers sur cette fonction de la tradition et dénoncent la tentative coloniale d'utiliser la condition de la femme comme cheval de Troie. Dans les années 1930, Bourguiba* polémique avec les socialistes français de Tunis qui prônent le dévoilement, car il y voit une volonté de domination.

Il faut ajouter que la colonisation a été rarement émancipatrice de façon délibérée. La France civilisatrice est une France où les femmes n'ont pas le droit de vote et sont assignées à un statut inférieur, où le modèle bourgeois dominant est conservateur. Dans ce sens, les lois de 1920 et 1923 pénalisant la contraception et l'avortement ont été étendues aux colonies. Souvent, contrairement à ce qu'on croit, la colonisation a été d'abord un facteur d'aggravation des inégalités, de la distance entre les sexes. Ainsi, dans les sociétés matrilinéaires africaines, l'autonomie matérielle des femmes due à leurs activités commerciales, à la vente du produit de leur travail a été amoindrie par l'introduction du Code Napoléon. Son application au régime de la propriété foncière a favorisé les maris. Le colonisateur transporte ses schémas et, en ne traitant qu'avec les hommes, n'a pas reconnu la place et la part des femmes dans certains secteurs (agriculture, commerce, sociétés secrètes...) ou certains statuts (rôle dans les conseils, épouses de chefs). L'Église a joué un rôle complexe, en protégeant de la polygamie ou du mariage forcé (les sœurs de Cluny à Brazzaville) mais aussi en cultivant la soumission par l'éducation et en reléguant les femmes dans la sphère domestique. Le modèle familial amené par les missionnaires impose le contrôle des mœurs, la subordination des épouses, et réprime la nudité, la danse*, considérées comme dépravations sexuelles.

Mais l'influence de la colonisation a été moins directe et rapide que pour les hommes, et des juristes déplorent le fait que le droit algérien de la famille soit resté immuable jusqu'en 1930 encore, et qu'un projet de codification du droit musulman prévoyant l'interdiction du mariage des impubères et le consentement de la femme ait été écarté. En Afrique, en 1927, les Africains convertis au christianisme, justiciables des tribunaux français, doivent être monogames, mais la mesure est peu suivie d'effet. C'est une loi du 2 mai 1930 qui met fin au mariage des impubères. En 1937, le Front populaire prend l'initiative d'une enquête importante sur les femmes du Sénégal. Il faut cependant attendre les décrets Mandel (1939) – œuvre de la sœur Marie-Andrée du Sacré-Cœur – et les décrets Jacquinot (1951) pour l'obligation de consentement entre fiancés et le relèvement de l'âge du mariage. La conférence de Brazzaville recommande une fois de plus le mariage monogamique Ce n'est qu'en 1956 que le suffrage universel est instauré en A-OF.

En Indochine, c'est le code chinois Gia Long, beaucoup plus inégalitaire que le code de la dynastie des Lê, appelé encore Code Hong Duc, qui a été appliqué par l'autorité française, alors que la coutume viet assurait un droit égal à l'héritage et la possibilité de choisir son conjoint. Un nouveau code civil n'a été élaboré au Nord qu'en 1959 et dans le Viêt Nam réunifié qu'en 1987. Non par la France, mais par les communistes vietnamiens. De manière générale, la mobilité apportée par la colonisation, le salariat et la scolarisation profitent donc d'abord aux hommes.

L'école met en question le statut de la femme

Des religieuses font œuvre pionnière à Dakar dès 1819, mais la première école publique de filles n'est ouverte à Bamako qu'en 1923. En A-OF, on compte une fille pour onze garçons scolarisés en 1908, une pour neuf en 1938, une pour cinq en 1954. Au Viêt Nam entre les deux guerres, 3 % des filles suivent un enseignement contre 30 % des garçons. La scolarisation des filles s'inscrit d'abord dans une stratégie de mobilité sociale et de reproduction élargie des « évolués* », l'éducation moderne constituant un atout pour les épouses. Telles sont les conditions d'émergence d'une catégorie nouvelle: la jeune* fille.

Dans un premier temps, c'est donc chez les notables que l'école moderne a exercé une influence, non sans poser problème pour les familles attachées à la conception ancienne des rôles sexuels et des bonnes mœurs. Aussi la vocation dominante de l'enseignement missionnaire mais aussi laïque est-elle d'abord domestique: morale, couture, cuisine, santé. Les écoles des fiancées du Cameroun préparent les futures épouses à fabriquer des vêtements décents cachant leur nudité et à tenir un foyer. En Indochine, le système éducatif confucéen n'avait pas exclu les femmes des études (la qualité de ses écrivains femmes l'atteste) – même si les concours leur étaient fermés – et l'ouverture des écoles aux filles ne constitue pas une rupture de facto avec le passé.

Quoi qu'il en soit, l'influence scolaire ne pouvait se cantonner au privé, au foyer. Dans les années 1930, un débat sur le statut et le sort de la femme s'impose. En Indochine, certains s'effraient de voir la structure familiale menacée par le développement de l'individualisme. En sens contraire, la principale organisation de femmes en 1926 à Huê, placée sous le patronage de Phan* Boi Chau, et dirigée par Mme Dam Phuong, l'Association des femmes pour l'étude et le travail, a pour objectif l'égalité, la primauté des femmes dans les responsabilités familiales. En 1930, l'association perd son caractère combatif, mais de nombreux groupements de femmes se sont développés en Cochinchine et dans l'Annam. Les militantes les plus engagées dénoncent les mœurs féodales (mariages arrangés, chasteté unilatérale, « trois soumissions » et « quatre vertus »). L'hebdomadaire *Phu Nu Tan Van* (« la Gazette féminine ») tire à 8 500 exemplaires parfois. En 1934, l'intellectuel trotskiste Phan Van Hum en devient le rédacteur en chef et l'oriente vers la question sociale.

Les deux modèles, la gardienne millénaire des traditions et la femme moderne entrent donc en contradiction, comme le montrent bien les essais de

Dung Phuc Thong (*la Femme dans les sociétés annamites,* paru à Hanoi en 1931) et celui de Tahar Haddad*, qui publie en arabe en 1930 *Notre femme dans la législation islamique et la société.* Il y entreprend une lecture moderniste du Coran, prône l'instruction et l'obtention de droits comme celui de choisir son époux, de refuser la polygamie et d'être protégée de la répudiation. Rien de blasphématoire ni d'inouï par rapport au discours réformateur égyptien. Pourtant, la parution de l'ouvrage entraîne un tollé général.

Travail, urbanisation et femmes

Avec l'école, l'économie moderne contribue à transformer également la répartition sexuelle des tâches. Longtemps essentiellement masculin, le salariat se féminise progressivement. Mais les femmes n'ont pas été épargnées par les formes archaïques du travail* forcé (le dixième des réquisitions pour la construction des chemins* de fer en A-OF). La domination du système capitaliste peut par ailleurs fort bien se marier avec les activités anciennes. C'est ainsi qu'en Afrique du Nord le travail à domicile a favorisé un *sweating system* (« système de la sueur », expression qui marque l'exploitation du travailleur) dans l'artisanat avant qu'il ne gagne la confection. Les formes modernes du salariat ont d'abord concerné les femmes échappant aux structures traditionnelles ou qui n'étaient plus protégées par elles. Ce sont les villes qui offrent le plus d'opportunités. Au Maghreb, les femmes de ménage autochtones commencent à supplanter les Italiennes et les Espagnoles dans l'entre-deux-guerres. Si ce travail est le premier auquel les musulmanes ont eu accès, c'est qu'il demeure inscrit dans la sphère privée, préserve la femme de la promiscuité et des risques de l'espace public. Le contact avec les Européennes a été un facteur d'emprunts et de réinterprétations. Au Viêt Nam, les domestiques d'origine rurale sont un thème du théâtre populaire. L'Afrique noire, où la domesticité est longtemps masculine, fait exception.

L'ouvrière ne fait son apparition que dans les années 1950 au Maghreb. Encore les premières employées des conserveries alimentaires du Sahel tunisien sont-elles attaquées à coups de cailloux par les chômeurs, qui considèrent qu'elles volent le pain des hommes. Souvent, au demeurant, le salariat est le lot de la veuve et de la répudiée, ou de la jeune fille cherchant à constituer son trousseau, l'idéal restant le statut d'épouse et de mère.

Mutation majeure, l'urbanisation bouleverse la société traditionnelle, mais non de manière linéaire : le voile est revêtu par les nouvelles citadines musulmanes, qui vivaient non voilées dans les campagnes. La ville coloniale, qui draine les hommes jeunes et célibataires, institue un déséquilibre entre les sexes. La rareté des femmes et la rupture que représentent les migrations créent en Afrique noire un type nouveau, la femme célibataire, la femme libre, recherchée parce que rare.

La précarité s'accompagne de fléaux sociaux. La déstructuration favorise la prostitution*, qui trouve, il est vrai, son origine dans des pratiques sociales bien antérieures à la colonisation. S'il est bien difficile de dégager des lignes directrices dans ce paysage contrasté, on peut au moins souligner que l'accès des femmes à la modernité s'est effectué le plus facilement dans des secteurs où elles ne concurrençaient pas les hommes et pour fournir des ressources d'appoint, ou encore aux marges parfois sordides des sociétés.

Quel a été le bilan de la colonisation ? Il reflète les tendances contradictoires de la politique française : d'une part le souci de ne pas créer de tensions avec les colonisés, la volonté d'appliquer son modèle d'émancipation, l'espoir de gagner les femmes à sa cause.

L'intervention des femmes dans l'espace politique

L'évolution de la condition féminine ne pouvait épargner la sphère publique. En Indochine, où l'idéal patriotique est représenté par les sœurs Trung*, les communistes prennent la tête du mouvement. Tous les partis ont tenté d'enrôler les femmes dans leur organisation, mais c'est le PCI qui a été le plus efficace. La longue liste des militantes sacrifiées (Co Giang, Nguyen Thi Minh Khai…) suffit pour souligner leur importance primordiale dans le processus de changement social, sans oublier les figures historiques de la guerre de libération comme Mme Nguyen Thi Dinh (chef militaire du FNL) ou Mme Nguyen Thi Binh, qui représentait le Front de libération du Sud Viêt Nam aux négociations de Paris (1968-1973). Cependant, l'histoire héroïque de la révolution a gommé les spécificités féminines. Les « sacrifiées » de la piste Hô Chi Minh n'ont eu droit à la reconnaissance de leur sort que récemment.

Certaines figures de victimes algériennes de la torture, Djamila Boupacha*, Djamila Bouhired*, ont ému l'opinion française, mais, dans les sociétés musulmanes, l'intervention politique des femmes est beaucoup plus cantonnée par leur statut. Il y a eu des moudjahiddates, des porteuses de bombes : on compte 314 mortes au combat et 948 civiles tuées, mais elles sont beaucoup plus nombreuses à avoir assuré des fonctions de ravitaillement, d'hébergement, le plus souvent dans le prolongement des rôles sexuels admis. Le contrôle des femmes est un enjeu des deux camps : lors du putsch du 13 mai 1958 à Alger, des femmes – dont beaucoup de prostituées, pense-t-on – sont exposées dévoilées dans une mise en scène exaltant l'Algérie française émancipatrice contre un FLN conservateur. L'épisode est caricatural dans son outrance.

Une seule Marocaine a signé le manifeste de l'Istiqlal en 1943. En Tunisie, pays qui devance ses voisins, les premières manifestations de jeunes filles contre la répression datent d'avril 1938 et 1939. En 1949, des Ivoiriennes organisent une protestation contre les arrestations de nationalistes et un boycott des produits d'importation. Au Sénégal, les nationalistes utilisent l'influence des femmes – c'est ainsi qu'émergent des « mères du parti » qui jouent un rôle très important. En Guinée, Sekou Touré appelle les épouses à faire la grève conjugale contre les maris récalcitrants envers son mouvement. De manière plus générale, les Africaines s'engagent aux côtés de leurs maris dans les organisations nationalistes. Certaines individualités s'imposent, telle Aoua Keïta, sage-femme diplômée en 1931, qui est la première femme députée de la fédération du Mali en 1959.

Mais cette mobilisation ne se réduit pas au rôle de force d'appoint des partis. Un mouvement féministe se développe. Il réagit au décalage entre les sexes dans l'accès à la modernité, au retard des femmes, qui les rend inaptes à être des compagnes efficaces. L'importance des unions mixtes chez les ouvriers immigrés en métropole et chez les étudiants, chez les leaders politiques – Habib Bourguiba, Ferhat Abbas, Messali… – traduit ce déséquilibre. En Tunisie, dans les années 1950, les jeunes filles contestent la famille traditionnelle, l'endogamie et la dot, et partent en guerre contre les rivales françaises. Ce courant poussera Bourguiba à élaborer une législation sans équivalent dans le reste du monde arabe, interdisant la polygamie et la répudiation.

Au contraire, les éléments conservateurs de la culture populaire en Algérie ont empêché la capitalisation politique de l'engagement féminin après l'indépendance. De 10 sur 194 dans l'Assemblée constituante, les femmes ne sont plus que 2 sur 138 dans la deuxième Assemblée et la plupart des militantes de la guerre se désengagent. Dans le projet du programme de Tripoli (juin 1962) adopté par le congrès du FLN tenu dans cette ville, le paragraphe qui leur est consacré a trouvé difficilement sa place… Très bref, il reconnaît qu'il « existe dans notre société une mentalité négative quant au rôle de la femme ». Une volonté d'agir est affirmée : « Dans ce domaine, le Parti ne peut se limiter à de simples affirmations, mais doit rendre irréversible une évolution inscrite dans les faits en donnant aux femmes des responsabilités en son sein. » Sans grand effet. Il faut ajouter que le statut de la femme est un problème qui traverse tous les groupes sociaux, que la scolarisation et la salarisation ont suscité des réactions contradictoires chez les hommes. « Je ne me résoudrai jamais au port de l'abominable charge d'une normalienne ou d'une sage-femme, toutes débordantes de fatuité, de hauteur, tant qu'elles auront l'éducation qu'on leur donne » : cet Africain anonyme dit tout haut ce que beaucoup pensent des « femmes savantes ». Un débat significatif s'ouvre dans les colonnes de la presse éducative en 1938. Ce qui est certain, c'est que, bien malgré elle le plus souvent, la colonisation a contribué à faire émerger un individu « libéré » de la tradition, de sa communauté, de sa famille, posant ainsi d'immenses défis culturels à la société dominée.

Mouloud Feraoun Instituteur, écrivain algérien (1913-1962). Né en Kabylie la même année que Camus*, il est *le Fils du pauvre* (1950), d'un paysan illettré obligé de s'employer dans les mines de phosphate de Gafsa* puis en France. C'est l'École normale qui l'a fait. Il lui garde une foi intacte : « La communauté franco-arabe, nous l'avons formée il y a plus d'un demi-siècle à Bouzareah. » Écrivain, il veut faire connaître son peuple, les Kabyles, les changements qui l'affectent, regrettant que Camus n'ait écrit que sur les Européens. « Les garçons sont écartelés entre deux mondes différents », les filles emprisonnées dans la tradition. *La Terre et le Sang* (1953), *Les chemins qui montent* (1957) mettent en scène la Française mariée à un émigré, les enfants de chrétiens berbères. Trop laïque pour adhérer à l'islam du FLN*, trop voltairien pour être endoctriné par le nationalisme, il est un observateur lucide et désespéré du drame algérien dans son *Journal* (1962). Un commando OAS* l'assassine avec six collègues français, algériens, musulmans, laïques, chrétiens, lors d'une réunion des centres sociaux créés par Germaine Tillion*. Il est représentatif d'une Algérie métisse, plurielle, rejetée par les ultras des deux camps, qui a été longtemps ignorée.

Jules Ferry Homme politique français, impérialiste (1832-1893). L'éducation nationale et sa politique coloniale sont ses deux grandes œuvres, dont le but est de consolider la nouvelle république. S'il est passé à la postérité pour la première, son rôle dans l'expansion a été largement oublié, et il lui a valu, en son temps, l'impopularité. Il est tombé deux fois à cause d'elle, en novembre 1881 et avril 1885. Pour Ferry, la mission de la République française n'était pas seulement d'être le flambeau de liberté pour le monde, « elle doit être aussi un grand pays, exerçant sur les destinées de l'Europe toute l'influence qui lui appartient [...] et porter partout où elle le peut sa langue, ses mœurs, son drapeau, ses armes, son génie. »

Pendant ses deux mandats comme président du Conseil (septembre 1880-novembre 1881; février 1883-avril 1885), il encourage des entreprises coloniales en Afrique du Nord, en Afrique noire et en Asie. En Algérie, en 1881, influencé par son ami Émile Masqueray, il favorise une politique scolaire proberbère, encourageant l'établissement de huit écoles d'État en Kabylie. Seulement quatre furent ouvertes, mais, dix ans plus tard, un deuxième programme fut lancé après une évaluation d'une commission sénatoriale, dont Émile Combes était membre. Bien que l'éducation de la population indigène n'ait jamais été une priorité coloniale et qu'elle rencontre l'opposition des colons, l'initiative de Ferry est caractéristique de son projet envers les indigènes. En 1891, Jules Cambon, gouverneur général, demande une commission d'enquête et de propositions dont la direction est confiée à Ferry. Celui-ci souligne les dangers que le pouvoir absolu des Européens fait courir aux musulmans: « Il est difficile de faire entendre au colon européen qu'il existe d'autres droits que les siens en pays arabe et que l'indigène n'est pas une race taillable et corvéable à merci [...]. On a le sentiment d'un péril possible mais on ne prend aucune mesure pour le conjurer [...]. La métropole ne peut s'en rapporter qu'à elle-même [...], il importe de placer le gouverneur au dessus des influences locales et de l'action des corps élus. » Ce rapport au Sénat, accablant sur la politique coloniale lui vaut la hargne des Européens. Il en tire la conclusion que le protectorat est une formule de gouvernement plus positive et l'applique en Tunisie. Soucieux d'éviter l'installation d'une autre puissance à la frontière de l'Algérie, il voit dans la faiblesse de la Tunisie l'ouverture d'une telle possibilité. En 1878, la France conclut des négociations avec la Grande-Bretagne et l'Allemagne pour avoir les mains libres. En 1881, les infiltrations des Kroumirs venus de Tunisie en territoire algérien permettent à Paris de consolider ses « droits ». En avril 1881, Ferry, ayant obtenu un crédit de 5,5 millions de francs du Sénat, lance une campagne militaire sous prétexte de poursuivre les envahisseurs, qui aboutit, un mois plus tard, au traité du Bardo (traité d'Al-Qasr as-Sa'id), signé le 12 mai, transformant la Tunisie en protectorat français.

Ce succès encourage Ferry à poursuivre des initiatives musclées ailleurs. Il obtient des droits au Congo, intervient sur les côtes de Madagascar et occupe le port de Diégo-Suarez. Mais Ferry est le plus souvent associé avec deux faits importants: la conférence des Affaires africaines de Berlin* et sa participation dans la prise du Tonkin*, qui le fait connaître sous le sobriquet de « Ferry le Tonkinois ». En novembre 1884, avec le chancelier Bismarck, il organise la conférence de Berlin afin de débattre des questions économiques, judiciaires et morales concernant les bassins des fleuves Congo et Niger. Ayant consolidé la position de la France en Afrique du Nord et en Afrique noire, Ferry était désireux d'en faire autant en Asie. La France y avait une présence missionnaire depuis le XVIIe siècle. Le second Empire prend pied en Indochine et Ferry veut en compléter la conquête. En 1883, le Laos devient un protectorat. Puis, en 1885, voulant mettre fin aux escarmouches incessantes qui se produisent dans la région, Ferry décide de pacifier et de contrôler la péninsule. Mais les Français sont battus à Lang* Son, dans le Tonkin ; escarmouche perçue comme un désastre : un mois plus tard, le deuxième gouvernement de Ferry tombe. Ce qui n'empêche pas, en juin de la même année, le traité de T'ientsin, entre les Français et les Chinois, qui reconnaît Annam et Tonkin comme protectorats français. Le territoire deviendra l'Indochine.

Ferry formule aussi une doctrine coloniale, en particulier dans ses discours de 1885, à un moment où les opposants paraissent l'emporter. En juillet, il déclare lors d'une controverse célèbre avec Clemenceau* à la Chambre des députés : « Il faut dire ouvertement qu'en effet les races supérieures ont un droit vis-à-vis des races inférieures [...] Elles ont un devoir de civiliser les races inférieures [...]. » Il justifie aussi l'expansion par les besoins en débouchés pour l'industrie, de placement pour les capitaux, de matières premières. « Les colonies sont, pour des pays riches, un placement des capitaux des plus avantageux » et la France, qui en regorge, doit considérer cet aspect du problème... « La fondation d'une colonie, c'est la création d'un débouché. » Le fait que Ferry soit député d'une région industrielle, les Vosges, n'est pas indifférent. Ferry met ainsi l'accent sur les besoins du capitalisme parmi les facteurs d'expansion, comme les marxistes. Mais on sait que le rôle de Gambetta a sans doute été très important dans ce domaine, bien que méconnu.

fêtes Publiques ou privées, toutes les sociétés les codifient. La fête des dominés est toujours porteuse d'un potentiel critique contre le pouvoir et les puissants et de risques de débordement. Elle viole les interdits, tel Karakous, guignol obscène de l'Empire ottoman, qui sévit dans les quartiers populaires de Tunis, les soirs de ramadan, au grand dam des théologiens. À Pangani, port de l'océan Indien dépendant de Zanzibar, en 1888, après le carnaval, la foule se livre à un charivari débridé.

L'autorité coloniale impose ses fêtes – 14 juillet, mais aussi diverses manifestations avec l'inauguration de monuments, de plaques commémoratives, etc. –, où des notables, des anciens combattants.... participent. Parfois celles-ci sont détournées par les colonisés, comme à Tananarive, où le 14 juillet se transforme en fête du bain – laquelle avait été interdite –, ou à Brazzaville, quand on danse sans trop penser au sens de la commémoration, et même quand les officiels adoptent le « tam-tam » traditionnel à Abidjan en 1934.

L'administration cherche à faire une cérémonie officielle de la fête du Fanal à Saint-Louis, où s'affirme l'opulence des signares*, mais elle devient surtout l'enjeu de factions politiques rivales, ce qui entraîne sa suppression. À Dakar, la fête de Jeanne d'Arc, célébrée en mai 1941, est précédée par le rétablissement des fêtes qui avaient été interdites depuis le début de la guerre. Organisée surtout pour les jeunes, elle unit Européens et Africains dans un cortège, dans l'interprétation de chants patriotiques, un match de football, une retraite aux flambeaux, le tout accompagné de musiques et de danses locales. Mais, en Indochine, la célébration de Jeanne d'Arc par Vichy* suscite un regain du mythe des sœurs Trung* et alimente le nationalisme adverse.

Les fêtes sont aussi des moments de rencontre. Au cours des célébrations, les relations entre communautés peuvent être marquées par des dons réciproques, alimentaires par exemple. Ainsi, les fêtes chinoise et indo-musulmane à La Réunion*, plus familiales, associent les autres communautés. Mais les participations aux cérémonies respectives sont très rares et il y a peu de syncrétismes comme avec le carnaval, dont les métis d'Afrique du Sud ont fait leur fête. L'un des rares exemples de fête commune est le 1er mai, qui se concrétise dans des défilés cosmopolites depuis Saigon jusqu'à Tunis.

À La Réunion, où les fêtes reflètent la multiculturalité, les cultes des vierges protectrices et guérisseuses (Vierge noire, La Salette) ont donné naissance à des pèlerinages catholiques, assortis de manifestations foraines. Les fêtes malabars, ostentatoires, donnent lieu à des défilés publics (fête de Mariamin), à des sacrifices d'animaux (Karli) et à des marches de purification sur le feu (Pandialé). Restée très longtemps familiale, la fête cafre, commémorant l'abolition de l'esclavage, associait rites funéraires (partage du repas avec les morts, récit de l'esclavage) et pratique festive (bal rythmé par le maloya, suivi en certains cas par l'embrasement d'une effigie blanche). L'officialisation de la fête de la Liberté, en 1981, a conservé quelques caractères de cette fête, mais l'aspect mémoriel est assuré par des spectacles.

Les nationalismes se doteront de dates commémoratives qui deviendront fêtes nationales dans les nouveaux États. En Afrique subsaharienne, les fêtes qui célèbrent l'indépendance, en 1960, sanctionnent une rupture symbolique avec la colonisation en même temps qu'une acceptation de son héritage avec l'adoption du décorum français dans les manifestations officielles. Il faut remarquer que certaines fêtes occidentales passent dans les mœurs autochtones ; c'est le cas – mais après les indépendances – du Nouvel An, voire même de Noël dans la banlieue chic de Tunis par exemple. La fête exprime aussi la plasticité des cultures.

FIDES Créé en 1946, le FIDES (Fonds d'investissement pour le développement économique et social) est né de l'idée de faire contribuer financièrement la France métropolitaine au développement des colonies, considérées comme économiquement arriérées. Cette idée, émise en 1921 par Albert Sarraut, reprise en 1944 par la conférence de Brazzaville, est en rupture avec le principe bien établi d'autonomie financière des colonies, chaque territoire étant tenu de couvrir ses dépenses en puisant dans ses propres ressources. La création du FIDES marque l'acte de naissance de l'« aide » au développement. Il a été jugé dispendieux par ceux qui ne voyaient dans les colonies qu'un fardeau, et décevant, quant à ses résultats, par ceux qui dénonçaient l'inadéquation des projets d'investissement avec le milieu local et les lenteurs d'exécution. Après la décolonisation, le FIDES devient le Fonds d'aide et de coopération.

Paul Flatters Militaire, explorateur français (1832-1881). Quand l'ingénieur Duponchel lance en 1879 le projet d'un chemin de fer transsaharien reliant l'Algérie au Soudan, on confie au lieutenant-colonel Flatters la tâche de reconnaître un tracé vers le Soudan à travers le massif du Hoggar. Une première mission quitte Ouargla le 5 mars 1880 mais, face aux menaces du chef hoggar Ahitaghel et aux réticences du chef ajjer Ikhenoukhen, elle rebrousse chemin à Menghough. Nullement découragés, Flatters et ses hommes repartent le 4 décembre 1880. Parvenue au Hoggar, la mission tombe dans une embuscade tendue par les guerriers touareg d'Attici ag Amellal, le 16 février 1881, au puits de Tagnout. Flatters et une partie de son escorte sont tués. Les survivants entament alors à pied une longue et terrible remontée vers le nord, se livrant à des actes d'anthropophagie. Sur un effectif total de 89 hommes, 18 rescapés parvinrent à rejoindre l'oasis d'Ouargla.

FLN Issu de l'éclatement du MTLD* en 1954, il représente originellement le courant activiste, qui ne voit de solution que dans la lutte armée face aux blocages politiques. Dirigé pour l'essentiel par une élite rurale, il incarne les espoirs des Algériens : l'indépendance.

Le FLN (Front de libération nationale) est l'objet d'une rivalité entre Abbane* et la Délégation extérieure du Caire, qui s'oppose à son œuvre d'unification et aux orientations du congrès de la Soummam*. Abbane sera assassiné. Paradoxalement – au moment où la fortune des armes tourne à son désavantage –, c'est l'appareil militaire de l'ALN*, issu des maquis et progressivement dominé par le groupe dirigeant de l'état-major général avec Boumediene*, qui prend la main sur le FLN. Très tôt, ce dernier a été aussi un contre-État régissant autoritairement les Algériens. Il a été capable de se faire reconnaître sur la scène mondiale grâce à de talentueux cadres civils.

Composite dans son recrutement, le FLN fut composite dans son idéologie. La tendance qui était destinée à l'emporter était plus révolutionnaire en paroles que dans les faits. Le FLN fut en définitive le champion historique de la patrie algérienne plus que le promoteur d'une nation moderne, même si un courant, minoritaire, s'est efforcé de s'affirmer : l'arrimage à tout ce qui était mis sous l'estampille de l'islam servit de ciment à la résistance algérienne, rendant compte de son opiniâtreté face à l'oppression coloniale, et expliquant pour partie sa victoire politique de 1962. Dès lors, un peuple était rendu à lui-même, libéré de la domination étrangère, après huit ans d'une atroce guerre de reconquête coloniale que le FLN avait su gagner politiquement.

chefs historiques du FLN (Hocine Aït Ahmed, Mohammed Boudiaf*, Larbi Ben M'Hidi, Ahmed Ben Bella*, Mostefa Ben Boulaïd, Belkacem Krim, Mohammed Khider, Rabah Bitat, Mourad Didouche)

Le terme « chefs historiques » s'est imposé dans le vocabulaire journalistique au moment de l'arraisonnement par la chasse française de l'avion qui transportait cinq d'entre eux de Rabat à Tunis. Il désigne le « comité des Six », chargé de préparer le 1er novembre 1954, et les trois dirigeants de la Délégation extérieure résidant au Caire (Aït Ahmed, Ben Bella et Khider). Ils sont résolus à surmonter les blocages politiques, l'impuissance du PPA-MTLD*. Diên* Biên Phu, en mai, les décide à se lancer dans la voie des armes.

Ces hommes ont des caractères communs qui les différencient de leurs aînés dans le nationalisme et qui aident à comprendre la réalité du FLN, qu'ils créent et qui revendique les actions du 1er novembre. Jeunes (de 27 à 42 ans), ils sont des ruraux – l'Algérois Didouche excepté – mais ont plus ou moins transité par la ville. Ils n'ont guère quitté l'Algérie*, à la différence de la génération de l'Étoile* nord-africaine. Cinq d'entre eux ont un statut social qui les distingue de la masse, Aït Ahmed et Boudiaf étant issus de grandes familles, respectivement de noblesse religieuse (*churafâ'*) et de « noblesse d'épée » (*ajwâd*), Ben M'Hidi provenant d'une noblesse religieuse de moindre notoriété. Les autres appartiennent à de petites élites ou ont un statut de permanents du MTLD*. L'éducation de tous est dans l'ensemble plus morale que politique. Tous sont issus de l'école française, d'un niveau primaire ou secondaire inachevé, Aït Ahmed et Boudiaf ayant le niveau le plus élevé, et Ben M'Hidi une vraie fascination pour la culture. Seuls Aït Ahmed et Khider sont de bons arabisants. Par comparaison avec le Maroc et la Tunisie, ils ont tous le niveau scolaire le plus bas de tous les leaders d'Afrique du Nord. Pratiquement tous ont connu soit un déclassement par rapport à leur famille d'origine, soit un surclassement grâce à leur position politique. Leur devenir se confond étroitement avec le coup de force qu'ils tentent le 1er novembre 1954, à la fois contre la France et contre les autres partis algériens.

Ils ont des tempéraments et des orientations différents. Ben M'Hidi est un militant serein et désintéressé, d'une foi musulmane ouverte, et c'est un politique. Ben Bella est structuré par un islam populaire, et ce pur activiste a des appétits de pouvoir. Boudiaf est un maître organisateur de niveau national, Ben Boulaïd au niveau régional (Aurès*). Trois (Aït Ahmed, Boudiaf, Belkacem Krim) sont issus de familles plus ou moins compromises avec le pouvoir colonial : il leur importe de faire légitimer par la classe populaire leur leadership. Les neuf épousent assez la masse algérienne pour la représenter ; ils s'en distinguent suffisamment pour la diriger. Une société algérienne massivement déclassée, bloquée par une situation coloniale où un million d'Européens pèsent lourd, se reconnaît en eux, et leur discours populiste est parfaitement adéquat aux conditions de la lutte. Leur origine géographique reflète les assises du nationalisme. Cinq sont du Constantinois, province phare du nationalisme algérien ; deux sont kabyles (Aït Ahmed, Belkacem Krim), un algérois, Didouche, un oranais, Ben Bella.

Ils sont enracinés dans la culture de l'Algérie profonde. Deux sont des croyants indiscutables, Ben M'Hidi et Khider, deux ont des tendances laïcisantes (Aït Ahmed et Boudiaf), mais tous se réclament de l'islam parce qu'il est un facteur de mobilisation politique. Tous sont des patriotes indépendantistes, mais ils aspirent plus ou moins consciemment à former la future classe dirigeante de l'Algérie libre : un tel pari est à coup sûr illusoire avec le maintien du carcan colonial discriminatoire. Les neuf chefs historiques incarnent donc un bloc historique nouveau décidé à la rupture radicale avec le colonialisme, telle qu'elle advient le 1er novembre 1954.

fédération de France du FLN Lancée en 1955 par des étudiants algériens favorables au FLN*, cette fédération, la septième wilaya, a eu beaucoup de mal à s'imposer contre le MNA* et son leader Messali*. Cette rivalité fait 4000 morts en France et s'achève par la victoire du FLN, qui, avec

150 000 cotisants en 1961, fournit une contribution financière substantielle à la lutte, indispensable pour le Front. La fédération de France a été aussi l'interlocuteur des anticolonialistes français, le partenaire des réseaux d'aide au FLN. L'épisode politique le plus tragique de cette lutte est le 17 octobre 1961* à Paris. La fédération, très critique envers le nouveau pouvoir d'Alger, envers l'arabo-islamisme de Ben Bella, sera dissoute peu après l'indépendance. Ainsi, l'émigration, prise entre deux nationalismes et deux pouvoirs, le français et l'algérien, n'a pas eu d'autonomie politique.

folie et psychiatrie La folie attend son Foucault exotique, car le problème de la définition du normal et du pathologique dans une situation de contact inégal entre cultures est un révélateur. Pour les colons*, la dangerosité du climat tropical s'affirme dans le « coup de bambou », la déprime, la « fièvre chaude », qui expliquerait certains crimes, telle l'affaire Voulet-Chanoine*. *Amok* (terme malaisien), de Stephan Zweig, décrit la démence destructrice (1922). Maupassant, rongé par la syphilis, a le pressentiment de ce qui va lui advenir à la vue d'enfermés violents à Tunis. Les hôpitaux psychiatriques, amenés par la colonisation, sont des observatoires privilégiés pour connaître les médecins coloniaux aussi. À Alger, à partir des années 1930 surtout, le professeur Porot théorise sur la violence de l'indigène, qu'il impute à des caractéristiques cérébrales. « L'indigène nord-africain, dont le cortex cérébral est peu évolué, est un être primitif, dont la vie essentiellement végétative et instinctive est surtout réglée par le diencéphale ». *Le Manuel alphabétique de psychiatrie* – sous sa direction aux PUF –, en 1952, reprend encore ces éléments. Fanon*, nommé à Blida, où est ouvert en 1938 le premier hôpital psychiatrique, a dénoncé cette thèse, qui s'affirme au moment où la société dominée devient de moins en moins contrôlable. Une société franco-algérienne de psychiatrie a tenu son premier congrès en 2003 et a consacré ses travaux à la psychiatrie coloniale et aux traumatismes de la guerre d'Algérie.

Force noire L'idée de recruter des troupes en Afrique* pour les employer contre un adversaire européen naît au lendemain de Fachoda*. En 1905, la première crise marocaine aggrave l'inquiétude devant le déséquilibre des forces entre la France et l'Allemagne. Il faut attendre encore cinq ans pour que sous l'impulsion d'experts, dont Archinard*, soit lancée une campagne d'opinion pour populariser un projet qui ne convainc pas les responsables de l'armée. En 1910, le colonel Mangin publie *la Force Noire*, développant trois idées essentielles. L'Afrique peut être un véritable « réservoir » à soldats, on y trouve des « races guerrières » susceptibles de former cette armée de choc qui doit emporter la décision en cas de guerre; enfin, à leur retour, les combattants pourraient être les meilleurs agents de la civilisation française. À la veille de la Première Guerre mondiale, ces projets n'ont pas encore connu le succès et ils n'ont abouti qu'à l'introduction en 1912 d'un appel sous les drapeaux limité qui suscite des résistances. La guerre cependant conduit à des recrutements massifs qui donneront environ 200 000 hommes à la seule A-OF. Ceux qui ont participé à l'occupation de la Ruhr ont été l'objet de la haine des nationalistes allemands, qui y ont vu un risque de dégénérescence pour les Aryens, la preuve du déclin de la France et une humiliation de plus. Leurs descendants seront stérilisés sous le nazisme. La statue de Mangin à Paris sera détruite par les occupants nazis en réaction à l'occupation de la Ruhr.

Père Charles Eugène **Foucauld** Religieux, martyr (1858-1916). Il entre à Saint-Cyr puis à Saumur, mais brise sa carrière militaire en refusant de mettre fin à une liaison. Il parcourt en 1883-1884 le Maroc. Impressionné par la foi des musulmans, il retrouve la sienne en 1886 et entre à la Trappe et est ordonné prêtre en 1901. Après six ans en Syrie*, il devient domestique des clarisses à Nazareth, puis s'installe dans le Sud algérien. Il lutte vigoureusement contre l'esclavage, s'intéresse au transsaharien, se lie d'amitié avec le général Laperrine*. En 1905, il s'établit à Tamanrasset et y noue des contacts avec les Touareg*. Il travaille à un dictionnaire et à des données ethnographiques, rassemble des milliers de poèmes. Le 1er décembre 1916, il est assassiné par une bande de razzieurs. Quinze ans après sa mort naissent plusieurs congrégations se réclamant de son modèle. Un film qui lui est consacré, *l'Appel du silence* de Léon Poirier, en 1936, obtient un grand succès. Le Père de Foucauld a été béatifié en novembre 2005.

mission saharienne **Foureau-Lamy** Elle devait relier directement l'Algérie au Soudan français (Mali) par le Hoggar et l'Aïr, avec le soutien du comité de l'Afrique française et le legs d'un mécène. Le contexte politique était favorable: la France, en Tunisie depuis 1881, avait signé le 5 mars 1890 avec l'Angleterre une convention qui autorisait son expansion vers le Sud, au-delà d'une ligne de forts sahariens solidement implantés. Le chef de la mission, Fernand Foureau (1858-1914), homme d'expérience, avait à son actif neuf reconnaissances au Sahara, et son adjoint, le commandant Lamy (1858-1900), un ancien du Sud algérien, était entouré d'officiers compétents. La colonne militaire, composée de 276 hommes – pour la plupart des tirailleurs algériens et sahariens –, de 20 guides et d'un millier de dromadaires, quitte Ouargla le 23 octobre 1898. La traversée du Sahara s'avère catastrophique pour les bêtes, ce qui n'empêche pas la mission d'atteindre le Hoggar et d'effectuer un détour symbolique au lieu où avaient péri Flatters* et ses compagnons. Elle fait halte au puits d'In Azaoua, passe à Agadès et à Zinder avant de faire sa jonction, le 13 février 1900, sur les bords du lac Tchad, avec la mission d'Afrique centrale partie du Sénégal et devenue, après les déboires de l'affaire Voulet-Chanoine*, la mission Joalland-Meynier. Le 11 avril 1900, la mission Gentil, venue du Congo, les rejoint. Les militaires en profitent pour conquérir l'empire du sultan Rabah. Le commandant Lamy et Rabah trouvent la mort au combat de Kousseri, le 21 avril 1900. Le bilan se solde par un succès et sonne comme une revanche de la mission Flatters. Les résultats scientifiques : itinéraires, observations astronomiques, géologiques et ethnographiques, sont publiés en 1903-1905 dans *les Documents scientifiques de la Mission saharienne*. La pénétration française au Sahara vient de franchir une étape décisive.

franc-maçonnerie Présente dans les « vieilles colonies », elle est divisée sur l'abolition de l'esclavage à la fin du XVIIIe siècle, mais, en 1848, l'initiative de Schœlcher* est appuyée par les loges. Les colonies sont vues comme un terrain propice à l'objectif d'améliorer l'homme et de le libérer de l'emprise des dogmes, la mission civilisatrice de la France se confondant avec le projet maçonnique. En 1885, la Fraternité tonkinoise de Hanoi érige une reproduction de la statue de la Liberté de Bartholdi à New York. Les deux principales obédiences, celles du Grand Orient de France (GODF) et de la Grande Loge de France (GLDF), s'implantent dans l'empire, dans les milieux coloniaux.

Dans les années 1930, le GODF compte 67 loges au Maghreb, la GLDF 36. Elles mènent des actions communes notamment à l'issue des congrès interobédientiels organisés dès 1894. En 1930, une grande manifestation commémore le Centenaire* de l'Algérie. Seules quelques personnalités musulmanes ont adhéré, Abd* el-Kader en particulier, car la laïcité est mal perçue dans la population colonisée, ce qui retient les leaders politiques. Cela d'autant plus que la FM est hostile à la naturalisation sans renoncement au statut personnel lié à l'islam.

En Indochine, surtout à partir de 1925, les loges ont été un lieu d'interactions et ont accueilli des dirigeants constitutionnalistes et des élites favorables à un aménagement intégrant les Vietnamiens à la vie politique. De nombreux maçons rallieront la révolution de 1945. En Afrique et à Madagascar, les frères ont été recrutés parmi les intellectuels tendant à l'assimilation. De même aux Antilles et dans la diaspora, où la FM a contrebattu l'influence du PC.

La GLDF crée en 1927 une « commission des Colonies » chargée de traiter les demandes d'interventions de ses loges auprès du pouvoir politique sur l'enseignement, les questions sanitaires, la dénonciation du prosélytisme des missions et les atteintes à la laïcité. Le nombre de gouverneurs généraux maçons est impressionnant, et, entre 1830 et 1962, ils comptent 44 ministres et secrétaires d'État des Colonies. À l'instar du projet colonial français, la franc-maçonnerie est tiraillée entre une forme de conservatisme, nécessaire à la préservation de l'ordre colonial, et un réformisme soucieux d'améliorer la condition des indigènes.

Anatole France Écrivain français, de son vrai nom Jacques Anatole François Thibault (1844-1924). Son élection à l'Académie française en 1896 n'a pas fait disparaître son anticonformisme. Il joue un rôle important dans la dénonciation du colonialisme avant 1914. Dans *Sur la pierre blanche,* en 1905, il prévoit « quatre-vingts ans de guerre au Maroc ». Il intervient dans le grand meeting contre la barbarie coloniale du 30 janvier 1906. « Voilà quatre siècles que les nations chrétiennes se disputent entre elles l'extermination des races rouge, jaune et noire. C'est ce qu'on appelle la civilisation moderne. Les Blancs ne communiquent avec les Noirs ou les Jaunes que pour les asservir ou les massacrer. Les peuples que nous appelons barbares ne nous connaissent encore que par nos crimes [...] Allons-nous armer sans cesse contre nous en Afrique, en Asie d'inextinguibles colères et des haines insatiables, et nous préparer [...] des millions d'ennemis ? »

frontière Elle est une création des États, qui délimitent leur territoire. Passeports, cartes en ont fait une donnée identitaire. Toutes les sociétés s'inscrivent dans l'espace, mais la colonisation en impose sa conception, donne aux frontières une fixité marquée par ces barrières à la fois réelles et symboliques. Le partage entre puissances, le découpage des territoires, a été fait sans tenir compte des populations, de leurs appartenances, alliances et rivalités. Il en est résulté de nouvelles géographies politiques et des tensions entre États voisins ainsi qu'entre les populations qui coexistent à l'intérieur de frontières imposées. Une liste serait trop longue : séparation de la Syrie et du Liban, frontières entre les États du Maghreb, entre Libye et Tchad, litiges multiples dans le sud du Sahara... La formule « guerre tribale » ne rend pas compte de ces données, et voudrait les réduire à une fatalité, africaine en particulier.

G

Gabon Alors que les Européens exploitaient les ressources naturelles de la côte (caoutchouc et bois principalement), les Français, par le traité de 1839 signé avec Mpongwé Rapontchombo, ou « roi Denis », s'implantent dans le pays et passent des accords avec d'autres chefs pour s'étendre vers l'intérieur. La création de Libreville, accueillant les esclaves libérés au milieu du XXe siècle, est un tournant. Elle devient la capitale du Gabon, mais perd son statut en 1904 au profit de Brazzaville. Le Gabon, créé en 1886, est rattaché au Congo français en 1899 avant d'être une colonie à part entière au sein de l'A-EF en 1910. C'est à Lambaréné que Schweitzer* fonde son hôpital en 1913. L'économie a été confiée aux compagnies* concessionnaires. La construction du chemin* de fer Congo-Océan en 1920 et l'exploitation des ressources minières ont contribué à la dégradation des conditions de vie et entraîné des révoltes. Léon M'Ba, qui sera le premier président de la République du Gabon, est exilé en Oubangui-Chari en 1936 pour avoir dénoncé les abus. Ayant choisi la France libre, après des affrontements entre gaullistes et vichystes, le Gabon devient TOM en 1946. Il vote son adhésion à la Communauté française, les populations accordent leur confiance à Jean-Hilaire Aubame et à Léon M'Ba pour conduire le pays à l'indépendance, proclamée le 17 août 1960.

Gafsa (Compagnie du chemin de fer et des phosphates de) Longtemps principale entreprise de Tunisie*, laquelle est, avant le Maroc, le grand producteur de phosphate jusque dans les années 1930, elle possède 49 000 hectares, la concession des gisements, du chemin de fer et du port de Sfax. Cette puissance rassemble les réseaux capitalistes ultramarins les plus importants et réalise des profits considérables. Les mines emploient 20 000 salariés à leur apogée, dont un petit noyau qualifié est permanent. La masse des manœuvres est recrutée dans un espace qui va du Maroc à la Tripolitaine en passant par le Souf algérien. Poussés vers la mine lors des mortes saisons agricoles et par les mauvaises années dues aux accidents climatiques, ils la quittent pour les semailles et les moissons. D'où l'instabilité, le turnover d'une main-d'œuvre inadaptée au travail industriel, mais très peu payée. C'est là un cas d'école de la surexploitation, utilisant les campagnes comme une réserve qui fournit les travailleurs prêts à l'emploi et les reprend en cas d'inutilité, permettant ainsi aux entreprises coloniales des économies considérables sur le coût de la main-d'œuvre. La première inspection du Bureau international du travail, le BIT, imposée par le Front populaire, montre que les salaires ne permettent pas de nourrir une famille. Le système repose sur l'absence de droit du travail, sur la répression des tentatives de luttes ouvrières. C'est à partir de 1936 que de grandes grèves, durement réprimées (20 morts en mars 1937), imposent un début de négociation et de lois sociales. Une stabilisation du salariat s'amorce alors, accentuée par les difficultés de l'agriculture et de la transhumance à faire vivre une population croissante. Mais cet univers reste marqué par la violence. Au Maroc, l'Office des phosphates, voulu par Lyautey*, en plaçant l'exploitation sous contrôle de l'État, a évité ce capitalisme sauvage.

Joseph Gallieni Maréchal de France (1849-1916). Fils d'un Italien devenu capitaine dans l'armée française, Gallieni passe par le prytanée, puis Saint-Cyr, d'où il sort sous-lieutenant d'infanterie de marine. En 1870, il est fait prisonnier à Sedan. À partir de 1872, il sert à La Réunion, puis au Sénégal. En 1880, il conduit une mission auprès d'Ahmadou*, souverain de Ségou. De 1886 à 1888, il est gouverneur du Soudan. De 1892 à 1896, il commande le 2e territoire militaire au Tonkin. En 1896, promu au grade de général, il est nommé résident à Madagascar, dont les quatre cinquièmes sont en insurrection. Avec 7 000 hommes et des troupes recrutées sur place, il reconquiert le pays. Il en devient gouverneur, après que, à son initiative, la monarchie merina a été abolie, et exerce ces fonctions jusqu'en 1905. Il figure désormais au premier rang du « parti colonial », qui apprécie chez lui l'alliance du soldat, de l'administrateur et du diplomate. C'est un travailleur infatigable, homme d'études autant que d'action, consacrant tous ses loisirs à la lecture (il fait découvrir Stuart Mill et d'Annunzio à Lyautey*), et un chef énergique, qui sait s'entourer d'équipes dévouées. Auteur de plusieurs ouvrages, il apparaît comme le leader d'une « école » de militaires coloniaux qui, sans hésiter devant l'usage de la force, préfèrent la progression lente et méthodique « en tache d'huile », appuyée sur l'action politique, aux grandes opérations coûteuses en vies humaines. « L'action politique tire sa plus grande force de la connaissance du pays et de ses habitants », et l'occupation du terrain doit s'appuyer sur des marchés, des écoles, des dispensaires. Il applique la « politique des races* » de manière systématique à Madagascar. L'organisation administrative épouse les contours ethniques, la domination merina est réduite, dans la mesure du possible, car elles fournissent les élites modernes. À chaque peuplade doit correspondre une province, avec ses chefs nommés et contrôlés. Gallieni s'est consacré à l'amélioration des voies de communication, de l'enseignement et de la santé. L'intérêt économique de l'île est limité, et le projet de peuplement, par des Réunionnais et des métropolitains, est abandonné : on compte moins de 10 000 Européens au moment de son départ – ce sont de grandes sociétés qui se partagent les terres de colonisation. Son attachement à la République et son attitude de rigoureuse réserve lors de l'affaire Dreyfus lui obtiennent la confiance du pouvoir. Gouverneur militaire de Paris en 1914, ministre de la Guerre en 1915, il sera élevé à la dignité de maréchal de France en 1921.

Léon Gambetta Homme politique français, impérialiste (1838-1882). Il se rallie à l'idée coloniale à partir de 1878, afin de renforcer les positions de la France amoindrie par la perte de l'Alsace-Lorraine, et entraîne avec lui les républicains de gauche. Il est favorable à l'assimilation, parce qu'il croit à la mission civilisatrice et à l'universalité des principes de 1789. En 1881, dans le ministère Jules Ferry*, il prend l'initiative de l'intervention en Tunisie. Puis, sous son « grand ministère » (novembre 1881-janvier 1882), il fait passer les colonies de la Marine au Commerce, crée un secrétariat d'État qui leur est propre. Il défend les intérêts français à Madagascar, envoie une mission à Tanger et fait valoir les droits de la France sur Obock, en Somalie. Il soutient, en 1882, la ratification du traité que Brazza* a signé avec le roi Makoko du Congo. Il est, enfin, un partisan déterminé d'une intervention en Égypte. Ses disciples, tel Eugène Étienne*, animeront le Groupe colonial.

Francis Garnier Explorateur français (1839-1873). Officier de marine, il dirige de 1866 à 1868 une mission d'exploration qui a pour but de démontrer que le Mékong est la meilleure voie d'accès vers la Chine du Sud, dont le marché est convoité. C'est un échec mais sa mission, en révélant l'importance du fleuve Rouge, pose la question de l'annexion du Tonkin pour y accéder. À la tête d'une petite troupe, il s'empare de Hanoi (1873) et occupe les places du delta, remplaçant les mandarins* de l'empereur d'Annam* par des hommes nouveaux, dont beaucoup de catholiques. Les troupes annamites se regroupent, renforcées par les Pavillons noirs chinois, et encerclent Hanoi. Francis Garnier trouve la mort dans ce combat. Ses ouvrages, *Voyage d'exploration en Indochine* (1873) et *De Paris au Tibet* (1882), ont eu un immense succès.

Paul Gauguin Peintre français (1848-1903). Son enfance au Pérou, ses voyages maritimes, ses séjours en Martinique et à Panamá le préparent à se « débarrasser de la civilisation ». Muni d'une mission officielle, il choisit Tahiti, « paradis ignoré de l'Océanie ». Après un séjour de plus de deux ans, il retourne en France en 1894, mais sa peinture rencontre l'incompréhension. Il repart à Tahiti (1896-1901), y vit dans la pauvreté : années difficiles, car se conjuguent la maladie et la mort de sa fille. Il y peint *Vahine no te vi* (« Femme à la mangue »), et surtout sa toile monumentale *D'où venons-nous ? Que sommes-nous ? Où allons-nous ?* (1897). En janvier 1898, il complète la deuxième version de *Noa Noa*. Il cherche à montrer la sensualité des femmes, quelque chose « d'ancien, d'auguste, de religieux », « la surface trouble d'une énigme insondable », écrit-il. En 1901, il s'installe à Hiva-Hoa, dans les Marquises. Là, il se fait le défenseur des indigènes. Peintre anticolonialiste ? Le même se plaint à la justice des larcins de sa compagne Pau'ura, de l'invasion chinoise, « tache jaune souillant notre pavillon national », des fonctionnaires antillais qui supplantent les colons. « Il fut divers et en tout excessif », juge Segalen*.

Charles de Gaulle Il n'a pas effectué de carrière coloniale. C'est en 1940 que de Gaulle (1890-1970) est amené à voir dans l'empire un recours contre la défaite en métropole. Son projet n'est pas suivi, et la France libre devra reconquérir chaque territoire contre Vichy*, avant de vaincre sur le sol français. Son attachement à maintenir la souveraineté outre-mer s'exprime dans la nomination de Jacques Soustelle comme ministre des Colonies (21 novembre 1945-20 janvier 1946), de Thierry d'Argenlieu à Hanoi, comme lors de la conférence de Brazzaville*. Il lance contre l'indépendance de l'Indochine le terme Union* française dans un communiqué du GPRF le 24 mars 1945. Ramené au pouvoir par le 13 mai 1958, mais consacré par le référendum sur la Constitution adoptée par 90 % des votants, il a fait cette paix en Algérie* que la IVe République n'a pu réussir. Sa politique algérienne reste controversée, en l'absence de conviction sur ses intentions réelles en mai 1958. Était-il, d'emblée, pour l'indépendance ?

Dans un premier temps, il n'innove pas. Sa politique repose sur une idée qui est au cœur des débats depuis les années 1930 : la nécessité de réformer l'Algérie pour la débarrasser de ses inégalités les plus criantes… et la garder. Homme de son temps, dès 1944, le général de Gaulle, présidant alors le CFLN, avait signé l'ordonnance supprimant les mesures d'exception frappant les Algériens, dont le Code de l'indigénat, et permettant à certains d'entre eux d'intégrer le même collège d'électeurs que les Français d'Algérie.

En 1958, profitant de l'ambiance euphorique du changement de régime, il va plus loin en instaurant le collège unique. Puis, reprenant, ici encore, des projets anciens, il annonce un vaste plan de développement économique et social, le « plan de Constantine ». Par ailleurs, comme ses prédécesseurs, il n'envisage pas de négociations. Il appelle les soldats de l'ALN* à la « paix des braves », une reddition sans condition, rejetée de l'autre côté. Les opérations militaires sont alors relancées par le plan du général Challe*. Son annonce de l'autodétermination, le 16 septembre 1959, marque un revirement : les habitants de l'Algérie auront le choix entre la « francisation complète », l'autonomie et la « sécession ». Admettant l'éventualité de l'indépendance, de Gaulle dresse contre lui les partisans de l'Algérie française et ouvre la voie de négociations aboutissant, à terme, aux accords d'Évian*. Pour lui, la guerre dessert la puissance française. Pis : elle est « vaine » si les Algériens souhaitent l'indépendance. Une victoire militaire, même, n'y changerait rien. De Gaulle, chef d'État soucieux du rang et de l'avenir de la France, évolue donc en se dégageant de conceptions traditionnelles : à l'ère des indépendances, le réformisme colonial est dépassé et la cause de l'Algérie française condamnée. C'est la même démarche, dans une situation moins tendue, qui conduit de l'Union française à la Communauté, dans la Constitution de 1958, refusée par la Guinée, puis la Communauté rénovée. Son conseil se réunit pour la dernière fois en mars 1960. L'Afrique demeure ce que certains appellent un « pré carré » où les réseaux de Foccart* ont assuré une relation « néocoloniale ».

génocide Ce mot est forgé en 1944 à partir du substantif grec *genos* (race, peuple) et du suffixe latin *-cide* (de *caedere* : tuer). À la fin des années 1940, la communauté internationale reconnaît la création d'une catégorie d'analyse, née certes de l'observation du cas singulier de la barbarie nazie, mais qui oblige à instruire tous les crimes de cette nature, ceux du présent comme ceux du passé. Dès lors commencent de longs questionnements sur la définition du concept et son caractère opératoire avant le XXe siècle. Est-on autorisé à parler de génocides à propos de la dépopulation de l'Algérie, de la Côte d'Ivoire, de la Nouvelle-Calédonie durant les premières phases de la conquête coloniale ou à propos des hécatombes provoquées par les famines et les épidémies qui accompagnent habituellement la pénétration coloniale ? Certains historiens sont d'avis qu'il s'agit là de crimes qui ne relèvent pas de la stricte catégorie du génocide. D'autres estiment que beaucoup d'aspects de l'annihilation du peuple juif par les nazis sont présents dans des crimes coloniaux : dispositifs d'exclusion, diabolisation du groupe-cible, intentionnalité de l'extermination, prise en charge étatique de la « solution », affirmation de l'idéologie raciale.

géographie On n'insistera jamais assez sur l'importance des explorateurs*, des grands voyages (croisières Citroën*) qui comblent les blancs des atlas, élargissent les horizons des habitants de l'Hexagone et alimentent la géographie. Elle aussi a servi la colonisation. Dès le premier Empire, Conrad Malte-Brun, auteur d'un *Précis de la géographie universelle*, réclame des colonies le long des fleuves africains.

Les sociétés de géographie ont contribué à répandre l'intérêt pour l'outremer et fourni un soutien à l'expansion. Celle de Paris, créée en 1821, a été présidée par Chasseloup-Laubat*. Leur âge d'or a été la période 1870-1890. On compte douze sociétés et près de 10 000 adhérents en 1881. Il est intéressant de suivre les activités de l'une d'entre elles, à Bordeaux par exemple. Créée en 1874, un an après celle de Lyon, par un enseignant et un commerçant, elle se voue à la vulgarisation de l'idée coloniale par des cours populaires, des expositions et des congrès. Au début du siècle, le relais est pris par un Institut colonial –association loi 1901 – fondé sur l'initiative de la municipalité et de la chambre de commerce, avec le patronage du ministère des Colonies, qui s'associe à l'université. Les sociétés se donnent souvent des objectifs économiques et commerciaux. Le Maroc en est une terre d'élection dans l'esprit de Lyautey*, qui est à l'origine de la Société de géographie marocaine. La première chaire de géographie coloniale à la Sorbonne date de 1893. Lors de la leçon inaugurale, Marcel Dubois salue les responsables coloniaux avant ses maîtres. Cette géographie accorde une grande importance aux monographies de régions définies par un milieu naturel et des populations et aux fins d'application pratique. Mais elle a du mal à trouver sa place dans l'école Vidal de la Blache, qui lui reproche son manque d'esprit de synthèse et son absence de problématique. Une critique de cette géographie s'affirmera à l'époque des décolonisations autour en particulier de Jean Dresch*.

Vo Nguyen **Giap** (le « Volcan sous la neige ») Communiste vietnamien, vainqueur à Diên Biên Phu, né en 1911 ou 1912. Du collège Quoc Hoc de Huê où, encore adolescent, il découvre la vitalité du nationalisme, au cinquantenaire de Diên* Biên Phu, il a voué toute son existence à la lutte incarnée par Hô* Chi Minh pour l'indépendance et l'unité du Viêt* Nam. Délaissant des études juridiques prometteuses, il opte pour la vie militante clandestine, tout en enseignant l'histoire-géographie dans un lycée privé de

Hanoi. Dès la fin des années 1930, il se met au service exclusif du Parti communiste indochinois, où il rencontre sa femme. Emprisonnée et torturée par les Français, elle meurt en 1941, six ans avant le père de Giap, lui aussi torturé parce qu'il avait refusé de dénoncer publiquement son fils, à qui il reprochait pourtant un engagement au service d'une idéologie étrangère. Pendant la Seconde Guerre mondiale, Giap, fort du soutien d'Hô Chi Minh dont il finit par devenir l'un des plus proches collaborateurs, connaît une fulgurante ascension au sein du PCV et du gouvernement vietnamien. Membre actif du congrès fondateur du Viêt-minh* (1941), créateur des maquis au nord du Tonkin*, puis des brigades populaires – noyau dur de l'Armée populaire du Viêt Nam – (1944), il est nommé ministre de l'Intérieur du premier gouvernement de la république démocratique du Viêt Nam, proclamée le 2 septembre 1945, et demeure vice-Premier ministre de 1954 à 1991. Dans la guerre contre les Français, entre 1945 et 1954, avec le souci d'adapter au cadre indochinois les théories de la guerre révolutionnaire, l'ancien maquisard, devenu commandant en chef et ministre de la Défense, révèle au monde ses talents d'organisateur et de logisticien, voire de stratège. En dépit de la renommée mondiale que lui valent « ses » victoires sur les Français, puis sur les Américains, Vo Nguyen Giap est progressivement écarté du processus de décision et finalement exclu du bureau politique en 1982. Le « mythe Giap » n'est pas encore complètement éclairé par l'histoire.

André Gide Il dénonce les abus coloniaux dans son *Voyage au Congo* (1927) et dans son *Retour du Tchad* (1928), réquisitoires contre les compagnies implantées en Afrique, l'injustice cynique et la cupidité obtuse des colons. Pourtant, Gide (1869-1951) écrit : « Je n'étais nullement anticolonialiste en partant, et ce n'est pas en anticolonialiste que je dénonçais les abus dont je fus témoin. » Mais il en vient peu à peu à comprendre que le système colonial est vicieux. Auparavant, il s'est rendu six fois en Algérie entre 1893 et 1903 sans critiquer l'implantation coloniale, alors qu'il y a observé, il le reconnaît plus tard, des abus similaires. En Afrique du Nord, sa vision est assez restreinte : réagit-il en touriste, en amateur de dépaysement, d'une sexualité loin des interdits, ou en colon potentiel ? L'Afrique, présente dans son œuvre, l'intéresse mais, s'il y défend les droits des individus, il n'adopte pas de position idéologique franche et globale, dans des essais spécifiques, sur la question coloniale.

Rosan Girard Né à Moule, en Guadeloupe, d'une mère guérisseuse et d'un père instituteur, Girard (1913-2001) est, comme presque tous ceux de sa génération, d'abord partisan de la départementalisation comme Gerty Archimède, et les Martiniquais Aimé Césaire* et Léopold Bissol. Mais, face au maintien de pratiques coloniales, au viol des résultats électoraux, il s'oriente vers des positions autonomistes de libération nationale et en faveur de la décolonisation. Il crée le Parti communiste guadeloupéen en 1944, qu'il pousse à l'autonomie en 1958. Il est député de 1946 à 1958. Marginalisé sur l'échiquier politique à partir des années 1990, il sera cependant reconnu unanimement par les différentes tendances du mouvement autonomiste et indépendantiste comme le père spirituel de la mouvance anticolonialiste.

Thami el Hadj Glaoui Pacha de Marrakech, el Glaoui (1879-1956) est tout-puissant de 1912 à sa mort, au seuil de l'indépendance du pays. Il a saigné à blanc impunément la population, se liant à des brasseurs d'affaires avec lesquels il a fait des profits considérables, en particulier dans les mines. Son projet de « quartier réservé » (à la prostitution) est suspendu par la crise de 1929 au lâche soulagement du résident général Lucien Saint. Allié coûteux pour la France : le Quai d'Orsay éponge sa dette de 43 millions en 1931 sous la forme d'un prêt à fonds perdus. Le scandale est tel que des députés comme Marius Moutet*, Jean Longuet, Pierre Viénot font une enquête. Mais le pacha de Marrakech sait se rendre indispensable : en 1953, il est à la tête du complot monté par la résidence générale contre le « sultan de l'Istiqlal » Mohammed V*. C'est lui qui mène les tribus qui demandent le départ du sultan en encerclant Rabat. Le retour triomphal du souverain lui impose une humiliation et la fin de son omnipotence à l'ombre coloniale.

Édouard Glissant Né en Martinique en 1928, il se fait connaître dès 1948 par ses recueils de poèmes, *Un champ d'îles*, puis *la Terre inquiète*, *les Indes*, *le Sel noir;* des romans, *la Lézarde* (Renaudot 1958), *le Quatrième Siècle* (1965), *Tout-monde* (1995)... Disciple de Césaire*, admirateur de Fanon*, suspect durant la guerre d'Algérie et indépendantiste, il est interdit de séjour aux Antilles. Défendant la négritude* puis l'« antillanité », il reste un militant de la créolisation du monde, par *l'Intention poétique* (1969), *le Discours antillais* (1981), le *Traité du Tout-monde* (1997). Dans le « chaos-monde », seule la « poétique de la relation », fonction essentielle de l'imaginaire, permet de dépasser l'« identité-racine » et de comprendre la mondialisation à partir de la Caraïbe, par les images de rhizome, de tourbillon, d'archipel. La voie ouverte par le nègre marron*, le créole*, le jazz est conçue comme « militance de l'imaginaire » créatif, « esthétique de la turbulence ».

Îles Glorieuses Situées au nord de Madagascar, ces îles, prises en 1892, comptaient 37 habitants. Quelques plantations, mais surtout l'importance des eaux territoriales, expliquent leur revendication par l'État malgache aujourd'hui. Juan de Nova, Europa, Bassas da India sont conservés comme bases stratégiques potentielles et pour leur vaste espace d'eaux territoriales. Administrées depuis La Réunion*, elles ont été rattachées aux Terres* Australes et Antarctiques françaises (TAAF) le 3 janvier 2005.

Gorée Cette île sénégalaise est située à 4 km au large de Dakar. En 1444, les Portugais s'y installent, puis les diverses puissances européennes s'y succèdent, les Hollandais lui donnant son nom de « bonne rade ». Elle passe sous domination française en 1677 et devient le principal comptoir d'Afrique occidentale en raison de sa rade et un centre du commerce des esclaves*.

Son importance dans la traite est discutée, mais le site est devenu le haut lieu de la mémoire de l'esclavage. L'Unesco l'a classé au patrimoine mondial. En 1992, Jean-Paul II y a demandé pardon à l'Afrique. La « Maison des esclaves », est un musée dans une demeure et « esclaverie » construite à la fin du XVIIe siècle, où les habitations de négriers, à l'étage, contrastent avec les locaux pour les esclaves entassés, avant de franchir la porte pour embarquer. Un musée de la Femme est installé dans la maison d'une « signare* ».

Pierre Gourou Géographe (1900-1999). C'est le grand « tropicaliste ». Longtemps professeur à Saigon et Hanoi, où il a eu Giap* pour élève (il négociera avec lui un accord avorté en 1946), sa thèse, *les Paysans du delta tonkinois* (1936), porte sur le fleuve Rouge. Pour lui, la riziculture asiatique tient moins à la nature qu'à une *Civilisation du végétal* (1948) construite par les hommes des *Pays tropicaux* (1948). Nommé au Collège de France en 1947, il a été très proche de l'école des Annales, de Fernand Braudel en particulier. Son œuvre, mise en question dans les années 1950-1960, où il est très en retrait dans le débat public, a été présentée comme une adhésion à la colonisation par les marxistes, tels Dresch* et Yves Lacoste. Critiques gommant son amitié avec Giap et sa participation à la mission Sainteny*. Son œuvre est réévaluée aujourd'hui par ceux qui mettent en avant la fécondité de sa problématique centrée sur la capacité des sociétés à contrôler l'espace dans une longue durée, à s'adapter à leur environnement. Sa pensée scientifiquement lucide est aussi un modèle de lutte continue contre le racisme. Au Viêt Nam, il est considéré comme l'un des fondateurs de la géographie*.

gouvernement colonial

Des hommes au pouvoir considérable

«Une main de fer dans un gant de velours, telle doit être la règle de nos rapports avec les indigènes. Toute tentative de résistance doit être immédiatement réprimée et complètement. Notre autorité [...] réside dans notre prestige et dans l'opinion qu'ils ont de notre force.» Dans *Principes de colonisation et de législation coloniale* (1919), Arthur Girault résume bien l'esprit de ce gouvernement. Cela étant, il a fallu tout inventer.

Tâtonnements et organisation

La comparaison entre les doctrines et méthodes coloniales de la Grande-Bretagne et de la France, entre pragmatisme et système abstrait est un exercice imposé et parfois très forcé. On cite souvent lord Frederik Lugard et son livre de 1922 *The Dual Mandat in British Tropical Africa*. La critique des méthodes françaises, accusées d'ignorer les cultures et les structures indigènes, à la différence des Anglais, classique, a été faite dans la commission des Mandats de la SDN. Pourtant, l'organisation de l'empire ne découle pas d'un choix théorique: elle résulte d'une histoire trop longue et recouvre des situations trop diverses pour être réductible à une formule. On a tâtonné, inventé, innové de manière empirique le plus souvent. D'où les hésitations, les variations entre assimilation* et association, entre annexion, administration directe ou protectorat... Comment d'abord nommer l'outre-mer? La Constitution de 1875 n'en fait pas état, et le terme «empire» n'a été utilisé dans le vocabulaire officiel que dans le projet de Constitution de Vichy*, qui n'a pas été promulgué. «Union* française» s'impose, entre 1946 et 1958, puis «Communauté» de 1958 à 1960. Sous la IIIe République, trois ministères se partagent la gestion de l'outre-mer: l'Intérieur pour l'Algérie*, les Affaires étrangères pour les protectorats du Maroc*, de Tunisie* et les mandats*, les Colonies (créé par la loi du 10 mars 1894, qui succède au sous-secrétariat d'État aux Colonies du ministère de la Marine) pour les autres territoires. Les rares tentatives d'unification en une seule administration n'ont jamais abouti.

La politique coloniale est confrontée à des problèmes fondamentaux: quel statut attribuer au colonisé, comment intégrer et soumettre les structures politiques antérieures au système étatique français, comment faire accepter celui-ci? L'assimilation a été le sort des vieilles colonies, Martinique, Guadeloupe, Guyane et Réunion, avec l'égalité accordée aux libres de couleur en 1833 puis avec l'abolition de l'esclavage; il en est de même pour les habitants des Quatre* Communes du Sénégal. Elle ne sera pas étendue aux nouvelles conquêtes. Et certes pas en Algérie, où à peu près tout a été essayé face à une population nombreuse et une civilisation résistante : annexion, rattachement, Royaume arabe, peuplement français massif, gouvernement des militaires, gouvernement des civils, intégration… Tirant la leçon de ces errements algériens, Ferry*, de Lanessan*, Lyautey*, choisissent le régime du protectorat. Quand il n'y a pas d'État doté d'une reconnaissance internationale, comme en Afrique noire, ou quand un conflit est tranché par l'annexion et l'abolition de la monarchie comme à Madagascar en 1896, ce sont des colonies dirigées par un gouverneur qui définissent le régime. De grands ensembles ont été confiés à des gouverneurs généraux, l'Union indochinoise (1887), la « Grande Île » de Madagascar (1896), l'A-OF (1895-1904), l'A-EF (1910). Loin de la métropole, ces territoires ont été les fiefs de la marine* puis de l'armée de terre, elle-même remplacée par des administrateurs civils, surtout après la création de l'École* coloniale, qui assure une formation spécifique.

La préoccupation première a été le contrôle de la population indigène, sur laquelle les administrateurs ont un pouvoir considérable. Une politique des races* vise à diviser les populations, à s'appuyer sur les Berbères*, par exemple, ou les minorités en Indochine. Et, sauf dans les protectorats, le statut de l'indigénat* sévit. De manière générale, il faut adapter le droit des sociétés dominées à une situation et des besoins nouveaux. La légalité du droit colonial est très contestable selon Arthur Girault, le grand expert : la nécessité de faire promulguer une loi de la République par un arrêté d'un gouverneur ou d'un résident général est en effet paradoxale. Pour donner plus de cohérence à l'ensemble se tiennent des conférences coloniales en 1917, en décembre 1934 et en 1937. On a aussi créé des conseils et des commissions, celle des Affaires musulmanes en 1911, où Louis Massignon est la principale figure, puis le Haut-Comité méditerranéen, où Charles-André Julien* joue un rôle majeur. Le ministre des Colonies n'exerce qu'un contrôle réduit, sauf quelques fortes personnalités ou dans les périodes critiques, toutefois, l'inspection générale des Colonies, qui dépend de lui, exerce un contrôle a posteriori en se rendant périodiquement dans les colonies. Lors des crises de décolonisation, comme lors de la phase des conquêtes, cette liberté des pouvoirs locaux, parfois véritables proconsulats appuyés par un lobby colonial, jouera à plusieurs reprises contre Paris, qui sera placé devant le fait accompli au Maroc et en Algérie en particulier.

Protectorat

En Angleterre, le terme désigne au XVIIe siècle le pouvoir de Cromwell. Il s'étend aux relations internationales : en 1859 il définit la domination d'un pays sur un autre, et, en 1890 – dans le supplément du *Larousse* –, le pays soumis à cette situation. C'est en faisant signer des traités de protectorat aux dirigeants locaux que les Européens mettent la main sur une partie de l'Afrique noire, donnant une base à leurs revendications territoriales au moment du partage. Le système a donc été testé en Polynésie* (Tahiti et Wallis en 1842), en Indochine* (Cambodge* 1863, Annam* 1874, Tonkin* 1893), à Madagascar (de 1885 à 1899), aux Comores* (avant 1912), en Tunisie (1881), puis au Maroc (1912).

De Lanessan*, auteur de *l'Expansion coloniale de la France* en 1888 et d'ouvrages sur l'Indochine, dont il a été gouverneur, en est l'un des théoriciens et des praticiens. Le protectorat respecte la personnalité autochtone et l'État. C'est ce que marque son rattachement au ministère des Affaires étrangères (sauf pour l'Indochine). En maintenant l'administration et les notables indigènes, il permet aussi de coloniser aux moindres frais, financiers comme politiques. Jules Ferry* souligne qu'il « dispense d'installer une administration française, c'est-à-dire d'imposer au budget des charges considérables [...], permet de surveiller de haut, de gouverner de haut, de ne pas assumer malgré nous la responsabilité de tout l'État et de l'administration, de tous les petits faits, de tous les petits froissements que peut amener le contact de deux civilisations différentes... ». C'est une « transition nécessaire, utile, qui sauvegarde la dignité du vaincu, chose qui n'est pas indifférente en pays musulman ». L'*indirect rule* (opposée à l'administration directe) met en avant le respect des spécificités, où elle voit des forces de cohésion sociale, et minimise le rôle des élites* modernes, des évolués*, au profit des notables. Elle est aussi justifiée par le faible nombre de Français expatriés, qui rend nécessaire le recours aux indigènes. On compte en A-OF 256 fonctionnaires en 1900. C'est Lyautey* qui a fait du système une œuvre d'art politique : au Maroc, pour ne pas froisser l'islam, on n'interdit pas l'esclavage, on le rend difficile puis impossible, et on évite d'accueillir les femmes dans les réceptions officielles.

Cependant, la pente dominante a conduit au placage de l'État jacobin sur le *makhzen* marocain, le *beylik* tunisien et l'administration traditionnelle en Indochine. Il y avait d'ailleurs dès l'origine chez Jules Cambon, premier résident général, la volonté de « gouverner au nom du bey de la Tunisie de bas en haut ». C'est dans ce but qu'il a créé les contrôleurs civils, en 1884. Le résident général est le « dépositaire du pouvoir de la République ». Les souverains annamite et khmer, tunisien et marocain lui sont en réalité subordonnés. C'est lui qui dirige les forces militaires et de police et qui fait fonction de ministre des Affaires étrangères. En Annam, c'est lui qui préside le « Conseil privé » (conseil des ministres après 1897) de l'empereur. Son aval est nécessaire pour la promulgation des décrets. Les monarques ne peuvent que se soumettre ou sont démis en cas de désaccord, comme cela est arrivé à Madagascar, en Indochine en 1906 et 1916, au Maroc en 1911 et 1953, en Tunisie en 1943.

Outre l'appareil politique, des services techniques destinés à la mise en valeur ont été juxtaposés à l'appareil administratif indigène. Il en est résulté une inflation de fonctionnaires, malgré les mises en garde de certains, tel Lyautey. En 1937, on en compte 4 654 en Indochine (en majorité en Cochinchine*) pour 25 millions d'habitants, contre 1 400 agents britanniques pour une Inde dix fois plus peuplée.

Administrateur des colonies

Ce poste a été créé en 1886 par Eugène Étienne* pour confier à des civils des fonctions assurées auparavant le plus souvent par des marins ou des officiers des troupes coloniales. Pour corriger la médiocrité initiale du recrutement (les colonies dépotoirs pour fils de famille ratés ne sont pas qu'une image), il fait l'objet d'une formation spécifique – obligatoire à partir de 1912 – par l'École* coloniale. Commandants de cercles, chefs de région, collaborateurs des gouverneurs, puis gouverneurs se recrutent dans ce vivier. Leurs fonctions, outre le contrôle des indigènes, en collaboration avec les chefs, les caïds, etc., portent sur le recensement de la population, l'impôt, l'entretien des pistes, le recrutement de travailleurs forcés en Afrique noire, de tirailleurs dits sénégalais pendant les guerres mondiales et, s'ils en ont le goût, le développement des écoles. Ils sont aussi officiers de police judiciaire et juges de paix. Certains se sont faits ethnographes et linguistes. Les administrateurs de la France d'outre-mer proviennent de plus en plus des vieilles colonies, tels René Maran*, Félix Éboué*… En Tunisie et au Maroc, les contrôleurs civils en sont les équivalents, ainsi que les administrateurs des services civils de l'Algérie créés sous la IIIe République pour prendre la relève des bureaux* arabes. Leur fonction est de renseigner sur l'état du pays dans tous les aspects. Ils ont une tâche d'incitation économique et administrative, surveillent, supervisent; toute la correspondance des caïds avec le gouvernement tunisien passe par eux, ils sont chargés de la haute police.

Le meilleur de ce corps a été animé par une déontologie rigoureuse. Recrutant surtout dans les classes moyennes, certaines vocations coloniales ont été nourries par la littérature: André Maurois signalait l'importance de Kipling, mais il faudrait ajouter Jules Verne*, Loti*, etc. L'exotisme, la volonté de carrière plus rapide ou d'actions plus libres qu'en métropole, le statut de masculinité attaché au rôle de « roi de la brousse » ont joué. Le cas de Henri Canard, simple soldat, qui deviendra gouverneur du Sénégal en 1881, est exceptionnel mais significatif. Henri Massis, un des amis de Lyautey, a souligné dans la France d'avant guerre l'attrait de l'héroïsme colonial et de l'accomplissement personnel. Longtemps négligés par les historiens, les administrateurs sont étudiés avec un regard nouveau. De même les gouverneurs généraux.

Gouverneurs généraux et souverains indigènes

À la tête de territoires considérables, les gouverneurs ou résidents généraux cumulent les pouvoirs: relations avec le ministère, promulgation des lois et décrets, signature des arrêtés, recrutement des fonctionnaires, décision budgétaire, avec l'accord de Paris, autorité sur les troupes. Pour l'Indochine, ils ont même des relations directes avec les diplomates français en Extrême-Orient. Comme en Inde, ils dirigent un vice-État.

Le problème des relations avec les souverains indigènes a donné lieu à des solutions diverses, mais Lyautey, qui affectait de tenir la bride du cheval du sultan marocain, n'a pas fait école. Souvent, le monarque est soumis à l'autorité coloniale, qui, avec plus ou moins d'élégance, vide de substance son pouvoir. L'empereur d'Annam n'exerce plus le « mandat céleste », n'est plus le « fils du ciel » qui assurait la médiation entre la nature et son peuple, le garant de la nation. Les États indépendants (Viêt Nam, Tunisie, Algérie, Madagascar…) sauf le Laos et le Cambodge, le Maroc, sont des cimetières de monarchie. Ces hommes qui font et défont les souverains ont un pouvoir considérable.

Membres de la marine d'abord, puis de l'armée et enfin civils ont alimenté les postes. Les résidents généraux des protectorats ne sont pas sans analogies avec eux. Lucien Saint quitte Tunis pour Rabat, de même que Peyrouton*, qui sera ministre de l'Intérieur sous Vichy. Les hauts fonctionnaires coloniaux sont des proconsuls au sens romain. Des gouverneurs et résidents ont été ou seront ministres, Paul Bert*, de Lanessan*, Stephen Pichon, Sarraut* etc. Des gouverneurs et ministres des Colonies seront présidents de la République, tel Paul Doumer, Gaston Doumergue et Félix Faure*. En attendant des études plus précises, on peut au moins affirmer la part des experts de la colonisation au cœur de la vie politique.

GPRA

Né en septembre 1958, le Gouvernement provisoire de la République algérienne s'installe au Caire puis à Tunis. Son premier président est Ferhat Abbas*. Sa fonction est de s'imposer sur la scène internationale, ce qu'il réussit très bien auprès de l'ONU et des États du tiers-monde, et d'entreprendre des négociations avec la France. Il a réussi à unifier les forces politiques en dehors des partisans de Messali*. À partir de la fin de 1960, les manifestations des grandes villes algériennes en font le seul interlocuteur crédible. Mais le GPRA va être évincé par l'état-major général dirigé par Houari Boumediene* quand la succession de pouvoir s'annonce.

Gilbert Gratiant Écrivain antillais, communiste et autonomiste (1895-1985). Martiniquais, il est le précurseur du développement littéraire du créole antillais et de la notion de culture créole*. À l'Université ouvrière, fondée en 1932 par Romain Rolland et Henri Barbusse, il se lie avec Georges Politzer et Paul Nizan. Son premier recueil de poèmes est en français (*Poèmes en vers faux*, 1931) mais, à partir de 1935, il écrit en langue créole son œuvre poétique, couronnée en 1965 par le grand prix littéraire des Antilles.

Membre du Parti communiste depuis 1945, il fut le premier à élaborer l'idée d'un statut d'autonomie de la Martinique dans le cadre de la République française. Il défendit ce statut revendiqué ultérieurement par de nombreux intellectuels antillais, notamment dans *Martinique île fédérée française* (1961), dédié à « Fidel Castro, le Clarificateur – exemple sinon modèle – en hommage d'un Antillais de bonne intention à un Antillais d'héroïque action ».

Groupe colonial et des affaires extérieures Ce groupe est fondé en 1892 par Eugène Étienne*, qui, après trois ans à la tête de l'administration centrale des colonies, veut agir à la Chambre sur les questions coloniales liées aux affaires étrangères. Au début, on y trouve les élus des « vieilles colonies », de l'Algérie et de villes tournées vers l'empire telles Lyon*, Marseille*, Bordeaux ou Nantes*, puis il s'élargit. Étienne est son président et Auguste d'Arenberg, président fondateur du Comité de l'Afrique française, son vice-président. Le 11 février 1898, Jules Siegfried et Marcel Saint-Germain créent son équivalent au Sénat. La force d'influence du Groupe tient à sa représentativité politique, allant du groupe d'Union démocratique d'Eugène Étienne, héritier de Gambetta, avant la guerre, aux radicaux d'Albert Sarraut* dans l'entre-deux guerres. Des hommes tels que Théophile Delcassé, Alexandre Ribot, Paul Doumer*, Albert Lebrun ou Raymond Poincaré en font partie avant 1914. Le Groupe intervient auprès de diverses Commissions (Affaires extérieures, Marine, Budget, etc.), où ses membres occupent souvent des postes importants, et auprès des ministres compétents. C'est un élément du lobby* colonial.

guérilla Petite guerre par ses moyens et ses actions : les armées napoléoniennes y furent confrontées en Espagne au début du XIXe siècle. On la retrouve de la conquête de l'Algérie à la guerre d'indépendance en passant par les guerres du Rif et d'Indochine. Adaptée à la dissymétrie des forces en présence, réponse imposée par le plus faible, elle refuse le combat frontal et multiplie les harcèlements. L'embuscade n'excède pas la vingtaine de minutes. Au-delà, des renforts – y compris aériens – peuvent être appelés par radio. Mobilité et rapidité sont l'élément-clef de la guérilla. Pour survivre, les combattants ont besoin d'une bonne connaissance du terrain mais aussi de la protection de la population : pourvoyeuse de caches et de nourriture, elle leur offre le soutien indispensable. C'est cette solidarité politique que les officiers théoriciens de la guerre révolutionnaire, tirant les leçons de l'Indochine, veulent briser en Algérie, en particulier par les regroupements de population, le renseignement et donc la torture*, ainsi que l'action psychologique.

guerre d'Algérie

Une guerre qui ne dit pas son nom

1er novembre 1954 : le week-end fait 34 morts sur les routes en métropole. Toussaint rouge : 30 attentats en Algérie causent 7 morts. Michel Debré, en 1961 encore, dira que la route fait plus de victimes que les opérations de maintien de l'ordre. Il ne compte pas les musulmans, il est vrai. On parle alors de maintien de l'ordre, de pacification, de rebelles, et non de guerre. Cela jusqu'à la loi d'avril 1999 qui, en employant le terme « guerre » dans les documents officiels, la reconnaîtra, quarante-cinq ans après.

Chronique des années de feu

En fait, les « événements » – comme on disait aussi – s'amplifient, s'aggravent rapidement, et les seuils de la violence marquent les étapes de la guerre sans nom. La première de ces étapes est franchie dès 1955. Le 1er février, Jacques Soustelle*, nommé gouverneur général par Mendès* France, annonce l'« intégration » ; mais, le 1er avril, l'état d'urgence est voté pour 6 mois, et, le 20 août l'ALN* lance une offensive dans le Constantinois qui fait 71 victimes françaises ; celles de la répression en font 12 000 selon le FLN, 1 273 selon les autorités françaises. Déjà, la répression prend le pas sur la solution politique. La classe de 1954 est maintenue sous les drapeaux, celles de 1952 et 1953 sont rappelées, ce qui entraîne des manifestations de soldats en septembre-novembre 1955 et avril-juin 1956. Elles retombent faute de soutiens politiques, et la durée du service sera prolongée à 18 mois, voire 30.

Signe d'une aspiration à la paix mais aussi du désarroi de l'opinion, les élections de janvier 1956 voient à la fois la victoire du Front républicain des radicaux et socialistes avec un programme de paix, et une percée de l'extrême droite de Pierre Poujade, dont Jean-Marie Le Pen est le plus jeune député.

Le tout nouveau président du Conseil, Guy Mollet*, qui a désigné le général Catroux* comme gouverneur, est accueilli le 6 février à Alger par des projectiles. Au terme de cette « journée des tomates », Mollet capitule devant les ultras de l'Algérie* française et remplace Catroux par Robert Lacoste*. Un mois plus tard, le 15 mars, les « pouvoirs spéciaux », qui suspendent la plupart des libertés en Algérie et vont vers la guerre totale, donnant carte blanche à l'armée dans les « zones interdites », sont votés, y compris par le PC. En raison de son importance dans la vie politique d'alors, ce choix du PC, ainsi que le flou de ses positions sur la réalité d'une nation algérienne, entretenu depuis le discours de Thorez en 1939 jusqu'en 1956, ont entravé la mobilisation contre la guerre. La durée du service est alors portée à 28 mois et les premières bombes explosent à Alger. En novembre 1956, l'expédition de Suez* aboutit à un fiasco politique. Le renforcement de l'ALN entraîne la nomination du général Salan* au poste de commandant en chef en Algérie. C'est le temps des anciens d'Indochine contre le terrorisme, de la « bataille* d'Alger » – « le sang et la merde » dira Bigeard*. Techniquement, l'armée l'emporte dans Alger, où le FLN* est détruit. À partir de 1957, le barrage électrifié et miné des frontières (ou ligne Morice, du nom du ministre de la Guerre) prive ce dernier d'aide extérieure tandis que les offensives des commandos « de chasse » appuyées sur le quadrillage du pays écrasent les maquis. De plus, de nouveaux enjeux se font jour : le pétrole* a jailli au Sahara en 1956, et le désert devient le principal centre d'expérimentation militaire, chimique et nucléaire français en 1959.

C'est « le dernier quart d'heure », croit-on, qui devrait marquer la défaite définitive du FLN. Mais c'est oublier les aspects politiques internes et plus encore externes. Car l'ONU* demande « une solution pacifique, démocratique et juste », et, le 8 février 1958, le bombardement de Sakiet* sidi Youssef en Tunisie met la France en accusation. Pour bloquer toute perspective de négociation, les activistes et les généraux d'Alger préparent un putsch.

Le 13 mai 1958, une émeute sous la protection des forces de l'ordre fait tomber la IVe République. Apparaissant comme le recours, de Gaulle* s'oriente, en nommant le général Challe* en novembre 1958, vers une victoire militaire permettant une négociation dans des conditions favorables pour les intérêts pétroliers et stratégiques, mais beaucoup moins pour les Européens. Selon lui, « l'Algérie de papa est morte, et si on ne le comprend pas, on mourra avec elle ». En réponse, les ultras multiplient émeutes, attentats et tentatives de putsch – en janvier 1960, avril 1961, mars 1962 –, créent l'Organisation armée secrète (OAS*) début 1961 et entretiennent une guerre civile latente. Ces tentatives sont brisées, comme celles de l'ALN, réduite à 5 000 combattants. Mais il n'en est pas de même politiquement : le Gouvernement populaire de la République algérienne (GPRA*), créé en septembre 1958, occupe la scène diplomatique. Pour de Gaulle, aucun grand dessein international n'est possible tant que dure cette guerre. Le FLN a imposé son autorité contre ses rivaux et devient incontournable. En métropole, la radicalisation des opposants débouche sur une fronde des intellectuels, des plus grands noms, qui dénoncent les crimes, et sur un divorce entre l'armée et une partie de la jeunesse. Aussi, les pourparlers sont inéluctables. Ils s'engagent en mai 1961 et aboutissent difficilement le 18 mars 1962 aux accords d'Évian*, qui sont massivement ratifiés dans les deux pays.

L'approche de l'indépendance se fait dans une violence chaotique, qui n'épargne plus la métropole, avec les dizaines de morts du 17 octobre* 1961 et ceux de Charonne*, avec les tentatives d'assassinat de De Gaulle. En Algérie, la « terre brûlée » de l'OAS, les massacres entre communautés, le drame d'Oran dans l'été 1962, où les victimes musulmanes sont « vengées » par les milliers de morts et de disparus pieds-noirs* du 5 juillet marquent la fin de l'Algérie française. La lutte pour le pouvoir entre clans du FLN, arbitrée par l'armée des frontières, qui impose Ben Bella* et Boumediene* à Alger en battant les hommes de l'intérieur de la wilaya 4, se règle au prix du sang.

Comment expliquer ce paroxysme ?

« La guerre est la continuation de la politique par d'autres moyens » : rarement la formule de Clausewitz aura été plus juste. Après les émeutes de Sétif* en 1945, les jeux sont faits. Ces sept années 1954-1962 sont le résultat de multiples « occasions perdues » depuis 1830. La guerre prend l'allure d'un conflit entre deux populations, et sur ce point aussi elle est bien le prolongement inéluctable de la situation coloniale telle qu'elle a caractérisé l'Algérie des pieds-noirs. Les enquêtes de Pierre Bourdieu sur *Travail et travailleurs en Algérie* (1962) font ressortir l'univers du sous-prolétariat algérien accusant les petits blancs de prendre leur travail, percevant le colon comme un rival.

Le paroxysme de la violence est à l'image de celle de la conquête* et de 132 ans de colonisation. « L'Algérie c'est la France » : cette incantation niant l'identité algérienne, reprise par Mendès France* et la SFIO en passant par

Mitterrand*, rend impossible toute négociation et, en ne reconnaissant pas l'adversaire, débouche sur une guerre « sale ». « On ne négocie pas avec les terroristes. » Il faut donc se donner les moyens d'une victoire militaire contre la guérilla*. Dans aucune autre guerre coloniale, le contingent n'a été aussi massivement impliqué et endoctriné (notamment par l'hebdomadaire de propagande de l'armée, *le Bled*, distribué aux appelés). La guerre a eu ses spécialistes, les paras de Bigeard et Massu*. Les officiers battus d'Indochine mettent en œuvre une « guerre contre-révolutionnaire », celle de l'Occident contre le communisme et l'islam, bien décidés à ne plus subir de défaite.

Empêcher les ennemis d'être comme des poissons dans l'eau au sein de leur société, les isoler dans des no man's lands a entraîné le déplacement de deux millions de ruraux dans des camps de regroupement. En face, l'inégalité du rapport de forces suscite les attentats aveugles contre les civils et, avec eux, l'aggravation du caractère d'affrontement communautaire de cette guerre, qu'illustre le terme « ratonnade », apparu fin 1960. Les exécutions de condamnés à mort à partir de juin 1956, les bombes en représailles, la création des DOP (dispositifs opérationnels de protection), qui systématisent la torture*, la marquent indélébilement. Nécessité pour vaincre ? Amère victoire : en décembre 1960 et juillet 1961, des manifestations de masse dans les villes prouvent l'audience du FLN dans la population.

La guerre entraîne une dégradation de la vie politique française. Depuis que Guy Mollet s'est laissé imposer la volonté des émeutiers d'Alger, depuis le détournement de l'avion conduisant les dirigeants FLN de Rabat à Tunis en octobre 1956, la IVe République glisse à droite, censurant *l'Express, le Monde*, les revues, les livres et toute dénonciation des violations des droits de l'homme, réprimant les manifestations de soldats. La torture va diviser la France, surtout avec la publication de *la Question* de Henri Alleg* en 1958. C'est le prix de la guerre civile froide entre une social-démocratie qui évolue vers le « national-mollettisme », la dérive chauvine et aventuriste du président du Conseil face à l'Algérie, Suez, et un PC prisonnier du stalinisme. L'ensemble de la gauche est paralysé, ainsi la Ligue* des droits de l'homme, qui ne désapprouve pas les pouvoirs spéciaux en 1956 et choisit de n'intervenir que discrètement contre les violations des droits jusqu'en 1958.

Pour imposer un déblocage politique et la paix, il fallait un patriote insoupçonnable, à même de redorer le prestige du pays, de définir un substitut moderniste à la colonisation du « temps de la lampe à huile et de la marine à voile », comme disait le général. Mais cela s'est fait au prix du cynisme politique et d'une crise morale profonde, qui n'est pas achevée.

L'empire colonial français à son apogée

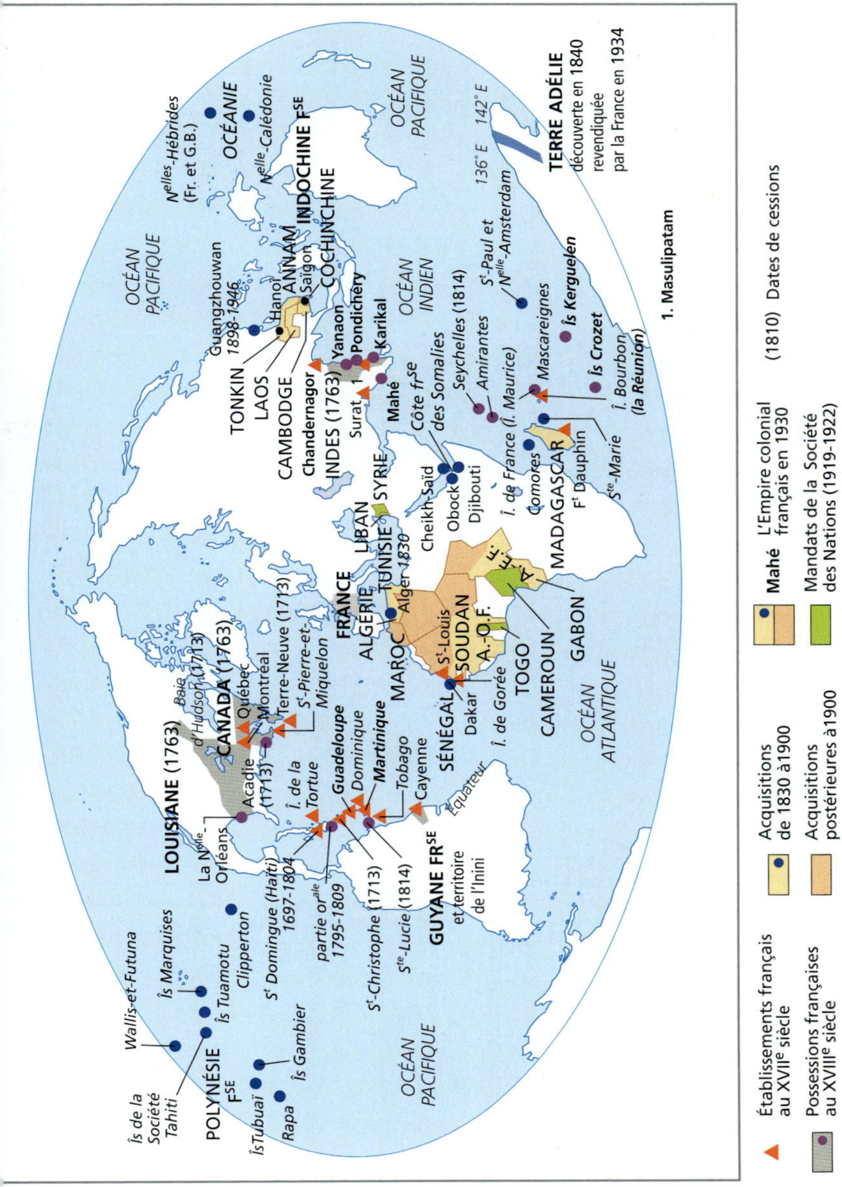

L'Afrique au XIXe siècle

La traite des esclaves

L'exploration de l'Afrique au XIXe siècle

Français
- Cailliaud (1819/1822)
- Caillié (1827/1828)
- Duveyrier (1859)
- Brazza (1875/1878)
- Fourneau (1888)
- Gentil (1895/1900)
- Marchand (1897/1898)
- Mission Foureau-Lamy (1898/1900)

Britanniques
- Mungo Park (1795/1806)
- Livingstone (1840/1873)
- Speke et Grant (1861/1862)
- Cameron (1873/1875)
- Stanley (1871/1877)

Allemands
- Barth (1850/1855)
- Nachtigal (1869/1875)
- Schweinfurth (1868/1871)

Régions inconnues en 1900

Conquête et résistances en Afrique

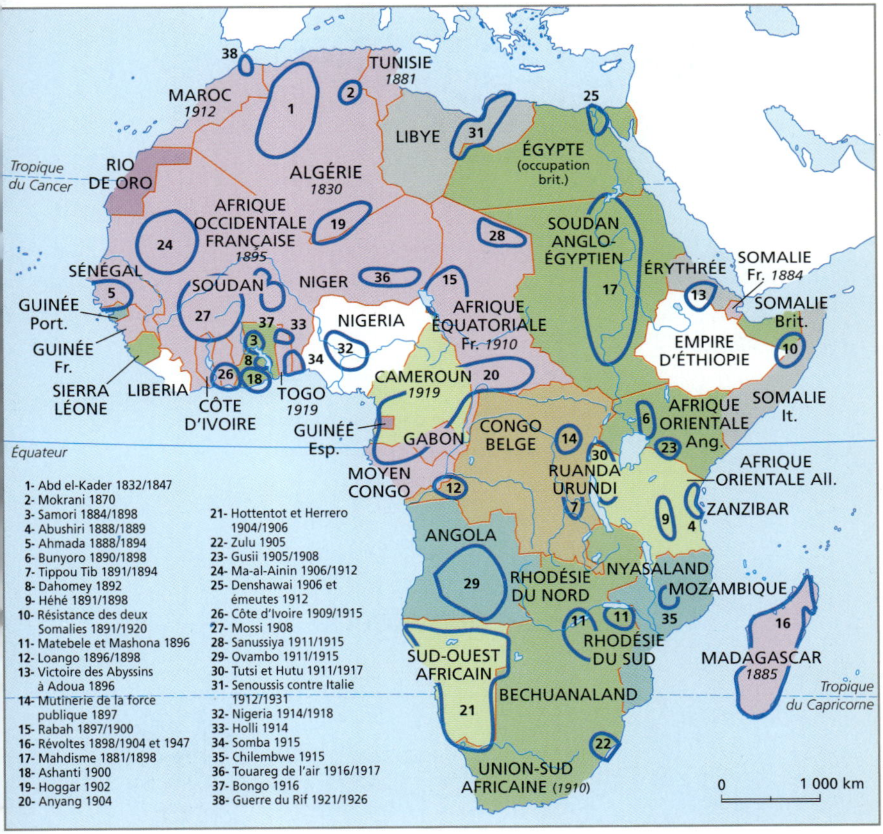

Territoires sous domination :

- Française
- Britannique
- Allemande
- Belge
- Portugaise
- Italienne
- Espagnole
- Frontières, limites territoriales
- Principales zones de résistances à la conquête

Conquête de l'Algérie

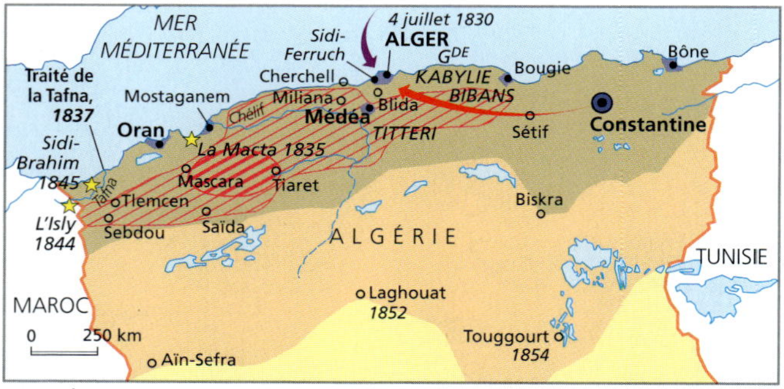

Établissements français de 1830 à 1835

Acquisitions françaises de 1835 à 1847

Acquisitions françaises de 1848 à 1870

Régions sous la domination d'Abd el-Kader

Expéditions françaises contre Constantine (1836, 1837)

Débarquement du corps expéditionnaire français (1830)

Expédition française de 1839

Oran Capitale de beylicat

Batailles

Guerre d'Algérie

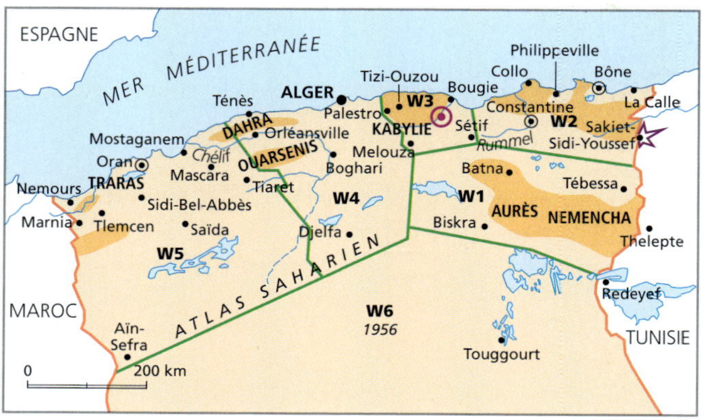

Limites approximatives de wilaya, 1954

Principales régions de guérilla

Congrès de la Soummam août 1956

Bombardement de Sakiet-Sidi-Youssef février 1958

Pénétration française au Maroc

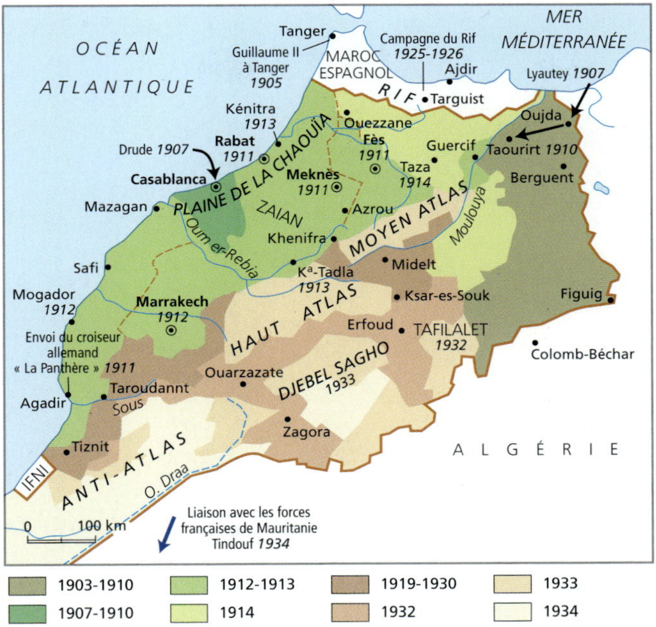

La Tunisie sous le protectorat français (population, économie, naissance du mouvement syndical)

Population autochtone en 1926
Dénombrement : 1 986 427 hab.
Densité au km²

- Plus de 100
- de 40 à 100
- de 20 à 40
- de 10 à 20
- de 5 à 10
- Moins de 5

(Population européenne : 173 281 hab.)

Béja Villes comptant plus de 10 000 hab. agglomérés
■ Capitale (185 996 hab.)
○ Chefs-lieux de contrôle civil

Chemin de fer en 1936
- A voie normale
- A voie étroite
- Phosphates

Grèves fondatrices du mouvement syndical
◇ 1904 : grèves des Italiens
1924 : naissance de la CGT tunisienne
1936 : grèves liées au Front populaire
1937/1938 : grèves des mineurs
1952 et 1954 : grèves des ouvriers agricoles

Le Moyen-Orient pendant et après la Première Guerre mondiale

Offensives alliées
- 1916
- 1917
- 1918 (Allenby)
- Batailles
- Traités

- États après 1920
- Acquisitions de la Turquie en 1923 (traité de Lausanne)
- Capitale de Mustafa Kemal en 1923
- A. Sandjak d'Alexandrette
- Conquêtes d'Abd al-Aziz III ibn Saud

Pays sous mandat A depuis 1920 :
- Mandat britannique
- Mandat français
- Possessions britanniques
- Possessions italiennes
- Possession française

- L'Empire ottoman en 1914
- Raids germano-turcs sur Suez (1915 et 1916)

Le Liban et la Syrie sous mandat

Régions annexées à la province du Mont-Liban pour constituer, en 1920, l'État du Grand Liban

Madagascar (XIXe-XXe siècle)

ZAFI Principaux groupes s'installant dans l'île du XIe au XVIe s.

La pénétration française (XIXe s.)

Tamatave Points occupés par la France avant 1895

Expédition du général Duchesne (1895)

Royaume de merina en1861 (extension maximale)

Régions occupées par Gallieni en :

- oct. 1896
- juill. 1897
- déc. 1899
- déc. 1902

1896 Révolte indigène

L'Indochine française et la guerre d'indochine (1946-1954)

Étapes de la colonisation française

- 1859-63
- 1867
- 1873 (F. Garnier)
- 1883-85
- 1893
- Provinces cédées par le Siam en 1907
- Limites de l'Indochine française en 1927
- Viêt Nam actuel

- Voie d'arrivée de l'aide chinoise
- Zone disputée (grande insécurité)
- Zone disputée (sécurité relative)
- Zone entre les mains du Viêt-minh
- Implantation viêt-minh sérieuse
- Implantation viêt-minh encore lâche

Les possessions françaises dans l'océan Indien

- Comptoirs français de l'Inde (1673/1674-1949/1954)
- Possessions françaises

L'Océanie (XIXe-XXe siècle)

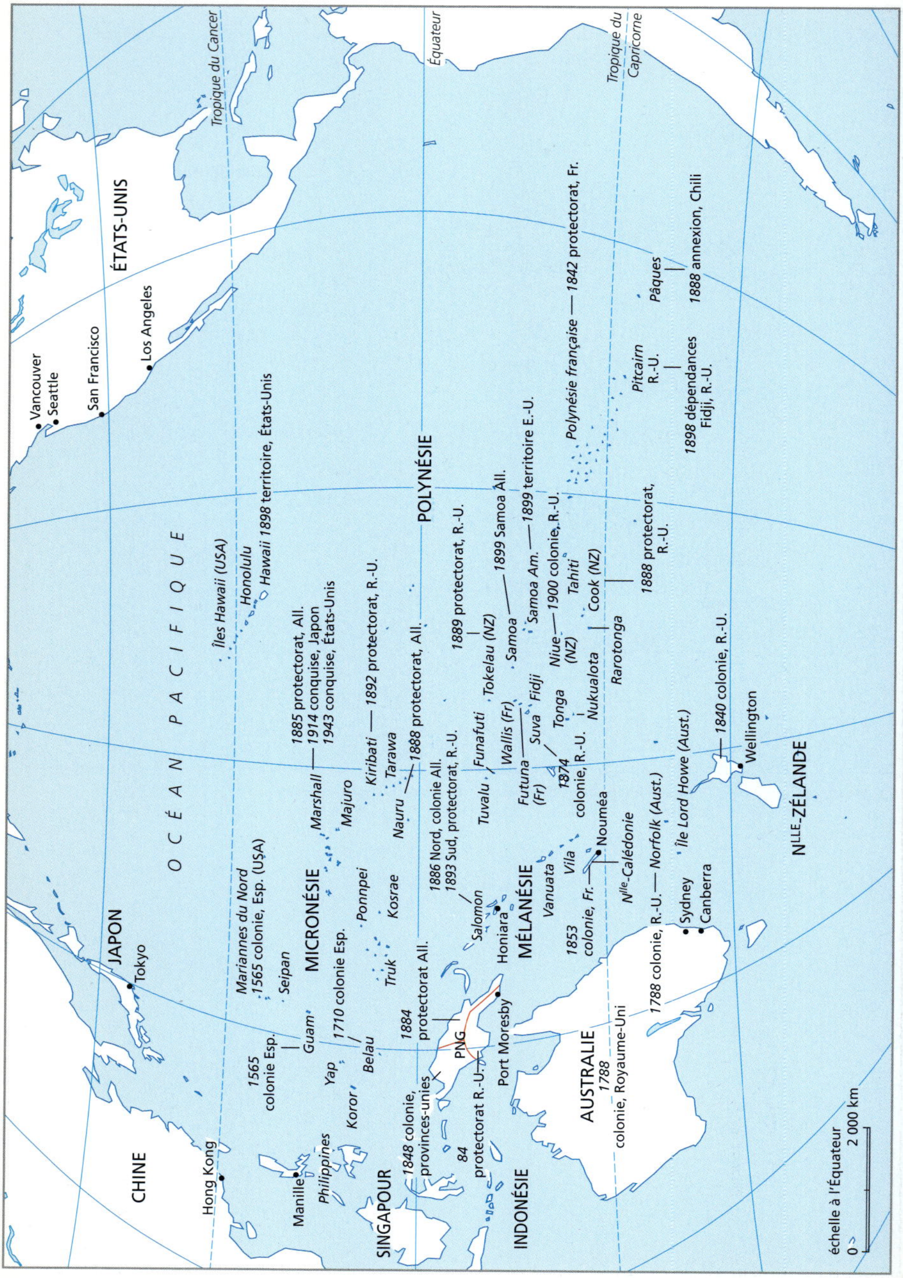

Les Antilles
(révoltes des esclaves et abolitions de l'esclavage)

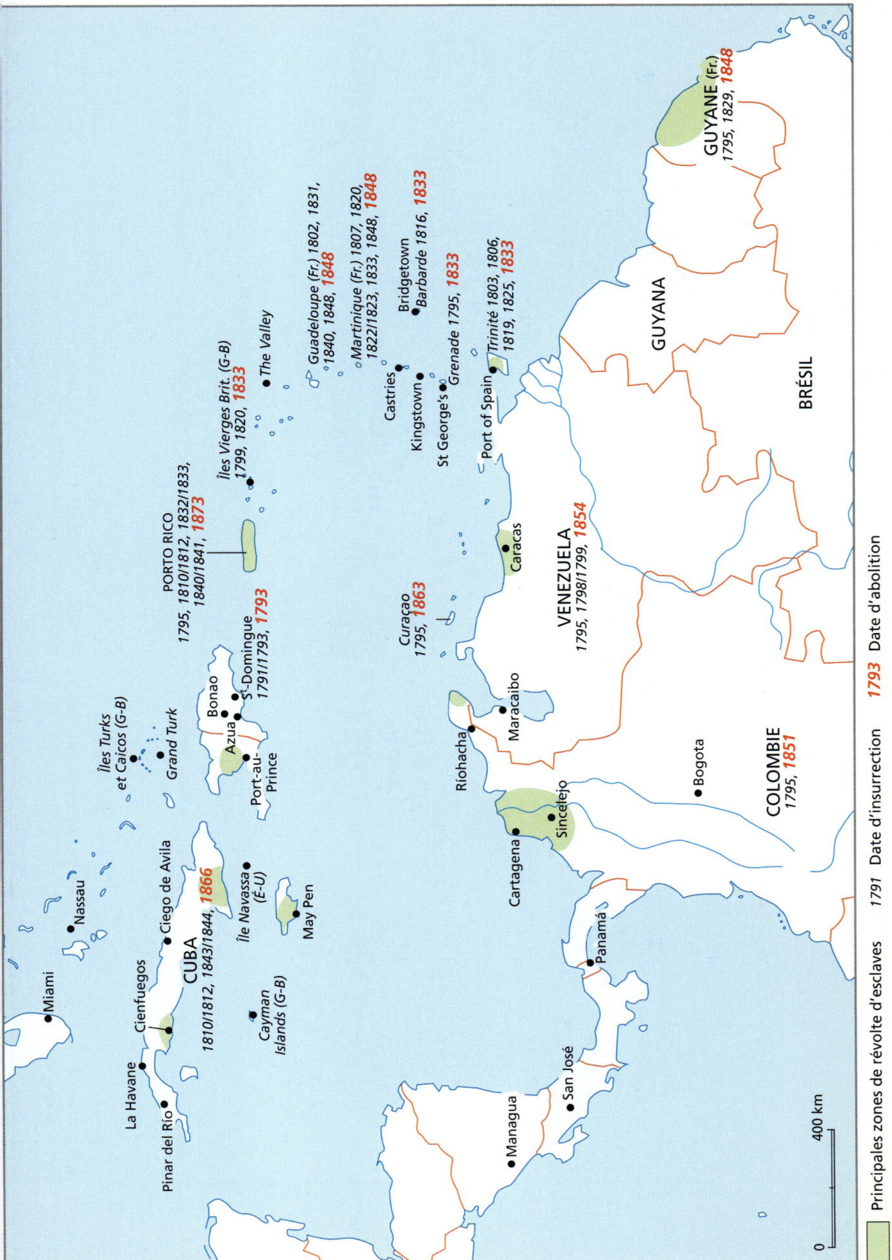

Les grandes étapes de la décolonisation

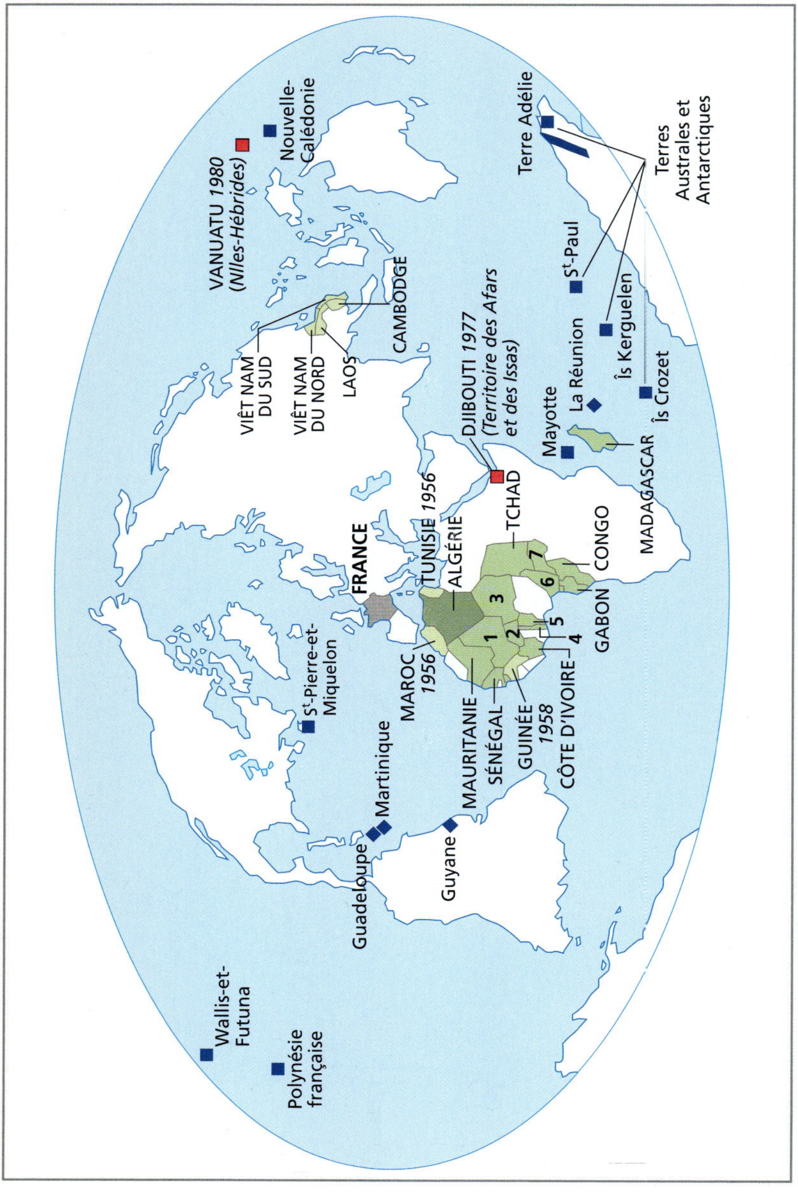

Indépendance

1954 à 1958

1960

Territoires demeurés français en 1990

◆ Départements d'outre-mer

■ Territoires d'outre-mer ou

1 - MALI
2 - BURKINA
3 - NIGER
4 - TOGO
6 - CAMEROUN
7 - RÉPUBLIQUE CENTRAFRICAINE

La guerre d'Algérie, une crise française

C'est d'abord une crise de grandeur. Après la débâcle de Vichy, puis la Libération, qui est due pour une bonne part aux Alliés, la réduction de la France entre 1954 et 1962 à un hexagone et quelques confettis a été une blessure narcissique, accompagnée des humiliations de Diên* Biên Phu, de Suez et du chaos de l'été 1962. À quoi s'ajoutent les vexations dues au « Machin », comme disait de Gaulle à propos de l'ONU, et un isolement international.

Le cartiérisme est une des réactions face à cette crise : Raymond Cartier affirme, dans une série d'articles de *Paris Match* en 1956, que les colonies – appelées inévitablement à devenir indépendantes – sont un gaspillage financier aux dépens de la métropole. Choisir « la Corrèze plutôt que le Zambèze », c'est ce que pense aussi une partie du patronat et de la classe politique.

Dans le pays profond, désarroi et malaise prévalent : les Français, entrés dans une guerre sans le savoir, en sont sortis sans le vouloir vraiment. Les Trente Glorieuses, la « société de consommation », la multiplication par cinq des voyages en avion, par 2,7 des automobiles, par quatre des postes de télé, l'ouverture des grandes surfaces et des autoroutes, le traité de Rome marquent des mutations accélérées au regard desquelles l'Algérie en guerre semble un archaïsme, comme le dit *l'Express*.

À gauche, la cause de l'Algérie française s'est réduite comme une peau de chagrin surtout après 1958, sauf chez quelques assimilationnistes* fidèles, contre tout réalisme, au principe. Mais elle demeure ancrée à l'extrême droite, chez les officiers et dans certains cercles policiers. Discréditée par la Collaboration, la mouvance fascisante se requinque. D'où une guerre civile larvée, suivie de lourdes condamnations et de plusieurs exécutions. Les officiers supérieurs (Jouhaud*...) ont été graciés, mais pas Degueldre ni Bastien Thiry. Hors ces cas, pour fermer la « boîte à chagrin algérienne », l'amnistie prévue dans les accords d'Évian* fera l'objet de mesures qui l'élargissent progressivement. Elle organisera aussi l'amnésie.

Cette orchestration du silence a été d'autant plus nécessaire que la guerre ne s'est pas déroulée loin des yeux : elle a été portée en métropole par la Fédération de France du FLN*, qui assure son pouvoir sur l'immigration. En riposte aux attentats contre la police, Maurice Papon* couvre le massacre du 17 octobre 1961. Reste que, sur les quelque 20 000 manifestants réclamant l'indépendance de l'Algérie, beaucoup se fixeront en France, tout en cultivant le mythe d'un retour dans la patrie libérée de plus en plus incertain. Ils feront souche, et leurs enfants seront français par application du « jus soli », le droit du sol. Autre pomme de discorde héritée qui expliquera des tentatives récurrentes de modifier dans un sens restrictif le droit de nationalité.

Dans l'immédiat, une crise morale s'amplifie, avec l'occultation impossible des crimes de la répression. Les compromissions de la justice mettent en cause les valeurs républicaines, que Sartre*, Vidal-Naquet* défendent. Aussi cette guerre a-t-elle été celle de l'écrit, de quelques journaux et éditeurs, dont Maspero* et Lindon. Des bidasses, Robert Bonnaud, Georges Mattéi, Maschino et Maurienne, dénoncent. Le général de la Bollardière* et quelques officiers sont des exceptions dans l'armée. Le divorce entre celle-ci et une partie de la jeunesse, mis au premier plan par les témoignages du Comité de résistance spirituelle sur les crimes de l'armée en 1957, l'appel à la paix du GEROJEP (Groupe d'études et de rencontres des organisations de jeunesse et d'éducation populaire, comptant 53 organisations), le manifeste* des 121 et l'écho des « porteurs* de valises », dont le procès en septembre 1960 brise le silence, imposent la création d'un statut d'objecteur de conscience en 1962. Marc Garangé dans ses photos*, Plantu dans ses dessins témoigneront de ce malaise du contingent.

La gauche « respectueuse » a été mise à mal par ces sept années : la SFIO n'y a guère survécu et le PC entame son déclin irréversible. Une nouvelle gauche (PSA, PSU, CFDT) ainsi qu'une extrême gauche s'opposent aux deux partis traditionnels et annoncent mai 68. Les forces, les nations nouvelles, le tiers-mondisme*, paraissent à une petite minorité une terre promise contre l'humanisme mensonger de l'Occident et le gel du communisme. Car la composante la plus profonde de ces crises est culturelle. Le rejet de l'assimilation par les nationalistes*, les décolonisations ont été ressentis comme le refus par les musulmans d'un modèle de civilisation. La peur des masses faméliques et fanatiques, de l'islam, a empêché de mesurer pleinement cette irruption de trois continents sur la scène politique. En fait, c'est à côté de la guerre que les innovations culturelles se développent : les yéyés, le rock, la nouvelle vague, le nouveau roman ; mais les jeunes du contingent se retrouvent dans les *Quatre Cent Coups*, dans *À bout de souffle,* cette errance fatale, dans *les Cousins*, et écoutent « Salut les copains » sur leurs transistors dans les djebels.

Enfin, l'arrivée d'un million de « rapatriés »* et des harkis* ayant pu échapper au carnage installe en France une population vaincue et des mémoires blessées : le scandale et les affrontements suscités par la pièce de Jean Genet, *les Paravents*, en 1966 en est un exemple. Ce passé passe mal, aujourd'hui encore.

Guerre d'Algérie et capitalisme : un débat

Pour le PCF, qui porte alors le flambeau du marxisme-léninisme, la guerre a l'odeur du pétrole et du vin (qui représente 55 % des importations d'Algérie, alors qu'il y a surproduction en métropole) : c'est une guerre du « grand capital ». Au contraire, de Gaulle souligne que l'Algérie coûte plus qu'elle ne rapporte en termes économiques. Mais, si lourd que soit le coût de la guerre (20 % du budget de l'État et 5,5 % du PIB, à peu près, car aucune évaluation n'est précise), le dynamisme économique des Trente Glorieuses permet le redressement financier de la France, qui en 1961 est créditeur du FMI.

Il faut distinguer des attitudes contrastées et contradictoires et des intérêts très divers : le capitalisme* local – attaché comme l'ensemble de la société coloniale au maintien de sa situation –, le capitalisme lié à l'Empire, qui profite de protections douanières et d'aides conséquentes – ainsi le textile et les armateurs –, et les milieux d'affaires liés à d'autres domaines d'activité. Les besoins en infrastructures favorisent certains secteurs, tels les travaux publics, et l'expansion qui suit 1945 est attractive. Même si la tendance au rapatriement des profits est forte, le boom des années 1950 présente des opportunités outre-mer. Mais les entreprises métropolitaines rechignent à s'implanter en Algérie. Bien sûr, l'exploitation du pétrole et du gaz à partir de janvier 1956 est une donnée de poids. Certains ont bâti sur eux le rêve d'une indépendance énergétique et cru à une manne. Les réalités sont en deçà : le prix de revient élevé et la légèreté du fuel limitent son emploi. Pour aboutir aux accords d'Évian, il a fallu abandonner le projet de partition du Sahara* par la France et partager des bénéfices de l'or noir.

Car toute économie est politique. Si le plan* de Constantine d'octobre 1958, qui devait accrocher le wagon algérien au train de l'Europe, n'est réalisé qu'au quart, c'est autant la crise structurelle de l'économie impériale que les incertitudes sur l'avenir politique qui est en cause. Les 400 000 emplois nouveaux, la scolarisation des deux tiers des enfants puis de la totalité, l'alignement des salaires, l'attribution de 25 000 ha de terres à des agriculteurs, ces objectifs n'ont pas été atteints. Manque de main-d'œuvre qualifiée, faiblesse du marché ne peuvent trouver de solutions dans le cadre du système. Les investissements* économiques, démographiques, scolaires nécessaires, très élevés pour les finances publiques, amplifiant les efforts déjà importants du FIDES* et du budget* de l'État depuis 1945, accrus de dépenses militaires, auraient exigé une nouvelle politique économique impériale, sans certitude d'éviter les indépendances. Aussi les milieux patronaux sont-ils très divisés sur l'avenir de la colonisation, d'autant plus que la répression a conduit à des impasses. Ils n'anticipent pas les décolonisations, mais s'en arrangent.

Pourquoi donc ces années de guerre, si coûteuses moralement et matériellement ? Dans tous les cas, la fin de l'Empire n'entraîne pas d'effondrement et la modernisation du capitalisme français reste le fait technologique et économique majeur de la période.

Du côté algérien, les lendemains déchantent et il n'est plus possible de considérer que cette histoire s'achève sur les fêtes et les youyous de 1962.

La guerre algérienne

La légende héroïque et le culte des martyrs (*chouada*) ont été bâtis sur le coût humain de la guerre d'indépendance, qui a été très lourd, même si le chiffre officiel de un million de morts est exagéré. Les historiens s'accordent sur quelque 350 à 400 000 victimes, 3 % de la population. Mais les problèmes les plus importants ne sont pas ces décomptes. Pour les Algériens, la Révolution (*Thawra*) – selon le terme officiel – est le mythe fondateur. Elle a été une rupture qui modèle le système politique aujourd'hui encore.

La guerre a mis fin au pluralisme, promu une nouvelle génération et un nouveau type de militants. Non pas les paysans, en qui Fanon* croyait voir la force révolutionnaire : ils ont été les fourriers de la bureaucratie qui s'installe au pouvoir. Ces cadres, les chefs historiques* ont une origine beaucoup plus modeste que dans les pays voisins, ne sont issus ni des oulama* ni des élites francisées passées par l'université. Les leaders sont jeunes et ont été faits par la révolution autant qu'ils l'ont faite. Il faut ajouter que l'armée des frontières, beaucoup plus disciplinée, conventionnelle et solidement équipée que les maquis dans l'été 1962, porte Ben Bella* au pouvoir. Les civils du GPRA sont évincés. Sur 87 cadres des appareils du pouvoir en 1961, 56 sont officiers, dont 23 colonels. L'Algérie, comme la Prusse, n'est pas un État qui a une armée mais une armée qui dispose de son État, selon la formule définissant la Prusse, étendue par Mohamed Harbi.

La tentative de doter le FLN d'une direction collective, d'un projet inspiré par la culture laïque qui a été au cœur du congrès de la Soummam*, n'a pas eu de suite. Son idéologie tient du socialisme de roulante ou plutôt de maquis, d'un marxisme simpliste et du banditisme social*, et emprunte beaucoup à un islam puritain. « Les prétentions des rebelles sont exorbitantes [...] comportent des interdits [...] dictés par le fanatisme le plus obtus, le racisme le plus intransigeant, la poigne la plus autoritaire [...] et puis, il faut recevoir selon nos traditions hospitalières nos braves invités qui prennent des allures de héros et d'apôtres tout comme les grands saints de l'islam [...] Il ne reste aux femmes qu'à youyouter», dit Feraoun* (*Journal,* 8 novembre 1956). L'autoritarisme porté par cette culture est renforcé par le fait que ce n'est pas la mobilisation populaire qui est à l'origine de l'armée, mais l'action armée, le coup de force du 1er novembre 1954 contre l'immobilité politique de l'Algérie, qui a suscité la mobilisation populaire. Le moudjahid a donc un statut privilégié et il impose sa conception de la politique comme la seule. «Se désintéresser de la lutte est un crime», affirme l'ALN. Toute réserve est suspecte, comme l'ont appris Mouloud Feraoun ou Assia Djebar*.

Certes, la violence du FLN ne peut être assimilée à la violence coloniale et les Algériens, animés par la haine de la domination française, considèrent l'arbitraire de leurs chefs comme la rançon de la libération nationale.

Mais la violence de la deuxième guerre algérienne, l'actuelle, appelle à réexaminer celle de la première. Si Fanon en a fait une catharsis nécessaire pour se libérer de l'aliénation coloniale – car pour lui le déchaînement contre le colon est nécessaire pour faire reculer la violence entre colonisés –, une telle explication ne suffit plus au regard des quarante ans passés.

guerre d'Algérie et amnistie L'amnistie a été décidée à Évian* par les deux camps: «Nul ne peut être inquiété, recherché, poursuivi, condamné, ni faire l'objet de décision pénale, de sanction disciplinaire ou discrimination quelconque, en raison d'actes commis avec les événements politiques survenus en Algérie avant le jour de la proclamation du cessez-le-feu.» Une série de lois et décrets ont appliqué ce principe dès 1962, l'étendant au delà du 19 mars pour couvrir les exactions de l'OAS*. Sans les énumérer toutes, il faut citer la loi du 17 décembre 1964, la grâce présidentielle de la même année, la nouvelle grâce du 7 juin 1968 visant tous les membres de l'OAS. Georges Bidault, Soustelle* rentrent d'exil et Raoul Salan* sort de prison. Une nouvelle loi est votée le 24 juillet 1968, une autre le 16 juillet 1974, puis celle du 24 novembre 1982 réhabilite les officiers condamnés ou sanctionnés. Due à François Mitterrand*, elle a suscité le mécontentement d'une partie des socialistes et semble correspondre à des accords électoraux discrets avec les milieux attachés à l'Algérie française. La loi du 23 février 2005 assure le paiement des pensions pour les anciens membres de l'OAS appartenant au secteur privé lors de leurs années de prison ou d'exil. Cette politique d'amnistie-amnésie systématique était destinée à mettre fin à la guerre civile dans l'esprit de la Grèce antique, on ne parle plus de ce qui a divisé la nation. Ces diverses lois ont interdit de juger des personnes, entravé l'ouverture des archives, sans parvenir à éviter les guerres de mémoires.

guerre d'Algérie et cinéma Dominé par la censure, le cinéma* n'a pas pu montrer la guerre d'Algérie alors qu'elle se déroulait. Hors des films militants, interdits, quelques titres font exception mais ils sont restés allusifs. Après la guerre, le cinéma s'empare peu du thème. Jacques Demy livre, certes, un film populaire et en-chanté sur la douleur de la séparation lors du départ au service militaire (*les Parapluies de Cherbourg*, 1964), et Alain Resnais un des plus beaux films sur les difficultés d'adaptation des soldats à leur retour en France, après avoir accompli en Algérie des violences inavouables (*Muriel ou le temps d'un retour*, 1963), mais le box-office est alors dominé par *les Centurions* de Mark Robson, coproduction internationale à la gloire des parachutistes. À la même époque, est primé au festival de Venise *la Bataille d'Alger* de Gillo Pontecorvo, qui aurait pu fournir aux spectateurs français un contrepoint s'il n'avait été censuré... Après 1968, le cinéma français, dégagé peu à peu de la censure, produit deux films sur l'expérience des soldats, de teneur plutôt antimilitariste: *Avoir vingt ans dans les Aurès* a un succès d'estime, lié davantage à des circuits militants (Vautier, 1972), mais *RAS* d'Yves Boisset (1973) trouve un certain public; de même les films de Pierre Schoendorffer (*le Crabe-Tambour*, 1977; *l'Honneur d'un capitaine*, 1982) ou d'Alexandre Arcady (*le Coup de sirocco*, 1979). Ces films sont autant de récits sur la guerre: si les points de vue ne se croisent pas dans la fiction, il est possible que les spectateurs, eux, accomplissent cette mise en relation qui fait du cinéma un récit national original, élaboré par chacun et régulièrement enrichi. Ainsi, des films ont permis d'aborder la question des porteurs de valise (*Liberté, la nuit*, Garrel, 1984), celle de la diversité des choix des Français d'Algérie (*Outremer*, Rouän, 1990), celle de l'OAS* (*Des feux mal éteints*, Moatti, 1994) ou encore celle des Algériens appelés dans l'armée française (*la Trahison*, Faucon, 2006).

guerre d'Algérie et contingent Dernière guerre coloniale, la guerre* d'Algérie est aussi la dernière où le contingent a été employé. Aux quelques régiments du début succèdent, à partir de la fin de l'été 1955, une politique de plus grande ampleur et, en avril 1956, l'envoi de la totalité du contingent par le gouvernement Mollet*. Dès lors, tout jeune est amené, sauf exception, à aller en Algérie, après un temps de classes, parfois particulièrement réduit ou réalisé en Algérie même. En 1956, les premiers à partir – pour six mois – sont des rappelés. Par la suite, les appelés passent plus de 18 mois en Algérie, parfois jusqu'à 30 mois pour les officiers de réserve. En effet, la durée de service est régulièrement allongée, avant de diminuer quand la stratégie mise en place par le général Challe*, ainsi que la bonne étanchéité des barrages électrifiés installés aux frontières, a eu largement raison de l'ALN*.

Ignorants des réalités coloniales, formés par l'école laïque patriotique, branchés sur « Salut les copains » grâce aux transistors, majoritairement de la France rurale et ouvrière, les appelés ont, après la retombée des protestations de 1955 et 1956, accompli leurs obligations. Ils ont, par leur résistance passive et parfois active, entravé le putsch de 1961. Peu préparés à une guerre faite d'attaques surprises mais aussi de nombreuses tâches très éloignées des activités militaires traditionnelles, les militaires du contingent ont pu avoir, en Algérie, des expériences extrêmement disparates, selon le lieu et le moment, l'unité et le commandement. Pour eux, la guerre fut relativement peu meurtrière puisque, sur plus de 1,3 million d'hommes, près de 23 000 furent tués, dont plus du tiers par accident (chiffres arrêtés au 19 mars 1962 alors que nombreux sont encore les militaires à mourir au-delà). En revanche, « avoir vingt ans dans les Aurès » reste souvent à leurs yeux un souvenir douloureux, un malaise fait de silence et d'impossibilité à être reconnus, en raison des caractères de cette guerre sans nom et sale, et ils ont très tôt lutté pour obtenir la reconnaissance de leur qualité d'anciens combattants par l'État (obtenue en 1974) puis du terme de guerre pour désigner les « opérations de maintien de l'ordre en Algérie » (loi du 18 octobre 1999).

guerre d'Algérie et médias

Une guerre de l'information

L'information est l'enjeu, entre le pouvoir et les oppositions, entre autorités françaises et FLN, de rivalités d'autant plus fortes qu'elle connaît une série de mutations techniques pendant la guerre d'Algérie.

Organisation de l'information en France

Depuis la Libération, deux secteurs coexistent : à côté de la presse privée, l'État garde le contrôle de l'agence France-Presse et de Havas, de la radio*, des actualités cinématographiques puis de la télévision, cela sous la IVe comme sous la Ve République. L'AFP connaît un développement important pendant la période, des bureaux se mettent en place à Tunis et Alger. Contre eux, le GPRA décide, en décembre 1961 à Tunis, de créer Algérie Presse-Service

(APS) avec des moyens rudimentaires. La presse écrite perd de nombreux titres, celle du PC, qui disposait de 28 quotidiens en 1945, n'en a plus que 6 en 1958. Quelques titres profitent de cette concentration, en particulier *France-Soir,* avec plus d'un million d'exemplaires, ainsi que la presse régionale.

Avec la Ve République, l'information se déplace vers l'Élysée, qui verrouille les nouvelles. Dans *le Monde,* en avril 1960, plusieurs articles dénoncent « la République du silence », et de Gaulle, on le sait, n'a guère d'estime pour ces « irresponsables [...] cette engeance » que sont les journalistes. Il a pourtant tenu dix-sept conférences de presse, savamment mises en scène, entre 1959 et 1969. Le « général micro », comme on l'appelle depuis le 18 juin 1940, a abondamment utilisé la radio. À l'époque de la révolution du transistor, lors de la guerre, son appel d'avril 1961 contre les officiers putschistes a été entendu par le contingent et entraîné l'opposition de celui-ci au putsch. Cette intervention du pouvoir a été assortie d'une censure sans précédent depuis Vichy et de l'utilisation des « étranges lucarnes », grâce auxquelles le général est « lié au peuple lui-même par les yeux et les oreilles ».

La censure

Avec la loi du 3 avril 1955 déclarant l'état d'urgence, le pouvoir peut « prendre toutes les mesures pour assurer le contrôle de la presse et des publications... ainsi que celui des émissions radiophoniques, des projections cinématographiques et des représentations théâtrales » (article 11). Le décret du 17 mars 1956 – dit des pouvoirs spéciaux – étend les mesures à l'ensemble des moyens d'expression, qui peuvent faire l'objet de saisies et poursuites pour atteinte à la sûreté de l'État. Un texte du 27 avril 1961 précise les motifs d'interdiction : appui à une entreprise de subversion, diffusion d'informations secrètes d'ordre militaire ou administratif. On compte 269 saisies de journaux en métropole et 586 en Algérie, 20 films bloqués. Certains titres sont particulièrement visés : *l'Express, France Observateur, le Canard, l'Humanité, le Libertaire,* etc., ainsi que les éditions de Minuit (qui publient *la Question* d'Alleg*, premier livre saisi) et Maspero*, dont près de trente ouvrages sont saisis en moins de trois ans.

Les « événements » d'Algérie et la télévision française

Ces deux réalités sont concomitantes. Quand l'insurrection des « fils de la Toussaint » éclate en novembre 1954, la radiotélévision française (RTF) lui accorde une place dans ses reportages. Les 29 novembre et 1er décembre 1954, les téléspectateurs français voient des images filmées du voyage de François Mitterrand dans les Aurès ; ils entendent des récits de l'insurrection par des témoins et découvrent de véritables images de la « guerre » en présence des parachutistes. Lorsque le président du Conseil Guy Mollet se rend en Algérie du 6 au 10 février 1956, ils peuvent voir sur leurs écrans les mottes de terre et les tomates qui pleuvent sur lui et sa délégation. À partir de là, toute image de la guerre en Algérie est contrôlée, voire censurée par le gouvernement.

Celui-ci utilise la télévision pour justifier sa politique algérienne. Le 15 avril 1957, dans un entretien « Face à la vérité » avec Pierre Sabbagh, Guy Mollet nie l'existence de la torture en Algérie. Après le retour au pouvoir du général de Gaulle, le magazine de grand reportage « Cinq Colonnes à la une » veut marquer une rupture dès son premier numéro : le 9 janvier 1959 un reportage consacré au « Sergent Robert » est présenté comme un duplex avec sa famille, alors qu'il s'agit d'un montage. Plusieurs sujets tournés par Jacques Krier et Roger Louis, entre 1959 et 1962, portent sur le conflit, sur les négociations et sur les rapatriés d'Algérie. Le FLN, les « fellaghas » ne sont pas visibles directement à l'écran. Les reportages sont réalisés en liaison avec l'armée. « Cinq Colonnes » accompagne la politique du général, qui utilise la télévision, avec maestria, pour annoncer les référendums, signifier les principaux tournants de sa politique algérienne. Lors du putsch des généraux, le 23 avril 1961, vêtu du costume militaire, il intervient pour informer la nation. Les signataires du manifeste* des 121 sont interdits d'antenne. Le mot GPRA ne doit pas être prononcé.

Après 1962, parler de la guerre d'Algérie à la télévision reste encore difficile comme l'expérimente le magazine « Panorama » quand, le 13 mai 1970, il tente de montrer cinq minutes du film *la Bataille d'Alger*, en même temps qu'une interview de Yacef Saadi et du colonel Trinquier. La fusillade de la rue d'Isly, le 26 mars 1962, ne sera vue qu'en 1963, les événements du 17 octobre* 1961 pas du tout. Le 14 octobre 1971, le magazine « Objectifs » diffuse une interview par Pierre Dumayet du général Massu* : celui-ci reconnaît l'existence de la torture et affirme : « J'ai expérimenté la torture sur moi-même. ».

L'information anticolonialiste

Elle a été la tâche première, contre la censure et l'autocensure concernant les violences coloniales, contre le parti pris faisant que « FLN » n'a été longtemps employé qu'entre deux guillemets négatifs. Les mots pèsent lourd, celui de guerre étant banni du vocabulaire officiel.

Le premier article dénonçant un « racisme particulièrement immonde, le racisme policier », est de François Mauriac*, le 7 décembre 1954. Le premier livre qui compte, *Contre la torture,* est celui de Pierre-Henri Simon (bientôt académicien), au Seuil, en mars 1957. Plus que les pamphlets antimilitaristes, c'est la prise de position du général de la Bollardière* contre la bataille d'Alger* dans *l'Express* du 29 mars 1957 qui a ébranlé l'armée. Un officier supérieur très décoré n'était pas de trop pour y parvenir. Mais Robert Bonnaud et Georges Mattei, ou les soldats publiés par le comité de défense spirituel au printemps 1957, s'ils n'ont pas le bénéfice de la notoriété, ont le privilège de l'âge et du statut d'observateur. Ils sont considérés comme les porte-parole de la génération des djebels dans une société où la jeunesse devient la mauvaise conscience du pays.

D'où le développement d'une presse parallèle – *Témoignages et documents*, dont le premier numéro date de juin 1958, *Vérité Liberté* – et clandestine –, *Vérité pour*, *Jeune Résistance*. La création des éditions Maspero a été due en grande partie à cette bataille de l'écrit.

Certaines campagnes d'opinion ont eu un impact réel. C'est le cas de la publication en février 1958 par les éditions* de Minuit de *la Question* de Henri Alleg, dont le manuscrit, écrit sur des feuilles de cahier d'écolier, a été transmis par la veuve de Maurice Audin à Jérôme Lindon. *Le Monde* y consacre une partie de sa première page. 65 000 exemplaires du livre sont vendus avant sa saisie, et il continuera à circuler quasi ouvertement.

Mais l'une des initiatives les plus originales a été le comité créé en décembre 1957 pour imposer la vérité sur l'assassinat de Maurice Audin, assistant de mathématiques à la faculté d'Alger. La soutenance *in absentia* de sa thèse devant un jury présidé par Laurent Schwartz est un temps fort de l'histoire des luttes universitaires. D'autres affaires sont orchestrées par des avocats, où maître Vergès joue un rôle important: le procès et la condamnation à mort de Djamila Bouhired*, celui de Djamila Boupacha* défendue par Gisèle Halimi, qui se retournent en procès de la torture. Quant aux poursuites engagées contre les signataires du Manifeste des 121, elles ont été un piège où le gouvernement est tombé en offrant une tribune à ceux qui refusaient de faire la guerre. De même, le procès du réseau Jeanson tourne au spectacle où Guignol bat le gendarme.

Si de telles campagnes ont eu un impact certain, il convient de s'interroger sur le contraste avec les tentatives de faire sortir de l'ombre le 17 octobre 1961. Certes, la censure a frappé le livre de Paulette Péju, *les Harkis à Paris*, ainsi que le film de Jacques Panigel, *Octobre à Paris.* Mais la presse en a fait état, il faut chercher d'autres explications; bien plus gravement, c'est l'invisibilité de cet événement pour la société qui fait problème. La comparaison avec la protestation contre le massacre de Charonne permet de souligner la différence des victimes, algériennes d'un côté et françaises de l'autre, l'impopularité de la revendication de l'indépendance, alors que la dénonciation du fascisme rencontre des échos dans la culture politique française.

L'action psychologique de l'armée

Sous ce nom, on entend pendant la guerre d'Algérie l'application par l'armée, sous la direction du colonel Lacheroy, d'une stratégie de propagande en direction de la population algérienne mais aussi du contingent. En 1955 est créé un 5e Bureau d'action psychologique, et 156 officiers sont formés dans cet esprit. La marque de l'Indochine est évidente, car on prétend utiliser les méthodes du Viêt-minh à des fins d'antiguérilla. Par tracts, films, affiches, etc., on diabolise l'adversaire, le criminalise, voire l'animalise. Certains tracts le représentent sous la forme d'une sauterelle, animal calamiteux pour les paysans et particulièrement repoussant dans le Coran. Autres figures animales, le scorpion et le serpent. S'il est difficile d'évaluer les effets de cette propagande dans la population musulmane, il est évident qu'elle a contribué aux violences en déniant toute humanité à l'adversaire.

Le FLN et l'information

Le FLN* a produit plus de tracts que les autres partis depuis la conquête. Cela sans négliger la propagande orale dans une société en partie analphabète. *Al maqâwwima l jazâriyya* (« Résistance algérienne ») disparaît en juin 1957 ; il est remplacé par *Al mujâhid* (*El Moudjahid*), dont le premier numéro sort en juin 1956. Imprimé d'abord à Alger, puis au Maroc, enfin à Tunis, il aurait atteint un tirage maximal de 20 000 exemplaires. *La Voix des Arabes* est la plus connue des radios, mais presque toutes ont soutenu les Algériens, qui se dotent de leurs propres stations, au Maroc et dans certains maquis. Les thèmes s'inscrivent majoritairement dans le registre arabo-islamique, mais ils font aussi référence aux valeurs universalistes, comme *El Moudjahid*, sous-titré « La Révolution par le peuple et pour le peuple ». Le FLN a bénéficié aussi de l'aide des pays socialistes et de *la Voix de l'Amérique*. Un service cinématographique a produit *Algérie en flammes* de René Vautier*, un film sur Djamila Bouhired et *Jazâ-irûnâ* (« Notre Algérie »).

Le FLN s'est aussi adressé aux Européens et aux juifs pour les convaincre de participer à l'Algérie nouvelle ou les menacer comme ennemis. Il a envoyé des appels à la désertion aux troupes françaises. Mais, de manière générale, les efforts pour convaincre une opinion française hostile ont été limités.

guerre d'Algérie et libertés
État d'urgence et pouvoirs spéciaux

Si le passé algérien passe mal, c'est qu'il a été marqué par d'extrêmes violences, torture, viols, des crimes, et qu'il s'est accompagné de la censure, d'atteintes aux libertés mettant à mal l'image de la patrie des droits de l'homme.

Le 31 mars 1955, la loi instaurant l'état d'urgence autorise les camps de regroupement dans l'Aurès*. En mars 1956 est adopté le projet de loi préparé par Robert Lacoste*, ministre résident en Algérie nommé par Guy Mollet* le 9 février, « autorisant le gouvernement à mettre en œuvre en Algérie un programme d'expansion économique, de progrès social et de réforme administrative, et l'habilitant à prendre toutes mesures exceptionnelles en vue du rétablissement de l'ordre, de la protection des personnes et des biens et de la sauvegarde du territoire ». Le Parlement l'adopte par 450 voix contre 76, le PC ayant voté pour. Des décrets en mars et avril permettent le rappel des disponibles et une action militaire renforcée visant à l'« écrasement des rebelles ». Cette loi est à l'origine de la suspension de la plupart des garanties de liberté individuelle, elle rétablit un statut discriminatoire pour la population musulmane, qui sera étendu à la métropole avec le couvre-feu imposé aux immigrés et qui conduit au 17 octobre* 1961. Elle est un tournant de la guerre et écarte toute possibilité de négociation.

Camps de regroupement

C'est un des moyens de la guerre contre-révolutionnaire. Pour couper les assises sociales des combattants ennemis, on vide les zones opérationnelles de leur population, on détruit les habitations de ces « zones interdites » et on place les habitants sous contrôle militaire dans des camps. La décision prise d'abord pour l'Aurès est étendue à tout le pays. L'armée recense, contrôle et met en place une politique sanitaire et éducative grâce en particulier aux SAS (1957). En 1960, Michel Rocard, dans un rapport divulgué par le cabinet d'Edmond Michelet, évalue à près de 2 millions le nombre de fellahs dans ces camps, soit près du quart de la population du pays. Ils ont achevé de déraciner les Algériens.

Internement

Pendant la guerre d'Algérie, l'internement a reposé sur la possibilité d'assigner à résidence toute personne « dangereuse pour la sécurité et l'ordre publics ». Prévue dès 1955 pour l'Algérie, contre les nationalistes, elle est étendue à la métropole en 1957 et concerne les partisans de l'Algérie française, après le putsch de 1961. Elle permettait de retenir de simples suspects, assignés dans des « centres de détention administrative ».

Cet euphémisme désigne des réalités très différentes de part et d'autre de la Méditerranée. Dans l'Hexagone, quatre camps, pouvant détenir jusqu'à 5 000 personnes, furent ouverts, dont le plus vaste dans le Larzac. En Algérie, l'internement prit bien plus d'ampleur et fut utilisé par l'armée. Celle-ci disposait en effet de « centres de tri et de transit », pour l'interrogatoire et la détention provisoire de ses « suspects ». Quadrillant le territoire, installés parfois dans des locaux de fortune, ces centres renfermèrent jusqu'à 20 000 personnes. S'il valait mieux y être détenu que maintenu au secret, hors de tout contrôle, les centres n'en furent pas moins des lieux de pratique de la torture. L'armée aménagea également des « centres militaires d'internés » où furent assignés jusqu'à 4 000 prisonniers de l'ALN, que le service d'action psychologique espérait retourner par une « rééducation ».

Les « centres d'hébergement », enfin, sous responsabilité préfectorale, servaient à l'internement illimité – des semaines, des mois, voire des années – de milliers de militants ou supposés tels. Les conditions de vie y étaient variables : inhumaines à Paul-Cazelles, par exemple, simple camp de tentes en plein désert, où des mauvais traitements furent dénoncés ; moins pénibles à Lodi, centre de colonie de vacances réquisitionné pour les communistes. Instruments de la répression, cependant, les camps furent aussi des lieux de résistance, les militants les plus aguerris encadrant les internés pour répliquer, désobéir et protester, en organisant notamment des grèves de la faim.

Justice : répression judiciaire

Elle a participé à la répression des nationalistes et de leurs partisans. Son intervention découle directement du refus de les considérer comme des combattants, pour les traiter comme des délinquants et des criminels coupables d'atteinte à la sûreté de l'État, d'association de malfaiteurs, d'assassinat...

L'état d'urgence et les décrets des pouvoirs spéciaux combinent tribunaux civils et militaires : les premiers conservaient l'instruction et le jugement des délits, tandis que les seconds, présidés par un magistrat mais composés de soldats formant un jury, prenaient en charge le jugement des crimes. En 1960, un décret écarte les tribunaux civils : désormais, l'instruction est remplacée par une simple enquête, conduite par un magistrat appelé ou rappelé sous les drapeaux, et tous les jugements relèvent des juridictions militaires.

Ainsi, de 1955 à 1960, des milliers de procédures ont occupé en permanence les juges d'instruction. Chaque mois, des centaines de personnes comparaissaient devant les tribunaux correctionnels et des centaines d'autres devant les tribunaux militaires. De 1960 à 1962, ces derniers ont jugé encore plus de 15 000 prévenus. Les condamnations – quelques mois de prison, avec ou sans sursis – pleuvaient contre les membres de réseaux de collecte de fonds, d'hébergement, de soins, de ravitaillement... Les peines capitales, infligées par les tribunaux militaires, ont atteint les 1 500. En aval, le pouvoir politique ajustait les exécutions – près de 200, au total – au rythme du conflit : le gouvernement de Guy Mollet décida des premières en juin 1956, et les porta à leur paroxysme en 1957, année de crescendo dans l'affrontement franco-algérien avec la bataille d'Alger* ; le général de Gaulle* signa son retour au pouvoir par une grâce collective, avant de reprendre les exécutions et de les faire cesser en décembre 1960, pour pouvoir négocier avec le GPRA. Cette importance de la répression judiciaire témoigne de l'insertion de la justice au sein du dispositif de lutte contre l'ennemi.

De telles violations des droits de l'homme n'auraient pas été possibles sans l'intervention ou, au minimum, le laisser-faire du pouvoir. La bataille d'Alger a été l'un des épisodes les plus tragiques, mais il en est bien d'autres, contre lesquels le gouvernement de Guy Mollet n'opposera que des commissions d'enquête sans pouvoirs. La mobilisation de ceux qui se réclament des valeurs républicaines passe largement à côté d'une Ligue* des droits de l'homme affaiblie par la Seconde Guerre mondiale, et longtemps prisonnière de la logique de la guerre froide et de ses relations avec une partie de la classe politique. Son hostilité aux nationalismes arabes, sa phobie de Nasser, l'attachement d'une grande partie de sa direction à une colonisation civilisatrice ont joué dans le même sens. Mai 1958, la fin de la IVe République redonnent une certaine distance envers un pouvoir gaulliste qui n'a pas la sympathie de la Ligue. Daniel Mayer, qui, par souci d'indépendance, démissionne de ses mandats électoraux, s'efforce de prendre des initiatives avec la gauche non communiste et non tiers-mondiste. Celui qui a incarné avec le plus de vigueur le modèle dreyfusard est Pierre Vidal-Naquet*, mais beaucoup passeront de la condamnation morale de la guerre à un engagement anticolonialiste radical dans les réseaux d'aide au FLN, ainsi les porteurs* de valises.

guerre d'Algérie et peinture Quatre-vingts auteurs de 26 nations solidaires de la lutte des Algériens : c'est ce que présentait l'exposition du musée d'Art moderne d'Alger en 1964. Art de commissaire politique, destiné à l'édification du peuple ? Pas seulement ; ce sont les malheurs de la guerre qui dominent : *la Veuve* d'Issiakhem, *Audin* et *la Qasbah* de Khadda, *Algérie* *en flammes* de Mesli, œuvres auxquelles des textes de Kateb, Henri Kréa, Bachir Hadj Ali font écho, comme entre le peintre Benanteur et l'écrivain Sénac. La série de Picasso *Femmes d'Alger d'après Delacroix,* dont l'inspiration est la même que dans sa *Djamila* torturée, qui nous regarde de ses yeux immenses à la une des *Lettres françaises,* commence en 1955. Fougeron, Taslitzky – précurseurs dans leur reportage de 1952 –, ont été victimes du discrédit frappant le réalisme socialiste, mais Lapoujade, Matta, Viseux, Cremonini aussi ont fait de la torture un thème central, André Masson a dit les cages où l'on enferme ceux qui luttent pour la liberté. Guttuso détourne le célèbre tableau de Delacroix *la Liberté guidant le peuple* avec une *Liberté brandissant le drapeau algérien.* Abine Dino, Cremonini, J.-P. Jouffroy ont peint les manifestations d'Alger et du 17 octobre* 1961 et Charonne* à Paris. Les nouveaux réalistes Hains et Villeglé exposent des affiches lacérées sous le titre « la France déchirée ». *Le Grand Tableau antifasciste collectif* (Lebel, Enrico Baj, Gianni Dova, A. Ricalcati, R. Crippa, Erró), saisi à Milan en juin 1961, séquestré 24 ans pour « pornographie », a trouvé asile à Strasbourg. La guerre d'Algérie a été une guerre de l'écrit pour les intellectuels, mais au prix d'une défaite, celle de l'image, disait Vidal-Naquet*.

guerre d'Algérie et torture La torture est utilisée par la police puis, massivement, par l'armée, chargée de lutter non seulement contre des maquisards mais aussi contre des terroristes et des réseaux politiques. Cette violence occupe une place centrale dans la guerre car elle participe d'une redéfinition qui s'impose progressivement, qualifiant « le maintien de l'ordre » en Algérie* de « guerre contre-révolutionnaire ». La première expérience de ce type a lieu en 1957 lors de la bataille* d'Alger qui révèle alors une guerre totale menée dans le mépris des règles de droit élémentaires.

Plus largement, les services de renseignement ont recours massivement à cette violence, reconnue comme nécessaire: la torture s'est en effet imposée comme un acte militaire élémentaire. Les coups, les décharges électriques, les étouffements, les pendaisons et les viols, qui constituent les méthodes privilégiées, sont infligés intentionnellement à des individus privés de tous leurs droits. C'est en effet là que réside la torture: dans cette soumission à un arbitraire absolu, allant jusqu'à jouer avec l'idée de la mort de l'autre. Contrairement à ce qui est souvent écrit, son usage dépasse le cadre du renseignement: en Algérie, la torture est une arme de terreur dans l'affrontement entre tenants du maintien de l'Algérie française et partisans de l'indépendance.

En France, la répression du nationalisme algérien, menée par la police, est aussi l'occasion de violences sur les personnes arrêtées : en 1958, des témoignages viennent rappeler à l'opinion publique française que la torture n'épargne pas la métropole. De même, à la fin de la guerre, quelques plaintes sont déposées par des Européens suspectés de sympathie plus ou moins active pour l'OAS*.

Malgré son caractère illégal, les hommes qui ont pratiqué la torture l'ont fait dans l'exercice de leur fonction. Ceci éclaire le nombre infime de sanctions et de condamnations qui les frappent ainsi que l'amnistie corrélative du cessez-le-feu en mars 1962.

guerre d'Algérie et viols Violence tue, dont les victimes ont honte et dont les auteurs sont parfois fiers, le viol est une réalité sous-estimée. À l'époque de la guerre d'Algérie, son caractère criminel est à peine reconnu en temps de paix : c'est dire si les femmes algériennes qui en sont victimes ont à affronter seules cette souffrance, qu'elle soit infligée par des soldats français ou par des combattants algériens.

Dans le cadre de l'activité militaire française, trois types de circonstances rendent le viol possible. Il peut émaner d'un militaire isolé, prenant le risque de quitter son cantonnement, et passible, ensuite, d'être traduit devant les tribunaux militaires. Mais le viol est plus souvent l'action d'un groupe de soldats abusant de leur position d'autorité et du fait qu'ils interviennent dans des villages souvent abandonnés par les hommes. Violence de groupe, le viol est accompli sous la menace des armes. Les fouilles de village et de maison mais aussi les fouilles corporelles facilitent une transgression que les chefs militaires n'ont pas toujours à cœur d'interdire ou de contrôler.

Enfin, le viol est une pratique de torture avérée, sur les hommes comme sur les femmes. Les organes génitaux sont en effet une cible privilégiée des tortionnaires, ajoutant l'humiliation à la souffrance physique. En 1960, le viol de Djamila Boupacha* est porté sur la scène médiatique par son avocate, Gisèle Halimi. Elle reçoit le soutien de Simone de Beauvoir* qui dénonce dans *le Monde* le supplice de la bouteille enfoncée dans le ventre. Djamila Boupacha reste cependant emprisonnée jusqu'à la fin de la guerre et ses tortionnaires ne sont pas inquiétés.

Jusqu'à nos jours, les victimes souhaitent rarement témoigner et ce silence, qui redouble celui des autorités, contribue à mésestimer la portée et l'importance de cette violence.

la guerre d'Indochine
La première guerre de décolonisation

L'histoire indochinoise subit une brutale accélération avec la fin de trois quarts de siècle de domination française. À Paris, de Gaulle*, qui entend rétablir la souveraineté française sur la péninsule, proclame le 24 mars sa volonté de créer une « Fédération indochinoise ». C'est ne pas prendre en compte le renversement de la domination française par le Japon et sa proclamation de l'indépendance des trois États indochinois dès le 9 mars. C'est surtout ignorer le poids du Viêt-minh, dont le leader Hô Chi Minh campe à 70 km de Hanoi. Refuser le terme d'indépendance et maintenir l'Indochine dans l'Union française était inacceptable pour les Vietnamiens.

Les protagonistes

Dans les trois pays vietnamiens de l'ancienne Indochine, s'est accomplie une immense révolution assortie d'une radicale prise du pouvoir. Le gouvernement impérial de Huê, devenu indépendant, n'a pas réussi à imposer son autorité dans les provinces et, à partir de juin 1945, le pays est submergé par une lame de fond populaire et nationale, la « révolution d'Août », soulevant la paysannerie, la jeunesse et le petit peuple des villes. En août, malgré la présence de l'armée japonaise, elle-même à la veille de capituler, l'administration impériale s'est effondrée et partout s'ouvre la vacance du pouvoir. Les militants du PCI, qui ont fondé en 1941 le Front Viêt-minh* dans la Haute Région du Tonkin, s'emparent sans difficulté (sans concurrence sérieuse, sauf au sud) du pouvoir à Hanoi le 19 août puis à Huê et, plus difficilement, à Saigon. Ils proclament la République démocratique du Viêt Nam, présidée par Hô Chi Minh, et, une seconde fois, l'indépendance le 2 septembre 1945. L'empereur Bao* Dai a accepté d'abdiquer le 25 août et il est devenu « conseiller suprême » du gouvernement, Hô* Chi Minh l'investissant en quelque sorte du « mandat céleste ». Par contre, au Cambodge et au Laos les monarchies se sont maintenues avec Norodom Sihanouk* et Sisavang Vong.

La guerre d'Indochine, conflit non déclaré, n'a pas été, contrairement à la vulgate établie, une « guerre coloniale » destinée à restaurer l'ordre colonial mais, très exactement, comme ce sera le cas de toutes les résistances armées des puissances européennes à la décolonisation, une guerre « néocoloniale ». Très proche en ce sens de ses homologues anglais et hollandais, l'ambitieux projet indochinois de la France, préparé au commissariat des Colonies à Alger en 1943-1944 et dont les maîtres d'œuvre ont été Henri Laurentie, Pierre Messmer* et surtout Léon Pignon, est radicalement incompatible avec les indépendances vietnamienne, cambodgienne et laotienne, proclamées cinq mois auparavant avec le soutien japonais. Pour le gouvernement du général de Gaulle* et la nouvelle classe politique française issue de la Résistance et de la Libération, il s'agit de fonder un système néocolonial cohérent, tout d'abord sur la construction d'un nouveau partenariat politique avec les élites modernes des cinq pays et sur la mise en place d'une formule de self-government dans chacun d'entre eux sous le contrôle d'un gouvernement fédéral puissant présidé par le haut-commissaire de France (au début de 1945, un projet de « Constitution indochinoise » a d'ailleurs été secrètement rédigé en ce sens). En second lieu, ce système néocolonial doit reposer sur la mise en œuvre d'un plan d'industrialisation accélérée de l'Indochine (intégré au plan Monnet) financé par l'investissement métropolitain dans le double but de permettre à ce dernier de participer, par le relais d'un capitalisme indochinois renouvelé, à la reconstruction économique et surtout de remédier au sous-développement des campagnes vietnamiennes et khmères, qui ne cesse de s'aggraver depuis les années 1930. Tel est le véritable sens du concept géopolitique de « Fédération indochinoise », celle-ci étant elle-même pensée comme la pièce maîtresse du projet global d'Union* française, alors en discussion. À Paris, on est convaincu de sa pertinence historique, malgré les avertissements d'un certain nombre d'acteurs de la situation indochinoise, notamment de Paul Mus*, conseiller politique du général Leclerc en 1945-1946.

Ce projet est mis en œuvre sans tarder. Après la capitulation du Japon, une armée française, le Corps expéditionnaire français en Extrême-Orient, débarque à Saigon le 5 septembre, tandis que l'amiral Thierry d'Argenlieu et le général Leclerc sont nommés respectivement haut-commissaire de France et commandant en chef. La guerre est cependant différée par la relative faiblesse de chacun des adversaires et par la nécessité pour l'un comme pour l'autre d'écarter par la négociation la Chine du Guomindang, dont les troupes, conformément aux décisions de Potsdam, ont occupé en septembre 1945 la moitié nord de l'Indochine pour recevoir la capitulation de l'armée japonaise et soutiennent sur place les petits partis nationalistes vietnamiens farouchement hostiles au pouvoir communiste. D'où une année de difficiles négociations entre la RDV, les Français et les Chinois, qui abandonnent finalement la partie en février-mars 1946 alors que les troupes de Leclerc débarquent à Haiphong et s'installent à Hanoi.

La guerre franco-vietnamienne

Si l'Indochine a été le lieu de la crise décisive de la décolonisation française, le conflit qui s'y ouvre dès l'automne 1945 participe en même temps, avec les indépendances de l'Inde et de l'Indonésie, d'un tempo asiatique. Car c'est d'Asie du Sud et du Sud-Est qu'est partie l'onde de choc de la décolonisation et c'est là qu'à l'échelle du monde son issue s'est décidée. De même, si le communisme vietnamien fait exception dans la décolonisation de l'empire français, il s'inscrit par contre dans un vaste processus de révolutions asiatiques, synchrones, à partir de l'impulsion chinoise, de la Birmanie à la Corée, mais pas forcément victorieuses.

Dès septembre 1945, les communistes vietnamiens ont préparé l'épreuve de force, sans négliger la possibilité d'un compromis négocié, dépendant de l'évolution du rapport des forces politiques en France et de la capacité du puissant Parti communiste français à peser dans ce rapport. Ils en savent la probabilité étant donné la volonté française, mise en œuvre par l'amiral d'Argenlieu et cautionnée par tous les gouvernements qui vont se succéder à Paris en 1945-1946, d'appliquer le plan de Fédération indochinoise. Certes, les accords Sainteny-Hô Chi Minh du 6 mars 1946 conclus in extremis à la veille du débarquement français au Tonkin ouvrent en apparence la voie à ce compromis: la France reconnaît un « État libre du Viêt Nam », qui fera partie de la Fédération et de l'Union française et dont l'unité sera décidée par référendum en Cochinchine, des négociations plus complètes devant s'ouvrir sans tarder sur l'avenir. En fait, ces accords ont surtout permis aux deux adversaires de gagner du temps. Les négociations s'avèrent très difficiles, comme le montre le piétinement de la conférence de Dalat, en mai 1946. Hô Chi Minh est bien reçu en quasi-chef d'État à Paris en juillet, mais en juillet-août la conférence de Fontainebleau, destinée à débloquer l'impasse, est un échec total. Dès lors, la spirale de la guerre, déjà en cours au sud dans le delta du Mékong, est en marche. L'épreuve de force est délibérément préparée depuis avril 1946 par le haut commandement français et par d'Argenlieu, qui, couvert par Paris, a bloqué en juillet le référendum en Cochinchine et encouragé une éphémère République autonome de Cochinchine, et obtenu le départ du général Leclerc en désaccord avec ces choix. Avec le bombardement de Haiphong par la flotte française en novembre 1946 la tension est à son comble. D'ultimes tentatives de négociations n'y changeront rien: au soir du 19 décembre, le Viêt-minh engage la bataille à Hanoi contre les troupes françaises déjà prêtes elles-mêmes à passer à l'action.

La violence meurtrière de la guerre s'affirme dès ses débuts, elle préfigure et prépare celle qui se déchaînera dans la guerre d'Algérie prochaine, dont l'ombre portée recouvre aujourd'hui dans la conscience française et européenne l'ineffaçable traumatisme subi non seulement par les peuples mais encore les écosystèmes humains de la péninsule indochinoise. Prolongeant les tendances lourdes de la Seconde Guerre mondiale, c'est une guerre totale, une interminable spirale de feu et de sang – *Apocalypse Now* dira Coppola – qui va emporter, un tiers de siècle durant, les populations civiles, les mobiliser de gré ou de force et les décimer.

Pour la France, la guerre a été d'abord perdue politiquement avant de l'être militairement. Dès l'été 1947, après l'échec de l'offensive sur la Haute Région du Tonkin, la perspective d'une guerre longue entraîne l'abandon pour l'essentiel du projet de Fédération indochinoise et de la transformation de l'ancienne monarchie des Nguyen en un État national moderne anticommuniste, par la mise en place – elle sera très ardue – d'un accord avec les nationalistes, seule alternative envisageable à opposer au communisme national vietnamien. « Vraiment les Français n'ont pas compris ce qui s'est passé en Extrême-Orient », déplorera avec raison l'ex-empereur Bao Dai qui a accepté de devenir chef de l'État du Vîet Nam. Paris opte donc au début de 1947, après le renvoi de D'Argenlieu, pour une nouvelle stratégie, celle des « États associés ». L'ex-empereur Bao Dai signe en juin 1948 les accords de la baie d'Along sur la base de la reconnaissance, qui sera dans les faits très réticente, par la France de l'indépendance du Viêt Nam, mais il ne rentre qu'en avril 1949 dans son pays, où les gouvernements successifs et l'administration de son fragile État du Viêt Nam ne parviendront jamais à s'imposer.

À l'origine, pourtant, le rapport des forces militaires penche du côté français. Le corps expéditionnaire, en 1947, compte environ 100 000 hommes équipés du matériel moderne de la Seconde Guerre mondiale, face aux 80 000 combattants réguliers vietnamiens, mais il faut compter avec les milices villageoises et les unités régionales, qui pratiquent une guérilla à grande échelle, selon les conceptions de la guerre révolutionnaire mises au point depuis 1927 dans les bases de la Chine soviétique puis à Yanan. Et, surtout, en octobre1949 est proclamée à Pékin la Chine populaire, dont l'armée atteint la frontière du Tonkin en décembre. C'est le tournant de la guerre : d'une part, la France n'a plus aucune chance de l'emporter sur l'Armée populaire vietnamienne, désormais équipée et soutenue matériellement par son homologue chinoise (une mission chinoise permanente, militaire et politique, est à pied d'œuvre à partir du début de 1950 auprès de la RDV et de l'état-major vietnamien que dirige Vo Nguyen Giap*) ; d'autre part, l'Indochine devient après l'armistice en Corée le principal front chaud de la guerre froide. De néocolonial le conflit devient international. Son enjeu essentiel est désormais mondial : sur quelles formes de régimes politiques et sociaux, sur quelles hégémonies sociales internes, sur quels systèmes d'appartenance internationale vont déboucher les révolutions et les nouveaux États du tiers-monde ? Les trois guerres du Viêt Nam vite étendues à l'ensemble de l'Indochine (au Cambodge s'organisent les petits maquis khmers Issarak, soutenus par le Viêt-minh, également actif au Laos, où il appuie les guerillas lao Issara et celles, encore faibles, de son homologue lao, le Pathet Lao) seront bien une « guerre mondiale menée localement », selon le mot de McNamara. D'où l'entrée en scène de l'Amérique sur le théâtre stratégique indochinois, acquise dès le début de 1950 en même temps que celle de la Chine populaire. Si les États-Unis vont assumer à partir de 1951 jusqu'à 40 % des dépenses militaires françaises (chiffre de 1953), l'armée de Giap peut passer de la guérilla à la manœuvre en grandes unités grâce aux armes (abondant armement d'infanterie, artillerie moderne, DCA) et aux instructeurs chinois, grâce à ses bases arrière (camps d'entraînement, écoles de cadres militaires et politiques, hôpitaux, bases de repos) des trois provinces du sud de la Chine, ainsi en partie « sanctuarisées ».

Dès octobre 1950, le désastre de Cao* Bang, la « campagne de la frontière », et l'évacuation du centre stratégique français de Lang* Son confirment militairement le tournant : c'est la première « égalisation » relative du rapport des forces militaires ; surtout, le Corps expéditionnaire français d'Extrême-Orient (CEFEO) perd le contrôle si décisif de la frontière chinoise et doit partager désormais l'initiative stratégique... La nouvelle stratégie du général de Lattre de Tassigny, nommé haut-commissaire et commandant en chef en 1951, la mise en échec réussie des premières grandes offensives vietnamiennes sur le delta du fleuve Rouge, la mise sur pied accélérée à son initiative d'une armée vietnamienne baodaiste ne peuvent assurer qu'un redressement militaire fragile et temporaire avant sa mort, en 1952. Dès lors, l'opposition à la guerre en France trouve un remarquable porte-parole en la personne de Pierre Mendès France, qui souligne avec éloquence devant l'Assemblée nationale en 1953 qu'il faut ou bien tripler l'effort militaire, sans garantie de vaincre, ou bien négocier. Le plan du général Navarre, conçu par le dernier commandant en chef français – à partir de la stratégie des « hérissons », expérimentée par l'état-major allemand face aux offensives soviétiques de 1943 et adaptée avec succès par l'état-major français au théâtre indochinois en 1952 lors de la bataille de Na San –, a pour but de barrer la route du Laos (ce revers géostratégique du théâtre de guerre indochinois) et surtout de négocier sur la base d'une carte de guerre améliorée, qui donnerait par ailleurs sa chance au Viêt Nam anticommuniste de Bao Dai et son gouvernement. Il est mis en œuvre à la fin de 1953. Diên Biên Phu* s'achève par un désastre. À Genève, Pierre Mendès France, alors président du Conseil, négocie dans l'urgence et signe les accords le 21 juillet 1954. Ils divisent provisoirement le Viêt Nam en deux États, au nord et au sud, en attendant un référendum destiné à unifier le pays et prévu pour 1956, prévoient l'évacuation du pays par les Français au nord du 17e parallèle et ouvrent une accalmie temporaire avant que ne commence dès 1955-1956 au sud la seconde guerre du Viêt Nam – révolution sociale, guerre civile, et guerre internationale indissolublement mêlées –, entre les deux États, celui du Sud bénéficiant d'une aide massive puis dix ans plus tard d'une intervention directe de l'Amérique.

Un communisme de guerre...

Les communistes ont allié une remarquable capacité d'organisation des masses, le sens des opportunités stratégiques et une grande prudence politique. Après l'écrasement de la grave insurrection communiste de Cochinchine en novembre 1940, alors que le PCI se trouvait une fois de plus décimé et démantelé sous les coups de la Sûreté, sa nouvelle direction, constituée autour de Nguyen Ai Quoc retour d'URSS et de Chine à la fin de 1940 a opté au printemps de 1941 pour une ligne officielle de large union nationale articulant de manière souple et pragmatique les deux dimensions nationale et sociale de la guerre d'indépendance. L'instrument en a été le front Viêt-minh, destiné à « réunir tous les patriotes, sans distinction de fortune, d'âge, de sexe, de religion ou d'opinion politique, pour travailler ensemble à la libération de [notre] peuple et au salut de [notre] nation », mais totalement contrôlé en fait par le Parti. Le 11 novembre 1945, le comité central du PCI décide de dissoudre officiellement ce dernier (mais il n'en sera rien, bien sûr, dans la pratique…). De même, en 1951, nominalement du moins, le PCI se voit ramené, peut-être sous la pression de Pékin, qui entend satelliser le futur Viêt Nam jusque dans les mots, au rang de simple Parti des travailleurs du Viêt Nam. L'autre instrument majeur de la révolution communiste est la remarquable Armée populaire, dont Giap a organisé les premières unités dans la région frontalière avec la Chine à partir de la fin 1941, solidement encadrée par un appareil efficace de cellules et de commissaires politiques.

Viscéralement patriote comme tous les mouvements d'opposition que le régime colonial a dû combattre, le PC a été fortement investi dès ses origines par la problématique et les thèmes de la pensée nationaliste chinoise et vietnamienne – d'autant qu'il résulte de la brusque conversion politique et idéologique au communisme d'une partie importante de l'intelligentsia nationaliste radicale dans les années 1920-1930, conversion qui est loin d'avoir été une rupture – mais il est non moins acquis au modèle communiste soviétique. Au Viêt Nam, dans les années 1925-1939, le communisme s'est présenté et a été largement perçu comme la seule réponse historiquement possible à la crise de la nation ouverte par l'entrée en dépendance coloniale, à la problématique du *cuu quôc* (« salut national »). La révolution d'août 1945 et la longue résistance armée au retour de la France lui confèrent la légitimité nationale. En même temps, l'adhésion des jeunes générations s'est accompagnée de son indéracinable implantation dans le prolétariat des villes, des plantations, des mines, et surtout dans la société et la civilisation paysannes. Pendant toute la guerre d'Indochine, le Parti a été constamment attentif à l'articulation entre la lutte militaire et l'appui (à l'occasion fortement contraint) de la paysannerie, qui a donné ses fils à l'Armée populaire, lien que Giap définit comme fondateur de stratégie de la guerre révolutionnaire. À la différence des petits partis nationalistes urbains, le communisme se présente donc aussi comme la solution historique à la crise d'une société rurale qui s'enfonce dans le sous-développement. Il lance en janvier 1953, peut-être sous la pression de la Chine, mais avec un minimum de prudence, la réforme agraire et évince de fait dans l'océan des villages la classe des propriétaires fonciers. Ainsi s'ouvre une longue série de campagnes de masse qui aboutiront à la redistribution de 80 % des terres cultivées en 1968, même si en 1956 on reviendra sur certaines « erreurs » et beaucoup de violences.

De cette complexe rencontre historique résulte l'émergence, durant le conflit contre la France, d'une puissante bureaucratie, omniprésente, détentrice d'un monopole politique absolu : dans la guerre et par la guerre, la révolution communiste configure pour longtemps les structures du Parti-État vietnamien. L'ensemble des zones sous son autorité et dans une mesure importante les régions occupées par le CEFEO et l'administration du régime de Bao Dai se trouvent quadrillées par le vaste réseau des cellules du Parti, mobilisées dans les multiples campagnes de masse qu'il lance par l'intermédiaire des organisations de masse fédérées dans le Front de la patrie (le Liên Viêt, qui remplace le Viêt-minh en 1951), qu'il dirige et qui ont pour fonction de contrôler l'espace social. Mais en même temps ces structures se trouvent investies de l'intérieur par la société villageoise comme par les espoirs des intellectuels et du petit peuple des villes. Double tendance lourde du communisme vietnamien, à l'égal de son homologue chinois, même si elle a été freinée par l'ascétisme des pionniers – de Nguyên Ai Quôc/Hô Chi Minh à la génération de Giap ou de Pham Van Dong, par exemple – et par la dureté de la guerre. La tendance à la substitution du Parti à la société politique embryonnaire qui s'était développée au cœur des villes coloniales, ses principes d'organisation empruntés au communisme stalinien et maoïste ont déterminé la constitution d'une nouvelle classe politique, structurée par le parti et l'APV, opérant à l'échelle de l'espace indochinois, issue du milieu ouvrier urbain, de la paysannerie et de la petite bourgeoisie de formation moderne, privée d'avenir social et national dans la situation coloniale. À partir de la reconstitution officielle du Parti en 1950, la pratique de la « rectification » (le *chinh huan*), clef de voûte du système d'éducation politique maoïste en partie inspiré de la conception confucéenne du *chinh danh* qui vise à mettre les esprits en totale conformité avec l'idéologie officielle, devient une composante de la formation des militants. Il n'y a pas de place dans ce système pour les libertés, pour la pluralité, pour l'opposition. L'assassinat des trotskistes du Sud, en 1945, en particulier de la grande figure de leur leader, Ta Thu Thau, et de nombreuses personnalités nationalistes en a été l'annonce. Le cheminement populiste des intellectuels des années 1920 aura finalement conduit nombre d'entre eux au statut de commissaire politique.

La guerre française

La guerre est restée longtemps peu visible dans la société métropolitaine par l'effet de plusieurs facteurs conjugués, dont certains rejoueront aussi pendant la guerre d'Algérie, et tout d'abord en raison du black-out établi par la classe politique française, communistes et gauche intellectuelle exceptés, de la mésinformation et de la désinformation largement entretenues d'en haut par la propagande officielle. Guerre non déclarée, guerre nondite, « guerre morte », pourra-t-on écrire : pas plus que des crises de la colonisation, le simple citoyen ne doit guère s'apercevoir de celles de la décolonisation…À partir de 1948 s'amorce un changement et avec lui la lente – et conflictuelle à l'extrême – décolonisation de la société française. *Le Monde* du 17 janvier 1948 titre sur la « sale guerre ». C'est en effet en Indochine que la torture, les exécutions sommaires, les massacres collectifs et leur occultation ont été inaugurés : au début de 1948 une série d'articles retentissants de Paul Mus les dénonce dans *Témoignage chrétien*. S'y ajoutent les « affaires », depuis les fuites de secrets stratégiques (du fameux rapport, si pessimiste, du général Revers, par exemple) au trafic des piastres révélé fin 1952. Pourtant, entre le tiers et le quart des personnes sondées par l'IFOP sont encore « sans opinion » à cette date. Car la guerre froide pèse sur l'interprétation du conflit qui en devient partie intégrante, comme le note dans *le Journal du septennat* Vincent Auriol*.

Par contre a joué dans l'autre sens la solidarité internationaliste avec la résistance vietnamienne sous l'impulsion de l'engagement actif du PCF en faveur du Viêt Nam, bien différent de ses futurs choix face à la guerre d'Algérie. Certes sa participation aux gouvernements du tripartisme l'incite au début à bien des contorsions dialectiques, mais il soutient prudemment les communistes vietnamiens dès septembre 1945 dans son influente presse et dans ses meetings, tout en cherchant à infléchir de l'intérieur la décision gouvernementale. À partir de janvier 1949 – on est au cœur de la guerre froide –, il lance sa première grande campagne de masse contre la « sale guerre » et organise grâce au soutien de la CGT manifestations et grèves ouvrières sur les mot d'ordre « plus un homme, plus un sou », « rapatriement du corps expéditionnaire », « paix au Viêt Nam ». Cette campagne a eu dans la classe ouvrière un réel écho, qui s'explique notamment parce qu'elle ouvre une perspective de rechange au combat ouvrier après la grave défaite des grandes « grèves rouges » de 1947-1948. Elle culmine en 1949 et au début de 1950 avec les multiples refus des dockers des ports français et algériens, à l'exception de Cherbourg, de charger et décharger les navires et des cheminots de transporter le matériel de guerre par chemin de fer. Cette mobilisation ouvrière n'est certes pas unanime et se limite à la partie, fort importante cependant, du monde du travail, qu'influencent le PCF et la CGT, mais son écho populaire explique, la répression aidant, que l'affaire Henri Martin* ait pu donner un second souffle à un véritable mouvement de masse. De multiples initiatives, nombre de comités d'études et d'action, *les Temps modernes*, *Esprit* y participent, avec Sartre, Picasso, Paul Mus, Eluard, Prévert, Gérard Philipe, Aragon et bien d'autres : ainsi se reforme une sorte de « parti intellectuel », suffisamment influent pour ébranler la SFIO, les radicaux, le MRP et même les gaullistes, que l'on retrouvera dans la solidarité avec les Algériens quelques années après. Entretemps, les milieux d'affaires ont eux aussi fait l'apprentissage de la décolonisation : les actifs des sociétés en Indochine seraient passés de 320 millions de francs en 1945 à 90 en 1954. Après 1950, le grand capitalisme indochinois entreprend la reconversion de ses activités vers l'Afrique. Ainsi peut s'opérer en métropole, dès 1953, l'acceptation sociale de l'abandon – qui ne sera jamais total sur le plan économique, culturel et diplomatique – de l'Indochine française.

Dernière différence, considérable, avec l'Algérie : le CEFEO a été une armée de métier, il n'a comporté que des engagés et des militaires de carrière, dont 60 % fournis par l'outre-mer (165 000 hommes en 1952), auxquels se sont ajoutés 55 000 légionnaires. Le chiffre officiel des soldats et officiers français tués dans les « rues sans joie » des deltas et de montagnes de l'Indochine (20 000) est proche de celui du conflit algérien (mais il n'a pas été comptabilisé de la même manière), comme le sera le résultat final des deux guerres.

Dans ces neuf années d'une guerre cruelle sur la terre vietnamienne, la plus décisive des guerres de décolonisation, le grand projet néocolonial de 1945 a fait naufrage. L'homme dominé par l'Occident, le petit homme jaune, le *nha* que*, s'est émancipé, ce qu'enregistrent en 1955 la conférence de Bandung et l'émergence du non-alignement. L'Europe se replie d'Asie. Le modèle vietnamien a puissamment incité les autres nationalismes des peuples colonisés puis, plus tard, l'ensemble du tiers-monde à franchir le Rubicon. Six mois après le coup de tonnerre de Diên Biên Phu, trois mois après les accords de Genève, à la Toussaint de 1954, une autre révolution, une autre guerre éclate en Algérie. Une espérance révolutionnaire tricontinentale semble prendre corps que formulera un peu plus tard le célèbre mot d'ordre lancé par Che Guevara : « Un, deux, trois Viêt Nam ... » Mais l'expérience, terrible, du Viêt Nam devait rester une.

Lamine Gueye Né au Soudan*, où son père était traitant, instituteur à Dakar, Gueye (1891-1968) devient ensuite avocat, le premier Africain docteur en droit. Il adhère à la SFIO en 1923, rachète l'année suivante le journal *l'A-OF*, qui devient sa tribune, et est élu maire de Saint-Louis en 1925. Avec la victoire du Front populaire en France, il s'impose sur la scène politique, devenant le défenseur devant le tribunal militaire des tirailleurs du camp de Thiaroye* accusés de sédition. Maire de Dakar en 1945, élu avec Léopold Sédar Senghor* la même année pour représenter le Sénégal* à l'Assemblée constituante, il est secrétaire de l'Assemblée nationale et porte-parole des élus africains. Le rétablissement du Conseil général du Sénégal lui permet d'être élu, en 1946, président de cette assemblée. Sous-secrétaire d'État aux Colonies dans le gouvernement Blum, il rapporte le projet de loi supprimant l'indigénat*, et voit ainsi la concrétisation de ses luttes (citoyenneté, liberté d'association, de réunion, suppression de la justice indigène et du travail forcé). Malade, il se retire de la scène politique active plusieurs années durant et sera réélu en 1958 comme député. D'abord au sein de la fédération du Mali* puis à l'Assemblée nationale sénégalaise, il est élu sans discontinuer président du Parlement jusqu'à sa mort, le 10 juin 1968. C'est le type même de l'élite moderne.

Guinée Son littoral est disputé, car les rivières perpendiculaires à la côte permettent un accès aisé vers l'intérieur et le développement d'une activité économique, notamment avec le Fouta Djalon. Pour juguler l'hostilité des populations autochtones, la France – à qui les autres pays reconnaissent des droits sur les terres guinéennes – signe des traités jusqu'en 1865-1866. Prenant prétexte de l'insécurité et des difficultés de ravitaillement de ses maisons de commerce, elle établit en 1866 des postes militaires. Mais elle ne s'impose vraiment dans la région qu'avec le traité de 1881 avec le Fouta Djalon et en jouant des rivalités entre chefferies*. Elle crée la colonie des Rivières du Sud en 1882. En 1891, la Guinée devient colonie française et ses frontières sont modifiées en 1891 et 1893. Mais la résistance de Samory Touré* ne s'achève qu'en 1898. En 1906, la Guinée devient partie intégrante de l'A-OF. Un gouverneur général contrôle les vingt-neuf cercles du territoire. Le port de Conakry, très actif, concentre une main-d'œuvre importante d'où émergera une contestation.

Après la Seconde Guerre mondiale, Sékou Touré* mène campagne pour le non à la Communauté française et conduit le pays à l'indépendance le 28 septembre 1958. Il obtient l'appui de l'URSS et de la Chine.

Guyane Département de 160 000 habitants, elle est liée par son image à l'esclavage*, au bagne* et à la déportation*. Ce territoire couvert par la forêt vierge, disputé, pauvre, où les tentatives de colonisation agricole et de peuplement ont échoué, ne compte que 16 000 habitants en 1819, dont 13 000 esclaves. Des descendants de marrons rappellent les résistances des Noirs transportés d'Afrique. Au moment de l'occupation du Nouveau Monde, les Espagnols laissent cette côte sans grands atouts économiques aux aventuriers et aux trafiquants, qui furent nombreux – Espagnols et Anglais – à être fascinés par la légende d'El Dorado (l'homme en or) vers le milieu du XVIe siècle.

Au XVIIe siècle, c'est la contrebande du tabac qui amène corsaires français et anglais sur les côtes. Les expéditions françaises lancées pour s'installer sur cette terre échouent au XVIIe siècle en raison de l'entêtement à vouloir conserver un mode de vie européen. Mais Colbert, décidé à combattre l'hégémonie hollandaise, charge les Français de s'établir à Cayenne en 1664 après en avoir chassé les Hollandais. Le manque de main-d'œuvre entraîne le recours à l'esclavage. La France crée à cet effet la Compagnie de Guyane chargée du trafic. Le traité d'Utrecht (1713) ayant fixé au fleuve Oyapock la limite de la colonie française et du Brésil, au milieu du XVIIIe siècle, la France n'occupe que Cayenne et quelques postes littoraux ; la population compte 575 Blancs, 64 libres, 6 996 esclaves. L'expédition de

Kourou (1763-1765) à l'initiative de Choiseul, pour assurer un apport de main-d'œuvre, est mal préparée. Elle se solde par un échec retentissant : 10 000 morts sur les 14 000 personnes envoyées.

Après l'abolition de l'esclavage, en 1848, qui concerne environ 12 525 esclaves, le gouvernement pense trouver une solution au problème de la main-d'œuvre avec la création du bagne, en 1852. Les plantations ont en effet été ruinées par l'abolition de 1848, car l'abondance de l'espace permet aux anciens esclaves de s'installer sur leurs terres. Le bagne ne résout aucun problème, tout comme la maigre immigration asiatique, africaine et malgache.

Un cycle de l'or s'ouvre en 1855, mais la production (3 800 kg au maximum fin XIXe siècle) est réduite et anarchique, caractérisée par une succession de rushes, sans effet de développement. La création du territoire de l'Inini, en 1930, dont la population est composée surtout de descendants d'Indiens et de marrons, n'a pas eu de grandes conséquences dans ce sens.

La Guyane française est dotée d'un conseil général depuis 1878 et d'un député élu depuis 1879. C'est ce qui a permis à Gaston Monnerville*, né à Cayenne, de débuter la carrière politique qui le conduira à la présidence du Sénat. Le pays a un sénateur à partir de 1946, quand est votée la loi d'assimilation qui en fait un département français. Il comporte deux divisions territoriales, la région maritime autour de Cayenne et le territoire de l'Inini, devenu en 1951 un arrondissement, ayant pour siège Saint-Laurent depuis 1969.

La population, composée de métis, avec une petite minorité amérindienne de moins en moins protégée par l'isolement, se diversifie par l'arrivée de Laotiens et, aujourd'hui, par une immigration clandestine de Haïti et du Brésil. Le mythe d'El Dorado explique la présence d'orpailleurs, mais c'est la base de lancement de Kourou qui est l'activité majeure. D'abord centre de pénitencier agricole, la ville s'est développée rapidement avec l'installation du centre spatial en 1965 ; la première fusée-sonde est lancée en 1968 et c'est de là que sont lancées toutes les fusées Ariane.

C'est la députée de Guyane, Christiane Taubira, qui est à l'origine de la loi de 2001 reconnaissant l'esclavage comme crime contre l'humanité.

H

habous (ou Waqf) Institution originale du droit musulman permettant d'immobiliser un bien et de réserver ses revenus pour le culte ou un usage pieux, il peut être public ou privé. Le habous privé devient public lorsque la lignée des bénéficiaires s'éteint. Obstacle foncier à la colonisation parce qu'inaliénable, il a été la cible de mesures de dépossession, notamment au Maroc et en Tunisie. En Algérie, le démantèlement des habous fut mené avec rigueur. Des mesures, entre 1830 et 1851, en ont permis l'utilisation pour des lots de colonisation. Les autorités craignaient que les revenus ne favorisent l'indépendance de l'islam. Ainsi, bien des mosquées et terres furent intégrées au domaine public. En contrepartie, l'État s'engagea à les administrer et à subvenir aux besoins du culte musulman. Le mouvement national algérien ne cessa de réclamer, sans succès, leur rétrocession aux musulmans.

Farhat Hached Syndicaliste tunisien (1914-1952). Né dans les îles Kerkena, petit fonctionnaire, il fonde une nouvelle génération de syndicalistes tunisiens, différente de la génération des militants originaires de Methouia (près de Gabès), qui avaient créé les deux CGT tunisiennes de 1924 et 1936. Il s'en démarque aussi par la modération de ses choix idéologiques, ce qui lui vaut le soutien des socialistes et des syndicalistes FO, ainsi que de la CISL (Confédération internationale des syndicats libres). En conflit avec les communistes englués dans la dépendance du PCF et de la CGT, il lance l'Union générale des travailleurs tunisiens en 1946. Le succès de cette initiative fait de lui une figure internationale. Il est piloté aux États-Unis par l'American Federation of Labour (AFL) qui l'invite à son congrès en 1951, et il participe au 2e congrès de la CISL avec Habib Bourguiba*. Il en devient vice-président. Son rôle dans le mouvement national a été considérable à plusieurs reprises. C'est lui qui mène le jeu, Bourguiba étant en exil, lors de la crise franco-tunisienne de 1951-1952 : il obtient un large soutien international contre la répression, en particulier contre le « ratissage du cap Bon », en 1952, au cours duquel l'armée française se livre à des violences extrêmes. La CISL envoie une commission d'enquête en Tunisie en janvier 1952, après une grève générale animée par l'UGTT. Son assassinat en décembre 1952 est certainement dû à un commando de policiers couverts peut-être par la Résidence générale. Il prive le mouvement ouvrier d'un leader prestigieux et suffisamment indépendant par rapport au Néo-Destour pour avoir promu une « ligne » spécifique, une sorte de travaillisme.

Tahar Haddad Syndicaliste tunisien (1899-1935). Issu du Sud tunisien semi-désertique, émigré à Tunis, il a été l'un des penseurs critiques musulmans les plus radicaux des années 1920. Si une histoire vue par les vaincus est éclairante parce que dérangeante, Tahar Haddad en est un parfait exemple. De formation théologico-juridique, non francophone, étudiant famélique et pauvre, il a joué le rôle d'intellectuel de la CGTT*, en a été l'historien avant de s'en prendre au cœur du conservatisme, en publiant un livre contestataire sur *le Statut de la femme dans la société et selon la charia* (1930). Cela lui vaut une excommunication, la perte de ses diplômes et une persécution tant de la part des oulama que des milieux populaires. « Le progrès est une vérité qui s'impose dans notre vie. On le voit, on le sent, mais nos esprits lui restent encore fermés [...] Nous vivons [...] dans deux mondes contradictoires au profit de celui qui nous domine. » Comment rendre compte de ce paradoxe apparent de la modernité d'un étudiant en théologie ? Il tient à son effort de mobilisation à la fois contre la colonisation et pour une reforme de la société dominée. Cet objectif a été atteint par les Vietnamiens, mais, au Maghreb, il achoppe sur les conservatismes. Tahar Haddad appartient à une génération de réformateurs arabes sacrifiée, qui s'exprime dans l'action politique et le domaine littéraire, mais qui a été victime du misonéisme (répulsion envers la nouveauté) de sa société. Les faiblesses et les tares du colonisé relèvent du non-dit et les mettre à nu fait scandale. Comme le poète tunisien Chabbi, qui ose écrire à son peuple, « tu es un vivant qui vit son existence dans un tombeau, tu as un esprit pesant qui déteste les lumières », comme des intellectuels critiques égyptiens, tel Ali Abd al-Raziq, qui a osé nier la légitimité religieuse du califat.

Ummar al-Hadj Souverain africain, résistant à la conquête (1797-1864 ?). Né dans la vallée du Sénégal d'une lignée religieuse toucouleur, il prend la direction de la confrérie Tijanniya à son retour de pèlerinage à La Mecque. Chassé avec ses disciples par les souverains animistes, il conquiert le royaume bambara du Kaarta. Les premiers heurts avec les Français se produisent à Médine – défendu par Faidherbe* –, sur le haut Sénégal en 1856. C'est un échec qui le conduit à se tourner définitivement vers la vallée du Niger, où il s'empare du royaume bambara de Ségou puis du Macina. Il s'empare de Tombouctou* en 1863, mais rencontre une forte opposition des Touareg*. Il trouve la mort dans un combat contre les Touareg et les Peul associés. Son immense empire, qui sera conquis par les Français en 1893 sous le règne d'Ahmadou*, n'avait comme ressort que le djihad et a rencontré l'opposition des populations soumises qui se rallieront au conquérant français.

cheikh Hamallah Dirigeant d'une confrérie musulmane (1882-1943). De son vrai nom Ahmad Hamahu Allah b. Muhammad b. Sayydina Umar, il est né à Kamba, au Soudan français, de la tribu des Ahel Muhammad Sidi Cherif de Tichitt. Vers 1885, son père s'installe à Nioro du Sahel (Soudan français). Il est nommé khalife de la Tijaniyya en 1902 par un cheikh venu de Tlemcen. Il ne transforme pas la Tijaniyya mais prêche inlassablement pour un retour à sa doctrine originelle et notamment pour la récitation onze fois de la prière dite de la perle de la perfection au lieu de douze, comme le défendent les descendants d'el-Hajj Umar Tall. Pour les Français, il a ainsi créé une confrérie dissidente, ce qu'il n'a lui-même jamais revendiqué. Son enseignement se répand rapidement au Soudan et en Mauritanie. Son disciple le plus connu est Tierno Bokar. Cheikh Hamallah se heurte à l'opposition des autres confréries mais surtout, au sein même de la Tijaniyya, à la famille Tall. L'administration ne peut accepter qu'un leader religieux important ne lui soit pas soumis. Persécuté, il subit sa première condamnation – dix ans d'exil – en 1925 à la suite de troubles. D'abord envoyé à Mederdra en Mauritanie, il est ensuite transféré en Côte d'Ivoire. De retour à Nioro en 1936, il se réconcilie officiellement avec les tijani « umariens ». Il est à nouveau suspecté à la suite de massacres commis par un de ses fils dans les confins soudano-mauritaniens, en août 1940. Il est arrêté en juin 1941, sa *zawiya* (ou *zaouia*, lieu de culte) détruite. Envoyé en exil en Algérie puis en France, il meurt à Montluçon. Les Français l'ont perçu comme un résistant anticolonial alors qu'il était avant tout un mystique.

Hanoi La capitale du Viêt Nam, millénaire en 2010, est l'une des plus anciennes en Asie du Sud-Est. Choisie par les rois Ly (XIe siècle) après la reconquête de l'indépendance, elle portait le nom de Thang Long (« le Dragon qui s'envole »). Hanoi, « ville intérieure du fleuve », fut le théâtre des événements qui ont traversé le destin du pays : victoire remportée par Nguyen Huê sur les Thanh (Qing) en 1789, offensive du 19 décembre 1946 contre l'armée française, bombardements américains des années 1960. Boudée par les rois Nguyen qui se sont méfiés de cette ville frondeuse, et attachée au souvenir de la dynastie des Lê, qui en avaient fait leur capitale, Hanoi a retrouvé son lustre d'autrefois grâce au gouverneur Paul Doumer*, qui l'a choisie comme capitale politique de l'Union indochinoise. L'urbanisme colonial, très marqué par le style occidental, fait ressortir la juxtaposition de l'ancienne et de la nouvelle ville. Ernest Hébrard, prix de Rome, comme Prost au Maroc, favorise cependant un style « indochinois ». C'est après 1975 que Hanoi a retrouvé sa place symbolique et son statut politique de capitale du Viêt Nam réunifié.

harkis Le mot – « mouvement, expédition » en arabe – désigne des troupes auxiliaires constituées contre le FLN*. Sur 263 000 Algériens partisans de la France en 1962, ils seraient 60 000. Il faut y ajouter 20 000 *moghaznis* (éléments de police rurale), 20 000 militaires de carrière et 40 000 du contingent... Ils sont le produit à la fois de la misère rurale, de la violence, celle du FLN qui entraîne des ralliements à la France par vengeance, celle aussi de l'armée française qui impose des recrutements. Ils sont le fruit aussi des solidarités des groupes d'origines, d'une « grande histoire » qui les a broyés. Dans ce parti de la France, leur destin a été le plus horrible : abandonnés par Paris, massacrés par milliers dans des vengeances populaires, ils n'ont pu qu'en très petit nombre se réfugier en France. Ils y ont été parqués dans des camps, maintenus dans la marginalité, n'ayant aucune possibilité de reproduire leur communauté. « Collabos », a dit d'eux un président de la République algérienne. À partir de la fin des années 1970, une nouvelle génération revendique sa place au soleil et la reconnaissance de la France.

harrisme Mouvement religieux messianique africain fondé par William Wade Harris (1865 ?-1929). Né au Liberia, Harris le quitte pour la Côte d'Ivoire en 1914, coiffé d'une toque blanche, vêtu d'un sac, portant une croix, une Bible et une écuelle pour baptiser. Sa prédication rencontre un immense succès en A-OF. Il y aurait eu 120 000 baptêmes en un peu plus d'un an. Luttant contre la sorcellerie et la magie, le harrisme mêle des éléments de christianisme (Dieu unique, glorification du baptême) et certains traits spécifiques comme la reconnaissance de la polygamie. Bien qu'éloigné de la politique et de la contestation, puisque Harris parle pour « tout le monde, Noirs et Blancs », il est frappé par la répression en raison de la ferveur populaire, qui inquiète. Arrêté, déporté, Harris laisse un culte vivant. Un de ses successeurs fonde en 1948 une Communauté thérapeutique de Bregbo utilisant une eau miraculeuse et rassemblant toutes les couches de la société. Le harrisme est l'une des quatre religions officielles reconnues par l'État ivoirien.

→ syncrétismes religieux

Haute-Volta À la veille de la conquête, la région située entre le haut Comoé et la vallée du Niger est divisée en deux ensembles : les royaumes mossi et gourmantché à l'est et au centre, les communautés villageoises sans structures centralisées à l'ouest. En 1895, les Français signent les premiers traités de protectorat et en 1898 intervient la délimitation de la frontière avec la Gold Coast. D'abord englobée dans le haut Sénégal-Niger, la Haute-Volta est érigée en colonie en 1919 avec Ouagadougou pour chef-lieu. Territoire pauvre, elle a pour principale ressource le coton, et son développement se heurte à son enclavement et à la migration d'une partie de sa main-d'œuvre vers les colonies voisines. Le rail arrive à Bobo-Dioulasso en 1934 mais seulement vingt ans plus tard à Ouagadougou. En 1932, la Haute-Volta disparaît et ses cercles sont rattachés au Soudan, à la Côte d'Ivoire et au Niger pour faciliter l'accès à ses travailleurs et par souci d'économie. Elle est reconstituée en 1947 pour faire échec au RDA*, mais celui-ci s'implante à partir de 1954 dans l'Ouest où il combat les tendances irrédentistes.

Maurice Yaméogo, président du conseil de gouvernement en 1957, proclame l'indépendance le 5 août 1960. Le pays compte alors trois millions et demi d'habitants sur un territoire de 274 000 km^2. En 1984, la Haute-Volta devient le Burkina Faso.

Le Havre C'est davantage un port colonial qu'un port colonisateur. Certes, des négociants havrais avaient participé en 1900 à la création de sociétés concessionnaires au Congo, avec des hommes d'affaires belges et parisiens. Mais cet épisode, ni glorieux ni rentable, fut vite oublié. La renaissance d'un grand commerce colonial ne survient qu'après la Première Guerre mondiale. Les difficultés du change et le privilège douanier conduisent à développer l'importation des produits de l'empire. Le Havre s'empare du premier rang des ports français pour la captation des produits chers, café, cacao, coton, bois exotiques. Ses principaux réservoirs sont l'A-OF, l'A-EF et Madagascar. En 1937, les produits de l'empire représentent 28 % de la valeur de ses importations. À cette époque, plus de deux cents entreprises de transport et de négoce travaillent simultanément avec les colonies françaises. Le prosélytisme des élites et la sociabilité coloniale conduisent à la création d'une Ligue coloniale autonome et d'un Institut colonial dans les années 1920. La chambre* de commerce et les entrepreneurs d'empire comme Hermann du Pasquier, Georges Raverat ou Charles-Auguste Marande plaident pour une mystique coloniale. Ce dernier crée l'École pratique coloniale en 1908. Les élites revendiquent une identité de « port impérial » et une place originale dans le « mécanisme colonial ». On célèbre le général Archinard, Havrais conquérant du Soudan. Cependant, les Havrais sont peu nombreux à s'installer dans la colonie. Les travailleurs coloniaux, nombreux durant la grande guerre, n'y excèdent pas 400 dans les années 1930. Les travailleurs marocains sont violemment exclus après le conflit. L'anticolonialisme demeure marginal, il est davantage animé par les Indochinois que par les Africains. Après sa destruction en 1944, Le Havre est surtout préoccupé par sa reconstruction. L'appareil prosélyte est anesthésié. Les performances des importateurs de bois coloniaux et de denrées tropicales s'accroissent malgré tout avec l'implantation directe de sociétés de négoce en Afrique de l'Ouest, notamment en Côte d'Ivoire et au Cameroun. Ayant développé ses relations avec les territoires qui n'ont pas connu de grande guerre de libération nationale, Le Havre n'a pas vécu les indépendances comme un drame.

hévéaculture en Indochine Introduite à partir de la Malaisie britannique en 1910, son grand essor date des années 1920, sur l'aire des terres rouges qui chevauche la Cochinchine et le Cambodge. En Cochinchine, la superficie passa de 15 000 ha en 1920 à 29 910 en 1924 puis à 126 000 en 1940; au Cambodge, de 1 343 ha en 1922 à 30 157, en quasi-totalité aux mains des grandes sociétés, en 1945. Le défrichement, la plantation des arbres et leur exploitation sept ans après nécessitent de gros investissements, des infrastructures de transport ainsi qu'une nombreuse main-d'œuvre. L'hévéaculture indochinoise est le fait de grandes sociétés capitalistes, comme la SOCFIN (du groupe Rivaud-Hallet), ou industrielles, comme Michelin. En 1928, 700 millions de francs sont investis dans les terres rouges de Cochinchine. Les sociétés recrutent sur contrat au Tonkin et au Nord Annam. En 1930, il y avait 30 637 « contractuels » aux côtés de 24 666 travailleurs « libres ». Ces flux migratoires, qui n'ont cessé qu'en 1940, ont transformé le paysage humain et la composition démographique du Sud indochinois. Une partie des travailleurs de cette agro-industrie ont participé aux mouvements sociaux et politiques des années 1930, 1940 et 1960. Au premier ou au second rang des investissements métropolitains et au deuxième des exportations, le caoutchouc a été soutenu par le gouvernement dès avant les années 1930, lors de la chute des cours mondiaux, en 1928. En pleine crise (1931-1934), l'État attribue plus de 90 millions de francs sous forme de prêts et plus de 96 sous forme de primes aux principales sociétés. Après l'indépendance des pays d'Indochine, l'hévéaculture demeure entre les mains françaises, qui détiennent – en 1963 et au Sud Viêt Nam – 74 000 ha sur 86 000 et emploient 79 % des 40 628 salariés. Au Cambodge, en 1966, les grandes sociétés possèdent 46 766 ha sur 62 211. Les plantations d'hévéas traversent les deux guerres d'Indochine en subissant beaucoup de dégâts et de pertes compensés par les indemnités du gouvernement français. Elles sont étatisées en 1975 par les gouvernements communistes vietnamien et cambodgien.

Hoa Hao Le mot – « conciliation », ou « concorde » – désigne une religion apparue à la fin des années 1930 dans le delta du Mékong. Elle réunit des fidèles, en majorité des paysans, autour de Huynh Phu So, ascète, guérisseur et prophète qui affirme sa filiation avec le bouddhisme* populaire du bouddha Maitreya (« le Sauveur »). Lui-même se proclame « le maître bouddha de l'Ouest ». Le caractère millénariste et messianique de la nouvelle religion stimule son expansion chez les paysans de trois provinces après l'échec de l'insurrection communiste de Cochinchine en 1940-1941. Elle disposait déjà d'une organisation politique, le Parti démocrate et social, d'où sa désignation comme secte politico-religieuse. Huynh Phu So, emprisonné, est « libéré » en 1943 par les Japonais, dont il devient un otage plutôt qu'un collaborateur. Ses partisans profitent de la chute de la domination française, le 9 mars 1945, pour mettre sur pied des milices d'autodéfense et édifier une féodalité territoriale, politique et militaire; on prêtait à So le projet de fonder une théocratie. Pour cette raison, et à l'exemple des caodaïstes, les Hoa Hao se heurtent au Viêt-minh* après l'avoir rejoint brièvement. L'assassinat de So par le Viêt-minh en 1947 conduit ses partisans à s'allier aux Français, tout en se retournant contre eux de temps en temps, en fonction des dissensions survenues entre les chefs militaires hoa hao. Après 1955, le gouvernement de Ngo Dinh Diem détruit la féodalité en faisant capturer et décapiter Ba Cut, le dernier chef du mouvement. Comme le caodaïsme, le Hoa Hao survit aujourd'hui dans sa seule dimension religieuse.

Hô Chi Minh (Nguyen Ai Quoc) Communiste vietnamien (1890-1969). Nguyen tat Thanh est né dans le nord de l'Annam d'un père reçu docteur aux concours du mandarinat. Il participe au *Tay zu* (voyage vers l'Ouest) en naviguant sur les cargos qui desservent l'Afrique, l'Asie et les Amériques. En 1917, il s'établit à Paris, entre dans le cercle des Cinq* Dragons mais se distingue de ses compagnons en adhérant au communisme léniniste au congrès de la SFIO, en 1920. Sous le nom de Nguyen Ai Quoc (« Nguyen le patriote ») il milite au PCF, et à l'Union intercoloniale où il est un des rédacteurs du *Paria** jusqu'à son départ pour Moscou, en 1923. Il commence alors un parcours de kominternien qui le conduit en Chine. À Canton, il fonde une organisation, le Thanh Nien (« Association de la jeunesse révolutionnaire »), pour former ses compatriotes et préparer la révolution ; c'est un second Dong zu (voyage d'étude au Japon et en Chine), dont le modèle n'est plus le Japon mais l'Union soviétique. La rupture entre Tchang Kaï-chek et les communistes l'oblige à fuir en Europe, puis il reprend ses activités d'envoyé de l'Internationale au Siam et en Malaisie. En 1930, il préside à la fondation du Parti* communiste indochinois à Hongkong. Emprisonné, donné pour mort mais libéré, il séjourne de 1934 à 1938 à Moscou, où il est mis sur la touche. Il échappe aux grandes purges staliniennes en partant pour la Chine, où il passe quelques années dans les bases communistes du Sud. En 1941, revenu au Tonkin, il aborde un grand tournant de sa vie et de la stratégie révolutionnaire communiste en fondant le Viêt-minh* (Ligue pour l'indépendance du Viêt Nam) : recouvrer l'indépendance nationale est à l'ordre du jour. L'année suivante, il adopte un nouveau nom symbolique, Hô Chi Minh (« Celui qui éclaire »). Il attend l'« occasion favorable » tout en mettant en place une base révolutionnaire dans la région de Cao Bang. Le renversement de la domination française par les Japonais et la capitulation de ceux-ci en 1945 lui fournissent l'opportunité. Le Viêt-minh, en fait le PCI, prend le pouvoir dans toute l'Indochine et, à Hanoi, Hô proclame solennellement la fondation de la République démocratique du Viêt Nam le 2 septembre 1945.

Président, il doit faire face aux nationalistes chinois puis au retour des Français en 1945-1946. Il déploie ses talents de temporisateur et de diplomate (accords du 6 mars 1946, modus vivendi de septembre 1946) pour éviter le choc frontal, qui a lieu quand même le 19 décembre 1946. Pendant la guerre* d'Indochine, Hô est la personnalité emblématique qui fédère les énergies, il est l'Oncle, le Père de la nation. Mais, à partir des années 1960, il semble dépossédé de pouvoir et d'autorité au profit de Le Zuan (secrétaire général) et du bureau politique du parti. Hô Chi Minh meurt le 2 septembre 1969 en plein conflit sino-soviétique (où il a toujours refusé de prendre parti), sans avoir assisté à la réunification du pays, en proie à la guerre civile et à l'intervention de puissances étrangères. Son corps embaumé est exposé dans un mausolée de marbre qu'il avait refusé dans son testament. Ainsi, jusqu'au-delà de sa vie, le parti a disposé de sa personne.

À la fois fervent patriote et communiste convaincu, Hô Chi Minh a joué le rôle de passeur politique et culturel entre l'Orient et l'Occident mais il est également entré au panthéon des héros nationaux auxquels les Vietnamiens rendent un culte séculaire.

homosexualité La sphère coloniale n'a été ni un paradis ni un enfer homosexuel. La tolérance et la répression ont varié dans le temps et selon le lieu. Aux XIXe et XXe siècles, les Européens ont parfois pu vivre dans les colonies leur orientation sexuelle plus librement que dans les métropoles, marquées par des codes moraux très stricts. La colonisation a pu libérer des désirs réprimés et, en la quasi-absence de femmes européennes, encourager l'homosexualité. Les relations qu'ont entretenues Lyautey* ou Lawrence d'Arabie avec d'autres hommes, européens ou indigènes, ont évolué entre l'*homosociabilité* (amitié, camaraderie), l'*homoérotique* (l'esthétisation du corps viril) et l'*homosexualité* (amour, rapports sexuels). Les sociétés indigènes ont été représentées comme des paradis homosexuels par de nombreux artistes, ainsi les hammams. Une vision exotiste, orientaliste ou même racialiste de l'autre a pu aller dans ce sens. Si les amours de certains Européens, comme Gide*, ont pu contribuer à leur faire prendre conscience des fondements inégalitaires du colonialisme, l'homosexualité a recouvert en général une relation de pouvoir entre maître et sujet, entre officier et soldat, ou entre colon et serviteur. Sur un autre plan, les relations de pouvoir se sont illustrées par une discrimination et une forte répression à l'encontre des présumés homosexuels. La stigmatisation courante du caractère efféminé des indigènes a contribué à renforcer la légitimité du pouvoir colonial. Au cours du XXe siècle, en particulier dans l'Empire britannique, où l'homosexualité constituait un crime, la répression par les administrations coloniales s'est intensifiée, au nom du prestige européen et pour empêcher des fraternisations. Dans la culture coloniale, en effet, le rôle féminin n'est pas celui du colon*.

Félix Houphouët-Boigny Homme politique ivoirien (1905-1993). Né en 1905 à Yamoussokro, au cœur du pays baoulé, il fait ses études à Bingerville puis à l'école* William Ponty. Il en sort en 1926 avec le diplôme de médecin auxiliaire. Affecté en Côte d'Ivoire, il succède à son frère à la tête de la chefferie des Akoué en 1938. Il retrouve alors ses activités de planteur. En 1944, il fonde le Syndicat agricole africain, qui regroupe les producteurs ivoiriens de café et de cacao. En octobre 1945, il est élu à l'Assemblée constituante. Cette même année, il ajoute le patronyme de Boigny (« le bélier ») à son nom. En avril 1946, il crée le Parti démocratique de Côte d'Ivoire (PDCI), et, en octobre, il participe à Bamako à la fondation du Rassemblement démocratique africain (RDA), dont il devient le premier président. Il est le seul homme politique africain de sa génération à être à la fois chef traditionnel et représentant d'une élite modernisatrice intellectuelle et économique. À l'Assemblée nationale, il siège aux côtés des communistes.

La Côte d'Ivoire connaît alors un climat politique troublé, marqué par des affrontements sanglants entre l'administration et les militants du PDCI-RDA. En octobre 1950, Houphouët-Boigny rompt avec le PCF et se rapproche de l'UDSR (Union démocratique et socialiste de la Résistance) de Mitterrand et Pleven, mais ce n'est pas avant 1952 que les relations entre les autorités et le PDCI se normalisent. Houphouët-Boigny est depuis toujours partisan d'une grande communauté franco-africaine qui garantirait, selon lui, la possibilité d'un véritable développement économique et social. En 1956, il est le premier Africain membre d'un gouvernement avec le titre de ministre. Il participe à l'élaboration de la loi-cadre* et attache son nom à la création de l'Organisation commune des régions sahariennes (OCRS)*. En mai 1957, il est élu à l'unanimité par l'assemblée territoriale de Côte d'Ivoire, vice-président du conseil de gouvernement.

Le vent a tourné en faveur de l'indépendance et ses idées sont désormais battues en brèche au sein du RDA, où il est mis en minorité en 1957. Houphouët voulait être directement rattaché à au pouvoir central en métropole, ce que la majorité des délégations refusait. De Gaulle le nomme ministre d'État en juillet 1958 dans son gouvernement, où il participe à l'élaboration de la Constitution de la Ve République et du projet de Communauté*. Pour lui, les relations franco-africaines doivent s'organiser sur une base fédérale et égalitaire. Pour contrer la création de la fédération du Mali, il met en place le conseil de l'Entente, conçu comme une union économique lâche. La demande d'indépendance du Mali conduit à la disparition de cette Communauté à laquelle il a tant cru et dont il vit l'échec comme un échec personnel. Le choix qu'il fait de l'indépendance, proclamée le 7 août 1960, s'accompagne cependant de la préservation de liens forts avec l'ancienne métropole.

huileries et outre-mer La recherche d'oléagineux – arachides (Sénégal), huile de palme et palmistes (golfe de Guinée) – est l'un des leviers de la pénétration commerciale en Afrique noire. Il s'agit de concurrencer l'huile d'olive, d'approvisionner l'industrie agroalimentaire et chimique, puis de contenir les importations d'arachides en provenance des Indes britanniques. Cela explique la structuration d'une filière verticale entre les sociétés animant la « traite des produits » en Afrique noire et la transformation en métropole.

La Marseillaise CFAO (Compagnie française de l'Afrique occidentale) a établi des liens avec les huileries de son cofondateur Verminck : Marseille devient le grand pôle de transformation, avec une cinquantaine d'huileries en 1914, des usines de sous-produits alimentaires et des savonneries, les trois quarts des oléagineux importés dans les années 1920. Bordeaux s'affirme en second, avec quatre grandes usines, grâce à un effort d'investissement et quelques marques plurirégionales (Maurel, La Croix verte) ; mais son aire de diffusion est cantonnée à l'Ouest atlantique. Les Lesieur (à Dunkerque depuis 1908) émergent vite comme les leaders nationaux : installations fortement productives, lancement de leur marque et, surtout, pénétration vigoureuse du marché parisien.

Mais la Grande-Bretagne traite 61 % du commerce mondial en 1928 face aux 21 % français, ce qui explique que les huiliers obtiennent en 1933 une taxe sur l'importation des oléagineux étrangers, valide jusqu'en 1966. L'enjeu des années 1940-1950 est triple : freiner le plus possible l'essor d'huileries en Afrique même, alors qu'une demi-douzaine d'usines de première trituration sont mises en place au Sénégal dans les années 1930 et que Lesieur s'établit dès 1940 à Casablanca et Dakar ; concentrer l'appareil de production, créer des marques nationales pour accompagner la révolution de la grande distribution ; résister aux oléagineux produits en Europe (colza, etc.). Les Marseillais et les Girondins échouent, leurs huileries ferment peu à peu dans les années 1960-1970. Lesieur, devenu le géant français, récupère plusieurs usines, dont celles d'Unipol, mais lui-même peine devant les transnationales (Unilever, etc.) et s'intègre en 1986 dans le groupe agroalimentaire Saint-Louis.

IJK

imaginaire et espaces

L'outre-mer, source d'inspiration des artistes

Paradis ou enfers, univers fabuleux, les outre-mers ont inspiré les poètes, les artistes, fait rêver une société en mal d'exotisme*. Les découvertes et explorations* ont fait reculer l'inconnu, mais pas l'imagination. Les lieux, tels ceux retenus dans cette notice, les corps* – ceux des femmes (la vahiné, par exemple) – ont été investis par l'imaginaire occidental. Et les moyens n'ont pas manqué : littérature*, cinéma*, carte postale, photo*, chanson*... y ont contribué.

Le désert, un espace de spiritualité

C'est un des grands domaines de l'imaginaire. Il y a un désert littéraire, un désert de la peinture orientaliste*, de la photographie et du cinéma. Le saint-simonien Félicien David en tire une œuvre musicale. Domaine d'épreuve physique et morale par la dureté des conditions de vie, aux antipodes de la civilisation, c'est un sanctuaire préservé de celle-ci et de ses tares pour nombre d'auteurs. C'est aussi un espace de spiritualité où le Coran a été révélé, un lieu de refondation. Le colonisé n'y est pas toujours un ennemi et fournit même un modèle. « Oui, vous Français vous avez le royaume de la terre, mais nous, musulmans, nous avons le royaume du ciel », dit un Touareg* à Foucauld*. Il ne faut cependant pas tomber dans l'angélisme : le Sahara est aussi un lieu de combat, et le même Foucauld renseigne son ami Laperrine* sur les populations qu'il côtoie. De René Caillié à Le Clézio*, en passant par Saganne, Isabelle Eberhardt*, il faudrait un dictionnaire pour citer tous les auteurs fascinés par le désert. Quelques noms donnent une idée de l'importance de cette inspiration, qui va du récit d'exploration au roman initiatique et à la méditation spirituelle. Ernest Psichari*, petit-fils de Renan, qui retrouve la foi et s'engage dans l'armée, s'en explique en particulier en 1916 dans *le Voyage du centurion,* qui compte 124 éditions en 1937. Son héros, malade de la civilisation décadente, se regénère dans le désert. *L'Escadron blanc,* en 1931, obtient le prix Goncourt, et Joseph Peyré poursuit sa quête de l'infini dans la suite de son œuvre. Antoine de Saint-Exupéry, qui critique la société industrielle, effectue dans *Terre des hommes* (1938) un retour aux « nuits de Bible faites d'étoiles et de vent ». C'est dans le désert que tombe *le Petit Prince,* en 1943, et c'est là que le renard lui révèle le secret : « On ne voit bien qu'avec le cœur. L'essentiel est invisible pour les yeux. » Théodore Monod, le savant, cherche dans le dénuement l'« essentiel ». Il serait trop long de citer des dizaines d'autres, dont Paul Bowles, traduit en français (*Un thé au Sahara*) en 1945, mais aussi les best-sellers de Jules Verne* et de Hergé.

La mer, l'inconnu qu'on affronte

De tous temps, elle a inspiré une répulsion, la peur des monstres*, des tempêtes (*la Méduse* et son naufrage, en 1816). Elle a aussi fasciné et attiré, attisant le désir de découvrir les ailleurs. À partir des Grandes Découvertes, l'Atlantique, les passages entre océans, le Pacifique ont envahi l'imaginaire européen. Les thèmes des combats, des catastrophes, de l'immensité, les types humains (flibustiers, Royale, sauvages...) ont suscité une littérature surabondante. C'est pour avoir voulu vaincre la mer que meurent certains explorateurs. Nombre d'auteurs sont des marins, tel Loti*. Faut-il citer Balzac, Dumas, Hugo, Mérimée, Michelet, Nerval, Sand, Verne ? Eugène Sue avec *la Salamandre,* Édouard Corbière avec *le Négrier,* qui paraissent tous deux en 1832, sont des pionniers. Baudelaire, qui est allé dans l'océan Indien et à La Réunion, en a tiré plusieurs poèmes. La mer est aussi l'inconnue que l'on affronte quand on quitte la métropole pour les colonies ou pour le bagne*. La peinture de Vernet au XVIIe siècle, de Géricault, des romantiques, des impressionnistes a aussi fait un sort aux étendues marines. La mer est également un thème de chanson populaire, du cinéma, avec le succès du *Bounty*, récit de la révolte de marins qui trouvent asile à Tahiti.

L'île ou le paradis retrouvé

C'est en effet Tahiti qui est le lieu privilégié. Dès Bougainville, le thème du paradis retrouvé, du bonheur et du bon sauvage s'impose. La nature, belle, luxuriante, est en harmonie avec les vahinés, nues et offertes. Herman Melville (1847), Loti (1879), Stevenson (1896), Somerset Maugham (1919), Alain Gerbault (1929), le peintre Gauguin*, le dessin, la carte postale, le cinéma (*Métis,* 1913, *Tabou,* 1931...), tous les arts ont cultivé ce luxe et cette volupté. Mais l'île est un archétype plus complexe, refuge et prison, lieu de naufrage et utopie (dès *Utopia* de Thomas More, *Gulliver*), désert pour Robinson et les robinsonnades, ou peuplée de bagnards, de cannibales, recelant des trésors… Elle est aussi instrument politique, lieu de relégation ou lieu stratégique au milieu d'un immense océan. Elle est mystérieuse dans Jules Verne. Dans *Paul et Virginie,* de Bernardin de Saint Pierre (1789, inspiré par des séjours en Martinique et à l'île Maurice), elle est paradis mais aussi enfer quand le cyclone s'abat.

immigrés La société française est une nation ancienne – « cher et vieux pays », disait de Gaulle –, parachevée par l'acte fondateur de la révolution de 1789 et, pour certains, remontant au baptême de Clovis à travers les rois qui ont fait la France. Sa culture est donc différente de celles de pays comme le Canada ou les États-Unis, construits par l'arrivée de millions d'immigrants. Mais elle est aussi depuis longtemps une société d'immigration, qui, à partir du XIXe siècle – pour ne pas remonter au-delà – a puisé abondamment d'abord en Europe méditerranéenne et centrale, puis en Afrique, une population indispensable à l'industrialisation, voire au renouvellement démographique. Elle a toujours eu du mal à assumer cette part d'étrangeté ou cette part d'elle-même.

Les difficultés des « quartiers dits sensibles », les problèmes posés par les jeunes (et aux jeunes) de ces quartiers sont-ils dus à des caractères spécifiques de leur identité, qui seraient antinomiques avec la qualité de Français ? Ce point de vue a un impact certain dans l'opinion. Inversement, on fait procès à la société française de maintenir un comportement colonialiste envers des « indigènes de la République ». Dans ces controverses où l'on accuse facilement les communautarismes des minorités ou, au contraire, le racisme français, les sciences sociales et l'histoire de la colonisation en particulier peuvent fournir des éléments d'analyse. Si les héritages coloniaux et les mémoires d'un passé qui passe souvent mal jouent dans les attitudes respectives des populations concernées, et s'ils concernent des millions d'immigrés et leurs descendants, de rapatriés, de harkis, etc., on ne peut réduire à des tensions ethniques reproduisant le passé des problèmes sociaux et des problèmes actuels, ceux qui sont liés à la mondialisation, à l'exclusion par le sous-emploi, etc.

Quels que soient les points de vue sur ces problèmes, il y a une évidence, c'est la nécessité d'intégrer le passé colonial dans les cultures de toutes les composantes de la société française, de partager ce passé.

impérialisme Ce terme, repris de l'anglais, qui l'utilise en 1880 pour définir l'expansion outre-mer (Hobson), est surchargé de connotations polémiques, car Lénine en a fait le titre de son livre le plus connu, annonçant et préparant la révolution. Le débat sur le phénomène, les rapports entre capitalisme, colonisation, sous-développement, oppose libéraux et marxistes. Mais les historiens s'accordent pour considérer que la notion désigne une période marquée par l'expansion et les rivalités des grandes puissances dominant le monde.

impôt En Algérie, en Indochine, en Afrique noire, l'impôt apparut aux théoriciens de la colonisation comme un instrument de la mise en valeur. Il devait permettre de remplir les caisses de la colonie, mais également susciter l'insertion des indigènes dans le marché du travail et dans l'économie d'échanges, en les obligeant à gagner de l'argent. Partout, la tendance a été à l'augmentation de la charge fiscale, alourdie par l'extension de l'impôt dit de capitation, c'est-à-dire prélevé directement sur chaque individu. En Algérie, les musulmans, tenus de s'acquitter jusqu'en 1919 d'« impôts arabes » en plus des prélèvements fiscaux habituels, payaient deux fois plus d'impôts directs que les Européens. D'une manière générale, la charge fiscale pesa principalement sur les paysanneries. Ce qui eut un peu partout comme conséquence de désorganiser l'agriculture vivrière traditionnelle en obligeant les indigènes à partir au loin chercher du travail, de soumettre l'économie villageoise à la monétarisation et d'accentuer la différenciation sociale au sein des paysanneries coloniales.

océan Indien Ses limites orientales sont définies par une ligne partant de Singapour en suivant l'arc de la Sonde qui rejoint la côte sud de la Nouvelle-Guinée puis la côte nord de l'Australie. La connaissance et l'exploitation économique de l'océan ont suivi un gradient nord-sud. La partie a été mise en valeur avant le XVe siècle par les puissances asiatiques puis par les Arabes qui implantèrent aussi sur le littoral africain des échelles de commerce dès le Xe siècle. L'ère de la domination européenne débute avec le voyage de Vasco de Gama, en 1498, qui ouvre la « route des Indes », et qui se poursuit avec la conquête des terres australes au XVIIIe siècle et celle de l'Afrique au XIXe siècle. Les pays riverains ont tous acquis leur indépendance dans les années 1970, mais l'océan Indien est resté depuis la guerre froide une zone stratégique pour l'approvisionnement pétrolier de l'Occident et la lutte contre le terrorisme international (base américaine de Diego Garcia).

indigénat Connu sous le nom de Code de l'indigénat, c'est un ensemble juridique et réglementaire répressif à l'encontre des seuls indigènes, appliqué par l'administration en violation du principe fondamental de séparation des pouvoirs. Il prévoit des sanctions collectives, autre violation des principes du droit métropolitain. Il a symbolisé l'arbitraire le plus total. Institué d'abord lors de la conquête de l'Algérie, codifié par Bugeaud* en 1844, puis par la loi du 28 juin 1881, il prévoit des « infractions spéciales aux indigènes ».

Ce régime est étendu en Cochinchine en 1881, en Nouvelle-Calédonie et au Sénégal en 1887, à l'Annam- Tonkin en 1897, au Cambodge en 1898, à Madagascar en 1901, à l'A-OF en 1904, à l'A-EF en 1910, à la Côte des Somalis en 1912, au Togo en 1923 et au Cameroun en 1924. Seuls y échappent la Tunisie et le Maroc, qui sont des protectorats*. Sont considérés comme infraction spéciale en Nouvelle- Calédonie : « la désobéissance aux ordres ; la présence hors de son arrondissement sans pouvoir justifier d'une autorisation régulière ; le port d'armes canaques dans les localités habitées par les Européens ; la pratique de la sorcellerie, ou accusation de ces mêmes pratiques portées par les indigènes les uns contre les autres ; la présence dans des cabarets ou débits de boisson ; la nudité sur les routes ou dans les centres européens ; la présence chez les Européens sans leur autorisation ; le débroussaillage au moyen du feu ; le trouble de l'ordre ou du travail dans des habitations, ateliers, chantiers, fabriques ou magasins ; la circulation dans les rues de la ville et ses faubourgs après huit heures du soir ; le fait de troubler l'ordre dans les rues de la ville de Nouméa et des centres de l'intérieur. »

En Indochine, le Code est aboli en 1903, mais le gouverneur général garde le droit de déterminer les infractions spécifiques. Arthur Girault, le grand spécialiste du droit colonial, souligne que « les indigènes le (l'indigénat) trouvent naturel puisque nous sommes les plus forts et qu'il offre de grands avantages ». Ce régime a été assoupli, en 1888 en Algérie, et en 1924, 1926, puis 1938 en Afrique noire. Un décret pris à la Libération le 22 décembre 1945 l'abolit. En Algérie, une ordonnance du 7 mars 1944 l'avait déjà fait, mais, dès 1955, avec l'état d'urgence, la population est de nouveau soumise à un régime d'exception.

indigénisation Le terme « indigène », sans connotation péjorative, a donné naissance à un dérivé dans le langage missionnaire : *indigénisation*. Chez les catholiques, il signifie d'abord formation d'un clergé indigène, selon les objectifs fixés par la papauté aux missionnaires de l'Asie orientale (1659). La mise en œuvre se heurte à la montée des préjugés et à la difficulté de former un clergé local sur le modèle romain (usage du latin, séminaires, célibat). Avant les années 1920, l'indigénisation n'atteint pas l'épiscopat. La mission protestante met l'accent sur la constitution d'Églises locales autonomes autour de pasteurs autochtones. Néanmoins, le missionnaire européen dispose d'un prestige et de moyens d'action qui lui confèrent une autorité supérieure en situation coloniale. Cette hiérarchisation incite des catéchistes ou des pasteurs indigènes à constituer des Églises indépendantes. L'indigénisation s'est élargie au XXe siècle à la prise en compte des cultures.

indigénophile Partisan d'une colonisation respectueuse des indigènes, porteuse de leur émancipation, au moins celle des élites. Vague, ce projet – affirmé dans *la Revue indigène* – s'oppose aux abus, au racisme des petits blancs. Le Comité de défense des indigènes aux colonies est créé par P. Violet en 1900. Paul Leroy-Beaulieu*, président de la Société pour la protection des indigènes des colonies, fondée en 1881 par Victor Schœlcher*, et Charles Gide, président de l'Alliance franco-indigène, sont parmi les plus connus.

Indochine Ce nom tend à gommer les différences entre les trois Ky (Annam, Cochinchine, Tonkin) et à minorer les traits culturels autochtones par rapport aux influences indienne et chinoise.

La conquête coloniale française se fait en trois phases successives. Sous le second Empire, les Français prennent Saigon (février 1859) et obtiennent la cession de six provinces vietnamiennes limitrophes (1862, puis 1867). Ces six provinces sont transformées en une colonie gouvernée par des amiraux. Ils établissent également un protectorat sur le Cambodge (1863). À ce stade, seule la possession d'un point d'appui (et sa protection) semble recherchée car ni la mission d'exploration du Mékong de Doudart de Lagrée (1866-1868) ni la tentative d'établissement au Tonkin par Francis Garnier* (1873) ne sont suivies d'effets. Le traité Philastre (mars 1874) institue des relations relativement équilibrées entre la Cochinchine française et l'empire du Viêt Nam. En 1883, la pénétration est beaucoup plus agressive, l'expédition Rivière au Tonkin (avril-mai) provoque l'établissement d'un protectorat sur le Viêt Nam (traité Harmand, remplacé par le traité Patenôtre, juin 1884). Ce développement entraîne une guerre franco-chinoise (juin 1884-juin 1885) terminée par le traité de T'ien-tsin, où la Chine renonce à sa suzeraineté sur le Dai Nam (Viêt Nam), laissant les Français libres d'y agir. Simultanément, l'empereur Ham Nghi appelle à la résistance nationale contre la conquête française (*Can* Vuong*), mouvement qui se prolongera jusqu'en 1896.

Troisième moment, en 1893, à l'issue d'un conflit avec le Siam, les Français établissent leur protectorat sur les principautés lao situées sur la rive gauche du Mékong. Ils obtiennent de la Chine comme territoire à bail l'enclave de Kouang-tchéou-wan (Guang-zhouwan) en 1900 et la restitution par le

Siam de la province de Battambang, au Cambodge, en 1907 (mission Bernard). L'Indochine coloniale ne devait plus subir de modification territoriale majeure, sauf en 1941, où, par le traité de Tokyo, le gouverneur Decoux fut contraint de céder la province de Battambang au Siam, allié du Japon.

La Cochinchine était une colonie gérée directement, et, d'après les traités de T'ien-tsin et Patenôtre, les autres territoires dominés par la France étaient des protectorats. Mais les Français interviennent de plus en plus directement, en essayant notamment de séparer le Tonkin (nord du Dai Nam), géré par un vice-roi vietnamien (*kinh luoc*), de l'Annam (partie centrale). La création de l'Union indochinoise (1887) et surtout, sous le gouvernement de Paul Doumer* (1896-1902), la création d'un budget général et d'une administration fédérale installée dans la capitale, Hanoi, témoignent de cette tendance à une administration directe. L'Indochine française était divisée en cinq grandes régions (Tonkin, Annam, Cochinchine sur le territoire du Viêt Nam d'aujourd'hui, Cambodge, Laos) dirigées par un résident supérieur (lieutenant-gouverneur pour la Cochinchine). Ce type de gouvernement, qui vide de substance politique la monarchie et confère au résident supérieur la totalité du pouvoir, détruit le mandat entre le souverain et son peuple. En effet, la dimension sacrée de la fonction impériale est privée de réalité sociale et réduite à l'accomplissement de rites. Cette situation pose le problème de la relève d'une monarchie défaillante, avec lequel Khai Dinh et son successeur Bao Dai à partir de 1925 ont essayé de ruser en attendant une conjoncture propice à la restauration du mandat impérial. En vain.

L'Indochine devient un des hauts lieux du capitalisme colonial, avec la Banque* d'Indochine, 15 à 18 % des investissements totaux de l'empire. Les principales productions indochinoises étaient le charbon (Tonkin), le riz (Cochinchine) et, après 1910, le caoutchouc (Cochinchine et Cambodge).

Des révoltes nationales menacent régulièrement la domination coloniale, au Cambodge (1885) et surtout au Viêt Nam (1908, 1913, 1930, 1931). Au début du XXe siècle, deux courants différents animent les mouvements nationalistes vietnamiens : l'un, mené par Phan* Boi Chau, propose d'organiser des actions militaires pour renverser l'ordre colonial ; l'autre, inspiré par Phan Chu Trinh, souhaite moderniser le pays par le biais de l'éducation afin d'être en mesure de recouvrer l'indépendance nationale. Dans les années 1920 apparaissent trois forces politiques nouvelles parmi lesquelles le courant constitutionnaliste avec Bui* Quang Chieu et Nguyen Phan Long, influent dans la bourgeoisie vietnamienne du Sud, le Parti nationaliste (*Viet Nam Quoc Dan Dang*), fondé en 1927 par Nguyen Thai Hoc à Hanoi, et l'Association de la jeunesse révolutionnaire vietnamienne (*Viet Nam Cach Menh Thanh Nien Hoi*), fondée en 1925, qui donnera naissance en 1930 au Parti communiste indochinois. Les années 1930, malgré la répression, marquent la rupture annonçant l'hégémonie communiste.

Avec la Seconde Guerre mondiale, les Japonais mettent fin à la domination française par leur coup de force du 9 mars 1945. Après leur capitulation, Hô Chi Minh, à la tête d'une Alliance pour l'indépendance du Viêt Nam (Viêt-minh*), où le PCI domine, proclame l'indépendance du Viêt Nam le 2 septembre 1945. C'est la guerre* d'Indochine.

Indochine à la veille de la colonisation

Une tradition d'indépendance impuissante face à l'impérialisme

Les géographes ont donné ce nom à l'espace compris entre les golfes du Bengale, du Siam et du Tonkin, les détroits de Malacca et de Singapour, l'Inde britannique et l'Empire chinois, et parfois l'Asie du Sud-Est insulaire

Diversité des sociétés et des États

L'Indochine comprend les trois Ky du Viêt Nam ou Dai Nam : Phân/ Annam*, Ky/Cochinchine*, Bô/Tonkin* (il ne s'agit pas de trois entités politiques mais de régions dotées chacune de caractéristiques propres qui expliquent leur originalité à l'époque coloniale). Elle comprend aussi les royaumes du Laos* – très divisé et menacé par le Siam et la Chine – et du Cambodge*. Dans une longue histoire surdéterminée par les rapports avec la Chine, marquée par un millénaire d'annexion, le Viêt Nam a affirmé une tradition d'indépendance. Il est réunifié depuis 1802 autour de sa capitale, Huê, par la dynastie des Nguyen, et ce sont les Français qui feront des trois Ky des entités politiques.

Le Cambodge, reste d'un empire et d'une civilisation prestigieuse (Angkor*), subit la pression des Thaïs à l'ouest et du Viêt Nam à l'est. Le Laos constitue une monarchie au XIVe siècle, mais se divise ensuite en petits États où les unités villageoises se regroupent en principautés ou « royaumes » placés sous un souverain à l'autorité incontestée. Mais le pays est menacé par le Siam, la Chine et l'Annam, et la société, qui a subi des déportations massives au début du siècle vers le Siam, est très fragile.

L'Indochine, plus vaste que la France, est une mosaïque : près de 10 millions de Vietnamiens en 1875 contre un million de Khmers. Coexistent des populations austro-asiatiques (Viets, Khmers, proto-Indochinois) et austronésiennes (Cham, Thaïs et d'autres familles de proto-Indochinois). La civilisation de Dong Son (révélée par de nombreux objets en bronze, comme les fameux tambours dits de pluie) est le substrat sur lequel se sont greffées les influences chinoises et indiennes. Dans cette « civilisation du végétal » (Pierre Gourou*) de l'Asie des moussons prédomine la riziculture, en terrain sec, en écobuage itinérant chez les minorités des hauts plateaux, et en sol inondé ou irrigué dans les plaines des deltas du fleuve Rouge et du Mékong. Les deux deltas (16 % de la superficie du Viêt Nam) concentrent 40 % de sa population. La riziculture façonne la manière de vivre, de travailler, de sentir et de penser. La configuration du pays ne suggère-t-elle pas « la métaphore classique qui assimile ces plaines du Tonkin et la Cochinchine aux paniers de riz que suspend le coolie annamite aux deux bouts de son balancier » (C. Robequain) ? L'économie rizicole imprègne les formes de la vie sociale (organisée autour de la communauté villageoise), culturelle (la place de la nature dans la littérature), et spirituelle (le culte des ancêtres) des Vietnamiens. Elle en constitue leur force, leur cohésion et leur dynamique. En contrepartie, le peuple paysan s'est avéré dans le passé médiocre marchand et peu porté vers l'artisanat, de sorte que le négoce et l'entreprise sont restés depuis des temps fort anciens entre les mains des négociants étrangers, en particulier des Chinois. Une situation de carrefour favorise d'intenses mouvements d'échanges internes – nord/sud et est/ouest –, et externes des hommes et des marchandises.

Bouddhisme et confucianisme

Les religions et les systèmes philosophiques indiens et chinois ont été adoptés de manière diverse par chaque peuple. Au Cambodge et au Laos, le bouddhisme* théravada ou hinayana valorise la prépondérance monastique et la référence aux textes canoniques. Au Viêt Nam, le bouddhisme mahayana insiste, à l'instar de la Chine, du Japon et de la Corée, sur la pratique de la charité dans la société séculière. Il cohabite avec le confucianisme et le daoïsme dans une paix relative. Le confucianisme, doctrine officielle dès le XVe siècle, a fortement marqué la société vietnamienne. L'ordre familial est la base de la paix civile : « le monde est fondé sur l'État, l'État est bâti sur la famille. » Le syncrétisme des trois religions, l'importance des liens inter-individuels et l'enracinement rural de la confrérie lettrée distinguent le Viêt Nam du modèle chinois. Mais l'absence de tout débat philosophique et exégétique de quelque ampleur a hypothéqué la capacité de renouvellement face aux nouveaux problèmes que pose l'Occident au XIXe siècle. La tolérance religieuse et l'éclectisme expliquent la persistance des cultes animistes, des restes de l'islam, et la surprenante irruption du christianisme, qui compte 400 000 fidèles à la veille du débarquement français. Les sociétés paysannes ont des caractères distincts. Au Viêt Nam, dix-huit mille communautés villageoises, protégées de l'extérieur par d'épaisses haies de bambous, associent la propriété communale et la propriété privée et organisent la vie sociale. De multiples liens de solidarité familiale et l'attachement au terroir natal matérialisé par le *Dinh*, lieu public où se tiennent les assemblées et le culte, font leur cohésion. Les villages khmers et laotiens ont des liens plus lâches : démographie moins pressante, travail agricole moins intense et discipline sociale, où persiste l'influence bouddhique, moins contraignante.

Les oligarchies, constituées de notables et de gérontes, fonctionnent partout comme les relais du pouvoir central. L'État confucéen a une efficience qui fait souvent défaut à son homologue khmer. Les monarques exercent au titre de « dieu-roi » (Cambodge) ou de mandataire du Ciel (Viêt Nam) ; ils jouent un rôle plus symbolique que réel, car les vertus du souverain importent plus que ses actions. Au XIXe siècle, les trois souverains Nguyen qui se sont succédé sur le trône sont des lettrés. Mais l'usure et la corruption du système mandarinal seront rudement mises en évidence lors de la confrontation avec les forces étrangères.

Enjeux géopolitiques et problèmes de réforme

La perte de l'indépendance est due à trois facteurs principaux : le déclin de l'Empire chinois, les tensions internes de la région et l'impérialisme en Asie orientale. Il faut ajouter que la société vietnamienne est agitée par des tensions sociales, le banditisme et des émeutes paysannes, par les dissidences des minorités. Plus de 400 soulèvements se sont produits au XIXe siècle. Ces fragilités et le déclin chinois attirent les convoitises occidentales. La tentative de se fermer est la réaction première. Elle échoue en Chine au milieu du siècle. La France, qui a établi des liens sous Louis XVI avec les Nguyen, ne manque pas d'atouts avec sa flotte et les missions étrangères qui essaiment dans toute l'Asie. Comment ces initiatives européennes ont-elles été perçues ? Quelles tentatives de réponses diplomatiques puis militaires ? Il faut rappeler que l'État vietnamien n'a cédé qu'au prix de trois chocs militaires entre le milieu du siècle et 1885, que le Tonkin a opposé une longue résistance.

Le Viêt Nam n'est pas replié sur lui-même. La cour de Huê est informée de ce qui se fait en Europe et dans ses dépendances asiatiques, et y envoie des étudiants et des mandarins, mais elle ne parvient pas à s'engager dans un processus de modernisation. Le commerce est en expansion, mais les Nguyen empêchent le développement d'une classe de marchands, préférant voir se consolider le réseau des négociants chinois. Ils entreprennent un renforcement de l'État ainsi qu'une amélioration de la formation des fonctionnaires, mais les mandarins* sont incapables de transformer l'État impérial confucéen en État-nation moderne. Ils interprètent la menace européenne en fonction de l'idée confucéenne de crise cyclique du mandat céleste et des représentations traditionnelles du barbare… Ils n'ont pas su contrôler les emprunts nécessaires. Il y a eu sur ce point un débat. Mais c'est la voie de la résistance conservatrice qui est adoptée. « Comment peut-on du jour au lendemain renoncer à des règlements qui remontent à des siècles pour se mettre tout entier à la poursuite des nouveautés ? Agir avec précipitation pour un avantage apparent ne veut pas forcément dire se le procurer, et même s'il est donné de se le procurer, comment éviter d'être méprisé pour s'être transformé en barbare ? » déclare Phan Dinh Phung, le chef du mouvement Can Vuong, en 1877. C'est cet esprit qui l'emporte, malgré les efforts des réformateurs.

Le grand mandarin Phan Thanh Gian ne parvient pas à s'y opposer. Grand lettré, il fait une carrière mandarinale exemplaire, qui lui vaut de négocier avec le second Empire et de découvrir la France. Il s'inquiète : « Depuis le jour où, envoyé comme ambassadeur à la capitale de France, j'avais vu les ouvrages de la civilisation occidentale, je n'ai pu m'empêcher d'avoir un sentiment d'admiration doublé de frayeur. Rentré dans mon pays, j'ai exhorté mes compatriotes à se réveiller, à sortir de la torpeur dans laquelle ils sont depuis si longtemps plongés. Hélas ! Malgré mes efforts pour les convaincre, aucun d'entre eux ne croit à la véracité de mes dires. »

Le dernier empereur du Viêt Nam indépendant montre ces impasses. Tu Duc (1848-1883), appelé au trône pour succéder à Thieu Tri (1840-1848), dont il était le second fils, connaît un long règne traversé des crises intérieures (complot dynastique inspiré par son aîné, révoltes paysannes, prosélytisme chrétien) et surtout extérieures face à la pression française. Fin lettré, il est par ailleurs bien au fait de l'évolution internationale. Mais ce confucéen orthodoxe et rigide est incapable de trouver une alternative au déclin de la Chine impériale, dans laquelle il voit le rempart contre l'Occident, et ignore les expériences modernisatrices des pays voisins comme le Japon ou la Thaïlande. La volonté de poursuivre contre vents et marées la politique de splendide isolement s'accompagne de réactions imprévisibles alternant intransigeance et mollesse, violence et reculade, jouant successivement les partisans de la guerre et les tenants de la négociation. Tu Duc, par sa politique hésitante, est responsable de la perte des provinces du Sud et de la défaite finale dans le Nord. Phan Thanh Gian se donne la mort faute d'avoir résisté aux troupes françaises en 1867. Au Cambodge et au Laos, les Français ont profité de l'aspiration de leurs monarques à se débarrasser de la domination siamoise et viet pour leur faire accepter un protectorat sur un royaume khmer et des principautés lao restaurées.

l'art en Indochine Les autorités coloniales ont eu le souci de conserver les arts traditionnels et le patrimoine monumental, dont l'exemple le plus remarquable est le temple d'Angkor*. Elles ont créé des musées à Phnom Penh, Huê, Saigon, etc. et des écoles pour les artisans de bronze et céramique, le travail de la nacre, le dessin, la laque, la peinture sur soie... Une synthèse entre influences asiatique et européenne est entreprise par les élèves de l'École supérieure des Beaux-Arts de Hanoi fondée en 1924. En 1997, une exposition Paris-Hanoi-Saigon est consacrée à ces métissages. Nguyen Phan Chanh (1892-1984), né à Ha Tinh, comme son cadet de vingt-huit ans Bui Xuan Phai (1920-1988), fait partie de la première génération de peintres vietnamiens formés à l'école de Hanoi, ayant accédé, dès l'entre-deux-guerres, à la notoriété artistique. Au contact des techniques occidentales et des grands maîtres comme Victor Tardieu (le fondateur de l'école) et Inguimberty, ces peintres redécouvrent chacun à leur manière la sensibilité et les thèmes récurrents de l'imaginaire ou de l'art traditionnels. C'est le cas de Bui Xuan Phai avec les faubourgs de Hanoi, Nguyen Gia Tri (1908-1993) avec la laque, Tô Ngoc Vân (1906-1954) avec l'huile.

Indochine : édition et littérature

Résistance et innovation

Inspirée par le Japon du Meiji et les réformateurs chinois du XIXe siècle, la rénovation pédagogique et la mise à jour du confucianisme ont été l'œuvre du Duy* Tan (modernisation). Les lettrés de la capitale en sont les acteurs majeurs. Dans le Centre, elle s'organise autour des grands lauréats des concours originaires de la province de Quang Nam et de leur porte-parole, Phan Chu Trinh.

La culture : un enjeu de modernité

Après l'échec du Can* Vuong, en 1897, sans abandonner complètement la lutte armée, la stratégie moderniste s'inscrit dans la longue durée en investissant la culture et l'enseignement. Elle encourage l'émigration étudiante vers le Japon, le Dông Du (voyage vers l'est). Elle repose sur le tandem Phan* Boi Chau-Cuong De. Le voyage vers l'ouest (la France) sera la deuxième étape.

Les rénovateurs projettent un foyer capable de penser et de mettre en place un mouvement social d'envergure. C'est l'œuvre centrale du milieu lettré de Hanoi autour de Luong Van Can, directeur de l'« Institut bénévole de la capitale » (*Dong Kinh Nghia Thuc*), où les femmes sont admises. Ouvert le 3 mars 1907, il est interdit dès le mois de décembre de la même année parce qu'il inquiète les autorités. Cette expérience a néanmoins montré la voie, en renouvelant la pédagogie et le contenu des manuels scolaires, en utilisant le quôc-ngu* comme une langue véhiculaire. Le mouvement réformateur a préparé les conditions de l'explosion culturelle qui change le visage de la société vietnamienne dans la décennie qui suit. La conjoncture de 1925, qui voit émerger une jeunesse instruite et contestataire, serait impensable sans le soutien d'un appareil éditorial moderne et d'une presse vivante, sans la large diffusion des mots d'ordre élaborés par la diaspora vietnamienne du Japon et de France.

L'édition et les périodiques

Les revues *Dong Duong Tap Chi* (« Revue de l'Indochine », 1913-1916) et *Nam Phong* (« Vent du sud », 1917-1934), créées à l'instigation de Louis Marty, directeur de la Sûreté et agrégé de philosophie, subventionnées par les autorités mais dirigées de manière autonome par des lettrés conservateurs modernistes, sont dépassées par une nouvelle génération de périodiques parmi lesquels des publications francophones. *La Cloche fêlée* puis *l'Annam* (1923-1926) de Nguyen* An Ninh, Dejean de la Bâtie et Phan Van Truong, *la Lutte* (1933-1939) de Ta* Thu Thau et ses camarades « retour de France » sont les plus connues. Un nouvel acteur apparaît, le journaliste-écrivain vivant de son métier. C'est l'âge d'or d'intellectuels, dont quelques-uns autodidactes, porteurs de deux cultures et produisant les œuvres de vulgarisation comme Dao Duy Anh, Truong Tuu (*Nguyen Bach Khoa*), Hai Trieu (*Nguyen Khoa Van*), auteurs de petites encyclopédies liant la recherche, l'érudition et la communication de masse, naviguant entre la lexicologie, l'histoire et l'ethnologie, l'essai littéraire et la critique philosophique. L'importance de la vulgarisation scientifique (médecine, électricité, physique, chimie, agronomie) est une originalité par comparaison avec les autres sociétés colonisées. Cette effervescence de l'édition apparaît dans le nombre de périodiques recensés à la veille de la Seconde Guerre mondiale : 128 quotidiens et 176 revues ou bulletins.

Deux fortes individualités expriment cette dynamique. Nguyen Cong Tieu (1892-1976), ingénieur agronome, est connu à la fois comme inventeur de talent et comme fondateur des publications de vulgarisation scientifique.

Rédacteur en chef du *Khoa Hoc Tap Chi* («Revue des sciences»), il ambitionne de concilier la technologie occidentale et l'éthique confucéenne. Bi-puis trimensuelle, la revue atteint 232 numéros et tire à 2 000 exemplaires à sa disparition, en 1940. Il faut lui associer Hoang Xuan Han (1909-1996), polytechnicien et agrégé de mathématiques, auteur du premier *Lexique des mots scientifiques* («Danh Tu Khoa Hoc», 1942) en langue vietnamienne et fondateur du *Bao Khoa Hoc*, «Journal des Sciences» (1942-1944). Han s'orienta vers la philologie et l'histoire et peut être considéré comme un des grands passeurs entre la culture européenne et celle de son pays.

Pham Quynh (1892-1945), lui, est issu d'une famille de lettrés de la province de Hai Duong. Diplômé du Collège des interprètes en 1908, il entre à l'École* française d'Extrême-Orient avant de se consacrer au journalisme. Autodidacte avec un solide bagage de culture chinoise, française et vietnamienne, il devient vite le théoricien, l'organisateur et le porte-parole d'une politique de médiation entre le Viêt Nam et la France. La revue *Nam Phong*, dont il fut le principal responsable, devient une véritable institution culturelle, un lieu d'échange et un laboratoire vivant de la langue moderne. Cultivant un confucianisme d'«ordre moral», se référant à Maurras, il témoigne d'un conservatisme qui l'oppose à la jeunesse, portée au radicalisme. Appelé au poste de ministre de l'Éducation nationale de la cour d'Annam, il y reste jusqu'en 1945, avant d'être fusillé par les révolutionnaires le 23 août.

Littérature

16 000 ouvrages en quôc-ngu sont déposés à la Bibliothèque nationale de Paris. Les thèmes – le mal vivre des jeunes, les tensions familiales, la révolte féminine, le corps*, la critique des valeurs confucéennes... – évoquent le mouvement nationaliste et progressiste du 4 mai 1919 en Chine contre le poids de certaines traditions. Ce mouvement, que la jeunesse étudiante lance par une manifestation place Tien'anmen à Pékin, est une réaction à la domination étrangère, japonaise en particulier, mais aussi une adhésion à la modernité dénonçant le mandarinat, l'oppression de la femme, et prônant le développement des sciences nouvelles... Il a eu une grande influence au Viêt Nam.

Le quôc-ngu devient l'instrument de la création littéraire. Une langue claire sur le modèle du français classique remplace le style traditionnel. Les revues du début du siècle publient nouvelles, poésies et romans très influencés par les grandes œuvres occidentales, abondamment traduites. Nguyen* Van Vinh y a une part fondatrice. La représentation du *Malade imaginaire* de Molière en 1920 à Hanoi est une date importante. À la même époque, Tan

Da, considéré comme le plus grand poète vietnamien de la première moitié du XXe siècle, est l'un des premiers à exalter le moi, non sans faire scandale. Mais, à partir de 1930, la littérature – autour du Groupe littéraire autonome (Tu Luc Van Doan), qualifié de romantique et animé par Nguyen Tuong Tam – devient de plus en plus le reflet des transformations sociales et un ferment du changement. Cette génération fait montre d'une remarquable maîtrise de l'écriture, qui frappe par la modernité, la précision syntaxique et stylistique. Ses thèmes portent sur la morale, l'individualisme, l'émancipation des femmes. Le romantisme cède le pas au courant réaliste dénonciateur de la condition ouvrière et paysanne, de la misère et des fléaux sociaux, que les écrivains révolutionnaires développent. Les intellectuels communistes imposent une littérature engagée en utilisant l'éthique confucéenne de la responsabilité et opposent « l'art pour la vie » à « l'art pour l'art ».

D'autres genres connaissent un grand succès. La littérature populaire est toujours vivante et se renouvelle : ainsi le théâtre *cheo*, qui véhicule des problèmes de société et un discours politique souvent contestataire. À côté du cheo, le *cai luong,* ou théâtre rénové, est de plus en plus prisé par le public, notamment dans le sud du pays. Enfin, comme dans les autres colonies, s'affirme une écriture francophone porteuse d'un métissage culturel, mais qui ne touche qu'une infime partie de la population.

Les principaux acteurs de ce renouveau littéraire sont Paulus Huynh Tinh Cua (1834-1907) et Truong* Vinh Ky (Pétrus Ky), tous deux catholiques, qui accomplissent le même parcours scolaire. Maîtrisant le chinois et le français, Cua est nommé préfet colonial (Doc phu su) et directeur du bureau des Traductions de l'administration française. Cofondateur (avec Pétrus Ky) du premier journal vietnamien (*Gia Dinh Bao*, « le Journal de la Cochinchine »), il en est aussi le rédacteur en chef. Son œuvre concerne deux grands domaines : recueils en quôc ngu de contes et légendes et surtout la philologie, avec un dictionnaire d'une valeur immense, le *Dai Nam quôc am tu vi* (« Dictionnaire de la langue nationale du Viêt Nam ») en 2 volumes (1895,1896). Plus tard, d'autres itinéraires sont significatifs : Dang Thai Mai fait jouer *l'Orage*, du Chinois Cao Yu, tableau de la crise d'une famille de notables, qui déclenche une bataille d'Hernani, et se fait le porte-parole des marxistes. Truong Tuu (Nguyen Bach khoa), participe à la diffusion des travaux historiques et anthropologiques dans les années 1940. Il est l'auteur du *Kinh Thi Viet Nam* (« le Livre de poésie du Viêt Nam », 1941) et d'un essai, *Nguyen Du và Truyen Kieu* (« Nguyen Du et le roman de Kieu », 1942-1943), dans lequel il revisite l'œuvre de Nguyen Du du point de vue marxiste. Ce courant se veut en phase avec les problèmes sociaux et politiques, soucieux de réévaluation de la tradition. Ngo Tat Ta (1892-1954) est classé major (Dau Xu) lors des épreuves de sélection régionale des lettrés. Après la suppression des concours triennaux (1915), il devient précepteur et médecin traditionnel, puis se reconvertit comme écrivain et journaliste, se spécialisant dans la traduction des auteurs chinois et dans la littérature classique. Fin observateur de la vie rurale et remarquable chroniqueur d'une société en pleine mutation, il s'affirme dans ses romans *Tat Den* (« Quand la lampe s'éteint »), 1939, et *Leu Chong* (« la Tente et le Bat-flanc » [du candidat]),1941, comme un des grands écrivains contemporains. Nguyen Khac Hieu (1889-1939), fils du grand mandarin Nguyen Danh Kê, après son échec au concours, se tourne vers une carrière d'éditeur, d'écrivain et de traducteur. Considéré comme le plus grand poète classique du XXe siècle, il est maître incontesté de l'art poétique tant dans ses recueils de poésie (*Khoi Tinh Con*, « Petit Amour », *Giac Mong Con*, « Petits rêves »...) que dans ses traductions des classiques chinois – *Lieu Trai Chi Di* (« Contes fantastiques du pavillon des saules »). Nguyen Cong Hoan (1903-1977), né dans une famille mandarinale, élève-instituteur à l'école normale de Nam Dinh, milite aussi dans la section locale SFIO. Considéré comme le véritable maître du roman réaliste du groupe Tan Dan, ses romans décrivent avec force et talent les mœurs de la société moderne comme *Kep Tu Ben* (« l'Acteur Tu Ben »), 1937, *Co Giao Minh* (« l'Institutrice Minh »), 1936.

Indochine (guerre d') → guerre d'Indochine

industrialisation La colonisation est considérée comme un des facteurs du sous-développement en raison de la dépendance des économies dominées, de la sous-industrialisation des colonies, dont le marché est réservé aux produits de la métropole. Cette situation pose problème lors de la Première Guerre mondiale, les colonies étant moins utiles à l'effort économique de guerre que certains l'espéraient, en raison des difficultés des transports, même si l'Afrique noire et l'Afrique du Nord ont fourni des matières premières. Elles ont souffert aussi de la diminution de la production métropolitaine, ce qui a favorisé la renaissance momentanée d'anciennes activités ou la création d'entreprises concurrencées en temps habituel par les produits de France. Albert Sarraut* propose donc un plan de mise en valeur en 1921, mais ses effets sont limités. En Indochine, la question est posée dès les années 1930 par de nombreux experts, tel Paul Bernard*. Il voit dans l'industrialisation la seule solution au sous-développement qui s'affirme de plus en plus clairement, mais cela entraînerait une transformation des liens entre métropole et colonie. Une forte opposition des entrepreneurs bénéficiant du marché outre-mer freine les créations : Marius Moutet* entérine leur point de vue en 1936 encore en prônant la complémentarité entre le tisseur des Vosges et le paysan annamite.

C'est surtout la conférence de Brazzaville*, non sans réticences, qui recommande, à la suite de travaux d'experts, l'industrialisation en soulignant la nécessité d'employer une population croissante. Un plan est lancé par Eirik Labonne en Afrique du Nord. Le plan de Constantine, en 1958, conçu en vue d'une transformation de l'économie algérienne, ne sera pas réalisé. Au total, quelques industries alimentaires et de matériaux de construction sont créées, et seules les industries extractives exportant les matières premières vers la métropole ont une importance réelle. Ce qui est loin de résoudre les problèmes économiques. L'exemple de l'électricité est caractéristique, car il traduit les contradictions du capitalisme colonial. De grands barrages sont construits au Maroc, celui de Bin-el-Ouidane en 1955 étant le troisième du monde, mais en Afrique le potentiel des fleuves géants est sous-utilisé : le coût des travaux exige des investissements considérables et les faibles revenus des populations ne fournissent pas un marché important pour l'utilisation de cette énergie.

infanterie de marine Créée en 1635, formée de professionnels jusqu'en 1872, elle joue le rôle essentiel, Algérie exceptée, dans la fondation du second empire colonial français. Les fantassins de marine acquièrent le surnom de « marsouins » parce qu'ils suivent les navires. Supprimée en 1791, et rétablie en 1831, l'infanterie de marine (4 régiments sous Napoléon III) est menacée de dissolution en 1872, la priorité allant aux troupes de ligne tournées contre l'Allemagne. La révolte kanak* de 1878 rappelle l'utilité d'une troupe spécialisée dans le maintien de l'ordre et dans les entreprises de conquête, dont elle constitue le noyau en Indochine et au Sénégal. Mais, pour épargner le « précieux sang de France », des appelés essentiellement, l'infanterie de marine est le plus souvent soutenue par des troupes indigènes ou des éléments de l'armée d'Afrique (campagnes du Dahomey, de Madagascar...).

En 1893, l'impopularité des campagnes coloniales conduit le législateur à renoncer à la conscription. C'est un échec, les régiments de marine n'ayant qu'un recrutement exécrable. La loi de 1900 sur les troupes coloniales permet aux « marsouins » de retrouver leur prestige.

En décembre 1958, l'infanterie coloniale redevient infanterie de marine en distinguant les régiments parachutistes des autres unités. Elle accompagne le crépuscule colonial, tout en frappant rudement au Cameroun. Aux côtés parfois des légionnaires, les « marsouins » participent à toutes les opérations, et plus particulièrement au Tchad (1969, 1978), qui devient leur terre d'élection. Grâce au métier longuement acquis, l'infanterie de marine développe très tôt la notion de régiment interarmes (Djibouti) et forme une partie des forces spéciales (Bayonne). Dans le système actuel des troupes de souveraineté (Antilles, La Réunion, Pacifique), des unités prépositionnées (Afrique) et des compagnies tournantes en vue d'interventions en Afrique (Côte d'Ivoire), les fortes traditions des unités de marine (symbole de l'ancre) sont maintenues.

instituts Pasteur Ces instituts sont un des grands éléments du discours colonial. Ils ont accompagné la colonisation. Quatorze ont été créés: Saigon (1891), Alger (1894), Nha Trang, au Annam (1895), Tunis (1900)... Le laboratoire de bactériologie installé depuis 1896 à Saint-Louis est transféré à Dakar et devient une filiale de l'Institut de Paris. Au Maroc, l'institut sanitaire ouvert en 1910 à Tanger devient l'institut Pasteur en 1913 et celui de Casablanca s'ouvre en 1930. Voués à la recherche sur les maladies tropicales, et à la fabrication de vaccins pour endiguer les épidémies, les instituts ont permis de grandes découvertes et ont eu un intérêt économique aussi, pour la vinification, par exemple. Noël Bernard, formé à Bordeaux, a un parcours qui illustre les itinéraires coloniaux; responsable des services de santé* pour les chemins de fer du Tonkin, féru d'anthropologie, nommé au Muséum, il fait l'essentiel de sa carrière en Indochine, travaille sur l'opium, la microbiologie, publie des biographies de Calmette et Yersin.

instituteurs Camus*, prix Nobel, dans sa lettre de remerciement à son maître, a dit le rôle de l'instituteur pour les Européens d'Algérie les plus modestes. A fortiori pour les indigènes, il est ce passeur vers l'idéal républicain, vers les « soldats de l'an II », qui faisaient vibrer Ferhat Abbas*. Les « hussards de la République » ont fourni aussi des cadres au syndicalisme, au communisme et au nationalisme. On trouve parmi eux les plus chauds partisans de l'assimilation, de la naturalisation, tels les élèves de l'école* William Ponty comme Modibo Keita, tel Ralaimongo*, telle *la Voix des humbles* en Algérie, qui cessera de se faire entendre à la fin des années 1930. Le projet politique d'assimilation soutenu par les instituteurs n'a guère eu d'écho chez les colons ni dans la masse des colonisés, mais ces médiateurs, produits de l'entre-deux communautaire, constituent un type social original, né de la situation coloniale. Feraoun* et Lamine Gueye* en sont des exemples.

intellectuels L'introduction d'éléments culturels européens a créé une fracture entre intellectuels traditionnels – oulama, mandarins*, griots* – et intellectuels de formation occidentale. Les premiers ne sont pas préparés aux activités liées au secteur colonial et sont cantonnés dans des fonctions anciennes, même s'ils bénéficient, il est vrai, du prestige du sacré, surtout dans les sociétés musulmanes. Des tentatives de modernisation ont parfois été entreprises avant la mainmise française, comme le collège Sadiki* à Tunis ou l'envoi d'étudiants vietnamiens en Europe ou à l'Est. La colonisation n'a pas programmé le développement d'élites modernes, pensant qu'elles pourraient menacer son pouvoir, d'où les restrictions aux appétits des savoirs : 1 % de musulmans en 1939 dans l'université d'Alger, soit 150 étudiants dans cette université et en métropole et 150 membres des professions libérales.

En Indochine, l'université de Hanoi, créée en 1905, est rapidement fermée. Elle est rouverte par Sarraut* en 1918 mais n'aligne ses cursus sur la métropole qu'en droit, en médecine et en esthétique. En 1930, la formation des professeurs du secondaire est supprimée, et les bourses pour Paris, qui se donnent au compte-gouttes (6 annuelles sous le socialiste Alexandre Varenne), sont réduites en réaction au nationalisme*. L'autorisation du gouverneur pour s'inscrire en France est indispensable. De même, en 1920, l'ouverture de l'école normale d'Aix-en-Provence aux jeunes maîtres d'élite d'A-OF est annulée. Mais la société colonisée pousse en sens contraire. Les notables traditionnels voient dans l'université un moyen d'éviter le déclin de leur descendance. Un phénomène « jeune* », dû aux « retours de France », aux diplômés, est apparu un peu partout. Les élites intellectuelles entreprennent un travail considérable d'éducation de leur société. L'image d'Ataturk écrivant au tableau l'alphabet latin illustre cette démarche. Ce sont les Indochinois qui sont les plus radicaux dans la rupture avec l'ordre colonial, allant jusqu'à rallier le communisme. Cet itinéraire n'est pas celui des « évolués* » en Algérie, et surtout en Afrique et à Madagascar, où l'accent est mis sur l'assimilation, sur l'aspiration à l'égalité avec les Français. C'est le cas des fondateurs de *la Voix du Dahomey*, par exemple, et plus généralement des élèves de l'école* William Ponty, qui veulent concilier leurs traditions avec l'acculturation* française. Le courant littéraire de la négritude* se place délibérément sur le terrain culturel, faute de prise de position politique. Mais, à l'ère des décolonisations, les intellectuels s'imposent comme partenaires privilégiés de la stratégie néocoloniale française, qui a besoin d'interlocuteurs avec lesquels elle a langue commune. L. S. Senghor* en est l'illustration la plus célèbre.

Le cas algérien est différent : longtemps tentés par l'assimilation ou écrasés par l'acculturation française, les intellectuels dans leur majorité ne rallient que tardivement le nationalisme, où ils restent en situation subordonnée par rapport aux populistes et aux militaires. Mouloud Feraoun*, Assia Djebar* expriment bien leur malaise. La Tunisie est encore un autre cas de figure : les élites* modernes issues de Sadiki établissent leur hégémonie sur le mouvement populaire et évincent les étudiants en théologie de la Zitouna*. Au Maroc, où ces deux types d'intellectuels sont associés dans l'Istiqlal, les tensions sont moins vives. Mais, si l'intellectuel est un porte-parole de la société et non le scribe du pouvoir, ni la colonisation ni les États indépendants ne lui ont permis de vivre.

intellectuels et colonisation Nombreux ont été les intellectuels à prendre position sur les questions d'outre-mer, pour élaborer les doctrines coloniales, les méthodes, les diffuser ; beaucoup aussi ont dénoncé les crimes des conquêtes et les abus en réfléchissant aux rapports entre république* et colonisation ou en contribuant à l'anticolonialisme*. Mais jamais l'impérialisme, les violences outre-mer n'ont mobilisé la réflexion et l'action au même titre que l'affaire Dreyfus. Le lien entre pacifisme et guerres coloniales n'est pas évident chez ceux qui protestent contre la tuerie de 14-18. Les priorités de l'antifascisme s'accompagnent d'une régression des questions coloniales et d'un recul de l'anticolonialisme, à un moment décisif, ainsi à la Ligue des droits de l'homme. Trois polémiques animent l'entre-deux-guerres : la conquête du Rif, contre laquelle la pétition d'Henri Barbusse recueille seulement 170 signatures, la répression indochinoise des années 1930 et l'Éthiopie, où *Esprit** et Mounier se distinguent. L'autre revue soucieuse de ces problèmes est *Europe*. Mais, hormis ces exceptions, la connaissance des cultures, l'intérêt pour les mutations du nouveau monde restent aux confins de la pensée française, et ce jusqu'à la découverte brutale des « vents du sud » et des histoires qui avancent hors de l'orbite occidentale. Sur le tard, après une première mobilisation contre la guerre* d'Indochine, on a pu considérer la guerre* d'Algérie comme une guerre d'intellectuels ou comme un motif d'affrontement entre intellectuels anticolonialistes, lesquels s'affirment surtout après 1950, et intellectuels attachés à l'idée d'une mission civilisatrice ou à la grandeur de la nation.

Internationale communiste (ou Komintern) La IIIe Internationale communiste est fondée en 1919, en rupture avec l'Union sacrée de la Première Guerre mondiale et sur la redéfinition du projet socialiste sous l'impulsion de Lénine. Ce dernier prône une alliance entre prolétariat européen et nations dominées et, selon lui, l'« Asie avancée » n'est pas réduite à suivre l'Occident. Mais cette innovation stratégique pose des problèmes complexes : quel sera le foyer de la révolution, l'Europe ouvrière ou l'Orient paysan, comment la lutte entre classes et la question nationale convergent ou divergent-elles, le marxisme supplantera-t-il les cultures ou sera-t-il islamisé, sinisé… ? Sultan Galiev et l'Indien Roy, précurseurs du tiers-mondisme et contestant l'eurocentrisme, sont mis en minorité. Ces contradictions hypothèquent l'action de l'IC, d'autant plus qu'elle est soumise de plus en plus étroitement aux intérêts de la seule puissance communiste sous Staline. Les stratégies varient entre l'alliance ou le conflit avec les bourgeoisies nationales. Elles hésitent aussi entre la priorité de la lutte contre le capitalisme occidental, où les colonies peuvent être un second front, et l'alliance avec les démocraties contre le fascisme, où leur indépendance devient inopportune. Elles imposent aux communistes vietnamiens de s'aligner sur le Front populaire français. Il n'empêche que le Komintern a bousculé le francocentrisme du PCF et qu'il a été parfois un recours contre lui pour les colonisés, qu'il a contribué à former des cadres, à organiser un travail, souvent clandestin, des partis, à élargir l'idée de solidarité internationale. Dissous en 1943, pour détendre les relations avec les Alliés, il est remplacé par le Kominform, avec la guerre froide, en 1947. Mais Moscou n'est plus le seul pôle de la révolution, et l'Asie devient la « zone des tempêtes ».

interprètes L'Institut des langues et civilisations orientales, créé sous la Révolution, n'a pu couvrir les besoins en traducteurs de la conquête de l'Algérie. Les interprètes de l'armée d'Afrique ont été recrutés d'abord parmi les juifs et les chrétiens du Proche-Orient et d'Égypte. C'est l'un d'eux, né à Damas, qui célèbre la messe après la prise d'Alger en 1830. Puis le recrutement des musulmans sur place augmente. Certains choisissent la nationalité française ou deviennent chrétiens, comme le grand-père de Jean Amrouche*. Par un voyage inverse, sa conversion à l'islam va conduire Ismayl Urbain* dans les rangs des interprètes. En Afrique aussi ceux-ci ont un rôle fondamental, d'autant plus que les fonctionnaires restent peu sur place et que l'École* coloniale enseigne mal les langues. Faidherbe* choisit d'avoir une maîtresse peul, qui est son truchement avec la société indigène, et encourage ses officiers à faire de même. L'École* des otages vise à former ces médiateurs indispensables en A-OF. Le personnage de Wangrin dans le roman d'Amadou Hampâté Bâ* est tiré de faits réels: «Le commandant passe mais l'interprète reste et sa fonction est un étrier d'or.»

investissements La colonisation crée un cadre favorable aux investissements en dotant les territoires d'une armature étatique, en renforçant les prélèvements fiscaux et en facilitant – grâce à un système monétaire et bancaire – les transferts de capitaux et leur rapatriement. Les investissements – emprunts publics et sociétés privées – s'orientent vers les grands travaux d'infrastructure, les ressources naturelles et l'animation des flux commerciaux (équipements de compagnies de commerce, de transport, de manutention). L'argent provient de métropole. L'Indochine a reçu 6 à 7 milliards de francs or. Mais les gouverneurs généraux au début du XXe siècle ont pour mission de favoriser l'autofinancement des territoires par l'alourdissement de l'impôt* paysan et par la perception des taxes de sortie et d'entrée. C'est sur ces ressources que les emprunts sont gagés. Certains gouverneurs entreprennent de stimuler l'équipement de base, en Indochine et au Maghreb (huit emprunts marocains entre 1904 et 1931). En 1921, le projet Sarraut* de mise en valeur n'obtient pas les crédits attendus. Une deuxième série de grands emprunts est émise dans les années 1930, les besoins des colonies ne trouvant pas dans les investissements privés de réponse suffisante: 13,5 milliards de francs courants (471 milliards de francs 1958) entre 1931 et 1939, quatre fois plus qu'entre 1914 et 1930 (3 milliards de francs courants ou 107 milliards de francs 1958). Le FIDES* assure le troisième grand flux d'investissement, son poids égale tous les investissements antérieurs, mais sa proportion diminue de 7 à 4 % dans le budget, à cause de l'augmentation de la richesse nationale. Ce nouvel élan donné à l'équipement (surtout dans les transports), ainsi qu'à la croissance de la population et du niveau de vie débouche sur un ultime boom de l'investissement privé dans l'agroalimentaire et le textile (notamment en A-OF) et de plus en plus dans les industries semi-lourdes (ciment, etc.), en une esquisse d'industrialisation. Le plan de Constantine est la dernière mobilisation de capitaux publics, mais les capitaux privés tendent à se rapatrier.

Jean Jaurès Homme politique français, dreyfusard et socialiste (1859-1914). Boursier de la République, reçu à l'École normale supérieure, agrégé de philosophie, élu en 1885 député républicain, il prend parti pour Dreyfus en 1898. En 1904, il lance *l'Humanité,* et, en 1905, participe à la création de la SFIO. Son originalité, son caractère exceptionnel dans le socialisme français s'affirment aussi sur la question coloniale. Il pense la colonisation inéluctable, car c'est un mouvement général des peuples européens, trop profond pour que les sociétés attardées y échappent. Mais il s'alarme de la haine suscitée par le colonialisme. Il s'attache entre 1905 et 1912 à dénoncer les abus – au Congo, en Indochine – et les affaires marocaines dans de grandes interpellations et par des enquêtes parlementaires qui mettent un frein au moins aux crimes les plus évidents. Il est le seul à souligner la nécessité de connaître et reconnaître les autres civilisations. C'est ce qu'il exprime à la Chambre des députés le 1er février 1912 : « C'est à la France, à toute la France pensante, qu'il importe d'enseigner ce qu'est la civilisation arabe [...]. Vous avez là une civilisation admirable et ancienne, une civilisation qui, par ses sources, tient à toutes les variétés du monde antique, une civilisation où s'est fondue la tradition juive, la tradition chrétienne, la tradition syrienne, la force de l'Iran et toute la force du génie aryen, mêlée, avec les Abbassides, à la force du génie sémitique ; et depuis des siècles cette force est en mouvement, religion, philosophie, science, politique, avec des périodes de déclin, mais aussi des périodes de réveil... » Opposé à la conquête du Maroc parce qu'il le pense susceptible d'évoluer par sa propre dynamique, il est l'un des rares socialistes français à se montrer attentif à l'éveil de l'Orient. Il est assassiné le 31 juillet 1914.

Jeune Les Jeunes Turcs qui s'attaquent aux vieux turbans comme *Kéraban le Têtu* (Jules Verne*), mais aussi à l'ancien régime ottoman, ont fait école. On parle de Jeunes Égyptiens, Jeunes Tunisiens, Jeunes Marocains, Jeunes Algériens, « jeunes évolués » au Dahomey. Un club des Jeunes Sénégalais est créé en 1920. Question d'âge : il s'agit d'étudiants récemment sortis de l'université ou, au moins, de l'enseignement secondaire et des écoles normales d'instituteurs. Il s'agit aussi d'élites de formation bilingue en Tunisie, francophone en Algérie où l'acculturation est quasi totale. Ce type social a été une figure romanesque algérienne (*Ferhat, instituteur indigène,* d'Albert Truphémus, en 1935). Les représentants des générations qui se constituent entre les années 1900 en Tunisie et les années 1930 au Maroc ont des projets politiques qui, tout en étant très divers selon les situations locales, ont en commun une tentative de médiation entre leur société – dont ils se considèrent les porte-parole et les réformateurs – et la France. Ils se réfèrent au discours civilisateur, au modèle républicain, à l'enseignement, qu'ils prennent au mot. Car leur volonté se heurte à l'ordre colonial, surtout là où la « prépondérance » française pèse lourd, comme en Algérie et en Afrique du Nord. Pour celle-ci, l'école est le foyer de l'anti-France, le lieu de perdition de l'Europe; les partisans de la colonisation soulignent que des idées d'égalité mal digérées, tels les droits de l'homme, pervertissent les indigènes, dont les mentalités sont inadaptées aux valeurs occidentales. Les nationalistes à partir des années 1930 succèdent aux « jeunes » dans une situation de choc frontal avec le système colonial.

jeune fille

Un nouveau type social né de la colonisation

Ce type social nouveau n'est plus réduit à l'attente du mariage, ne se confond pas avec les statuts traditionnels ni les rites de passage anciens. C'est le résultat d'un ensemble de facteurs où le modèle colonial de modernité est réinterprété par la société dominée. Il se manifeste dans un phénomène de générations où les années 1930 ont une place importante.

Un nouveau modèle de modernité

Dans ce processus, l'enseignement joue un rôle important, non sans contradictions. Ce sont d'abord surtout des religieuses qui l'assurent, le cantonnant dans la sphère domestique pendant longtemps. À l'exception des Quatre* Communes du Sénégal, où le taux de scolarisation est élevé, dans l'ensemble, les réticences des familles et la politique coloniale expliquent le décalage entre garçons et filles à l'école publique. En Algérie, en 1892, le recteur Jeanmaire propose un plan de dix ans avec des sections spéciales dans les écoles normales pour les institutrices et un enseignement élémentaire adapté aux filles (place importante pour la broderie, la couture...) pour séduire les familles. Mais le rythme de création de ces écoles n'est pas maintenu, les colons s'effrayant, et les familles musulmanes suivant peu.

Le plus souvent, c'est par les notables que l'innovation passe, la scolarisation contribuant à une valorisation sur le marché matrimonial. Mais le Makhzen* marocain est très conservateur, et rares sont ses dignitaires qui envoient leurs filles dans les lycées jusque dans les années 1930. La première école est ouverte dans le quartier bourgeois de Fès en 1938 par les Jeunes Marocains, après une longue opposition. Les choses s'accélèrent ensuite et débordent le cercle étroit des citadines et des grandes familles. En 1942, un certificat d'études primaires féminines musulmanes est créé, et en 1943 un dahir organise un cursus et des programmes. Faute d'enseignantes, Mohammed V impose des instituteurs dans ces écoles. Il soutient aussi les associations d'anciens élèves désireux de préparer de futures épouses à la modernité.

Trajectoires individuelles et nouvelles fonctions

Dans l'histoire de l'apparition de la jeune fille, il faut être attentif à des trajectoires individuelles qui ouvrent la voie, entraînant ensuite le gros du contingent. À Tunis, la première école due à des religieuses a ouvert ses portes en 1900 avec quelques élèves, voilées et accompagnées. Peu à peu, les nombreuses congrégations sur place multiplient les établissements de filles ne dépassant guère les quelques années du primaire. Il a fallu la ténacité d'une mère Courage pour que la première Tunisienne, Tawhida ben Cheikh, puisse poursuivre des études de médecine à Paris. Née en 1909, d'abord élève chez les sœurs, puis au lycée Armand-Fallières, elle obtient le baccalauréat en 1928. Le docteur Burnet, médecin-chercheur à l'Institut* Pasteur, et sa femme lui proposent de l'aider à s'installer à Paris et à s'inscrire à la faculté. Il ne restait plus qu'à convaincre la famille, non la mère, acquise au projet, mais la grande famille, la jeune fille étant orpheline de père. Les négociations avec les oncles ont duré jusqu'au dernier moment: le paquebot allant vers Marseille partit ce jour-là avec du retard, emportant la timide jeune Tunisienne et ses parrains. Tawhida revint à Tunis en 1936, avec un diplôme de médecin. Au Viêt Nam, l'école est accessible aux jeunes filles jusqu'à l'université, ce qui représente une ouverture importante car elles étaient exclues des concours mandarinaux. À Madagascar*, avant même l'installation française, l'enseignement dispensé par les missions religieuses était florissant: en 1900, les seules missions catholiques comptaient plus de 53 000 garçons et 45 000 filles. En 1908, Augagneur* fit ouvrir à Tananarive un lycée de garçons et un lycée de filles. La Grande Île se distingue des autres colonies par un taux de scolarisation élevé (33 %). En Syrie, la Mission laïque, fondée en 1902 sous le patronage du ministère des Colonies, entretient en 1939 cinq lycées de garçons et deux de filles. L'école prépare aussi à des professions féminines, conformes à la répartition des rôles sexuels. C'est le cas pour l'A-OF des sages-femmes en 1918, des infirmières visiteuses en 1930. L'école normale de Rufisque, ouverte en 1938, ne compte à son apogée que 120 élèves. Elle a fourni en vingt ans 400 institutrices.

Genèse d'un féminisme

Signe qui ne trompe pas, le problème des changements de mœurs s'impose dans les débats de la société colonisée, dans sa presse, dans sa littérature. Cela ne s'effectue pas sans douleur. En Indochine, en août 1929, en une semaine, quatre jeunes femmes se suicident, fait sans précédent, comme est sans précédent la diffusion publique de cette information. Le théâtre populaire, le *cheo*, met en scène les jeunes rurales venues en ville comme domestiques et exposées à tous les dangers. Les paysannes, les ouvrières et les bourgeoises sont les héroïnes de la littérature d'inspiration romantique et réaliste.

Dans cette évolution de la femme, son intervention sur la place publique est inévitable, et les jeunes filles fournissent des militantes aux partis. Ce phénomène est connu et commence à être étudié, ce qui l'est beaucoup moins, c'est la genèse d'un féminisme. Des associations se sont affirmées au Viêt Nam dès les années 1920. Le corps* se transforme, ne se cache plus : les élèves institutrices de Hanoi ont des cours de gymnastique dès 1925, de jeunes Vietnamiennes participent à une marche à pied de Hanoi à Haiphong en 1932, l'une d'elles entreprend de parcourir à bicyclette les 1 800 km qui séparent Saigon de Hanoi en 1937. Inéluctablement, le modèle familial est touché. Des Indochinoises rejettent le mariage forcé et la polygamie. De jeunes Tunisiennes modernes s'attaquent au problème du décalage culturel entre sexes, dénonçant le conservatisme des hommes qui préfèrent épouser selon la tradition, ou l'abandon de ceux qui choisissent l'étrangère. La modernité devient alors un enjeu.

Edmond Jouhaud Militaire, dirigeant de l'OAS (1905-1995). Fils d'instituteur né en Oranie, saint-cyrien, il est vice-président du Comité de salut public le 13 mai 1958. Chef d'état-major de l'armée française, puis inspecteur général, il préside le Rassemblement national des Français d'Algérie. Il est l'un des généraux putschistes en avril 1961 et devient l'un des dirigeants de l'OAS*. Arrêté en mars 1962, il est condamné à mort, peine commuée en détention perpétuelle. Gracié en 1967, il est l'une des grandes figures des rapatriés.

Juifs au Maghreb à la période coloniale Le judaïsme est la plus ancienne religion monothéiste du Maghreb. Sa présence est attestée à partir du IIe siècle apr. J.-C. Mais certains pensent qu'elle remonte au Ier millénaire av. J.-C., ou au moins au début du Ve siècle, à partir de la destruction de Jérusalem par Nabuchodonosor. Elle a été nourrie par l'expansion liée aux conquêtes d'Alexandre et par les exils. Elle a grossi également par la diffusion du judaïsme dans la population berbère. L'un des épisodes les plus célèbres de la conquête musulmane est la résistance de la *Kahena* (« devineresse »), certainement de confession juive, qui, avant de mourir au combat, appelle ses fils à se convertir à l'islam. Le statut de *dhimmi* (juifs et chrétiens bénéficiant d'une protection, de l'autorisation de pratiquer leur culte moyennant des contraintes dues à leur statut inférieur), sauf périodes de persécutions, a permis la survivance du judaïsme. Dans le Maghreb précolonial, une culture judéo-arabe originale a pu se développer.

À une population autochtone s'est ajoutée au XVIe siècle l'immigration des juifs chassés d'Espagne. En Tunisie, les Grana sont les « Livournais » du duché de Toscane. Le Maghreb s'inscrit dans un réseau méditerranéen. Au début du XXe siècle, les Juifs sont 64 645 en Algérie en 1906, 81 300 au Maroc et 48 243 en Tunisie en 1921. En Algérie, la colonisation met fin au statut de dhimmi : le décret Crémieux (1870) leur confère la nationalité française en bloc. Au Maroc et en Tunisie, le statut de *dhimmi* est progressivement démantelé avant l'occupation française et les Juifs des protectorats, sauf naturalisations individuelles, demeurent en grande partie sujets du sultan ou du bey. La présence française bouleverse cependant toutes les sociétés juives maghrébines : l'emprise des élites traditionnelles recule avec la création en Algérie de structures religieuses calquées sur le modèle du consistoire français et l'envoi de rabbins métropolitains. Une classe moyenne culturellement et économiquement influencée par les colonisateurs émerge à la fin du XIXe siècle en Algérie, plus tard dans les protectorats. La colonisation accélère les migrations intérieures provoquant de profonds bouleversements socioculturels : les Juifs quittent progressivement les quartiers qui leur étaient jusque-là réservés (*Hara* de Tunis, *Mellah* de Marrakech, de Fès ou de Meknès) ; après 1945, les habitants du Maroc intérieur viennent gonfler les populations juives de Rabat et Casablanca*. L'usage du français se répand par le biais des écoles publiques en Algérie et de celles de l'Alliance* israélite universelle au Maroc et en Tunisie ; l'ouverture socioprofessionnelle est patente (accès à la fonction publique, aux professions libérales), surtout en Algérie malgré l'antisémitisme récurrent des Européens. La période coloniale a été une étape déterminante dans le processus d'occidentalisation d'une grande partie des Juifs du Maghreb. Une riche culture hébraïque, essentiellement religieuse, se perpétue au Maroc, tandis que se développe une littérature juive de langue française dans les trois pays du Maghreb (Albert Memmi*, Claude Kayat, Edmond Amran El Maleh), fortement marquée par la singularité de la situation coloniale. Les femmes (Elissa Rhaïs, Hélène Cixous) tiennent une place non négligeable dans ce courant.

La création de l'État d'Israël (1948) suscite un premier mouvement d'émigration parmi les Juifs de Tunisie et du Maroc, qui s'accélère avec le processus d'indépendance. Les premiers ont choisi de s'installer en France et en Israël. Les Juifs marocains constituent aujourd'hui une diaspora dispersée en Europe (France, Espagne), en Amérique du Nord et du Sud et en Israël. Le départ massif des Juifs d'Algérie, conséquence directe du conflit algérien, a commencé en 1961 ; ils ont constitué une partie importante (10 à 15 %) des effectifs des pieds-noirs rapatriés en France. Quelques milliers de Juifs vivent encore au Maghreb, inégalement répartis entre le Maroc et la Tunisie.

Alphonse Juin Maréchal de France (1888-1967). Né à Bône, sorti major de Saint-Cyr en 1911, où il fait la connaissance de Charles de Gaulle, il participe à la conquête du Maroc entre 1912 et 1914, puis à la guerre du Rif en 1924. En 1931, nommé chef du cabinet militaire du résident général à Rabat, il élabore le plan de « pacification ». Au cours de la Seconde Guerre mondiale, Pétain le nomme à des postes clefs et en particulier commandant en chef des forces françaises de défense du littoral en Afrique du Nord, en remplacement du général Weygand. Juin n'empêche pas les troupes françaises d'ouvrir le feu sur les Alliés lors du débarquement en novembre 1942 et ne s'oppose pas à l'occupation de la Tunisie par les Allemands. Après la victoire des Alliés, il se rallie au général Giraud, et commande les troupes françaises lors de la reconquête de la Tunisie en 1943 ; puis il est nommé à la tête du corps expéditionnaire français en Italie. La victoire lui confère le rôle de réunificateur d'une armée déchirée. En 1944, il devient chef d'état-major de la Défense nationale. De 1947 à 1951, nommé résident général au Maroc pour donner un coup de barre à droite après l'échec d'Eirik Labonne, puis nommé en mars 1946 pour amorcer une évolution du protectorat, mais pris entre les nationalistes qui la trouvent insuffisante et les prépondérants qui s'y refusent, il a « carte blanche ». Son but est de détourner le pays des « combinaisons orientales » – c'est ainsi qu'il juge la vie politique marocaine –, de détruire l'Istiqlal et de soumettre le souverain. Élevé au rang de maréchal de France en 1952, il est commandant interallié dans l'Alliance atlantique. Il n'interviendra plus que pour apporter sa caution à Pierre Mendès France* afin de débloquer la crise tunisienne en 1954. En désaccord avec la politique algérienne de De Gaulle*, il est mis à la retraite en 1962. Académicien, il est le grand homme des pieds-noirs*, qui lui ont dédié leur maison d'Aix-en-Provence.

Charles-André Julien Historien et acteur de la décolonisation (1891-1991). Socialiste, il rallie le PCF, dont il est délégué à la propagande en Afrique du Nord, mais il retourne vite à la SFIO de Jaurès et de Blum et à la Ligue des droits de l'homme. Au moment de l'apogée colonial, il publie en 1931 une *Histoire de l'Afrique du Nord* très critique contre la conquête française, et il est en même temps l'organisateur des colloques scientifiques du Centenaire pour *la Revue historique,* dont il est le secrétaire de rédaction. Léon Blum le place à la tête du Haut Comité méditerranéen et de l'Afrique du Nord dont il fait un organisme de réflexion et de propositions qui se heurte aux prépondérants sur fond d'indifférence des socialistes. À la Libération, il obtient la chaire d'histoire de la colonisation à la Sorbonne et crée la collection « Colonies et empires » aux PUF. Conscient du caractère inéluctable des décolonisations, il s'efforce de définir dans *l'Afrique du Nord en marche,* en 1952, une voie dans ce sens contre le lobby* colonial. Cette évolution suppose des partenaires dans les colonies : le modèle est le Néo-Destour de Habib Bourguiba* à qui le lie une amitié solide. Pour lui, la répression qui frappe dans les années 1950 les élites modérées est une aberration, car elle laisse le champ libre à la violence et à la xénophobie des masses colonisées. Il sera beaucoup plus en retrait pendant la guerre d'Algérie, où il ne reconnaît pas ses solutions, celles qui maintiennent l'empreinte occidentale dans les nouveaux États. En cela, il est très représentatif des intellectuels hostiles à une tendance « xénophobe et antibourgeoise » dans les colonies.

Kanak *Kanaka*, terme polynésien originaire d'Hawaii signifiant « homme », synonyme commode et parfois péjoratif du mot anglais *native*, se transforme très vite en *kanack* puis en *kanak*. Dans les années 1870, le mot est francisé en *canaque*. Après la Seconde Guerre mondiale, le terme était devenu péjoratif. Certains partis indépendantistes le popularisent dans les années 1970 en le transformant en *kanak*. Jean-Marie Tjibaou* sut le magnifier en créant en 1984 le concept de Kanaky. Désormais emblème d'une certaine conception de l'avenir politique de la Nouvelle-Calédonie, le terme est devenu éminemment politique, d'où l'existence de trois graphies différentes. L'État français a opté pour sa forme invariable selon la recommandation de l'Agence de développement de la culture kanak. Les Kanak sont les descendants des premiers Austronésiens qui colonisèrent la Nouvelle-Calédonie 1100 ans av. J.-C. Ce sont des Mélanésiens organisés en petites et grandes chefferies autonomes. Les Kanak et les métis de culture mélanésienne sont environ 100 000, soit près de 44 % de la population calédonienne. Convertis dès les années 1840, ils furent confrontés à une colonisation de peuplement à partir de 1853, ce qui entraîna les révoltes d'Ataï* et de 1917. La majorité des Kanak relève du statut civil coutumier. Considérant que leur civilisation ancestrale était marginalisée et qu'ils ne bénéficiaient pas suffisamment des fruits de la croissance économique, la plupart des Kanak militèrent dans les années 1970 pour une indépendance kanak et socialiste, contestation qui déboucha sur les « événements politiques » (1984-1989). Les accords de Matignon* et de Nouméa* ont permis la reconnaissance des droits de la population kanak. Le préambule de l'accord (1998) insiste sur « la place essentielle de l'identité kanak » et la reconnaissance du « peuple kanak », préalable à la construction d'un « destin commun » réunissant « toutes les communautés ».

révolte kanak Exaspérés par les spoliations, les ravages du bétail et le poids des corvées, une partie des Kanak* de la côte ouest de la Grande Terre se révolte (25-26 juin 1878). L'assassinat d'un bagnard libéré et l'arrestation de plusieurs chefs de tribu donnent le signal des premiers massacres à La Foa-Bouloupari. Plus que d'une révolution nationale, il s'agit de mouvements spontanés et dispersés. L'administration, préoccupée par la réussite des colonisations pénale et libre, n'a pas su prévoir le drame. L'armée, efficacement secondée par des auxiliaires mélanésiens, réprime durement. L'un des chefs de la révolte, Ataï*, est tué. Affamés et traqués, les autres révoltés se rendent et sont déportés. Toute résistance cesse en mars 1879. On compte un millier de victimes, dont environ deux cents Européens et des dégâts considérables. La construction de postes militaires, l'établissement de villages de colonisation, la reprise du cantonnement et l'adoption du Code de l'indigénat visent désormais à mieux contrôler et prévenir toute nouvelle tentative.

Modibo Keita Instituteur, homme politique malien (1915-1977). Né à Bamako, il fait ses études à l'école* William Ponty. Instituteur à partir de 1935, il est nommé au Soudan et participe activement à la vie associative qui se développe au moment du Front populaire. Pendant la guerre, il enseigne à Sikasso mais revient à Bamako en 1944 et s'engage dans la vie politique. Candidat aux élections législatives d'octobre 1945 pour le Parti démocratique soudanais, proche des communistes, il est conduit par son échec à se rapprocher du Bloc soudanais de Mamadou Konaté, avec lequel il forme l'Union soudanaise qui devient la section locale du Rassemblement démocratique africain (RDA) en octobre 1946. Il est élu conseiller de l'Union* française en 1953 puis député et maire de Bamako trois ans plus tard. À la mort de Konaté, en 1956, il devient le leader du parti, qui est pratiquement sans opposition au Soudan à partir de 1957. Il est secrétaire d'État en 1957 et 1958 et appelle à voter oui au référendum de septembre 1958. En 1959, il est président du gouvernement soudanais et de la fédération du Mali. Il demeure chef de l'État malien après l'échec de la fédération en 1960 et le reste jusqu'au coup d'État militaire qui le renverse en 1968. Modibo Keita est resté attaché à l'idée panafricaine et après la loi-cadre* de 1956 a lutté au sein du RDA pour conserver l'idée d'une fédération. Il se tourne vers le socialisme après l'indépendance mais sans chercher la rupture avec la France malgré ses prises de position très critiques sur la politique de De Gaulle* en Algérie.

îles Kerguelen Cet archipel, dans le sud de l'océan Indien, annexé en 1893 fait partie des Terres Australes et Antarctiques françaises*. Composé de 300 îles et îlots, il comporte une seule île importante, Kerguelen (« la Grande Terre »), découverte par Yves Joseph de Kerguelen de Trémarec en 1772. La France y a installé des stations scientifiques.

Émir Khaled Officier indigène, nationaliste algérien (1875-1936). Né à Damas, fils de l'émir El Hachemi, troisième fils d'Abd* el-Kader réputé être le chef du parti « pro-français » de la famille, il fait ses études au collège des pères lazaristes. Admis à Saint-Cyr, Khaled devient « officier indigène », c'est-à-dire au rabais. Ayant refusé l'abandon du statut personnel musulman, condition pour devenir citoyen français, il ne peut dépasser le grade, déjà exceptionnel, de « capitaine indigène. » Ses beaux états de service, au Maroc, puis pendant la Première Guerre mondiale, lui valent des honneurs, mais son tempérament de grand aristocrate et son arabité irréductible le font tenir pour suspect. En 1919, il se lance dans la politique comme chef des Jeunes Algériens, envoie une lettre au président Wilson demandant la mise sous tutelle de la SDN* de l'Algérie et milite pour la représentation des Algériens au Parlement français. Il fonde un embryon de parti politique, la Fraternité algérienne. Il est exilé en août 1923 en Syrie. Lors du Cartel des gauches, revenu fugacement en France, il tient en juillet 1924 meeting à Paris avec le PC, seule force anticolonialiste alors constituée. Présenté *in abstentia* par le Parti communiste aux élections municipales d'Alger en juin 1925, il vit à Alexandrie d'août 1924 à octobre 1925. Après un dernier et bref séjour en France (fin 1925 - début 1926), il se retire à Damas. En février 1936, pour célébrer le défunt, le cheikh Ben Badis* lui consacre une nécrologie apologétique.

kimbanguisme Mouvement religieux messianique né au Congo belge en avril 1921. Il gagne rapidement le Congo français – en particulier dans la région de Boko – et fonde le culte d'un messie, Simon Kimbangu (1889-1951), venu libérer les Noirs et unifier les Bakongo, qui vivent autour de l'estuaire du fleuve Congo. Kimbangu, ancien catéchiste, présente les traits habituels des prophètes noirs : formation chrétienne, message divin imposant une mission sacrée auprès de son peuple, traversée du pays suscitant l'enthousiasme des foules. Son message s'inspire de la Bible et des éléments empruntés aux religions africaines comme le culte des ancêtres et des pratiques, tels les chants, les cérémonies publiques, la destruction des fétiches, etc. Il est doté de pouvoirs magiques, thaumaturgiques en particulier. Son mouvement est ressenti comme une menace pour l'ordre colonial. L'arrestation, la condamnation à mort puis la déportation de Simon Kimbangu en septembre 1921 par l'administration coloniale belge font de lui un martyr et élargissent le mouvement à une contestation plus politique, l'avènement du royaume de Dieu étant perçu comme le départ des Européens.

→ syncrétismes religieux

Tiemoko-Garan Kouyate Instituteur, militant panafricain (1902-1942). Né à Ségou, fusillé par les nazis, il a été l'organisateur de l'émigration noire en métropole dans l'entre-deux-guerres. Rien n'y prédisposait ce fils de fonctionnaire, instituteur sorti de l'école* William Ponty, « maître d'élite » envoyé à l'école normale d'Aix-en-Provence. Il y attrape sans doute le virus de la politique et choisit en même temps une vie de petits métiers, tels que figurant aux Folies-Bergère. Ses rapports avec le PC sont fluctuants. Si ses tentatives de création de syndicats de marins n'ont eu que peu de résultats, ce journaliste de talent anime après *la Race nègre* (1927-1931), *le Cri des nègres* (1931-1936), *Africa* (1935-1938). Il collabore avec Georges Padmore à l'organisation d'un Congrès mondial nègre. À la faveur du Front populaire, il crée la Fédération française des Jeunesses d'Afrique noire et adresse un Plan de décolonisation au gouverneur général de l'A-OF, en 1937. Il est à l'origine de la première association des Étudiants de l'Ouest africain, en 1938. Vichy le fait arrêter. Il meurt en 1942. De « galères » en tournants politiques, il est resté fidèle à la cause de l'identité et de la culture noires.

Ky Dong De son vrai nom Nguyen Van Cam, Ky Dong (1875-1929), « l'enfant miraculeux », célébré, dans la province de Thai Binh, au cœur du delta du fleuve Rouge, pour son intelligence et sa précocité lance un mouvement prophétique et millénariste. De retour d'Alger, où il a obtenu son baccalauréat, il exploite une concession dans la région de Thai Nguyen à proximité du maquis tenu par Hoang Hoa Tham (dans le Yen The), où il distribue des brevets de mandarins pour marquer leur dévalorisation. Très vite, près de trois mille personnes dont beaucoup de lettrés et paysans accourent pour demander asile. Inquiet, le gouverneur Paul Doumer* le fait arrêter et déporter à Tahiti.

L

Auguste Lacaussade Métis, antiesclavagiste (1815-1897). Fils d'une libre de couleur (métisse) et d'un avocat bordelais, connu pour sa poésie romantique (*les Salaziennes*, 1839), il représente un modèle d'ascension d'un métis* dans la société esclavagiste. Les combats qu'il mena à Paris, où il put intégrer les milieux intellectuels, sont marqués par la quête de la justice. Grâce à ses relations avec Ledru-Rollin, il participa, avec d'autres Créoles de Bourbon, à la lutte antiesclavagiste et au mouvement en faveur de la reconnaissance des nationalités.

Robert Lacoste Homme politique socialiste (1898-1989). Rien ne prédisposait ce socialiste, entré en politique par le biais de l'engagement syndical, puis dirigeant du réseau résistant Libération Nord, à l'exercice de responsabilités en Algérie. Il y part comme ministre résident à la demande de Guy Mollet en février 1956, après le rejet du général Catroux* par la fronde des Français d'Algérie. En poste jusqu'en mai 1958, alors qu'à Paris trois gouvernements se succèdent, il assure la continuité de la politique menée sur place. Souhaitant accroître ses pouvoirs, il relaie avec constance les revendications du commandement, et celles des ultras, réclamant une répression impitoyable des nationalistes. Mais il incarne aussi l'autre versant de la politique algérienne de la IVe République, en conduisant parallèlement des réformes économiques et administratives. Il reste un opposant déterminé à l'indépendance, au point d'appartenir, en 1961, à un « Comité de gauche pour le maintien de l'Algérie dans la République française ».

Joseph Lagrosillière Homme politique antillais (1872-1950). Fondateur du socialisme en Martinique, où il revient comme avocat après des études à Paris, il crée le journal *le Prolétaire* et la Fédération socialiste antillaise. Maire, député en 1910, il défend en vain avec René-Boisneuf un projet de départementalisation. L'aristocratie béké s'acharne contre lui. En 1925, il est emprisonné à cause de troubles dus à une grève. Il est réélu en 1932. En 1940 il est des quatre-vingts qui refusent les pleins pouvoirs à Pétain. Aimé Césaire* le bat aux élections pour la mairie de Fort-de-France. Il meurt peu après.

Jean-Marie de Lanessan Médecin, homme politique (1843-1920). Agrégé de médecine, partisan des théories évolutionnistes de Darwin, il a exercé sa profession de médecin de marine en Afrique et en Indochine. Député du Ve arrondissement de Paris en 1881, il est chargé en 1886-1887 d'une mission d'études parlementaire dans les colonies françaises, dont il tirera plusieurs ouvrages. Nommé gouverneur général de l'Indochine en 1891, alors que la pacification était loin d'être terminée, il mène une politique de protectorat, ménageant les élites et notamment la cour de Huê, pour obtenir leur soutien dans la lutte contre les mouvements nationalistes vietnamiens. Renvoyé en 1894 pour des raisons obscures, où l'hostilité de l'armée et des colons – due à son respect des Vietnamiens – est pour beaucoup, il est ministre de la Marine* de 1899 à 1902.

Lang Son Province et chef-lieu stratégiques au nord-est de Hanoi, un des hauts lieux de l'histoire coloniale, Lang Son est située sur l'axe de communication (route coloniale n° 4) entre le delta du fleuve Rouge et la frontière chinoise. L'annonce de la défaite de Lang Son en mars 1885, lors des combats menés par les troupes françaises commandées par le général Brière de l'Isle et les irréguliers chinois (Pavillons noirs), entraîne celle de Jules Ferry*, qui en est rendu responsable. De nouveau, la province fait parler d'elle durant l'attaque japonaise en 1940 et surtout pendant la guerre*d'Indochine, lors de la bataille des frontières (1949-1950), qui marque véritablement l'élan victorieux des soldats de Giap*.

langue française et francophonie En 1880, l'invention du terme « francophonie », par Onésime Reclus, favorable à l'impérialisme, souligne le rôle du français dans l'expansion: l'imposer appartient aux objectifs de la colonisation. S'il n'y a pas eu de politique scolaire globale dans l'ensemble de l'empire, l'hésitation étant permanente sur le plan politique, le système français a néanmoins eu pour vocation à s'appliquer partout. La politique scolaire a constitué des élites qui ont entretenu un rapport ambigu avec la langue et la culture françaises, comme en témoigne Senghor*. Élites qui conjuguent l'admiration et la peur dans la mythologie des « voleurs de langue », formule lancée en 1959 par Jacques Rabemananjara au IIe congrès des Écrivains et

Artistes noirs, tenu à Rome, reprenant la formule de Kateb Yacine* faisant du français son « butin de guerre ».

Le français, au contact de populations possédant une tradition très différente, a ainsi subi des influences plus ou moins profondes. La « force* noire » lors de la Première Guerre mondiale, a été à l'origine de la popularisation du français tirailleur ou du petit-nègre (français incorrect, sommaire ou rudimentaire parlé par les indigènes et qui suscite l'amusement). Pour Maurice Delafosse, « Si nous voulons nous faire comprendre vite et bien, il nous faut parler aux Noirs en nous mettant à leur portée, c'est-à-dire leur parler petit-nègre ». « Y a bon Banania* » en est la figure emblématique. Sorte de français pidginisé (désigné aussi sous le nom de français tiraillou), on en trouve des représentations stéréotypées dans la littérature populaire, dans la publicité* et dans la bande* dessinée (Tintin au Congo, 1930). Un manuel anonyme de 35 pages (Le français tel que le parlent nos tirailleurs sénégalais), destiné à apprendre aux militaires français comment communiquer des ordres aux troupes africaines, est publié en 1916. On peut y lire : « Français standard : La sentinelle doit se placer pour bien voir et se laisser voir » ; français tirailleur : « Sentinelle y a en besoin chercher bonne place… Lui y a moyen mirer tout secteur pour lui. » On en comprend facilement l'importance ! Dans cette voie pourront s'imposer des parlers populaires tels le français de Moussa ou le français populaire ivoirien, qui, outre leur lexique adapté aux réalités locales, modifient la syntaxe. De ces phénomènes, les écrivains, tout en limitant ce qui pourrait faire obstacle à la compréhension, tireront une esthétique revendiquant la créolisation (Bernabé, Confiant, Chamoiseau) ou la tropicalisation (Henri Lopès) du français.

La décolonisation a laissé derrière elle un paysage linguistique très contrasté. En Indochine, le français n'est plus qu'une relique. Les situations dans le continent africain sont beaucoup plus complexes. Le français continue à jouer un rôle essentiel au Maghreb malgré la politique d'arabisation algérienne : elle se heurte à l'importance des migrations qui font que le français reste largement une des langues vernaculaires du pays. En Afrique noire, bénéficiant souvent d'une reconnaissance constitutionnelle en tant que langue nationale ou langue officielle, il continue à jouer un rôle important, que ce soit *de facto* ou *de jure,* car il reste souvent la seule langue véhiculaire possible, le seul vecteur de l'identité nationale dans des pays où le morcellement linguistique est important (Cameroun, 270 langues recensées). Le plus souvent, on rencontre donc une variété locale du français universel parlée par les scolarisés, le français formel et académique étant le but recherché ; ensuite, on rencontre des variétés plus ou moins approximatives parlées par les peu ou non-scolarisés, variétés utilisées pour la communication interethnique au niveau national. La variété de français utilisée sert alors de diagnostic du statut social du locuteur.

La francophonie concerne aujourd'hui 175 millions de personnes. Le terme reparaît dans les années 1960 dans la revue *Esprit**, mais l'idée ne devient un projet de politique extérieure que dans les années 1980, avec un poste ministériel et des sommets de chefs d'État. Illustrant l'importance de la culture francophone pour les sociétés concernées, le Salon du livre 2006 à Paris a été placé sous ce signe.

Laos Comme les *Shan* et les *Thai*, les *Lao* descendent des *Ailao* arrivés dans la péninsule indochinoise au Ve siècle. Le premier royaume indépendant, le royaume de Lan Shan, a été fondé en 1353 sur le cours supérieur du Mékong, mais, par la suite, il fut le plus souvent morcelé en principautés. Les Lao, proches des Thaïs (langue, bouddhisme Theravada) vivent dans les plaines. Les hauteurs sont occupées par des minorités ethniques descendant des premiers habitants nommées *kha* (esclaves) en laotien et par des peuples venus de Chine au XIXe siècle, les Hmongs et les Yao. En 1827, les principautés de Vientiane et de Champassak sont détruites par le Siam et une partie de la population est déportée, ne laissant subsister que celle de Luang Prabang. Dans les années 1870, en butte aux incursions de troupes chinoises (les Ho), le roi de Luang Prabang fait successivement appel au Viêt Nam, au Siam puis aux Français, qui voient dans le Mékong une voie de pénétration vers la Chine (mission Doudart de Lagrée, 1866-1868). Les rivalités entre la France et le Siam – dont l'impérialisme est jugé menaçant – entraînent un conflit (1893) et l'établissement d'un protectorat officieux. La domination française reposait sur les bonnes relations entre le roi de Luang Prabang – Oun Kham (règne 1872-1894) – et Auguste Pavie*, sur les traités avec le Siam (1893, 1907) et sur l'accord franco-britannique de janvier 1896 fixant globalement les frontières occidentales du Laos sur le Mékong. Les Français unifient le pays en 1899 sous l'égide d'un résident supérieur et le divisent en quatre entités, dont trois administrées directement (Xien Khouang, Vientiane, Champasak), celle de Luang Prabang conservant un souverain lao (Sisavangvong, 1905-1959).

En 1945, après le départ des Japonais, le roi renoue avec la France, tandis que le prince Pethsarath et ses deux frères, Souvanna Phouma et Souphanouvong*, affirment l'indépendance du Laos. Souvanna Phouma se ralliera à la monarchie et au neutralisme, alors que Souphanouvong resserrera ses liens avec le Viêt-minh*. Porté à la présidence de la République du Laos en 1975, après la victoire du Pathet Lao, Souphanouvong démissionne en 1986.

général Laperrine Militaire saharien (1860-1920). Après Saint-Cyr, Henri Laperrine d'Hautpoul est envoyé dans le Sud algérien. En poste au Soudan* pendant douze ans, il revient au Sahara en 1897. Nommé commandant supérieur des oasis sahariennes en 1901, il est l'inspirateur des compagnies méharistes*, créées entre 1902 et 1905. Homme de terrain, il affectionne les tournées dans le pays des Touareg. Le 16 avril 1904, son détachement, en route vers Tombouctou, doit rebrousser chemin face aux militaires français du Soudan, qui lui interdisent leur territoire: l'épisode fera date. Muté en France en 1910, il est rappelé au Sahara quand son ami Charles de Foucauld* est assassiné le 1er décembre 1916. Lors de la première liaison aérienne transsaharienne, le 5 mars 1920, son avion se perd et doit effectuer un atterrissage forcé vers Anesbaraka; le général meurt alors que ses deux compagnons d'infortune seront miraculeusement sauvés.

Monseigneur Lavigerie Prélat, artisan de l'évangélisation africaine (1825-1892). Prêtre, professeur à la Sorbonne, il est choisi pour diriger l'Œuvre des écoles d'Orient et découvre la Syrie. Après un passage dans un tribunal pontifical à Rome, il est nommé en 1863 évêque de Nancy, puis, en 1867, archevêque d'Alger où il fonde en 1868 la Société des missionnaires d'Afrique (pères blancs). Il se lance dans un projet de conversions* dont les résultats sont limités: «Faire de la terre algérienne le berceau d'une nation grande, généreuse, chrétienne, d'une autre France en un mot fille et sœur de la nôtre; répandre autour de nous, avec une ardente initiative qui est le don de notre race, et de notre foi, les vraies lumières d'une civilisation dont l'Évangile est la source et la loi; les porter au-delà du désert jusqu'au centre de ce continent encore plongé dans la barbarie; relier ainsi l'Afrique du Nord et l'Afrique centrale à la vie des peuples chrétiens; telle est dans les desseins de Dieu, dans les espérances de la Patrie et dans celles de l'Église, notre destinée providentielle.» La Tunisie étant devenue protectorat, il est nommé archevêque de Carthage en 1884 mais conserve le siège d'Alger*. Proche du pape Léon XIII, qui le fait cardinal, il tente de mobiliser l'Europe dans une campagne antiesclavagiste et appuie le ralliement des catholiques à la République dans le fameux «toast d'Alger», en novembre 1890. Il tempère son prosélytisme initial au Maghreb – quand il proclamait: «Il faut que la France lui [au peuple musulman] donne les principes de l'Évangile en le mêlant enfin à notre vie ou qu'elle le chasse dans le désert loin du monde civilisé» – et prône la patience, l'apprentissage de l'arabe, le respect des mentalités. Il privilégie alors la conversion de l'Afrique centrale, pour laquelle il élabore un plan ambitieux. Il envoie plusieurs caravanes missionnaires dont certaines connaissent un sort tragique. Ses instructions insistent sur la préparation au baptême, l'attention au milieu et traduisent le rêve d'un royaume chrétien indigène au cœur de l'Afrique.

Marius et Ary Leblond Écrivains critiques d'art réunionnais (Goncourt 1909 pour *Ulysse Cafre*), de leurs vrais noms Georges Athénas (alias Marius, 1877-1953) et Merlo Aimé (alias Ary, 1880-1958), ils ont été aussi des propagandistes coloniaux. Journalistes, ils définissent et défendent le roman colonial qui témoigne en faveur du génie colonisateur de la France et de la nécessité de l'union des colonies pour une «Plus Grande France» sous la tutelle éclairée de celle-ci. Ces convictions sont mises en scène dans leurs romans réunionnais et dans le musée colonial Léon-Dierx, qu'ils créent à La Réunion* pour exposer la culture créole*, dépositaire de la civilisation française. L'action de propagande confiée à Ary Leblond au musée des Colonies* en 1934 fait de ce lieu une illustration de la «prédominance économique et culturelle de l'homme blanc» et de l'évolution des indigènes, dont témoignent les expositions qui doivent servir à l'«histoire de la colonisation artistique».

Jean-Marie Gustave Le Clézio Écrivain (né en 1940), fils d'un médecin du service de santé colonial, né à Maurice, il devient célèbre avec le prix Renaudot, qu'il obtient à vingt-trois ans (*Procès-verbal*, 1963). Expulsé en 1967 de Thaïlande, où il effectuait son service militaire en tant que coopérant, pour avoir dénoncé la prostitution enfantine, il est envoyé au Mexique. La rencontre avec l'histoire du Mexique, celle d'avant les conquistadores, est décisive: il sera un des premiers Occidentaux à publier une traduction des *Prophéties du Chilam Balam* (1977), ouvrage mythologique amérindien. Devenu spécialiste du Michoacan (centre du Mexique), il présente une thèse d'histoire à l'Institut d'études mexicaines de Perpignan. Le Clézio a consacré des essais à plusieurs civilisations nomades menacées (Indiens de Panamá, Berbères du Maroc...), et conserve un esprit de révolte et de rejet de la société occidentale. En 1980, année où il publie *Désert*, il fut le premier à recevoir le prix Paul Morand, pour la totalité de son œuvre.

Leconte de Lisle Poète français (1818-1894). Fils de propriétaire d'esclaves à La Réunion, Charles Marie Leconte devient fouriériste en 1845. Enthousiasmé par 1848, il signe avec Lacaussade* la pétition des « Jeunes Créoles » réclamant l'abolition de l'esclavage, ce qui lui vaut la réprobation de sa famille et de nombre de ses compatriotes. Déçu par l'échec de la Révolution, il se détourne de la politique et devient le chef de file de l'École parnassienne. En réaction au romantisme « impudique », sa poésie est impersonnelle : le poète doit s'appuyer sur les connaissances scientifiques de son temps et son imagination ne peut se déployer en désaccord avec les travaux des historiens. Pour lui, le véritable projet de la poésie est le Beau, sans considération pour la morale ou l'utilité. Inspiré par la mythologie grecque, biblique, hindoue ou nordique, il compose aussi des poèmes sur la nature tropicale. Tout le prépare donc à être le modèle esthétique de la poésie coloniale qui s'écrira dans l'empire.

Légion étrangère La loi du 9 mars 1831, qui porte création de corps militaires composés d'indigènes ou d'étrangers, donne naissance à la Légion. Elle permet de répondre au problème posé par l'afflux de réfugiés politiques – et autres étrangers – ainsi qu'aux besoins de la conquête de l'Algérie. Les procédures d'engagement assurant la protection de l'anonymat sont à l'origine de la légende noire du corps. Jusqu'en juin 1835, les cinq bataillons – marginalisés et victimes d'une mauvaise réputation – sont engagés en Algérie, puis cédés à l'Espagne pour servir la cause de reine Isabelle II. Mais une nouvelle Légion est aussitôt levée à la demande de Thiers : malgré les réticences du haut commandement, les critiques et les menaces de dissolution, le recrutement étranger ne sera plus remis en cause. Participant aux expéditions militaires du second Empire – en Crimée, en Italie et au Mexique – l'histoire de la Légion se confond sous la IIIe République avec celle de la colonisation, où elle permet d'économiser le sang français.

Expédient provisoire dans l'Algérie de la conquête, la Légion, troupe blanche coloniale, acquiert sa légitimité sur le plan militaire au cours des deux guerres mondiales. La solidité et la solidarité de cette société militaire, véritable tour de Babel, s'explique avant tout par la qualité d'un encadrement qui a réussi à maintenir un esprit de corps particulier, substitut du patriotisme. L'engagé – en contrepartie de la protection que lui assure le contrat – doit témoigner d'une fidélité à toute épreuve, d'une disponibilité inconditionnelle et d'une discipline exemplaire. Donné en exemple – à travers le combat désespéré de Camerone le 30 avril 1863 –, le culte de la mission se perpétue avec le *code d'honneur* adopté en 1984 et paradoxalement devenu une référence pour l'armée française.

Hégésippe-Jean Legitimus Grandi pendant la dépression sucrière dans un milieu pauvre, Legitimus (1873-1944) est de la première promotion des jeunes Noirs guadeloupéens du lycée Carnot, ce qui lui confère auprès des faubourgs de Pointe-à-Pitre, un statut d'écrivain public et d'intellectuel. Il s'en fait le champion. Son ascension politique est fulgurante face au lobby de l'Usine (l'usine à sucre), dominé par les Blancs, et aux partis radicaux républicains traditionnels où se regroupe la bourgeoisie de couleur. En 1898, Legitimus l'emporte aux législatives, il sera député jusqu'en 1906. Dans le climat de crainte d'une guerre sociale « raciale », amplifiée par le lobby usinier et les partis républicains traditionnels, il opère un virage en offrant aux représentants de l'Usine une politique contractuelle d'« entente du capital et du travail » ; il se rapproche alors des socialistes indépendants, s'initie à la franc-maçonnerie. Il se livre ensuite à une politique clientéliste de groupe de pression, qui échoue à résoudre les tensions sociales, les grandes grèves de 1910, fourvoyant le socialisme noir à La Guadeloupe. Mais son prestige est immense pour avoir imposé l'entrée du petit peuple dans la vie politique.

Michel Leiris Anthropologue, écrivain, anticolonialiste (1901-1990). Passé par le groupe surréaliste, il participe au combat contre la guerre du Rif, et en 1926 entre au PC pour un court séjour. Cela explique qu'il se distingue de la majorité des ethnologues. Il prend ses distances envers la mission Dakar-Djibouti, dirigée par Marcel Griaule, dans *l'Afrique fantôme*. Chargé du département Afrique noire au musée d'Ethnographie du Trocadéro (1934-38), il œuvre à la création du musée de l'Homme en 1937. Dans *l'Ethnographe devant le colonialisme* (1950), il s'interroge sur la question raciale et l'engagement. S'attaquer aux secrets de l'autre et du moi relève de la même démarche pour lui. À l'époque des décolonisations et du tiers-mondisme, cet engagement prend corps dans son appui aux luttes du tiers-monde : il signe le manifeste* des 121, soutient Fidel Castro et le Viêt Nam.

Paul Leroy-Beaulieu Économiste libéral (1843-1916). *De la colonisation chez les peuples modernes,* dès 1874, fonde l'idée d'expansion qui va s'imposer. En 1882, sa seconde édition a un écho important et le livre compte cinq éditions en 1908, le volume ayant doublé. « La colonisation est la force expansive d'un peuple, c'est sa dilatation et sa multiplication à travers les espaces ; c'est la soumission de l'univers, ou d'une vaste partie, à sa langue, à ses mœurs, à ses idées et à ses lois. Un peuple qui colonise, c'est un peuple qui jette les assises de sa grandeur dans l'avenir... » y écrit-il. Ce plaidoyer pour la construction d'un nouvel empire, en Afrique surtout, s'inscrit dans la pensée libérale, ce qui nuance l'opposition qu'on lui attribue à toute colonisation. Les relations économiques, le commerce n'ont pas besoin d'un pacte colonial ou d'un exclusif, l'émancipation est inéluctable, et elle doit être préparée, particulièrement en Algérie, par une « fusion », qui garantira un lien fédéral.

levantin Dans les dictionnaires depuis 1575, il désigne marins et commerçants européens installés dans les ports de l'Est méditerranéen. Il est connoté négativement, en raison de la duplicité, du manque de caractère qu'on prête à des groupes cosmopolites, suspects de subir l'influence délétère de l'Orient ou d'être des métis. Ces « mercantis » interlopes sont louches.

Claude Lévi-Strauss Anthropologue (né en 1908). Il réalise ses premières missions au Brésil, où il est professeur à l'université de Sao Paulo de 1935 à 1938. Dans *Tristes Tropiques*, en 1955, il critique la colonisation destructrice des sociétés. Après sa thèse, *les Structures élémentaires de la parenté* (1948), nommé au Collège de France en 1959, il introduit le structuralisme en anthropologie. Il étudie la prohibition de l'inceste, le phénomène totémique, les mythologies sud-américaines. En 1962, dans *la Pensée sauvage*, il affirme que, loin d'être l'apanage des sociétés primitives, la mentalité « sauvage » est présente dans toutes les sociétés et que les peuples primitifs aussi possèdent un souci de classement et de mise en ordre. Il défend la thèse de l'universalité de l'esprit humain. Il a opposé les sociétés « froides », qui évoluent peu, et les sociétés « chaudes », plus dynamiques. Dans sa leçon inaugurale au Collège de France, il appelle à un nouvel humanisme pensé à l'échelle de toutes les civilisations.

Liban-Syrie

La parenthèse des mandats

Le dépeçage de l'Empire ottoman après la « révolte arabe » contre les Turcs, contrôlée par les Britanniques, et la défaite d'Istanbul, est organisé par les accords Sykes-Picot*. C'est l'origine des mandats, dont les frontières sont découpées par les vainqueurs dans un Proche-Orient peuplé de nombreuses communautés.

Pluralité des communautés

Les sunnites sont majoritaires, mais d'autres musulmans – chiites, Alaouites, Druzes* – et des chrétiens, ainsi qu'une marqueterie d'ethnies, se partagent les territoires ou se les disputent aujourd'hui encore. L'importance des maronites* réside moins dans le nombre (environ 350 000 en 1914) que dans leur ascension politique entre 1860 et 1946, soutenue par la France, dont l'appui remonte aux croisades. Ces chrétiens, originaires de Syrie du Nord, sont descendus vers le mont Liban dans la seconde moitié du VIIe siècle et en occupent le centre aux côtés des Druzes. Au XIXe siècle, la montagne chrétienne se couvre d'écoles religieuses, missionnaires et locales. Son dynamisme démographique et économique, l'affaiblissement de son aristocratie et la révolte paysanne de 1859 favorisent le pouvoir du patriarche, qui bénéficie du soutien français et de la bourgeoisie investie dans le commerce de la soie. La conversion au christianisme de l'émir de la montagne (Chehab), sunnite à l'origine, puis l'extension du nom Liban à tous les territoires inclus dans le mandat de 1920 signalent la domination de la communauté. Deux patriarches successifs, Mgr Howayek et Mgr Arida, interviennent auprès de Paris pour soutenir le projet national des maronites, puis l'organisation politique communautaire. Sous le mandat, deux courants s'opposent : l'un privilégie la tutelle française et le pouvoir maronite dans un Liban éventuellement réduit à la montagne, l'autre critique la confessionnalisation de l'État au nom de la défense des frontières de 1920 et de l'intégration nationale. La communauté maronite entretient une mémoire de minoritaires qui appelle protection extérieure et garanties intérieures sur la base du confessionnalisme, source de conflits civils à venir.

Quant aux Alaouites, rejetés par l'islam sunnite officiel comme secte hétérodoxe, ils ont fui les persécutions au XIe siècle en se réfugiant en Syrie du Nord et dans le djebel Ansariyyé (montagne des Alaouites). En 1914, ils sont 140 000, pauvres et isolés, dans le djebel, qui possède en tout 7 km de routes pour 7 000 km², tandis que 60 000 de leurs coreligionnaires vivent dans le sandjak d'Alexandrette*. Quelque 100 000 Druzes, musulmans hétérodoxes, maintiennent la tradition d'autonomie de leur djebel.

Le mandat

Une fois acquis le principe du démembrement de l'Empire ottoman, Français et Anglais aboutissent, en mai 1916, aux accords Sykes-Picot*. Placé dans le cadre du mandat*, créé par la conférence de la Paix, l'Orient arabe est divisé en cinq territoires : Liban et Syrie sous contrôle français, Palestine, Transjordanie et Irak sous tutelle britannique. Le principe du droit des peuples à disposer d'eux-mêmes de Wilson est resté lettre morte.

Avec le mandat, c'est une définition fédérale du Liban et de la Syrie qui prévaut. Le haut-commissariat, coiffant les administrations locales, s'impose comme le détenteur du pouvoir. En gardant le contrôle des « intérêts communs » alimentés par les douanes, il maintient un espace économique unique, dont les bénéfices servent à financer sa politique.

Le mandat sera divisé en plusieurs entités: Grand Liban (proclamé le 1er septembre 1920 par le général Gouraud par annexion au fief historique maronite et druze des villes côtières et de quatre régions peuplées en majorité de musulmans) et État des Alaouites sur le littoral, gouvernement d'Alep et de Damas, auxquels s'ajoutent deux territoires autonomes: le sandjak d'Alexandrette et l'État du Djebel Druze.

La Syrie, pour les Arabes, renvoie au Bilad al-Sham: « les pays syriens » (du Taurus à Akaba, et de la Méditerranée à Palmyre), incluant donc le Liban. La France privilégie au contraire un Levant cosmopolite, souvent francophone et francophile, qui s'est développé sur le littoral. Harcelé au Liban par les incursions de nationalistes venant de Syrie, le 14 juillet 1920, le général Gouraud adresse un ultimatum à l'émir Faysal, qui dirige le royaume arabe de Damas. Il est vainqueur dans le défilé de Maysaloun et Faysal est déposé. Le mandat est imposé par la force aux Syriens, pour qui 1920 devient « l'année du désastre (*nakba*) ». Les gouvernements d'Alep et de Damas sont réunis en 1925 en un État de Syrie.

La Djézireh, située au nord-est de la Syrie, qui s'enfonce comme un coin entre la Turquie au nord et l'Irak au sud, a été le lieu d'une expérience inédite de colonisation de peuplement. Dans cette zone d'administration militaire directe, les officiers français ont mis en œuvre un plan de colonisation fondé sur l'installation de tribus kurdes et de groupes chrétiens fuyant la politique centralisatrice et de turquisation de Mustafa Kemal, de populations assyriennes chassées d'Irak après 1933. Jusque-là vouée au nomadisme, la Djézireh a été profondément transformée, et son développement accéléré a pu être présenté comme un réel succès du mandat*. Ce succès avait pourtant un coût politique: il est apparu comme un véritable défi pour les nationalistes syriens qui refusaient la constitution d'un « bloc minoritaire » sur les franges orientales du pays. Par contre, la Cilicie* échappe à la France et retourne à la Turquie.

Le noyau du Liban actuel (833 427 habitants en 1932) est le mont Liban. En mai 1926, le haut-commissaire octroie une Constitution qui établit la République libanaise et la dote d'un système politique représentatif. Son article 95 prévoit la représentation communautaire dans les charges de l'État: la confessionnalisation du régime s'organise. La forte résistance des musulmans sunnites à l'intégration dans le Liban, au nom de l'appartenance à l'islam et à l'arabité, s'estompe progressivement. Au temps du refus armé, dans l'est et le sud du Liban, succède le temps des « Congrès du Littoral », où des personnalités réclament leur rattachement à la Syrie. La France leur entrouvre l'exécutif à partir de 1934.

Les Alaouites bénéficient de la politique scolaire du mandat et descendent sur la côte, à Lattaquieh et Tartous. La montagne s'ouvre au mouvement économique. En 1936, certains chefs alaouites espèrent même la séparation définitive de la Syrie ou le rattachement au Liban, « pays de minorités associées ». La montagne alaouite sera finalement unie à la Syrie nationaliste avec le soutien des religieux et de la nouvelle génération de citadins instruits.

L'un des acteurs de la politique française du mandat a été le Service des renseignements (SR) du Levant, dernier avatar de la tradition des Affaires indigènes, qui compte entre 50 et 70 officiers. *La Châtelaine du Liban*, de Pierre Benoit, raconte leur légende. Seul organe à couvrir tous les territoires sous tutelle, le SR double toutes les administrations locales. Il dispose d'un domaine réservé, placé sous administration militaire directe: montagnes alaouite et druze, désert syrien et Djézireh. À partir de la révolte druze, il tend à contrecarrer la politique des hauts-commissaires civils et réformateurs, et il enrôle, sur une vaste échelle, populations kurdes, circassiennes, alaouites, bédouines et même druzes dans des formations supplétives. En 1931, la création des Services spéciaux du Levant éloigne le SR de la direction politique du mandat.

Mouvements nationalistes

Le mandat a suscité des oppositions incessantes, notamment la révolte druze* de 1925. Après elle, les nouveaux hauts-commissaires, civils, s'engagent dans une négociation qui recherche l'équilibre entre trois termes: mandat, Constitution et traité. Au Liban, l'inscription du mandat dans la constitution de 1926 (art. 90) ne soulève pas d'obstacle. Mais, en Syrie, les nationalistes veulent dissocier Constitution et mandat, celui-ci devant être circonscrit dans un traité et appelé à disparaître. Les hauts-commissaires inaugurent donc une politique qui déplace la confrontation avec les nationalistes sur un terrain politique, légal et citadin et compte sur la peur des mouvements populaires ruraux chez les notables. Des nationalistes, d'opinions diverses, forment alors le Bloc national (*al-kutla al-wataniyya*) : groupe parlementaire puis organisation politique revendiquant l'indépendance et l'unité de la Syrie (avec puis sans le Liban). Dosage savant entre le Nord et le Sud, entre partisans du dialogue et partisans du refus, le Bloc national (BN), doté d'un Conseil de 38 membres (dont 8 unitaires libanais et de grandes figures syriennes de l'exil) qui élit le bureau permanent, est travaillé par des rivalités. En 1928, l'Assemblée constituante syrienne, où il domine, dépose un projet prévoyant une armée nationale et proclamant l'indivisibilité d'une Syrie incluant le Liban. Unité, armée, autant de chapitres que la France souhaitait réserver à la négociation du traité. En 1929, l'Assemblée est suspendue et, en 1930, la France promulgue unilatéralement des « statuts organiques » pour ses possessions.

La négociation avec la France, à propos de l'unité syrienne et du projet de traité, débouche en 1933 sur un échec et une scission au sein du BN. Ni la France ni les nationalistes ne veulent cependant prendre le risque d'une rupture lourde d'inconnues. Les élites sont en liaison avec celles des pays voisins, dans une région où l'Angleterre est active, tout en conservant des contacts officieux permanents avec le haut-commissariat.

On en est là lorsque, au début de 1936, une insurrection urbaine embrase la Syrie. À Paris, on négocie les termes d'un traité, et la victoire du Front populaire permet la conclusion rapide d'un accord. Le 9 septembre 1936, le traité franco-syrien prévoit l'indépendance d'une Syrie englobant les Alaouites et le djebel Druze, ainsi qu'une alliance militaire. Cet accord conduit à l'élection de Hachem al-Atassi, président du BN, à la tête de l'État. Mais, entre 1936 et 1939, les maladresses du pouvoir, d'une élite coupée de la réalité sociale, font que la direction du mouvement nationaliste passe à des organisations de jeunesse, plus en prise sur la rue et plus radicales, et en lien avec des comités à Bagdad, à Jérusalem et au Caire. Les courants qui présideront à la naissance du parti Baas sont en place. Le 13 novembre 1936, un traité de même type est rédigé avec le Liban. Même s'ils consacrent le partage entre Syrie et Liban de 1920, ces traités sont accueillis avec enthousiasme. Mais l'aggravation de la situation internationale enterre ces textes, qui ne seront jamais ratifiés par le Parlement français. Le pays devient ingouvernable. L'écho de la défaite et de l'armistice est considérable. Vichy* tient l'administration mandataire et accorde même, au printemps 1941, des facilités à l'aviation allemande. La Grande-Bretagne réagit par une opération militaire associant des Forces françaises libres. Après un mois de combats, une double tutelle, franco-britannique, s'instaure au Levant. Le 8 juin 1941, le général Catroux*, délégué général de la France libre, proclame l'indépendance du Liban, sans la mettre en œuvre. Les élections de l'été 1943 voient la victoire des nationalistes : Bloc national en Syrie et Pacte national au Liban. En septembre, Béchara El-Khoury, maronite, élu président de la République, nomme Riad Solh*, sunnite, à la présidence du Conseil. Tous deux viennent de conclure le Pacte national, accord oral sur la souveraineté et l'arabité du Liban et sur le caractère provisoire du confessionnalisme politique. Ils exigent la levée des entraves à la souveraineté sans passer par la négociation d'un traité. Catroux dénoue la crise en amorçant le transfert des compétences aux États locaux: « décolonisation technique » qui implique la reconnaissance de l'indépendance politique. Pourtant, de Gaulle* la subordonne toujours à un traité qui ménagerait les intérêts de la France. En mai 1945, après un ultime dérapage (bombardement de Damas), la France doit finalement abandonner ses prétentions. En 1946, les derniers soldats français quittent le Levant. Leur départ et la guerre de Palestine, en 1948, sonnent le glas des élites du BN.

lieux de mémoire

Variations du passé colonial

Les mémoires du passé colonial concernent très directement une partie importante de la population dans les DOM-TOM, ainsi qu'en métropole: anciens colons et colonisés, leurs descendants, combattants des deux guerres et des guerres coloniales. C'est toute la société qui est impliquée par des problèmes qui prennent souvent l'allure de conflits de mémoires, sur lesquels la tradition commémorative, dont la France a fait un art officiel depuis 1789, a du mal à définir une position.

Il faut distinguer des périodes: celle de la colonisation triomphante multiplie les dates et les lieux de souvenir, les hommages aux hommes – statues*, noms de rues, monuments aux morts, musées...; la décolonisation* est suivie par une occultation des crises mais aussi de ce passé, un refoulement tel que les anciennes décorations ont été cachées sur les murs et les plafonds de l'École coloniale, que la guerre*d'Algérie n'a ni nom jusqu'en 1999 ni date commémorative faisant consensus! Depuis les années 1980, les réaffirmations des mémoires des anciens colonisés, des descendants d'esclaves, des harkis*, des pieds-noirs, du contingent, des anticolonialistes ont pris une ampleur qui impose des réponses de l'État. Le calendrier officiel s'est enrichi de dates nouvelles, de réalités comme l'esclavage; les monuments aux morts font une place aux guerres d'Algérie et d'Indochine; les mémoriaux et musées reflètent la nécessité et la difficulté de lier les vivants et les morts dans des lieux de mémoires nouveaux. Cette topographie mouvante mérite d'être décrite.

Statues

La statuaire d'hommage public outre-mer s'inscrit dans le courant de « statuomanie » qui atteint son apogée sous la IIIe République. Les figures militaires sont les premières honorées : la statue équestre du duc d'Orléans à Alger dès 1845 est suivie par celle de Bugeaud* en 1852. Fait exceptionnel, Faidherbe* est honoré de son vivant en 1887 à Saint-Louis du Sénégal, en 1896 à Lille, sa ville natale, ainsi qu'à Dakar. La mort précoce constitue un gage de gloire : Francis Garnier* se voit « statufié » à Saigon en 1887, un monument le commémore à Hanoi en 1891 et celui de Paris est érigé en 1898. Gallieni* se partage quant à lui entre Tananarive, où un monument le célèbre en 1923, et Paris, où les cariatides de sa statue érigée en 1926 symbolisent sa carrière au Soudan, au Tonkin, à Madagascar et à Paris. Lyautey* se partage entre Casablanca, où sa statue équestre est inaugurée en 1938, et Paris où son monument érigé en 1985 est dédié « À tous ceux qui sont morts outre-mer pour la France ».

S'agissant des hommes politiques, à côté de Schœlcher*, honoré à Cayenne en 1897 et Fort-de-France en 1904, se dressent les grands de la République : Gambetta* à Saigon, Thiers à Bône, Paul Bert* à Hanoi, en 1890. Le sculpteur Antonin Mercié dote du même Jules Ferry* sa ville natale de Saint-Dié en 1896, Haiphong en 1904 et Tunis en 1911. Dans l'ensemble, à Paris, la part des coloniaux est modeste et la province a été plus généreuse, en particulier pour les enfants du pays. Le grand projet d'Eugène Étienne* en 1909 d'un monument au cœur de la capitale n'a pas vu le jour. Parmi les personnalités religieuses se distingue le cardinal Lavigerie*, à Alger en 1900, et à Tunis en 1930. Pigneau de Béhaine, vicaire apostolique qui a trouvé la mort en 1799 en Annam, a sa statue devant la cathédrale de Saigon en 1902.

Mais c'est Jeanne d'Arc qui rassemble les communautés françaises outre-mer, à Alger, Oran, Nouméa, Madagascar et Pondichéry. Peu de femmes, toutefois, accèdent à ce peuple de statues, sauf Joséphine, à Fort-de-France en 1859. Peu de colonisés également, hormis le lettré vietnamien Petrus Truong-Vinh-Ky*, à Saigon, en 1926. Quant aux statues les associant aux colons, les seules sont celles des monuments des guerres mondiales, comme à Dakar.

Avec les décolonisations, un nouveau chapitre s'est ouvert, celui des monuments rapatriés. Bugeaud est remplacé par Abd el-Kader à Alger et rapatrié à Excideuil, sa ville natale, en Dordogne. La statue de Notre Dame de Santa Cruz d'Oran est à Nîmes, où un grand pèlerinage se tient le 15 août.

Monuments aux morts

Les premiers suivent le modèle initié en 1870, et on en trouve qui exaltent les conquérants coloniaux des années 1880 jusque dans le Nord, à l'initiative de municipalités socialistes. On a peu commémoré, après 1918, les 80 000 soldats morts venus de l'empire lors de la première guerre, les « héros de l'Orient et des terres lointaines », en dehors d'un monument inauguré à Marseille par Gaston Doumergue* en 1927. Sur les lieux de certaines batailles, dans les cimetières militaires ont été édifiés des monuments spécifiques, ainsi qu'au Jardin colonial de Nogent (où ils sont restés à l'abandon). La campagne de 1940, la Résistance et les combats de la Libération ont été traités de manière plus généreuse, au mont Valérien par exemple. C'est tardivement que les guerres des décolonisations ont trouvé place dans les lieux de mémoire officiels : l'Indochine à Fréjus en 1988, l'Algérie par une simple plaque sur l'Arc de Triomphe en 1973, à Notre-Dame-de-Lorette en 1977, puis sur quatre sites à Paris, sous la présidence de Jacques Chirac, le plus important étant le Mémorial national de la guerre d'Algérie et des combats du Maroc et de Tunisie, sur le quai Branly, en novembre 2002. Des associations de rapatriés, se réclamant de l'OAS, cherchent à édifier des stèles commémoratives des morts pour l'Algérie française, et ont obtenu satisfaction de municipalités telles Nice, Marignane, Perpignan… Les Invalides comptent des coloniaux, dont Lyautey*, depuis 1961. Mais au Panthéon, hors Bougainville, ils sont plutôt atypiques : Schœlcher* et Éboué*, entrés en 1949 – rapport évident avec la commémoration du centenaire de 1848 et les suites de Brazzaville –, Grégoire, en 1989. En 1998, deux plaques y rendent hommage à Louis Delgrès et Toussaint Louverture*, insurgés contre l'esclavage.

Bien sûr, à l'époque coloniale, les monuments ont été nombreux outremer, celui de Casablanca, inspiré par Lyautey, associant poilus et spahis, mais beaucoup ont dû être rapatriés lors des indépendances, d'Algérie surtout.

Les commémorations ont été aussi intégrées dans la culture nationale des États indépendants. Au Sénégal, les variations concernant la mémoire des anciens tirailleurs reflètent les ambiguïtés de leur situation et de leur mémoire. C'est une entreprise canadienne qui a construit le monument des martyrs d'Alger, où un moudjahid est placé aux côtés du paysan et du soldat au pied de flèches dressées vers le ciel. À Diên Biên Phu, les Vietnamiens ont laissé édifier un monument français à côté du leur.

Musées

À partir de la fin du XVIIIe siècle, les muséums ont pris la suite des cabinets de curiosités ou de singularités qui se sont développés avec les grandes découvertes et qu'on a pu définir comme des « résumés du monde, abrégés de la nature entière et des travaux de l'homme ». Les dons des ambassades étrangères et les grands voyages alimentent ces cabinets auxquels Louis XVI a accordé beaucoup d'attention. La Révolution en fait des organismes publics en confisquant les biens des aristocrates mais aussi en pillant des pays conquis. En 1793, le Jardin des Plantes devient le muséum national d'Histoire naturelle. Il présentera un alignement de crânes dans la galerie réservée aux races, où ceux des Kanak* sont les premiers, c'est-à-dire les plus primitifs, en deçà de l'homme de Neandertal.

Le Musée naval est installé en 1827 au Louvre. Il contient des tableaux de Horace Vernet en particulier, des modèles réduits et des collections ethnographiques provenant de Dominique Vivant Denon et des explorations du Pacifique. Mais il est le mal-aimé du Louvre. Il perd ses collections au profit du Trocadéro. En 1943, son installation près du musée de l'Homme lui donne plus d'espace.

Le musée du Trocadéro naît en 1878. Dès sa création, l'ethnologie*, la muséographie et la colonisation sont étroitement unies. Le désir de mieux connaître la diversité humaine va de pair avec une volonté de collectionner les vestiges des sociétés non civilisées et de vulgariser l'expansion coloniale, avec un objectif à la fois pédagogique et scientifique. Le musée s'enrichit au rythme de la conquête coloniale et à partir de dons (Schœlcher, Brazza...). Paul Rivet* perpétue cette tradition au sein du musée de l'Homme, qui lui succède en 1937. Assurant des missions de conservation, de recherche et d'enseignement tout en mettant à la portée du grand public les résultats de la recherche, le musée de l'Homme et l'Institut d'ethnologie de l'université de Paris – dans les années 1930 – conduisent les enquêtes de terrain.

À la suite de l'Exposition coloniale en 1931, un musée des Colonies, puis de la France d'outre-mer, s'installe dans le palais officiel en 1935, « grand livre de pierre plein d'images ». La modernité affichée sur la façade se retrouve dans le style Art déco. Mais le musée ne diffuse pas un message clair, tiraillé qu'il est entre une vocation esthétique (Ary Leblond*) et une vocation ethnologique (Georges-Henri Rivière). On y trouvait une galerie historique, un département sur l'exotisme, une section économique et sociale et une section des arts indigènes, qui présentait six panneaux montrant les transformations du petit nègre nu en un « auxiliaire de nos administrations » vêtu à l'européenne. Il est devenu après les décolonisations, sous l'impulsion d'André Malraux*, un musée des Arts africains et océaniens. Aujourd'hui, le bâtiment abrite la Cité de l'immigration. Quantité de musées ont dans leurs collections des pièces d'origine coloniale. Cependant, le discrédit qui frappe ce passé a pesé sur les collections. Une partie d'entre elles ont été transférées au musée des Années trente de Boulogne-Billancourt, où elles ont fait l'objet de rares expositions et sont présentées dans une galerie. Depuis deux décennies, cependant, ce malaise se lève. Certains musées affichent leur vocation de lieux de mémoire, La Rochelle pour l'Amérique, Vichy pour les missions, Lyon pour l'Afrique... On trouve aussi des peintures coloniales et orientalistes au musée de Marseille et au musée d'Orsay en particulier, ainsi qu'au musée Guimet, spécialisé dans l'art asiatique et surtout indochinois.

Certaines initiatives ont une portée plus directement politique. À La Réunion, une Maison des civilisations* veut montrer la complémentarité des cultures et la créativité de la société. Un inventaire des traces de l'esclavage, destiné à un futur musée est organisé par le Comité pour la mémoire de l'esclavage*. Un mémorial de la France d'outre-mer est en préparation à Marseille. Il fait l'objet de controverses portant sur le contenu du projet (musée de la France coloniale ou de la Colonisation, incluant donc les colonisés), sur les rapports entre historiens, associations de rapatriés, collectivités publiques. À Perpignan et Montpellier, d'autres musées, qui se réclament de l'Algérie française, sont préparés. Ces débats renvoient à la différence entre connaissance et reconnaissance, qui ne se confondent pas mais qui ont des rapports aussi étroits que complexes. Aux Antilles, les statues de l'esclave révoltée Solitude* et de Joséphine de Beauharnais s'opposent aujourd'hui.

Le musée des Arts premiers ou du quai Branly à Paris, initiative de Jacques Chirac – inauguré en juin 2006 –, a récupéré une partie des collections de celui de l'ancien musée des Colonies, et une partie des 300 000 objets accumulés durant des siècles et provenant des quatre coins du monde y trouvent leur place. En fonction de quelle logique ? Le nom choisi évite « primitif », très connoté, et on insiste sur le caractère universel des créations humaines – sur la mort, par exemple –, sur la présentation d'œuvres contemporaines. La volonté de montrer la présence des mondes non européens est concrétisée dans une architecture où le végétal, le « bois sacré » dit l'architecte Jean Nouvel, prédomine, mais certains y voient un symbole de la forêt, domaine du sauvage (de sylve, « forêt »). On peut se demander pourquoi il n'existe pas un seul grand musée comme le Metropolitan de New York pour tous les arts.

Ligue anti-impérialiste Le 10 février 1927, le Congrès anticolonialiste de Bruxelles, émanation du Komintern, dont l'âme est Willy Munzenberg, animateur de talent – qui mérite mieux que le qualificatif méprisant de George Padmore, « chef de cirque » –, demande sa création. Elle s'inscrit dans une lignée de rencontres depuis Bakou (Congrès des peuples d'orient en 1920), et prône « le front unique national », c'est-à-dire une alliance entre communistes et « partis bourgeois » des colonies. Y sont représentés 37 pays, et présents les destouriens, les constitutionnalistes indochinois, ainsi que Messali, Léopold Sédar Senghor et le Tunisien Chedly Kairallah, aux côtés de Jawaharlal Nehru et de l'African National Congress d'Afrique du Sud. Albert Einstein est le président d'honneur de la Ligue. Mais le massacre des communistes chinois par le Guomindang quelques semaines plus tard, en avril, à Shanghai coupe court à cette stratégie. D'où le tournant à 180 degrés contre les nationalistes « bourgeois », en attendant la nouvelle stratégie du Front populaire antifasciste, privilégiant les intérêts d'une alliance entre URSS et démocraties de l'Europe de l'Ouest aux dépens de l'anticolonialisme. La Ligue disparaît dans les coulisses du VIIe congrès du Komintern. La Ligue française, elle, n'a jamais vraiment pris corps.

la Ligue des droits de l'homme Fondée en 1898, la Ligue des droits de l'homme s'est préoccupée de 1918 à 1958 de « la protection et la défense des indigènes » sans pour autant rejeter la colonisation elle-même, bien qu'un courant minoritaire en son sein n'ait cessé de demander qu'elle condamne le principe même de la colonisation. C'est avant la Première Guerre mondiale que ses critiques sont les plus véhémentes, avec Mathias Morhardt et Pierre Quillard, ses secrétaires généraux de 1898 à 1912, tous deux libertaires, et Francis de Pressensé, son président de 1903 à 1914, proche de Jaurès. Avec le Comité de protection et de défense des indigènes des colonies, présidé par Alexandre Isaac, sénateur de Guadeloupe et membre du comité central de la LDH, puis par Paul Violet, juriste catholique auteur des premiers statuts de la LDH, elle dénonce la colonisation en Nouvelle-Calédonie en 1901, en Indochine en 1902, au Congo en 1905, à Madagascar en 1907-1908, puis la conquête du Maroc. Mais, après la Grande Guerre, quand la question est abordée par ses congrès de 1924 et de 1931, cet intérêt n'est plus porté que par des minoritaires comme Félicien Challaye. L'année de l'exposition de Vincennes, face aux défenseurs de la « colonisation démocratique », Maurice Viollette et Albert Bayet, il s'exclame : « Si vous refusez de condamner le principe de la colonisation, notre Ligue devra changer son titre, devenir la Ligue pour la défense des droits de l'homme blanc et du citoyen français. » Mais le congrès récuse l'« école de l'abandon » et suit son président, Victor Basch, qu'Albert Bayet rallie à l'idée d'une « réforme de la colonisation », tandis que la motion de la minorité recueille un peu moins d'un tiers des voix.

En 1952, la LDH soutient la création de l'Union* française, et, en novembre 1954, elle demande le rétablissement de l'ordre en Algérie et l'application du statut de 1947. Il faut attendre 1956 pour qu'elle s'oppose à Guy Mollet, et 1958, avec l'arrivée de Daniel Mayer à sa présidence, pour qu'elle devienne un pôle de rassemblement contre la poursuite de la guerre en Algérie, avec les socialistes dissidents Henri Noguères et Robert Verdier, les intellectuels du comité Maurice Audin – Pierre Vidal-Naquet et Madeleine Rebérioux – et les avocats engagés dans la défense des Algériens Yves Dechézelles, Yves Jouffa, Daniel Jacoby, Pierre Stibbe et Jean-Jacques De Felice.

Ligue maritime et coloniale Elle est issue de deux organisations distinctes, la Ligue coloniale, fondée par Eugène Étienne* en 1907, et la Ligue maritime. Alors que cette dernière, créée pour favoriser le développement de la marine de guerre et de la marine marchande, rassemblait 26 000 membres en 1913, la Ligue coloniale en comptait dix fois moins, loin derrière son modèle, la puissante ligue allemande, la *Kolonialgesellschaft*, forte de 33 000 adhérents. En 1921, les deux organisations fusionnent pour donner naissance à la Ligue maritime et coloniale. Avec 45 000 membres au départ, et plus de 100 000 en 1930-1931, elle est la première organisation de masse du Parti colonial. Subventionnée par les pouvoirs publics et les sociétés maritimes, elle est très présente auprès des élèves grâce à son journal, *Mer et Colonies*, distribué quasi gratuitement dans les écoles et les lycées. Elle change de nom pour devenir la Ligue maritime et d'outre-mer, mais elle perd son aura au début de la IVe République, à l'instar du Parti colonial.

littérature d'Afrique noire Alors que le Dahoméen Kojo Tovalou Houénou publie en 1911 *l'Involution des métamorphoses et des métapsychoses*, un travail à la fois philosophique et linguistique, les premiers écrits à caractère littéraire rédigés en français, *le Réprouvé* de Massyla Diop, et *Clédor, la Bataille de Guilé* d'Amadou Dugue, paraissent l'année suivante, tandis que la première œuvre romanesque, *les Trois volontés de Malic* par Amadou Mapaté Diagne, est publiée en 1920. Le prix Goncourt 1921, attribué à *Batouala* du Guyanais René Maran*, place temporairement l'Afrique noire au premier rang de l'actualité littéraire, mais le nombre des écrivains qui en sont originaires s'accroît lentement. Parmi les plus marquants, citons les Sénégalais Bakary Diallo (1892-1978) et Ousmane Socé, le Togolais Félix Couchoro (1900-1968), le Voltaïque Dim Delobson (1897-1940), le Dahoméen Paul Hazoumé (1890-1980). À Paris, autour de l'équipe de *l'Étudiant noir* apparaît et se diffuse le thème de la négritude. Après la Seconde Guerre mondiale, les auteurs subsahariens deviennent plus nombreux bien que, dans son *Anthologie de la nouvelle poésie nègre et malgache de langue française* (1948), Senghor ne cite, parmi les seize poètes choisis, que les Sénégalais Birago Diop (1906-1989) et David Diop (1927-1960). La création par Alioune Diop de *Présence africaine* en 1947, le 1er congrès des Écrivains et Artistes noirs en 1956 à la Sorbonne, puis le 2e congrès à Rome en 1959 montrent le dynamisme de cette littérature à la fin de la période coloniale. Font figure de classiques, notamment, le Malien Amadou Hampâté Bâ*, les Guinéens Keita Fodeba (1921-1971, *Poèmes africains*, 1950), et Camara Laye (1928-1980, *l'Enfant noir,* 1953), l'Ivoirien Bernard Dadié (*Afrique, debout !,* 1950), le Camerounais Mongo Beti (1932-2001, *Ville cruelle,* 1955), le Sénégalais Cheikh Hamidou Kane (*l'Aventure ambiguë,* 1961). Après les indépendances (1960), la littérature africaine d'expression française tout en se développant s'inscrira plus volontiers dans un cadre national. Le problème de la langue a obsédé les écrivains africains comme les autres, Hampâté Bâ écrit en peul et en français, Jean-Joseph Rabéarivelo joue de deux langues. Pour prouver la richesse du wolof, Cheikh Anta Diop* traduit *la Théorie de la relativité.* Quant au théâtre, il puise beaucoup dans les danses et les parades traditionnelles (le *kantata* du Togo), ou emprunte à l'Europe. Il est dominé par le thème des héros du passé africain, alors que les pièces liées à l'actualité, telle *Une saison au Congo* d'Aimé Césaire, consacrée à Lumumba, ne parviennent pas à s'imposer.

littérature coloniale Si, dès le XVIe siècle, la découverte et la conquête du Nouveau Monde tissent des liens étroits entre littérature et colonisation, on considère le plus souvent que la littérature coloniale naît avec l'empire contemporain. Louis Bertrand*, fondateur de l'algérianisme*, en est un pionnier. Elle se constitue en école littéraire par le manifeste des Leblond, *Après l'exotisme de Loti, le roman colonial* (1926). Elle s'impose par des travaux comme la thèse de Roland Lebel sur *l'Afrique occidentale dans la littérature française (depuis 1870)* en 1925 et *Histoire de la littérature coloniale en France* (1931), les publications de Louis Cario et Charles Regismanset (*l'Exotisme, la littérature coloniale*, 1911), d'Eugène Pujarniscle (*Philoxène ou De la littérature coloniale*, 1931), et de Louis Malleret (*l'Exotisme indochinois dans la littérature française depuis 1860*, 1934).

Au plan esthétique, la littérature coloniale s'est définie autour de deux axes essentiels : une critique de l'exotisme* au nom du réalisme, ainsi que la volonté de peindre le milieu physique et moral des colonies et, surtout, de pénétrer l'« âme indigène ». Loti* représente donc l'antithèse de cet idéal. La parution de *Batouala* de Maran* est saluée en 1921 comme un premier pas en ce sens. Les meilleurs écrivains coloniaux sont ceux qui ont séjourné longtemps aux colonies, tels Pierre Mille, Robert Randau, Gaston Joseph, André Demaison ou Oswald Durand. Mais la référence majeure des théoriciens reste Rudyard Kipling. Cette littérature ne peut éviter les effets de mode et donc les poncifs autour, par exemple, de la femme indigène, la *congaï*, ce dont témoignent notamment *Raffin Su-su* de Jean Ajalbert en 1911, *l'Autre Race* de Herbert Wild en 1920 ou *Thi-Ba, fille d'Annam* de Jean d'Esme en 1925. Les meilleurs écrivains coloniaux condamneront l'abus de ces stéréotypes.

Sur le plan idéologique, la littérature coloniale (pas plus que Gide, d'ailleurs) ne remet jamais en cause le principe de la colonisation : Henry Bordeaux en fait l'apologie en 1936, comme Marguerite Donnadieu (Duras). Ce qui n'empêche nullement la critique des excès (Henri Daguerches à propos du travail* forcé en Indochine dans *Kilomètre 83*, en 1913) ni des milieux coloniaux, souvent considérés comme un « dépotoir social », et de l'« esprit colon ». Dans le même temps, cette littérature forge des mystiques, parfois fragiles – celle du colon qui affronte les maléfices de l'Afrique (Jean d'Esme, *Fièvres*, 1931) –, ou modernise des populations enfermées dans la routine ou l'islam. Elle développe une mythologie des « bâtisseurs d'empire » bien différents des fonctionnaires, comme chez Jean-Renaud (*le Tracé 13*, 1928). Mythologie parfois efficace, l'ascèse du Sahara*, que l'on retrouve chez Ernest Psichari, Joseph Peyré et bien sûr, dans la tradition de Lavigerie*, chez Charles de Foucauld*.

La question du racisme de cette littérature est posée, mais Loti, Maupassant ou Gide parmi bien d'autres sont au moins autant racistes. Le thème du « décivilisé* » – comme chez Charles Renel (*le Décivilisé*, 1923) ou Pierre Billotey (*Sao Kéo ou le Bonheur immobile*, 1930) –, du risque encouru par la tentation de la vie avec l'indigène, est récurrent. Le métissage* est condamné le plus souvent, malgré le rêve d'une fusion des civilisations (Jean Cendrieux, *François Phuoc, métis*, 1929). Certains affirment leur indigénophilie.

Comme les écrivains exotiques, les écrivains coloniaux ont eu le sentiment que la modernisation forcée des espaces dominés conduisait à la disparition de leur différence : l'Indochine ancienne – comme toutes les autres colonies – meurt selon Dorgelès, subissant une uniformisation inéluctable qui est le résultat paradoxal de l'entreprise civilisatrice de l'Occident, idée que l'on retrouve chez Segalen*.

Enfin, cette littérature qui avait largement repris les thèses de Lévy-Bruhl sur la mentalité primitive doit composer avec les nouvelles directions de l'ethnologie chez Delafosse, Delavignette et surtout Griaule (1933), et en même temps avec une Renaissance orientale critique des valeurs de l'Occident dont on trouve de multiples échos chez un Roland Meyer dès 1919.

Le roman colonial n'a pas été marginal: Goncourt pour Farrère (*les Civilisés*, 1905), les Tharaud (*Dingley*, 1906), les Leblond* (*En France*, 1909), Maran (*Batouala*, 1921); prix de l'Académie française pour Henri Daguerches (1913), Émile Nolly (1915). Seront créés en outre des prix spécifiques soit au niveau national (1921, prix de littérature coloniale du ministère des Colonies) soit au niveau local (Indochine, Algérie, etc.). Les publications sont nombreuses: 131 romans coloniaux sur l'Indochine ont été publiés dans l'entre-deux-guerres et les tirages sont importants.

Des écrivains qui ne sont pas classés comme coloniaux publient des récits de voyage, en Afrique du Nord tels les Tharaud, Montherlant* ou Genevoix, en Afrique noire comme Morand, Gide, Simenon, en Indochine pour Dorgelès et Malraux (*la Voie royale*, 1930). La littérature coloniale se prolonge dans des œuvres comme celles de Jean Hougron et de Lartéguy mais aussi dans la « nostalgérie », et elle est réinvestie massivement dans la paralittérature (d'espionnage en particulier). Il n'en reste pas moins que, la colonisation étant la négation de l'autre dans l'environnement tiers-mondiste illustré par Fanon* et Memmi*, la littérature coloniale, jusqu'à une date récente, constituait une sorte de « repoussoir symbolique » largement mésestimé.

littérature maghrébine Outre une littérature berbère* surtout poétique et orale, deux domaines existent au Maghreb, l'un en arabe, l'autre en français, né de la colonisation. La tradition maintient des genres tels que les chroniques, ou la poésie, parée du prestige de la langue classique. Mais la Nahda, la Renaissance culturelle, dont le foyer est l'Égypte et le Levant, entraîne des traductions massives et l'apparition de nouveaux genres, le roman et le théâtre, avec le journalisme. Un effort de modernisation les accompagne. En Algérie, pays dévalorisé, marginalisé, la langue arabe est un conservatoire de l'identité, de la mémoire des résistances, et elle est utilisée, pour écrire les premières histoires nationales, par les oulémas. En Tunisie, la contestation culturelle des « têtes nues », jeunes gens en colère des années 1920, en rupture avec l'ordre colonial comme avec celui des notables, est une source féconde pour un poète comme Chabbi, malmenant la langue arabe et les idées reçues.

Dès le XIXe siècle se développe une littérature en français, où des écrivains juifs s'imposent, ainsi que, en Algérie, des instituteurs, attachés à rendre compte des mœurs et de leur changement. Au Maroc, la poésie a connu d'abord le plus grand essor, avant le roman et la nouvelle, qui connaît une faveur actuelle: les écrivains renouvellent les formes. Les revues, dont *Souffles*, promeuvent écrivains et intellectuels.

Les années 1950 voient s'affirmer une génération d'auteurs qui témoignent de la situation coloniale auprès des intellectuels français. Ce phénomène, comparable à *Présence africaine*, a eu une portée considérable grâce au talent de Memmi*, Feraoun*, Amrouche*, Kateb Yacine (*Nedjma)*, Mammeri (*la Colline oubliée*), Mohamed Dib (*la Grande Maison*), Assia Djebar*. S'ils ne peuvent être lus en français par la majorité de leur peuple, comme le crie Malek Haddad, Mammeri se refuse à ce lamento et défend la francophonie et la culture berbère, ce qui lui vaut semonces et avanies de la part du pouvoir.

Après l'indépendance, en effet, nombre d'écrivains ont continué d'écrire en français: au Maroc, les romans et les pièces de Chraïbi (né en 1928) montrent les contradictions de la société traditionnelle. Tahar Ben Jelloun a reçu le Goncourt pour *la Nuit sacrée* en 1987: son œuvre est largement engagée sur la société contemporaine. Parmi les écrivains connus, comme Choukri, Laabi, Kilito, certains dénoncent les problèmes politiques du Maghreb actuel. La francophonie se prolonge et évolue; avec l'émigration, un rameau « beur » s'est enraciné dans l'ancienne métropole.

littérature de Nouvelle-Calédonie La Nouvelle-Calédonie* est d'abord connue par les textes des découvreurs (James Cook, Bruni d'Entrecasteaux), puis, après la prise de possession en 1853, par ceux des gens envoyés par le ministère des Colonies, le plus célèbre étant *le Voyage autour du monde* de l'ingénieur Jules Garnier, découvreur du nickel. L'installation du bagne* (1865) ne produira guère de textes, si ce n'est ceux des déportés (de la Commune), tandis que le rapport de forces sur lequel s'est fondé une colonisation à caractère ethnique s'exprime dans toute la littérature coloniale de Nouvelle-Calédonie, dominée par Alin Laubreaux, Paul Bloch et Georges Baudoux. Seule exception: l'œuvre de Jean Mariotti, écrivain calédonien exilé en France, qui a su transcrire une perspective intraculturelle et donner une sensation d'exotisme. L'évolution politique des trente dernières années a entraîné l'éclosion de la parole et un florilège de textes en rapport avec les préoccupations du pays. Écrite par des insulaires d'ethnies variées – descendants de bagnards ou de colons, Vietnamiens, Kanak –, cette littérature explore tous les genres: roman, nouvelle, poésie, théâtre, littérature de jeunesse, bande dessinée. Citons: Claudine Jaques, Jean Vanmai, Bernard Berger. Dewe Gorode plonge le lecteur européen dans le monde kanak, sans didactisme ni explications, livrant telles quelles les généalogies, les perceptions mythiques, les interférences entre le monde des ancêtres et celui des vivants, créant un dépaysement total par une culture autre. À de rares exceptions près (les poésies du pasteur Welepane), la langue choisie est le français, véhicule de la communication depuis la colonisation puisqu'il existe vingt-huit langues kanak en Nouvelle-Calédonie. La poésie, très vivace depuis les années 1990, chante le lien entre l'homme et la terre (Kurtowitch), la révolte et l'engagement politique (Dewe Gorode), ou transpose une vision personnelle tout en restant ludique (Frédéric Ohlen). Le théâtre, quant à lui, présente le quotidien et les conflits qu'il faut résoudre, tel est l'enjeu pour Pierre Gope, écrivain loyatien (des îles Loyauté), qui présente dans chacune de ses pièces un problème important pour le monde kanak, qu'il s'agisse du viol collectif ou de la session des terres (*Cendres de sang*, 1997; *le Dernier Crépuscule*, 2001).

Enfin, depuis 1998 se développe une littérature de jeunesse, en partie patronnée par des institutions officielles (le Centre culturel Jean-Marie-Tjibaou, le Centre de documentation pédagogique), dans laquelle l'enfant sert le plus souvent de médiateur entre la culture kanak et le monde actuel.

littérature de Polynésie Les îles du Pacifique ont suscité une abondante littérature. Voyageurs, missionnaires, géographes, philosophes ont écrit sur Tahiti, y compris en faisant parler, comme Diderot (*Supplément au voyage de Bougainville*) ou Bricaire de la Dixmérie (*le Sauvage de Tahiti aux Français*), des Tahitiens supposés; des écrivains anglophones comme Melville, Stevenson, London; le plus marquant des francophones est Loti* (*le Mariage de Loti*, 1880, transformé en opéra par R. Hahn), puis Segalen* (*les Immémoriaux,* 1907), Chadourne (*Vasco*, 1927), Simenon* (*Touriste de bananes,* 1938), T'Serstevens (*la Grande Plantation*, 1952), Reverzy (*le Passage*, 1954), Gary (*la Tête coupable*, 1968)... S'y ajoutent des artistes comme Gauguin* (*Oviri, écrits d'un sauvage*), des voyageurs comme Radiguet en 1842 ou Gerbault. Même le cinéma a pris pour cadre la Polynésie, avec Murnau, O'Flaherty, Méliès: le *Bounty* de Bligh a frappé l'imagination. Le protectorat, les Établissements français d'outre-mer, le territoire d'outre-mer modifièrent le statut de dépendance politique. Cependant, la Polynésie n'a jamais été une colonie: pas de peuplement massif, pas de vaste système d'exploitation agricole. En revanche, la colonisation stratégique, spirituelle et littéraire a été singulière. Les religieux anglais qui apportèrent l'Évangile en 1797 apprirent aux Tahitiens l'usage du livre, mais cela ne leur servit pas tout de suite à créer une littérature: les *puta tupuna* (sortes de journaux familiaux) étaient plutôt des livres de raison, sans souci esthétique. La littérature orale a toujours eu une grande faveur, avec l'*orero* (récitation des généalogies), les légendes, la poésie, le chant. La littérature écrite par des écrivains locaux a juste commencé, reflet d'une identité éprouvée par les Polynésiens eux-mêmes, comme Henri Hiro, Chantal Spitz, Flora Aurima-Devatine, Michou Chaze, Turo a Raapoto, Louise Peltzer, Jimmy Ly (d'origine chinoise), en français et en *reo ma'ohi.*

littérature populaire et colonisation La grande période du roman d'aventures dans la littérature populaire s'étend des années 1860 aux années 1920. Le succès tient aux progrès de l'édition mais aussi au goût du public. Le genre a été illustré par Fenimore Cooper et Eugène Sue au début du XIXe siècle, par Kipling, Jack London, Jules Verne*... qui tous ont été concernés par la colonisation. L'exotisme y a une place importante. Gustave Aymard (1818-1883) publie *les Trappeurs de l'Arkansas* (1858), premier roman sur la conquête de l'Ouest. En 1867, Alfred Assollant crée le personnage de Corcoran, qui s'oppose à l'armée impériale britannique. Joseph Conrad publie *Au cœur des ténèbres* en 1902. Tarzan naît en 1912 sur le papier, et au cinéma en 1918. Paul d'Ivoi (Paul Deleutre, 1856-1915) publie une série de *Voyages excentriques*, inspirés des *Voyages extraordinaires* de Jules Verne et de récits patriotiques.

Concurrent du roman historique, le roman d'aventures géographiques se développe dans la littérature populaire après 1860 (*Cinq Semaines en ballon*, de J. Verne, est le texte fondateur du genre) et prend rapidement un caractère colonial marqué. Ses héros – explorateurs, aventuriers prédateurs en quête de trésors, titis parisiens, globe-trotters, officiers en mission ou colons – portent haut le patriotisme tricolore, l'anglophobie et l'arrogance meurtrière envers les populations colonisées ou en passe de l'être. Souvent lié au lobby colonial, le roman d'aventures promeut sa politique et diffuse une vision stéréotypée des peuples colonisés. La dramatisation indispensable aux intrigues accrédite tard dans le XXe siècle l'image d'une Afrique livrée à la sauvagerie et au cannibalisme*. Quelques auteurs : Louis Noir (1837-1901), ancien zouave, s'inspire de son passé dans *les Coupeurs de têtes* et *les Souvenirs d'un zouave* (1866), ou *le Lion du Soudan* (1869) ; Louis Boussenard (1847-1910), avant tout un auteur de romans-feuilletons, que Sartre a lu enfant, et qu'il considérait comme « délicieusement ennuyeux », publie le célèbre *Tour du monde d'un gamin de Paris* (1879-1880), qui ouvre une longue série d'aventures, et *le Trésor des rois cafres* (1884) ; Louis Jacolliot (1837-1890), qui connaît directement l'Inde, où il a présidé le tribunal de Chandernagor, et Tahiti, a écrit, entre autres ouvrages, *Voyages au pays mystérieux* (1887), *les Chas-*

seurs d'esclaves et le Coureur des jungles (1888), *l'Afrique mystérieuse;* quant à Arnould Galopin, il est l'auteur d'*Un aviateur de 15 ans* (1926).

littérature, roman policier et décolonisation Il véhicule pendant plusieurs décennies une vision droitière des conflits coloniaux. Le racisme antiarabe d'Auguste Le Breton (*Du rififi chez les hommes*, 1953) voisine avec la xénophobie de Léo Malet (« *Bougnoul' Mich* ») et son privé Nestor Burma. A. L Dominique (fondateur du service d'ordre du RPF à l'origine du SAC) signe avec *le Gorille en révolution* la version gaulliste du 13 mai 1958 façon Série noire.

Breton libertaire, J. S. Quemeneur, qui a vécu en Afrique, publie quatre romans, dont *les Coups pour rien* en 1964, tous situés dans la Guinée pré-indépendante de Sékou Touré*. Tito Topin, natif de Casablanca, met en scène l'inspecteur Émile Gonzales durant les derniers jours de la présence française dans sa saga marocaine (*55 de fièvre*, 1983).

De toutes les crises de la décolonisation, la guerre*d'Algérie est la plus abordée par les romanciers, notamment par la mise en scène du « soldat perdu » comme nouveau « héros » : J.-L. Lafitte (*le Déserteur*, 1966), M. Carnal (*le Capitaine*, 1967), E. Errer (*Descente en torche*, 1974). P. Randa déroule au Fleuve noir son hommage aux combattants de l'Algérie française (*Fabien Fauvel*, 1976-1981). À partir des années 1980, une nouvelle génération d'auteurs revisite de façon critique la décolonisation (F. Joly, J. Syreigeol, F. Muratet, F. Zamponi). D. Daeninckx relate le massacre des Algériens à Paris par la police le 17 octobre* 1961 (*Meurtres pour mémoire*, 1984). G. Streiff traite des harkis* et de la torture à Paris (*les Caves de la Goutte-d'Or*, 2001).

lobby colonial C'est ce groupe de pression plus que le pays profond qui a fait de la France une puissance coloniale. Rassemblant, toutes couleurs confondues, des hommes politiques, des intellectuels, des entrepreneurs, des explorateurs, des militaires, des journalistes, il fonctionne comme un lobby. Fort d'une soixantaine d'organisations, d'une presse spécialisée, de journaux qui le soutiennent, il intervient à la fois auprès des décideurs et pour éduquer l'opinion. Le Comité de l'Afrique française, créé en 1890 (« noble initiative », dit Maurice Barrès), avec le soutien d'Eugène Étienne*, pour s'opposer aux concessions faites à l'Angleterre, publie un *Bulletin* et des *Renseignements coloniaux*. Suivent un Comité de Madagascar en 1895, de l'Asie française en 1901, du Maroc en 1904, de l'Océanie en 1905. L'Union coloniale française, chose des négociants marseillais, née en 1893, publie *la Quinzaine coloniale*, dirigée par Joseph Chailley-Bert.

Un groupe colonial – en 1892 à la Chambre et en 1898 au Sénat – rassemble les élus de toutes tendances favorables à l'expansion: 200 sur 585 en 1902. Parmi eux, ceux des colonies (Cochinchine, Sénégal, Îles...) et d'Algérie (3 puis 10 députés et 3 sénateurs). Le président en est, de 1892 à 1914, Eugène Étienne, député d'Oran depuis 1881 et sous-secrétaire d'État aux Colonies en 1887 et 1889. En 1936, le groupe de députés est de 250. Plusieurs présidents de la République ont été des ténors de ce lobby, Poincaré, Gaston Doumergue, Paul Doumer*... en fait, le gotha de la IIIe République.

Dès le second Empire, la presse commence à ouvrir des chroniques coloniales, *le Journal des débats* en 1854 puis *le Temps, la Revue des deux mondes...* En 1914, on compte 43 périodiques coloniaux à Paris, mais le parti adresse aussi des articles à 90 quotidiens. Il demeure un groupement d'élites, les associations ne dépassant guère en général le millier d'adhérents. Fait exception la Ligue* maritime et coloniale, qui bénéficie de subventions publiques et privées importantes (1,5 million de francs en 1930). Elle cherche à multiplier les sections, scolaires en particulier, et organise des voyages d'enfants. Il faut ajouter le rôle important des sociétés de géographie.

Les milieux d'affaires engagés outre-mer constituent sur chaque place marchande et portuaire (Bordeaux*, Le Havre*, Marseille*, Lyon*) une communauté de réseaux solidaire et négociant avec les pouvoirs publics des inflexions de la politique commerciale ou financière. À ces réseaux spontanés s'ajoutent ceux qui fédèrent les entreprises ultramarines avec la place bancaire et financière parisienne, ce qui explique le poids de certains banquiers de dépôts ou d'affaires comme figures de l'empire économique. L'ancien ministre des Colonies (1896-1898), André Lebon devient ainsi un homme d'affaires dans l'armement (Messageries maritimes), les outils de transport (vice-président de Suez et président du PLM) et la banque (Crédit foncier d'Algérie et de Tunisie), influent aussi comme président de l'Union coloniale et vice-président de l'Exposition coloniale de 1931. Nombre de pôles industriels métropolitains entretiennent des groupes de pression professionnels pour défendre les intérêts de leur branche, notamment à propos des débats sur les protections douanières ou les schémas d'industrialisation de l'outre-mer – via le parti colonial –, tandis que percent des institutions interprofessionnelles. Les associations du lobby colonial auxquelles ils sont liés sont réunies par le Comité de l'Empire français (1941) avant de se transformer en 1948 en Comité central de la France d'outre-mer.

Quel est l'impact de ce lobby sur l'opinion ? Si certains succès ont été obtenus (le « Centenaire* de l'Algérie » en 1930 et l'Exposition* coloniale de 1931), la durée de leurs effets semble avoir été faible. L'Institut colonial français, qui compterait 40 000 adhérents, est alors chargé d'une relance. La crise et la Seconde Guerre mondiale ont eu des effets contradictoires que le Parti colonial ne parvient pas à maîtriser. Sous Vichy, il est soumis, avec la création du Comité de l'Empire français, à un contrôle sévère en raison de sa familiarité avec la IIIe République.

À la demande de Marius Moutet* en 1946, le Comité change de nom et devient le Comité de la France d'outre-mer, financé largement par les grandes sociétés. Il subit les conséquences de la perte de l'Indochine et une contraction de ses ressources, qui iront en s'amenuisant dans les années 1950. Attaché au maintien de l'ancienne situation coloniale, hostile à toute réforme, partisan du tout répressif, le lobby colonial se coupe d'une partie de la classe politique. Dans son combat d'arrière-garde, il ne peut empêcher l'adoption d'un Code du travail d'outre-mer en 1953, l'accès à la citoyenneté et l'élargissement du suffrage au profit des colonisés. Son président, l'ambassadeur François Charles-Roux, joue de plus en plus un rôle de Cassandre, sans parvenir à agir sur l'opinion française, ni sur l'ONU*, ni sur les États-Unis.

loi-cadre Defferre Les promesses de réformes en faveur des colonisés contenues dans la Constitution de 1946 n'ont été que partiellement tenues. Ainsi, « le double collège déshonore les institutions de la République », dit Gaston Defferre à l'Assemblée de l'Union* française (30 mars 1955), critiquant la séparation entre électeurs indigènes et colons, assortie d'une inégalité comparable au vote par ordre des états généraux de l'Ancien Régime. Ministre de la France d'outre-mer du gouvernement Mollet, il prépare une loi-cadre applicable par décrets spécifiques pour chaque territoire, proposant d'importantes réformes : suppression du double collège (donc réel suffrage universel), suppression des conseils privés, remplacés par des assemblées territoriales, création de conseils de gouvernement et réduction des pouvoirs des gouverneurs. Il s'agit d'une véritable autonomie interne ouvrant la voie à des évolutions : Gaston Defferre évoque de nouvelles étapes vers l'indépendance. Entrée en application en Afrique et en Océanie à partir de 1957, cette loi-cadre évite d'autres conflits coloniaux et prépare les esprits à la création de la Communauté* en 1958.

loi de séparation de 1905 L'article 43 de la loi de 1905 prévoyait que des décrets en conseil d'État détermineraient les conditions auxquelles elle serait applicable dans les colonies. Le régime concordataire ne s'y appliquait pas en droit, mais diverses mesures s'en inspiraient. Il n'y avait pas de raison majeure de lutter contre le « clergé » qui rendait bien des services. Ainsi s'explique une application limitée de la loi. Un décret du 6 février 1911 (modifié en 1912) étend la séparation – malgré l'obstruction de la hiérarchie de l'Église – à la Martinique, la Guadeloupe et à la Réunion, non sans incidents graves (3 morts à Saint-Gilles-les-Hauts, à La Réunion). En 1913, la loi est étendue à Madagascar. Dans les autres colonies, seules des mesures ponctuelles furent adoptées et visaient les diverses confessions. Ainsi, la loi ne s'applique toujours pas en Guyane, à Mayotte, à Wallis-et-Futuna, en Nouvelle-Calédonie et en Polynésie française.

En Algérie, le décret d'application fut promulgué le 27 septembre 1907. Des inventaires furent entrepris, à l'exception notable des mosquées et des *habous* (biens destinés à des fondations pieuses) maintenus dans le domaine de l'État. Le décret reproduisait les articles de la loi tout en introduisant un dispositif d'exception pour l'islam. Prévoyant la création d'indemnités temporaires de fonction aux ministres du culte, dont la nomination était soumise préalablement à l'agrément du gouverneur général, il avait pour but de maintenir un pouvoir sur le culte. En dépit des revendications nationalistes réclamant l'abrogation du décret de 1907, cette exception algérienne à la laïcité perdura jusqu'en 1962.

Albert Londres Journaliste, il choisit de dénoncer les abus, la misère sociale, l'injustice. En 1923, il enquête *Au bagne*. Signalant au ministre des Colonies que le prétexte de son utilité à Cayenne est déraisonnable et cruel, le doublage des peines inique, il contribue à sa fermeture en 1937. Pis encore, les bagnes* militaires d'Afrique du Nord, les *Biribi,* camps de torture inefficaces, en outre, pour la mise en valeur des colonies: *Dante n'avait rien vu* (1924). Ses reportages ont la forme de relations de voyage d'une apparente candeur, en étapes successives, entrecoupées de la production de témoignages. Sans s'opposer de front au principe colonial, Londres (1884-1932) expose les turpitudes de *la Terre d'ébène* (1929) et la sanglante construction du rail Congo-Océan, l'exploitation esclavagiste des *Pêcheurs de perles* (1931) dans le golfe Persique, sacrifiés au profit de potentats locaux et au luxe européen. « L'esclave ne s'achète plus, il se reproduit. C'est la couveuse à domicile. » En 1930, Joseph Kessel augmente de 150 000 exemplaires le tirage du *Matin* grâce à son reportage, réalisé avec Henry de Monfreid, sur les marchés d'esclaves en mer Rouge. Avec Andrée Viollis, il y a là quelques grands reporters de légende.

Robert-Jean Longuet Avocat socialiste (1902-1987). Fils de Jean Longuet, un des militants de la SFIO les plus préoccupés par la question coloniale, il apporte un soutien actif aux Jeunes Marocains. Il est directeur de 1932 à 1935 de la revue *Maghreb,* où Hassan el-Ouzzani et Abdelkrim Benjelloun expriment leurs premières revendications. Cette tribune parisienne a joué un rôle important dans la sensibilisation des milieux politiques de gauche et dans l'appui que plusieurs personnalités apportent au Comité d'action marocaine, animé par Allal el Fassi et son plan de réformes en décembre 1934. Parmi eux des députés, des membres de la Ligue* des droits de l'homme, Daniel Guérin, Maurice et Magdeleine Paz, le communiste André Berthon, Félicien Challaye, Andrée Viollis.

Pierre Loti Écrivain, officier de marine (1850-1923). Capitaine de vaisseau, de son vrai nom Julien Viaud, il utilise ses souvenirs de marin – y compris ses aventures avec les femmes indigènes – pour ses romans. Il commence en 1879 avec *Aziyadé* une carrière littéraire à succès qui le conduira à l'Académie française en 1891. D'un racisme sans fioritures (comme Guy de Maupassant), il est pourtant très méfiant à l'égard des entreprises coloniales de la IIIe République, qu'il n'aime guère. En 1883, ses critiques du siège de Huê et Tourane mené par l'amiral Courbet, publiées dans *le Figaro* manquent mettre fin à sa carrière. *Le Roman d'un spahi* insiste sur l'inutilité pour la France d'envoyer mourir ses soldats dans les colonies. Auteur prolixe, il est le meilleur représentant de l'exotisme* de l'époque, assumant sans complexe son regard dominant, parfois engagé dans des controverses coloniales comme dans *l'Inde sans les Anglais* (1903) ou dans ses nombreux textes révélant sa profonde turcophilie (*la Turquie agonisante*, 1913).

Les pays musulmans ont eu sa préférence. Désabusé par la civilisation occidentale, il est fasciné par l'Islam et tenté par la conversion. Dans *Aziyadé*, il loue les « simples et les sages [...] qui attendent que le muezzin chante là-haut dans l'air, pour aller pleins de confiance s'agenouiller devant l'inconnaissable Allah, et qui plus tard, l'âme rassurée, mourront comme on part pour un beau voyage ». Il bâtit sa maison à Rochefort, aujourd'hui musée, comme un bric-à-brac de souvenirs exotiques. Son succès en fera la cible préférée des théoriciens de la littérature* coloniale, qui critiqueront son romantisme, son emploi de thèmes qui deviendront souvent des poncifs, et surtout son incapacité à comprendre « l'âme des races nouvellement conquises ».

Robert Louzon Militant syndicaliste révolutionnaire, anticolonialiste (1882-1976). Ingénieur, d'origine bourgeoise, il achète l'immeuble du 33 rue de la Grange-aux-Belles en 1907 pour abriter la CGT et écrit dans *la Vie ouvrière*. Il s'enthousiasme pour la révolution d'octobre 1917 et s'engage très tôt dans la lutte anticolonialiste. Propriétaire d'une exploitation agricole en Tunisie*, il y soutient financièrement, outre *l'Avenir social*, une presse communiste en arabe. Les interdictions tombent aussitôt. Il pousse la jeune fédération tunisienne de la SFIC (Section française de l'Internationale communiste, ou PCF) à appuyer un mouvement ouvrier très précoce qui débouche en 1924 sur une Confédération générale tunisienne du travail. La répression brise le mouvement. Louzon, après 6 mois de prison, est expulsé en France en vertu d'un édit royal.

À Paris, il est l'un des animateurs du *Paria**, avec Nguyen Haï Quoc, Messali*, etc. Après sa rupture avec le PC, il demeure dans *la Révolution prolétarienne* un des plus vigilants soutiens des colonisés. Jusqu'à la fin de sa vie, il croira à la révolution, même si, lui qui avait lancé une campagne contre le ramadan des ouvriers à Tunis en 1921 et qui avait annoncé la fin des ayatollahs dans *le Paria,* il reconnaissait que l'islam n'était pas facile à dissoudre.

Louis Hubert Gonzalve Lyautey Maréchal de France, résident général au Maroc (1854-1934). Issu d'une famille d'officiers, d'aristocrates et de grands bourgeois lorrains, il entre à Saint-Cyr en 1873, et devient officier de cavalerie. En 1891, il publie dans *la Revue des deux mondes* « Du rôle social de l'officier dans le service militaire universel », très critique envers l'armée, qui fait scandale. On l'envoie en Indochine (1894), où il rencontre Gallieni*, qui le prend comme adjoint dans son commandement du haut Tonkin et l'initie à ses méthodes héritées de Faidherbe* : la conquête doit être une pacification qui fait tache d'huile, et la pacification une action à la fois politique, administrative et économique, autant que militaire. Vaincre, c'est convaincre et construire. En 1897, Gallieni, gouverneur général de Madagascar, le charge de la pacification et de l'organisation du Nord-Ouest, puis du Sud (1897-1902). Il tire de cette expérience *Lettres du Tonkin et de Madagascar.* Nommé général dans le Sud oranais – où il fait la connaissance d'Isabelle

Eberhardt* –, il lance des incursions au Maroc, en connivence avec le lobby partisan de la conquête de ce pays. En 1907, il occupe Oujda.

Résident général au Maroc* de 1912 à 1925, sauf durant sa brève fonction de ministre de la Guerre (décembre 1916 - mars 1917), il démissionne en octobre 1925, évincé du commandement militaire de la guerre du Rif* par Pétain, qui emploie massivement un matériel moderne puissant, aviation, bombardiers, chars d'assaut, automitrailleuses. Mais le respect de la civilisation musulmane, qui inspire la sauvegarde de Fès, et le projet futuriste de modernisation lui appartiennent. De même que cette lucidité qui lui fait souligner la nécessité d'être les porte-drapeaux du droit des peuples. Maréchal de France en 1921, élu à l'Académie, commissaire général de l'Exposition coloniale de 1931, il est la grande figure de l'empire. Ses affinités avec l'extrême droite font qu'on a pensé à lui le 6 février 1934, mais l'âge lui évite de se fourvoyer. Fidèle à sa légende, il se fait inhumer à Rabat. En 1961, il est transféré aux Invalides. Le mythe est alors encore vivace. Ensuite, la figure de Lyautey s'estompe. En 2004, un buste en son honneur est inauguré à Paris dans une indifférence à peu près totale. Homme d'action et penseur de cette action, il a écrit *le Rôle colonial de l'armée*, *Paroles d'action*, et publié ses lettres.

Colonisateur préférant les colonisés – du moins ses pairs – aux colons, prévoyant dès 1920 l'évolution vers l'indépendance, qu'il espérait dans l'harmonie avec une France qui saurait se faire aimer, son mélange de conservatisme et de modernisme, son panache, son art de la séduction ont rencontré un certain Maroc. Il a horripilé ceux qui – nombreux dans l'armée et au Quai d'Orsay – pensent « qu'on ne fait pas du Loti en politique », qui refusent son « indigénofolie ». Jusqu'ici, les historiens français n'ont pas abordé les relations entre son homophilie et sa vocation coloniale, sauf, très discrètement, Daniel Rivet, qui souligne la part de l'esthète collectionneur de sensations, sensible aux couleurs, aux lumières et aux hommes. À l'occasion de l'Exposition coloniale, les surréalistes s'acharnent et n'hésitent pas à publier un texte dénonçant son penchant pour les pissotières. Aristocrate, Lyautey a dit sa préférence pour la méthode britannique, son indignation devant le sort du « petit roi » d'Annam, rabaissé par la France, sa passion du Maroc. « Cette race marocaine est exquise. Elle est restée le refuge [...] de tout ce qui nous ornait au XVIIIe siècle [...] Je reste dans ce pays tant que j'y jouis de mon sultan, de mes gens en burnous, de leurs traditions, de leur sens inné de la beauté et de la noblesse. » C'est à une sorte de mariage entre l'Occident et l'Orient qu'il rêvait. Ambiguïté de la colonisation...

Lyon Déjà avant 1789, la capitale de la soierie et seconde place financière de France joue un rôle important dans les relations avec l'outre-mer. Les soyeux cherchent de nouvelles variétés de grèges, ils souhaitent écouler leurs riches étoffes ou placer leurs capitaux. Actionnaires de la Compagnie des Indes orientales, ils sont aussi actifs dans l'Empire ottoman. Sous Louis-Philippe, la chambre de commerce, dominée jusqu'en 1908 par les soyeux, s'ouvre davantage au monde. Libéralisme et saint-simonisme conjuguent leurs idéologies en la personne d'Arlès-Dufour dans un système complexe qui place Lyon aux portes de l'Extrême-Orient. Cependant, même si les milieux consulaires ont jugé opportune la conquête de l'Algérie, il n'y pas encore localement d'esprit spécifiquement colonial. En Asie, la prise de la Cochinchine n'intéresse guère les milieux d'affaires. Seule leur importe la conquête des marchés tant convoités de la Chine méridionale. À Lyon, le passage du comptoir à l'acceptation par les milieux libéraux de l'intérêt de la conquête territoriale suit une logique somme toute classique. L'idée saint-simonienne de la globalisation des échanges fait place à la colonisation assumée comme devoir de civilisation par les peuples modernes. Paul Leroy-Beaulieu*, gendre du saint-simonien Michel Chevalier, met son talent au service des républicains modérés (L. Say, A. Ribot). L'alliance tacite entre ce parti et les opportunistes (gambettistes et ferrystes) permet, à Lyon, comme ailleurs, de rallier sur le champ colonial les indécis à la république.

La spécificité locale réside dans l'intérêt exacerbé porté au Tonkin* depuis la découverte de la navigabilité du fleuve Rouge. Le mythe porteur de l'eldorado du Yunnan va favoriser la conversion à l'idée coloniale. À partir de 1884, autour d'Édouard Aynard et d'Ulysse Pila, toute une stratégie est déployée pour faire du Tonkin un tremplin vers la Chine méridionale et compléter le système édifié sous le second Empire par Arlès-Dufour. La chambre de commerce se fait le relais, au niveau national, de la stratégie coloniale locale. À l'intérêt porté à l'Indochine, il faut ajouter aussi Madagascar et le Maghreb. Cependant, même si les Lyonnais restent actifs jusqu'en 1947, ils ont perdu toute spécificité dès avant 1914. Leurs stratégies comme leurs réseaux se sont noyés dans ceux de la nation toute entière.

M

Mac Orlan Pierre Dumarchey, dit Mac Orlan (1882-1970) est l'auteur de romans à l'origine de films parmi les plus célèbres des années 1930: *la Bandera* (publié en 1931 et film de Julien Duvivier, 1935), *Quai des brumes* (1927 et film de Marcel Carné, 1938)... Son univers a été nourri par ses voyages, notamment en Afrique du Nord, et ses héros sont plus à la marge de la société qu'au cœur de l'épopée. Ses romans se déroulent de Paris aux ports de l'Océan, peuplés de filles faciles, de marins, de soldats... Le déserteur de l'armée coloniale (Jean Gabin) et l'orpheline (Michèle Morgan) se retrouvent au Havre, au *Quai des brumes,* à la recherche d'un ailleurs sans lendemain; dans la chanson *Marie-Dominique*, un jeune engagé dit son désenchantement face à la guerre*d'Indochine. Mac Orlan a signé le Manifeste des intellectuels français pour la défense de l'Occident et la paix en Europe, soutenant l'agression italienne en Éthiopie, et il a collaboré avec certains journaux vichystes.

Madagascar

Colonisation, ethnies et nationalisme

Situé à l'ouest des îles Mascareignes et à 400 km des côtes du Mozambique, Madagascar (590 000 km2) accède au statut d'État indépendant le 26 juin 1960, après plus d'un demi-siècle de colonisation française, avec comme capitale Antananarivo (986 722 habitants). Sa population, estimée à 17 573 900 habitants, est très inégalement répartie: densité élevée au centre (plus de 80 hab. au km²) et faible dans l'ouest (moins de 10). La question de l'origine africaine et indonésienne du peuplement a soulevé les passions scientifiques et politiques car elle recoupe des tensions ethniques. Si l'île présente une unité linguistique, elle est à la fois une mosaïque de populations et un archipel de régions enclavées.

Les ethnies

Les deux principales ethnies sont les Merina et les Sakalava. Les Merina sont la population dominante, dont la monarchie étend – depuis Radama Ier (1810-1828) – le pouvoir sur les autres ethnies en même temps qu'elle construit l'État moderne. Ils ont fasciné les colonisateurs et ethnographes, qui en ont fait une population d'origine asiatique, rivale de la colonisation française d'autant plus redoutable qu'elle ne peut être considérée comme race inférieure. Elle assimile rapidement les éléments de la civilisation et peut les retourner contre le colonisateur. L'Imerina est le cœur du royaume de Madagascar, qui s'étendait en 1895 sur les deux tiers de l'île. Le pouvoir y était symboliquement fondé sur la possession par le regard d'un immense espace dépourvu d'arbres, contrastant avec les côtes, noyées sous la végétation. Densément peuplée, la plaine centrale du Betsimitatatra, autour de Tananarive, était vouée à la riziculture irriguée. Une diaspora merina s'était fixée dans les provinces conquises manu militari.

Les Sakalava, habitant l'ouest de Madagascar, illustrent la complexité des problèmes ethniques. Ils ne réagissent pas de manière homogène à la conquête coloniale. Les Sakalava *bemihisatra* de Nosy Be*, menés par la reine Binao, ont aidé le corps expéditionnaire français de 1895. Mais certaines branches du lignage *bemazava* du Sambirano, soutenues par le prince Tsiarasso, organisent une résistance jusqu'en 1899, de même que le roi Ingereza du Menabe jusqu'à sa soumission, en 1904. Avant la Grande Guerre, les royautés sakalava se sont soumises et ont collaboré avec l'administration coloniale. Mais la résistance passive des Sakalava face aux différentes contraintes administratives devient légendaire ; beaucoup ont refusé le salariat et très peu fréquenté l'École* coloniale. Excepté le Nord-Ouest, les territoires sakalava furent à peine concernés par le mouvement national, les notables voyant dans l'indépendance un retour de l' « hégémonie » merina.

Conquête et colonisation

Cet ensemble a été très disputé entre France et Grande-Bretagne, missions* catholiques et protestantes de la fin du XVIIIe au milieu du XIXe siècle.

C'est le roi merina Radama Ier qui fait entrer l'île dans la modernité. Il s'appuie sur le Royaume-Uni pour étendre son pouvoir et pour développer son État. La langue malgache est dotée d'un alphabet latin et la christianisation se développe (Ranavalona II et son mari, Premier ministre, se convertissent au protestantisme en 1869). Le profil de modernisation autoritaire de Radama Ier, qui négocie la fin de la traite des esclaves avec les Britanniques en échange de leur aide militaire, le profil protestant, civilisateur et pacificateur, de Ranavalona II (1868-1883) et de Ranavalona III (1883-1897) ont construit une image neuve du « royaume de Madagascar ». Reconnu par les traités, il est soutenu par le Foreign Office et la London Missionary Society contre les critiques de l'opinion française, qu'influence La Réunion, « colonie colonisatrice », et qui voit dans la Grande Île un domaine d'expansion. Sont visés par ces critiques le maintien de l'esclavage, la corvée, le trompe-l'œil de lois comme l'obligation scolaire. Mais ces arguments civilisateurs pour légitimer la conquête n'en sont pas moins en porte-à-faux, face à un État se voulant engagé dans un autre Meiji (au Japon, période éclairée des réformes).

À la veille de l'expédition coloniale de 1883-1885, le « royaume de Madagascar » exerce une domination inégalement effective sur environ les deux tiers de l'île et n'a pas achevé l'unification politique de celle-ci. La conquête de Madagascar ne se heurte pas à une véritable résistance nationale autour d'une royauté, qui est contestée aussi bien en son centre qu'à sa périphérie. Arguant des traités passés entre la France et différents peuples des côtes depuis le XVIIe siècle, avant l'expansion merina du XIXe siècle, la conquête (où La Réunion joue un rôle important) est justifiée par les « droits historiques » français sur l'île. Ne pouvant se contenter d'un « protectorat fantôme », instauré par le traité du 17 décembre 1885, les partisans de l'annexion obtiennent l'envoi d'une seconde expédition en 1895. Le corps expéditionnaire y perd 40 % de ses troupes (20 000 morts) pour cause de maladie plus qu'en raison des combats. Plusieurs révoltes surgissent, la plus importante étant celle des Menalamba (Toges rouges, qui désigne les insurgés) en 1896-1899. La loi du 6 août 1896 fait de l'île une colonie française. La monarchie est abolie en 1897, la reine Ranavalona III exilée à La Réunion puis en Algérie. Mais en décidant le transfert à Tananarive des cendres de Ranavalona III, décédée en exil à Alger* en 1917, l'administration coloniale et néanmoins républicaine espère, en 1938, satisfaire la nostalgie monarchique merina.

Conçue par Gallieni*, confiée pour la partie sud à Lyautey*, la pacification n'est achevée qu'en 1916. Autoritaire, bureaucratique et centralisée, l'administration règlemente la vie de la colonie et s'attelle à contrôler les ressources, à savoir la terre et les hommes, par le biais d'une législation lourde et d'une fiscalité pointilleuse. Après l'abolition de l'esclavage, le recours au travail* forcé devient incontournable avec l'institution du travail prestataire et des réquisitions de main-d'œuvre. Le système repose sur l'arme redoutable qu'est le régime de l'indigénat*. La politique des races* cherche à cantonner les Merina et à leur opposer d'autres populations, Gallieni s'efforçant de promouvoir d'autres élites et soutenant les particularismes. Cependant, la formation d'élites concurrençant les Merina s'avère difficile. Sur le plan économique, Madagascar n'ayant jamais vraiment intéressé les milieux d'affaires français, le mode de production coloniale reste archaïque avec, notamment, une agriculture spéculative à faible productivité et l'extension du métayage et de pratiques féodales qu'illustrent les petits colons réunionnais de la côte est. La colonisation n'a pas pu instaurer un véritable salariat agricole. Trop faibles face aux contraintes du marché colonial, les colons ne résistent pas au marasme économique des années 1930. Seules les compagnies de traite (Marseillaise, Lyonnaise...) et minières, grâce à leur double marge bénéficiaire, tirent profit de l'économie coloniale. L'île reste longtemps premier producteur mondial de vanille.

Comme partout, la colonisation a construit ou aménagé les villes, en a fait le siège et le symbole de son pouvoir.

Tananarive, ou Antananarivo, chef-lieu de Madagascar et dépendances à partir de 1896, porte l'empreinte de son passé de cité royale. La France doit composer avec cet héritage, tout en s'installant symboliquement sur les anciens lieux du pouvoir, situés sur la colline la plus élevée (ville haute).C'est ainsi que le monument aux morts de la guerre de 1914-1918 est édifié sur un site de la monarchie. Le cœur de la capitale est transféré à la résidence de France édifiée en 1890 dans la ville moyenne. L'urbanisme à l'occidentale se déploie en plaine, selon le premier plan de Tananarive datant de 1925. Le centre de la ville basse – avec ses lotissements, son réseau de rues orthogonales, ses bâtiments massifs occupés par des services publics ou sa grande avenue qui conduit de la statue de Gallieni à la gare – s'oppose à la périphérie des quartiers mal assainis, abritant surtout des Malgaches, même si les Européens (15 000 sur les 300 000 habitants en 1960) ne vivent pas séparés de ces derniers.

À 170 km au sud de Tananarive, Antsirabe doit sa création à la décision, prise au lendemain de l'annexion de Madagascar, de transférer le chef-lieu de la province du Vakinankaratra dans un hameau bénéficiant d'un climat salubre, de sources thermales et d'un site de plaine d'altitude favorable au développement d'une ville. Antsirabe, qui fait l'objet d'une attention particulière de la part des gouverneurs généraux Picquié (1910-1914) et Garbit (1914-1920), devient le « Vichy malgache », avec ses thermes et ses quartiers proches de la gare rappelant ceux d'une petite ville française de province, ainsi que les lieux touristiques des environs, dont une base de ski nautique. Le marché du samedi, d'envergure régionale, et quelques industries assurent une certaine importance économique à cette ville de 30 000 habitants en 1960, dont 8 % d'Européens. Du 29 janvier 1954 au 28 octobre 1955, l'hôtel des Thermes a abrité le sultan du Maroc Mohammed* V et sa suite, en exil à Madagascar.

Nationalisme

Les premières affirmations nationalistes s'expriment dans la VVS. L'association secrète Vy, Vato, Sakelika (Fer, Pierre, Ramifications) est créée par des étudiants de l'école de médecine de Tananarive, en 1913, avec sans doute la caution du pasteur Ravelojaona. Fasciné par les Japonais restés indépendants, malgré leur ouverture à l'Occident, comme d'autres intellectuels de son temps, il suggère, de manière détournée, à ses compatriotes la possibilité d'une émancipation fondée sur la valorisation de leur culture et sur la conscience d'appartenir à une même terre ancestrale : Madagascar. Une prestation de serment conciliant le christianisme avec les coutumes des ancêtres consacre l'adhésion à la VVS. En dehors de la capitale, la société s'implante dans quelques centres secondaires. Ses affiliés (3 000 ?) se recrutent principalement dans la petite bourgeoisie : étudiants, employés de commerce et membres de professions indépendantes. À la fin de 1915, le gouvernement colonial démantèle la société, dont elle connaissait l'existence dès sa formation.

Une conscience nationale se forge aussi entre les deux guerres, à partir d'un autre cheminement, sous l'action des leaders du mouvement d'émancipation dirigé par Ralaimongo* et Ravoahangy, d'abord sur le thème de l'accession de tous les Malgaches à la citoyenneté française, puis sur celui de la lutte contre la spoliation des terres. L'assimilationnisme* a donc été un élément déterminant dans la construction de la citoyenneté à Madagascar, parce qu'il exprime une critique de l'ordre colonial. Il est relancé lors des années 1920 à Paris dans le milieu des soldats malgaches de la Première Guerre mondiale, qui ont constitué le noyau initial de la Ligue française pour l'accession des Indigènes de Madagascar aux droits de citoyen (LFAIMDC), fondée en 1919. On compte dans son comité de patronage l'écrivain Anatole France* et l'économiste Charles Gide.

Parallèlement, des autochtones et quelques Français – dont Paul Dussac* – se sont regroupés sur la Grande Île autour des sections locales de la Ligue* des droits de l'homme. Mais, celles-ci, effrayées par leur revendication de la citoyenneté, les expulsent. Les assimilationnistes se rassemblent alors autour du *Libéré* et s'intéressent au sort des paysans victimes de spoliations de terres. Leur audience s'amplifie progressivement, et ils deviennent le principal pôle anticolonialiste. Leur action la plus spectaculaire a été une grande manifestation dans les rues de Tananarive le 19 mai 1929. Ce dynamisme a attiré l'intérêt du parti communiste, qui y a vu un potentiel de radicalisation. Mais le mouvement s'use face à la résistance acharnée du lobby colonial, et il éclate sous l'effet des réformes du Front populaire. En 1938, les diplômés obtiennent en effet la citoyenneté française, mesure qui laisse l'immense majorité de la population à l'écart et prive le mouvement social d'une partie des élites.

À la veille et, surtout, au lendemain de la Seconde Guerre mondiale, les principaux thèmes mobilisateurs du mouvement national deviennent le retour à la souveraineté et l'indépendance, sous la houlette d'un parti nationaliste modéré, le Mouvement démocratique de la rénovation malgache (MDRM), qui remporte les élections à la Chambre des députés en 1946 et les provinciales de février 1947, grâce à l'aura de ses députés Ravoahangy, Raseta et Rabemananjara. Les Merina, implantés dans l'ensemble du pays, diffusent le nationalisme et structurent le parti. L'insurrection de 1947 permet à l'administration coloniale de liquider cet élan et de verrouiller le processus de décolonisation au profit de Philibert Tsiranana, des héritiers du Parti des déshérités de Madagascar (PADESM), parti des *Mainty* (Noirs, anciens esclaves dominés par les Merina), ainsi que des notables côtiers de l'Ouest, rivaux du MDRM entre 1946 et début 1947. La décolonisation des années 1950 marque le début de l'exacerbation de la dimension ethnico-régionale des luttes politiques pour le pouvoir.

Madagascar et l'insurrection de 1947 L'insurrection et sa répression ont alimenté des polémiques sur l'ampleur de la violence coloniale, elles ont été une pièce au procès du colonialisme, puisqu'on a parlé de 80 000, voire 100 000 morts. Mais ce débat masque un problème complexe : les origines, les protagonistes du mouvement et sa signification pour les Malgaches. La création du Mouvement démocratique de la rénovation malgache (MDRM), en 1946, son développement rapide, l'affaiblissement du pouvoir colonial après Vichy et l'occupation de l'île par la Grande-Bretagne, les famines dans l'Est, la dureté de l'effort imposé à la population au profit de la France libre, le banditisme, qui grossit, suscitent une crise. L'insurrection est-elle une provocation destinée à briser l'opposition et à isoler les Merina, qui la dirigent, ou un débordement des leaders par des mouvements spontanés ? Pourquoi la mémoire sociale est-elle si trouble sur l'événement ? Il y a eu une longue autocensure des élites politiques malgaches qui explique que la première commémoration, discrète, n'ait eu lieu qu'en 1967. C'est que cette insurrection et sa mémoire sont traversées par les tensions entre populations (Merina, Sakalava…) et partis, le Parti des déshérités de Madagascar (PADESM), fondé en juillet 1946 par des côtiers de l'Ouest, en particulier instituteurs, et composé de descendants d'esclaves libérés en 1896, s'opposant au MDRM merina.

Dans la nuit du 29 mars 1947, plusieurs postes administratifs sont pris d'assaut sur la façade orientale de Madagascar par des bandes d'insurgés. Le mouvement, encadré politiquement par des membres des sociétés secrètes liés au député Raseta du MDRM et militairement par d'anciens tirailleurs* démobilisés, se présente comme une juxtaposition d'insurrections locales, matées avant la fin du premier trimestre 1948 sans avoir jamais investi les villes. D'aucuns ont réduit l'insurrection des *Marosalohy* (les porteurs de sagaies) à une contestation nationaliste du pouvoir colonial. Or la « rébellion » présente de nombreux traits des mouvements de banditisme social, des modes anciens de protestation dans la culture populaire.

La répression, policière en milieu urbain, réduit au silence les principaux leaders du mouvement national modéré, désormais interdit, en particulier Ravoahangy. Puis elle est militaire dans les zones insurgées, avec l'arrivée de renforts (Légion* étrangère, tirailleurs sénégalais et marocains). Enfin, la répression judiciaire permet d'instaurer un climat de terreur parmi la population avec la succession des procès dont celui des parlementaires. Les massacres et les exécutions sommaires de prisonniers, perpétrés au début, ont contribué pendant des décennies à amplifier la vision d'une répression aveugle. Chez les nationalistes, il s'agit d'accroître la surenchère de la victimisation alors que, pour le pouvoir colonial, il faut montrer le succès de la répression. Les recherches récentes permettent d'évaluer le nombre total des victimes entre 30 000 et 40 000 morts.

Si elle est loin d'avoir été un génocide, la répression de 1947 ne constitue pas moins la plus importante et la dernière campagne militaire coloniale de la France à Madagascar, et elle continue à marquer la mémoire nationale.

Tawfiq al-Madani Nationaliste algérien, dirigeant du mouvement des oulémas (1898-1983). D'une famille algérienne émigrée à Tunis, il y étudie à la Zaytuna (Zitouna*), y milite avec les nationalistes radicaux. Expulsé en 1925, il gagne Alger, où il participe au mouvement des oulémas*. Dès le début des années 1930, son *Kitâb ul jazâ'ir* (« le Livre de l'Algérie ») le consacre historien nationaliste majeur. Secrétaire général des oulémas en 1952, il rejoint le FLN début 1956 et gagne l'Égypte. Ministre des Affaires culturelles dans le premier GPRA* (septembre 1958-janvier 1960), il est nommé en septembre 1962 ministre des *habous*, puis ambassadeur d'Algérie en Irak et au Pakistan. En 1973, il quitte la vie politique et se consacre à l'histoire de l'Algérie*. Il publie les deux volumes de son *Haiyyât kifâh* (« Une vie de luttes »). En 1967, il avait publié *Harb thalatumi'ati sana bayna isbâniya wa l jazâ'ir* (« la Guerre de 300 ans entre l'Algérie et l'Espagne »).

le Maghreb à la veille de la colonisation

Blocages et tentatives de réformes

Al-Maghreb **– couchant, Occident –, par opposition au Machrek (levant, Orient) : les géographes arabes le désignent comme *Djaziret al-Maghreb* (l'île du Maghreb), l'extrémité du *dar al islam* (monde musulman) ; les Européens parlent d'États barbaresques, d'Afrique du Nord ou blanche. Le Maghreb a un fond berbère qui a survécu et une minorité juive. Par contre le christianisme antique y a disparu.**

Les pouvoirs

La Tunisie et l'Algérie sont des provinces de l'Empire ottoman depuis 1587. Dans le duel entre Espagnols et Turcs pour la domination de la Méditerranée, Alger est prise en 1518, Tripoli et Tunis en 1574 par les frères Barberousse, corsaires au service d'Istanbul. Alger est administré par un dey, chef de la milice des janissaires, coopté par ses pairs et affichant sa vassalité à l'égard du sultan. À Tunis, les deys sont supplantés, à partir de 1630, par leurs percepteurs d'impôts, les beys, qui instituent une monarchie, celle des Muradites (1631-1702), suivie par celle des Husaynites (1705-1957). La milice d'Alger et ses officiers, réunis dans le *diwan*, font de leur appartenance turque le fondement de leur pouvoir, excluant les natifs du pays (*Koulouglis*), même leurs propres fils nés sur place de mères autochtones, de tout poste de commandement. À Tunis, au contraire, les Husaynites invoquent la dualité identitaire du fondateur – père turc et mère autochtone. Ils ont besoin d'un *firman* (ordonnance) d'intronisation du sultan et reconnaissent leur allégeance par des manifestations symboliques, mais sont largement autonomes. Le pays leur est en grande partie soumis, à la différence des voisins.

Les Alaouites du Maroc, demeurés indépendants, se proclament descendants du Prophète et des califes. Si une partie du Maroc vit dans la *siba* (l'autonomie), le *bled makhzen** est contrôlé par le sultan, soumis à son administration. Son espace varie en fonction de l'autorité du souverain, de sa capacité à chevaucher le pays avec sa *mahalla* (escorte chargée de maintenir ou de rétablir l'ordre du souverain) et d'assumer sa fonction. Les tribus fonctionnent par des alliances et des oppositions dont le pouvoir peut tirer parti. La *jemaa*, le conseil de la tribu, coordonne l'utilisation de l'espace et décide de la guerre ou de la paix avec les voisins.

Au-dessus de ces appartenances locales ou nationales, il y a l'appartenance au *dar al islam*. Ces situations expliquent des attitudes très contrastées face à la colonisation et des devenirs politiques aussi contrastés. Le pouvoir turc d'Alger, totalement coupé de la société, ne s'oppose pas à la conquête française en 1830 et subit, outre l'invasion, un soulèvement des populations locales. Les résistances viendront du pays profond. À Tunis, l'installation du protectorat* en 1881 ne suscite pas de réaction de la part du makhzen, mais des soulèvements populaires et tribaux dans le sud du pays. Seule la monarchie marocaine, parce qu'éminemment nationale, demeurera au pouvoir après les indépendances.

La société maghrébine

La démographie du Maghreb est peu dynamique, comme toutes celles de l'Ancien Régime, la population diminuant même dans certaines conjonctures: les épidémies des années 1860 font des coupes claires. On attribue un million d'habitants à la Tunisie, trois à l'Algérie, les chiffres avancés pour le Maroc étant très disparates. Les différences de revenu, de mode de vie et de statut sont considérables entre les guerriers – noblesse d'épée –, les clercs, les citadins, les ruraux, sédentaires et nomades, les riches et les pauvres. Mais les hiérarchies de fortune ne constituent pas des classes sociales: les groupes se donnent d'abord des identités fondées sur leurs origines, chacun entretenant sa mémoire, lignagère et familiale.

De 85 à 90 % de la population vit dans les campagnes, écrasée de charges. L'idéal du fellah est de posséder sa charrue et son attelage, qui donnent accès à la jouissance d'une terre, avec le consentement du groupe. Les *khammès*, métayers au 1/5, et les esclaves n'y parviennent. Les meilleures terres sont souvent la propriété de la bourgeoisie citadine et des milieux liés au makhzen. D'où les soulèvements sporadiques contre le pouvoir, des refus de payer les impôts. Ainsi la révolte de 1864 en Tunisie. On a souvent mis l'accent sur l'opposition entre Berbères et Arabes et entre citadins et ruraux. Certes, les « poules blanches » de Fès se font rançonner sur le chemin de Marrakech et la cité impériale est assiégée en 1820 et 1911 par les tribus, mais l'ethnographie coloniale a amplifié ces réalités et cultivé un mythe berbérophile.

Dans les villes, au fond arabe et autochtone, s'ajoutent Andalous (chassés d'Espagne après la Reconquête), Turcs, Levantins, chrétiens convertis, juifs. Les Andalous sont commerçants et artisans dans la chéchia et la joaillerie, les Turcs sont présents dans de nombreux métiers. La hiérarchie sociale répond à des critères enchevêtrés de naissance, d'ancienneté, de quartier d'habitation et de métier. En bas de l'échelle, la *'âma*, les gens du commun. En haut, la *khaça*, l'élite, formée des grandes familles du makhzen (l'État, le gouvernement), des grands commerçants et des oulama qui reçoivent une formation théologique et juridique dans les universités de la Zitouna* à Tunis et la Qarawiyine à Fès. Recrutés surtout dans les familles de notables citadins, les oulama jouissent d'une grande autorité morale. Leur prestige tient à l'importance de l'islam dans la vie sociale : il unifie des populations très différentes dans l'appartenance à l'*umma* (oumma, communauté des croyants) il met en cause le pouvoir, quand il manque au devoir de protection de la communauté des croyants, et nourrit les messianismes populaires qui se manifestent dans la résistance désespérée à l'invasion coloniale.

Car, au XIXe siècle, la pression européenne se fait plus forte. Face à elle, cette société est-elle figée dans la tradition, incapable de transformations ? On a incriminé l'inertie des Berbères, les invasions des tribus arabes entre les XIe et le XIIIe siècles, l'absence d'échanges avec l'Europe et de laïcisation de la culture, le conservatisme des oulama. L'État, par la ponction fiscale, a empêché toute forme de capitalisation. Jusqu'au début du XVIIIe siècle, la course rapportait de substantiels profits. Mais ces revenus se sont effondrés, d'où l'alourdissement des pressions qui s'exercent sur les campagnes.

Crises et tentatives de réformes

Le XIXe siècle voit se dessiner une crise économique irréversible. Pays agricoles, la Tunisie et l'Algérie exportaient grains, huile, cire, cuirs, laines, complétés par des produits manufacturés, dont la chéchia constituait le principal élément. Ce négoce avec l'Europe profite à des intermédiaires dont les intérêts sont défendus par leurs consuls, de sorte qu'enjeux politiques et affairisme commercial se croisent, le coup d'éventail en étant une illustration. Et ses suites en 1830 aussi.

Progressivement, Tunis se trouve prise au piège de l'endettement et de la dépendance, malgré la mise en œuvre de réformes inspirées de l'Europe et des Ottomans, ou à cause de leur coût : modernisation de l'armée, appel à des formateurs français, création d'une école polytechnique, traduction d'ouvrages, création de manufactures et de lignes de télégraphe. Ces mesures sont prolongées en 1857 par le Pacte fondamental – qui accorde l'égalité aux sujets du bey et garantit les libertés – et par la Constitution de 1861, qui introduit les premiers conseils consultatifs. Cependant, en 1864, un soulèvement de tribus qui supportent le coût des réformes et de la dette, et qui y voient la main d'une Europe de plus en plus menaçante, met le pays à feu et à sang. La société rurale, durement réprimée, en sort effondrée. L'État, qui a contracté une série d'emprunts auprès de banques européennes, est incapable de tenir ses engagements. En mai 1867, c'est la banqueroute : une commission internationale est chargée de régler les créanciers. Parmi les hommes de cette commission, Khéreddine, un mamelouk circassien élevé dans le palais, est désigné en raison de son expérience de l'administration française, acquise lors d'un séjour à Paris. La commission équilibre quelque peu le budget, et Khéreddine, nommé Premier ministre en 1873, tente quelques réformes, prend des mesures en faveur de l'agriculture. Ses projets conduisent à une politique de mise à l'école de la modernité européenne, malgré les réserves des conservateurs, mais il n'en a guère le temps ni les moyens, les puissances cherchant à accentuer leur mainmise sur le pays. Sa réalisation la plus durable est la création du collège Sadiki*, qui devait former une élite bilingue.

Ces réformes, venues d'en haut, qui apparaissent comme influencées par l'Europe et alourdissent le poids de l'État, ont soulevé des oppositions. D'où leur échec. Mais, dans la longue durée, elles ont laissé des traces au niveau de la vie quotidienne des hommes et des femmes de la cour, plus tardivement dans les milieux urbains. Dans l'immédiat, il est vrai, ce mouvement de modernisation n'a pas réussi à éloigner la menace européenne ; au contraire, il fait figure de cheval de Troie, en s'ouvrant à l'adversaire.

makhzen Ce mot vient de l'arabe et signifie « magasin, trésor ». Il désigne, à partir du XVIe siècle, l'État, le gouvernement en Afrique du nord, surtout au Maroc. Le *bled makhzen* est le territoire soumis à l'autorité du pouvoir par opposition au *bled siba*, l'espace en dissidence (au Maroc en particulier).

malabar Ce mot vient de *Malabar*, nom d'un comptoir des Indes, et désigne un homme puissant d'abord chez les marins.

Mali (Soudan français) Ce nom, qui rappelle l'ancien empire du Mali du XIIIe au XVe siècle, est pris par le Soudan français au moment de l'indépendance. Les Français se lancent à la conquête de la vallée du Niger à partir de 1880. Ils sont à Bamako trois ans plus tard et à Gao et Sikasso en 1898. Il leur a fallu vaincre les États d'Ahmadou, le fils d'el-Hadj* Ummar, et de Samory*. Le territoire connaît une laborieuse organisation administrative sous l'autorité des militaires. Dénommé Soudan dès 1892, il disparaît en 1899 avant d'être reconstitué sous le nom de Haut-Sénégal-Niger en 1904. En 1920, la colonie du Soudan français voit le jour sous la direction d'une administration civile mais ses frontières ne sont stabilisées qu'en 1947. La capitale, d'abord installée à Kayes, est transférée à Bamako en 1908. La Première Guerre mondiale est marquée par de grandes révoltes contre les recrutements de soldats dont le pays est le plus gros fournisseur de l'A-OF.

La mise en valeur est lente, le Soudan souffre d'une pénurie de main-d'œuvre et reste longtemps enclavé. Le rail relie Kayes à Bamako dès 1904 mais il faut attendre 1924 pour que la liaison avec Dakar entre en service. En 1932, sur l'impulsion de l'État, le grand projet de l'office du Niger est lancé. Il devait faire du Soudan, grâce à l'irrigation, le fournisseur de coton des industries métropolitaines et le grenier à riz de l'A-OF, espérances déçues.

En 1946, le RDA* est créé à Bamako. En 1956, le Soudan est dirigé par l'US-RDA (Union soudanaise-Rassemblement démocratique africain), qui défend le maintien de la fédération d'A-OF malgré la loi-cadre*. En 1959, l'union avec le Sénégal est décidée. Elle prend le nom de fédération du Mali, laquelle accède à l'indépendance le 20 juin 1960 mais se disloque deux mois plus tard. Modibo Keita décide de conserver le nom de Mali et proclame son indépendance le 22 septembre.

André Malraux Autodidacte, Malraux (1901-1976) a suivi des enseignements à l'INALCO. De 1923 à 1926, il est en Indochine avec sa femme, Clara. Accusé de trafic de statues, il échappe à la prison grâce à une campagne d'intellectuels en sa faveur. Il retourne au Viêt Nam et publie un journal, *l'Indochine*, suivi de *l'Indochine enchaînée,* où il défend les colonisés. Après la mutinerie de Yen* Bay, en 1930, il fait partie du Comité de défense des Indochinois. Son œuvre reflète cette période. *La Tentation de l'Occident* (1926) est un dialogue sur les civilisations; *les Conquérants* (1928), *la Condition humaine* (1933, prix Goncourt) se font l'écho de la révolution chinoise. Dans *la Voie royale* (1930), il transpose son aventure en Indochine. Par la suite, proche du PC, il participe à la lutte antinazie et à la guerre d'Espagne. Il rédige la préface du livre d'Andrée Viollis*, *Indochine SOS.* Son expérience asiatique se retrouve dans les *Antimémoires* (œuvre publiée en 1967 puis réagencée avec d'autres dans *le Miroir des limbes* en 1976). Elle explique son soutien particulier au musée des Arts africains et océaniens, qu'il crée en 1960 alors qu'il est ministre de la Culture, en remplacement du musée des Colonies.

mandarins Lettrés fonctionnaires, spécialistes dans l'art de gouverner, en charge du cadastre, du recensement de la population et des impôts, ils servent un État centralisateur où ils occupent des fonctions de préfet, magistrat, intendant. Leur légende positive insiste sur leur vertu, leur loyauté, alors que la noire souligne leur malhonnêteté, leur mépris des pauvres... N'entrent dans ce cercle très fermé que les rares élus de la méritocratie du savoir: ils doivent réussir les concours très sélectifs (une fois tous les trois ans), franchir les obstacles multiples qui se dressent tout le long de la carrière académique avant d'être admis dans la bureaucratie. Les mandarins représentent une infime minorité de la classe des lettrés formée d'étudiants avancés et de candidats aux concours. La coupure entre une minorité détentrice du pouvoir mandarinal et une immense confrérie pratiquant les métiers d'écriture, et composée de précepteurs, de médecins, n'est ni étanche ni irréversible: les candidats peuvent toujours espérer accéder un jour à la carrière tandis que les agents d'État sont souvent tentés par le désengagement, surtout en temps de crise. Cette alternance donne l'illusion d'une certaine mobilité sociale. Une modernisation de la formation est entreprise par la colonisation, avec introduction du français et du quôc-ngu*.

mandats français Les vainqueurs de 1918, qui se partagent les dépouilles des vaincus, n'ont pas les mains entièrement libres. Ils ont reçu de la SDN* le mandat de préparer les peuples placés sous leur tutelle à accéder à l'indépendance. Selon l'article 22 du Pacte de la SDN en 1919, les peuples « non encore capables de se diriger eux-mêmes dans les conditions particulièrement difficiles du monde moderne » sont confiés à la tutelle des nations développées. « Le bien être et le développement de ces peuples forment une mission sacrée de civilisation ». Application très partielle du « wilsonisme » : le président des États-Unis avait affirmé dans son discours du 27 mai 1916 et dans d'autres interventions « qu'aucun peuple ne peut être contraint de vivre sous une souveraineté qu'il répudie », établissant le principe du droit des peuples à disposer d'eux-mêmes, y compris hors d'Occident. Cette idée passe dans le 5e des 14 points de son programme de paix du 9 janvier 1918. La formule du mandat, qui est un compromis entre ces principes et les appétits de la France et de la Grande-Bretagne, peut être considérée, de manière optimiste, comme un timide début d'internationalisation des questions coloniales. Des mandats* de type « A », régime transitoire, eu égard à son degré de civilisation, sont attribués pour le Moyen-Orient, alors que les anciens territoires allemands – le Cameroun* et le Togo* –, considérés comme plus arriérés, sont classés « B ». L'article 22 du pacte de la SDN, inclus dans le traité de Versailles, précise cette tutelle. En fait, la charte de mandat pour la Syrie et le Liban, adoptée en 1922, cautionne la politique française. Si elle est tenue d'élaborer un « statut organique » dans les trois ans, aucune indication n'est donnée quant à l'expiration du mandat. L'obligation de présenter un rapport annuel devant la Commission permanente des mandats, à Genève, n'est pas de nature à gêner la puissance mandataire.

André Mandouze Historien, anticolonialiste (1916-2006). Agrégé, normalien, il s'engage dans la Résistance et participe à la rédaction de journaux clandestins. À la Libération, il dirige *Témoignage chrétien.* Spécialiste de saint Augustin et des Pères de l'Église, il est chargé d'enseignement à la faculté d'Alger et se consacre au combat contre le colonialisme. La revue qu'il fonde en 1950, *Consciences algériennes*, étant très tôt interdite, il publie alors *Consciences maghrébines,* en 1954, qui subira le même sort. Il rassemble autour de lui un noyau d'étudiants chrétiens engagés. Muté à Strasbourg en mars 1956, il est arrêté en novembre pour « tentative de démoralisation de l'armée et de la nation » et libéré cinq semaines après à la suite d'une campagne d'opinion. En 1963, il est nommé directeur de l'Enseignement supérieur de la République algérienne. Rentré en France en 1968, il est nommé à la Sorbonne jusqu'en 1985. Sa *Révolution algérienne par les textes,* précieuse pour les documents publiés en 1961, ne montre pas cependant la part de l'islam rigoriste et l'exploitation de la religion populaire par le FLN*.

manifeste des 121 Alors que s'ouvre le procès du réseau Jeanson ou des « porteurs de valises », 121 intellectuels signent en septembre 1961 une « Déclaration sur le droit à l'insoumission dans la guerre d'Algérie », dont Maurice Blanchot est le principal rédacteur. « Nous respectons et jugeons justifié le refus de prendre les armes contre le peuple algérien. » Les signataires ont subi une répression dans les médias et dans la fonction publique. Parmi eux, on trouve des écrivains (Arthur Adamov, Jean-Paul Sartre*, Simone de Beauvoir*, André Breton, Marguerite Duras*, Michel Leiris*, Alain Robbe-Grillet, Françoise Sagan, Nathalie Sarraute…), des professeurs (Jean-Pierre Vernant, Pierre Vidal-Naquet*…), des journalistes (Jean-François Revel…) et des artistes (François Truffaut, Alain Resnais, Simone Signoret…). Cet appel est resté le signe emblématique du refus de la guerre.

marabout Au départ, ce terme désigne celui qui réside dans un *ribat*, couvent fortifié. Mais son sens a évolué. Personnalité charismatique dotée d'une *baraka* (don surnaturel), il est considéré dans la religion populaire comme un intercesseur entre Dieu et les fidèles, un thaumaturge, un guide spirituel mais aussi un « maître » conseillant les fidèles. Indépendant ou lié à une confrérie, il est souvent l'objet d'un culte après sa mort, se traduisant par la visite de son mausolée appelé aussi *marabout*. Les autorités coloniales ont observé une relative neutralité à l'égard des marabouts. Les mourides en ont tiré parti. En marge du culte orthodoxe, cet islam populaire fut, notamment en Algérie coloniale, la cible de critiques de la part des oulémas, partisans du réformisme musulman. L'« islam maraboutique » incarne pour les couches populaires la sauvegarde et la continuité de l'identité.

René Maran Premier Antillais prix Goncourt (1887-1960). Né en Martinique, il étudie en France. En 1912, il devient administrateur des colonies en Oubangui, situation évoquée dans *Djogoni* (posthume) : noir, il représente la puissance coloniale blanche auprès de Noirs. Sa double culture lui inspire aussi *Un homme pareil aux autres* (1947). Mais son roman le plus connu est *Batouala, véritable roman nègre* (1921). Il se focalise sur un chef noir, son village, ses traditions, ses rivalités, et dénonce le traitement réservé aux Africains dont on vole le pays, l'engagement forcé dans la guerre aux côtés des colons. Si la portée véritable du texte, au second degré, peut échapper derrière une forme d'exotisme*, la préface a dérangé violemment l'ordre colonial. Ce roman lui a valu le Goncourt et lui a coûté sa place. Pour lui, son livre « ne tâche même pas à expliquer : il constate. Il ne s'indigne pas : il enregistre. » « Civilisation, orgueil des Européens… tu bâtis ton royaume sur des cadavres. » René Maran intervient dans les années 1930 à Paris dans des associations noires modérées, à distance du PCF.

marine, marins

Leur rôle dans l'expansion coloniale

Pour marquer sa volonté d'en finir avec la guerre d'Algérie, de Gaulle* déclara qu'il fallait terminer une affaire du « temps de la lampe à huile et de la marine à voile », rappelant que, jusqu'en 1894, le ministère de la Marine est aussi celui des Colonies. C'était injuste envers la « Royale », car les progrès techniques qu'elle a réalisés au XIXe siècle ont eu une place importante dans l'expansion coloniale.

Progrès techniques

Certes, les voiliers ne disparaissent pas d'un coup et les clippers (de *to clip*, couper, battre rapidement des ailes), très rapides, sont deux fois moins chers que le vapeur. La première ligne qui en utilise un date de 1822. La Chambre vote en 1842 un programme prévoyant 44 vaisseaux de ligne, 66 frégates à voile et 100 vapeurs. Mais il faut attendre le remplacement de la roue à aubes par l'hélice, à partir des années 1860, pour que les nouveaux bateaux à moteur s'imposent, après la guerre de Crimée (1854-1856). Le second Empire consacre de gros investissements à la flotte de guerre dans des programmes sans précédent, 3 milliards de francs au total en dix-huit ans. La IIIe République poursuivra l'effort: la marine dispose de 177 millions de francs en 1870, 222 en 1890 et 454,5 en 1914. Les progrès ont contribué largement à l'accélération des conquêtes coloniales. La machine coumpound à double effet se généralise à partir de 1875, et la vapeur s'impose au moment de la grande poussée impérialiste. C'est que le temps compte, que « time is money », comme le montre, en 1869, l'inauguration du canal de Suez qui raccourcit le trajet vers l'Inde et l'Asie et réduit les prix entre l'Indochine et Marseille.

Cependant, les hésitations entre le cuirassé et le torpilleur, que préconise la « Jeune École », soutenue par le ministre Camille Pelletan* pour détrôner les mastodontes, malgré l'état-major, l'instabilité des ministres (34 entre 1870 et 1914), l'inégalité des moyens expliquent que la flotte française sera toujours inférieure à celle de la Grande-Bretagne et dépassée par celle de l'Allemagne, quand von Tirpitz décide la construction des cuirassés au mazout. À la veille de la Seconde Guerre mondiale l'écart sera plus grand encore pour l'aéronavale et la DCA.

Ports et routes

La géographie des grands ports français est modifiée par la nouvelle colonisation. Nantes connaît un cycle du sucre du début du XIXe siècle à la fin du second Empire, mais son achèvement – dû à la concurrence de la betterave et au libéralisme imposé par Napoléon III* – suscite une crise. Siège de l'École de santé navale, Bordeaux* garde son importance au XIXe siècle. Cependant, c'est Marseille*, avantagée par son tirant d'eau, qui devient la capitale coloniale, et qui supplante les ports atlantiques. « L'Afrique est son faubourg, l'Inde sa banlieue, l'Amérique sa voisine. ».Le port assure la moitié du commerce colonial en 1913. Le « système de la Méditerranée », du saint-simonien* Michel Chevalier, qui préconisait le développement des liaisons maritimes et terrestres, prend corps avec l'articulation entre chemins de fer et ports, en métropole et dans le Maghreb colonisé. Toulon a été le grand port militaire de la conquête de l'Algérie puis de toutes celles qui ont suivi. C'est de là que sont partis les 58 000 marins et soldats de l'expédition d'Alger. Avec Bizerte et Mers el-Kebir, Toulon verrouillait la Méditerranée.

Le port d'Alger*, trois hectares et demi en 1830, en atteint 115 en 1914 et 190 en 1950. Casablanca*, où les premiers arrivants devaient quitter les navires pour franchir la barre en barque, est conquise sur la mer et nourrit la légende de Lyautey*. En 1956, c'est le troisième port français. Abidjan devient un port en eau profonde en 1951. Toutes ces transformations techniques vont dans le sens d'une concentration, où l'armateur négociant est supplanté par les sociétés anonymes. Elles entraînent aussi des préoccupations stratégiques nouvelles, poussent à la création de bases de ravitaillement, de dépôts de charbon, de points d'appui (en particulier les îles du Pacifique et les ports de l'océan Indien) assurant des routes maritimes sûres. C'est ce que dit en 1842 Guizot, par ailleurs opposé à toute ambition coloniale risquant de froisser l'Angleterre: « Il convient peu à la politique et au génie de la France de tenter, à de grandes distances de son territoire, de nouveaux et grands établissements coloniaux et de s'engager à leur sujet dans de longues luttes [...] ce qui lui est indispensable, c'est de posséder sur les points du globe qui sont destinés à devenir de grands centres de commerce et de navigation des stations maritimes sûres et fortes qui servent d'appui à notre commerce, où il puisse venir se ravitailler et chercher un refuge. » L'affaire Pritchard illustre bien les dérapages possibles: ce consul britannique et l'amiral Dupetit-Thouars s'opposent à Tahiti, et le Français déclare l'annexion de l'île, ce qui entraîne un incident diplomatique et son désaveu par Guizot en 1842. Ainsi, la maîtrise technique de l'espace appelle et facilite à la fois la colonisation.

Rôle colonial de la marine

Jusqu'en 1894, la marine joue un rôle moteur. Ses principales figures sont souvent liées aux négociants et aux compagnies* de navigation des grands ports. Le baron Portal, armateur, président de la chambre de commerce de Bordeaux, qui devient directeur des colonies sous Louis XVIII, est ministre de la Marine en 1818. Le ministre Villèle, sous la Restauration, est lié aux colons de l'île de Bourbon. Théodore Ducos, au début du second Empire, vient également de Bordeaux. Chasseloup-Laubat, ministre sous Napoléon III, a été président de la Société de géographie* de Paris en 1868. Il y a des réseaux, des structures très précoces, annonçant le futur « lobby* colonial ». C'est le Marseillais Jules Charles-Roux qui défend en 1890, à la demande de l'armateur Fabre, l'intervention contre le Dahomey. L'Action maritime et coloniale, qui devient la Ligue du même nom en 1921, est un exemple de ces réseaux.

La Royale est très active sur le terrain. On la retrouve un peu partout, remontant les fleuves à partir de la côte ou occupant les îles. Dans le Pacifique, c'est le cas de Tahiti, c'est le cas de Tuamotu, Wallis-et-Futuna, des îles Gambier où les missions* appuient la marine et se taillent de véritables domaines théocratiques. Mais le rapport des forces avec la Grande-Bretagne, trop inégal, explique la prudence de Guizot. Les premiers bagnards ont débarqué à Sidney en 1788, alors qu'ils n'arrivent en Nouvelle-Calédonie qu'en 1864. Dumont* d'Urville sauve l'honneur dans le pôle Sud.

En Indochine, la marine fait œuvre de pionnière, prenant au mot le même Guizot qui affirmait: « Il ne convient pas à la France d'être absente dans une aussi grande partie du monde quand les autres nations y possèdent des établissements. » Après la guerre de l'opium de 1840-1842 et le traité de Nankin, qui rapporte Hongkong à l'Angleterre, les marins français cherchent un équivalent vers la Chine du Sud. Telle est l'origine de l'expédition de Doudart de Lagrée et Francis Garnier vers le haut Mékong en 1866, qui, au passage, étudie le site d'Angkor*. Elle se situe dans une succession d'initiatives à partir du milieu du XIXe siècle en direction du Siam, de l'Annam et du Cambodge, où les persécutions des chrétiens sont mises en avant pour justifier des combats, des traités qui ont préparé la construction de l'Indochine française, parachevée au début de la IIIe République.

En Afrique, ce sont aussi des marins, en particulier sous l'impulsion de Chasseloup-Laubat, qui pénètrent dans le Sénégal, porte de la future A-OF. L'amiral Jauréguiberry est à l'origine de la conquête du Soudan en 1880. Madagascar, où s'opposent aussi Français et Anglais, missions catholiques et protestantes, est aussi longtemps la chose des marins.

Les marins

Le métier se développe et se transforme profondément. L'inscription maritime (140 000 personnes en 1890) protège les Français de la concurrence étrangère. Elle fournit 25 000 des 40 000 marins de la Royale, les autres étant des engagés. Dans la navigation au long cours, à la fin du siècle, 15 000 personnes sont employées, recrutées surtout en Bretagne et en Corse. Avec le vapeur, les tâches s'alourdissent et les qualifications se dégradent. La dureté du travail dans les chaufferies, où les soutiers subissent parfois des températures de 75 °C dans les zones tropicales, est connue. Le statut des officiers aussi est touché, car les aspects techniques et mécaniques échappent à leurs compétences à la différence des voiliers, où ils contrôlaient tout.

Si Marius, dans la trilogie de Marcel Pagnol, ne s'embarque pas vers les colonies françaises, les marins jouent un rôle très important dans l'expansion. Aux Français, il faut ajouter des colonisés – Africains, Comoriens, Asiatiques

– là où une tradition maritime prépare aux grands voyages. McKay a peint avec talent ce milieu cosmopolite, en particulier dans le port de Marseille. Pour un tableau complet du métier, on ne peut négliger le fait qu'une partie des marins ont participé au mouvement anticolonialiste, ont assuré des liaisons en matériel de propagande et militants entre métropole et outre-mer.

Le marin – on pense à Loti* – participe fortement à l'imaginaire colonial, mais de manière ambiguë, comme le montre la désolation que sème Marius dans sa famille à cause de sa passion pour la mer.

Cependant, avec la pénétration de plus en plus profonde dans les continents, avec les transformations des activités coloniales, l'expansion outre-mer va passer de la marine à l'armée de terre et aux civils.

Maroc

Le protectorat

En 1904, un consortium de banques met la main sur les douanes marocaines. Alors que ses prédécesseurs ont essayé de s'en préserver, le sultan Moulay Aziz cède aux influences occidentales au point que *l'Illustration* publie les photos de son harem, qu'il a prises lui-même. Les élites sollicitent le statut de protégés des puissances étrangères. Le Maroc, rongé par la conjugaison d'une crise interne et des interventions extérieures, est soumis au traité de protectorat* du 30 mars 1912. Sa conquête s'achève en 1932 seulement, après une longue résistance du Rif et des Atlas. Il a dû être partagé avec l'Espagne qui en occupe la partie nord.

Le Maroc selon Lyautey

Sa place particulière dans l'empire français tient à ses richesses naturelles agricoles et minières – plus importantes que celles de la Tunisie et de l'Algérie avant la découverte du pétrole –, à sa monarchie, qui a préservé l'indépendance du pays depuis 1666, et à la figure de Lyautey*. La colonisation y tranche sur l'Algérie des petits blancs et des « notables béni-oui-oui » (toujours soumis), sur la Tunisie du bey ottoman et des préfets français.

Le protectorat est accueilli par les citadins et le makhzen comme un moindre mal, faute d'un condominium franco-allemand, qui aurait eu leur préférence. Moindre mal pour éviter la jacquerie et les soulèvements tribaux, pour appliquer des réformes nécessaires et impopulaires. Pour rallier les notables, Lyautey recourt à l'« indigénofolie » – comme disent ses ennemis – et une mise en scène de grand acteur, la politique des « égards ». Cet art se manifeste aussi par des mesures concrètes : dans un pays qui n'a pas bénéficié de l'action modernisatrice d'un Khéreddine comme en Tunisie, il s'efforce de développer une élite en créant une école militaire, des collèges musulmans, et en organisant des stages en France. Il s'attache au placement de cette élite dans des fonctions de commandement. Son objectif est de greffer sur le makhzen l'État nouveau, en charge de fonctions économiques (l'Office chérifien des phosphates), de l'enseignement, de la santé, non de le doubler par un État colonial comme en Tunisie ou en Indochine.

Dans une circulaire restée confidentielle, Lyautey s'efforce de donner un coup de barre contre la dérive vers l'administration directe dès 1920. « Nous ne connaissons pas la langue du pays et ignorons les effets des idées d'émancipation, du droit des peuples à disposer d'eux-mêmes. » Les élites veulent être associées à la vie de la cité et sont influencées par la Turquie. « Il est urgent de crier "casse-cou". Au contact de l'Européen, et des Algériens et des Tunisiens, soyons sûrs, qu'il va se former très vite une jeunesse ambitieuse, se jugeant insuffisamment employée, s'éduquant elle-même, apprenant le français, et, dès qu'elle sentira sa force et sa valeur, se demandant pourquoi elle est tenue à l'écart de la gestion des affaires publiques [...]. Il est à prévoir, et je le crois comme une vérité historique, que, dans un temps plus ou moins lointain, l'Afrique du Nord évoluée, civilisée, vivant de sa vie autonome, se détachera de la métropole. Il faut qu'à ce moment-là – et ce doit être le suprême but de notre politique – cette séparation se fasse sans douleur et que les regards des indigènes continuent à se tourner avec affection vers la France. »

Blocages du système

Exemple de lucidité qui ne sera pas entendu. Après la guerre du Rif* et le départ de Lyautey, les ultras de la prépondérance, qui haïssent le grand colonial mezzo voce, les petits blancs dont il ne voulait pas s'accrochent à leurs privilèges. Quant au dahir* berbère, il est l'exemple du contresens le plus total sur la société colonisée.

Certes, il est impossible de se croire dans l'Algérie française, mais les Européens font comme si, et dans les années 1950 la fête la plus courue est celle des provinces françaises à Casablanca, pèlerinage aux sources, réelles ou imaginaires. On vit entre soi dans les centres-villes et on ignore le colonisé.

L'administration, elle, s'aligne sur les autres bureaucraties. Elle achoppe sur les mêmes contradictions entre la tentation de conserver le « bon sauvage » et les exigences de la modernisation. Ces contradictions apparaissent dans l'enseignement. Une soixantaine seulement d'enfants de notables sont admis dans les lycées autour de 1930. En 1939, on compte 22 000 élèves musulmans dans le primaire. Bien sûr, on ne peut ignorer les réticences de la société marocaine face à l'École* française, mais quand elles s'atténuent, le protectorat se contente de suivre la demande, au moins jusqu'à Eirik Labonne (1946-1947), qui cherche activement à rattraper le retard. C'est le même résident qui lève les obstacles opposés aux syndicats, afin de contrebalancer l'influence de l'Istiqlal (parti de l'indépendance) dans les milieux ouvriers. Il lance aussi des « secteurs de modernisation du paysannat ». Sa politique, qui consiste à répondre aux poussées nationalistes en faisant du social et du scolaire, a obtenu des résultats non négligeables, mais elle achoppe sur l'opposition des colons, celle des notables indigènes, qui s'inquiètent des ferments démocratiques portés par certaines réformes, et des nationalistes. Enfin, l'accès à la haute administration demeure fermé aux Marocains, ce qui prive de substance toute politique d'association.

Le Maroc de Mohammed V

Aussi le souverain Mohammed V* prend-il peu à peu la figure du défenseur de la nation. En 1947, dans un discours tenu à Tanger, ville dont il refuse le statut international, il affirme son adhésion à la Ligue arabe et rappelle l'importance de l'islam, sans avoir un mot pour la France. L'Istiqlal devient la principale force politique et s'implante dans les grandes villes et les campagnes. Mais l'originalité du nationalisme marocain tient à la place qu'y occupe le sultan, alors que les trônes hérités de l'Empire ottoman s'écrouleront en Égypte et en Tunisie. Nulle part ailleurs, la nation n'apparaît aussi clairement comme l'adhésion d'une société à une légitimité à la fois très ancienne – celle d'une monarchie, celle d'un calife – et très moderne, construite dans les relations avec le mouvement d'indépendance.

Cette originalité se manifeste par l'adhésion au sultan de territoires hier cloisonnés, ceux des tribus, et par le ralliement des hommes nouveaux, les travailleurs. Qu'un Robert Montagne, spécialiste des Berbères, oriente dans les années 1950 ses études vers *la Naissance du prolétariat marocain* et les migrations, que la première thèse de sociologie porte sur l'ouvrier mineur (on en compte 35 000 en 1960), voilà qui est révélateur du déplacement des problèmes. Cette géographie et ces forces mouvantes profitent au pouvoir de Mohammed V. Après Fès, foyer de protestation contre le dahir berbère et lieu de naissance de l'Istiqlal, Casablanca* devient la « capitale de la résistance » et le sultan le héros du bidonville rouge des « Carrières centrales ».

Ce n'est pas que l'homme soit à l'aise dans les conflits, mais l'intransigeance des « proconsuls » – tels Gabriel Puaux, puis Juin* et le général Guillaume –, le pousse à réagir. Il plie mais ne rompt pas, et la tentative de le soumettre ou de le démettre tourne en sa faveur. En 1952, le projet de création de conseils municipaux élus, où les Français seraient représentés aux côtés des Marocains (ce qui instaurerait de fait une cosouveraineté niant l'État marocain et le protectorat), que le sultan refuse, est à l'origine de la crise ultime. Le complot des prépondérants, de la résidence, du Quai d'Orsay et du pacha de Marrakech, le Glaoui*, impose la déposition du sultan en août 1952, Paris étant incapable de l'empêcher. Mais le soulèvement général du pays en sa faveur, les attentats, les grèves rendent inéluctables son retour et l'indépendance, en 1956.

Même les tribus fournissant les soldats berbères, qui ont combattu pendant la Seconde Guerre mondiale et en Indochine, même les officiers de l'armée française basculent en faveur du souverain. Son retour est un véritable triomphe. Les femmes font irruption sur la scène politique dans des manifestations d'enthousiasme. Culte du souverain en majesté accueilli par une foule en transe: la modernisation de la société passe aussi par là. Mohammed V est intervenu pour exiger l'aval des théologiens à la scolarisation des filles, et ses propres enfants, qui ne portent pas le voile, posent à ses côtés pour les photographes, geste aussi fort que celui de Habib Bourguiba* enlevant celui des Tunisiennes. Un Maroc nouveau est né.

maronites Membres d'une communauté du Liban* et de Syrie, remontant au VIIe siècle, héritière des conflits théologiques des débuts du christianisme, rameau de la chrétienté orientale arabe, ils se situent dans la mouvance de Rome et leur hiérarchie est confirmée par le pape. Protégés par la France, une partie d'entre eux ont appuyé l'intervention française au Liban.

les Marquises Découvert en 1595 et placé sous tutelle espagnole, cet archipel de la Polynésie est ensuite visité par Cook en 1774. En 1791, Ingraham prend possession des îles nord-ouest pour les États-Unis, suivi par Marchand au nom de Louis XVI. Mais l'archipel entier, avec environ 15 000 habitants, reste indépendant jusqu'à son annexion, en 1842, par Dupetit-Thouars, appliquant la politique des points d'appui de Guizot. Avec le protectorat sur Tahiti, ces îles ne présentent plus d'intérêt. Le résident civil, qui ne peut guère quitter le chef-lieu Taiohae, et l'évêque sont protégés par la marine*, qui passe régulièrement. Si le groupe nord-ouest devient peu à peu chrétien, le groupe sud-est s'enfonce dans l'anarchie jusqu'à une « campagne de pacification » en 1880. À Atuona, les religieux cultivent et tentent d'éduquer, mais l'archipel reste à l'abandon. Le déclin démographique est impressionnant: 2 000 « survivants » en 1920. Une action sanitaire énergique va inverser lentement la tendance. À partir des années 1970, l'avion désenclave l'archipel. Les quelque 9 000 habitants vivant sur place retrouvent une fierté identitaire et tendent à se démarquer de Tahiti, qui abrite un très grand nombre d'entre eux. Gauguin* et Jacques Brel ont choisi de finir leurs jours aux Marquises.

marron Ce mot vient de l'espagnol *cimarron*, dont l'étymologie fait débat, attesté en 1640 aux Antilles, puis à La Réunion à la fin du siècle : il désigne un esclave en fuite, rebelle.

Marseille Dès les années 1820-1850, Marseille joue un rôle clef dans les relations commerciales avec l'Afrique du Nord et aiguillonne la pénétration française en Algérie.

Le port colonial. Mais des pionniers (Régis, Borelli, Fabre, Verminck) implantent aussi des comptoirs le long du golfe de Guinée pour la gomme arabique. Suez* ouvre de nouveaux champs d'expansion. Alimentée par le chemin de fer Paris-Lyon-Marseille (PLM), Marseille met en place un axe d'influence économique qui passe par l'Égypte, l'océan Indien et l'Extrême-Orient. Des armateurs puissants constituent une communauté influente à l'échelle nationale, gérant aussi des lignes vers les Antilles et l'Amérique latine, l'Afrique noire (Chargeurs réunis notamment), le Maghreb et l'Asie (Messageries maritimes). Une place bancaire (Société marseillaise de crédit, agences des banques parisiennes), des réseaux de sociabilité (dont la chambre de commerce et des sociétés de négoce) avec l'outre-mer se développent. Le leader national en est la Compagnie française de l'Afrique occidentale (CFAO, 1887). La Compagnie marseillaise de Madagascar (riz, sucre, distribution commerciale) et une demi-douzaine de solides sociétés orientées vers l'Indochine exploitent d'autres contrées. Porte de sortie des produits industriels, Marseille s'érige en grand pôle de transformation : huileries (50 en 1914) traitant l'arachide, sucreries (Raffineries de Saint-Louis, 1867), savonneries, minoteries, pâtes alimentaires, rizeries. Diverses usines de produits chimiques complètent ce dispositif, avec les chantiers de constructions navales étendus vers La Ciotat et La Seyne. Cet ensemble industriel atteint son apogée dans les années 1890-1920 : une grosse moitié du trafic français avec les colonies, qui représentent entre un quart et un tiers de son propre trafic. Ce système colonial se disloque peu à peu à partir des années 1950, quand les huileries africaines se développent ou quand la chimie de synthèse permet l'émergence du marché des produits de soin. Mais aucun groupe marseillais ne s'investit dans ce redéploiement stratégique et la seule tentative autour d'Unipol ne résiste pas à la toute-puissance du groupe national Lesieur. La CFAO elle-même transfère son siège à Paris en 1960, et s'intègre au groupe Pinault en 1990. La vocation industrielle du port passe désormais par l'industrie lourde pétrochimique et métallurgique autour de l'étang de Berre.

La ville coloniale. Marseille a été une capitale coloniale. En 1860, sa Bourse est inaugurée par Napoléon III. En 1869, année de Suez, le musée des Beaux Arts présente deux fresques de Puvis de Chavannes, dont *Marseille, porte de l'Orient*. La ville affirme sa vocation, par sa Société de géographie en 1877, qui accueille le congrès national en 1896, présidé par Jules Charles-Roux – président du comité de Madagascar et vice-président de Suez –, en présence du prince d'Arenberg, président de Suez, et du Comité de l'Afrique française, et vice-président du groupe colonial à la Chambre. Ses expositions coloniales en 1906 et 1922, son Institut colonial ont été réalisés bien avant Paris. Aujourd'hui, elle prépare le Mémorial de la France d'outre-mer.

Peuplée de marins venus de tous les horizons, ou partis vers eux, la ville a été un lieu d'inspiration pour McKay, au moment où Albert Londres* peint un Marseille italien (1927). Le port a été aussi le lieu de passage de millions d'immigrés coloniaux. Des Kabyles sont recrutés dès 1907 pour briser des grèves des huileries, puis des sucreries et des inscrits maritimes. Le quartier algérien, qui se forme près de la Porte d'Aix durant la Première Guerre, compte 15 000 immigrés entre les deux guerres; ils sont 24 000 en 1959, 35 000 dans les années 1970, beaucoup plus nombreux que les Marocains et les Tunisiens, les Noirs et les Asiatiques. Marseille, port de l'exode de l'été 1962, accueille aussi nombre de rapatriés*. Mais elle a du mal à dépasser la perte de l'empire et du statut de capitale. Les colons déchus, les « rapatriés » – par centaines de milliers – arrivent dans la ville. Beaucoup y restent. Marseille est la plus grande ville pied-noir de France et le Midi méditerranéen accueille le tiers d'entre eux, suscitant un sudisme politique.

Henri **Martin**

Marin, anticolonialiste (né en 1928). Maquisard à seize ans, communiste, il s'engage en 1945 pour continuer la lutte antifasciste en Indochine. Mais c'est au Viêt-minh* qu'il se heurte. Il demande donc son rapatriement. De retour en France, fin 1947, il décide de mener une lutte politique à l'intérieur de l'armée (inscriptions à la peinture, distributions de tracts, discussions...). Arrêté le 14 mars 1950, il est condamné, à l'issue d'une parodie de procès (au cours duquel il est toutefois lavé de l'accusation de sabotage), à cinq années d'emprisonnement. Le PCF, avec lequel il est resté en contact, entame alors une intense bataille pour sa libération, liée à l'exigence renouvelée de « Paix au Viêt Nam » et de « Négociations avec Hô Chi Minh ».

Il est finalement libéré, sur décision de Vincent Auriol, le 2 août 1953, après plus de trois ans d'emprisonnement. La campagne pour sa libération, sans doute la plus intense et la plus longue de toute l'histoire politique de l'après-guerre, a marqué les esprits.

les Mascareignes Les Mascareignes, archipel composé de Maurice (alors appelée Île de France), de Rodrigue et de La Réunion (Mascarin/Bourbon), sont liées par le peuplement et par un destin commun jusqu'à la cession de Maurice et de Rodrigue aux Anglais en 1815. La Réunion, premier foyer de peuplement français dès 1663, dépend de la Compagnie des Indes. Maurice, occupée en 1715, devient sous Mahé de La Bourdonnais, nommé gouverneur des Mascareignes en 1735, le cœur administratif et la base navale de l'archipel. Rodrigue, occupée en 1691 par une colonie huguenote que dirige Henri du Quesne, devient française en 1725. Sous l'administration royale, les Seychelles sont rattachées aux Mascareignes en 1768. Malgré le démembrement de l'archipel, en 1815, les liens culturels entre La Réunion et Maurice sont maintenus par les Franco-Mauriciens.

masculinité coloniale À la fin du XIXe siècle, une multitude de facteurs provoquent une crise de l'ordre des « genres » : la défaite de 1871 contre l'Allemagne, la baisse de la natalité, qui est interprétée comme une dégénérescence de la Nation, les réformes républicaines (loi Roussel de protection de l'enfance en 1889, loi Naquet sur le divorce en 1884), en ce qu'elles remettent en cause des privilèges du « chef de famille », la conquête féministe de la sphère publique... L'armée devient le bastion de la socialisation et de la sociabilité masculines ; la masculinité combative et patriotique est érigée en idéal. L'expansion coloniale est l'occasion de réinventer l'hégémonie : coloniser, c'est pénétrer, féconder, posséder des continents et des peuples représentés comme féminins. En Asie comme en Afrique, il s'agit de régénérer l'homme et la Nation. Dans les années 1890, le culte des soldats coloniaux morts reflète l'exaltation nationaliste du guerrier, dont le « corps* à corps viril avec la nature » (Maurice Barrès) s'oppose aux « demi-mâles » républicains. Pour les républicains, la masculinité coloniale est indissociable de la mission civilisatrice : elle est incarnée par les « bâtisseurs de l'empire », pacificateurs et réformateurs, tels le général Gallieni*, les médecins et les enseignants. Dans le contexte de la Grande Guerre, l'intégration à l'armée nationale des troupes indigènes crée une opposition entre les officiers français, considérés comme rationnels et civilisés, et les soldats indigènes, certes estimés comme « races guerrières », mais trop primitifs. Dans les années 1920 et 1930, la mise en valeur des colonies « civilise » la masculinité. Les gouverneurs et administrateurs coloniaux, « vrais chefs de l'empire », se distinguent par leur capacité à mener à bien une domination coloniale moderne, fondée sur des connaissances en droit et en ethnographie. Les guerres de décolonisation font réapparaître une masculinité plus guerrière qui reprend l'image des colonies comme une « école de la masculinité » : « Tu es un homme. Va[s] en Indochine défendre la liberté, tu deviendras un CHEF ! » proclame une affiche des années 1950.

François Maspero Éditeur, anticolonialiste né en 1932. Il est né dans une famille de grands orientalistes et ses parents ont été déportés au cours de la Seconde Guerre mondiale. En 1956, il rallie le PC, moins de six mois. En 1959, il ouvre la librairie « La joie de lire », qui mérite bien ce nom pour des étudiants écrasés par l'académisme de la Sorbonne. Dans la « bataille de l'écrit » qu'a été la guerre* d'Algérie, il a tenu une place exceptionnelle. Éditeur de 1959 à 1983, il publie *les Damnés de la terre* de Frantz Fanon*, Castro, Che Guevara, etc. Entre 1959 et 1968, il édite 121 titres – près des trois quarts des *Cahiers libres* sont consacrés au tiers-monde et à la colonisation, à la répression en Algérie, au refus de participer à la guerre. Il fonde plusieurs revues dont *Partisans* – qui, à partir de 1961, élargit les perspectives anticolonialistes au tiers-mondisme –, ou *Tricontinentale* (1968-1971). Dans ses mémoires, *les Abeilles et la Guêpe* (2002), il raconte ses voyages en Amérique latine, en Algérie, en prenant une distance critique par rapport aux enjeux politiques sans mettre en cause la fidélité aux valeurs pour lesquelles il s'est battu.

Émile Masqueray Historien, ethnologue (1843-1894). En 1863, il est secrétaire de Victor Cousin, puis entre à l'École normale. Agrégé d'histoire, il est professeur en 1872 au lycée d'Alger. La Kabylie deviendra le site d'une grande partie de ses recherches. En 1875, il commence ses explorations des ruines romaines des Aurès*. Quatre ans plus tard, il fonde la première des écoles supérieures de la colonie, future université d'Alger. Nommé en 1880 à la chaire d'histoire et d'antiquités d'Afrique à l'École supérieure des lettres d'Alger, il en est fait directeur par Paul Bert*. Ses intérêts archéologiques et philologiques, en particulier les dialectes berbères, l'amènent à créer *le Bul-*

letin de correspondance africaine et à écrire de nombreux ouvrages. C'est en 1886 qu'il publie son grand livre, *la Formation des cités chez les populations de l'Algérie (Kabyles du Djurdjura, Chaouïa de l'Aurès, Beni-M'zâb)*. Il se montre particulièrement sensible à la nécessité de protéger les indigènes du pouvoir des colons. Sa sympathie envers les colonisés – « j'ai épousé leurs joies, j'aime leur misère et je suis fier d'avoir galopé comme eux » – tranche sur la moyenne des universitaires d'Algérie.

Louis Massignon Orientaliste (1883-1962). Le « cheikh admirable » – comme l'ont appelé ses collègues de l'orientalisme savant, Jacques Berque en particulier –, a voué sa vie au rapprochement de l'islam et du catholicisme. Il anime *la Revue des études islamiques*, créée en 1926, qui est attentive aux enjeux des relations de la France avec les Arabes. Ses conseils d'expert à la commission des Affaires musulmanes du Quai d'Orsay, où il s'oppose au colonialisme, sont rarement suivis par les politiques. Il fonde avec Mauriac le Comité France-Maghreb en 1953, pour intervenir dans les tensions liées aux décolonisations.

Jacques Massu Militaire, chef de la bataille d'Alger (1908-2002). Après la Seconde Guerre mondiale, durant laquelle il avait rallié la France libre, il est officier en Indochine. Il devient célèbre lors de la bataille* d'Alger, qu'il dirige à la tête de la 10e division parachutiste. Le 13 mai 1958, il est président du Comité de salut public et soutient le retour de De Gaulle*. En désaccord avec la politique algérienne de ce dernier, il est rappelé en janvier 1960 en métropole, ce qui provoque des protestations violentes des Européens (semaine des Barricades). Il refuse de participer au putsch de 1961. Nommé en Allemagne, il y reçoit en mai 1968 le général de Gaulle. En 1971, dans *la Vraie Bataille d'Alger*, il présente sa version et nie l'usage de la torture*, qu'il reconnaîtra peu avant sa mort au cours d'un entretien dans *le Monde*.

accords de Matignon Après l'affaire d'Ouvéa*, ces accords conclus durant l'été 1988 visent à rétablir la confiance de la Nouvelle-Calédonie* en la parole de l'État et à sortir le débat politique de l'île de l'alternative pour ou contre l'indépendance. Sous l'égide de Michel Rocard, Jacques Lafleur et Jean-Marie Tjibaou*, rejoints par leurs délégations, acceptent le 26 juin 1988 une phase transitoire d'administration directe du territoire par l'État, l'organisation d'un référendum national, de nouvelles institutions et le report du scrutin d'autodétermination à 1998. Sont ensuite fixées les modalités du futur scrutin d'autodétermination et les conditions d'amnistie des infractions liées à la détermination statutaire. Le territoire est divisé en trois provinces, dont deux vont être gérées par les indépendantistes. Ces accords et la loi référendaire du 7 novembre 1988 visent un rééquilibrage institutionnel, économique et social afin de remédier aux « déséquilibres issus de la colonisation ».

André Matswa, dit Grenard Ancien combattant, à l'origine d'un syncrétisme* (1899-1942). Bacongo, élève des missionnaires, il est d'abord catéchiste dans les postes de brousse. Il part pour l'Europe et s'engage comme tirailleur* en 1922 et devient sous-officier dans le Rif*. Devenu citoyen français, sous le nom de Grenard, il lance une association loi 1901 d'entraide pour l'A-EF, la Société amicale des originaires de l'A-EF. Sa campagne contre le statut de l'indigénat* et les compagnies concessionnaires* du Congo entraîne une manifestation et l'interdiction de l'amicale fin 1929. Des troubles se produisent à l'occasion du procès de Matswa à Brazzaville en avril 1930. Il s'évade, il gagne l'Europe et s'engage en 1939. Mais, blessé, il est arrêté dans un hôpital, de nouveau condamné en 1941 aux travaux forcés à perpétuité. Il meurt le 13 janvier 1942. Sa mort donne naissance à un mouvement syncrétique. Craignant des troubles, l'Administration cache le lieu de sa sépulture. Ses partisans, refusant de croire à sa mort, annoncent son « retour », transformant l'amicale en un mouvement religieux messianique, avec la création d'une Église locale.

François Mauriac Éditorialiste du *Figaro*, membre de l'Académie française, Mauriac (1885-1970) a signé, en 1925, contre les intellectuels communistes et surréalistes, le Manifeste des intellectuels aux côtés de la patrie qui soutient la conquête française du Rif et du Maroc. La conquête fasciste de l'Éthiopie, la guerre d'Espagne et l'Occupation le font évoluer vers la gauche. En 1952, il reçoit le prix Nobel et découvre la réalité de la situation au Maroc, grâce à Robert Barrat. Ce dernier, infatigable dénonciateur des crimes coloniaux, qui a dirigé *Témoignage chrétien*, joue un rôle central dans l'intervention des intellectuels catholiques sur l'Indochine et le Maghreb. Mauriac rappelle dans un article « la vocation des chrétiens dans l'Union française ». Réitérant ses accusations, il rejoint *l'Express* et devient président de l'association France-Maghreb. Il prend également position contre Guy Mollet* lors de la bataille d'Alger, avant de se rallier au général de Gaulle qu'il voit comme un artisan de la paix.

Mauritanie Son occupation est motivée par la jonction entre les colonies d'Afrique du Nord et d'Afrique de l'Ouest : il s'agit de contenir les velléités d'expansion de l'Espagne à Rio de Oros (Sahara occidental), de s'assurer du contrôle du Maroc et de lutter contre les rezzous des Maures et des Touareg*, qui menacent les intérêts des commerçants établis à Saint-Louis.

Faidherbe*, nommé gouverneur du Sénégal en 1852, décide de rompre avec l'attentisme de ses prédécesseurs à l'égard des populations maures. Il développe une politique active de traités. Mais il faut attendre la fin du siècle pour voir Xavier Coppolani, grand saharien, engager la conquête du territoire sans armée en jouant des rivalités internes et des conflits de succession. La France doit affronter certaines communautés qui animent une guérilla* et les confréries* religieuses qui s'opposent à son action. La colonie de Mauritanie, créée en 1920, est rattachée à l'A-OF. Elle est administrée depuis Saint-Louis du Sénégal, conjointement avec le Sénégal (colonie de Mauritanie-Sénégal). En 1946, elle devient un territoire d'outre-mer. Indépendante le 28 novembre 1960, elle prend le nom de République islamique de Mauritanie. Le Maroc s'y oppose au nom de ses « droits historiques » sur le Sahara.

Marcel Mauss Sociologue et ethnologue (1872-1950). Neveu de Durkheim, agrégé de philosophie, ce dreyfusard et militant socialiste est élu à l'École pratique des hautes études en 1900 à la chaire des religions des peuples non civilisés, puis au Collège de France en 1931 (chaire de sociologie), avant d'être révoqué, en 1941, à la suite des lois antisémites de Vichy. Il est l'auteur de nombreux articles dans *l'Année sociologique,* dont il est l'animateur. Mauss s'est intéressé aux religions primitives, aux échanges basés sur le don. Tout en restant dans le cadre d'une pensée évolutionniste – les sociétés sont classées des plus au moins civilisées –, il souligne la richesse culturelle et la complexité de l'organisation sociale des sociétés primitives. Perpétuant la sociologie durkheimienne, s'intéressant avant tout aux faits sociaux, il reste fidèle à une ethnologie* qui intègre l'étude physique et raciale. Il a fondé, en 1925, aux côtés de Lévy-Bruhl et Rivet*, l'Institut d'ethnologie de l'université de Paris.

l'encyclique *Maximum Illud* Surtout connu comme le pape de la paix pour son action durant la Première Guerre mondiale, Benoît XV fut aussi le « pape des missions », pour lesquelles il publie le 30 novembre 1919 l'encyclique *Maximum Illud.* S'il reprend des thèmes traditionnels de la doctrine pontificale, il procède au premier exposé systématique et solennel dans un contexte dominé par les nationalismes. Il met en garde contre le chauvinisme et la recherche des avantages matériels, s'élève contre la confusion entre intérêt national et mission, rappelle que les missionnaires ne sont pas au service de leur patrie mais de l'Église universelle. La portée de ce rappel à l'ordre sera inégale. Elle se traduit surtout par la priorité donnée à la formation du clergé indigène et prépare la consécration d'évêques autochtones à partir de 1926. Elle contribue à rendre les missions critiques vis-à-vis des modalités de la colonisation mais ne remet pas en cause la légitimité du système.

Daniel Mayer Président de la Ligue des droits de l'homme (1909-1996). En 1956, chef de file des socialistes minoritaires, il s'oppose à la politique algérienne du gouvernement Mollet. Président de la Ligue* des droits de l'homme en mars 1958, il démissionne de son mandat de député et quitte la SFIO. Il contribue fortement à faire prendre à cette association une position nettement favorable à la fin de la colonisation qui marque un tournant dans son histoire. Au cours de sa présidence et en liaison avec le Comité Maurice Audin et les mouvements de protestation contre la torture, il dénonce les effets pervers de la guerre sur le fonctionnement de la démocratie en France et appelle à une paix négociée. Il fait venir au Comité central des dissidents des partis de gauche, des avocats et des universitaires contre la guerre. Sous son action, la LDH, jusque-là majoritairement attachée à une « colonisation de progrès », prend une position claire de refus du colonialisme, qu'il défendra de 1977 à 1983 à la présidence de la Fédération internationale des droits de l'homme (FIDH).

Mayotte → Comores et Mayotte

médecins Créé en 1890, le corps de Santé compte 176 médecins en 1899, 667 en 1911, 1280 en 1958. Outre les instituts Pasteur*, les médecins ont mis en place l'AMI (Assistance médicale indigène), chargée de la diffusion des soins, et des écoles de santé locales. Leur rôle a été considérable, parce qu'ils soignaient les populations, mais aussi parce qu'ils avaient un contact direct avec elles, ce qui est rare dans la situation coloniale. Observateurs précieux, ils étudient les ethnies, les races. Certains sont entrés dans la mythologie pour leurs victoires contre les épidémies et les maladies infectieuses : Albert Calmette, Alexandre Yersing, Charles Nicolle, Jean Laigret... Mais une armée d'inconnus a participé à la saga, tels les médecins de brousse, ancêtres des humanitaires d'aujourd'hui.

médina Médine, la cité choisie par le Prophète, a donné le terme « ville ». Les médinas, outre leurs fonctions économiques, ont une importance religieuse, la mosquée en étant le centre. Fès et Tunis, comme Damas, sont des hauts lieux de l'islam. Aussi leur crise sous le choc colonial est-elle non seulement économique et sociale mais plus encore culturelle, identitaire. Avec la colonisation, l'artisanat ne peut résister à la concurrence des produits industriels et à la contagion des modèles de consommation occidentaux. La médina, submergée par l'immigration de la misère, souffre du contraste avec la ville coloniale où s'étalent les signes de la puissance et de la richesse. Sa paupérisation est visible dans le bâti. Sa perte de prestige est sanctionnée et aggravée à partir des années 1920 par les premiers départs vers les quartiers européens des familles de notables autour desquelles s'organisait le tissu social. Au Maroc, Lyautey préserve Fès, mais au prix de sa muséification, et les capitales économiques et politiques sont désormais Casablanca* et Rabat. Autour de 1930, le triomphe colonial marque la ville, où le centre nouveau est privilégié, de son empreinte.

Méditerranée Depuis le XVIe siècle, hormis Oran et les présides espagnols du nord du Maroc, elle est restée en partie musulmane, mais les équilibres sont rompus définitivement au début au XIXe siècle. Les Balkans, les Grecs et les Slaves se libèrent de la domination ottomane. Avec l'expédition d'Égypte en 1798, celle d'Alger* en 1830, les années 1880 pour l'Égypte et la Tunisie, les années 1910 pour le Maroc et la Libye, 1919 pour le Proche-Orient, seule la Turquie échappe à la domination coloniale. Après un long duel avec l'Islam engagé au VIIe siècle, la Méditerranée redevient un lac européen, un *mare nostrum* au début du siècle. Pour Paul Valéry, André Siegfried et bien d'autres, elle a été le creuset de la civilisation grecque, latine et chrétienne, et elle est européenne. L'historien spécialiste du Moyen Âge Henri Pirenne, dans *Mahomet et Charlemagne*, défend aussi la thèse du caractère étranger de l'Islam, qui a une origine asiatique et a brisé l'unité romaine de la Méditerranée. Fernand Braudel, qui pense de même, précisera que l'Islam c'est le désert, l'anti-Méditerranée. Dans *le Quatuor d'Alexandrie*, Lawrence Durrell fait de la ville d'Alexandrie une pointe de l'Europe, comme le sont tous les ports.

La Méditerranée est alors le domaine de conflits entre impérialismes rivaux, britannique et français, russe aussi, auxquels s'ajoutent à partir de la fin du XIXe siècle ceux de l'Italie et dans une moindre mesure de l'Espagne. L'Allemagne cherche à utiliser ces rivalités internationales pour se rapprocher de la France, que Bismarck invite à cueillir la « poire tunisienne »

Pour la France, le triangle Toulon/Mers el-Kebir/Bizerte* permet de contrôler la Méditerranée occidentale, et l'installation en Tunisie a eu aussi pour objectif la surveillance du détroit de Sicile. Avec Suez*, ouvert en 1869, le passage vers l'océan Indien confère une importance considérable à la Méditerranée. Aussi la Grande-Bretagne tient-elle à en être maîtresse, jalonnant sa route des Indes par la possession de Gibraltar, Malte, Chypre et l'Égypte. La marine française fait de la Méditerranée, articulation avec l'Afrique du Nord, son espace principal. C'est là que porte l'effort budgétaire, mais le sous-équipement en armes modernes, sous-marines et aériennes est flagrant à la veille de 1940. L'Allemagne n'a pas d'objectifs d'expansion dans cette région et ses interventions en Afrique du Nord et au Proche-Orient s'expliquent surtout par des considérations stratégiques et par les défaillances de l'allié italien. Quant à la puissance navale française, mise à mal par le sabordage de la flotte à Toulon, elle perd ses assises au sud avec les conflits de Suez* en 1956, de Bizerte* en 1961 et les décolonisations. C'est la Ve flotte américaine qui y fait la loi désormais. L'image de la Méditerranée demeure très ambiguë dans la culture européenne: elle est tendue entre le mythe des origines de l'Occident et les stéréotypes négatifs dus aux contacts avec l'Afrique et l'Asie. D'où l'image du Levantin à l'identité floue et impure.

méharistes Le développement des troupes montées à dromadaire (*mehari*) est lié à l'occupation du Sahara*, dont, jusqu'au début du XXe siècle, la conquête n'a touché que les marges. Au nord, les officiers de l'armée d'Afrique* constituent les premiers méharistes avec des volontaires de la tribu arabophone des Chaamba, qui battent les Touareg du Hoggar à Tit (1902). La même année, Laperrine organise les compagnies sahariennes. Au sud, les officiers des troupes de marine* créent des groupes nomades comprenant des détachements d'auxiliaires maures, touareg ou toubou, et des sections de tirailleurs* noirs, qui opèrent en Mauritanie, au Soudan, au Niger et au Tchad. Chargés de réprimer les éventuels rezzous, redoutés jusqu'à la fin des années 1920, les méharistes – par d'incessants déplacements appelés nomadisation –, parcourent le pays. Leurs officiers exercent un contrôle patriarcal sur les notables. Ce système assure la police du désert jusqu'aux indépendances.

Albert Memmi Écrivain, critique du colonialisme (né en 1920). Il naît dans une famille juive tunisienne. Son œuvre illustre bien sa méthode: partir d'un vécu pour en tirer des observations généralisables poussées jusqu'à leurs approfondissements théoriques. Après deux premiers romans, *la Statue de sel*

(1953) et *Agar* (1955), proches de l'autobiographie, il entreprend la description de la dépendance politique et de l'aliénation culturelle du colonisé. En 1956, *Portrait du colonisé* suivi du *Portrait du colonisateur* – analyse incisive de cette relation duelle –, devient un texte de référence dans le cadre des luttes anti-coloniales. *Portrait d'un Juif* et *la Libération du Juif* poursuivent cette réflexion, à la lumière de laquelle Memmi interrogera dans *l'Homme dominé* (1968) différentes situations d'oppression: celle du juif, du Noir, du prolétaire, de la femme. Poursuivant une œuvre romanesque avec *le Scorpion, le Désert et le Pharaon,* où il évoque la décolonisation de la Tunisie et le départ de la communauté juive qui y était installée depuis des siècles, il interroge la capacité des jeunes nations à accepter l'autre et à respecter leurs minorités. Engagé dans un combat pour la laïcité, élaborant un concept clef, celui de *la Dépendance* qui apparaît comme l'armature de sa pensée théorique, Memmi publie *Portrait du décolonisé* (2004), portrait sans concession de ce que les ex-colonisés ont fait de leur indépendance.

Pierre **Mendès France** Mendès (1907-1982) est d'abord député radical de l'Eure (1932-1940, 1946-1958), puis de l'Isère (1967-1968). « Décolonisateur » pour ses partisans, « bradeur de l'empire » pour ses détracteurs, il est l'objet d'un litige qui trouve son origine dans le traitement que son bref gouvernement (18 juin 1954 - 5 février 1955) réserve aux problèmes coloniaux du moment. Il signe les accords de Genève, qui mettent fin à la guerre française en Indochine (21 juillet 1954); par la déclaration de Carthage, il reconnaît l'autonomie interne du protectorat de Tunisie (31 juillet 1954); il accepte la cession de facto des Établissements français, dont Pondichéry, à l'Union indienne (21 octobre 1954); il entérine le principe d'évacuation du Fezzan libyen (région occupée par les troupes françaises depuis la Seconde Guerre mondiale) en décembre 1954. En fait, afin de soutenir le redressement du pays, son gouvernement réagit par deux politiques distinctes: d'une part, la liquidation des crises déjà très avancées qui pèsent sur le pays; d'autre part, l'amorce d'une révision des autres liens coloniaux, notamment en Afrique du Nord, mais pour mieux les pérenniser. Ainsi, les indépendances de la Tunisie et du Maroc, intervenues en 1956, sont imputées à sa politique, alors qu'il les désapprouve et les considère comme une « trahison » de sa politique. Enfin, la guerre d'Algérie révèle son embarras à concilier la défense prioritaire de la République et ses convictions libérales. Chef du gouvernement, il réagit avec fermeté pour rétablir l'ordre et inaugure l'envoi massif de renforts. Ministre d'État dans le cabinet Mollet*, il vote l'état d'urgence, mais dénonce les abus de la répression. Redevenu simple député après mai 1956, puis opposant au général de Gaulle, il plaide longtemps pour une communauté franco-algérienne (1960). C'est avant tout un réformateur, dont la pensée se caractérise par la recherche des voies d'une transition coloniale qui préserve les intérêts de la France et réponde à la montée des revendications nationalistes.

Méos Appelés aussi Hmong ou Ma'n, Ma'n Trang, Mieu Toc, plus d'un demi-million d'individus venus du sud de la Chine (fin du XVIIIe et début du XIXe siècle) vivent dispersés dans les régions frontalières de la Chine, du Myanma (Birmanie), du Laos et de la Thaïlande. Riziculteurs en terrasse grâce à un système hydraulique ingénieux, ils ont fondé des hameaux dans les montagnes des provinces de Ha Giang et de Lao Cai. Cette société patrilinéaire se caractérisait par une grande solidarité entre les gens de même lignée et de même village. Pendant les guerres d'Indochine de 1945 à 1975, des unités hmong encadrées par les officiers étrangers ont joué un rôle actif dans la guérilla contre le Viêt-minh* et le Pathet Lao. Une partie de la population a choisi l'émigration après la victoire communiste.

Ahmed **Messali Hadj** Nationaliste algérien (1899-1974). Né à Tlemcen, il est le fils d'un artisan adepte de la confrérie des Derkaouas, très influente et très populaire. En 1923, il émigre à Paris et adhère à l'Étoile* nord-africaine, dont il devient secrétaire général en 1926. Lorsque l'Étoile est dissoute, en 1929, Messali a rompu avec les communistes qui en avaient impulsé la création. En 1933, il lance une nouvelle Étoile et le journal *El Ouma* (« la Communauté des croyants ») et devient le chef d'un nationalisme arabo-musulman. Après la victoire du Front populaire en 1936, il se prononce contre le projet Blum-Viollette. Dissoute en janvier 1937, l'Étoile est remplacée en mars par le Parti du peuple algérien (PPA). Messali Hadj refuse les propositions de collaboration du régime de Vichy. Condamné à nouveau en 1941 à seize ans de travaux forcés et à vingt ans d'interdiction de séjour, il est interné dans différents camps du sud de l'Algérie et de l'Afrique. Les manifestants de Sétif* réclamant sa libération le 8 mai 1945 seront sauvagement réprimés.

En 1946, assigné à résidence dans la banlieue d'Alger, il fonde le MTLD*. En 1947, il approuve la création d'une structure paramilitaire, l'Organisation spéciale (OS), et il se prononce en 1949 pour l'exclusion des militants défendant la berbérité. Arrêté une nouvelle fois en 1951 après une tournée triomphale dans l'Est algérien, Messali est assigné à résidence à Niort. Il n'est pas à l'origine du déclenchement de l'insurrection du 1er novembre : son parti subit des crises répétées et s'englue dans l'immobilisme. Son Mouvement national algérien (MNA), en décembre 1954, arrive trop tard. La guerre MNA-FLN fait des milliers de victimes en Algérie, 4 000 en France. Un des responsables des maquis MNA en Algérie, le « général Bellounis », cerné par les troupes de l'ALN, se rallie à l'armée française en décembre 1957, ce qui jette le discrédit sur les fidèles de Messali. Il se retire progressivement de la scène politique et refuse de participer aux négociations d'Évian*. Il meurt le 3 juin 1974 à Paris. Ses funérailles dans sa ville natale de Tlemcen, bien que non annoncées publiquement, sont suivies par des milliers de personnes chantant l'hymne du PPA. Le 5 juillet 1999, le président Abdelaziz Bouteflika décide de donner son nom à l'aéroport de la ville de Tlemcen.

Sa femme, Émilie Busquant (1901-1953), a joué un rôle important dans sa vie. Quand Messali la rencontre, elle est employée aux Magasins réunis à Paris. Le mariage musulman, leur seul lien légal, a été d'une solidité à toute épreuve. Longtemps, le couple a vécu chichement de son salaire à elle dans une mansarde rue du Repos. C'est elle qui aurait confectionné le drapeau algérien, arboré pour la première fois le 14 juillet 1937 à Alger. *Djanina* (« petit jardin ») a été adoptée par la famille de Messali et par l'entourage musulman, juif ou chrétien à Tlemcen. Elle meurt à la veille des pages les plus sombres de la vie de Messali.

Pierre Messmer Ses engagements militaires le conduisent, dès 1940, en Afrique, puis au Tonkin. Né en 1916, familier du terrain colonial, il y accomplit sa carrière : administrateur et haut-commissaire en Afrique, il assiste aussi Gaston Defferre au ministère de la France d'outre-mer, en 1956. Plus que cette spécialisation, cependant, c'est sa fidélité que le général de Gaulle sollicite, lorsqu'il le nomme ministre des Armées en 1960. Il ne s'agit pas, en effet, de l'associer à la politique algérienne, domaine réservé du chef de l'État, mais de lui confier la reprise en main de l'armée. Pierre Messmer doit punir les militaires qui ont participé à l'insurrection des Barricades à Alger (janvier-février 1960) et dissoudre les organismes les plus déloyaux, comme le Bureau d'action psychologique. Un rôle accru après la tentative de putsch de 1961, encore que, cette fois, le général de Gaulle s'implique personnellement dans la répression des factieux. Exécutant les desseins présidentiels, Pierre Messmer soutint ainsi le général de Gaulle dans son entreprise de règlement de la guerre* d'Algérie.

métissages et unions mixtes

De la marginalité à la pluralité incontournable

Les unions mixtes ont été courantes et fréquentes de la part des petits comme des grands: Stanley, Faidherbe*, Delafosse, Gauguin*... Pierre Mille raconte que, visitant une institution religieuse au Cambodge, il découvre une classe de fillettes qu'on lui présente comme les « petits péchés de ces messieurs». Les différents colonisateurs ont adopté des attitudes très contrastées lors de la première colonisation. Espagnols et plus encore Portugais des sociétés de plantations ont été abondamment métisseurs. On a pu dire des Portugais qu'ils ont régné par l'épée, mais aussi par la croix et le sexe. Mais il n'en a pas été partout ni toujours ainsi. En Inde par exemple, après les avoir longtemps fortement encouragées, la Compagnie des Indes puis sa Gracieuse Majesté font pression à partir de la fin du XVIIIe siècle pour réduire les unions mixtes.

Unions mixtes

Si, au début de la colonisation en Algérie*, certains officiers des bureaux* arabes – d'obédience saint-simonienne* en particulier – ont prôné un brassage des populations, y voyant une chance d'affamiliation (de constitution en une seule famille de chrétiens et de musulmans), la hiérarchie militaire y a été défavorable. Si, en 1905, les Allemands interdisent ces unions dans l'Ouest africain, du côté français, c'est un apartheid sexuel honteux qui se développe. Les unions mixtes, si elles existent, doivent être discrètes. Dans *Chocolat*, la maîtresse du colon invité à la table de l'administrateur ne mange pas avec les Blancs, et son amant cache les restes qu'il lui apporte ! Autre stratégie d'évitement, ce qui est avéré en colonie – par exemple pour Faidherbe et Delafosse – ne doit pas parvenir en métropole, femmes et enfants restent en Afrique. Cependant, le risque de dégénérescence que représente le fait d'être « encongaïé », décivilisé, peut être un contrepoison efficace. En fait, tout au long de la période, deux discours totalement opposés se font écho.

Quant aux réalités, les unions entre conquérants, colons et colonisées ont été beaucoup plus répandues qu'on ne l'avoue, beaucoup moins que ce que l'on a fantasmé. Hygiène corporelle selon certains, mais aussi beaucoup plus : forme de contact entre deux sociétés assurant des fonctions très importantes de connaissance, de médiation, etc. Elle est à ce titre conseillée par *le Guide de l'Européen* dans l'Afrique occidentale du docteur Barrot en 1902, qui encourage les unions mixtes pour éviter perversions, alcoolisme et pour faciliter les relations avec la société indigène. Le commerce amoureux ne se réduit pas à la prostitution*. On « prend mousso », on achète les services d'une « ménagère ». Certaines « femmes libres », à l'image des signares*, peuvent assurer des fonctions de médiation et par là accéder à l'aisance et à l'indépendance, placer leur argent dans l'acquisition de logements ou dans les affaires.

Depuis le XVIIe siècle, à Madagascar, les *vadinebazaha* régissent les transactions commerciales entre Européens et autochtones. La famille étant partie prenante, c'est tout un réseau de relations, de collecteurs, de revendeurs qui se met ainsi en place. Ces concubines y sont considérées comme légitimes, l'union respectant les institutions locales et la durée étant fixée contractuellement. À Tamatave, dont elles sont la « véritable aristocratie », elles exercent au XIXe siècle un « empire », lié au concubinage, prenant le parti soit des Anglais, soit des Français dans les rivalités entre grandes puissances. Même les missionnaires doivent obtenir leur bénédiction. Avec la menace coloniale, la monarchie merina impose des restrictions à partir du début du XIXe siècle pour éviter la mainmise de l'époux européen sur les terres appartenant à sa femme. Aussi rappelle-t-on aux femmes qu'elles sont soumises à l'autorité de la reine. Sous la pression des missionnaires, les unions temporaires se réduisent et l'évolution au cours du XIXe siècle va dans le sens de la restriction. Il y a là un bon exemple de la tendance à l'apartheid développé par la colonisation à l'encontre de pratiques beaucoup plus ouvertes. On impute souvent de manière excessive à l'arrivée des femmes européennes la réduction des unions entre colons et colonisées. En fait, c'est toute la situation coloniale qui va dans le sens de la ségrégation des sexes et du refoulement du désir porteur d'une transgression de l'ordre et de la hiérarchie raciale.

En Indochine, outre le concubinage avec les civils, les guerres de 1945 à 1975 et la présence de corps expéditionnaires très nombreux ont multiplié des unions le plus souvent éphémères. Le sort de *la Tonkinoise* n'est pas toujours enviable : femmes abandonnées, bâtards métis rejetés par les deux communautés sont le lot de la majorité. Les romans de l'écrivain Vu Trong Phung délivrent une ethnographie cruelle et désopilante de l'« industrie de mariage avec les Occidentaux ».

Dans les sociétés musulmanes, l'interdit du religieux rend difficiles les unions officielles. Comme les colons rêvent de la colonisée, le colonisé rêve de prendre la place du colon, y compris dans son lit ainsi que le soulignait Frantz Fanon*. Mais le type d'unions que Marguerite Duras* raconte dans *l'Amant* (où elle montre la violence des réactions de la famille blanche mais aussi le refus de la famille chinoise) est rarissime. Des liens qui sont perçus comme quasi contre nature ne sauraient se nouer que dans le secret, ou n'être traités que par la dérision comme dans la chanson*. Et l'administration française y fait obstacle systématiquement. Les archives de la Première Guerre mondiale révèlent en effet les pressions destinées à empêcher les soldats coloniaux de prendre femme en métropole et plus encore de la ramener au pays. Aussi les couples mixtes légaux dont l'homme est colonisé font-ils exception. Des circulaires dissuasives sont diffusées très officiellement en Afrique du Nord, qui soulignent la condition inférieure de la femme dans la société musulmane. La littérature reprend souvent le thème de l'atavisme du mâle colonisé, entraînant inéluctablement son retour en arrière vers la tradition.

Au Maghreb, les rares mariages mixtes (60 par an dans les années 1950 en Algérie), concernent des musulmans et des chrétiennes ou des juives, tolérés par l'islam mais non encouragés. Les couples se forment d'abord surtout en haut de la société. Aurélie Tidjani-Picard* épouse un beau parti, le cheikh de la confrérie. Le premier mariage mixte tunisien a été conclu entre un médecin tunisien et une jeune fille de Montpellier en 1887. En métropole, où la pression coloniale est moins forte, la découverte de femmes libérées des contraintes sociales et des pressions familiales a fasciné de nombreux jeunes gens qui ont convolé avec des camarades de faculté, des militantes ou parfois leur logeuse, tel Habib Bourguiba*. Ce n'est pas un hasard si Messali* Hadj et Ferhat Abbas*, pour ne citer que des dirigeants politiques apparus dans l'entre-deux-guerres, épousent des Françaises, situation inconcevable de l'autre côté de la Méditerranée.

Métis

Sa figure, tragique et énigmatique, accompagne l'histoire de l'Europe depuis la conquête du nouveau monde. Quelle est son importance, quel est son statut ? Les renseignements statistiques sont incertains, en raison de l'absence délibérée d'informations dans les recensements de la population, qui ne distinguent que les nationaux, les étrangers et, dans le cas des colonies, les indigènes. En outre, l'identification du « sang mêlé » se heurte parfois au secret de ce qui est considéré comme enfoui dans la vie privée, comme une tache, et elle achoppe sur la définition même d'une réalité qui est très subjective. Sous le Front populaire, la commission d'enquête sur les colonies dirigée par Henri Guernut a du mal à présenter des décomptes. Madagascar : 5 500 (mais 1820 en 1944 selon d'autres sources) ; A-OF : 517 (une autre source donne 3 637 métis pour 16 000 Français en A-OF) ; Soudan : 500, Togo : 238, Dahomey : 366, Indochine : 100 000 (mais 300 000 en 1955).

Ces chiffres confirment la marginalité des métissages, sauf dans quelques vieilles colonies, les Antilles, La Réunion et la côte du Sénégal – où le phénomène renvoie à la période moderne –, ainsi qu'à Tahiti et au Tonkin (19 %

des Français). Ils ne représentent que 0,16 % de la population en Annam, mais, par la suite, la présence du corps expéditionnaire français, puis de l'armée américaine, a considérablement augmenté les chiffres. Seule une minorité d'enfants ont été reconnus par leur père français, et la plupart ont été élevés dans le milieu maternel indigène, souvent rejetés par les deux communautés. L'islam oppose un tabou religieux très efficace, les musulmanes ne pouvant établir une union avec un homme d'une autre religion.

L'étymologie de mulâtre, *mulatar,* de l'espagnol *mulato*, rappelle la stérilité attribuée à l'hybride comme une fatalité. Au XIXe siècle, les préjugés reçoivent le renfort de l'autorité scientifique. Car le métissage est un défi pour la définition classique posant la race comme une catégorie naturelle stable. Selon la Société française d'anthropologie*, « le problème des métis est un des plus graves et en même temps un des plus obscurs que l'anthropologie ait à résoudre ». C'est en fonction de présupposés négatifs qu'elle décide une grande enquête en 1908. Cette enquête, lancée avec solennité, paraît avoir donné des résultats décevants. Mais l'opinion scientifique dominante est négative. Le prix Nobel Charles Richet recommande dans *la Sélection humaine* en 1919, l'interdiction légale des mariages mixtes. L'Allemand Eugen Fischer, spécialiste des métis de Rehobots, appelle en 1942 les Français à se protéger : « Les lois et les institutions françaises permettent que le sang noir s'infiltre dans l'organisme du peuple français. C'est là le plus grand péché qu'un peuple puisse commettre contre lui-même. Une régression des capacités intellectuelles et culturelles de la France en serait la conséquence absolument inéluctable si le métissage continuait à s'étendre sur une vaste échelle. » Le docteur René Martial, aujourd'hui oublié, mais qui a eu son heure de notoriété, pense de même, et, avec lui, une gloire de la science, Alexis Carrel, autre prix Nobel.

Mais cette « théorie » achoppe sur les valeurs républicaines, et le principe d'humanité. Ils ont inspiré une solution au problème des enfants dits « naturels » nés outre-mer, qui, à la différence de la métropole, n'ont pas été reconnus comme des nationaux pendant longtemps. Cette solution n'a pas été admise sans obstacles. Longtemps, les tribunaux ont tranché de manière très contradictoire et ont souvent refusé la citoyenneté française, faute d'une éducation rendant digne d'elle le prétendant élevé dans le milieu maternel, faute de la « possession d'état de Français ». En Algérie et au Maghreb, les jugements concernant la situation des enfants des couples mixtes – même légaux –, contrairement au principe selon lequel l'application du droit français doit être privilégiée, ont parfois décidé de les soumettre au droit musulman. Cependant, à partir de 1895 en Indochine, de 1905 à Madagascar, puis dans le reste de l'empire, des associations philanthropiques, des orphelinats sont créés et des campagnes engagées en faveur des jeunes métis. Mais il faut attendre les années 1928-1930 pour qu'une série de textes attribuant la citoyenneté aux enfants naturels soient adoptés par les gouverneurs des colonies en Indochine puis en Afrique et à Madagascar, à l'instigation et, parfois, sous la pression du ministère. Si le droit républicain l'a donc emporté, il a été pénétré par la notion de race, et toute stigmatisation n'a pas disparu. Tardivement et mal insérés dans la communauté française, les métis étaient aussi en porte-à-faux par rapport aux nationalismes indigènes, qui ont vu en eux des agents de la domination coloniale. Le massacre dont ils ont été victimes cité Heyraud, à Saigon, en septembre 1945 en est une illustration dramatique. Cependant, les Cambodgiens et les Lao accueillent plus favorablement les métis ; comparé à celui de ses voisins, le nationalisme viet est plus ethniciste pour ne pas dire raciste. Toutefois et fondamentalement, les Viet ne sont pas hostiles au métissage, la preuve en est le grand nombre de Sino-Viets ou le mélange avec les Cham et autres minorités ethniques au cours des siècles. Il faut donc souligner que le rejet provient de la rencontre coloniale. Dans ce sens, il faut rappeler que Fanon* s'inquiète de la dualité des métis, que Jean Amrouche* se voit comme un monstre, et que Memmi* pense de même.

Bref, les types hybrides subvertissent l'ordre colonial et prouvent le caractère à la fois inéluctable et impossible des transgressions. Les difficultés des « Pondychériens », c'est-à-dire des Français originaires des établissements français de l'Inde installés en Indochine – en qui les Vietnamiens ont du mal à voir des colons légitimes et les colons des égaux –, celles des Antillais et des Réunionnais en Afrique rappellent que l'appartenance dite raciale, le stigmate de l'origine ne sont pas effacés par le statut juridique.

Un immense préjugé, partagé par presque toutes les sociétés attachées à la reproduction à l'identique, l'un des plus résistants, a pesé sur les métissages : c'est seulement dans les années 1950 que l'Unesco cesse de s'interroger sur ses conséquences négatives ; et Gilberto Freyre, dans son grand livre traduit en français, *Maîtres et esclaves*, leur donne la place centrale qui est la leur dans la genèse du Brésil. Aujourd'hui, ils sont de plus en plus perçus comme la pointe avancée de la mondialisation des sociétés. L'ancienneté et l'intensité des métissages dans les sociétés de plantation, l'abolition de l'esclavage et l'extension de la citoyenneté, une mobilité sociale même réduite ont permis la formation d'élites et de mouvements culturels qui aux Antilles, en Guyane, à La Réunion, dans les Quatre* Communes du Sénégal se réclament de la créolisation. Aujourd'hui, les anciennes métropoles sont gagnées par un processus d'hybridation qui donne sa couleur à notre époque, et qui est souvent perçu comme amplification des virtualités du fait colonial, bien qu'il soit lié surtout à la mondialisation en cours.

Un renversement récent des représentations tend même à faire du métis – au sens culturel du terme, la définition biologique n'ayant plus de pertinence – le type humain résultant des contacts entre sociétés, et y réagissant par emprunts, résistances, réinterprétations, par une recréation. Mais la mode actuelle du métissage ne doit pas masquer les violences de la longue histoire qui a présidé aux mélanges des populations dominantes et dominées ni occulter la complexité des tensions entre unification et diversification, le jeu des emprunts et des rejets, les risques de destruction de cultures ou inversement de particularismes fermés, à travers lesquels la pluralité progresse.

migrations et colonisation Elles ont des liens très étroits. La colonisation a suscité deux mouvements successifs. Au XIXe siècle, la tendance dominante est le grand flux de l'Europe vers l'outre-mer, qui épouse l'expansion territoriale et conduit du vieux monde vers les nouveaux mondes. Mais, hors la Grande-Bretagne, les pays de forte émigration ne sont pas des pays dotés d'un empire important, même s'ils le voudraient, telle l'Italie. Quant à la France, elle ne regorge pas d'hommes, et elle ne peut se passer de la main-d'œuvre que fournit l'Europe méditerranéenne au Maghreb.

Le renversement des flux du Sud vers le Nord s'effectue au XXe siècle par étapes. Mais cela ne signifie pas que les migrations aient été inconnues dans les pays colonisés auparavant. Comme dans toutes les sociétés, les régions pauvres (deltas surpeuplés d'Asie, régions arides et montagnes du Maghreb) envoient leurs hommes vers les villes, dans des mouvements saisonniers qui procurent des ressources complémentaires. Les métiers traditionnels inférieurs des médinas* sont assurés par des migrants. Autour de la Méditerranée*, de tout temps, comme l'a dit Braudel, la ville mange la montagne. Cependant, il est vrai que l'économie coloniale et la transition démographique ont donné une ampleur sans précédent aux déplacements.

La mise en valeur a créé des foyers d'appel – les régions de plantation, les mines, les grands travaux de chemins de fer et ports, les villes en général. En Côte d'Ivoire, les manœuvres construisant les voies ferrées viennent du Dahomey et de la Haute-Volta. Le Sénégal attire une main-d'œuvre provenant du Soudan et de la Haute-Guinée, qui se déplace pour fuir les corvées et l'augmentation des impôts et trouve à s'employer dans les plantations. En Indochine, l'immigration chinoise (400 000 en 1940) est bien antérieure à la conquête française, elle fournit nombre d'activités et a créé une diaspora. Mais la classe ouvrière se vietnamise, le delta du Tonkin surtout alimentant mines, plantations et usines du Laos, de Cochinchine et du Cambodge, où les Vietnamiens représentent 7 % de la population. Ils émigrent aussi vers la Nouvelle-Calédonie (mines de nickel*) et les Nouvelles-Hébrides (plantations). Ces mouvements permettent parfois de ruser avec l'ordre blanc. Les départs des Mossi de la Haute-Volta vers la Gold Coast tiennent à la fuite face à la culture forcée du coton. De même, les mines du Sud tunisien accueillent des tribus tripolitaines refusant la conquête italienne de la Libye.

Mais, le plus souvent, la situation coloniale établit des contraintes. En direction de la métropole, une réglementation empêchant les sorties des territoires colonisés ou les filtrant étroitement est mise en place, car les employeurs et les autorités d'outre-mer craignent le départ de leur force de travail et la contagion métropolitaine des esprits. *L'Afrique française* s'inquiète du nombre de casquettes sur les têtes des passagers de quatrième classe revenant à Alger – symbole ouvrier qui a une force d'autant plus grande au Maghreb que l'islam populaire est très hostile à la visière. Mustapha Kemal, Ataturk, qui a imposé la casquette parmi le train de réformes modernisatrices, a fait pendre des soldats qui refusaient de la porter !

Les flux demeurent longtemps limités, sauf quand la métropole l'exige, lors des deux guerres : en 1915-1919, 50 000 Indochinois et 20 000 en 1940-1946 viennent travailler en France, les Nord-Africains étant 500 000 entre 1914 et 1918. En 1931, on compte 85 000 Algériens en France, qui se concentrent dans la région parisienne et Marseille. C'est surtout après 1945 que cette immigration s'amplifie, à la fois parce que le marché du travail local ne peut plus absorber les sans-emploi et parce que la reconstruction et les Trente Glorieuses en métropole exigent une main-d'œuvre que l'Europe méditerranéenne et centrale n'est plus à même de fournir. Le statut de l'Algérie établit une libre circulation à partir de 1947, qui sera maintenue temporairement par les accords d'Évian*. Les Nord-Africains constituent l'avant-garde d'un mouvement qui s'étend ensuite à l'Afrique subsaharienne. Au moment de l'indépendance de l'Algérie, ses effectifs ouvriers en France sont aussi nombreux que ceux qui sont demeurés au pays. En 1962, on compte en France 350 000 Algériens, 33 000 Marocains et 27 000 Tunisiens, pour l'essentiel des manœuvres sans qualification (71 % contre 4,5 % d'OQ et 25 % d'OS) utilisés dans les secteurs les plus pénibles et les plus dangereux. Pour limiter les effets négatifs des conditions de vie des travailleurs immigrés, les *Boucs* de Driss Chraibbi, les premiers foyers sont créés à partir des années 1930, l'hôpital de Bobigny en mars 1935, puis la Sonacotra* en 1957, le Fonds d'action sociale en 1958. Cette population échappe au pouvoir colonial et au statut de l'indigénat, elle est réceptive au mouvement ouvrier et au mouvement national, aux idées diffusées par un journal comme *le Paria**. Aussi est-elle l'objet d'une étroite surveillance, par des services de contrôle et d'assistance tels que le CAI (Service de contrôle et d'assistance en France aux indigènes des colonies, créé en 1923) et la SAINA (Service des affaires indigènes de la Seine, créé en 1924). Le Slotfom (Service de liaison avec les originaires des territoires français d'outre-mer), créé en décembre 1925, qui succède lui-même à un service du ministère de la Guerre datant de 1916, associe des missions d'assistance sociale à un travail policier contre les communistes indochinois et les nationalistes maghrébins.

Le couvre-feu instauré par le préfet de police de Paris pour la population algérienne et la répression de la manifestation du 17 octobre* 1961 résument la condition de ces travailleurs plus que de longues analyses. Un nouveau type d'immigré colonial apparaît aussi, les réfugiés des guerres de décolonisation, Viêt Nam et Algérie, avec le million de rapatriés et les harkis.

Les mouvements s'amplifient après les indépendances, s'élargissent à d'autres pays de départ et d'accueil, et se transforment. Une immigration familiale se développe et les populations s'enracinent, phénomène classique de toutes les migrations. Mais la crise de la société industrielle et sa gestion libérale atteignent le plus durement les derniers arrivés, coloniaux et postcoloniaux. Aussi les stéréotypes hérités du passé influencent-ils les représentations et les pratiques de la société dominante, où la ségrégation pèse lourd, et celles des migrants et de leurs descendants.

ministère des Colonies Succédant à un sous-secrétariat d'État, ce ministère est créé par la loi du 20 mars 1894 sous le cabinet Casimir Périer, et s'installe au pavillon de Flore avant de déménager rue Oudinot en 1910. Sous le régime de Vichy (1940-1944), il redevient un secrétariat d'État, avant de réapparaître, de septembre 1944 à janvier 1946, sous le Gouvernement provisoire de la République française. Ses attributions sont finalement transférées au ministère de la France d'outre-mer avec la IVe République. Jusqu'en 1920, il est réorganisé à plusieurs reprises : ses services sont regroupés en directions tantôt géographiques (Afrique, Asie, Amérique), tantôt thématiques. Ce principe prévaut à partir de 1920 avec cinq grandes directions où dominent celles des Affaires politiques, des Affaires économiques et du Contrôle.

Mais le ministère souffre de la faiblesse de son personnel (environ 130 agents en 1894 et autant en 1935), de l'absence d'un secrétaire général après 1912, et surtout de n'avoir aucune compétence en matière de Défense en dehors des « vieilles colonies », Afrique noire, Madagascar, Indochine et Pacifique. L'Algérie est rattachée au ministère de l'Intérieur, les protectorats de la Tunisie et du Maroc, de même que les mandats du Levant (Liban, Syrie), relèvent des Affaires étrangères. De sorte que le brillant itinéraire ultérieur de certains de ses titulaires n'empêche pas ce portefeuille d'être en général peu prisé par le personnel politique. Il y a au total 44 ministres des Colonies qui, pour la plupart, détiennent ce poste à plusieurs reprises. Parmi les plus célèbres sous la IIIe République : Théophile Delcassé (1894-1895), Gaston Doumergue* (1902-1905 et 1914-1917), Étienne Clementel (1905-1906), Albert Sarraut* (1920-1924, 1928-1929 et 1932-1933), Paul Reynaud (1931-1932), Marius Moutet* (1936-1938 puis 1946-1947). Certains sous-secrétaires d'État y jouent également un rôle majeur, tels que Blaise Diagne* (1931-1932) ou Gaston Monnerville* (1937-1938). En 1946, le ministère est remplacé par celui de la France d'outre-mer.

missionnaire C'est celui – clerc, pasteur ou laïc – qui participe à une mission chrétienne. Défini au XVIe siècle au sein de la compagnie de Jésus, ce rôle fut d'abord dévolu à des religieux. La prépondérance des congrégations religieuses internationales reste par la suite un trait constant du catholicisme, même si le missionnaire peut aussi être membre d'une société de prêtres séculiers (Missions étrangères de Paris).

Personnage mythifié par une abondante littérature et iconographie, le prêtre missionnaire est présenté comme l'acteur principal de l'évangélisation, autour duquel s'organise la vie cultuelle et sociale. Il est décrit comme un homme de foi, pionnier intrépide de la vérité et de la civilisation, serviteur dévoué de l'Église et de la nation, capable de réconcilier outre-mer cléricaux et anticléricaux. De fait, il est bien le cœur du dispositif sur le terrain. Mais il n'est pas seul. Des statistiques établies par Rome en 1934 avancent, pour l'ensemble des missions étrangères catholiques, le chiffre de 10 666 prêtres, mais aussi de 4 972 frères et 20 360 religieuses. En effet, au premier cercle des prêtres se sont très vite agrégés d'autres agents, qualifiés d'auxiliaires de la mission, affectés aux fonctions que le prêtre ne peut pas assumer. Les frères peuvent appartenir à une branche issue de la congrégation principale (frères spiritains) ou à une congrégation indépendante (frères des Écoles chrétiennes). Ils accomplissent les tâches matérielles et enseignent dans les écoles de garçons. Les sœurs peuvent également être issues de la congrégation masculine (sœurs blanches chez les pères blancs) ou appartenir à des congrégations distinctes (Saint-Joseph de Cluny, franciscaines de Marie). Elles sont chargées de l'évangélisation des femmes* par le biais de l'école, des dispensaires, des visites à domicile. La mission s'efforce enfin de créer un clergé indigène, longtemps considéré comme auxiliaire.

Cependant, le personnel clérical ne monopolise pas l'action missionnaire. Ses effectifs, extrêmement réduits – quand on les rapporte aux populations –, et son origine étrangère limitent son efficacité. Il s'appuie sur de multiples relais locaux, catéchistes, chefs de village, instituteurs constituant un troisième cercle dont les sources écrites parlent peu mais dont les enquêtes orales ont révélé le rôle décisif. Le « personnel indigène » des missions catholiques serait en 1934 de 160 000 personnes. Dans les années 1930 vient s'ajouter l'appel à des laïcs. Principalement recherchés pour leurs compétences, comme médecins ou infirmières, plus tard comme enseignants ou techniciens, ils restent peu nombreux jusqu'à la fin des années 1950 mais ils contribuent à faire émerger un nouveau modèle, celui du coopérant, engagé à titre contractuel.

Le missionnaire protestant, au-delà des différences confessionnelles, rappelle par plusieurs traits le missionnaire catholique. Pour l'un et l'autre, le départ en mission est considéré comme une vocation spécifique, soigneusement vérifiée, et justifie de former les candidats. Le missionnaire pasteur occupe lui aussi le centre du dispositif. Secondé par des auxiliaires laïcs, masculins et féminins, il recourt largement aux autochtones : catéchistes, instituteurs, chefs de communauté, pasteurs. Un atlas missionnaire américain cite en 1925 les chiffres de 29 188 missionnaires et 151 735 auxiliaires indigènes. Mais les missionnaires protestants présentent des caractères originaux dont le plus visible est d'être en majorité mariés. Le protestantisme valorise le couple chrétien, où l'épouse est la première assistante du missionnaire et donne quelquefois naissance à de véritables dynasties.

La mise en cause de l'idée missionnaire entraîne dans les années 1970 celle du missionnaire lui-même. On lui reproche d'avoir été le complice de la colonisation, accompagnant le marchand et le soldat. Les romans africains dressent à l'heure des décolonisations des portraits sans concession qui participent de cette démythification. Pour sa part, l'historien découvre une réalité complexe où de multiples formes de collaboration avec le colonisateur et des comportements intolérants, voire violents, coexistent avec la défense des populations, en priorité quand elles sont chrétiennes, et un rôle actif dans la modernisation des sociétés et leur émancipation. Des enquêtes auprès des colonisés ont confirmé cette ambiguïté. Le missionnaire reste un étranger et son désir d'intégration se heurte à une limite qu'il ne peut franchir, quand bien même il renonce à toute forme de prosélytisme, tel Charles de Foucauld* victime d'un guet-apens en 1916 au Sahara*. Mais il n'est pas assimilé aux autres acteurs de la colonisation parce qu'il déploie aussi des formes d'action appréciées des populations et constitue un recours face à l'administration Il est plutôt rangé dans une catégorie intermédiaire, comme au Congo belge, où les populations du Kasaï le désignent sous le nom de *Blanc de Dieu* pour le distinguer du *Blanc de l'État* et du *Blanc du commerce.*

→ christianisme, colonisation

Mitidja Elle est le « chef-d'œuvre colonial » exalté lors du Centenaire* de l'Algérie française. Gaston Doumergue* y inaugure le monument à la gloire des pionniers qui ont bravé la malaria et payé un lourd tribut. De fait, cette vallée « infestée » mais fertile a été l'objet de drainages et d'une mise en valeur intensive : vingt-quatre centres sont créés entre 1830 et 1869. Déportés politiques et chômeurs, Alsaciens-Lorrains, viticulteurs du Midi ruinés par le phylloxéra ont contribué au miracle. Mais la légende coloniale occulte la part de la main-d'œuvre indigène, dont les salaires sont très bas, d'autant plus qu'elle vit en partie des ressources de la montagne, où elle a été refoulée par la colonisation. Autre accroc à la légende, la plaine prétendument couverte de maisons aux toits de tuiles rouges appartient en 1930 à quelques grands propriétaires. On compte seulement 139 lots de colonisation survivant depuis le XIXe siècle.

François Mitterrand Président de la République (1916-1995). Lorsqu'il devient ministre de la France d'outre-mer, en juillet 1950, il est difficile de distinguer chez lui une pensée qui sorte du conformisme ambiant favorable à l'« œuvre » accomplie et à sa pérennité. Ce n'est qu'à partir de son passage rue Oudinot qu'il va développer sa conception du devenir de l'Union* française et des réformes à engager pour la maintenir. Son avenir se décline avec pragmatisme sur le mode de l'« association » avec la France. D'indépendance, il n'est pas question. Il soutient donc la loi-cadre* Defferre de 1956 et se prononce pour « le maintien des liens indissolubles entre la France et l'Algérie » ainsi qu'en faveur de « la création d'une République fédérale ». Jusqu'au règlement de l'affaire algérienne, il prône un système d'association, tout en critiquant la politique outre-mer du nouveau pouvoir gaullien. Mais François Mitterrand n'est pas pour autant un défenseur de l'ordre colonial établi. Il ne goûte guère les solutions de force ou les situations pouvant y conduire. En ce sens, il est l'artisan, avec René Pleven, du retour du Rassemblement* démocratique africain et de son leader, Félix Houphouët-Boigny*, dans le giron de la République. Il se montre partisan de la promotion économique et sociale des individus, de l'égalité des droits, de l'appui sur des élites responsables. Les territoires doivent en outre disposer des ressources nécessaires à leur propre développement. Le cas algérien – bien que singulier – symbolise cette voie médiane qu'il prône, entre une politique de force et le statu quo et, d'autre part, l'indépendance pure et simple. Par-delà les Républiques, tant le parlementaire, le ministre que le futur chef de l'État demeure fidèle au principe d'une démarche maîtrisée du processus de décolonisation, dont le terme doit être la pérennité de liens avec la métropole, ainsi qu'à la sauvegarde de ses intérêts, mais pas forcément de ses « colons » (sociétés et hommes), ce qu'illustre la question calédonienne dans les années 1980.

MNA Créé en décembre 1954 par Messali* pour faire pièce au FLN*, le Mouvement national algérien (MNA), qui succède au MTLD*, refuse la décision du déclenchement de l'insurrection. D'où une guerre entre les deux organisations qui fait des milliers de morts. Le massacre de Melouza, où 374 villageois sont assassinés en mai 1957 par une unité de l'ALN*, est un des épisodes les plus sanglants de ces affrontements. Les « messalistes », dominés militairement et politiquement, n'ont alors plus d'espace, comme le montre le ralliement à l'armée française de leurs maquis les plus importants, dirigés par Mohammed Bellounis, en 1957.

Mohammed V Choisi pour sa docilité présumée, Mohammed Ben Youssef (1909-1961) succède à Moulay Youssef à dix-huit ans en 1927. Son destin va se confondre avec celui du Maroc*, qu'il va incarner. S'il signe le dahir* berbère de 1930 et s'il cède parfois aux pressions de la résidence, il préserve l'essentiel de ses fonctions. L'entrevue d'Anfa en janvier 1943 avec Roosevelt lui ouvre des horizons d'indépendance. Son refus de la politique des résidents généraux Juin* et de Guillaume lui vaut sa déposition et son remplacement en 1953 par Moulay Arafa. Cette épreuve alimente sa légende et il en sort grandi. Il abandonne le titre de sultan pour celui de roi en 1957 et mène une politique de modernisation savamment contrôlée.

moï Ce mot signifie « serviteur, valet ». Par extension il désignait les ethnies non viet, considérées comme attardées. C'est la deuxième acception qui a été retenue par les Français.

révolte de Mokrani On a donné à la dernière grande insurrection algérienne avant 1954 le nom de son chef, Ahmed el Hadj Mokrani (?-1871). Ce bachaga (titre honorifique d'origine turque pour un caïd) a pris la tête des aristocrates de Kabylie entre avril 1871 et janvier 1872. Mais l'insurrection, c'est aussi le djihad lancé par la confrérie* des Rahmaniyya, qui a une allure de « Vendée » populaire, selon Ismayl Urbain*. Un des facteurs du soulèvement est la chute de Napoléon* III et le triomphe des adversaires du Royaume arabe, ressentis comme une menace par les musulmans. Les tribus les plus combatives sont celles qui craignent la montée en puissance des colons et de passer sous administration civile. Mokrani ne parvient pas à négocier une paix honorable avec le gouverneur de Gueydon, « homme de race », aristocrate comme lui. Il meurt au combat en mai et est remplacé par son frère Boumezrag. On compte soixante-deux soldats et une centaine de civils tués. La répression est démesurée : l'aman (pardon) accordé par certains officiers est stigmatisé par les colons civils. Le tribut atteint 70 % du capital des insurgés, et 450 000 hectares de « bonnes terres de colonisation » sont confisqués. Pour la première fois, des jurys français d'assises sont saisis. Ils sont, de l'aveu du gouverneur Chanzy, « incapables de se dégager d'un préjugé de race », traitant les insurgés comme des séditieux (articles 91 et 96 du Code pénal) et des délinquants de droit commun, et ils prononcent des dizaines de condamnations à mort. La justice devient une arme au service des colons. Cet épisode sera inscrit en lettres de feu dans la mémoire algérienne, soigneusement cultivé par la chanson populaire : « On a semé la haine dans les villages/Nous la cachons sous terre/ Il en reste toujours/ C'est comme l'abondante récolte d'un champ défriché. » Boumezrag Mokrani, capturé en janvier 1872, est déporté au bagne* en Nouvelle-Calédonie avec une centaine de ses fidèles. Il y retrouve les communards. Presque tous ont participé à la répression de l'insurrection d'Ataï*. Mais Mokrani n'est autorisé qu'en 1904 à rentrer en Algérie, où il meurt en 1905. Certains Kabyles ont fait souche en Nouvelle-Calédonie, et des métissages en ont résulté.

Guy Mollet Secrétaire général de la SFIO, Guy Mollet (1905-1975) devient président du Conseil après la victoire d'un Front républicain, rassemblant son parti, les radicaux mendésistes et l'UDSR de François Mitterrand, aux élections du 2 janvier 1956. Obtenant carte blanche du Parlement, par les « pouvoirs spéciaux », le 16 mars 1956, il procède à l'envoi massif de rappelés en Algérie. Il autorise, aussi, la délégation des pouvoirs civils aux militaires, comme à Alger*, le 7 janvier 1957, où le général Massu* obtient les pouvoirs de police : arrestations massives et torture s'ensuivent. Son gouvernement nomme aussi le général Salan* commandant en chef. Et, s'il noue à plusieurs reprises des contacts avec le FLN*, il choisit de couvrir, le 22 octobre 1956, l'arraisonnement de l'avion de cinq de ses dirigeants, dont Hocine Aït Ahmed et Ahmed Ben Bella*. Enfin, confronté au scandale de la torture, Guy Mollet ne réagit qu'en tentant d'apaiser les esprits par la création d'une Commission de sauvegarde des droits et libertés individuelles, dont plusieurs membres finissent par démissionner pour dénoncer leur manque de pouvoir.

Les électeurs pensaient avoir voté pour la « paix », contre une guerre « imbécile et sans issue », comme Guy Mollet l'a lui-même dénoncée. Comment expliquer, alors, cet enfoncement dans la guerre, que Pierre Mendès* France et Alain Savary ont désapprouvé en quittant le gouvernement ? Effet de la « journée des tomates », le 6 février 1956, lorsque les Algérois l'ont bombardé de projectiles divers et rejeté la nomination du général Catroux*, jugé trop libéral ? En réalité, cette politique suit les conceptions de la majorité de la SFIO : opposés aux indépendances, les socialistes plaident pour une réforme de la tutelle coloniale dans un sens progressiste. Les « pouvoirs spéciaux » étaient aussi prévus pour prendre des mesures administratives, économiques et sociales. La réforme, cependant, impliquait au préalable le retour à l'ordre et, l'adversaire gagnant du terrain, la répression prima.

monnaie outre-mer Les échanges monétaires à l'ancienne perdurent au XIXe siècle : les populations africaines utilisent les cauris*, tout comme des barres de sel, voire des barres d'or, ainsi que la « troque » entre produits. Des monnaies d'argent des temps modernes circulent longtemps en Afrique sahélienne et orientale, comme le thaler autrichien. La monétarisation des échanges s'étend avec l'urbanisation et l'intégration de l'agriculture d'exportation. La stabilité monétaire est procurée par des banques* d'émission qui fournissent les liquidités (monnaie fiduciaire) nécessaires. La monnaie de banque (scripturale) se répand grâce à l'escompte des effets de commerce. L'insertion de l'outre-mer dans le système monétaire résiste aux fluctuations de l'entre-deux-guerres (inflation, dévaluations).

Tandis que la Banque d'Algérie & de Tunisie est nationalisée (1946), le renforcement de la puissance publique à la Libération débouche sur l'institution de la Caisse* centrale de la France d'outre-mer (CCFOM). Dans le cadre de la zone franc, le Trésor français (par des subventions d'équilibre) assure la compensation des déficits de trésorerie récurrents des colonies africaines, dont la capacité d'autofinancement reste insuffisante. À la différence de la piastre indochinoise, l'intégration monétaire de l'Algérie* puis des seules Antilles* s'effectue dans le cadre de la masse monétaire en francs métropolitains.

La piastre indochinoise. La Banque de l'Indochine émet la piastre de commerce à partir de septembre 1886 sous forme de pièces d'argent puis, plus tard, sous forme de billets convertibles. Le but est double: remplacer, à partir de 1903-1906, toutes les monnaies (piastre mexicaine et dollar de Hongkong) utilisées jusque-là dans les transactions en Extrême-Orient, et compenser l'insuffisance de francs disponibles. La piastre devient l'unique unité monétaire de l'Indochine coloniale jusqu'en 1952.

Sa valeur varie en fonction de celle du métal argent et du franc-or ainsi que de la balance des paiements de la colonie. Les conséquences en sont mitigées: les fluctuations favorisent tantôt les exportations, tantôt les investissements mais, dans tous les cas, la spéculation. En 1930, afin d'assurer la sécurité des capitaux métropolitains investis en Indochine, la piastre est « stabilisée », c'est-à-dire détachée du métal-argent et rattachée au gold exchange standard puis au franc métropolitain, son taux de change est fixé à 10 francs pour 1 piastre jusqu'en 1946. En 1945, après une dévaluation drastique pour résorber l'inflation du temps de guerre et redonner à la piastre une valeur sûre, le taux est fixé à 17 francs et il est maintenu en dépit d'une dépréciation due à la guerre, pour des raisons politiques. La spéculation sur les différences de taux de change engendre le trafic triangulaire piastre-franc-dollar US, qui ternit la réputation de la IVe République. La surestimation de la piastre permet aussi une « vague impressionnante » de transferts de capitaux vers la France (32 milliards de francs en 1947 à 745,4 milliards en 1950) lorsque la situation militaire tourne à l'avantage de la résistance vietnamienne. En 1953, le gouvernement français décide unilatéralement, sans consulter les États associés d'Indochine, de dévaluer la piastre en ramenant le change de 17 à 10 francs. La piastre est remplacée par le *dông* dans les deux Viêt Nam, par le *riel* au Cambodge et par le *kip* au Laos.

Le franc CFA. La dévaluation de décembre 1945 provoque un réajustement par rapport aux devises étrangères. Pour la première fois, les autorités monétaires choisissent des taux différents pour la monnaie circulant en métropole et celles qui circulent outre-mer. Deux unités monétaires sont créées: le franc des Colonies françaises d'Afrique (FCFA) et le Franc des Colonies et comptoirs du Pacifique (FCFP). En janvier 1948, une dévaluation entraîne la fixation d'une nouvelle parité: 2 FCFA pour 1 franc métropolitain, maintenue jusqu'en 1994. L'introduction du nouveau franc en janvier 1960 ne provoque qu'un changement formel de cette parité. À l'origine trois organismes étaient chargés de l'émission : la Caisse centrale de la France d'outre-mer (CCFOM), la Banque de Madagascar et des Comores et la Banque de l'Afrique Occidentale (BAO). Dès 1955, ils sont remplacés par deux instituts régionaux (A-OF et A-EF) d'émission. La zone franc qui a été ainsi créée et au sein de laquelle est garantie la liberté des transferts est une zone de commerce préférentielle.

Gaston Monnerville Homme politique français (1897-1991). Né à Cayenne, il poursuit ses études en métropole grâce à une bourse. Docteur en droit en 1921, il s'inscrit au barreau de Toulouse, puis de Paris, et est élu président de l'Union des jeunes avocats en 1927. Il obtient l'acquittement de Guyanais accusés de fraude électorale. Ce procès lui vaut un tel succès qu'il est élu député radical de la Guyane* en 1932 et 1936. Il est sous-secrétaire d'État aux Colonies en 1937 et 1938. Pendant la guerre, il est engagé volontaire dans la marine. Démobilisé, il proteste à Vichy contre la situation faite aux ressortissants d'outre-mer, participe à la Résistance dans le mouvement Combat. Désigné, en novembre 1944, pour siéger à l'Assemblée consultative provisoire, il y préside la commission de la France d'outre-mer. Le Gouvernement provisoire de la République française le charge de préparer une réforme d'où sortira l'Union* française. Après avoir été élu aux deux Assemblées constituantes, Gaston Monnerville est élu au Conseil de la République en 1946, dont il devient président en 1947. En 1948, député du Lot, il conservera ce mandat comme sénateur de la gauche démocratique jusqu'en 1974.

En 1958, il joue un rôle important dans le retour de De Gaulle* au pouvoir en ce qui concerne les modalités de l'investiture et le respect de la Constitution. Président du Sénat de 1959 à 1968, il s'oppose en 1962 au référendum instituant l'élection du président de la République au suffrage universel. Il aura présidé la deuxième chambre du Parlement pendant vingt et un ans. Un buste a été édifié à Cayenne et une esplanade porte son nom à Paris.

Henri de Montherlant Officier, de droite, Montherlant (1895-1972) s'affirme anticolonialiste dans *la Rose des sables* (écrit en 1932). « Quels affreux tyranneaux deviennent tant d'Européens aux colonies », écrit-il dans l'avant-propos de *Service inutile. La Rose des sables*, qui se situe dans le Sud marocain, montre comment la société dominée, affaiblie par le colonialisme, met en œuvre des stratégies d'évitement et de retournement et comment le nationalisme se développe. Il réaffirme ce sentiment dans *le Maître de Santiago* (1948), où la réplique de Don Alvaro, « Les colonies sont faites pour être perdues », est supprimée des représentations dans les années 1960. Il n'a pas souhaité publier *la Rose des sables* de son vivant pour ne pas nuire à son pays ; il s'y décide en 1968, mais, un tiers de siècle après, le livre a perdu beaucoup de sa virulence.

morne C'est une colline ou une montagne aux Antilles, refuge des marrons. Dans l'imaginaire, le morne (comme le piton à La Réunion) symbolise la conquête de la liberté puis le foyer d'une culture populaire préservée de l'assimilation imposée par la domination coloniale.

Moruroa Atoll des Tuamotu en Polynésie* que les cartes militaires appellent – à tort – Mururoa. Inhabité en 1964 et appartenant aux terres domaniales du Territoire, Moruroa est prêté gratuitement et pour le temps nécessaire à l'État « pour les besoins du Centre d'expérimentation du Pacifique », comme l'atoll voisin de Fangataufa. Le Sahara* devant être restitué à l'Algérie en 1967 et n'étant pas approprié aux tirs thermonucléaires, le gouvernement français cherche un autre site dès 1958. Le choix se porte (officiellement en 1962) sur ces atolls éloignés d'îles fortement peuplées, mais pourtant proches de quelques centaines d'habitants dont on reconnaît aujourd'hui qu'ils n'ont pas été suffisamment protégés. C'est sûrement aussi le cas d'un certain nombre de travailleurs sur les sites. Il y eut 41 essais aériens de 1966 à 1974. Entre 1975 et 1995, 140 essais sont effectués dans le socle des atolls. Ils sont interdits au public et restent sous surveillance de l'armée et de l'AIEA.

Grande Mosquée de Paris L'idée est avancée dès 1894, mais les conditions internationales, les massacres des Arméniens en Turquie en repoussent la réalisation. Après la guerre de 1914, elle s'impose. Le montage juridique est compliqué, en raison de la loi* de séparation de l'Église et de l'État de 1905. Un Institut musulman est créé sous l'égide d'une Société des Habous et des Lieux saints de l'Islam en 1920, pour recevoir subventions officielles et dons en contournant la loi interdisant de subventionner un culte. Une union sacrée rassemble Lyautey*, le très laïque radical Édouard Herriot, la Ville de Paris, qui fournit le terrain, et les souverains du Maghreb. La réalisation est confiée à un notable algérien, Si Kaddour ben Ghabrit. « Les tours de Notre-Dame ne seront point jalouses de la prière qui montera du minaret », affirme Lyautey. Le sultan du Maroc inaugure avec lui le bâtiment en 1926, peu après la fin de la conquête du Rif et la reddition d'Abd* el-Krim. Mais l'Étoile* nord-africaine dénonce la « mosquée réclame » où les immigrés n'entrent pas. C'est non au cœur du quartier Latin, mais à Bobigny, que sont construits un hôpital et un cimetière musulman en 1937. En 1954, le décès de Si Kaddour coïncide avec le début de la guerre en Algérie. Guy Mollet* choisit pour successeur Si Hamza Boubakeur, issu d'une lignée de marabouts et francophile. Il est impossible de résumer la suite, faite de conflits d'obédiences entre Paris et Alger, le nouvel État cherchant à contrôler l'âme de son émigration. La Grande Mosquée, jusqu'à la création du Conseil français du Culte musulman, en 2003, est restée la seule institution officielle de l'islam.

mots et colonisation Guerre d'Algérie? Elle est restée sans nom officiel jusqu'en 1999, cette impossibilité de nommer en dit long sur la difficulté d'assumer le conflit. Aujourd'hui encore, on ne parle pas de guerre franco-algérienne ni de guerre franco-vietnamienne comme on parle de guerre franco-allemande. Encore ne dit-on plus: pacification, maintien de l'ordre, rebelles, fellagha… L'historien de la colonisation ne peut ignorer non plus le vocabulaire des mouvements nationalistes, celui du FLN par exemple: djihad, moudjahid, Révolution…, qui exprime la vision du passé par le colonisé. Il ne peut ignorer le poids des mots: Charles-André Julien* s'est vu reprocher l'emploi du terme indigène, car surchargé négativement. Employé de Dunkerque à Tamanrasset, de Paris à Saigon, il gommait toute identité nationale et réduisait les colonisés à leur désignation par le maître. Il y a une guerre des mots, dont « Algérien », d'abord monopolisé par les Français d'Algérie, puis reconquis par les « musulmans » à partir des années 1940, est un exemple. Le terme pied-noir*, dont les origines sont obscures, vient compenser cette dépossession. « Tunisien » n'est employé dans les recensements officiels de la population par l'administration du protectorat à la place d'« indigène » qu'en 1936, quand le rapport des forces tourne à l'avantage des nationalistes. Le film *Indigènes* (Rachid Bouchareb, 2006) est un exemple de retournement positif réussi. Blanc, nègre, Noir, homme de couleur sont lourds de sens.

Les femmes (moukères*, mousmés*, fatma, congaï*…) ont été un objet de prédilection de cette guerre. Celle-ci a produit son lot d'insultes, nourri l'argot militaire, puis la langue civile (« Arbicot », « bicot »…), le vocabulaire ouvrier (« sarrazin » pour briseur de grève, non syndiqué, attesté en 1874 chez les typographes), voire l'horreur des camps nazis (où « musulman » désigne les déportés à l'approche de la mort). Car les mots ont une histoire: colon a désigné les terriens, mais aussi l'ensemble des Français d'outre-mer, il a été chargé de valeurs positives (défricheur, pionnier…), puis assimilé à exploiteur. Les polémiques récentes sur le terme « mise en valeur », utilisé au sens d'équipement destiné à l'exploitation des ressources de l'outre-mer, mais perçu par certains aujourd'hui comme éloge du colonialisme sont significatives. De fait, la colonisation a enrichi la langue française depuis « exotique » chez Rabelais jusqu'à « coolie », « tabou », « toubib »... Il est d'autant plus regrettable que les dictionnaires de la langue française soient si pauvres en matière de vocabulaire colonial: on n'y trouve, pour citer quelques exemples seulement, ni « bossale » (esclave arrivé d'Afrique), ni « coloniste » (partisan de la colonisation de l'Algérie), ni « décivilisé » (colon ayant perdu les vertus de la race par contagion des indigènes), ni « indigénophile », ni « nénaine » (nourrice), ni « roulaison » (récolte de la canne à sucre). Pourquoi ces disparitions de ce qui était un vocabulaire vivant, et appartenait à un patrimoine culturel ?

moukère, mouquère En espagnol *mujer*, du sabir algérien, *moukera, mouchéra*, « femme » (1830), ce terme familier de moukère, comme celui de fatma désigne la femme du Maghreb. Neutre en espagnol, il est chargé de connotations négatives dans la version coloniale, fréquemment utilisé dans la chanson grivoise ou obscène. Il désigne dans le langage familier une prostituée.

mouridisme Cette confrérie* religieuse spécifique au Sénégal, fondée vers 1904 par Ahmad Bamba Mbacké (vers 1853-1927), lettré wolof initié par Cheikh Sidiya, tire son nom du mot « mouride » qui désigne celui qui étudie, qui cherche Dieu. Le cheikh commence à enseigner dans le Baol (Sénégal), rassemblant de plus en plus de disciples, au point d'inquiéter les autorités françaises bien qu'il n'ait jamais pris de position politique. Exilé au Gabon en 1895 puis en Mauritanie en 1902, il est d'abord un « soufi », un mystique. Autorisé à rentrer au Sénégal en 1907, il s'installe en 1912 à Diourbel, où il meurt, en 1927. Sa sépulture est transférée à Touba, qui devient le centre de la confrérie et le lieu d'un pèlerinage annuel important le « grand magal ».

En 1914, les mourides avaient soutenu l'effort de guerre, allant jusqu'à encourager les engagements dans l'armée. Aussi les Français ont-ils contribué à l'accession du fils du cheikh, Mustafa Mbacké, au titre de « khalifa-général » de la confrérie, sans chercher à intervenir de manière trop ostensible dans la vie de celle-ci. L'éthique du travail, la soumission au marabout* et l'organisation en communautés (« dahira ») sont les caractéristiques principales du mouridisme. Installé primitivement dans le Baol, il a contribué au développement puis à l'extension de la culture de l'arachide vers l'est du Sénégal, le long du chemin de fer vers le Soudan, des années 1930 à l'indépendance. La confrérie est devenue un acteur économique majeur, s'adaptant à la domination coloniale. Dès le début du XXe siècle, elle joue aussi un rôle politique local essentiel, contribuant au choix de candidats comme Blaise Diagne*, en 1914. Après la Seconde Guerre mondiale, elle est du côté des leaders modérés comme L. S. Senghor*, qui, bien que chrétien, bénéficie de son soutien. Les mourides ont appelé à voter oui au référendum de septembre 1958. Leurs activités économiques se sont étendues au commerce et ils sont nombreux à avoir quitté les campagnes pour s'installer en ville ou à l'étranger.

mousmé Ce mot, qui vient du japonais, est synonyme de « moukère » et souvent confondu avec lui.

Marius Moutet Avocat, député de 1914 jusqu'en 1940, ministre des Colonies de 1936 à 1938, Moutet (1876-1968) décide la suppression du bagne* de Guyane. Il prône une colonisation de progrès et dans le ministère Blum, pilote un train de réformes sociales important, mettant fin au statut de l'indigénat* ; il nomme Félix Éboué* gouverneur de la Guadeloupe puis du Tchad. Cela dans les limites de la souveraineté française, ce qui le conduit à réprimer les communistes indochinois. Dans les limites aussi des intérêts des industries françaises, dont les paysans colonisés doivent être les clients. Il est l'un des fondateurs du FIDES*, malgré ses réticences envers l'industrialisation des colonies. Ministre de la France d'outre-mer de janvier 1946 à octobre 1947, il négocie d'abord avec Hô* Chi Minh puis assume la guerre* d'Indochine, comme il restera longtemps fidèle à l'Algérie française. Car, pour lui, le pire serait « le déchaînement des forces incontrôlables ».

MTLD En octobre 1946, Messali* Hadj crée le Mouvement pour le triomphe des libertés démocratiques, façade légale du PPA (Parti du peuple algérien), alors interdit. Ses succès électoraux entraînent le trucage des suffrages par le gouverneur général Edmond Naegelen. Le MTLD est dissous après le 1er novembre 1954 par le gouvernement de Pierre Mendès* France, bien que Messali ne soit pas à l'origine de la guerre. Il sera remplacé par le MNA*.

Paul Mus Historien, sociologue, spécialiste du Viêt Nam (1902-1969). Historien des religions asiatiques, il a été aussi un des spécialistes les plus novateurs des décolonisations dans *Vietnam, sociologie d'une guerre* (1952), au moment où Charles-André Julien* publie son *Afrique du Nord en marche*. Il analyse les trois données clefs : la communauté villageoise, le temps – celui de la fin du « mandat céleste » – fondant le pouvoir (en l'occurrence colonial), enfin le communisme. Mus a été engagé dans la Résistance, puis – pour éviter la guerre* d'Indochine – expert auprès du gouvernement. Enseignant à l'École de la France d'outre-mer, qu'il dirige un temps, il a été un intellectuel soucieux d'alerter l'opinion. Sans illusion sur les régimes issus des indépendances, il savait qu'on « n'avait jamais raison contre une nation ». Mais cette lucidité s'accompagnait de la volonté de conserver un horizon universaliste nourri par l'enseignement du philosophe Alain.

musiques et outre-mer Au Moyen Âge, déjà, les « danses sarrasines » de la cour de Charles VII choquaient les âmes pieuses. On connaît les turqueries de Molière, *la Marche turque* (1778) et *l'Enlèvement au sérail* (1782) de Mozart. L'orientalisme* romantique a eu dans ce domaine un effet bien moindre qu'en peinture et littérature, mais *Désert* du saint-simonien* Félicien David en 1844, qui reconstitue et adapte la musique arabe, a enthousiasmé la critique et le public. Par la suite, Reyer, Ravel, Debussy ont emprunté aux autres musiques. L'opéra se prête bien au thème oriental, Rossini compose *l'Italienne à Alger* en 1813, Verdi *Aïda,* créée en 1871 au Caire. Raynaldo Hahn adapte en 1902 une œuvre de Pierre Loti*, *l'Île du rêve*. Certains musiciens ont été aussi des voyageurs. Saint-Saëns tire de séjours en Algérie l'inspiration du 5e concerto pour piano, dit *l'Égyptien,* en 1896.

Dans la vulgarisation des représentations en matière de musique et de danse, l'Exposition universelle de 1889 paraît avoir eu une importance aussi grande qu'équivoque. Le grand public y a la révélation de la danse dite du ventre, attraction incontournable depuis. On retrouve là une attitude analogue à celle, déjà, d'un Théophile Gautier dans son *Voyage à Constantinople,* en 1856 : il traite sur le mode de la dérision les derviches tourneurs, alors que pour cette confrérie la musique et la danse ont une vocation mystique et qu'elle a su innover en empruntant rythmes et instruments occidentaux. La *nouba* subit le même détournement. De l'arabe *nawba*, francisé en 1867, c'est une musique très savante, un chant religieux, militaire ou profane qui doit beaucoup à l'Espagne andalouse ; elle a pris un sens péjoratif en français pour désigner une marche militaire, une fête bruyante. L'exposition de 1889 marque aussi un déplacement de l'intérêt pour le Maghreb vers l'Asie. En 1900, la danseuse japonaise Soudda Yacco obtient un grand succès. Le Ballet royal khmer triomphe en 1906 à Marseille puis Paris, suscitant l'admiration de Rodin. Debussy, Ravel et Roussel témoignent de l'audience des musiques asiatiques. Si l'exotisme musical recule à la fin du XIXe siècle, *le Livre de la jungle* inspire Charles Koechlin. Mais la colonisation en elle-même n'a guère été source d'œuvres, si l'on excepte la médiocre *Cantate* du Centenaire de l'Algérie jouée en présence du président de la République en 1930.

Surtout, à partir de la Première Guerre mondiale, le jazz importé par les soldats américains, supplante toutes les autres influences. Dans les années 1920, la vogue de l'art* nègre, picturale, littéraire avec Blaise Cendrars*, est aussi musicale avec *la Création du monde* de Darius Milhaud, en 1923. Au music-hall, Mata Hari danse l'Asie, et Joséphine Baker* devient un mythe. Feral Binga, qui joue aussi le rôle de l'ange de Cocteau dans *le Sang d'un poète* en 1930, crée un spectacle où il utilise les musiques de Debussy en 1933. C'est aussi le moment des « bals nègres », à partir de 1924 surtout, qui sont courus par les surréalistes, les savants ethnologues, Francis Carco... Après la biguine au début du siècle, la rumba s'impose dans les années 1930.

L'exposition de 1931 reprend ces modes et on y trouve le meilleur et le pire. On compte 110 représentations par des troupes venues des quatre coins de l'empire. Tout n'est pas que pacotille. La BNF a gardé de nombreux enregistrements ethnographiques, en grande partie inutilisés à ce jour. Antonin Artaud est ébloui par les danses de Bali, qui le confortent dans l'idée que le théâtre est fondé sur la gestuelle plus que sur la parole, mais la direction des fêtes est confiée à des responsables des Folies-Bergère et de music-hall.

Ces variations, ces échanges n'ont pas cessé, même si on du mal à les suivre. Au plus sombre de la guerre* d'Algérie, un courant musical « francarabe », dont les artisans ont été coupés de leur milieu par l'exode – mêlant les paroles, les accents et les airs du pays, les répertoires locaux et les modes françaises, l'art andalou savant et les tubes yéyés – est passé à peu près inaperçu. Il n'est pas sans intérêt de souligner que des chanteurs à succès, Dario Moreno, Dalida et Enrico Macias sont venus du sud de la Méditerranée. Le raï est né de l'Algérie cosmopolite aussi. À la fin des années 1950, les musiques africaines sont popularisées, notamment, par les Guinéens Keita Fodeba et son groupe de danseurs, et par le guitariste Kante Facelli. Et c'est toute l'Afrique francophone qui dansera en 1960 au rythme congolais d'*Indépendance cha-cha*. La colonisation a bien été une étape vers la mondialisation de la musique, vers la *world music*. Elle a vulgarisé (souvent dans le mauvais sens du terme) les rythmes de l'outre-mer. Mais le raï, les musiques africaines, antillaises et méditerranéennes font partie de la culture de la société française.

N

la Nahda (Renaissance) Mouvement de modernisation culturel dans le monde arabe au XIXe siècle, où les chrétiens libanais et d'Égypte ont une part non négligeable, elle concerne la langue, dont le caractère sacré – c'est celle de la Révélation – ne permet pas facilement la réforme, et se fonde sur une ouverture à l'Occident, des emprunts massifs aux savoirs européens, des traductions systématiques, un renouvellement des thèmes et des genres de la littérature, avec la naissance du roman et du théâtre moderne. La Nahda, de tonalité laïque, se développe parallèlement à un mouvement de réforme religieuse *(islah)* impulsé par al-Afghani et Abdou*.

Napoléon III et la colonisation Sa politique est méconnue. Si l'on excepte le Mexique, qui ne relève pas d'un projet colonial, elle a pourtant connu des succès: renforcement notable de la marine*, possessions qui passent de 300 000 km² en 1848 à un million en 1870.

En Afrique, la Côte de l'Or (Côte d'Ivoire), le Gabon, Ouidah, Porto Novo voient des avancés limitées. Au Sénégal, l'arachide incite à l'expansion au-delà des comptoirs. C'est l'œuvre de Faidherbe*, qui devient gouverneur de 1854 à 1865, presque sans discontinuer, étendant la colonie aux frontières actuelles. La progression se fait le long du fleuve, contre les Maures, El-Hadj* Ummar et le royaume ouolof de Cayor. Des jalons vers le Soudan et les « Rivières du Sud » sont posés. Avec l'ouverture de Suez, que Napoléon III (1801-1873) a aidée, l'océan Indien prend une importance considérable, mais il n'ose s'implanter face à l'Aden britannique. Obock seule est acquise, peu utile, en attendant Djibouti. Dans le Pacifique, après les déboires de la monarchie de Juillet, la Nouvelle-Calédonie devient française en 1853: vaste territoire ne comptant que 40 000 habitants, elle semble propice à des expériences de colonisation civile et pénale, à un bagne*. L'Indochine est assurément la grande entreprise: l'empereur d'Annam Tu Duc doit accepter un traité en 1863, comportant le libre exercice du culte catholique et la cession de la Cochinchine. Le Cambodge se place sous protectorat français pour se préserver du Siam. La route de la Chine par la voie du fleuve Mékong est explorée par Garnier*. En Algérie, la tentative de Royaume* arabe, conseillée par Ismayl Urbain*, destinée à éviter la mainmise absolue des colons sur la population musulmane, n'a pas eu le temps de porter ses fruits et elle est abandonnée par la République.

nationalismes

« Un monde de nations »

« Nous vivons dans un monde de nations », affirmait Zhou Enlai dans les années 1950, exprimant l'ampleur du phénomène qui a marqué son temps. Si certaines, tel le Viêt Nam, existaient bien avant la colonisation, d'autres sont nées en réaction contre elle et sont des créations des nationalismes. En effet, contrairement à sa représentation comme une réalité existant au-dessus de la société, la nation en est le produit. L'unification des territoires par la colonisation, son marché, son administration y a contribué, moins cependant que la mobilisation contre la déstructuration des sociétés, la lutte identitaire des colonisés qui construit une « communauté imaginée », crée une culture nationale. Cette lutte joue à la fois de la modernité retournée contre l'Occident et des héritages, des valeurs centrales des sociétés.

Les idéologies

Les idéologies nationalistes fournissent une explication de la colonisation et véhiculent des mythes capables de soulever les masses contre elle. « L'arabe est ma langue, l'islam ma religion, l'Algérie ma patrie », disaient les oulama*. Réaction à la crise de l'Empire ottoman et à sa disparition, le nationalisme arabe élaboré au Moyen-Orient est transmis au Maghreb. Il apporte une réponse à la décadence de l'unité politique de l'*oumma* (communauté des croyants) sous l'autorité du sultan et calife, successeur du Prophète. Ce titre disparaît quand Mustapha Kemal abolit la fonction et crée la République turque. L'impuissance du panislamisme* face à la domination occidentale a conduit à mettre en avant la notion d'arabité, associant la langue et une histoire longue et glorieuse. L'arabité, antérieure à l'islam (puisque le terme « arabe » remonte au Ier millénaire avant J.-C.), forme avec lui un ensemble structuré. Elle prend alors le pas sur le religieux, sans cependant rompre avec lui, mais en l'utilisant à des fins politiques. Les élites* nouvelles ajoutent un effort de réforme culturelle, la Nahda*.

Plus que la conception citoyenne de la patrie (qui, il est vrai, n'est pas exportée par la colonisation), on conçoit la nation comme une communauté organique, où la langue a une place fondamentale, d'autant plus qu'elle est celle du Coran. Cette prépondérance de la référence au passé est une spécificité du monde arabo-musulman, car le « modèle de Médine », de l'État construit par Mahomet dans cette ville, fondé sur la symbiose du religieux et du politique dans la personne du Prophète est considéré comme parfait. Le mettre en cause est toucher au sacré. La répugnance envers l'athéisme joue aussi contre le communisme. Si le Baas (parti de la Résurrection) compte des chrétiens parmi ses dirigeants, dont Michel Aflaq (1910-1981), et si la plupart des PC ont été fondés en partie par des militants des minorités, la tendance lourde est l'allégeance à l'islam. Cette allégeance s'impose d'autant plus que le nationalisme a pour objectif de mobiliser les masses. Nombre de leaders sont des « athées musulmans » comme les appelait Maxime Rodinson*, soulignant ainsi qu'ils ne croient pas ce qu'ils disent au peuple. Les termes de *moudjahid* (combattant de la foi) et de *chouada* (martyrs) pour désigner les « fellaghas » des Français sont pris au pied de la lettre à la base du FLN*, sinon par les intellectuels et les cadres politiques. Il n'y a guère de critique possible du conservatisme religieux dans la culture populaire, comme l'a montré le drame de Tahar Haddad*. Habib Bourguiba* dans les années 1930 n'hésite pas à défendre le voile contre les partisans de l'émancipation de la femme, ni à lancer un mouvement de masse contre les enterrements des naturalisés français, accusés d'apostasie, dans les cimetières musulmans. Il est sur les positions de l'AEMNA* et des étudiants nord-africains en France.

La nation malgache est perçue comme une communauté régie par une solidarité reposant sur le sang et la terre des ancêtres, le *tanindrazana*, dont la dimension religieuse, passant dans le politique, fonde la patrie. En Afrique noire, les élites nouvelles suivent un cheminement beaucoup plus lent et modéré, dont les Quatre* Communes et le Dahomey sont des foyers précoces. Les leaders y hésitent longtemps, comme à Madagascar, entre nationalisme et revendication de l'égalité au nom des valeurs républicaines. Ils proviennent de l'école, passent souvent par la Ligue* des droits de l'homme, la franc-maçonnerie* (Jean Ralaimongo*), et reflètent la culture et les intérêts des bénéficiaires de la citoyenneté – dont Lamine Gueye* est représentatif –, ou ceux des « Afro-Brésiliens »*. Numériquement faible au Dahomey (776 fonctionnaires en 1936), ce groupe – qui comprend aussi des notables et des commerçants – se fait entendre par *la Voix du Dahomey* à la fois auprès du pouvoir et dans le pays, bien au-delà de ses 2 % de lecteurs. Même très mesurés dans leurs objectifs et leurs méthodes, ces mouvements inquiètent parce qu'ils risquent de cultiver les aspirations populaires. *La Voix du Dahomey* comme *le Libéré* de Madagascar sont interdits quand ils se font l'expression du mécontentement paysan dans les années 1930. Mais, en 1938, l'octroi de la citoyenneté aux élites intellectuelles malgaches les détourne des mouvements populaires. D'autres mouvements, plus radicaux, tels le hammalisme (mouvement fondé par le cheikh Hammallah*) et les messianismes*, ont un fondement religieux, mais sont jugulés. C'est seulement ensuite que la donne change et que la décolonisation devient un horizon proche. Alors que la succession se prépare dans le cadre de l'Union* française, avec les parlementaires* africains, le Cameroun, en état d'insurrection en 1955, fait exception.

L'Indochine, où le communisme se marie au nationalisme, tranche sur le Maghreb et l'Afrique. Certains des aspects du bouddhisme* et du confucianisme ont permis une greffe. Mais le succès du communisme est dû surtout à sa prise en charge du nationalisme vietnamien et de la question agraire. La défaite du Can* Vuong et la tutelle coloniale de l'État, qui ouvre une crise du mandat céleste, appellent une reconstruction idéologique. Elle se fait par un transfert de la notion de fidélité due à la figure impériale vers la nation et un effort de réappropriation de la problématique du progrès. Reprenant au populisme russe l'idée que l'intellectuel doit aller au peuple, les révolutionnaires asiatiques réussissent à s'y enraciner, à lier la question sociale et la libération nationale, à construire un parti qui s'assure l'hégémonie.

Partis nationalistes et élites politiques

Ils empruntent aux modèles fasciste italien et russe et aux structures traditionnelles, telle la confrérie musulmane pour son mode de pouvoir autoritaire, pour le culte du chef. Leurs caractères tiennent aux particularités des luttes politiques et ce ne sont pas des machines électorales. En A-OF, on compte une dizaine de milliers d'électeurs sur 14 millions d'habitants vers 1930. Les partis ont dû survivre à la répression, agir dans l'illégalité, retourner la violence contre l'ordre colonial, mobiliser et encadrer les masses. Ce n'est que tardivement que les lois françaises favorisant la vie associative sont étendues outre-mer, en 1936 en Tunisie, 1946 en Afrique. Les partis utilisent les associations – celles du sport, celles des scouts… – comme courroies de transmission, soumises à un étroit contrôle, pour diriger et encadrer les mouvements qui font pression sur le pouvoir colonial dans les années de décolonisation. Ils fondent leur discours sur le peuple, parce qu'il est la masse souffrante, mais aussi parce qu'il est le gardien des valeurs de la société, parce qu'il incarne la nation. Il est d'autant plus héroïsé et mythifié que la masse devient une puissance, mais qu'on ne lui accorde pas de pouvoir politique, qu'on en attend la docilité envers les chefs. « La Révolution par le peuple et pour le peuple » porte en sous-titre *El Moujahid* (le combattant du djihad), le journal du FLN. Plus qu'aucun autre, en effet, le nationalisme algérien a mérité la qualification de populiste. Ce sont les humbles, les fellahs surtout, plus que les citadins, trop marqués par le contact colonial, qui, selon la propagande du Parti populaire algérien puis du FLN, ont mené une lutte héroïque jamais démentie. L'argument a permis d'écarter comme illégitimes les revendications de la bourgeoisie et des intellectuels et celles des salariés, dont l'égoïsme de classe n'a d'égal que la tiédeur patriotique pour le FLN. L'apparition de dirigeants politiques, dans une situation coloniale qui les interdit, est le produit involontaire de la colonisation. C'est une réponse aux blocages empêchant la formation d'élites nouvelles.

Une première évidence s'impose : les leaders ne sortent pas du peuple, contrairement à leurs affirmations. Au Liban-Syrie, Chekib Arslan* et Hanano appartiennent à de grandes familles. Parmi les 58 signataires du Manifeste de l'indépendance, qui lance, en 1944, l'Istiqlal marocain, 10 sont des religieux, 8 des juges et avocats, 6 des responsables du Makhzen* et 13 des membres de familles aisées de Fès et Rabat. En Algérie, les notables de Constantine, de Nedroma et de Tlemcen alimentent les rangs du mouvement des oulémas*. La plupart des dirigeants cambodgiens et laotiens émanent de l'aristocratie, et les proches compagnons de Hô sont issus majoritairement du mandarinat et de la « noblesse d'État ». Tran Van Giau, qui dirigera le Viêt-minh au moment de l'insurrection d'août 1945, est d'une bonne famille du Sud. Ngo* Dinh Diem, futur président du Viêt Nam du Sud, est le fils d'un mandarin catholique grand dignitaire à la cour, qui a participé à la répression contre le Can Vuong. En Afrique aussi, les chefs traditionnels se reconvertissent : Houphouët-Boigny*, chef traditionnel des Akoué, est aussi dirigeant du Syndicat africain des planteurs. En Algérie, où l'abaissement systématique des élites traditionnelles a eu des effets ravageurs, où l'émir Khaled* est évincé, il n'est pas étonnant que les déclassés soient parmi les pionniers du nationalisme, ainsi les « chefs historiques » du 1er novembre 1954. Messali*, dont le père, ruiné par la colonisation, a été contraint de se faire veilleur de nuit pour subsister, ne peut décrocher le certificat d'études et est contraint d'errer « comme un bouchon sur l'eau ». La répression scolaire des années 1920 à Saigon, Huê et Hanoi, qui aboutit à l'exclusion de centaines d'élèves de lycées et collèges, provoque leur passage collectif dans le camp révolutionnaire.

Cependant, l'instrument majeur de la formation des leaders a été l'école*. Les écoles coraniques et les universités-mosquées de Fès et Tunis (Allal el

Fassi*, Ben Badis*, Al Madani*, Abelaziz Thaalbi*), les filières des lettrés en Asie, ainsi qu'une large part de culture autodidacte dans certains cas, ont été des conditions préalables. Mais la connaissance de la langue et de la culture du colonisateur est indispensable. La voie royale des modérés a été la « laïque » : ce sont des instituteurs, Mamadou Konaté et Modibo Keita* qui ont créé l'Union soudanaise, et l'on connaît l'importance de Jean Ralaimongo* à Madagascar. L'école* William Ponty a été une pépinière des « évolués » et de la classe politique africaine. La génération des Ben Barka*, née à partir des années 1920, est plus radicale. Pour les Tunisiens, les Marocains (Ahmed Balafrej), les Libanais (Chahabandar) et les Sénégalais, il faut souligner le rôle particulier de l'Université. Les études de droit et le métier d'avocat, puis celui de médecin, ou de pharmacien pour Abbas*, ont la faveur des étudiants. Lamine Gueye*, auteur de la première thèse sur les Quatre Communes du Sénégal, Phan* Van Truong, Nguyen* An Ninh, Bourguiba ont une formation de juriste. L'Église a, elle aussi, produit des leaders : Barthélemy Boganda, prêtre catholique, Fulbert Youlou. Ruben Um Nyobé, leader camerounais, est, lui, issu, des écoles des missions presbytériennes. Au contraire, chez les Algériens – dans les mouvements les plus radicaux –, les « évolués » ne constituent pas le groupe dominant. L'émigration a beaucoup compté. Elle est à l'origine de l'Étoile* nord-africaine, dont les assises se trouvent chez les travailleurs algériens en France. Messali se forme au contact du mouvement ouvrier et assiste à certaines conférences du Collège de France.

L'armée aussi a été une école. La « génération du feu », coloniale, de la Première Guerre mondiale a fourni de vigoureux contestataires : le Sénégalais Lamine Senghor*, le Gabonais André Matswa*... L'adjudant Ben Bella, décoré à Monte Cassino lors de la campagne d'Italie, se retrouvera parmi les activistes du Parti populaire algérien (PPA-MTLD). Dans l'encadrement du FLN, les anciens d'Indochine et les déserteurs de l'armée française sont nombreux. Pourtant, le plus remarquable stratège de la guerre anticolonialiste, le général Vo Nguyen Giap*, est un professeur en rupture de ban.

Car l'accès au sommet ne demande pas que des conditions préalables. Ben Bella, comme Habib Bourguiba quand il crée le Néo-Destour, ou Nguyen Ai Quoc (Hô* Chi Minh) à Tours, franchissent le Rubicon, qui n'est pas un fleuve tranquille. Ce n'est pas à la portée de tout le monde.

Des réseaux de solidarité sont nécessaires. Les origines ethniques et régionales (le Sahel en Tunisie, la Kabylie, la province de Nghe An au Viêt Nam, bastion révolutionnaire, qui a vu naître Hô) comptent beaucoup. Ces réseaux peuvent être aussi des groupes d'anciens élèves, ceux des collèges

Moulay Idriss à Fès et Moulay Youssef à Rabat, ou de l'école William Ponty, de Sadiki*... Le mouvement ouvrier a formé ses propres cadres, le noyau dirigeant du Parti* communiste vietnamien à l'Ecole des travailleurs d'Orient de Moscou ou à l'académie militaire de Whampoa ou Huangpu en Chine. Au contraire, le syndicalisme n'a, sauf exceptions (non négligeables!) comme Farhat Hached* et Sékou Touré*, fourni que des filières corporatives.

Enfin, la prison est une université et confère un rôle de martyr, dont Habib Bourguiba a su tirer parti, de même que les chefs FLN de l'avion arraisonné en 1956. Au Viêt Nam, la quasi-totalité des dirigeants révolutionnaires de la première génération a « fait » les bagnes de Poulo Condor*, Son La, Lao Bao... pour ne citer que les plus connus! On ne saurait enfin ignorer le rôle des forces politiques métropolitaines: la SFIO accueille Lamine Gueye et Léopold Sédar Senghor*, le PC a soutenu quantité de mouvements, dont le Rassemblement* démocratique africain (RDA). Un who's who des chefs d'État africains ressemble à un annuaire des parlementaires français: Léopold Sédar Senghor, Félix Houphouët-Boigny, Barthélemy Boganda, premier député d'Oubangui... Tous les leaders nationalistes qui ont accédé au pouvoir s'inscrivent dans la sphère de la modernité. Privés de perspectives par la colonisation, ils sont devenus, comme le craignait le ministre Albert Sarraut*, de « mauvais bergers ». Bilingues, et parfois polyglottes comme Hô Chi Minh, ils peuvent pénétrer le secret de la puissance occidentale, tout en s'adressant au peuple dans sa langue, en utilisant ses référents culturels. Ils sont parmi les rares colonisés à disposer alors de cette situation stratégique à l'articulation des deux mondes opposés et complémentaires sur lesquels ils veulent agir.

Mais rendre à cet immense drame historique qu'ont été les luttes de libération une de ses dimensions majeures impose de suivre et d'interpréter le trajet d'individus exceptionnels qui donnent parfois l'impression d'être « montés à l'assaut du ciel ».

naturalisations La citoyenneté attribuée aux esclaves par l'abolition de 1848 ne l'a pas été dans les colonies conquises au XIXe siècle. Les chiffres parlent: 31 naturalisés en Indochine en 1925, 300 en 1939, 2 en A-OF en 1937, qui doivent remplir onze conditions préalables. En Algérie, 1 622 en un siècle, une huitaine par an entre les deux guerres: au total il y a 7 541 citoyens français d'origine indigène en 1936, 3 761 Arabes et 3 711 Kabyles précise-t-on. Les Kanak*, français « à moindre degré » ou « nationaux incomplets », ne bénéficient d'aucun texte législatif concernant leur naturalisation jusqu'en 1932, comme la Côte des Somali jusqu'en 1937.

Les colonisés sont devenus des sujets, le terme s'impose – y compris dans le vocabulaire juridique, bien qu'il soit très connoté par l'Ancien Régime. Les musulmans algériens, depuis le senatus consulte de 1867, sont des « nationaux » non citoyens (à la différence des juifs bénéficiaires du décret Crémieux de 1870 et des Européens auxquels est appliquée la loi de 1889). L'argument de l'incompatibilité avec le statut personnel dû à la *charia* (la loi idéale, inspirée par l'islam), par lequel l'administration algérienne s'oppose aux demandes, n'a pas prévalu au Sénégal ni dans les comptoirs de l'Inde, et il a été annulé par l'ordonnance du 7 mars 1944, prise par Catroux* pour attribuer la citoyenneté à quelque 40 000 personnes. Il est vrai que les conflits de droits sont possibles, et ils n'ont pas manqué chez les citoyens des Quatre communes*, ni en Inde, où les castes refusent de disparaître et de respecter le principe d'égalité. Mais la vérité coloniale est dite par le gouverneur général d'Algérie, de Gueydon, qui refuse le risque de créer « d'un seul coup deux millions de citoyens au milieu desquels la citoyenneté française serait étouffée », ce qui menacerait « notre domination ». De Gaulle* s'inquiétera de voir la France couverte de mosquées et préférera à cela l'indépendance de l'Algérie. Il faut ajouter que l'islam a été un obstacle réel aux naturalisations, qui sont présentées comme des apostasies par l'AEMNA*, par les oulama*, par les nationalistes, y compris Bourguiba*.

Cependant, l'islam ne doit pas cacher le refus quasi systématique des naturalisations par l'autorité coloniale : confucéens, bouddhistes, chrétiens ont été traités de même. C'est donc qu'il y a une caractéristique coloniale de la nationalité, qui joue aussi contre les métis*. À partir de la fin du XIXe siècle, la notion de race prend une importance sans précédent et intervient dans les catégories juridiques. « On se rend compte qu'un Français né en France de parents français, dont les ancêtres ont toujours demeuré sur le sol qu'ont cultivé leurs père, n'est pas de même nature que le sujet qui est né et fixé dans un pays nouvellement annexé [...]. Il en diffère par l'origine ethnique, l'hérédité, les coutumes, la mentalité, le caractère et le degré de civilisation » (Conseil supérieur des colonies, 1926). Le recueil Dareste (1916, II, p. 7), qui fait autorité en matière de droit colonial, critique explicitement les législateurs de 1848 : « La théorie de l'assimilation régnait alors souverainement ; les distinctions de races étaient ignorées... » On « n'avait même pas entrevu la question ». Ici, la conception biologique de la race s'entremêle avec une composante de la culture française, le néolamarckisme, qui met l'accent sur le milieu, les liens entre sol, hérédité, sang et civilisation, bien loin des conceptions de Durkheim. D'ailleurs, la notion de citoyenneté héritée de la Révolution recule au profit de celle de nationalité, chargée de connotations identitaires, mettant en avant comme le fait Renan un long passé commun, une âme collective plus que l'adhésion à un contrat social. L'influence de la colonisation sur le droit métropolitain est longtemps passée inaperçue, pourtant c'est à travers l'expansion outre-mer que la race pénètre dans les textes, y compris dans la Constitution de la IVe République. Avec l'Union* française, l'accès à la citoyenneté de tous les colonisés est posé, sinon résolu.

Ce passé semble à la fois dépassé aujourd'hui, au regard des millions de Français de culture musulmane, et très présent dans les débats redondants sur le Code de la nationalité.

nègre Ce mot désigne un homme de race noire et, au figuré, l'homme à tout faire, exploité sans limites. Le terme a pris une connotation négative en français et on a lui a substitué « Noir » à l'époque des décolonisations.

négritude En 1921, le prix Goncourt est attribué à *Batouala*, « véritable roman nègre », de René Maran*. Résultant de la charge contre les abus du colonialisme, l'effet de bombe du prix s'explique par les origines de l'auteur, fonctionnaire antillais en Afrique centrale. Les années 1920 sont également celles de *l'Anthologie nègre*, de Blaise Cendrars*, de la vogue du jazz et de l'« art nègre ». Parmi les facteurs propices à l'éclosion d'une expression esthétique originale dans la diaspora africaine et antillaise, il faut souligner l'accueil des intellectuels, de Picasso, des surréalistes, de musiciens... Ces confluences ont sans doute joué un rôle déterminant pour aider les étudiants plongés dans une « sorte de désespoir panique », comme l'a dit Léopold Sédar Senghor*, à réagir. L'une de ces réactions est le débat sur le métissage et la négritude.

Les Martiniquais et les Guadeloupéens de Paris, souvent descendants des « libres de couleur », s'efforcent de développer une synthèse entre leurs deux origines, qu'ils considèrent indissociables. Réagissant aussi contre l'enracinement de l'eugénisme dans la culture dominante, qui dénonce dans l'hybridation un risque de dégénérescence, ils font l'éloge des mélanges : si les sociétés africaines sont attardées, c'est qu'elles ne se sont pas ouvertes à l'Occident. Mais un autre courant prend ses distances envers le modèle français et évolue vers un retour à l'Afrique. *La Revue du monde noir* (novembre 1931 – avril 1932) a été un lieu de décantation : c'est vers les racines noires qu'elle penche rapidement. Elle est influencée par le panafricanisme* américain, dont Claude McKay et Langston Hughes donnent une expression littéraire, et le mouvement indigéniste haïtien, avec *Ainsi parla l'oncle,* de Price-Mars* en

1928. La redécouverte du folklore, du culte vaudou, de la langue créole, de la lutte de Toussaint-Louverture* et de la naissance du premier État libéré de l'esclavage converge avec la critique de la colonisation. Les relations entre intellectuels antillais et africains favorisent ce cheminement. En 1928, Senghor arrive à Paris, l'année précédant la traduction de *Banjo,* de McKay. Cette évolution conduit à *Légitime Défense,* dont le numéro unique, en 1932, est un brûlot contre la « bourgeoisie de couleur » qui trahit son origine. Pour les plus radicaux, la quête identitaire passe alors par le retour aux sources, à « l'esprit de brousse », par le rejet de l'assimilation, comme Césaire* l'affirme dans le premier numéro de *l'Étudiant noir* en 1935. « Que veut la jeunesse noire ? Vivre. Mais pour vivre vraiment, il faut rester soi. La jeunesse noire veut agir et créer, elle veut avoir ses poètes, ses romanciers, qui lui diront à elle ses grandeurs à elle [...]. La jeunesse noire tourne le dos à la tribu des Vieux. La tribu des Vieux dit : Assimilation. Nous répondons : Résurrection. » Le courant littéraire de la négritude qui prend forme alors est marqué par Senghor.

néocolonialisme Le terme désigne couramment de manière péjorative la politique de domination qui se poursuit après des indépendances plus formelles que réelles, en Afrique noire en particulier, demeurée un « pré carré » français pour certains. Mais la notion serait plus adéquate pour désigner les tentatives de redéfinir la politique coloniale à partir de la crise de 1929, en réponse au sous-développement et aux nationalismes, par des réformes économiques, sociales, politiques, mais en excluant les indépendances. C'est ce qui a été entrepris à la Libération avec l'Union* française.

Ngo Dinh Diem (Ziem) Homme politique vietnamien (1901-1963). Fils d'un haut mandarin de la cour impériale d'Annam, il appartient à une grande famille catholique (son frère Ngo Dinh Thuc fut l'un des premiers Vietnamiens consacré évêque). Lui-même entre dans la carrière mandarinale après des études de droit à l'université de Hanoï. D'abord préfet d'une province du centre du pays, où il acquiert la réputation d'un homme à poigne, notamment vis-à-vis de l'agitation communiste des années 1930-1931, il est nommé Premier ministre. Mais il démissionne rapidement en 1933 parce qu'il juge impossible de conduire des réformes sous la tutelle des Français. Dès lors, il est considéré comme un opposant au protectorat. Pendant la Seconde Guerre mondiale, protégé des Français par les Japonais jusqu'en 1945, emprisonné par les communistes et libéré par Hô* Chi Minh en personne, il refuse de collaborer avec celui-ci pour deux raisons : il est un nationaliste sincère et un catholique intransigeant, et son frère Ngo Dinh Khoi, gouverneur de province, vient d'être fusillé par les communistes. Considéré par les Américains comme le seul homme capable de s'opposer avec succès au PC après les accords de Genève (1954), il chasse Bao* Dai et fonde la République du Viêt* Nam (au sud du 17e parallèle) en 1955. En 1963, il est renversé par l'armée avec l'aval des Américains avant d'être assassiné par des officiers.

Nguyen An Ninh Intellectuel vietnamien (1899-1943). Fils d'un lettré sympathisant du mouvement des néoconfucéens réformateurs et modernistes, (1905-1908), il est né dans la périphérie de Saigon. Licencié en droit à l'université de Paris où il fait partie des Cinq* Dragons, Ninh se lance dès son retour dans la lutte pour l'indépendance et la justice selon les idéaux républicains. Le quotidien en langue française qu'il crée et anime, *la Cloche fêlée*, rappelle l'esprit de 1789. En ce sens, Ninh représente comme ses compagnons de route « retour de France » (on désigne ainsi les étudiants revenus au pays) – Phan Van Truong et Nguyen The Truyen – une figure charismatique de la génération des intellectuels formés à l'occidentale. Par ses prises de position sur la vie politique, culturelle et sociale dans la colonie et par ses méthodes d'action (presse, association, parti), il a exercé sur ses contemporains une influence considérable.

Nguyen Thi Minh Khai Descendante d'une famille de mandarins, Nguyen Thi Minh Khai (1910-1941) a fréquenté l'école primaire avant d'adhérer au parti Tan Viet (branche de l'Association des jeunes camarades révolutionnaires, fondée par Hô* Chi Minh en 1925). Déléguée au VIIe congrès de l'Internationale en 1935, elle s'y présente comme l'épouse de Hô Chi Minh. Selon la version officielle, ils ne furent jamais mari et femme. Rentrée au Viêt Nam en 1938, elle dirige le parti dans la région de Saigon-Cholon. Arrêtée par les Français, elle est fusillée au lendemain du soulèvement communiste. Son compagnon Le Hong Phong meurt sous la torture en 1942 à Poulo* Condor.

Nguyen Tuong Tam, dit Nhat Linh Intellectuel vietnamien (1906-1963). Issu d'une famille mandarinale, il s'intéresse au journalisme après des études inachevées à l'université de Hanoi, et part en France. De retour au Viêt Nam, il mène de front une triple carrière littéraire (chef de file avec Khai Hung du mouvement Tu Luc Van Doan, « groupe littéraire autonome »), culturelle (directeur de la revue *Phong Hoa,* « Mœurs ») et politique (ministre des Affaires étrangères en 1946 dans le gouvernement d'union nationale de Hô* Chi Minh). Après la rupture avec le Viêt-minh*, il revint à Hanoi, puis s'établit dans le Sud au lendemain des accords de Genève (1954). Arrêté par Ngo* Dinh Diem, il se donne la mort en juillet 1963 à la veille de son procès.

Nguyen Van Tao Communiste vietnamien (1908-1970). Comme les autres anciens membres de la section coloniale du Parti communiste français, Nguyen Van Tao, Duong Bach Mai (1904-1965) et Tran Van Giau (né en 1911) sont issus de familles aisées du Sud et ont connu le même parcours scolaire (études à Saigon puis en France). Ils ont participé aux mouvements de contestation urbaine de 1925, au rapprochement avec l'extrême gauche métropolitaine, et ont été intégrés dans les structures d'accueil communistes (Ecole des travailleurs d'Orient à Moscou) avant de retourner comme révolutionnaires professionnels dans leur pays. Ils rejoignent les cadres recrutés et formés par Hô* Chi Minh en Chine du Sud à partir de l'association du Thanh Nien (Jeunes Camarades révolutionnaires). Alors que Giau s'occupait surtout de la formation et de l'organisation du parti dans le Sud, Tao et Mai ont contribué au journal saïgonnais, *la Lutte*. Mais la rupture avec les trotskistes imposée par Moscou met fin à l'alliance. La décapitation de la direction du parti (Nguyen* Thi Minh Khai, Le Hong Phong...) marque le déclin du communisme dans le Sud et l'ascension des gens du Centre. Tao ne jouera plus qu'un rôle de second plan. Giau sera à la tête de la révolution d'août 1945 à Saigon.

Nguyen Van Vinh Intellectuel vietnamien réformateur (1882-1936). Diplômé du Collège des interprètes en 1896, et secrétaire de la résidence, il découvre la France lors d'une mission à Marseille pour l'Exposition coloniale de 1906, découverte qui change le cours de sa vie. Enthousiasmé par ce qu'il voit et par la presse moderne, il démissionne, se lance dans le journalisme et la carrière éditoriale. Rédacteur en chef du *Dong Duong Tap Chi* («Revue indochinoise») et du *Trung Bac Tan Van* («Nouvelle Revue du Centre et du Nord»), il en fait un quotidien, le premier en langue vietnamienne. Avec Émile Vayrac, il fonde la collection *Au Tay Tu Tuong* («Pensées de l'Occident») pour diffuser ses traductions du français. Membre du conseil municipal de Hanoi, il participe à plusieurs comités consultatifs pour le développement de l'Indochine. Il est considéré, avec son contemporain Pham Quynh, comme un de ceux qui ont le plus ouvert le Viêt Nam à la modernité.

nha que Ce mot vietnamien signifie « campagne, paysan » (par extension « péquenot »). Les coloniaux en firent un terme péjoratif: *niacoué, nhac* pour désigner tout Vietnamien. Équivalent de « bicot », « raton » et « bougnoule ».

nickel Découvert en 1864 par Jules Garnier, le nickel est exploité en Nouvelle-Calédonie* dès 1875 et constitue la principale richesse de l'île. Cette activité, tenue par quelques familles européennes dont la puissante société Le Nickel, a suscité l'arrivée de milliers d'engagés* asiatiques dès les années 1880, puis de travailleurs océaniens et européens et constitue un réel enjeu économique, politique et social. Souhaitant associer les Kanak* au développement économique, le général de Gaulle accepte en 1967 la création d'une deuxième usine de traitement dans le Nord. Le nickel attirant les convoitises de sociétés nord-américaines tel INCO, les lois Billotte de 1969 le soumettent au contrôle exclusif de l'État. Suite aux accords de Matignon* de 1988, les accords de Nouméa* de 1998 dont le nickel fut un enjeu majeur de la revendication indépendantiste, ont lancé avec la société Falconbridge le projet d'usine du Nord et, en 2000, restituent ses compétences minières au territoire.

Niger Le territoire situé au confluent de l'Afrique du Nord, du Centre et de l'Ouest constitue un enjeu géopolitique. Il est dominé au XVIe siècle par de brillants royaumes, le Songhaï et le Kanem-Bornou. À la fin du XIXe siècle, ce sont des États haoussa et des sultanats peuls qui ont fait face à l'expansion européenne. Pour la France, la conquête était indispensable afin de s'assurer un bloc homogène de la Méditerranée à l'Atlantique et du Sénégal au lac Tchad. Elle intensifie la lutte contre Rabah (un marchand d'esclaves ayant conquis une partie des pays centrafricains et tchadien), qui est tué en 1900, mais l'irrédentisme des populations la conduit à décréter le Niger territoire militaire et à administrer les régions nouvellement conquises à partir du sultanat de Zinder.

Les Touareg* de l'Aïr, soutenus par la confrérie Senoussiya, se soulèvent en décembre 1915 dans le Gourma, conduits par Kaocen ag Kedda de la tribu des Igerzawen. Le chef des Iwellemmeden de l'Ouest, Firhoun, évadé de la prison de Gao pour diriger une insurrection ouverte contre l'occupation française, est tué en juin 1916. Kaocen continue ses escarmouches avant d'être pendu par ses alliés turcs (qui occupent alors une partie de la Libye), le 5 janvier 1919. Les autres régions du Niger ont aussi opposé une résistance farouche, vaincue notamment par la colonne Voulet*-Chanoine. Les sultans d'Agadez, de Bilma, de Zinder et de Tessaoua doivent accepter la signature des traités avec la mission Foureau-Lamy* en août-novembre 1898, ce qui permet la jonction du Sahara au Soudan français. La conquête s'accompagne de massacres, telle la séance de décapitation au sabre des dignitaires africains suite au siège du fort d'Agadez, en mars 1917.

Le territoire militaire ne devient colonie qu'en 1922 avec comme capitale Niamey (1926). Deux traits la caractérisent : la longévité de ses administrateurs et la difficulté à y juguler les crises de subsistances et les famines. Le Niger adhère à la Communauté* le 18 décembre 1958, puis accède à l'indépendance totale le 3 août 1960, avec comme premier président Diori Amani.

Norodom Sihanouk Le gouverneur général Decoux le choisit – pratique courante dans les monarchies sous protectorat français – pour succéder au roi du Cambodge* Monivong en 1941. Sous des apparences aimables et dociles de dilettante et d'épicurien, Norodom Sihanouk (né en 1922) laisse percer un aspect différent en rejetant l'adoption de la transcription romanisée de la langue khmère, que veut lui imposer le résident supérieur de France. S'il ne s'oppose pas au retour de la tutelle française en 1945, alors qu'il n'a pas refusé l'indépendance octroyée par les Japonais auparavant, il s'engage dans la réalisation d'un programme prémédité de recouvrement de l'indépendance. Tout en jouant de la menace communiste vietnamienne, il entre en dissidence et prend la tête d'une « croisade de l'indépendance » en 1953. Mais c'est par la voie des négociations qu'il obtient l'indépendance complète en 1955. L'intervention américaine au Viêt Nam entraîne son renversement puis son exil en Chine. À son retour au pays (1976), la victoire du Kampuchéa démocratique (communiste) et la dictature des Khmers rouges en font un prisonnier dans son palais et un faire-valoir du nouveau régime sur la scène internationale. Lorsque les Vietnamiens chassent les Khmers rouges, Sihanouk échappe à ceux-ci, mais il prend la tête de la résistance anti-vietnamienne, rentre dans son pays en 1991 après le départ des Vietnamiens, et remonte sur le trône royal en 1993, un de ses fils, Norodom Sihamoni, lui succède en 2004.

Nosy Be Située au large des côtes de l'extrême Nord-Ouest malgache, l'île Nosy Be (Grande Île en malgache) sert de refuge à la reine Tsiomeko, de la dynastie Sakalava bemihisatra, en fuite devant les conquérants merina en 1837. Celle-ci se met sous la protection de la France en 1840 et l'île devient une dépendance de l'île Bourbon (La Réunion) en 1841 avec Hell-Ville comme chef-lieu. À partir des années 1850, des petits colons de Bourbon s'y installent et introduisent la canne à sucre ; elle est rattachée à Madagascar le 28 janvier

1896. Les colons s'y adonnent aux cultures d'exportation (café, vanille). De 1920 à 1975, la Compagnie agricole et sucrière de Nosy Be domine l'économie. L'administration de l'île s'appuie sur un réseau de gouverneurs indigènes issus du lignage royal bemihisatra, d'abord la reine Binao en 1895 puis le prince Amada après 1923. Celui-ci participe à la répression des réseaux MDRM lors de l'insurrection de Madagascar*, en 1947 et demande en vain, avec les notables de la région, que Nosy Be reste française.

Nouvelle-Calédonie

De la colonie au « pays à souveraineté partagée »

Cet archipel à 1 500 km de l'Australie est constitué par la « Grande Terre » (19 100 km²), les îles Loyauté, l'île des Pins, les Bélep et des îles inhabitées. Sa capitale est Nouméa. En 1996, le territoire comptait 196 800 habitants (environ 235 000 en 2006), dont 44,1 % sont mélanésiens (Kanak*), 34,1 % européens, 12 % polynésiens et 4,3 % asiatiques... Une diversité héritée de son histoire et qui justifie l'accord de Nouméa en 1998.

Le poids de la colonisation. Vers 1400 avant J.-C. arrivent des populations austronésiennes auxquelles s'ajoutent des groupes venus du Vanuatu et de Polynésie occidentale. James Cook, qui découvrit l'archipel en 1774, lui donne son nom actuel. La colonisation débute vers 1840 avec la recherche du santal et l'essor des missions chrétiennes. Quand la France prend possession de l'archipel en 1853, elle en fait un bagne*, un lieu de colonisation pénale en 1860, dont les derniers centres ont été fermés entre 1922 et 1931. Mais une partie des bagnards est restée sur place après libération. Entre 1860 et 1890 arrivent environ 30 000 personnes – Européens, Arabes, Kabyles, Chinois, Malabars, rejoints, dès 1891, par des Tonkinois, des Japonais et des Indonésiens.

Les Kanak ont connu un effondrement démographique et, si le redressement a été spectaculaire après 1932, ils restent minoritaires. Ces communautés diverses ne sont pas également réparties dans l'archipel : les Mélanésiens sont majoritaires dans le nord-est de la Grande Terre, dans les îles Loyauté, aux Bélep et à l'île des Pins. Les Européens et les travailleurs sous contrat se concentrent surtout dans le Sud de la Grande Terre et à Nouméa et ses environs. Ces populations vivent côte à côte sans réellement se rencontrer et l'organisation institutionnelle et politique du territoire ne prend pas en compte – si ce n'est par la négative – la présence des Mélanésiens et des travailleurs sous contrat. Dès 1855, les autorités coloniales organisent la spoliation foncière des autochtones, provoquant tensions et soulèvements. En effet, l'identité kanak repose sur la terre, et l'espace considéré par les Français comme inhabité est la terre des ancêtres. Conflit matériel mais aussi culturel, la terre devient une pomme de discorde. D'où les insurrections d'Ataï*, en 1878, et de 1917, violemment réprimées.

Colonisations libre et pénale ont cohabité difficilement, les colons se méfiant des condamnés libérés. Le gouverneur Feillet obtient en 1897 la fermeture du « robinet d'eau sale » (les convois de relégués) et lance un programme de peuplement libre qui entraîne de nouvelles mesures de dépossession foncière et de cantonnement des Kanak. Astreints depuis 1871 à un régime de corvées, soumis au statut de l'indigénat* (1887-1946), ils ne jouissent d'aucun droit civique (sauf exception). L'enseignement est confié aux religieux et ne reproduit pas le modèle métropolitain assimilateur. Il faut attendre 1958 pour que les lycées s'ouvrent aux Mélanésiens et 1961 pour voir un Kanak réussir au baccalauréat. La communauté mélanésienne est donc longtemps marginalisée tant politiquement que culturellement et subit une « espèce de ségrégation », comme le signale le général de Gaulle en 1965.

Dérive à l'algérienne ou à l'irlandaise ?

En 1942, la Nouvelle-Calédonie, ralliée à la France libre depuis septembre 1940, abrite une base américaine qui fait accéder la colonie à une prospérité et à des aspirations nouvelles. À l'issue du conflit, la colonie devient un TOM, mais, si la loi Lamine-Gueye* du 7 mai 1946 fait des Kanak des citoyens français, ceux-ci accèdent par étapes aux droits et devoirs y afférant : un dixième est inscrit sur les listes électorales en 1945. Le véritable suffrage universel ne leur est accordé qu'avec la loi-cadre* Deferre en 1957.

Face aux communistes, que les injustices politiques et sociales font progresser parmi les Kanak, les missions catholique et protestante suscitent, lors des législatives de 1951, la candidature de Maurice Lenormand. La victoire de ce pharmacien établi à Nouméa et marié à une Mélanésienne permet la constitution de l'Union calédonienne (UC), dont la devise est « Deux couleurs, un seul peuple ». Suite à sa victoire aux élections territoriales de 1957, les conservateurs – inquiets de la toute-puissance de ce parti au sein de l'exécutif local – obtiennent la suspension du conseil de gouvernement. En septembre suivant, 98 % des électeurs choisissent de rester français.

Mais, au tournant des années 1960, quand la France transfère ses expérimentations nucléaires du Sahara en Polynésie française, les dispositions de la loi-cadre sont vidées de leur contenu, ce qui est ressenti comme un abandon de la parole donnée. L'État redevient centralisateur et Maurice Lenormand est écarté de la vie politique. La revendication autonomiste se développe, bientôt suivie par l'indépendantisme. Pour noyer ces aspirations, le gouvernement préconise, à la faveur du boom du nickel* (1969-1975), l'immigration de métropolitains, de pieds-noirs et de Français d'outre-mer, qui complètent les effectifs des Caldoches* (le mot naissant dans les années 1970). Entre 1969 et 1972 arrivent ainsi 25 000 nouveaux venus partisans du statu quo. En 1976, l'État concède un statut d'autonomie administrative, suivi d'une politique de promotion des Mélanésiens. Ces mesures tardives n'empêchent pas la constitution d'un Comité de coordination pour l'indépendance kanak et le ralliement de l'UC à l'indépendance en 1977.

La percée des indépendantistes aux élections municipales de 1977 entraîne la mobilisation des opposants. Jacques Lafleur crée en 1977 le Rassemblement pour la Calédonie transformé l'année suivante en Rassemblement pour la Calédonie dans la République (RPCR). L'indépendance kanak est un thème qui recompose la vie politique et divise la société.

L'élection de François Mitterrand*, en 1981, fait croire que l'indépendance kanak socialiste est proche. Mais le gouvernement ne peut l'accorder sans un vote des populations concernées. Or dégager une majorité est impossible en raison des équilibres démographiques. Les tensions grandissent et la situation bascule en septembre 1981 avec l'assassinat de Pierre Declerq, secrétaire général de l'UC : le territoire se couvre de barrages, affrontements et occupations de terres se multiplient. Le gouvernement socialiste, qui imputait les déséquilibres sociaux et la crise aux dirigeants locaux, impose une majorité artificielle portant Jean-Marie Tjibaou* à la vice-présidence du conseil de gouvernement. Outré, le RPCR, appuyé par la droite métropolitaine, utilise la démission et la réélection de Jacques Lafleur à la députation pour faire reculer le gouvernement. Le statut du territoire devient alors un enjeu majeur. Plusieurs solutions sont explorées, y compris l'indépendance, mais aucune ne convainct. Ainsi, le statut d'autonomie interne de 1984 n'est pas pleinement appliqué en raison du boycott des élections de novembre 1984 par le Front de libération nationale kanak et socialiste (FLNKS), nouvellement constitué.

À la rentrée scolaire calédonienne de février 1985, entré dans une logique de résistance, il appelle au boycott des écoles. Ce mot d'ordre traduit le malaise du monde kanak vis-à-vis du système scolaire, perçu comme un vecteur du colonialisme : les Kanak rencontrent un fort échec scolaire, s'interrogent sur l'utilité du savoir qui leur est transmis pour leur intégration dans le monde et souhaitent l'introduction de la culture mélanésienne à l'école. Au sein des tribus, les écoles populaires kanak (EPK) proposent de prendre en charge les enfants et ont pour but de les intégrer dans leur culture et leur environnement tout en les ouvrant sur le monde moderne. Ainsi, la formation se fait d'abord en langue vernaculaire et le français est enseigné comme seconde langue. Les EPK s'inscrivent donc dans la lutte de la revendication d'indépendance kanak socialiste. Ce réseau s'est peu à peu désagrégé.

Dans ce contexte de plus en plus violent, Edgard Pisani propose en janvier 1985 une « indépendance-association » d'emblée rejetée par le RPCR puis par le FLNKS après la mort d'Eloi Machoro, abattu par le GIGN (Groupe d'intervention de la gendarmerie nationale). Tandis que l'état d'urgence est proclamé, l'avenir du territoire devient un thème du débat politique national lors des élections législatives de 1986.

La victoire du RPR en métropole entraîne une politique de fermeté, un nouveau statut, la régionalisation et un référendum d'autodétermination, malgré l'opposition de Mitterrand. En réaction, le FLNKS durcit sa position et appelle ses militants à s'armer. En pleine élection présidentielle se déroule le drame d'Ouvéa*, qui a poussé les communautés à renouer le dialogue.

Vers une solution originale ?

Le Premier ministre Michel Rocard obtient de J.-M. Tjibaou et de J. Lafleur qu'ils signent, fin juin 1988, les accords de Matignon*, reposant sur deux idées : d'une part, tout vote d'autodétermination serait voué à l'échec, car les indépendantistes kanak sont minoritaires, et, d'autre part, la démocratie doit respecter la minorité. La provincialisation apparaît alors comme la solution : à l'échelle du territoire (le Congrès), c'est la majorité qui prime, et, dans deux des trois provinces, les Kanak indépendantistes majoritaires gèrent les affaires de compétence provinciale. Originalité : un gouvernement collégial dirige la Nouvelle-Calédonie. Au référendum, 37 % de votants seulement en métropole, et 57 % de oui en Nouvelle-Calédonie.

Les accords ont provoqué bien des irritations que J.-M. Tjibaou et Yeiwéné Yeiwéné ont payé de leur vie. La victoire par l'écrasement de l'autre n'étant plus envisageable, J. Lafleur appelle à une solution consensuelle. Les deux adversaires sont d'ailleurs affaiblis par le recul de l'indépendance. L'accord de Nouméa du 5 mai 1998 et la révision constitutionnelle du 6 juillet 1998 font de la Nouvelle-Calédonie un « pays à souveraineté partagée ». Pendant quinze à vingt ans, l'archipel, qui est désormais une collectivité *sui generis* (et non un pays d'outre-mer), recevra de plus en plus de compétences. La « citoyenneté du pays » permet le contrôle de l'immigration, limite les possibilités d'embauche des non-citoyens et cantonne, électoralement, le poids des nouveaux venus, par précaution contre l'immigration métropolitaine (utilisée dans le passé pour fabriquer des majorités politiques). À l'issue de cette période, les électeurs se prononceront sur l'indépendance. L'accord, approuvé par 71 % des votants, démontre une volonté de vivre ensemble et d'appréhender différemment la décolonisation. « Le passé a été le temps de la colonisation. Le présent est le temps du partage par le rééquilibrage. L'avenir doit être le temps de l'identité dans un destin commun », dit le préambule de Nouméa.

En 2004, les élections au Congrès sonnent la défaite de J. Lafleur et du Rassemblement. Une page de l'histoire locale s'est tournée.

Nouvelles-Hébrides (Vanuatu) Ensemble de 83 îles au nord-est de la Nouvelle-Calédonie appelé depuis l'indépendance, en 1980, Vanuatu (le pays qui se tient debout). Elles ont pour capitale Port-Vila. Elles sont peuplées par des Mélanésiens depuis 3500 avant J.-C. La société traditionnelle est très hiérarchisée. Visitées en 1606 par le Portugais Queiros, ces îles reçoivent de Cook leur nom de Nouvelles-Hébrides. Les Européens s'y installent au XIXe siècle (la recherche du santal est suivie par l'installation des missions protestantes et catholiques, des colons pour l'exploitation du coton, du café, du cacao et du coprah). Les Australiens y recrutent de la main-d'œuvre (quasi-esclavage). Suit un terrible effondrement démographique jusqu'en 1935.

Français et Britanniques, rivaux dans la région, finissent par établir un condominium en 1906. C'est le premier territoire qui rallie la France libre. Il sert de base aux Américains dans la reconquête du Pacifique. Leur passage donne naissance à un « culte du cargo », le Jon Frum Movement : attente d'un messie qui apportera toutes les richesses de « l'autre monde ».

Un mouvement indigène (le Nagriamel, dirigé par Jimmy Stevens) saisit l'ONU d'une demande d'indépendance en 1971, que France et Royaume-Uni accordent en 1980. Le premier gouvernement (anglophone) de Walter Lini se heurte à une tentative de sécession des francophones (avec J. Stevens) réprimée par des troupes de Papouasie-Nouvelle-Guinée.

Les rapports entre la France et le Vanuatu ont été longtemps conflictuels et ce type d'indépendance a été présenté dans les terres françaises de la région comme un « repoussoir ».

O

OAS De cette organisation créée en janvier 1961 par les exilés à Madrid Jean-Jacques Susini et Pierre Lagaillarde, Salan* devient le président. Le putsch d'avril avortant, l'OAS (Organisation armée secrète pour la défense de l'Algérie française) regroupe les activistes soutenus par l'extrême droite métropolitaine. Attentats, assassinats se multiplient et une OAS métro (en métropole) se met en place. Quand s'ouvre la conférence d'Évian, les commandos se déchaînent (voitures piégées dans les quartiers musulmans à partir d'avril 1962, guerre de l'ombre contre l'État gaulliste et ses « barbouzes »). L'OAS essaie d'entraîner la population pied-noir derrière elle : en mars 1962, rue d'Isly, pour briser l'encerclement par l'armée du quartier Bab el Oued, où elle a établi des barricades, elle appelle les Algérois à manifester. Dans des conditions mal élucidées, à la suite d'une rafale en direction de la troupe, celle-ci, qui a reçu l'ordre de tirer si nécessaire pour arrêter l'émeute, ouvre le feu : on compte 66 morts parmi les manifestants. Cet événement marque le déclin de l'OAS, qui multiplie les opérations de « terre brûlée » et les massacres aveugles. En juin 1962, les commandos Delta incendient la bibliothèque d'Alger. L'attentat du Petit-Clamart contre le général de Gaulle*, en août 1962, échoue. Les noyaux durs héritiers de l'OAS poursuivent aujourd'hui une guerre de mémoire antigaulliste, avec le soutien de l'extrême droite.

Océanie Ce nom fut donné au début du XIXe siècle par le géographe Malte-Brun à un vaste ensemble dans le Pacifique considéré à tort comme un « continent » (la majeure partie étant constituée d'étendues maritimes). Ses contours sont mal définis, surtout si on veut y inclure les trois sous-ensembles : Polynésie, Mélanésie, Micronésie. Longtemps fut imaginé qu'existait un immense continent « austral », abondamment pourvu en hommes et en richesses. Après des expéditions infructueuses (XVIe-XVIIIe siècles), James Cook en démontra l'inexistence. Ce mythe fut remplacé par ceux des « îles heureuses » ou du « bon sauvage », du moins en ce qui concerne les îles polynésiennes.

Les anciens Océaniens, originaires d'Asie du Sud-Est, arrivèrent en Papouasie et en Australie il y a 50 000 ou 40 000 ans. Par vagues, les navigateurs de langues austronésiennes peuplèrent les îles en finissant par la Nouvelle-Zélande vers 1200 après J.-C. La distinction entre trois sous-ensembles doit être nuancée par les échanges constants entre les peuples, par l'arrivée de populations asiatiques (Indiens à Fidji, Chinois à Tahiti) et par la christianisation et la colonisation, qui ont introduit unités et clivages. On rencontre des territoires ou des îles marqués par le catholicisme (Wallis-et-Futuna, Marquises) et d'autres par le protestantisme (Tonga, archipel des Loyauté en Nouvelle-Calédonie, Tahiti). Ces populations ont été (ou sont encore) respectueuses des coutumes et estiment encore partager une *Pacific Way of Life*.

La présence française en Océanie est souvent considérée comme une « intrusion », surtout en raison de la question kanak* en Nouvelle-Calédonie et des essais nucléaires en Polynésie française (1966-1996). Alors que des colonies anglo-saxonnes accédaient à l'indépendance (Samoa occidentales en 1962) ou à une large autonomie, la France a tardé à accorder l'autonomie interne (1984 pour la Polynésie française, accords de Matignon* en 1988 et de Nouméa* en 1998 pour la Nouvelle-Calédonie).

manifestation du 17 octobre 1961 Un couvre-feu « conseillé » par le préfet de police de Paris aux FMA (Français musulmans algériens) pour juguler les attentats du FLN* suscite une manifestation pacifique et désarmée de protestation, à laquelle participent près de 20 000 personnes à Paris. Sa répression n'a pas d'équivalent dans l'histoire des mouvements de rue en France : 11 000 arrestations officielles, des dizaines de morts, certains noyés dans la Seine ou tués par des rafales de mitraillette... Il aura fallu près de quarante ans pour qu'un jugement reconnaisse la responsabilité de Maurice Papon, alors préfet de police de Paris et la gravité de la répression. Les tentatives d'ouvrir une instruction judiciaire ont été bloquées par des artifices parlementaires. Mais le 17 octobre, passé à peu près inaperçu dans la société française, pose un problème plus complexe et plus grave, celui de l'invisibilité d'une manifestation d'Algériens. Les militants anticolonialistes réalisent le film *Octobre à Paris* (Péju), Maspero publie, les réseaux diffusent, la presse a informé, pourtant c'est la mort de huit manifestants français au métro Charonne* qui a été retenue par l'opinion.

Office du Niger Établissement public doté de l'autonomie financière créé le 5 janvier 1932, il doit répondre à une triple préoccupation : fournir à la métropole une matière à bon marché, le coton; devenir le grenier à riz de l'A-OF pour écarter les menaces de disette et enfin, créer un paysannat africain ouvert aux techniques modernes. Le projet présenté par E. Bélime en 1929 prévoit la mise en valeur par l'irrigation de 960 000 hectares situés dans le delta intérieur du Niger. Il implique la réalisation de grands travaux grâce en partie à la main-d'œuvre militaire, dont le plus important est le barrage de Sansanding. L'Office est donc à ses débuts une entreprise agro-industrielle et de travaux publics. En 1939, en dépit des sommes considérables qui ont été engagées, 13 000 ha seulement ont été irrigués et les productions de riz et de coton sont dérisoires. L'utilisation de colons africains, recrutés par la force, est aussi un échec. En 1946, l'ON est réorganisé et l'injection de fonds FIDES* permet d'introduire une mécanisation sélective. Mais en 1960, 54 000 ha ont été mis en valeur et si la production de riz dépasse les 50 000 t, celle de coton reste insignifiante. Le Mali indépendant hérite d'une entreprise qui n'a jamais répondu aux attentes de ses concepteurs.

ONU Le 14 août 1941, Winston Churchill et Franklin. D. Roosevelt signent la Charte de l'Atlantique, dont l'un des principes est « le droit qu'a chaque peuple de choisir la forme de gouvernement sous laquelle il doit vivre ». Même si, dans leur esprit, il s'agissait des peuples européens, cette déclaration a pour les peuples colonisés une valeur universelle. En 1945, la Charte des Nations unies, très en retrait par rapport au projet américain, prévoit en faveur des colonies « de développer leur capacité de s'administrer elles-mêmes, de tenir compte des aspirations politiques des populations [...], dans la mesure appropriée aux conditions particulières de chaque territoire et des populations et à leurs degrés variables de développement ». Le mot d'indépendance n'est pas prononcé. Ce n'est qu'en décembre 1960, que l'assemblée générale de l'ONU adopte une déclaration condamnant le colonialisme et appelant à l'octroi de l'indépendance. Le « machin », comme disait de Gaulle*, a été une tribune où la politique française a été soumise à des critiques qui ont mis en cause sa légitimité, en particulier lors de la guerre d'Algérie. L'ONU reconnaît le droit à l'indépendance de l'Algérie et fait pression pour l'aboutissement des pourparlers en 1961.

Cheikh Tayeb al **Oqbi** ou '**Uqbî** Originaire de la région de Biskra, émigré à l'âge de cinq ans à Médine, al Oqbi (1890-1960) y fait des études marquées par le wahhabisme (du nom d'Abd al-Wahhab, qui prône, au XVIIIe siècle, le strict respect de l'islam et le rejet de toute innovation). Confronté au pouvoir turc pour ses sympathies panislamistes, il en est expulsé et passe la Première Guerre mondiale en Turquie. Puis il fait partie de l'entourage du charîf Husayn (émir de La Mecque, leader de la révolte arabe contre les Turcs), avant de regagner Biskra en mars 1920, puis de s'établir à Alger. Il est en 1931 parmi les membres fondateurs de l'Association des oulémas* et il devient célèbre par ses prédications et sa collaboration dans les organes de presse. De 1937 à 1939, il rompt avec le cheikh Ibn Badis*, par souci du compromis.

En 1936, faussement accusé par l'administration coloniale de l'assassinat du mufti malékite d'Alger Bendali, dit Kahoul, il doit combattre deux ans durant pour voir son innocence reconnue. Il se rapproche dès lors du pouvoir français et tente, sans grand succès, en 1939, de fonder son propre mouvement et son propre journal. Malade, il ne joue aucun rôle politique connu durant la guerre de libération.

Oran Fondée au Xe siècle, dans l'ouest de l'Algérie, elle a été disputée du XVIe au XVIIIe siècle entre Ottomans et Espagnols et occupée par ces derniers à plusieurs reprises. En 1831, elle compte 3 000 habitants. C'est la ville coloniale – plus espagnole que française – par excellence, les Européens y étant majoritaires en 1954 encore. Maupassant disait qu'on pouvait la traverser sans rencontrer pratiquement un indigène ou une trace de l'islam. Oran a élu un des chefs du parti* colonial qui a accédé au rang de ministre, Eugène Étienne*. Coloniale, elle l'est aussi par la violence des relations « raciales », illustrée par la « crise antijuive* » des années 1880. L'une des figures de cette ville, que détestait Camus*, a été l'abbé Lambert, champion populiste de la « municipalité antijuive » dans les années 1930. Oran a été le réduit de l'OAS*, qui, entre mars et juillet 1962 a fait près de 500 morts, dont plus de 400 musulmans. C'est aussi là que les victimes sont les plus nombreuses le 5 juillet 1962, quand des milliers de manifestants algériens se livrent à une chasse aux Européens. L'armée française n'intervient pas. Il est impossible de savoir le nombre exact de morts et de disparus, les uns amplifiant ce nombre, les autres le minimisant : sans aucun doute plusieurs centaines. Le 12 juillet, Ben Bella* pénètre dans Oran, accueilli par les you-you des femmes. La statue de Notre-Dame de Santa Cruz, rapatriée, est l'objet d'un pèlerinage à Nîmes le 15 août.

Orientalisme Dans l'imaginaire occidental, l'Orient a un statut bien précis : il est à l'origine de toute chose (l'agriculture, la ville, les philosophies, les monothéismes…), ce qui lui donne sa grandeur. Il est aussi un astre mort, une étoile éteinte. Hegel a résumé cette philosophie: « l'histoire va de l'Est vers l'Ouest. » Le despotisme oriental est un système politique qui est à l'opposé du monde de la liberté individuelle européen.

L'orientalisme (1826) devient un domaine de connaissance spécialisé et un domaine du goût. D'où l'importance des récits de voyage comme genre littéraire, illustré par Chateaubriand, Lamartine..., de la peinture*. L'Oriental, l'exotique – qui exerce fascination et répulsion – est une figure de l'altérité. L'orientalisme scientifique s'est concrétisé institutionnellement avec l'INALCO, créé par la Révolution française. L'âge d'or orientaliste est le XIXe siècle, avec la découverte de langues disparues (le sanscrit, les hiéroglyphes), des ruines des anciennes civilisations (Angkor*), et les explorations* scientifiques.

Mais, avec les décolonisations et l'émergence du tiers-monde*, l'Orient paraît reconquérir son histoire et l'orientalisme est mis en question. Il a été vigoureusement contesté depuis les années 1950 comme ayant partie liée avec la domination occidentale. C'est Edward Saïd qui a été le critique le plus célèbre avec deux œuvres en particulier: *Orientalisme* et *Culture et impérialisme*. On a même pensé à un moment rejeter le terme, mais il existe toujours.

la peinture orientaliste La peinture a des rapports étroits avec la question* d'Orient ainsi qu'avec la colonisation européenne autour de la Méditerranée*. Seul l'aspect français est retenu ici. L'occupation de l'Égypte inspire des oeuvres célèbres comme *Bonaparte visitant les pestiférés de Jaffa* de Gros (1804) et alimente l'égyptomanie. Après l'attrait du Proche-Orient (Decamps en 1828, Marihat...), la conquête de l'Algérie fournit aux peintres de batailles l'occasion de représenter de nouveaux décors *(la Prise de la Smala d'Abd el-Kader* de Bellangé) ou d'exalter l'héroïsme de la conquête (même thème traité par Horace Vernet en 1844). Les voyages ont un rôle important dans la diffusion de cette veine: Delacroix a été profondément influencé par le Maroc et l'Algérie. Fromentin, qui a accompli plusieurs séjours au Maghreb dans les années 1850, fasciné par le désert, s'est toujours interdit de traiter de la vie privée ou religieuse: « Il faut regarder ce peuple à la distance où il convient. » Fantasias, chasseurs *(Arabes attaqués par un lion...)* sont ses sujets privilégiés. Le voyage de Jean-Louis Gérôme, Louis Bonnat et Albert Goupil au Levant a fait l'objet d'une exposition en 1895. Chassériau ne fait qu'un saut en Algérie en 1846 *(Juives de Constantine au balcon)*, mais ce voyage est la source, des années plus tard, de ses nus féminins, d'un Orient érotique. Ingres a lu *les Lettres d'Orient* de lady Mary Montagu, mais n'y est jamais allé. Le thème oriental est pour lui prétexte à représenter les femmes dans des poses lascives : *la Grande Odalisque*, *le Bain turc* (1862). Les peintres femmes, rares, montrent d'autres représentations, celle du harem comme lieu social et non phantasme sensuel, par exemple chez Henriette Brown dans les années 1860. Le Salon de 1845 réunit un Delacroix, un Chassériau et *la Prise de la smala d'Abd el-Kader* de Vernet, marquant le triomphe romantique. Renoir, fasciné par la blancheur d'Alger et la luxuriance de sa campagne environnante, laisse aussi une série de portraits de femmes et d'enfants, aux traits fortement occidentalisés : *la Mosquée ou Fête arabe* (1881), *Parisiennes en costume algérien* (1883) et *Odalisque* (1884).

L'orientalisme prend une forme officielle avec la création en 1893 à Paris de la Société des peintres orientalistes français, sous l'égide de Léonce Bénédicte, d'Étienne Dinet*... qui tient un Salon annuel. Le but est aussi de faire « œuvre de propagande la plus efficace » en faveur de la colonisation. Suit en 1897 la Société des artistes algériens et orientalistes, qui a son Salon. Il y a aussi une Société algérienne des beaux-arts depuis 1851. À Tunis, le Salon tunisien se tient à partir de 1894. En 1907 est créée la villa Abd-el-Tif, destinée à accueillir des boursiers. Mais les peintres autochtones sont rares, tel Mohammed Racim, qui revisite la miniature traditionnelle et qui bénéficie du soutien des autorités coloniales. L'Institut du monde arabe lui a consacré une exposition en 1992. Après la Première Guerre mondiale, Alger devient un centre de création effervescente avec Raoul Dufy dans les années 1920. En 1930, elle se dote d'un Musée national. Si on ne peut plus parler d'orientalisme proprement dit, le Maghreb continue à séduire, à fasciner. Henri Matisse, qui fait plusieurs séjours en Afrique du Nord, reste marqué par Delacroix et Loti*, et use de l'intensité des couleurs dans son « triptyque marocain » de 1912-1913 (*Paysage vu de la fenêtre, Sur la terrasse, la Porte de la casbah*). Paul Klee découvre en Tunisie la lumière. André Maire (1898-1984), grand peintre voyageur, a peint l'Indochine surtout et l'Afrique. L'exotisme colonial nourrit l'imaginaire du Douanier Rousseau.

L'Orient n'est qu'une partie de l'espace pictural ultramarin : il y a une peinture marine, il y a Gauguin* et l'influence du primitivisme, il y a une peinture coloniale enfouie dans certains musées, mais aussi des écoles en Indochine. Et l'art* nègre !

Oubangui-Chari (Centrafrique) L'Oubangui-Chari, enclavé en Afrique centrale, peu peuplé, distant de près de 2 000 km de l'océan – mais qui jouxte le Tchad au nord, le Soudan à l'est, le Cameroun à l'ouest, le Congo au sud –, offre un intérêt stratégique qui explique le présence militaire française.

Vers 1885, des explorateurs belges découvrent le cours inférieur de l'Oubangui. À la suite d'un partage avec la France est créé le premier poste français, Bangui, en 1889. En 1905, l'Oubangui-Chari devient colonie, puis il est intégré en 1910 à l'A-EF. L'adjonction du territoire militaire du Tchad en 1914 donne naissance à l'Oubangui-Chari-Tchad, puis il acquiert de nouveau son autonomie en 1922. Les sociétés concessionnaires qui exploitent la région ont soumis les populations au travail* forcé dans des conditions de dureté extrême décrites par André Gide* dans *Voyage au Congo* et par Robert Poulaine. Des révoltes des Gbayas éclatent de 1928 à 1931 dans l'ouest contre le recrutement forcé pour la construction du chemin* de fer Congo-Océan et contre l'impôt. La guerre dite du Kongo-Wara se poursuit jusqu'en 1931. Barthélemy Boganda, ordonné prêtre en 1938, est la figure marquante. En 1946, quand l'Oubangui-Chari devient territoire d'outre-mer, il est élu député à l'Assemblée nationale et fonde en 1949 le Mouvement pour l'évolution sociale de l'Afrique noire (MESAN). Favorable à la loi-cadre* Defferre, il craint un éclatement de l'Afrique-Équatoriale française. En 1958, le pays devient République centrafricaine au sein de la Communauté française. Boganda, Premier ministre du nouvel État, essaie de mettre sur pied sans succès une union avec le Congo et le Tchad. Mais il meurt en 1959. En 1960, lors de l'indépendance, le nouveau président, David Dacko, fait interdire le principal parti d'opposition, fondé par le bras droit de Boganda – le MEDAC (Mouvement d'évolution démocratique de l'Afrique centrale). Un régime autoritaire s'installe, conforté avec le coup d'État, en 1965, de Jean-Bedel Bokassa, qui se déclare président-maréchal à vie. Il se fera couronner empereur Bokassa Ier le 4 décembre 1977 et instaurera un régime de terreur.

Association des oulémas d'Algérie Fondée en 1931, deux ans après celle des Frères musulmans en Égypte, l'Association regroupe des lettrés et des juristes, formés dans les universités de la Zitouna* et du Caire, s'inspirant du réformisme *(islâh)* initié par Abdou* et Al Afghani. Dominée par la personnalité de Ben Badis*, qui la préside jusqu'à sa mort, elle veut restaurer le caractère arabo-musulman de l'Algérie. La dominante de notables citadins (critiquée par Messali* dans ses *Mémoires)* fait qu'elle affiche dans un premier temps sa modération à l'égard des autorités coloniales. Puis sa prise de position de plus en plus critique face à l'absence d'amélioration de la situation des indigènes entraîne le retrait d'une de ses figures de proue, Tayeb El-Oqbi*. Sa force réside dans l'utilisation de la loi de 1901, qui permet de créer un réseau d'écoles coraniques rénovées et de lieux de culte libres. Les oulémas sont les premiers à écrire une histoire de l'Algérie (al Madani*), ils disposent de périodiques, *El Basa'ir* (« Clairvoyance ») et *Shihab* (« le Météore »). Jouant un rôle central durant le Congrès musulman algérien en 1937, soutenant le projet Blum-Viollette, ils n'ont cessé de porter trois revendications : une justice, un enseignement et un culte libérés de toute intervention de l'État colonial, en particulier par l'application de la loi de 1905*. À la mort de Ben Badis, l'association se radicalise. Surprise par l'insurrection du 1er novembre 1954, elle laisse le libre choix d'adhérer au FLN*. Mais ce sont les oulémas qui ont fourni au nationalisme les références idéologiques fondamentales et sa légitimité. Ils en tireront profit en 1962.

Ouvéa À l'est de la Nouvelle-Calédonie*, l'île symbolise en 1988, l'aboutissement des événements qui ont secoué le territoire et l'amorce d'un processus de paix menant aux accords de Matignon* (1988) et de Nouméa (1998). Les consignes du FLNKS* de s'opposer à la mise en œuvre du « statut Pons » se concrétisent à Ouvéa par l'occupation de la gendarmerie. Quatre gendarmes sont tués et d'autres emmenés en otages dans la grotte de Gossanah. L'assaut mené le 4 mai permet la libération des otages, mais 2 militaires et 19 Kanak* sont tués (des témoignages accréditeraient des pratiques peu conformes à l'honneur militaire). Les conséquences sont importantes. L'absence de négociations véritables, avant la présidentielle, a coûté cher à Jacques Chirac. Chez les Calédoniens, une prise de conscience de la gravité de la situation permet à Michel Rocard d'envoyer une Mission du dialogue. Jacques Lafleur et Jean-Marie Tjibaou* réussissent à faire accepter la nouvelle orientation. Ce dernier le paie de sa vie un an plus tard, à Ouvéa même, certains Kanak refusant les accords.

P

panafricanisme Mouvement politique et culturel qui considère les Africains et les descendants d'Africains en Europe et aux Amériques comme un seul ensemble. Il vise à unifier l'Afrique, glorifie son passé et inculque la fierté de ses valeurs. Paris, après Londres et les États-Unis, en a été le foyer principal à l'époque coloniale, beaucoup plus que le continent noir, en raison de la présence de diasporas africaines et antillaises, de militants et d'intellectuels.

La première grande conférence panafricaine se tient à Londres en juillet 1900 sous le patronage de Haïti, de l'Éthiopie et du Liberia, à l'initiative de la Pan-African Association, créée en 1897. Son président est H. S. Williams, un Britannique. Marcus Garvey (1887-1940) reprend le vieux mythe du « retour à l'Afrique mère » et exalte la grandeur noire. Dieu est noir. Le garveyisme, au nom de la pureté de la race noire, fait la chasse aux communistes « blancs » et va même jusqu'à dialoguer avec le Ku Klux Klan. Du Bois (1868-1963), universitaire américain, se fonde lui sur l'« égalité absolue des races ». Il obtient l'appui de Blaise Diagne* et la bienveillance de Clemenceau pour le premier Congrès panafricain de 1919 à Paris, auquel participent 57 délégués américains, africains et antillais, qui adressent une pétition à la SDN* demandant des réformes. D'autres congrès suivent, et en 1921 la SDN reçoit une délégation du deuxième. Une série de mouvements (Comité de défense de la race nègre, Ligue de défense de la race nègre, Union des travailleurs nègres), des syndicats de marins*, des journaux (*les Continents,* 1924, *la Dépêche africaine,* 1928-1932, *l'Ouvrier nègre,* 1928-1932, *la Race nègre,* 1927-1931, *le Cri des nègres,* 1931-1936, *Africa,* 1935-1938…) se succèdent entre les deux guerres. Certains individus tranchent : Lamine Senghor*, Kouyaté*, Stéphane Rosso, à côté d'élus socialistes ou de militants des îles – Joseph Lagrosillière*, Gratien Candace. Ils ont des orientations très diverses, parfois opposées, qui vont de l'assimilationnisme* (influençant en particulier les Antillais) au communisme. Le panafricanisme est sollicité par la IIIe Internationale et il a eu des relations complexes et fluctuantes avec elle. George Padmore est représentatif de ces rapports: d'abord lié au Komintern, il s'en éloigne. Dans *Panafricanisme ou communisme?* (1960), il s'en explique. Les mouvements noirs ont eu aussi une dimension culturelle avec le concept de négritude*. L'agression italienne de1934 contre l'Éthiopie, dernière terre indépendante, suscite une importante mobilisation en Europe et dans les élites en Afrique.

Après la Libération, le rôle de certains hommes politiques – Félix Houphouët-Boigny*, Léopold Sedar Senghor –, celui de la revue *Présence africaine*, puis la figure de Frantz Fanon* confèrent aux mouvements noirs une importance nouvelle. Mais les États-Unis restent le foyer majeur. George Padmore qui est la grande figure de l'époque, organise en 1945un congrès à Manchester, où les francophones sont absents. Les deux Afrique, francophone et anglophone, sont peu liées, même par le panafricanisme, qui montre ses limites, même par l'Organisation de l'unité africaine, l'OUA. A fortiori, les différences entre Antilles* et colonies africaines rendent difficiles les mouvements unitaires. Aujourd'hui, en France, le CRAN, qui vient de se créer, reprend le pari difficile de l'unité noire.

panislamisme À la fin du XIXe siècle, le mot désigne la menace représentée par l'unité des musulmans, derrière le calife ottoman, dans la lutte contre l'Occident. Il n'est jamais devenu une réalité politique, pas plus que le péril jaune, inventé au même moment, celui où le péril vient surtout de l'Ouest.

le *Paria* (1921-1926) Oublié aujourd'hui, ce journal de l'Union intercoloniale communiste est le plus original des centaines de titres de l'immigration en France. Il l'est parce qu'il regroupe pour la première fois des militants venus des quatre coins de l'empire sous la tutelle du PC naissant. Il l'est en raison de la personnalité de ses animateurs, surtout le jeune Hô* Chi Minh, qui y écrit, dessine, fait les paquets, vend le journal et balaie le local. *Le Paria* a été un « agitateur et organisateur collectif » selon le modèle de Lénine. Il s'engage en particulier contre la guerre du Rif. L'Union intercoloniale, organisation tiers-mondiste tricontinentale avant l'heure, rassemble aussi des Africains, des Antillais – et non des moindres, puisqu'on y trouve l'Algérien Messali*, le Sénégalais Lamine Senghor*, le Malgache Ralaimongo*. Ses écrits sont portés dans les ports et les villes de l'empire par les marins rouges. La défaite d'Abd* el-Krim, le rétablissement de l'ordre un peu partout brisent ce dynamisme. Le travail de décantation et de formation a été cependant rempli: les militants de l'UIC sont les premiers à organiser des embryons de partis nationalistes et communistes dans les années qui suivent.

parlementaires africains sous la IVe République. Les sénateurs et les membres de l'Assemblée de l'Union* française sont élus par les « grands électeurs ». En revanche, les députés sont mandatés par un corps électoral à deux collèges : celui des citoyens (20 000 à 30 000 Français et assimilés) et celui des « non-citoyens » – notables, fonctionnaires, anciens combattants. Chaque collège a un nombre égal d'élus parmi les 10 de l'A-OF, les 4 de l'A-EF, les 2 du Cameroun. Ainsi, un député du premier collège représente entre cinq et sept mille électeurs français, alors qu'un élu du deuxième est mandaté par près de vingt mille électeurs africains. Ce système fonctionne pour les élections à la première Constituante (21 octobre 1945) et à la deuxième Constituante (2 juin 1946). Par la suite, l'A-OF bénéficie du collège unique, à la différence de l'A-EF et du Cameroun. La représentation africaine au Palais Bourbon montre une certaine stabilité, car les élus du deuxième collège à la première Constituante figurent dans les législatures suivantes (qui débutent respectivement en 1946, en 1951 et en 1956, la IVe République prenant fin en 1958), sauf Yacine Diallo, qui meurt en 1954. L'élargissement du corps électoral, même si le suffrage universel n'est pas entièrement réalisé, entraîne l'élection de nouveaux députés, soit au total 23 en 1951 pour l'A-OF, l'A-EF et le Cameroun, y compris les trois provenant de la reconstitution de la Haute-Volta, et 29 en 1956. Nous indiquons pour chaque territoire les noms des élus, l'année de leur première élection lorsqu'ils ont été réélus par la suite, éventuellement la fin de leur mandat et, le cas échéant, l'évolution de leur rattachement politique à la Chambre.

A-OF. CÔTE D'IVOIRE : Félix Houphouët-Boigny* (deuxième collège 1945, apparenté communiste jusqu'en 1950, puis RDA) ; Ouezzin Coulibaly (1946, puis conseiller de la République en 1952, élu en 1956, RDA) ; Philippe Zinda Kabore (1946, apparenté RPF, mort en 1947) ; Sékou Sanogo (1951-1955, apparenté RPF) ; DAHOMEY-TOGO : Sourou Migan Apithy (deuxième collège 1945, apparenté communiste jusqu'en 1948, puis IOM, puis républicain indépendant) ; Hubert Maga (1951) ; GUINÉE : Yacine Diallo (deuxième collège 1945, SFIO, mort en 1954), remplacé par Diawadou Barry (1954, UDSR) ; Mamba Sano (1946, RDA puis IOM, non réélu en 1956) ; Albert Liurette (1951, SFIO) ; Sékou Touré (1956, RDA) ; Saifoulaye Diallo (1956, RDA) ; HAUTE-VOLTA : Nazi Boni (1948, IOM, puis RDA en 1956) ; Mamadou Ouedraogo (1948, IOM) ; Henri Guissou (1948, IOM, puis RDA en 1956, puis UDSR-RDA en 1957) ; Joseph Conombo (1951, IOM) ; Kango Gérard Ouedraogo (1956, RDA) ; MAURITANIE : Ahmed ould Horma Ould Babana (1946,

SFIO puis UDSR); Ndiaye Sidi El Mokhtar (1951, apparenté RPF, puis MRP en 1956); NIGER: Diori Hamani (1946 et 1956, RDA); George Mahama Condat (1948, UDSR); Zodi Ikhia (1951-1955, UDSR puis IOM); SÉNÉGAL: Lamine Gueye* (premier collège 1945, SFIO); Léopold Sédar Senghor* (deuxième collège 1945, SFIO jusqu'en septembre 1948 puis IOM); Abbas Gueye (1951 à 1955, IOM); Mamadou Dia (1956, IOM); SOUDAN: Fily Dabo Sissoko (deuxième collège 1945, apparenté communiste, puis SFIO à partir de 1947); Mamadou Konate (1951, RDA – mort en 1956), remplacé par Barema Bocum (1956, RDA); Jean Silvandre (1946, SFIO, non réélu en 1956); Hammadoun Dicko (1951, SFIO); Mamadou Keita (1956, RDA); TCHAD: Sou Quatre (1951, RPF); Mohamed Béchir Sow (1951, RPF); TOGO: Martin Aku (1946, Union républicaine et résistante puis IOM); Nicolas Grunitsky (1951, IOM).

A-EF. CAMEROUN: Dr Aujoulat (premier collège 1945, MRP jusqu'en 1948 puis IOM, non réélu en 1956); Douala Manga Bell (deuxième collège 1945, MRP, puis IOM); Jules Ninine (1946, SFIO); COMORES: Saïd Mohamed Cheikh (1945, UDSR); CÔTE DES SOMALIS/DJIBOUTI: Jean Martine (1946, apparenté communiste puis IOM), Edmond Magendie (1951, RPF); Mahamoud Harbi (1956, IOM); GABON-MOYEN-CONGO: Gabriel D'arboussier (premier collège 1945, apparenté communiste, non réélu en juin 1946); Jean-Félix Tchicaya (deuxième collège 1945, apparenté communiste, puis représentant du Congo en 1956, RDA); Jean Aubame (1946, socialiste puis IOM); OUBANGUI-CHARI: Abbé Barthélemy Boganda (1946, MRP, puis républicain indépendant); TCHAD: Gabriel Lisette (1946-1951, réélu en 1956, RDA); Mohammed Béchir Sow (1951, IOM); Arabi El Goni (1956, RPF).

partage de l'Afrique Il ne commence véritablement que vers 1880. Il suscite un long débat entre les historiens, qui l'expliquent par des raisons économiques, politiques ou encore stratégiques. En fait, les raisons sont multiples et diffèrent selon les régions concernées et les acteurs engagés. Ainsi, les militaires français par leurs initiatives individuelles jouent un rôle majeur dans la conquête du Soudan occidental alors qu'au Dahomey les intérêts commerciaux occupent le devant de la scène. En Afrique occidentale, la pénétration s'organise le long de trois axes vers l'est: vers le haut Niger, où elle est marquée par de difficiles affrontements contre Ahmadou et Samory; à partir des « Rivières du Sud » (Guinée); et, enfin, depuis le Dahomey. Ces initiatives relancent la concurrence dans cette région avec les Britanniques qui, avant 1885, ont déjà pris le contrôle du bas Niger. Ces années sont marquées par l'arrivée des Allemands, qui prennent pied au Togo et au Cameroun. En Afrique équatoriale, c'est autour de la question du Congo que se manifeste la concurrence entre les puissances européennes. Elle est à l'origine de la conférence de Berlin* (novembre 1884 - février1885), qui instaure un code de conduite. La conférence de Bruxelles, en 1890, reconnaît la notion de sphère d'influence mais demande aux puissances de s'engager à doter leurs possessions d'une armature militaire, économique et administrative. À partir de 1890, la course à l'intérieur s'engage, encouragée et popularisée dans les pays européens par d'efficaces groupes de pression comme le Comité de l'Afrique française. Elle se fait par des négociations bilatérales sur le principe de l'échange et de la compensation. Jamais la rivalité en Afrique ne constitue un motif de guerre en Europe. Les colonisateurs découpent une Afrique nouvelle, imposant des frontières* qui sont appelées à durer même après leur départ.

Les Français ont engagé une course en direction du Tchad, qu'ils atteignent en 1900 alors que le Soudan occidental est sous leur domination à partir de 1898. En revanche, sur le haut Nil, ils se heurtent aux Britanniques à Fachoda* et doivent abandonner leur projet de relier Dakar à Djibouti. C'est la crise coloniale la plus grave, mais, en 1904, l'Entente cordiale met un terme à leur contentieux ouvert en Égypte par l'occupation britannique en 1882, et Paris obtient les mains libres au Maroc. Le Maroc est le théâtre du dernier épisode du partage, négocié entre la France et l'Allemagne, en 1912, au moment où les Italiens s'imposent en Libye. Le partage a été rapide et peu coûteux dans sa dernière phase grâce à la supériorité technique des Européens, qui ont surtout utilisé des soldats recrutés en Afrique même. Mais il ne s'accompagne ni de la fin des violences ni de celle des résistances.

Parti communiste indochinois/Parti des Travailleurs Le 3 février 1930, à Hongkong, le PC vietnamien naît de la fusion de trois groupuscules politiques autoproclamés communistes et qui aspirent à être admis dans la IIIe Internationale. En octobre, sur la prescription du Komintern, le Parti communiste vietnamien (*Dang cong san Viêt Nam*) prend le nom de Parti communiste indochinois (*Dong Zuong cong san dang*). En 1931, il est reconnu comme section de l'Internationale. Il rassemble trois catégories d'hommes et de femmes : les uns formés en Chine dans le Thanh Nien (« Association de la jeunesse révolutionnaire »), d'autres formés en France puis à Moscou, et ceux recrutés localement dans la paysannerie et le prolétariat urbain et des militants venus de la mouvance nationaliste. Composé presque exclusivement de Viets, il est aussi présent dans les cinq pays de l'Union indochinoise : Annam, Tonkin, Cochinchine, Cambodge et Laos. Les communistes vietnamiens ont toujours affirmé leur appartenance au communisme international et ils se sont souciés de maintenir leurs liens avec le camp socialiste soviétique. Dès le départ, ils doivent assumer la contradiction entre lutte pour l'indépendance nationale – qui suppose l'union des Vietnamiens – et lutte des classes – qui engendre la division. Une contradiction seconde oppose les peuples de la péninsule entre eux et fait obstacle à l'unité anticolonialiste (le changement d'appellation dès la fondation du parti en est le signe).

La première contradiction est au cœur des temps forts du mouvement communiste : 1930-1931, 1936-1939, 1945-1956. L'entrée du PCI sur la scène politique est spectaculaire : tandis que le Parti nationaliste démocratique (*Viêt Nam Quoc zan dang*) est anéanti par la répression lorsqu'il tente de soulever la garnison de Yen Bay (février 1930), le PCI occupe le terrain en organisant et en dirigeant un soulèvement de masse dans les campagnes du Nord Annam et de la Cochinchine (1930-1931). Il y gagne l'hégémonie politique dans le mouvement indépendantiste en même temps qu'il est décimé par une très sévère répression. Il sort du creux de la vague en 1936 en profitant de la relative tolérance du Front populaire de France (libération des prisonniers politiques, liberté d'expression et de réunion), il y gagne en vigueur et en popularité et initie le projet d'un Front démocratique indochinois où la revendication de l'indépendance et la lutte des classes sont ajournées pour des raisons tactiques. En 1939, la répression colonialiste frappe le PCI comme le PCF, et elle est complétée par l'écrasement de l'insurrection armée de 1940 en Cochinchine. Dans cette « traversée du désert », le PC est passé du front démocratique au front anti-impérialiste, que Hô* Chi Minh officialise en fondant la Ligue pour l'indépendance du Viêt Nam, dite Viêt-minh*, en concordance avec l'évolution du Komintern sur la question nationale (dans son VIIe congrès de 1935, G. Dimitrov a appelé à l'« acclimatation » de l'internationalisme prolétarien dans chaque pays « pour enfoncer des racines profondes dans sa propre terre natale »). L'objectif du PCI est de lutter contre le régime « colonialo-vichyste » allié des « militaro-fascistes » japonais présents en Indochine à la suite d'accords passés entre Vichy* et Tokyo en 1940. En 1942, le Viêt-minh a érigé une base territoriale, politique et militaire autour de Cao* Bang (haute région tonkinoise) d'où il descend sur Hanoi en août 1945 pour prendre le pouvoir dès l'annonce de la capitulation japonaise. D'après un scénario léniniste exécuté de main de maître, le PCI prend les commandes d'une révolution qui capte la puissante aspiration du peuple à l'indépendance et instaure la République démocratique du Viêt Nam. En étendant leur autorité sur le pays, les communistes éliminent les nationalistes qui s'opposent à eux (et dont beaucoup s'étaient compromis avec les Japonais). Sa position hégémonique lui permet de s'autodissoudre en 1946 tout en poursuivant ses activités sous le couvert de « groupes d'études marxistes ». Le PCI est la tête et l'épine dorsale de la résistance diplomatique puis armée au retour de la « souveraineté française ». Il se présente comme le défenseur de l'indépendance de la patrie et en même temps comme l'avant-poste de la révolution prolétarienne mondiale.

À partir de 1950-1951, il reçoit une aide massive des communistes chinois mais, en retour, il subit une influence politique très forte dans tous les domaines : les forces armées commandées par Vo Nguyen Giap*, membre du bureau politique du parti, portent désormais le nom d'Armée populaire vietnamienne, des commissaires politiques sont nommés à tous les échelons, l'armée (mais aussi la population) est endoctrinée par des campagnes de « rectification », tandis que les prisonniers de guerre sont « rééduqués ». Les conseillers chinois réforment la fiscalité et l'administration, et surtout ils introduisent la méthode chinoise pour mener à bien la réforme agraire, qui débute dès 1953 et dont les dérives baptisées « erreurs » sont corrigées en 1956. Ces relations privilégiées vont valoir, à tort, au PC vietnamien le qualificatif de maoïste et la fracture sino-soviétique va peser d'un grand poids dans leur détérioration. C'est pendant cette première guerre d'Indochine que les communistes vietnamiens créent des clones khmer et lao ; le premier est porteur d'un différend tactique et stratégique qui dérive dans les années 1970 vers un antagonisme interethnique. En 1951, le PC clandestin réapparaît officiellement sous l'appellation Parti des travailleurs du Viêt Nam (*Dang Lao Dong Viêt Nam*) : c'est la contrepartie de la naissance de partis communistes « nationaux » au Cambodge et au Laos. Le PTV gouverne le Nord Viêt Nam tout en dirigeant la guerre contre le régime nationaliste du Sud Viêt Nam, soutenu par les États-Unis. Après la victoire de 1975 et la réunification du pays, le parti redevenu le PCV dirige la république socialiste du Viêt Nam.

Parti communiste de la région de Madagascar Pour défendre deux militants – Planque et Vittori – et leurs camarades, accusés à la suite d'une manifestation en faveur de la naturalisation*, le PCF envoie en 1929 un avocat. Me Foissin met alors en place une section du Secours rouge international qui sert de proto-parti. Des embryons de syndicats voient le jour. Ces organisations sont centrées autour de journaux comme *l'Opinion*, qui se transformera en *Prolétariat malgache*. En dépit des persécutions contre les membres de ce réseau, dont Paul Dussac*, Jean Ralaimongo* ou encore Ravoahangy, le mouvement se développe et se transforme en PCRM, section du PCF, à la faveur de l'avènement du Front populaire. Son chef, Paul Dussac, estime alors avec optimisme le nombre des militants et sympathisants à 200 000. Le PCRM milite d'abord pour la naturalisation en masse puis pour l'indépendance. Mais, désavouée par le PCF, la section se déclare indépendante. En 1939, l'interdiction de toutes les organisations communistes à la suite du pacte germano-soviétique achève un parti déchiré entre les assimilationnistes et les nationalistes. Nombre de ses groupes et de ses cadres seront à l'origine de la mise en place en 1946 du Mouvement démocratique pour la rénovation malgache (MDRM).

Partis communistes du Maghreb Le PC algérien a été créé en 1936, le tunisien en 1939, le marocain en 1942. Leur faiblesse a sollicité les historiens des années 1950 qui s'interrogeaient par comparaison avec le Viêt Nam*. On a avancé plusieurs raisons. Au Maghreb, où le peuplement européen est important, les communistes français ont détourné leur parti de la lutte pour la libération nationale. La dépendance par rapport au PCF, dont l'indifférence et les tournants ont pesé lourd, est un autre facteur, auquel il faut ajouter les variations du Komintern. Il faut nuancer sur la Tunisie* des années 1920, où l'engagement avec la CGTT de Louzon* est important, et sur *Alger* républicain* et Henri Alleg* qui ont participé à la guerre du côté algérien. Mais autour de 1936 et à la Libération, la priorité au patriotisme français a suscité des tensions avec les nationalismes coloniaux, facilement accusés de complicité avec le fascisme par le PCF. Le soupçon de provocation est aussi affirmé contre le 1er novembre 1954 : 8 jours après, un communiqué du bureau politique du PCF en rend responsables les gouvernements qui n'ont pas donné satisfaction aux revendications nationales du peuple algérien (défini comme fusion de toutes « les races » depuis le discours de Thorez en 1939), mais il présente les attentats comme des « actes individuels », de nature à « faire le jeu des pires colonialistes, si même ils n'étaient pas fomentés par eux ». Sur cela, malheureusement, la *Mémoire algérienne* de Henri Alleg présente une version plus fidèle à l'esprit de parti qu'à la vérité historique. Pendant la guerre* d'Algérie surtout, l'attitude du PC français a été un facteur négatif. Ces données n'ont pas joué pour le Viêt Nam. Au Moyen-Orient, le rôle des minorités ethniques dans la naissance du communisme, celui des militants juifs en particulier, a été présenté comme une hypothèque sur l'arabisation. Mais Alleg ou Curiel contredisent cela. Bien sûr, l'islam a été souvent posé comme l'obstacle principal, l'athéisme n'ayant aucune chance de vaincre dans le monde musulman. Ce qui est certain, c'est la difficulté de la culture communiste à proposer des réponses cohérentes à la religion musulmane comme l'a bien montré Maxime Rodinson*. Mais on ne peut pas apporter de réponse satisfaisante à des problèmes aussi complexes.

passeurs Les colons qui ont choisi les colonisés, femmes et hommes ayant noué des unions mixtes, convertis* ou apostats, religieux et communistes européens ayant rallié la nation algérienne au feu de la guerre : ces individus qui ont changé volontairement et personnellement d'identité, ou qui ont transgressé les frontières infranchissables liées à l'origine, violé l'ordre colonial, sont des passeurs. Rarissimes, ces destins, souvent tragiques, montrent à quel point (car on a du mal à l'imaginer aujourd'hui) les ambivalences ont fait scandale : qu'on pense au Levantin* ou au métis. Le cas des passeurs est pire, car le scandale tient au choix délibéré de ce statut. Quelques itinéraires le montrent. Changer de religion : c'est ce qu'ont fait Étienne Dinet*, Ismayl Urbain*, Isabelle Eberhardt*. Ces traversées ont été rares et difficiles et leurs origines sont diverses, tout particulièrement celles qui conduisent à choisir la nationalité algérienne au fort de la guerre.

Certains passeurs viennent du communisme. Et c'est une Algérie internationaliste qu'ils veulent construire, par idéal mais aussi à travers l'expérience concrète, vécue dans *Alger* républicain*, du cosmopolitisme associant cultures musulmane, judéo-arabe et européenne. Ainsi Maurice Audin. Plusieurs militants sont issus d'unions mixtes ou en ont construit. On y compte des ouvriers, Joséphine Carmona, Iveton – dont le père est un enfant de l'Assistance publique –, des représentants de l'Algérie des humbles, telle une descendante des convois de chômeurs de 1848, mais aussi des instituteurs et institutrices, des médecins. Leur ralliement à la lutte armée les conduit à participer aux combats et aux attentats, qui coûtent la vie à Iveton, guillotiné, Maillot… En 1962, les passeurs devront pourtant demander la nationalité algérienne, réservée de plein droit aux seuls musulmans par le nouvel État. Seuls 250 Français la demandent en application des accords d'Évian, dont 98 hommes et 14 femmes pour participation à la lutte de libération, comme le prévoit l'article 8 du Code de la nationalité adopté en 1962.

Des chrétiens convergent dans un itinéraire semblable. C'est le cas de Mgr Duval, cardinal d'Alger (1903-1996) : membre de la Résistance, avant d'être nommé évêque de Constantine en 1947, il devance l'encyclique *Fidei donum* affirmant le droit à l'indépendance des colonisés et condamne les exactions des ultras. Les bombes visant la cathédrale et le surnom de « Mohammed Duval », les pressions du pouvoir ne l'empêchent pas de persévérer. Il est enterré dans la basilique Notre-Dame d'Afrique. Cette position est partagée par une poignée de prêtres, dont l'abbé Jean Scotto, curé de Bab el-Oued, descendant de trois générations d'immigrés italiens, figure haute en couleur des petits blancs, qui se refuse à en faire des boucs émissaires. Lors d'un « Cinq Colonnes à la une », il répond : « Vous, monsieur, vous êtes un Français de souche ; votre terre, votre patrie s'appelle la France. Je suis un descendant d'émigrés, je n'ai pas connu la terre de mes ancêtres, l'Italie. Depuis mes grands-parents nous n'avons jamais connu qu'une terre, le sol algérien, et en même temps une patrie qui s'appelle la France. » Vingt-six prêtres et religieuses ont suivi ce chemin. Des prêtres-ouvriers de la mission de France sont à leur côté, comme des étudiants autour de Pierre Chaulet. Le ralliement à un État se définissant comme musulman, s'il est marginal chez les catholiques d'Algérie, a une portée considérable pour les redéfinitions de l'Église face au tiers-monde* naissant.

Refusée par les États, comme une déclaration du président Bouteflika vient de le rappeler en considérant en juin 2006 la double nationalité comme inacceptable, alors qu'elle concerne des centaines milliers d'individus aujourd'hui, cette ambivalence s'impose comme une réalité massive. C'est la revanche des passeurs de l'époque coloniale, leur vérité d'aujourd'hui.

pataouète Parler des Européens d'Algérie, associant le français, des termes européens et arabes, il a pris une allure identitaire dans les tensions avec la métropole. Cagayous, personnage créé par *Musette* (Auguste Robinet), né lors de la crise « antijuive* » et du mouvement autonomiste des Européens d'Algérie dans les années 1890, est représentatif de la plèbe, raciste, machiste. On peut y voir l'annonce des pieds-noirs*, que *la Famille Hernandez* peint sur un mode plus bon enfant. Avec son accent, ce langage a eu une capacité créatrice remarquable.

Auguste Pavie Militaire, explorateur (1847-1925). Arrivé en Indochine* en 1868 comme soldat d'infanterie de marine, il entre au service des télégraphes. Après la guerre de 1870 en métropole, il est chargé de la construction de la ligne télégraphique de Phnom Penh à Bangkok. Il apprend le cambodgien. Consul à Luang Prabang en 1886, chargé d'une mission d'exploration, il intervient dans le conflit entre le prince de cette localité, les autorités siamoises et le chef tribal Deo Van Tri, appartenant à une puissante famille thaï, dont il obtient le ralliement à la France. Après diverses explorations de 1889 à 1891, nommé consul à Bangkok en 1893, au moment du conflit franco-siamois, il mène avec Le Myre de Vilers les négociations avec le gouvernement thaï, qui aboutissent à l'établissement de la frontière entre le Siam et l'Indochine française sur le Mékong. Rentré en France en 1895, il publie *À la conquête des cœurs,* qui résume ses activités dans les confins laotiens et prône une colonisation respectant les autres sociétés, préfacé par Clemenceau. Membre de la Société de géographie, il participe à la fondation de l'Académie des Sciences coloniales.

paysannerie La notion concerne les populations rurales, pour lesquelles la terre a une valeur non seulement matérielle mais plus encore symbolique, dans des sociétés où l'économie capitaliste ne domine pas, organisées sur une base familiale, en communautés relativement autonomes, dont les notables assurent des fonctions de médiation avec les puissances extérieures, qui subissent un prélèvement des groupes dominants et de l'État. Fellahs ou *Nong dan* (*zan*) sont méprisés et exploités par les populations guerrières, éleveurs et nomades au nord et au sud du Sahara*, pressurés par les mandarins* en Asie, par l'aristocratie ottomane au Maghreb.

Avec la colonisation, la paysannerie subit des transformations radicales. L'impôt* est écrasant, ainsi que les corvées et le travail* forcé, pour satisfaire les besoins en main-d'œuvre et en productions commerciales. En Indochine*, les communes paysannes sont fortement déstabilisées par les prélèvements et la monétarisation de l'économie. Presque partout, mais surtout en Indochine et au Maghreb, les dépossessions pèsent lourd, ainsi que la privatisation des terres. Les paysans riches et les notables profitent de cette privatisation des biens communaux dont ils assuraient la répartition et qui représentent entre 1/5 et 1/4 du terroir. L'usure – qui peut atteindre 70 % pour une saison, et qui a triplé entre 1900 et 1930 en Indochine – enchaîne les paysans à la dette. Les sociétés indigènes de prévoyance, dont le modèle algérien est étendu au Maghreb et en A-OF, fonctionnant sur les maigres ressources des paysans, ont des résultats limités. La croissance démographique fait sentir ses effets de plus en plus fortement à partir des années 1930, surtout au Maghreb et dans les plaines deltaïques d'Asie, et aggrave la crise. En 1937, 90 % de paysans ne possèdent que 36 % des terres, il y a 2 à 3 millions de journaliers et plus d'un million d'inoccupés dans le delta du fleuve Rouge.

Pour éviter l'effondrement, une politique de paysannat – de modernisation tendant à préserver les assises rurales – est mise en œuvre. L'effort hydraulique a pour but de généraliser la double récolte de riz : 377 000 ha ont été ainsi aménagés entre le début du siècle et 1945 dans le delta du fleuve Rouge, ce qui permet à peine de maintenir le niveau alimentaire. Pénurie de terres, fragilités écologiques, lourdeur de la rente foncière, faiblesse de l'investissement, stagnation technique : l'économie paysanne des deltas surpeuplés semble bien être entrée dans une crise sans rémission. Mêmes causes, mêmes effets et mêmes limites pour le paysannat au Maghreb – des SAR (secteurs d'amélioration rurale en Algérie), des SMP (secteurs de modernisation du paysannat au Maroc). Les famines reviennent autour de 1947. Un fellah algérien possède en moyenne trois moutons en 1887 mais un et demi en 1900. En 1868, les musulmans produisent 80 % du blé, en 1948, 44 %. Le FIDES* a orienté ses investissements vers les gros projets d'infrastructure plus que vers le développement rural. Les guerres ont joué aussi en prélevant leur part, au Viêt Nam et en Algérie, cette dernière ayant subi le déracinement de deux millions de ruraux entre 1954 et 1962.

Est-ce à dire que la clochardisation est le seul bilan ? À Madagascar, la production de café est assuré majoritairement par les Malgaches, qui bénéficient d'aides techniques. En Afrique, l'espace est loin d'être surchargé, et le Fonds d'équipement rural pour le développement économique et social, créé en A-OF en 1949, a pu lancer un « grand programme de petits travaux ». On ne peut ignorer les planteurs du Dahomey*, reconvertis de l'ancien commerce licite (commerce non interdit, à la différence de la traite des esclaves, à partir de 1815), et de Côte d'Ivoire*, la modernisation des exploitations des notables, l'émergence de « classes moyennes », d'une bourgeoisie. L'hévéaculture est l'apanage des grandes sociétés et des moyens propriétaires français, contrairement à la Malaisie britannique et aux Indes néerlandaises, où les *smallholders* indigènes produisaient jusqu'à plus de 30 % du caoutchouc dans les années 1930. Le marché partout impose sa loi. Les résistances désespérées du vieux monde ont fait croire à des révolutions paysannes, qui seraient la caractéristique du tiers-monde selon Fanon*. Au Viêt Nam, la réforme agraire des communistes leur a assuré le soutien de la société rurale, mais on ne voit rien de tel en Afrique du Nord, où les paysans, s'ils ont constitué les forces combattantes du FLN*, ont été agis par la bureaucratie militaire.

pélerinage (Hajj) à La Mecque Du fait de son importance, les autorités coloniales françaises prennent en charge son organisation. Pour des raisons sanitaires ou politiques, elles peuvent le restreindre ou l'interdire. La voie maritime est privilégiée pour l'Afrique du Nord et l'A-OF. Le contrôle porte sur les risques sanitaires dans la région du Hedjaz au milieu des années 1860, mais la nécessité d'entretenir l'image d'une puissance respectant l'islam et le souci de préserver les sujets musulmans du panislamisme jouent un rôle essentiel. La commission interministérielle des Affaires musulmanes, créée en 1911, est chargée de l'organisation: elle achète en 1917 deux hôtels à La Mecque et Médine pour les plus nécessiteux. Incarnant l'immixtion des autorités dans le culte musulman, ce contrôle alimenta l'anticolonialisme.

Camille Pelletan Homme politique radical (1846-1915). Journaliste radical et franc-maçon d'origine protestante, il mène de vibrantes campagnes contre la colonisation, comme rédacteur en chef du journal *la Justice* (1880-1893) et comme député (1881-1912). Sa première intervention parlementaire porte sur les liens avec la Tunisie; en 1883, il est l'un des quarante-deux députés à voter contre les crédits pour la conquête du Tonkin. Anticolonialiste plus constant que Clemenceau*, Pelletan est avant tout un patriote. Le 30 mars 1885, il participe au débat sur l'affaire de Lang Son*, contribuant à la chute de Jules Ferry*. Il dénonce une civilisation imposée à «coups de canon», affirmant qu'elle n'est qu'une autre forme de la barbarie, et réfute le devoir de civilisation que Ferry attribue à la race blanche. Ministre de la Marine en 1902-1905, il organise des flottilles de torpilleurs destinés à la «défense mobile coloniale» en mer de Chine et dans l'océan Indien. Mais, président du Parti radical, il s'élève, dans *la Dépêche de Toulouse* du 31 juillet 1907, contre l'aventurisme colonial du gouvernement Clemenceau. Il préside les Amitiés musulmanes, qui sont présentes lors de ses obsèques.

petit blanc Terme générique désignant des individus déclassés d'origine européenne dans les sociétés coloniales: *poor white* américains ou sud-africains, petits colons*, citadins pauvres. À La Réunion*, on attribue aux petits blancs un comportement raciste, des pratiques incestueuses et des tares physiques liées à la consanguinité. Victimes de la concentration des terres et de l'essor de l'agro-industrie, on les retrouve dans le secteur agricole où ils pratiquent une économie de subsistance. Les petits créoles blancs ou métis sont stigmatisés depuis le XVIIIe siècle. En Martinique, ce sont les «békés goyaves» dont la paupérisation a été moindre. Dans les autres colonies, les petits blancs sont surtout des Européens disposant de faibles revenus mais attachés à leurs privilèges tels ceux d'Algérie, qui se considèrent parfois comme des «Français majorés » en raison de leur supériorité sur les colonisés. La connotation péjorative du terme a évolué : il désigne aujourd'hui un comportement de refus au changement et l'attachement aux privilèges raciaux ou économiques.

petit-nègre Ce terme désigne le parler des tirailleurs et des Africains en contact avec les blancs, de manière amusée. Car le colonisé est censé singer le maître.

pétrole et hydrocarbures L'Afrique ne recèle que 6 % des réserves mondiales. La découverte du gaz (1954) et du pétrole (1956) des régions de Hassi Messaoud, de Hassi R'mel et d'Edjelé, dans le Sahara algérien, d'abord, puis en Afrique noire, au Gabon, a amené la France à investir par le Bureau de recherches du pétrole (BRP), créé en octobre 1945. En mai 1957 arrive au Havre le premier tanker en provenance du Gabon, et début 1958 le premier chargement de pétrole saharien. À partir de décembre 1957, les pipelines traversent le Sahara. L'OCRS est une tentative de garder la souveraineté française sur ces ressources. Avec les essais nucléaires en 1960, cet enjeu explique la tentation de morceler l'Algérie, de l'amputer du Sahara jusqu'en 1961. C'est une des causes de l'échec des premières négociations d'Évian, et il faut le discours de De Gaulle* du 5 septembre 1961, reconnaissant l'appartenance du Sahara à l'Algérie, pour lever l'obstacle. Le FLN ne s'est pas attaqué aux puits ni aux pipelines pour préserver une infrastructure d'avenir. Les hydrocarbures ont été un argument des ultras de l'Algérie française, mais les milieux économiques ne suivent pas : la légèreté du fuel et son prix de revient limitent son utilisation. Les accords d'Évian* reconnaissent la souveraineté d'Alger et attribuent une place privilégiée à la France, prévoient une mise en valeur commune. En 1971, Boumediene nationalisera les compagnies pétrolières.

peuplement Le sens premier du mot colonie* se confond avec le peuplement d'une terre par des nationaux émigrés, puis on oppose colonie de peuplement à colonie d'exploitation. En Nouvelle-Calédonie, les efforts ont eu des résultats limités. Les expériences fondées sur le café, les espoirs mis dans un climat salubre, les soutiens du gouvernement n'ont pas abouti.

L'Algérie est un exemple extrême. L'idée était simple : il n'y a pas de pays sans paysans et le retour à la terre régénérerait les citadins tout en débarrassant la métropole des classes dangereuses. Bugeaud* pense à des soldats laboureurs, mariés à des filles du peuple. Sans succès. Les civils suivent, auxquels on attribue des concessions dans des villages construits à cet effet. On compte 15 000 allocataires au milieu du siècle. En 1848, 100 000 demandes répondent à un appel, dont 20 000 sont satisfaites. L'Algérie devient le « dépôt de mendicité de l'Europe », s'inquiète-t-on. Mais les échecs sont nombreux: 3 000 des volontaires de 1848 meurent et 7 000 repartent. Sous le second Empire, les travaux d'infrastructure facilitent les implantations et l'effort se poursuit, même s'il est ralenti par le tournant du royaume* arabe de Napoléon III, qui veut préserver les propriétés indigènes et favorise la colonisation capitaliste. Après 1870, le triomphe des civils entraîne une nouvelle poussée. Au total, 481 000 hectares leur ont été affectés entre 1830 et 1870, puis un million jusqu'en 1900. Plus de 500 centres ont été créés entre 1841 et 1895. Mais le mouvement s'essouffle, et les abandons sont nombreux au profit de la concentration des terres.

L'Algérie est un pays de citadins à 60 % en 1870, proportion qui ne cessera d'augmenter. La population française se recrute au moins pour une moitié dans la communauté juive (décret Crémieux) et dans les immigrations espagnole, italienne, maltaise, par application à l'Algérie de la loi de 1889 sur le droit du sol. Une autre conception – élitiste, capitaliste – de la colonisation a été hostile à toute politique de peuplement, c'est elle qui l'emporte le plus souvent, faute de bras à exporter, mais aussi en raison des risques d'affrontements communautaires dont on prend la mesure en Algérie.

Marcel Peyrouton Homme politique (1887-1983). Nommé résident général en Tunisie en juillet 1933, il ne parvient pas à briser le Néo-Destour*. Le 21 mars 1936, il est résident général au Maroc, mais il est remplacé dès septembre par le général Noguès. Ministre de l'Intérieur en 1940, à Vichy, il abroge le décret Crémieux attribuant la citoyenneté française aux juifs d'Algérie. Il est ensuite nommé gouverneur général de l'Algérie et remplacé par le général Catroux le 3 juin 1943.

Phan Boi Chau Fondateur du nationalisme moderne au Viêt Nam (1867-1940). Originaire de la province de Nghe An, né dans une famille de lettrés, il est reçu major des concours triennaux de 1903, et devient l'âme et l'organisateur des mouvements néoconfucéens et patriotiques qui ont marqué le début du XXe siècle : Duy Tan (« Modernisation »), Dong Du (« Voyage d'étude vers le Japon et la Chine »), Quang Phuc (« Organisation politico-militaire pour la reconquête du Viêt Nam »)... Ses œuvres, rédigées avec verve et éloquence, alternant euphorie et abattement, violence et naïveté, contribuent à l'émergence d'une édition indochinoise. Sa pensée est entièrement tournée vers l'action et la stratégie. Il est capturé à Shanghai et ramené au Viêt Nam.Condamné à mort, sa peine ayant été commuée, il est assigné à la résidence surveillée à Huê jusqu'à sa mort.

photographie

La mise en images des colonies

Dès l'origine, elle accompagne les voyages. Frédéric Goupil-Fesquet, qui suit son oncle, Horace Vernet, en Orient, est surtout intéressé – comme les photographes du temps – par les monuments. C'est lui qui offre à Mehemet Ali le premier daguerréotype (perdu) réalisé en Égypte, *le Harem de Mohamed Ali*, qui ne représente en fait qu'un bâtiment avec une porte entrouverte. Avec le calotype (négatif papier) apparaissent les albums comme *Égypte, Nubie, Palestine et Syrie* (1852), de Maxime du Camp, compagnon de voyage de Flaubert. Quand la France se lance dans l'aventure coloniale, la lourdeur du matériel rend difficile le travail du photographe. À la fin du XIXe siècle, il devient plus léger, mais il demeure fragile et encombrant. En 1899, dans le Sahara, Foureau, qui rencontre des difficultés, choisit de se débarrasser du matériel pour récupérer une demi-douzaine de dromadaires. Il faut attendre la généralisation des appareils portatifs à négatifs souples de Kodak pour que la photo soit à la portée de tous.

Photographie et la conquête

L'Algérie est mise en images qui accompagnent la conquête. L'Américain John B. Greene effectue entre 1853 et 1854 de nombreuses photographies d'Égypte, puis d'Algérie, suivi de Félix Moulin, qui en 1856, pendant plus d'un an, photographie les autorités religieuses, militaires françaises, les chefs indigènes... Ces images (plus de 300 clichés) seront publiées dès son retour dans *l'Algérie photographiée,* dédicacée par Napoléon III*. Cette vision officielle paraît au moment de la création du ministère de l'Algérie, ayant à sa tête le prince Jérôme Napoléon. Au début du siècle, Gervais-Courtellemont, installé à Alger et converti à l'islam, mêle les activités de portraitiste et de photographe de scènes « de genre » empruntant à la peinture orientaliste (*Sur les terrasses*). La photographie figure dans des expositions comme celle de 1867 à Paris. Auguste Pavie* rapporte son journal de marche, qu'il publie dans *Au cœur de l'Indochine.* Des journaux comme *l'Illustration* mais aussi la carte postale accroissent la diffusion de l'image. Elle est un témoignage, décrit un événement, montre des types, et, en raison de la rareté des voyageurs, elle contribue au développement des connaissances mais aussi des stéréotypes.

Elle a un rôle privilégié dans la mise en scène de la différence. Au Jardin d'acclimatation, les Kalina de Guyane et du Surinam en 1882 sont photographiés par Pierre Petit et le prince Roland Bonaparte. Ce dernier, qui se réclame de Paul Broca, réalise des clichés anthropologiques. Des portraits d'Annamites (soldats cochinchinois, ouvriers tonkinois) de sa collection sont montrés à l'Exposition universelle de 1889. Des studios s'installent en Afrique du Nord, où les types maures, juifs, nègres, berbères, arabes réels ou supposés, les mauresques aux seins nus, les scènes de mœurs arrangées et pittoresques font fortune. Gabriel Veyre, opérateur pour les frères Lumière, devient le photographe et cinéaste du sultan Moulay Abd el-Aziz en 1901. Il publiera en 1905 *Dans l'intimité du sultan*. Correspondant de *l'Illustration*, il réalise les premières photos autochromes du Maroc. En 1935, il se lance dans un reportage photo à travers le pays; il meurt l'année suivante à Casablanca. Alexandre Iacovleff accompagne les Croisières* noire et jaune et en rapporte des milliers de photos. Celles de Marc Allégret, qui accompagne Gide* dans son périple en Afrique, sont un hommage à la beauté des corps* des femmes, contrastant avec les dénonciations de la colonisation du carnet de route de l'écrivain. Elles sont publiées dans l'édition de *Voyage au Congo* de 1929. De Clérambault multiplie en esthète les photos (40 000) de drapés de femmes marocaines entre 1917 et 1920, dont beaucoup sont conservées au musée de l'Homme. À Tahiti, les premiers clichés sont l'œuvre de marins ou d'officiers de passage. Gustave Viaud, le frère de Pierre Loti, chirurgien de marine, au cours d'un séjour en 1861, en réalise une série. Viennent ensuite les professionnels comme Eugène Courret ou Lucien Gauthier, qui opère de 1904 à 1921. La vision des îles, d'abord paradisiaque, devient plus sombre dans les années 1930 sous le regard de Roger Parry et Thérèse Le Prat. Henri Matisse, aussi, utilisera ses « photographies-souvenirs » de « cet univers magique » pour réaliser certains de ses tableaux. En Nouvelle-Calédonie, on trouve des photographes locaux comme Ernest Robin, les frères Dufty, installés depuis 1867, et l'Australien Allan Hughan, arrivé en 1873.

Une vision multiforme

Avec la démocratisation de la photo, le bidasse, le colon, le touriste envoient dans les villages de la France profonde des images comiques, érotiques, exotiques… Les collections privées se développent. Le Dr Michaël Dhoste a réalisé des photographies de Saint-Pierre-et-Miquelon entre 1901 et 1905, dont 354 sont exposées au Musée ethnographique de Bordeaux. Mathilde Hossenlopp – dont les photos ont été retrouvées récemment par sa famille –, qui a épousé un Indochinois, enregistre les scènes de la vie quotidienne en Cochinchine au début du siècle. Dans les quelque 15 000 photographies coloniales amassées par Picasso, on trouve des clichés de Paul-Émile Miot pris dans les années 1850 à Terre-Neuve, de Raquez au Laos (parues dans *Pages laotiennes. Notes de voyage*, 1902), d'Edmond Fortier, qui a opéré en Afrique noire à partir de Dakar. Certaines auraient servi à l'élaboration de tableaux. Le fonds Combier au musée Nicéphore-Niepce à Châlons-sur-Seine conserve des milliers de clichés sur l'Algérie qui n'ont jamais fait l'objet d'une exposition.

En 1934, l'ethnographe Thérèse Rivière accompagnée de Germaine Tillion réalise une mission dans les Aurès. Sur les 6 000 clichés qu'elle prend, elle en sélectionnera 123 pour une exposition en 1943 au musée de l'Homme sous le titre « Aurès ».

Le Quai d'Orsay, les archives d'outre-mer, la chambre de commerce de Marseille, le musée de l'Homme (350 000 négatifs et épreuves) contiennent des trésors, inexplorés le plus souvent. À cela s'ajoutent les collections familiales dont la Maison du maréchal Juin à Aix-en-Provence témoigne. Dans le Dauphiné, 1 500 familles étaient parties en Algérie, et le retour des pieds-noirs a donné une exposition de photos en 2003 au musée du Dauphinois.

Un changement du regard s'affirme dans les années qui suivent la Seconde Guerre mondiale : Jean Rouch* a réalisé une série de photos en 1947, déposées au musée de l'Homme. En 1951, Étienne Sved prend en six semaines de voyage 600 clichés : c'est une Algérie différente qu'il montre, celle des « meskines » : habitants de la casbah, paysans de Kabylie, petits artisans de Bou Saada. Aucun dirigeant nationaliste, pas de photo à la gloire de la colonisation. Presque dix ans après, Marc Garangé, appelé lors de la guerre d'Algérie* après avoir épuisé tous ses sursis, devient photographe de l'armée. Il est amené à faire des photos d'identité : 2 000 personnes, des femmes essentiellement, les hommes étant au maquis. Ce sont leurs images dévoilées/violées qu'il exposera puis qu'il fera connaître dans *Femmes algériennes 1960* (1982) pour témoigner de « leur protestation muette, violente ».

Et les colonisés ? Ce n'est que tout récemment que la découverte de photographies anciennes en Afrique a révélé l'existence de plusieurs générations de professionnels. Les premiers studios, tenus par une communauté créole, saro et afro-brésilienne, ouvrent à Lagos. Un des pionniers de la photographie et de la carte postale serait Akhurste, originaire de la Gold Coast (actuel Ghana), spécialiste du portrait de la bourgeoisie dans le dernier tiers du XIXe siècle. Poser était une activité mondaine, un événement : on allait se faire photographier comme on allait à la fête. Dans l'entre-deux-guerres, des photographes de talent jouissent d'une grande réputation, c'est le cas de Mama Casset (1908-1992, Sénégal), dont les négatifs ont été malheureusement détruits, d'Augustt Azaglo (né en 1924, Côte d'Ivoire) et surtout du Malien Seydou Keïta (né en 1923). Ses photographies sont présentes dans les musées du monde entier et dans les grandes collections privées. La 6e Rencontre africaine de la photo s'est tenue à Bamako en novembre et décembre 2005 avec une exposition sur l'histoire de cet art.

Sont trop rares encore cependant les images des Occidentaux vus par les indigènes, un nécessaire croisement des regards. Le musée Alfred-Kahn a pris une initiative originale en 1999 en faisant réagir des enfants marocains sur des photographies de leur pays dans les années 1920.

pidgin L'étymologie remonte à *Business English,* l'« anglais du commerce », prononcé *pidgin* en Extrême-Orient dans le *Chinese Pidgin English* du XIXe siècle. C'est une langue véhiculaire résultant de contacts réguliers entre deux groupes de langues maternelles différentes, dans un contexte limité – l'échange commercial surtout –, au sein du milieu maritime ou sur des plantations. Un pidgin est une langue secondaire pour ses locuteurs, mais peut devenir première langue pour la deuxième génération. Dans ce cas, on parle de *créole**. Les pidgins sont caractérisés par une phonologie et une grammaire simplifiées et un vocabulaire limité. Dans un cadre colonial, presque tout le vocabulaire est tiré de la langue du colonisateur, alors que la grammaire puise dans le patrimoine linguistique du colonisé. Il existe plus de cent pidgins (et créoles), fondés sur l'anglais, l'espagnol, le français, le néerlandais et le portugais, parlés surtout dans les anciennes colonies. En Mélanésie, sont utilisés trois pidgins à base lexicale anglaise, pour un total de plus de trois millions de locuteurs.

pieds-noirs Le mot n'est pas attesté, semble-t-il, avant 1954. D'où vient-il? De la différence avec des Arabes aux pieds nus et de la couleur des chaussures ? A-t-il désigné d'abord les musulmans ? Le mystère de ses origines est révélateur des troubles des conditions de sa naissance. Le terme se répand durant la guerre d'Algérie et après l'exode. Quelle est la signification de son succès ? Il prend la place d'« Algérien », conquis par les musulmans. Tout cela laisse une seule certitude: le mot marque la dégradation du statut des Européens d'Algérie. Il a voulu symboliser la souffrance et l'identité de la communauté française. L'exode de 1962 a été vécu comme un exil, ce qui explique le refus d'accepter le terme « rapatrié », attribué par l'État, et le sentiment de « nostalgérie ». Beaucoup ressentent le besoin de transmettre une mémoire mais aussi d'être reconnus par l'histoire nationale. Tout d'abord, il fallait se nommer – « pieds-noirs » faute de mieux –, même si une association se fonde en 1973 autour d'« algérianiste ». D'autres associations se créent. D'abord en quête de racines, elles mènent dans les années 1990 une politique beaucoup plus agressive de lobby. L'objectif est d'imposer la mémoire des pieds-noirs comme la seule représentative de l'histoire et de la faire valider par les politiques, dans le cadre d'une guerre de mémoire avec appelés du contingent, ex-FLN*, harkis*, porteurs de valises... Les nombreux monuments commémoratifs, y compris en hommage à l'OAS*, surtout à partir de 1996, montrent qu'ils trouvent un écho électoraliste. La loi du 23 février 2005 où « la nation exprime sa reconnaissance aux femmes et aux hommes qui ont participé à l'œuvre accomplie par la France dans les anciens départements d'Algérie... » et qui stipulait l'enseignement du « rôle positif » de la colonisation se voulait le couronnement de ce dispositif.

plan, planification La « mise en valeur » coloniale se heurte au manque de moyens de transport, d'énergie électrique, d'eau et d'unités de stockage. Les milieux intéressés plaident en faveur des investissements publics pour répondre à ce manque. Dès 1912, le gouverneur de l'Indochine, Albert Sarraut*, précise un plan pour son territoire. Comme ministre des Colonies (janvier 1920 - mars 1924) – au moment où la métropole modernise certains pans de son économie (urbanisme, logement social, etc.) –, il esquisse en 1921 le « plan Sarraut », qui sert de cadre aux divers programmes d'investissement lancés pour mettre en place l'« outillage économique » : chemins de fer (Congo-Océan, etc.), hydroélectricité et grande hydraulique agricole (Maroc et Algérie), aménagement de la boucle du Niger (plan Bélime), ports (Casablanca*, etc.). Ce projet débouche sur un corpus législatif seulement en 1929-1931. Mais il est entravé par la déflation budgétaire de la première moitié des années 1930, avant qu'une politique d'emprunts relance le processus.

En revanche, après le plan d'urgence destiné à alimenter la métropole en denrées (plan oléagineux de 1946) par le développement rapide de plantations modernes en Afrique, quand est lancé le premier plan Monnet, l'outre-mer bénéficie aussi d'un plan de développement économique et social en avril 1945 avec le FIDES*. Il prend corps en 1946 et sert de cadre aux programmes d'équipement (hydroélectricité, hydraulique agricole, ports [Abidjan], docks, etc.). Les deuxièmes plans métropolitain et colonial sont moins précis, car plus « incitatifs » et tournés vers l'initiative privée. Aussi l'État lance-t-il pour l'Algérie en 1960 le « plan de Constantine », affichant sa volonté de développement des infrastructures et du logement social. La notion de « plan » servira de base à la politique des pays décolonisés pour accélérer le développement.

Polynésie française (Tahiti) Ces 118 îles (îles hautes et atolls) sont dispersées sur une surface égale à celle de l'Europe : la plus importante est Tahiti (1 000 km^2), dont la capitale est Papeete (« corbeille d'eau »). Elles ont été peuplées vraisemblablement au début de notre ère par des Austronésiens venus de l'ouest du Pacifique. Horticulteurs et pêcheurs, les Polynésiens étaient attachés à leurs dieux et à leurs ancêtres, qu'ils célébraient sur des *marae*. La société, très hiérarchisée, était dominée par des chefs, les *ari'i*.

Tahiti est abordée par Wallis (1767), Bougainville (1768) et Cook (1769), qui rendent célèbre la « Nouvelle Cythère ». En 1797 arrivent les missionnaires protestants anglais. Ils favorisent la famille Pomare, qui domine l'île après 1815. Les conversions affluent ensuite. Les catholiques s'implantent plutôt aux Gambier et aux Marquises. Entre 1767 et 1820, la population de Tahiti s'effondre de 80 000 à 8 000 habitants. En 1842, l'amiral Dupetit-Thouars annexe les Marquises, qui restent en fait non contrôlées jusqu'en 1880, et impose un protectorat sur le royaume des Pomare, ce qui déclenche trois années de troubles (1844-1846). Les terres sous domination française prirent le nom d'Établissements français de l'Océanie (EFO) de 1842 à 1957. Leur étendue varie jusqu'à 1901, date à laquelle elles atteignent leur dimension actuelle. La France réduit à peu de chose la souveraineté tahitienne et fait pression sur Pomare V pour qu'il cède en 1880 ses États, devenus ainsi une colonie. La promesse de respecter les lois et les coutumes locales n'est pas tenue, notamment sur la propriété des terres. Pendant la Première Guerre mondiale, Papeete est bombardée par un navire allemand. Un millier de soldats participent au conflit en Europe, et 300 « poilus tahitiens » y périssent. La « grippe espagnole » fait des ravages dans les EFO, mais ensuite, la remontée démographique est continue (270 000 habitants aujourd'hui). En septembre 1940, les EFO sont l'une des premières colonies à rallier la France libre. Des volontaires rejoignent les troupes qui combattent à Bir-Hakeim et à El-Alamein.

Au lendemain de la guerre, d'importantes réformes sont accordées : suffrage universel et un seul collège électoral, un député, un sénateur, une assemblée représentative. Mais le gouverneur reste trop puissant et les pouvoirs de l'assemblée limités. Dans ce cadre s'affirme la personnalité de Pouvanaa a Oopa (1895-1977), à la tête d'un puissant mouvement nationaliste. Élu député à plusieurs reprises avec une forte majorité, il est porté aux commandes du gouvernement issu de la loi-cadre*. Bête noire des gouverneurs et des partisans de la présence française, il ne peut résister aux complots qui se trament contre lui. Sa recommandation de vote négatif au référendum du 28 septembre 1958 n'est pas suivie par les Polynésiens. Il est arrêté sous le prétexte d'une incitation à l'incendie de Papeete, condamné et emprisonné en France. La Polynésie est alors sévèrement contrôlée par l'État, qui prépare l'installation du centre d'expérimentation nucléaire.

La vie politique, économique et sociale a été bouleversée par l'argent déversé pour les essais (1966-1996). À la fin des années 1970, deux personnalités émergent: Gaston Flosse (né en 1931), qui défend la présence française tout en revendiquant une autonomie la plus poussée possible, et Oscar Temaru (né en 1944), qui prône l'indépendance, mais reste marginalisé jusqu'en 2004. G. Flosse est porté à la tête du territoire (1982-2004, avec une interruption entre 1987 et 1991) et obtient un statut d'autonomie interne en 1984 (révisé en 1996 et 2004). Il utilise habilement ses relations avec les gouvernements centraux (en particulier son amitié avec J. Chirac) et des transferts massifs pour établir un système lui permettant de rallier à lui la plupart des personnalités locales. La prospérité du territoire est enviée dans la région, mais elle cache mal les inégalités et la misère d'une masse de déracinés (25 % de la population au moins). Les élections de 2004 portent à la présidence O. Temaru, rendant le dialogue avec l'État difficile, même s'il n'envisage l'indépendance qu'après une longue période. Début 2007, des retournements de majorité traduisent l'instabilité de la Polynésie.

portage en Afrique Technique de transport adaptée aux régions de montagne et aux zones tropicales, dans sa forme marchande, il participait aux systèmes d'échanges continentaux et a alimenté les traites négrières. Il a été largement utilisé et intégré aux méthodes coercitives du travail* forcé. Les entreprises comme l'Administration négociaient, avec les chefs de village, des contingents de porteurs et déplaçaient ces recrues sur des distances qui les coupaient ainsi durablement de leurs communautés d'origine, ce qui pouvait entraîner un manque de bras pour les travaux agricoles et des disettes périodiques. Les abus les plus importants sont apparus lors de la conquête du Congo et du lac Tchad, entre 1896 et 1905. L'administration coloniale tente alors de réglementer le portage forcé mais, pendant la Première Guerre mondiale, le ravitaillement de la métropole entraîne à nouveau des réquisitions massives de porteurs. La construction de routes et de chemins* de fer devait, à terme, faire reculer ces pratiques.

les porteurs de valises Ce nom a été donné par les journalistes aux militants français aidant le FLN. Sartre* a fait leur célébrité. On évalue à 500 à peu près le nombre de réfractaires (insoumis qui refusent d'accomplir leurs obligations militaires et déserteurs). Les membres du réseau dirigé par Jeanson puis Curiel* (créé en octobre 1957) sont peu nombreux. Francis Jeanson, gérant des *Temps Modernes*, directeur de collection au Seuil, et sa femme Colette, qui ont écrit *l'Algérie hors la loi* en 1955, y voient un moyen de réveiller la « gauche respectueuse ». Le bulletin *Vérité pour*, le procès à grand spectacle du réseau Jeanson, les livres de Davezies, Maurienne, Maschino..., le manifeste* des 121, la lumière des médias sur la révolte des jeunes intellectuels ont eu une portée, et créé un choc moral et politique sans commune mesure avec les effectifs des militants.

Poulo Condor Cet archipel en mer de Chine méridionale, le plus redouté des onze pénitenciers existant en Indochine*, créé dès 1862, accueille en moyenne 1 500 criminels ou opposants avec des pics lors des grandes crises. Les conditions de travail meurtrières, la maladie, les violences, les tortures – qui sont officiellement interdites mais occasionnelles –, entraînent un taux de mortalité de 3 à 4 %, qui atteint 15 % en 1930. « En prison, le cœur se brise ou se bronze », écrit Nguyen* An Ninh, qui y meurt en 1943. Évasions et révoltes marquent la chronique du bagne. Le Front populaire décide une amnistie massive en août 1936 face à une contestation sans précédent. Face aux droits communs, les communistes réussissent à imposer leur contre-société et le bagne est considéré comme une véritable université rouge, un vivier de cadres pour la révolution de 1945.

préférence impériale ou **ouverture** À l'époque moderne, le régime de l'exclusif* réservait la colonie aux commerçants et armateurs du pays d'origine. L'obsession mercantiliste (équilibre de la balance commerciale et financière) et protectionniste pousse certains milieux d'affaires à prôner l'utilisation de l'empire contemporain comme chasse gardée. Mais, si l'esprit de la « préférence impériale » domine aussi dans le monde politique et une partie de l'opinion, la réalité est différente, car une large partie de l'empire est ouverte aux échanges internationaux. Il est inséré dans des « systèmes d'échanges » régionaux – l'Indochine* exporte son riz vers Hongkong et la Chine – ou techniques – l'empire a besoin de charbon britannique puis de pétrole étranger, de biens d'équipement et même de textiles d'autres pays européens. De plus, de nombreuses lignes de navigation étrangères fréquentent ses ports métropolitains et ultramarins (sauf certaines colonies dépendant comme l'Algérie de la règle du « pavillon national »).

Le droit international a imposé la « porte ouverte ». L'accord de 1898 sur la répartition des frontières entre Français et Britanniques autour du fleuve Niger stipule que le libre-échange unifie cette zone pour les deux pays, et cette clause n'est supprimée qu'en 1936. La conférence d'Algésiras* a décidé que le Maroc resterait ouvert. Le reste de l'empire n'est protégé d'abord que par des droits de douane français modérés. Ce n'est que par étapes que la préférence impériale s'affirme, à partir des années 1920-1930.

Les tensions provoquées par la grande dépression européenne des années 1880-1890 ravivent dans tous les pays (sauf le Royaume-Uni) l'hostilité au libre-échange, qui dominait depuis les années 1860. Aussi l'ensemble colonial tend-il à se hérisser de barrières : l'Algérie est assimilée à la métropole douanière à partir de 1884 et applique strictement le « monopole de pavillon », et les colonies multiplient les taxes à l'importation, surtout pour tenter d'autofinancer leur budget. Les hausses systématiques des droits en 1921 et plus encore en 1931 (face à la déflation des exportations courantes) transforment l'enjeu commercial : on parle dès lors du « repli impérial » économique. Les denrées ultramarines bénéficient d'avantages à l'importation : la France se réserve à partir de 1890 des « contingents » en franchise pour ses importations en provenance de Tunisie, puis élargit cette disposition au Maroc en 1923 et à l'aire du bas Niger en octobre 1936, ainsi qu'aux oléagineux importés par les ports métropolitains à partir de 1933. Les produits industriels sont protégés outre-mer : « Le paysan sénégalais fait vivre le tisseur des Vosges » dit le ministre des Colonies Marius Moutet*. La zone de libre-échange des régions du bas Niger est abolie en 1936, les droits de douane sont resserrés, et l'empire absorbe deux cinquièmes des exportations en 1952, au lieu d'un dixième à la Belle Époque. Cela explique que les industriels fassent pression contre les velléités de création d'usines outre-mer, suscitant une contradiction entre le projet de « mise en valeur » et le maintien du sous-développement. Cette « préférence impériale » contribue aussi à alourdir le coût des importations de matières premières, détériorant la compétitivité des industries de transformation et émoussant leur capacité exportatrice. La France résout ces contradictions en insérant elle aussi son ex-empire dans la Communauté économique européenne par le biais des accords Afrique-Caraïbes-Pacifique.

Présence africaine (1947) Au cœur du quartier Latin, le Sénégalais Alioune Diop crée la revue et la société africaine de culture, vitrine du continent à Paris et foyer afro-antillais effervescent, ainsi que trait d'union avec les intellectuels français (de Gide* à Sartre*, Balandier, Camus*...). Elle organise deux grands congrès des Intellectuels et Artistes noirs à Paris en 1956 et Rome en 1959, et édite les premières œuvres de Cheikh* Anta Diop, *Nations nègres et culture* (1954) et *l'Unité culturelle de l'Afrique noire* (1960).

primitif Né au XVIIIe siècle, le mot se répand à partir de 1850. Il désigne le sauvage qui, dans la vision évolutionniste, représente le stade premier de l'humanité. Lévy-Bruhl définit une mentalité primitive. La notion de primitivisme, quant à elle, désigne un courant artistique recherchant ce que la civilisation a perdu en Occident. Ainsi Gauguin* et son *Christ jaune breton*, avant Tahiti. Des artistes ont été fascinés et ont créé des collections depuis Maurice de Vlaminck, Matisse, Picasso, Apollinaire, et les surréalistes*, bien sûr, qui découvrent les Inuits et les îles du Pacifique. Mais la notion de race*, l'anthropologie* physique tendent à faire de l'état « primitif » un caractère naturel, dû à des causes biologiques, donc à une fatalité difficilement modifiable.

propagande coloniale officielle En 1899 est créé l'Office colonial, qui devient Agence des colonies de 1919 à 1941, puis Agence de la France d'outre-mer après 1945. À ce dispositif s'ajoutent des agences économiques par grand territoire – A-OF, A-EF, Indochine, etc., et un Office de l'Algérie –, qui interviennent en direction des entreprises, des foires et expositions, et en direction de la presse. L'Agence publie des statistiques, transmet des articles types, subventionne des numéros spéciaux de journaux. Elle s'intéresse aussi à l'enseignement en fournissant cartes murales, livres de lecture, etc. Elle dispose d'une bibliothèque de 20 000 volumes. Des subventions sont accordées aux associations du lobby* colonial, comme la Ligue* maritime et son périodique *Mer et colonies*. Cette propagande, qui utilise tous les supports existants, développe certains thèmes privilégiés: éloge de la mission civilisatrice, mise en valeur. Dans tout cela, l'indigène est traité de manière stéréotypée.

Pendant la Première Guerre mondiale, le 20 avril 1917, le ministère de l'Intérieur décide un « journée de l'armée d'Afrique* et des troupes coloniales » dont le produit est destiné aux œuvres de soutien et aux familles des soldats. Un comité est institué avec Pichon, Étienne* et Thomson. Insignes, cartes postales, bons de la Défense nationale, billets de tombola sont vendus par les enfants des écoles en particulier. Les insignes mettent en scène huit personnages, un combattant métropolitain, un Asiatique et six Africains, avec sur fond de vignette des minarets, des cases... Mais, de toutes les journées organisées pendant la guerre (poilus, tuberculeux.), c'est celle qui rapporte le moins. Dans certains départements, en Normandie par exemple, il y a même des refus de cotiser. En 1932, une souscription, avec de grandes affiches, est organisée par le ministère des Colonies, sous le patronage de Lyautey*, au profit des anciens soldats coloniaux. En 1939, Georges Mandel crée une Direction de la propagande et de l'information du ministère des Colonies à laquelle est employée Marguerite Duras*. Il institue aussi une journée scolaire de la France d'outre-mer. Vichy* s'est montré très attentif à ce domaine, rassemblant les agences en un seul organisme et organisant une Semaine de la France d'outre-mer en juillet 1941, une Quinzaine impériale et des jeux de l'Empire en 1942, ainsi qu'un train-exposition des colonies de 1941 à 1944, visité par près de 500 000 personnes. Après 1945, l'accent est mis sur l'œuvre économique, sanitaire et scolaire. Les publications se multiplient et s'orientent aussi, fait nouveau, vers les populations colonisées. L'image de l'indigène se modifie, et il apparaît parfois comme un acteur de la modernisation à travers certaines fonctions (instituteur, infirmier…). Mais, sur une affiche de 1955, le port d'Abidjan, on voit un paquebot dans la rade et, au premier plan, un Noir – toujours torse nu – regardant l'horizon (et peut-être l'avenir).

prostitution Elle ne concerne pas que les colonisées. Des prostituées européennes ont suivi les armées, comme *Marie Nuage,* de Mac* Orlan, puis se sont installées. Une forte émigration d'Espagnoles alimente le marché du sexe en Algérie. La « traite des blanches » est aussi une réalité. *Pépé le Moko* ou Maupassant ont dit le cosmopolitisme de la prostitution dans la casbah.

Quant à la prostitution indigène, elle n'est pas née avec la colonisation. La traversée du Sahara comporte des étapes, dont certaines sont entrées dans la légende, grâce aux femmes des Ouled Naïl. Dans les ports maghrébins où passent et vivent des hommes célibataires, soldats, marins, agents commerciaux, cette activité prend des formes légales, mais aussi clandestines, spontanées et déguisées. Sa forme autorisée à Tunis se perçoit à travers une institution attestée depuis l'époque hafside (XIIIe-XVIe siècles), celle du *mizwar*, fonctionnaire chargé d'enrôler les filles, de contrôler leurs activités et de percevoir une redevance. Elle est affermée, permettant de substantiels revenus à son détenteur. Il arrive que le mizwar entraîne des femmes ou des jeunes* filles ayant commis un écart de conduite vers la prostitution professionnalisée. La fonction a été supprimée en 1836. Le pacha de Marrakech, le Glaoui*, a envisagé de créer avec des financiers français un grand quartier réservé, projet interrompu par la crise de 1929.

Le profil type de la « fille de joie » est la rurale transplantée dans la ville et jetée dans le milieu par les soins d'un souteneur qui se présente souvent comme un fiancé. Jeunes filles en rupture de ban, veuves et divorcées sans appui sont des victimes potentielles des rabatteurs et rabatteuses, mais il y a aussi des vocations familiales et des spécialisations de certains groupes. L'importance des jeunes filles juives à Tunis est connue. Les Noires, descendantes d'esclaves, qui ont leurs propres rues, prétendent que commercer avec elles guérit des maladies vénériennes. Ce monde bigarré, violent et sordide reproduit les règles sociales interdisant à une musulmane de se vendre à un chrétien ou à un juif, au risque d'être mise à mort. Les menaces ne sont pas vaines car la justice beylicale est prompte à les mettre en exécution en jetant dans le lac toute femme prise en flagrant délit de fornication avec un mécréant. Combien sont-elles à exercer ce métier, déclarées ou dans des maisons privées ? 500 à Alger en 1830, 1800 à Tunis à la fin du siècle ? Chiffres approximatifs.

La colonisation a amplifié la prostitution en multipliant les spoliées et les déclassées, en provoquant l'exode rural, en favorisant les concentrations d'hommes seuls. Elle va aussi la contrôler: les médecins de l'institut* Pasteur de Tunis multiplient les rapports sur les maladies vénériennes et leur progression. Au Viêt Nam, l'administration réglemente la prostitution sous la pression de la Ligue prophylactique. Des espaces, le bordel* militaire de campagne (BMC), la maison de tolérance, le quartier réservé, tel Bousbir (déformation du nom de l'architecte Prosper) à Casablanca*, lui sont dévolus. En A-OF, elle est légalisée par le décret de 1909 soumettant l'autorisation à des visites médicales. Lors de la Seconde Guerre mondiale, le stationnement des troupes alliées entraîne l'ouverture de bordels officiels, et les guerres d'Indochine* ont suscité un gigantesque marché du sexe.

Mais la prostitution est difficilement contrôlable, car elle se situe aux interstices entre la société traditionnelle et l'ordre colonial, entre l'insécurité familiale et la précarité économique, elle est tantôt en rupture, tantôt en continuité avec la tradition: la fréquentation des chanteuses s'inscrit dans la tradition des lettrés en Asie. Située aux marges, elle est aussi une médiation entre les communautés par des individus frontières. Se développent des échanges inégaux entre prostituées indigènes et militaires français – le cinéma*, la littérature*, la chanson* en ont fait un thème – ou émigrés nord-africains et prostituées françaises. Ce métissage se manifeste dans le vêtement et dans la langue, qui est un sabir. Loin de l'image de la femme marginale, peut apparaître aussi parfois l'héroïne nationale, quand, par exemple, une Marocaine se refuse aux tirailleurs sénégalais utilisés pour réprimer les mouvements populaires. Un thème connexe est celui de la femme offerte aux voyageurs, qu'on trouve chez Fromentin, Reclus, etc. Dans la mesure où il ne s'agit pas d'affabulation, ce sont des veuves ou des femmes marginalisées qui assurent le repos de ces voyageurs, préservant les autres femmes.

L'importance de la prostitution dans la mobilité, voire la promotion sociale et les métissages culturels, est avérée. Mais non moins avérée est la connotation coloniale raciale du problème, quand la suppression des maisons closes n'est pas étendue outre-mer.

protestants et expansion L'engagement missionnaire a eu des effets considérables sur le protestantisme. Le premier consiste dans une internationalisation qui recoupe en partie l'expansion des pays européens à majorité protestante. C'est le cas en Afrique subsaharienne, notamment en Afrique australe, où les Églises protestantes dominent, et dans le Pacifique. Les rivalités avec le catholicisme se retrouvent dans l'opposition entre Français et Anglais, ou dans les préférences des souverains malgaches au XIXe siècle. Mais la diffusion du protestantisme doit aussi beaucoup aux missions américaines du XXe siècle et n'est pas superposable à la seule carte des colonies (Corée). La colonisation contemporaine affiche en effet une liberté religieuse qui implique d'ouvrir les territoires à toutes les religions. Cependant, le prosélytisme est interdit ou freiné là où le colonisateur juge qu'il constitue une menace pour l'ordre public (dans les pays musulmans essentiellement). En outre, même sous protection coloniale, l'action des missions a été inefficace auprès des populations hindoues et bouddhistes, à l'exception d'individus et de minorités sociales ou ethniques. L'extension géographique du protestantisme s'est accompagnée de la multiplication des Églises, suivie de la mise en place d'instances de concertation au niveau mondial, soit au sein d'une confession, soit entre confessions (Conseil international des missions, fondé en 1928, intégré en 1948 dans le Conseil œcuménique des Églises). La distribution des confessions favorise les Églises de type évangélique, d'autant que le mouvement missionnaire protestant a surtout été alimenté historiquement par les mouvances évangéliques des Églises occidentales. En 1800, le protestantisme était quasi absent d'Afrique, d'Asie et d'Océanie. Vers 1930, les évaluations donnent respectivement 3, 5 et 6 millions; en 1960: 20, 25 et 10 millions. En 2000, selon les limites données au protestantisme, elles varient pour l'Afrique de 100 à 180 millions et pour l'Asie de 30 à 150 millions.

publicité Rire, rêver, désirer: les ressorts de la publicité ne pouvaient ignorer l'outre-mer. En jouant du choc des contrastes noir/blanc, les cirages, les savons et lessives, le lait se vendent mieux; le nègre « battu et content » fait rire et fait la fortune d'une marque de chocolat. Rhum et Négrita, la fille des tropiques, vont bien ensemble. Bien avant Banania*, qui est un des plus grands succès du genre, le Noir a fait de la pub. Certains produits utilisent aussi des figures d'explorateurs célèbres, Brazza, Marchand... sans lien direct avec le produit vendu (ex: Brazza pour une marque de chocolat). Quelques vedettes se sont aussi laissé tenter, comme Joséphine Baker*, pour une marque de produit défrisant. La reine Ranavalona, en exil à Alger, pose au bénéfice des biscuits Lu. Pourquoi le Noir plus que le «Jaune» et l'Arabe? Ou plutôt, qu'est-ce qui rend plus difficile l'utilisation de ces derniers? Ils sont sans doute plus complexes, plus inquiétants, plus difficiles à inférioriser. L'affiche a une importance particulière parmi les supports, et certaines sont dues aux dessinateurs les plus cotés. En 1996, le ministère d'Outre-Mer a exposé les trente-deux affiches consacrées aux expositions coloniales, façon de reconnaître la nécessité d'assumer ce passé, qui a été longtemps occulté.

Pygmées Connus des Égyptiens et de la mythologie grecque, les *pugmaîos* (« haut d'une coudée »), se trouvent par îlots dans la forêt équatoriale, au Gabon, au Congo, au Zaïre, au Cameroun. Peu nombreux, 150 à 200 000, ils vivent essentiellement de chasse et de cueillette et échangent leurs produits contre des produits cultivés, du sel et des armes. La cellule sociale est la famille étendue patrilinéaire. Plusieurs familles forment un clan doté de son totem. Leur religion est fondée sur la forêt, invoquée lors d'une cérémonie rituelle qui est l'apanage des hommes, le « molimo ». Les peuples voisins les traitaient en inférieurs et leur imposaient des corvées. Lors de la colonisation, ils ont été considérés comme des infra-humains, sauvages et belliqueux. Une des rares mentions d'union mixte avec un Blanc est celle de Stanley, le grand explorateur. Le film *Man to man* de Régis Warnier (2005) a rendu justice à leur humanité.

QR

Quatre Communes En 1848, la IIe République organise la première élection générale dans la colonie du Sénégal. Les habitants de Gorée et de Saint-Louis sont autorisés à voter à condition qu'ils justifient d'au moins cinq ans de résidence dans ces deux localités, sans être contraints de démontrer qu'ils étaient naturalisés français. Cette disposition disparaît sous le second Empire mais réapparaît dès 1871 lorsque la IIIe République établit de nouvelles listes électorales. En août 1872, le Sénégal* est pourvu d'un siège de député. Rufisque en 1880 et Dakar en 1887 obtiennent à leur tour un statut de commune de plein exercice : leurs habitants, les originaires, obtiennent les mêmes droits que les résidents des communes de France. Un arrêt de la Cour de cassation reconnaît le droit de vote aux originaires des quatre communes. De nouveaux arrêts en 1906 et 1909 précisent que les natifs de ces communes jouissent d'un droit électoral spécial et localisé qui leur permet de prendre part à toutes les élections dans la colonie et seulement dans la colonie. L'égalité avec les métropolitains n'est définitivement reconnue qu'avec les lois Diagne* de 1915 et 1916 ; elle demeure étroitement circonscrite à ces quatre communes.

la question d'Orient On appelle ainsi le démembrement de l'Empire ottoman sous le choc des nationalismes balkaniques et arabes et les luttes d'influence des grandes puissances dans la Méditerranée, qui aboutissent au traité de Lausanne de 1923. La Russie, descendant vers le sud, se heurte aux intérêts britanniques et français. Bien que le traité de Paris (1856), après la guerre de Crimée, reconnaisse l'intégrité territoriale de l'Empire ottoman, le démantèlement se poursuit avec le statut spécial accordé au Liban* en 1864 et les nouvelles guerres d'indépendance dans les Balkans de 1863 à 1878. La conférence de Berlin consacre la désintégration de l'Empire (Égypte sous domination britannique, Algérie et Tunisie sous domination française). En 1911, Tripoli est envahie par les Italiens. Avec la Première Guerre mondiale, l'Empire disparaît et le Machrek subit un nouveau partage, Liban et Syrie devenant des mandats* français.

quinine C'est le premier composé chimique utilisé avec succès contre la malaria (ou paludisme), qui décime les Européens lors des conquêtes coloniales. Extraite de l'écorce pulvérisée de quinquina, arbre originaire des Andes transplanté au XIXe siècle en Asie, elle a été isolée en 1820 par deux chimistes parisiens, Joseph Pelletier et Joseph Bienaimé Caventon. C'est le coup d'envoi à sa production commerciale. Cependant, les médecins coloniaux mettront près d'un siècle pour apprendre quand, avec quelle fréquence et selon quel dosage l'administrer correctement. La quinine a donc contribué à préserver la santé et la vie des administrateurs, des marchands, des missionnaires et des colons européens sous les tropiques non pas au moment de la constitution des empires coloniaux, mais seulement une fois que ceux-ci ont été édifiés. À partir des années 1930, elle a été concurrencée par des antimalariques de synthèse.

quôc-ngu Littéralement « écriture nationale », ce système d'écriture vietnamien dérivé de l'alphabet latin est mis au point en 1651 par un groupe de missionnaires jésuites portugais et français, bien que la paternité en soit exclusivement attribuée au Français Alexandre de Rhodes. Toutefois, il ne remplace pas l'usage des caractères chinois ni l'écriture démotique dérivée des idéogrammes et appelée *nom*. L'administration coloniale donne un statut officiel au quôc-ngu en rendant son usage obligatoire pour tout acte administratif (décret de Paul Doumer* en 1898). Un rescrit de l'empereur d'Annam abolit l'enseignement des idéogrammes en 1917. L'institution de ce système fut pour les Français un moyen de rompre les liens séculaires entre la culture vietnamienne et sa matrice chinoise. Dès le début du XXe siècle, une deuxième étape fut franchie lorsque l'intelligentsia nationaliste l'adopta comme véhicule de ses aspirations et revendications tandis que dans les années 1930 écrivains et journalistes fondaient la littérature viet moderne. D'abord considéré comme une arme de l'agression culturelle étrangère, il fut « retourné » et utilisé comme l'instrument de la modernisation et de l'émancipation culturelle et politique. Lors de la partition du pays en deux États et de la guerre civile (1954-1975), il maintint l'unité de la nation, et, aujourd'hui il sert à intégrer les minorités ethniques dans la République socialiste du Viêt Nam*.

Jean-Joseph **Rabearivalo** Écrivain malgache (1901 ou 1903 ?-1937). En 1923 ou 1924, il est correcteur à l'imprimerie de l'Imerina. Ses premiers essais littéraires sont soutenus par le gouverneur Lucien Montagné : en 1924 paraît *la Coupe de cendres* suivi de *Sylves* (1927) et de *Volumes* (1928). Il travaille à deux romans sur la fin de la monarchie merina (*l'Aube rouge*, 1925 ; *l'Interférence*, 1928). Il participe à la vie littéraire locale et européenne et entre en correspondance avec des écrivains français (dont Valéry). Il est alors le modèle parfait du « voleur de langue ».

Mais, dans les années 1930, rompant avec la métrique classique, il utilise le vers libre et surtout écrit dans ses deux langues en même temps. Ainsi de *Presque Songes* (1934) et de *Traduit de la nuit* (1935), où il veut écrire malgache en français : il institue ainsi la figure du « passeur de langues ».

race De l'espagnol *razza* au XVIe siècle, le mot signifie d'abord « lignée, famille », avec une hiérarchisation, chez Du Bellay par exemple, en faveur de l'aristocratie bien née. Les premiers historiens républicains font du tiers état le descendant des Gaulois conquis par la noblesse germanique. Ces thèses s'estompent au profit de l'idée d'une nation française, comme creuset. Avec l'anthropologie, le terme « race » au sens de catégorie humaine stable s'impose.

Une pensée raciale. Elle prend corps à la fin du XIXe siècle. « L'ensemble des races noires forme certainement, si on le prend d'une façon générale, un groupe moins avancé en évolution que le groupe des races brachycéphales de l'Asie orientale, que le groupe des races blanches européennes », affirme l'article *nègre* du *Précis d'anthropologie* d'Abel Hovelacque et Georges Hervé, en 1887. Hovelacque, élu radical avec les voix socialistes, fait le lien entre la communauté des anthropologues et la gauche. Paul Doumer* met en avant en 1904 le péril jaune et la guerre des races pour justifier la politique chinoise. Jaurès* est l'un des rares à critiquer cette vision du monde. Clemenceau*, très attentif à l'anthropologie*, attaché a une vision positive des civilisations asiatiques, est très pessimiste à propos des Noirs. Lévy-Bruhl, qui considère que la mentalité primitive est inapte au raisonnement, collabore à *l'Humanité* de Jaurès. Le même journal fait aussi l'éloge en 1911 de l'art africain. Incontestablement, la pensée républicaine est traversée par une vision hiérarchique depuis le milieu du XIXe siècle jusqu'aux années 1940 : non pas inéluctablement raciste – il ne s'agit pas de pensée unique. Ce qui est évident, et qu'on a du mal à comprendre aujourd'hui, c'est la place, centrale de la notion et du mot, dans le discours politique, le langage le plus habituel. Il figure dans les Constitutions depuis la Libération, pour affirmer l'égalité de tous les citoyens « quelles que soient leurs races et religions ». La précision n'était sans doute pas inutile au sortir de Vichy et d'un siècle d'expansion outremer, et au moment de la mise en place de l'Union française.

« Jusqu'aux jours fatidiques de la " mêlée pour l'Afrique ", souligne Hannah Arendt, la pensée raciale avait fait partie de cette foule de libres opinions qui, au sein de la structure d'ensemble du libéralisme, se disputaient les faveurs du public. » *Le Grand Dictionnaire universel du XIXe siècle* de Larousse consacre au mot « race » un très long article. *Le Tour de la France par deux enfants* – l'incontournable livre de G. Bruno des années 1870 aux années 1940 – présente les « quatre races », dont la race blanche « est la plus parfaite » et la « race noire... a les bras très longs ». Les manuels scolaires, dont Paul Bert* est un grand producteur, reprennent le thème. Cette généralisation de la vision inégalitaire raciale et coloniale se développe dans un moment historique précis. Les années 1870-1880 sont aussi celles d'une crise d'identité nationale où la défaite face à la Prusse a pesé lourd. Un grand débat sur l'immigration et sur le Code de la nationalité s'étend sur une décennie. La loi de 1899 par laquelle il se conclut marque un recul des principes de 1789 et 1793, qui fondaient la citoyenneté sur un contrat librement consenti. Ce qui l'emporte désormais est une conception mettant l'accent sur les origines. Si la nation française – à la différence de l'allemande, par exemple – n'est pas définie comme un *volk,* une race, mais comme la fusion de races, la qualité de la nation provient d'un passé commun très ancien. Ceux qui ne le partagent pas doivent être soumis à un long travail d'assimilation. Encore s'agit-il là d'étrangers européens. Rien d'équivalent n'est conçu pour les colonisés, auxquels la citoyenneté ne sera plus attribuée après 1848. La fin du siècle est l'époque où les théories assimilationnistes* sont rejetées par une majorité de coloniaux comme inadaptées. Les rapports de ces données idéologiques avec la poussée chauvine, l'affaire Dreyfus et l'antisémitisme – le mot apparaît dans le vocabulaire des années 1890 – n'ont guère été relevés. C'est un glissement à droite de la culture politique qui s'effectue, sous l'influence du darwinisme social, de Spencer et de l'eugénisme. Il était inéluctable que le racisme colonial ait un effet boomerang sur la société métropolitaine. Mais si Hannah Arendt souligne que le colonisé a été traité à la fois comme un sujet et un frère, certes dans des proportions différentes, c'est que, précisément, la pensée raciale française ne se confond pas avec la pensée allemande; elle forme un tout complexe, qui évolue avec la notion de civilisation.

la politique des races « L'action politique est de beaucoup la plus importante; elle tire sa plus grande force de la connaissance du pays et de ses habitants; s'il y a des mœurs et des coutumes à respecter, il y aussi des haines et des rivalités qu'il faut démêler et utiliser à notre profit, en les opposant les unes aux autres, en nous appuyant sur les unes pour mieux vaincre les autres », dit Lyautey*. Au Sahara, les Chaamba ont été employés contre les Touareg* ; en A-OF, les animistes bambara contre les Toucouleur musulmans : illustrations de l'ethnographie coloniale et de la « politique de race », dont Gallieni* est un des initiateurs. Il s'agit d'« obtenir la constitution d'autant de groupements politiques séparés qu'il y a de populations différentes ». À Madagascar*, on s'efforce d'opposer aux Merina – « race » jugée comme la plus hostile à la colonisation et aussi considérée comme supérieure, donc inquiétante pour la domination coloniale – des ethnies côtières, les Sakalava en particulier. Le but est de constituer « avec chaque peuplade un État séparé, administré par un chef nommé et contrôlé par nous », précise Gallieni. Il ne peut cependant empêcher la prééminence des Merina parmi les élites administratives formées par l'école Le Myre de Villers. Un « Parti des déshérités », composé de descendants d'esclaves (l'esclavage est aboli, légalement au moins, en 1896), s'oppose au MDRM (Mouvement démocratique pour la rénovation malgache) avec le soutien de l'administration coloniale. L'insurrection de 1947 est aussi présentée comme un complot merina. Au Maghreb, le mythe berbère*, la berbérophilie sont du même ordre. En Indochine, les Méos* ont été utilisés contre les communistes. En Afrique, les conflits entre esclaves libérés et ethnies esclavagistes fondent les alliances et les choix politiques. Le drame du Rwanda est une suite de cette interprétation en termes de race des relations entre populations autochtones.

racisme À l'origine la plus commune, la plus universelle du racisme, il y a l'ethnocentrisme et la xénophobie spontanés, qui consistent à attribuer à l'Autre, à celui qui est différent ou qui est extérieur à notre monde, des caractéristiques négatives, et à gommer les caractéristiques individuelles au profit de traits relevant de l'appartenance collective. Gobineau, dans son *Essai sur l'inégalité des races humaines* (1853-1855), est considéré comme un de ses fondateurs. En réalité, le phénomène conjugue des courants divers et profonds. Apparu lors de l'affaire Dreyfus, le terme entre dans *le Grand Larousse universel du XXe siècle* en 1932 au moment où le Parti national-socialiste arrive au pouvoir en Allemagne. Le mot stigmatise une attitude extrême et l'antisémitisme en particulier, sans faire référence à un racisme colonial. « Raciste », traduction du mot *volkisch,* exprimerait une exception allemande, un trait culturel antinomique avec l'Occident, et un phénomène d'ordre pathologique, compensant une sorte de déséquilibre et d'instabilité culturels, selon certains intellectuels*. Quand la droite française manifeste son soutien à l'agression italienne contre l'Éthiopie, Jules Romain – au nom du CVIA – s'étonne que des intellectuels français reprennent l'« affirmation de l'inégalité en droit des races humaines ». *Esprit** considère que l'inégal avancement culturel de certaines races n'est en rien une fatalité ni une justification de la colonisation. Cette position commune à la gauche fonde un évolutionnisme républicain, qui, dans ses formes les plus ouvertes, demeure européocentriste.

radio Les premières stations nationales datent de années 1920. À partir des années 1930, elles trouvent un emploi colonial. Le discours de Paul Reynaud à l'inauguration de l'exposition de 1931 est transmis en direct dans l'empire. À la veille de 1939, deux radios privées à Saigon diffusent surtout des programmes asiatiques. En Afrique du Nord, il faut réagir à l'Allemagne nazie et à Radio Bari qui sont très écoutés en raison des émissions à destination des indigènes. En 1946, Radio Brazzaville est créée. Une station destinée aux Africains la double en 1950 : au programme, musique, info en cinq langues... *La Voix des Arabes* a véhiculé le verbe enflammé de Nasser, le soutien au FLN* jusqu'au fond du Maghreb. En raison de l'analphabétisme dominant dans les milieux populaires, la radio a été un instrument de mobilisation politique majeur, d'autant plus que son écoute est collective. Pour le contingent français en Algérie, le transistor a été le cordon ombilical avec le pays, à travers *Salut les copains*, le yé-yé, et aussi la voix du pouvoir légal contre le putsch de 1961.

Jean Ralaimongo Militant anticolonialiste malgache (1884-1943). Il symbolise les combats pour la citoyenneté française à Madagascar*. Né dans l'actuelle province de Fianarantsoa, il est capturé à sept ans par des bandits qui égorgent plusieurs membres de sa famille. Esclave de ses ravisseurs, il ne sera affranchi qu'en 1898, avec la colonisation française. Il devient instituteur durant le gouvernorat d'Augagneur et adhère à la franc-maçonnerie*. Il s'engage lors de la Première Guerre mondiale, par reconnaissance mais aussi dans l'espoir de bénéficier de la citoyenneté, qu'il n'obtiendra jamais. Dans les milieux anticolonialistes, il fréquente le futur Hô* Chi Minh, fonde en 1920 la Ligue française pour l'accession des indigènes de Madagascar aux droits de citoyens français et participe au journal *le Libéré*. En 1921 il revient à Madagascar dans ce but et pour promouvoir l'idée coopératiste. À Diégo-Suarez, il fonde *l'Opinion*. Une petite équipe de militants défend auprès des tribunaux les droits des paysans, avec succès à plusieurs reprises, ce qui permet l'extension du réseau. En 1929, Ralaimongo est arrêté et envoyé en exil à Port Bergé, une lointaine bourgade. Amnistié par le Front populaire, il reçoit un accueil triomphal à Tananarive. Il participe à la fondation du PC aux cotés de Paul Dussac* et continue à réclamer la citoyenneté pour tous. Le PC est mis hors la loi en 1939 tandis que les journaux anticolonialistes disparaissent. Ralaimongo meurt épuisé par ses années d'exil et de combat.

ramdam Ce mot vient de l'arabe *ramadan*, « mois de jeûne religieux ». En français populaire, il signifie « bruit, vacarme ». Selon *le Grand Robert,* le mot a été introduit dans le vocabulaire français au moment de la conquête de l'Algérie par l'armée de Bugeaud.

rapatriés Le mot a déjà été utilisé par l'État pour les prisonniers de guerre et les déportés de la Seconde Guerre mondiale. Au lendemain des décolonisations, avec l'arrivée de plus en plus importante de Français d'outre-mer, un Centre d'orientation, d'accueil et de recasement pour les Français rapatriés sous tutelle du ministère des Affaires étrangères (décembre 1956) puis un Commissariat à l'aide et à l'orientation des Français rapatriés sous tutelle du ministère de l'Intérieur (juin 1959) voient le jour. Mais l'exode massif des Français de Tunisie (16 185 personnes en 4 mois) après les incidents de Bizerte* en juillet 1961 démontre l'insuffisance du système. On décide alors la mise en place d'une véritable politique. Elle comporte deux points fondamentaux: la création d'un secrétariat d'État aux Rapatriés en août 1961, et le vote d'une loi-cadre pour l'accueil et l'aide aux rapatriés le 26 décembre 1961. L'article 1 leur accorde un statut juridique. Sont « rapatriés » les « Français établis dans un territoire placé sous la souveraineté ou la tutelle de la France qui, à l'indépendance, ont rallié la métropole, devenue à la fois terre d'asile et lieu de travail ». Ils doivent justifier que leur retour est lié à des événements politiques. En sont exclues les personnes relevant du secteur public ainsi que les militaires de carrière. Les Français d'Algérie ne jouissent du statut de rapatriés qu'à partir du 2 avril 1962, mais l'été voit une arrivée massive imprévue et non préparée. Entre mai et septembre, ils sont près de 600 000. Au total, ce statut concerne 1,3 million de personnes. Les harkis*, inscrits comme rapatriés, ne bénéficieront pas des mêmes mesures ; ils seront immédiatement mis à l'écart par les pouvoirs publics.

Rassemblement démocratique africain (RDA) Rassemblement interterritorial de partis politiques d'Afrique noire française, il est créé à Bamako en octobre 1946 à la suite d'un congrès convoqué le mois précédent par un manifeste qu'ont signé sept parlementaires africains pour dénoncer les dispositions du projet constitutionnel et notamment le maintien du double collège électoral. Les résolutions adoptées à Bamako appellent à l'unité de toutes les organisations politiques dans un cadre unique. Selon les statuts, le RDA ne doit reconnaître qu'un seul parti par territoire. Sans remettre en cause l'Union* française, il demande que celle-ci soit « librement consentie » et que les pouvoirs des assemblées territoriales soient étendus. Trois organes sont mis en place : le congrès, la plus haute instance, le comité de coordination et le groupe des élus aux assemblées métropolitaines. Le RDA connaît ses premiers succès dès les élections de novembre 1946 et s'impose comme la force politique principale dans la plupart des territoires, sauf au Sénégal. En janvier 1949, le congrès de Treichville est marqué par l'influence de G. d'Arboussier et des communistes. Cependant, en octobre 1950, le RDA rompt son apparentement avec le PCF, provoquant un malaise dans ses rangs, notamment au Cameroun. La nouvelle stratégie met un terme à l'affrontement avec les autorités coloniales. En 1955, le RDA connaît une crise grave qui conduit à l'exclusion du l'Union démocratique sénégalaise et du Parti progressiste du Niger*. L'Union des populations camerounaises connaît le même sort pour ne pas avoir abandonné son objectif d'indépendance et pour son choix de la lutte armée. La deuxième crise intervient au lendemain du vote de la loi-cadre*. Au troisième congrès de Bamako, en septembre 1957, fédéralistes et antifédéralistes s'affrontent. Les premiers souhaitent conserver un exécutif fédéral alors que les seconds (Côte d'Ivoire et Gabon) veulent que les territoires soient directement rattachés au pouvoir central métropolitain. Pour la première fois, son président, Houphouët-Boigny*, est mis en minorité. En septembre 1958, le RDA appelle à voter oui au referendum mais Sékou Touré* défend le non. La crise est ouverte lorsque la Communauté* est mise en place, et le RDA n'est plus qu'une structure vide au moment de l'indépendance.

ratonnade Ce mot vient de « raton », qui animalise le colonisé. Il naît pendant la guerre d'Algérie pour désigner les chasses à l'Arabe lors des « émotions » populaires pieds-noirs. Certaines ratonnades sont entrées dans l'histoire. L'une d'elles s'est produite à Paris le 17 octobre* 1961.

razzia Ce mot vient de l'arabe *gazwah,* « incursion militaire, attaque ». Introduit en France par l'armée d'Afrique (1841), il prend le sens péjoratif d'« attaque contre une tribu, une bourgade, accompagnée de pillage ». Familièrement, mais dans un usage vieilli, il désignait une rafle de police, et plus couramment « enlèvement par surprise ou par violence ».

Élisée Reclus Géographe (1830-1905). Contemporain de Jules Verne*, anarchiste, communard, il critique les crimes coloniaux et le capitalisme. Mais, pour lui, « la colonisation est inéluctable, car l'Afrique est comme une grande citadelle assiégée et les deux cents millions d'hommes qui en forment la cargaison, partagés entre d'innombrables groupes sans unité, inconnus les uns des autres, sont condamnés d'avance à ouvrir leurs portes, c'est-à-dire à recevoir les Européens parmi eux, en vainqueurs ou en patrons » *(l'Afrique)*. Il ne voit pas dans les autres civilisations de force capable de faire avancer l'histoire. Pour lui, le progrès tend vers l'unification du globe, qui est son idéal, et qu'il étudie dans sa *Géographie universelle* et dans *l'Homme et la Terre.*

religions océaniennes La Mélanésie a connu des pratiques religieuses s'apparentant, à travers le totémisme, à l'animisme africain, alors que le Pacifique oriental pratiquait plutôt des cultes mettant en concurrence des divinités participant à la vie quotidienne. En Polynésie*, les lieux de culte furent concrétisés par des *marae* – terrasses sacrées – portant des statues *(tiki)* possédant le *mana* (puissance) divin. Les marae apparaissent vers 1200 après J.-C. aux îles de la Société avant de se répandre dans toute la Polynésie. Dans certains cas, des sacrifices humains avaient lieu. Les marae étaient *tapu* (marqués par un interdit religieux). L'arrivée des Européens entraînant l'effondrement des religions anciennes, le tabou persista en devenant une arme sécularisée des chefs-rois. Les religions micronésiennes ont été fortement influencées par les religions anciennes des littoraux philippin et indonésien. Le milieu marin y avait une place importante, les pirogues étant utilisées comme barque des dieux mais aussi comme temples provisoires lors des migrations. Partout, des cultes solaires s'étaient développés et l'influence des cieux était grande dans les mythes de création. En Australie, la tradition veut qu'aux origines de la création une « vieille mère », sorte de déesse de la fécondité, parcourut le pays en semant des esprits-enfants qui, plus tard, furent à l'origine des différentes tribus. Ces entités divines, devenues totems des tribus originelles, leur donnaient des pouvoirs spécifiques sur tel ou tel élément naturel. À partir de 1797, la conversion générale de l'Océanie est mise progressivement en route, d'est en ouest. Aujourd'hui, seules les communautés de l'intérieur de la Papouasie et des vallées les plus isolées des Salomon et du Vanuatu pratiquent encore les religions anciennes. Ces cultes y ont été profondément modifiés par un syncrétisme teinté de christianisme, les mythes d'origine ayant été « réactualisés ». On y trouve aussi des cultes millénaristes, ou « cultes du cargo », qui représentent une tentative des Océaniens pour s'approprier les richesses amenées par les Occidentaux.

Achille René-Boisneuf Homme politique guadeloupéen (1873-1927). D'abord socialiste et membre des jeunes socialistes noirs (Comité de la jeunesse révolutionnaire, CJR) fondés par Legitimus*, il rejoint la bourgeoisie de couleur. Journaliste puis avocat, il crée un journal *le Libéral* qui deviendra *la Petite Patrie*. Entre 1914 et 1922, leader politique de la Guadeloupe, dont il est député, il mène des combats émaillés d'affrontements physiques, de plusieurs emprisonnements, de procès, de luttes contre la fraude officielle et l'arbitraire colonial. Sa pensée politique originale tente une synthèse entre le mouvement revendicatif populaire anti-usinier socio-identitaire « nègre » et un programme républicain radical-socialiste qu'il cherche à mouler dans le contexte guadeloupéen. Il a élaboré des propositions réglementaires et législatives visant à développer les pouvoirs des assemblées locales, et à constituer une classe moyenne multiraciale de propriétaires et d'entrepreneurs, qu'il voulait la base sociale d'une république guadeloupéenne.

République et colonisation

Des rapports ambigus

L'empire a été conquis et géré par la IIIe République surtout, et la IVe a dû affronter les crises des décolonisations : d'où la tendance à poser le problème de leurs rapports comme central. Les références de 1789 ont-elles imprimé leur marque sur la colonisation ? Au contraire, celle-ci a-t-elle perverti la culture républicaine ? Ces questions suscitent un procès a posteriori, ou au contraire une défense et illustration du « rôle positif », civilisateur, de la colonisation républicaine. Le débat n'a rien de nouveau, il a accompagné l'histoire de l'expansion, dont les abus et les crimes ont été relevés, depuis le XVIe siècle, par les anticolonialistes et par des partisans d'une colonisation émancipatrice. Comme les Mariannes sont diverses – bourgeoises ou émeutières –, les républicains sont traversés par des courants très opposés. Ferry* n'est pas Clemenceau* ni Blum*, Sarraut* n'est pas Jaurès*. C'est au nom des valeurs de la République qu'on a justifié la colonisation, c'est aussi en leur nom que l'on a justifié l'anticolonialisme*.

Critique des crimes et abus

Des politiques, des journalistes, des intellectuels, des associations – dont la liste serait interminable – les ont dénoncés. Les républicains rappellent lors de la conquête de l'Algérie la différence avec l'Angleterre, qui « exploite et ne colonise point » – dit *la Tribune* –, et la différence avec les « démences atroces » de l'Ancien Régime – ajoute *la Réforme*. Une évidente gêne devant les violences de la conquête et les caractères des guerres coloniales explique l'absence de grands monuments commémoratifs, malgré les efforts de la monarchie entre 1830 et 1848. La République compte des coloniaux animés par un idéal humaniste, et Schœlcher* et Brazza* ont été des consciences coloniales, mais d'autres aussi ont critiqué le colonialisme, comme Victor Augagneur dans *Erreurs et brutalités coloniales* et Maurice Viollette* dans *l'Algérie vivra-t-elle ?* Au Parlement, Camille Pelletan, qui a contesté Jules Ferry* en 1885, demande (en vain) une commission d'enquête sur les crimes de Voulet-Chanoine* en 1899. Jaurès* est l'orateur des grands débats indochinois et marocains.

Parmi les intellectuels, Péguy ouvre *les Cahiers de la quinzaine* à Challaye*, et Léon Bloy* dresse un réquisitoire dans *le Sang des pauvres* (1909). Quant aux écrivains, Claude Farrère (dont *les Civilisés* en 1905 peignent au couteau les colons), Maupassant (dans *Au soleil*), les frères Tharaud (qui vilipendent les « malandrins de Messine » exploitant les Algériens) ont été impitoyables. « Pour gouverner l'Algérie, point n'est besoin d'une forte tête, ni même d'une tête du tout. Il suffit d'un képi... au bout d'une trique », dit Daudet dans *Tartarin*. « Les peuples que nous appelons barbares ne nous connaissent que par nos crimes », précise Anatole France*. Cette critique se poursuit après la Première Guerre mondiale, avec Malraux*, Kessel, Gide* et, de façon très ambiguë avec Céline*. Les grands reportages d'Albert Londres*, d'Andrée Viollis* sur l'Indochine ont des échos très importants.

La dénonciation ne se limite pas à ces grandes voix. Elle s'affirme dans la création de nombreuses organisations – tel le Comité de protection et de défense des indigènes qui rassemble en 1905 des catholiques comme les abbés Pichot et Lemire, des protestants comme l'économiste Charles Gide, des socialistes –, dans des campagnes d'opinion contre les corvées, le statut de l'indigénat, les impôts, les crimes du Congo*...

Les indigénophiles* s'efforcent de dévoiler la situation de leurs protégés. La LDH se mobilise, sous l'impulsion de Francis de Pressensé, pour « briser le silence africain, le silence asiatique, d'autres silences encore..., pour bousculer l'insouciance de notre Parlement, l'insouciance de notre démocratie ». On bâtit un mur de haines, on prépare de « sanglantes vêpres » : contre ces menaces, le modèle républicain doit être appliqué intégralement. Dans l'urgence, les associations interviennent contre les cas les plus graves, mettent en pleine lumière les « affaires ». Le parti colonial, omnipotent, est ainsi parfois soumis à un contrôle parlementaire. En avril 1909 et 1911, deux débats à la Chambre sur l'Indochine* promettent une « participation consultative » des indigènes aux affaires publiques, et la nomination d'Albert Sarraut* comme gouverneur général ouvre l'espoir de réformes.

Mais la répétition de ces campagnes en montre les limites. Jamais la République ne sera exportée outre-mer ni en 1919, ni par le Cartel des gauches, ni par le Front populaire, ni à la Libération. *Le Traité de droit constitutionnel* (1933) de Joseph Barthélemy et Paul Duez le constate : « L'idéologie que nous avons héritée de la Révolution française souffre de nombreuses atteintes. 1) La métropole est organisée sur le mode libéral ; les dépendances sur le mode autoritaire. 2) Notre droit pose le principe de l'égalité native des hommes : "les hommes naissent et demeurent libres et égaux en droit" (déclaration des droits de l'homme, article 1er). Or notre système impérial présuppose l'inégalité des races. 3) Nous ne cessons de proclamer le droit des peuples à disposer d'eux-mêmes. Nous n'admettons pas la sécession des colonies… »

En effet, aucune des Républiques n'appliquera la formule « Périssent les colonies plutôt que les principes ». La première, en libérant les esclaves, a choisi de leur attribuer la citoyenneté comme le fera la deuxième, en 1848, et donc d'assimiler les Îles dans la nation. Pour cerner les logiques à l'œuvre, il faut rappeler l'essentiel, c'est-à-dire que la colonisation est ambiguë, que la culture républicaine est tendue entre deux pôles, la notion inégalitaire de race* et la notion de civilisation.

Colonisation et civilisation

La notion de civilisation est au cœur de la culture des Lumières et de la pensée républicaine, fondant l'espoir d'un éloignement ininterrompu de l'état de nature, d'un mouvement vers plus d'humanité, d'un progrès matériel, intellectuel et moral. La promesse d'émancipation associée à la domination relève-t-elle d'un double jeu, d'une mauvaise foi ? Sans nier les habiletés et l'hypocrisie du discours politique, ce serait regarder les réalités par le petit bout de la lorgnette. Ce serait oublier la notion de régénérescence assortissant l'émancipation des dominés chez un abbé Grégoire, par exemple. Bien plus intéressante et révélatrice est une analyse des tensions internes de la culture coloniale, où se mêlent références hiérarchiques et égalitaires, penchants dominateurs et valeurs libératrices.

Comme les théologiens du XVIe siècle avec le *jus communicationis* (le droit naturel de société et de communication), la pensée républicaine met en avant le droit de mise en valeur, qui a une vocation universelle. De Lanessan* définit la « loi » de lutte pour l'existence solidarité. « Supérieur à tous les droits, se dresse le droit de l'humanité à vivre sur la planète une vie meilleure, par l'usage plus abondant des biens matériels et des richesses morales susceptibles d'être fournis à l'ensemble des vivants », souligne Albert Sarraut*. « La France qui colonise va organiser l'exploitation pour son avantage sans doute mais aussi pour l'avantage général du monde, de territoires arriérés et de ressources que les races autochtones de ces pays arriérés ne pouvaient à elles seules ou ne savaient mettre en valeur, et dont le profit était ainsi perdu pour elles, comme pour la collectivité... Il n'y a plus spoliation d'une race par une autre, mais association » (*la Mise en valeur des colonies françaises*, 1923). Les races supérieures en ont le devoir pour le bien commun, pour le bien même des races autochtones. C'est ce qui fonde, aux yeux de la SDN*, le principe des mandats*, tutelle des peuples « non encore capables de se diriger eux-mêmes dans les conditions particulièrement difficiles du monde moderne » (article 22 du Pacte). « Le bien être et le développement de ces peuples forment une mission sacrée de civilisation ». Et la SDN distingue des mandats différents selon le degré d'évolution. Évolution, tel est le terme clef, la clef de voûte de la culture républicaine confrontée aux différences perçues comme une inégale avancée. « Nous voulons extraire du fait colonial le maximum de justice sociale et de possibilités humaines », souligne Léon Blum.

Ce qui est central, c'est l'idée d'une vocation mondiale de l'Europe, c'est la vocation particulière de la nation française à porter des références universalistes. C'est là que le parti radical de Camille Pelletan puise des éléments de son programme de 1881 et de son manifeste de 1885, et non pas dans une image positive des autres races, « ces populations de race inférieure », précise-t-il. C'est cela aussi, très loin d'une vision égalitaire, que Clemenceau à la même époque oppose à Jules Ferry*. « Non, il n'y pas de droit des nations dites supérieures contre les nations inférieures. Il y a la lutte pour la vie qui est une nécessité fatale, qu'à mesure que nous nous élevons dans la civilisation nous devons contenir dans les limites de la justice et du droit. »

Mais le tournant des années 1880 est irréversible : les opportunistes, puis les radicaux, ensuite les socialistes – c'est-à-dire les courants principaux de la culture républicaine – se rallient à l'expansion coloniale en l'espace de trois décennies. Le débat ouvert lors de la guerre du Rif par les surréalistes et les intellectuels communistes en 1924 montre que la grande majorité des démocrates, y compris les pacifistes, approuve sinon la conquête du Maroc du moins l'idée qu'il soit soumis à une influence française. C'est la condition du progrès, dit le philosophe Alain, pour qui l'émancipation de l'individu a autant d'importance que celle d'une hypothétique nation marocaine. Léon Blum affirme en 1925 : « Nous avons trop l'amour de notre pays pour désavouer l'expansion de la pensée, de la civilisation françaises, nous admettons le droit et même le devoir des races supérieures d'attirer à elles celles qui ne sont pas parvenues au même degré de culture et de les appeler aux progrès réalisés grâce aux efforts de la science et de l'industrie. »

Lors de son congrès des 23-25 mai 1931, la Ligue des droits de l'homme, qui rassemble le gotha de la culture républicaine, exprime bien cette vision en manifestant une adhésion sans précédent dans son histoire à la colonisation, à « une colonisation démocratique, qui se donne invariablement pour but de répandre ce qu'il y a de meilleur dans notre effort scientifique, dans notre idéal rationaliste et démocratique ». « Apporter la science aux peuples qui l'ignorent, leur donner routes, canaux, chemins de fer, autos, le télégraphe, le téléphone, organiser chez eux des services d'hygiène, leur faire connaître enfin les Droits de l'homme, c'est une tâche de fraternité... » Certes, on réaffirme qu'il s'agit d'habituer les peuples colonisés à se gouverner eux-mêmes pour « la venue du jour où il n'y aura plus sur la terre que des peuples libres associés dans un sentiment de fraternité pour une œuvre commune de progrès humain ». Et Blum pouvait arguer, non sans raison, de l'impact de cette pensée chez les élites colonisées, de leurs attentes.

Cependant, aucune des Républiques n'est parvenue à transformer ce qui était l'œuvre de l'Occident en une entreprise commune menée avec les peuples dominés. La colonisation est demeurée un horizon le plus souvent indépassable. L'universalité absolue attribuée par les intellectuels aux valeurs occidentales par opposition à des cultures dont ils ignorent tout le plus souvent a entraîné une incapacité à comprendre la pluralité des civilisations et à préparer les décolonisations.

Les décolonisations, répudiation et crise de la République

En effet, à partir des années 1930 se met en place une nouvelle donne : le choc en retour des sociétés colonisées sur les métropoles commence à se faire sentir. Seuls les coloniaux les plus lucides, Lyautey, Sarraut, le voient. Or, en s'installant au pouvoir pour la première fois de 1936 à 1938, puis sous la IVe République, le socialisme va être de plus en plus étroitement lié aux décisions, aux jeux des lobbies économiques et politiques, il va dépendre des phénomènes d'opinion, c'est-à-dire accumuler les contradictions entre un idéal plus que flou en matière coloniale et les pépins très concrets de la réalité. La décolonisation tunisienne, où le Néo-Destour apparaît comme l'héritier, le bon élève de la modernité française, est un des rares motifs de satisfaction, que souligne Mendès France. Non, la culture républicaine n'était pas prête à affronter une histoire qui s'avance masquée vers la fin de la pièce. On ne peut comprendre autrement les drames des décolonisations, où la IVe République et la SFIO sombreront. Cependant, la dénonciation, le procès de la République, des formules comme la fracture coloniale ne rendent pas compte du fait majeur qu'est le caractère ambigu de la colonisation.

résistances à la conquête

Des mouvements multiples et complexes

Elles sont perçues par les coloniaux comme le fait de « rebelles », de « salopards » et autres « chacals ». Les images des Boxers* chinois, des Rifains fanatiques, de Béhanzin* en fournissent l'archétype. Au contraire, les nationalismes y recherchent leurs origines et exaltent l'épopée patriotique.

Les forces sociales

En réalité, les résistances portent des intérêts sociaux, que les analyses des groupes qui y participent permettent de souligner. Les aristocraties ont défendu leurs privilèges autant que l'indépendance de leur société, ainsi les empires esclavagistes africains. Ressortent aussi les contrastes entre des notables souvent défaillants et les milieux populaires. Les *subaltern studies* indiennes (les études des groupes inférieurs, domaine qui a pris une grande importance chez les historiens indiens), contestant à la fois la vision coloniale et celle des élites nationalistes, ont recherché les multiples manifestations d'une histoire populaire. Apparaissent ainsi les oppositions entre paysans ou travailleurs citadins et pouvoirs qui les pressurent – administrations coloniales mais aussi États autochtones. Dans les villes tunisiennes en 1881, à Fès en 1911, comme au Caire contre Bonaparte, ce sont les pauvres qui poussent à l'action. La première émeute contre le protectorat en Tunisie en 1911 est le fait de la plèbe, de classes dangereuses. Et Abd* el-Krim ou les Druzes* font plus peur aux *beldi* (citadins) que les Français. En sens contraire, le Can* Vuong au Viêt Nam est mené par les lettrés. Et ce sont bien les élites qui ont animé les résistances les plus solides à la conquête : Abd* el-Kader et Mokrani* en Algérie, la reine Ranavalona*, les commerçants dyula dirigés par Samori Touré*.

Si ces exemples sont les plus connus, bien d'autres luttes ont été acharnées, ainsi au Gabon* jusqu'en 1929, ou entre la Volta et le Bani en 1915-1916, ainsi encore dans l'est et le sud de Madagascar*, de manière sporadique, de 1895 jusqu'en 1917. Les jacqueries contre l'impôt, le portage*, le travail forcé sont récurrentes dans le Dahomey, la vallée du Zambèze à la fin du XIXe et au début du XXe siècle. Le banditisme social, à Madagascar, le *fahavalo* (l'ennemi) exprime les aspirations populaires dans les sociétés rurales. Des cas analogues existent chez les citadins : au Maghreb, les *zuari* ou *ayyarun,* à la tête de jeunes, défendent l'honneur de leur quartier face aux autres quartiers, aux intrus, aux abus de l'État dans les villes musulmanes. On les retrouve à l'œuvre dans la bataille* d'Alger et aujourd'hui dans les luttes urbaines. Les sociétés secrètes en Asie jouent un rôle analogue. Au Viêt Nam, la diaspora chinoise alimente la secte Thien Dia Hoi (Société secrète du Ciel et de la Terre), qui, s'inspirant des Boxers*, tente de prendre d'assaut la prison de Saigon en 1916 pour libérer le « magicien » Phan Phat Sanh, qui s'était autoproclamé empereur en 1913. Mais cette secte ne survit pas à la répression. En Cochinchine, on trouve des caractères proches de la révolte des Taiping dans le sud de la Chine au milieu du XIXe siècle.

Ressorts culturels

Ces mouvements s'enracinent dans un patriotisme local. Les Malgaches défendent le *tanindrazana,* la terre des tombeaux des ancêtres – en particulier royaux –, où se trouvent les esprits les plus puissants, le territoire des dèmes, le terroir des tribus descendant d'un même fondateur. Les résistances les plus profondes, comme l'insurrection des *Menalamba* en 1895, associaient une protestation sociale paysanne, un mouvement patriotique et une opposition à la christianisation. Dirigée par l'aristocratie fidèle à la reine destituée, cette insurrection a mobilisé 300 000 personnes sur les deux millions d'habitants, majoritairement des Merina, et contribué au développement d'une conscience nationale. La lutte armée n'est pas le seul moyen de résistance. Le départ en 1911 de familles de notables de Tlemcen, en Algérie vers la Syrie, où l'islam est maître chez lui, en est un autre. Fuir le travail* forcé imposé par les Français conduit nombre d'Ivoiriens vers la Gold Coast. L'espace – ainsi les forêts d'Afrique de l'Ouest, le djebel, le désert – est souvent un atout.

Les résistances font l'objet de débats historiques animés. S'agit-il de combats d'arrière-garde, passéistes ? Sur la signification du Rif, les interprétations les plus contradictoires ont été avancées. Les lettrés sont animés par le concept confucéen de fidélité et attachés à maintenir l'autorité de l'empereur. La défaite sonne leur glas et ouvre la voie à d'autres leaders. En fait, l'ancien et le nouveau, les parts de l'endogène et de l'exogène sont étroitement associés, aussi bien dans les luttes initiales que dans les mouvements d'indépendance et dans les luttes actuelles, car ils coexistent dans la société. Les leaders se réclamant de la modernité – ainsi les dirigeants du FLN* et du Néo-Destour* – n'ont pas hésité à exploiter certains des traits les plus archaïques de la culture populaire. Les religions ont une place prépondérante dans les résistances. Contre la conquête du *dâr el islam*, de la terre musulmane, le djihad a été le levier en Algérie et au Sahara* avec la confrérie* Sanussiyya. Dans le Maroc de 1911, des prophètes, des imams, des cheikhs des confréries et des prédicateurs sortis de la masse prolongent un courant historique remontant aux Almohades. L'avancée française se heurte en Afrique à des empires musulmans conquérants, celui des Peuls Toucouleur et celui de Samori Touré. El Hadj Ummar* affronte Faidherbe* et négocie sa zone d'influence avec lui. Des explosions mahdistes se produisent en 1941 à Bobo-Dioulasso et en 1949 dans le Cercle de Gao. Les religions africaines aussi ont été des forces d'opposition, suscitant des messianismes*, des sociétés secrètes, sorciers, prêtresses, faiseurs de pluie, dotés de pouvoirs magiques : Karnou en A-EF dans les années 1920, guérisseur, prophète, féticheur, rend invincible face aux balles ennemies, transforme les Blancs en gorilles et leur promet l'esclavage. En Casamance, les ordalies par le poison, le retour à la coutume des hommes-léopards au Cameroun et en Centrafrique manifestent les énergies désespérées du monde ancien. Les Diola de basse Casamance mènent une « guerre du riz » contre l'effort de guerre sous la direction de la prêtresse Alintsinoé. Les Africains ont perçu la contradiction entre le message des missionnaires* et la situation coloniale, et ont réagi dans les syncrétismes contestataires. À Madagascar, les édifices chrétiens sont la cible des insurgés de 1895 : 750 chapelles et temples sont détruits : « Des hommes sont venus qui nous ont trompés en nous disant de ne pas faire les bons sacrifices. » Pour couper les racines de cette résistance, Gallieni* fait transférer en 1897 dans un musée du Rova les restes des souverains qui se trouvaient dans la ville royale d'Ambohimanga. En Indochine, les montagnards alak du Laos résistent jusqu'en 1936 sous les ordres d'un paysan doté de pouvoirs magiques. Au Cambodge*, en Annam*, les peuples de la forêt, les Moï* de même. Les communautés paysannes khmers connaissent des flambées de prophétismes autour des monastères (*Vat*). Bonzes, thaumaturges, illuminés – inscrits dans une tradition de messies – soulèvent les foules rurales comme le montrent les syncrétismes africains et indochinois.

Limites des résistances

Mais les religions ne sont pas uniment dressées contre la colonisation. À l'opposé de la Sanussiyya et de la Rahmaniyya, les exemples ne manquent pas de passage de confréries musulmanes de l'hostilité frontale à des accommodements, des compromis tacites, voire des compromissions destinées à préserver leurs intérêts. Les sultans esclavagistes d'Oubangui-Chari collaborent avec la France. La casuistique permet une coopération « par la langue mais pas par le cœur ». La Tijaniyya, dont l'audience s'étendait aussi bien en Algérie qu'à travers le Sahara et dans l'Afrique subsaharienne, a su s'insérer dans le système colonial et en tirer profit. Au point qu'un mariage unit son cheikh à Aurélie Tidjani* en 1871. La confrérie mouride du Sénégal passe de la lutte contre la France à l'investissement économique dans la production d'arachide*.

De manière plus générale, les intérêts européens n'ont pu s'imposer que grâce à l'inertie voire à l'alliance de membres des groupes dirigeants. Une partie de l'aristocratie marocaine s'est placée au XIXe siècle sous la protection des puissances étrangères, amputant ainsi la souveraineté de son pays, de même que la cour beylicale de Tunis s'est partagée entre clients de la France, de la Grande-Bretagne et de l'Italie. L'échec d'Abd* el-Kader à créer un État moderne et unificateur est dû aux conflits entre familles et tribus. L'idéal de communautés indépendantes, qui n'ont aucune autorité au-dessus d'elles, dont les membres obéissent à « l'honneur », l'a parfois emporté sur la solidarité religieuse et sur une conscience nationale ténue ou naissante. Collaboration ? On sert moins les Roumis qu'on ne se sert d'eux contre les ennemis héréditaires voisins. Quant à l'en-bas des sociétés, il ne s'est pas mobilisé non plus dans un refus systématique et perpétuel, contrairement à l'histoire sainte populiste : les premiers tirailleurs* sénégalais sont recrutés parmi les anciens esclaves, et l'abolitionnisme rallie les victimes de la traite musulmane. Au Viêt Nam du Nord, les conversions au christianisme s'expliquent par les défections paysannes face à la corruption mandarinale et à l'impuissance de la cour. En outre, certains laissés-pour-compte de l'ancien régime ont trouvé dans la conquête une chance. Aujourd'hui, on tend à réévaluer la portée des mouvements de résistance, en les relativisant sans les nier, à mettre en lumière l'ambiguïté du contact. Au demeurant, ils sont brisés, dans une atmosphère eschatologique, de la conquête de l'Algérie à celle du Maroc.

Alain Resnais Avec Chris Marker, il filme en 1953 *Les statues meurent aussi*, violente critique contre le colonialisme. À travers les images des statues africaines entreposées dans divers musées, ils montrent la fin de la créativité artistique, remplacée par une activité mercantile. Dénonciation sanctionnée par les autorités coloniales, qui ont interdit le film de 1953 à 1963 en vertu du décret Laval (1934) instituant une censure sur les films tournés en Afrique.

En 1963, Resnais (né en1922) met en lumière les difficultés des soldats du contingent à leur retour dans *Muriel ou le Temps d'un retour.*

La Réunion

De l'esclavage à la pluralité

Appelée Bourbon jusqu'en 1848, cette île déserte est occupée en 1663 par des Français et des Franco-Malgaches venus de Madagascar*.

L'île Bourbon

La diversité ethnique du premier peuplement se maintient jusqu'au XVIIIe siècle : sur 37 femmes, 8 étaient françaises. Le peuplement et la mise en valeur de l'île se font sous l'impulsion de la Compagnie des Indes jusqu'en 1767, date à laquelle elle passe sous administration royale. Au cours de cette période, sa vocation agricole s'affirme : vouée dès 1715 à la culture du café, elle se spécialise dans la production de vivres vers 1750 sous l'impulsion de Mahé de Labourdonnais (1699-1753), qui la cantonne au rôle de base arrière des Mascareignes, pièce maîtresse du dispositif de lutte contre les Anglais, dont l'Île de France (Maurice) était le centre administratif et naval. Le développement de cultures commerciales s'accompagne de l'introduction d'esclaves* venus d'Inde et de Madagascar puis de l'Afrique de l'Est. En 1714, ceux-ci représentent 46 % de la population et, en 1735, 79 %. À la différence des Antilles, la phase de société d'habitation, qui se différencie de la « société de plantation » par une présence plus importante de Blancs, a été plus longue et ce n'est qu'en 1723 qu'un texte inspiré du Code noir de 1685 est appliqué dans l'île. En effet, dans le modèle de l'habitation, les maîtres, socialement et numériquement supérieurs, cohabitent avec leurs esclaves alors que la plantation consacre la ségrégation sociale et spatiale. La perte de l'Inde (1763) redonne de l'importance à l'île sans pour autant changer sa vocation vivrière et ce, jusqu'en 1810. L'épisode révolutionnaire assure une autonomie permettant le maintien de l'esclavage, assoupli par une plus grande libéralité en faveur des affranchissements. En 1803, l'arrivée de Decaen (1769-1832) rétablit la situation antérieure jusqu'à l'occupation anglaise (1810-1815).

L'île à sucre et l'abolition de l'esclavage

C'est à cette date que La Réunion opère une mutation majeure : dernier vestige de l'empire français dans l'océan Indien, elle devient un point d'appui pour la conquête des Comores* et de Madagascar. Surtout, après le cyclone de 1806 qui détruit les caféières et la perte de Saint-Domingue, elle se convertit dans l'agro-industrie sucrière, qui, jusqu'au second Empire, assure la prospérité de l'île. La politique d'équipement routier, bancaire et culturel du gouverneur créole* Joseph Hubert Delisle (1852-1858), le rayonnement intellectuel illustré par Leconte de Lisle* et Lacaussade* donnent l'illusion d'un âge d'or. Prospérité factice, car la réduction de la surface des parcelles du fait des héritages et l'importance des investissements nécessaires à l'agro-industrie condamnent les petits propriétaires à céder leur exploitation aux usiniers (grands planteurs possédant les entreprises de transformation de la canne), entraînant une importante concentration foncière : en 1848, 4 % des domaines couvrent déjà 59 % des terres cultivables. En outre, dans le système servile, la concurrence du travail des esclaves-artisans entravait une éventuelle reconversion des petits créoles*, hypothéquée d'ailleurs par le préjugé de race : le Blanc ne pouvait travailler de ses mains et encore moins aux côtés des esclaves. La pénurie de terres sur le littoral les cantonne donc sur des terres marginales mal reliées aux centres de consommation et à une agriculture de subsistance. Malgré une politique de colonisation des Hauts de l'île, voués à accueillir une agriculture vivrière entreprise en 1830, le déclassement des petits créoles se poursuivit. L'abolition de l'esclavage organisée par Sarda* Garriga, accélère la paupérisation des petits planteurs, privés de leur main-d'œuvre servile (62 000 esclaves), qui est remplacée par des engagés* indiens (40 000 en 1882), malgaches et africains dont la plupart s'installent dans l'île. Mais l'échec de la colonisation intérieure, reprise en 1852 pour absorber en partie la population affranchie, la dépendance vivrière accrue par la monoculture de la canne et la disparition des petites exploitations seront les principales manifestations de la question sociale. À cela s'ajoute la misère physiologique de la population, qui alimente régulièrement les discours sur la dégénérescence des créoles, confirmée en 1914, où, malgré l'afflux de volontaires, seuls 14 423 hommes sont jugés aptes au service militaire.

Une société composite

Après 1860, La Réunion vivote, affectée par la crise sucrière – malgré l'embellie de 1914 et de l'entre-deux-guerres – et par l'isolement de l'île consécutif à sa mise à l'écart des grandes routes maritimes après l'ouverture du canal de Suez*. Les tentatives de diversification des cultures (géranium et vanille) assurent quelque temps un semblant de prospérité. Mais la conquête de Madagascar*, voulue par les Réunionnais pour résoudre la question sociale grâce à l'émigration, et la constitution du second empire colonial, qui disqualifient le modèle colonial insulaire hérité de l'esclavage, contribuent à la dévitalisation de l'île, désertée par ses élites. À partir de la proclamation de la IIIe République*, accueillie favorablement par les Réunionnais, une redistribution des pouvoirs s'opère: le pouvoir politique passe aux mains d'une bourgeoisie composée des représentants des professions libérales situées à gauche, opposée aux Grands-Blancs, grands propriétaires conservant le pouvoir économique malgré les modifications des structures agraires. L'adoption du colonat partiaire (métayage) règle la question de la main-d'œuvre, dont le renouvellement n'était plus assuré depuis la fin de l'immigration indienne en 1882 suite aux plaintes contre l'engagisme et le non-respect des contrats, ce qui a pour effet le retour des descendants d'affranchis et des petits créoles à l'activité agricole. En 1919, le démantèlement des grandes propriétés favorise l'émergence d'une catégorie de petits planteurs mais sans remettre en cause la monoculture sucrière.

Au début du siècle, l'arrivée de nouveaux migrants issus d'une immigration libre modifie la structure sociale. Les Chinois dans le commerce alimentaire et les Indo-musulmans venus du Gujerat dans l'habillement évincent les créoles*, blancs ou métis, de la petite distribution. Mais ces derniers sont les principaux bénéficiaires de la politique scolaire et constituent une classe intermédiaire dont restent exclus les descendants d'affranchis. L'endogamie et l'identité religieuse préservée des musulmans (création d'une mosquée en 1905) freinent leur intégration jusqu'en 1945. La présence de ces migrants désignés par l'expression « contre-nation », c'est-à-dire « étrangers », ravive la question identitaire de la créolité. Défendue par les Francs-créoles (1831-1833), groupe composé de petits propriétaires soucieux de redonner aux insulaires de la classe moyenne créole la gestion des affaires intérieures accaparée par les grands propriétaires, puis par François de Mahy (député de La Réunion, 1871-1906), elle constitue l'arrière-plan des débats sur la naturalisation des Indiens en 1905. Les planteurs contestent en effet l'attribution de la citoyenneté aux enfants d'engagés – exemptés du service militaire depuis 1898 –, au même titre que les descendants de Français « établis depuis longtemps ». La présence de ces travailleurs de la terre assurerait ainsi aux créoles, « plus intelligents et plus instruits », les tâches d'encadrement et les fonctions non agricoles. Au cours de la Seconde Guerre mondiale, la place des migrants dans l'île se pose à nouveau quand le gouverneur Aubert opte pour la Révolution nationale de Vichy. Les naturalisations des Indo-musulmans sont stoppées au prétexte qu'ils sont, comme les Chinois, « sans intérêt pour la France ». L'île, soumise au blocus anglais jusqu'en 1942, date de sa reprise par les forces alliées, vit dans une quasi-autarcie qui souligne les déséquilibres de l'économie et aggrave la situation sanitaire et économique. En 1946, la départementalisation apparaît comme la solution aux remèdes du sous-développement mais ses effets ne sont effectifs que dans les années 1960 sous l'impulsion de Michel Debré*. La départementalisation semblait augurer une ère postcoloniale mais, dès 1959, l'autonomie sera réclamée par le Parti communiste réunionnais (comme le fera pour la Martinique, le PPM de Césaire*). En 1960 puis en 1971, la conférence des communistes des DOM se référait à des « entités nationales ». Toutefois, ce programme autonomiste est combattu par le camp départementaliste, soudé par l'anticommunisme, qui soutient une départementalisation aménagée se traduisant par un accroissement des compétences du conseil général, chargé d'adapter les textes législatifs aux réalités locales, et par le renforcement du pouvoir préfectoral, qui peut ainsi procéder à l'expulsion de l'île des fonctionnaires critiquant l'État (ordonnance du 15 octobre 1960, abrogée en 1972). Le caractère marginal du mouvement indépendantiste des années 1970 n'offrit pas de troisième voie. La décentralisation de 1982, qui réintègre la gauche dans la vie politique, semble avoir mis fin à la question du statut de l'île. Mais le démantèlement de la filière canne, la difficile diversification agricole, la croissance démographique et le sous-emploi ont généré une économie de transfert tandis que l'immigration mahoraise et comorienne repose la question de l'assimilation des migrants.

départementalisation de La Réunion L'île de La Réunion sort de trois siècles de colonisation au travers d'une forme originale, inédite, de décolonisation : la départementalisation (loi du 19 mars1946). Terre exsangue, après deux années de guerre et de blocus (1940-1942), elle abrite 220 000 habitants marqués par la misère et le sous-développement. La revendication de la départementalisation est ancienne (depuis le XIXe siècle). Pendant le Front populaire, le slogan « Réunion département français » a réuni la Ligue* des droits de l'homme, la franc-maçonnerie*, les syndicats. Au sein de l'Assemblée consultative, le délégué Albert Darnal avait présenté une motion en faveur de la transformation des « vieilles colonies » en départements afin « d'en faire dès maintenant de véritables morceaux de la France ». En 1945, l'élection de Léon de Lepervanche et Raymond Vergès à la première Assemblée constituante exprime la volonté d'une union en faveur de cette évolution. Une proposition de loi est présentée pour le classement des colonies (Antilles, Guyane, La Réunion) en départements français. Motivés par une ancienne appartenance à la France, les textes demandent une assimilation, une intégration, au sein de la République. « Tout ce que nous sommes, tout ce que nous possédons est à vous. Accueillez-nous ! Voici trois cents ans que nous attendons ! » (R. Vergès). Les interventions des élus placent l'exigence d'égalité et de justice sociale dans le prolongement de l'abolition* de l'esclavage (1848). Malgré les oppositions du ministre Marius Moutet* (demande de délais, coût de la départementalisation…), les débats des 12 et 14 mars 1946 imposent une départementalisation en trois articles : « Article 1. Les colonies de la Guadeloupe, de la Martinique, de La Réunion et de la Guyane française sont érigées en département français. Article 2. Les lois et décrets actuellement en vigueur dans la France métropolitaine et qui ne sont pas encore appliquées à ces colonies feront avant le 01/01/1947, l'objet de décrets d'application à ces nouveaux départements. Article 3. Dès la promulgation de la présente loi, les lois nouvelles applicables à la métropole le seront dans ces départements sur mention expresse insérée aux textes. Fait à Paris le 19 mars 1946. »

Paul Rivet Médecin militaire, Rivet (1876-1958) entame des études ethnographiques lors d'une mission en Équateur. Au Muséum d'histoire naturelle, il a occupé la chaire d'ethnologie* des hommes actuels et fossiles à partir de 1928. Partisan d'une ethnologie qui rassemble l'anthropologie physique, l'ethnologie et la préhistoire, il crée, en 1925, aux côtés de Lévy-Bruhl et Mauss*, l'Institut d'ethnologie de l'université de Paris. Député socialiste, il fonde le Comité de vigilance des intellectuels antifascistes (CVIA) après le 6 février 1934. Il est directeur du musée de l'Homme en 1938. À la Ligue* des droits de l'homme, dans son rapport de 1952, critiquant les abus de la colonisation, il reste néanmoins partisan de la « mission civilisatrice », qui ne peut prendre fin que lorsque les peuples colonisés auront atteint la maturité suffisante. C'est pour cette raison qu'il refuse l'indépendance de l'Algérie.

Maxime Rodinson Orientaliste, anticolonialiste (1915-2004). Érudit autodidacte, militant anticolonialiste, né d'une famille juive pauvre, il a été l'un des plus novateurs parmi les spécialistes des sociétés musulmanes au moment des décolonisations. Il a enseigné l'éthiopien et le sud-arabique ancien à l'EHESS. Passionné par les mouvements politiques, il est au PC de 1937 jusqu'à son exclusion, en 1958. Athée, il écrit une biographie de *Mahomet* en 1961, *Islam et capitalisme* en 1966. Une partie de son œuvre, considérable, où il confronte *Marxisme et monde musulman,* est inspirée par la tentative de lier les mouvements d'émancipation du tiers-monde* à la culture progressiste occidentale. Il a marqué les générations des décolonisations.

Jean Rouch Dès l'origine, le cinéma* est associé à l'anthropologie*. Jean Rouch (1917-2004) l'a illustré : ethnologue, auteur de nombreux courts-métrages, il s'intéresse prioritairement à l'Afrique, en particulier aux Dogon*, dont il étudie les rituels de possession au Niger. Il réalise *Au pays des mages noirs* (avec Jean Sauvy et Pierre Ponty, 1946) et *les Fils de l'eau* (1952). *Les Maîtres-Fous* (1954) déclenchent des polémiques. Ce documentaire, qui retrace un rite de possession chez des travailleurs au Ghana, veut rendre sensible l'aliénation coloniale, le problème des migrants et leur réponse à la domination par une réappropriation rituelle de la violence. Il est accueilli par des huées lors de sa première projection et Marcel Griaule* aurait demandé à Rouch de le détruire. Avec *Moi un Noir* (1958), le réalisateur marque le cinéma par sa liberté de ton. Concernant l'Afrique, il convient également de citer *Monsieur Albert prophète*, 1962 ; *Rose et Landry*, 1963 ; *la Chasse au lion à l'arc*, 1965 ; *la Goumbé des jeunes noceurs*, 1965 ; *Jaguar*, 1954-1967. Il a pratiqué la photographie* (20 000 de ses clichés sont déposés au musée de l'Homme), notamment en 1947 au cours d'une expédition le long du fleuve Niger. Surnommé Rouch l'Africain, il meurt en Afrique dans un accident.

Jean Rous Né à Prades, Rous (1908-1985) a une formation d'avocat et de journaliste. Ses parcours politiques oscillent entre SFIO et organisations trotskistes, sans oublier le Rassemblement démocratique révolutionnaire de Jean-Paul Sartre* et David Rousset en 1948-1949. Il a tenu la rubrique outre-mer dans *Franc Tireur* et multiplié les interventions dans la presse de gauche. Mais sa véritable patrie est le tiers-monde*. Il est à l'origine de la création du Congrès des peuples contre l'impérialisme en 1948, qui regroupe 35 organisations françaises et nationalistes (Néo-Destour tunisien, Istiqlal marocain, MTLD* algérien). Ce Congrès a une dimension internationale. Jean Rous est le seul Français qui a été présent à la conférence de Bandung* en avril 1955. En 1960, il devient le conseiller politique de Léopold Sédar Senghor* au Sénégal, où il reste huit ans. Cette grande figure anticolonialiste ne parvient pas à retrouver un rôle à sa mesure dans la gauche française.

Jules Roy Écrivain pied-noir (1907-2000). Né en Algérie, dans une famille de paysans de la Mitidja*, il a la révélation de sa bâtardise qui suscite deux vocations contradictoires : l'action et l'aventure du militaire, la contemplation du séminariste. Très à droite, il évolue durant la Seconde Guerre mondiale. Déchiré par les guerres de décolonisation, officier en Indochine*, confronté à la guerre contre le communisme, il rompt avec l'armée en 1953 et se lance dans la littérature. Il dénonce les atrocités des deux camps dans *la Guerre d'Algérie* (1960). Devenu *Étranger pour mes frères* (1982), il entreprend une histoire de sa famille qui est aussi la saga des pieds-noirs* dans *les Chevaux du soleil* (6 tomes de 1967 à 1972).

royaume arabe La politique de Napoléon III en Algérie comprend trois périodes. Jusqu'en 1858, il maintient le régime militaire institué depuis Bugeaud*. De 1858 à 1860, un grand ministère de l'Algérie et des Colonies est confié à son cousin le prince Napoléon-Jérôme Bonaparte, puis au comte de Chasseloup-Laubat*. À partir de 1861, il s'engage dans la politique dite du « royaume arabe ». Il ne s'est jamais agi de constituer en Algérie un État arabe : l'expression souligne la nécessité d'assurer aux populations musulmanes un cadre respectueux de leur identité. « La France n'est pas venue détruire la nationalité d'un peuple [...], je veux augmenter votre bien-être, vous faire participer de plus en plus à l'administration de votre pays comme aux bienfaits de la civilisation », redit Napoléon III à Alger en 1865. Elle inspire quelques mesures, où Ismaïl Urbain* est pour beaucoup : l'administration militaire par les bureaux arabes, les égards envers les notables. Le sénatus-consulte de 1863 reconnaît pour les tribus la propriété des terres « dont elles ont la jouissance traditionnelle ». La liberté des transactions – qui permettait des achats massifs par les colons – est suspendue jusqu'à l'attribution, après l'établissement d'un cadastre, de titres de propriété individuels. Le sénatus-consulte de 1865 attribue aux musulmans et israélites la nationalité française, sans abandon de leur législation religieuse. L'octroi de la citoyenneté est soumis à l'abandon de cette législation. Dans les centres peuplés de colons, une réforme introduit des « indigènes » dans les conseils municipaux (1866) ; ailleurs sont établies des communes mixtes, administrées par des officiers assistés de conseils de notables (1868). Le régime militaire et l'interdiction des achats de terres provoquent l'hostilité des colons. En 1866-1867, famines et épidémies, conséquence d'une grave sécheresse, entraînent la mort d'environ 370 000 Algériens musulmans, soit 15 % de la population totale. Le pays paraît ruiné. À Paris, le 9 mars 1870, le Corps législatif réclame à l'unanimité l'avènement du régime civil. La chute de l'Empire achève de couler le « royaume arabe » ; une priorité absolue est donnée à « l'Algérie française », c'est-à-dire aux intérêts des colons. Ne peut-on regretter une occasion perdue ? Le général de Gaulle* aurait déclaré en 1960 que, avec l'échec du royaume arabe, « on est passé à côté de la seule formule qui aurait été viable ».

S

sabir Ce mot vient de l'espagnol *saber*, « savoir ». Il est composé à partir du français, de l'italien, de l'espagnol. En Afrique du Nord et au Levant, il est utilisé comme langue de communication. Il est synonyme de « langue franque », « jargon parlé dans le Levant », dit Littré. Il désigne en 1882 une langue difficilement compréhensible, parlée par un étranger qui s'exprime mal. De manière péjorative, il prend le sens d'un langage fait d'emprunts, de baragouin.

collège Sadiki Établissement scolaire créé par le ministre tunisien Khéreddine en 1875, pour former des élites de double culture. Il avait aussi pour but de fondre l'aristocratie ottomane et les notables indigènes. Il sera la pépinière des modernistes et des nationalistes et fournira en particulier les cadres du Néo-Destour, dont Habib Bourguiba*. Il n'a pas d'équivalent dans le reste du Maghreb. Dans le discours bourguibiste, la Zitouna*, université islamique théologique et juridique, est présentée comme un foyer de conservatisme. Au contraire, Sadiki représente le courant moderniste. Les choses sont plus complexes, comme le montre le cas du zitounien Tahar Haddad*.

le grand désert du Sahara Au Maghreb, en descendant des plaines grasses et bien arrosées du Tell, l'aridité gagne vers le sud et les palmiers marquent la limite du Sahara. Le changement climatique remonte au IIe millénaire avant J.-C. La végétation, les animaux et les hommes s'adaptent à cette transformation en climat aride. En dessous de 100 mm de pluie par an, seules quelques vallées autour de l'Ahaggar ont un écoulement quelques jours ou quelques heures ! Sur les 9 millions de km^2 couverts par le Sahara, 200 000 seulement sont des oasis plus ou moins fertiles. L'eau et sa recherche sont la préoccupation principale. Dans cet espace, on se déplace de puits en puits, d'oasis en oasis. Les itinéraires sont contrôlés par les nomades, qui se répartissent leur territoire et le contrôle des populations sédentaires. Hors de ces routes, on meurt de soif. On peut aussi mourir noyé en raison de la violence des rares précipitations, comme Isabelle Eberhardt* à In Salah en 1904. Seul le Nil, venu d'ailleurs, traverse le désert et l'on comprend que la recherche de ses sources ait obsédé l'Europe. Enfouies en profondeur, des nappes (fossiles en partie, c'est-à-dire héritées d'un climat ancien, et non renouvelées) sont exploitées seulement depuis les années 1950. Les techniques traditionnelles mises en œuvre par les oasiens pour s'adapter à ce monde – sources, puits artésiens, noria (roue à godets), canaux d'irrigation souterrains comme à Marrakech (*foggaras*), peignes destinés à répartir l'eau entre les habitants des oasis, terrasses… – sont particulièrement ingénieuses.

Ce gigantesque ensemble (presque aussi vaste que l'Europe), s'étendant de l'Atlantique à la mer Rouge (plus de 5 000 km), des Atlas d'Afrique du Nord au Sahel, est l'espace qui lie l'Afrique noire au Maghreb grâce au dromadaire introduit au début de l'ère chrétienne. Des axes Maroc-Niger, Tripoli-Cyrénaïque-Soudan organisent le commerce et le transit. Sel, or et esclaves circulent, ainsi que les pèlerins, voyageurs et géographes arabes. Espace de contact et d'échange, le Sahara a une population très diverse : Berbères arabisés, Bédouins descendant des envahisseurs du Moyen Âge, berbérophones tels les Touareg*, noirs nomades, tels les Toubou du Tchad, population soudanaise demeurée attachée aux religions africaines, dont les conflits avec les musulmans arabophones ont suscité récemment des massacres de masse.

Les métissages, l'islamisation n'ont pas empêché les tensions entre esclavagistes et esclaves, entre nomades et paysans. Les rivalités opposant les aristocraties guerrières ont entraîné le développement de grandes confédérations, dont celles des Touareg, les « hommes bleus », qui sont les maîtres du Sahara. Berbérophones et considérés comme un rameau de la grande famille celte, ils fascinent les Européens par leur mode de vie, par leurs qualités guerrières, et inquiètent par leur fanatisme. D'où les attitudes ambivalentes, qui ne sont pas exemptes de sympathie. L'islam a fourni le ressort de guerres saintes qui jalonnent les relations avec l'Occident colonial : mahdisme au Soudan au cours des années 1880, confrérie* Sanoussiyya de la Libye au Sud algérien…

Amorcée avec l'expédition de Bonaparte en Égypte, la mainmise européenne n'est pas achevée avant les années 1930. Ce partage laisse prévoir des conflits de frontières* entre les futurs États : Maroc, Algérie, Sahraoui, confins tuniso-tripolitains et algériens, Libye, Tchad… La pénétration conjugue explorations et avancées militaires, qui se confondent souvent et sont activement soutenues par les sociétés de géographie*. Le meilleur guide en est peut-être encore Élisée Reclus*, qui, dans sa *Géographie universelle*, y consacre 100 pages et des cartes minutieuses. Certaines montrent les lieux où les explorateurs, martyrs de la science, ont été victimes du fanatisme. La mission Flatters* se solde par un échec et la mort de l'officier. Mais, au début du XXe siècle, les choses s'accélèrent et Laperrine* circule entre le fleuve Niger et le Nord. À la veille de la Première Guerre mondiale, le Sahara français (4 millions de km² et 1,2 million d'habitants) relève des Territoires du Sud (Algérie) et de l'A-OF. Huit mille Français, civils et militaires, y résident. Que d'efforts du coq gaulois pour un tas de sable, pense-t-on, non sans ironie, en Angleterre! « À qui a vu le Sahara et même l'a aimé, il est impossible de prétendre qu'il a une valeur », disait le géographe Émile Gautier en 1933. Mais, pour les « grands Sahariens », le rêve n'a pas de prix. Et le Sahara fait rêver. Il y a un imaginaire* du désert. La littérature*, le cinéma*, la chanson* ont exalté l'épopée des spahis*, des légionnaires* et des méharistes*, du père de Foucauld*. La première traversée automobile entre Ouargla et In Salah se fait en 1914, à l'initiative de Laperrine. En 1923, une mission Citroën, équipée de chenilles, franchit la distance Touggourt-Tombouctou. Fertile en mirages, le Sahara a nourri le rêve d'un grand chemin de fer, le transsaharien (dont les projets occupent des kilomètres dans les archives), et même d'une « mer intérieure » dont Jules Verne* a fait son dernier roman *l'Invasion de la mer* (1905). C'est l'aéropostale* qui le vaincra.

À partir des années 1950, le mythe connaît un nouveau chapitre, celui d'un eldorado industriel, avec le fer de Fort-Gouraud, en Mauritanie, et les hydrocarbures. En 1957, l'OCRS est créé. En 1958, l'or noir des Trente Glorieuses, passant par Colomb-Béchar et Hassi Messaoud, éclipse Touggourt et Tombouctou. Un temps, le général de Gaulle* a espéré garder le Sahara. Le compromis d'Évian* laissait la terre aux Algériens mais le pétrole aux compagnies. En 1962, la production est de 20 millions de tonnes. Le Sahara demeure un mythe que le Paris-Dakar célèbre encore chaque année.

Sahara, conquête et résistances (1881-1904) L'histoire de la conquête du Sahara se confond avec la lutte contre les Touareg*. Au lendemain de l'échec de la mission Flatters*, en 1881, la France se résigne à une longue période d'attente avant de parachever son expansion vers le sud. En dépit d'un contexte international propice à l'action, les soldats français campaient dans des forts, face au Sahara touareg et aux oasis du Tidikelt, du Touat et du Gourara, revendiquées par le Maroc. Les envoyés du Sultan ottoman, marabouts et notables, attisaient la colère des oasiens contre le conquérant. C'est une mission géologique dirigée par le savant Flamand et escortée par le goum (contingent de combattants indigènes) du capitaine

Pein, passant à proximité d'In Salah, qui rend la confrontation inévitable. Au soir du 29 décembre 1899, le drapeau français flotte sur la casbah d'In Salah. Le gouvernement français décide alors de poursuivre la conquête des oasis. Un combat meurtrier à In Rhar, le 19 mars 1900, fait plus de 600 victimes du côté des assiégés, qui résistent longtemps aux tirs d'artillerie de troupes aguerries. Les Français tournent leurs regards vers le Hoggar et les Touareg. À la suite d'une razzia, le capitaine Cauvet, chef d'annexe d'In Salah, organise une contre-razzia dont il confie le commandement au lieutenant Cottenest. On recrute une troupe de 130 méharistes choisis parmi les tribus de la région du Tidikelt. Au terme d'un raid de mille kilomètres à travers le Hoggar inconnu, un violent affrontement a lieu près de l'oasis de Tit, au nord de Tamanrasset, le 7 mai 1902. Les Touareg conduits par Mohammed ag Otsmane ne peuvent rien contre la puissance de feu du goum. Ce combat, qui fait une centaine de tués et décime les meilleurs guerriers des tribus Kel Rhela et Dag Rhali, les contraint à envisager de conclure la paix. À In Salah, le 21 janvier 1904, ils font leur soumission au capitaine Métois.

Saint-Arnaud Militaire, responsable d'enfumades (1798-1854). Lieutenant en 1831, il est officier d'ordonnance du général Bugeaud*, avec qui il entretient des relations presque filiales. Il commande le premier régiment de zouaves en 1841, à Miliana, à Orléansville, qu'il réorganise, puis à Constantine, avant de pacifier les Aurès*. Reçu en triomphateur à Philippeville, nommé général de division, il quitte l'Afrique en août 1851. Ses correspondances révéleront le récit de sa propre enfumade des Sbéahs en Algérie (le général Cavaignac avait utilisé le même procédé pour obtenir la reddition de cette tribu). Ministre de la Guerre, il mène de main de maître le coup d'État du 2 décembre 1851 en faveur de Napoléon* III et est nommé maréchal de France. Il meurt lors du retour de sa dernière expédition militaire en Crimée. François Maspero lui a consacré un ouvrage, *l'Honneur perdu de Saint-Arnaud* (2000).

Sainteny Ancien Résistant, gaulliste, Jean Roger dit Sainteny (1907-1978) connaît bien l'Indochine, où il a débuté une carrière bancaire entre 1929 et 1931. Il s'est trouvé à Hanoi en plusieurs circonstances décisives pour le destin des relations franco-vietnamiennes. En décembre 1945, il est commissaire de la République pour le Tonkin et le Nord Annam, et signe avec Hô* Chi Minh les accords du 6 mars 1946, dits accords Sainteny-Hô Chi Minh. Le 19 décembre, la guerre qu'il s'est efforcé de conjurer le rattrape: sa Jeep saute sur une mine, il est blessé grièvement. Après la conclusion des accords de Genève, Mendès* France l'envoie à Hanoi comme délégué général du gouvernement (1954-1958) pour renouer le dialogue avec Hô* Chi Minh et sauver ce qui peut l'être des intérêts français. Sa recherche de la coopération avec l'ancien adversaire, dans le cadre d'une supposée « coexistence pacifique », l'isole provisoirement de la scène politique intérieure française, mais elle lui vaudra d'être sollicité comme intermédiaire pendant la guerre du Viêt Nam.

Antoine de Saint-Exupéry Aviateur, écrivain (1900-1944). Il a concilié ces deux passions. C'est en 1926 qu'il fait ses véritables débuts dans la compagnie d'aviation Latécoère. Sur la ligne Casablanca-Dakar il découvre le désert* et ses habitants. Il a dit son « orgueil de croisé » face au désert, écrit *Courrier Sud* en 1928, suivi de *Vol de nuit,* prix Femina en 1931, conjuguant dépassement de soi et spiritualité, action et méditation. Cette même année, il doit quitter l'aéropostale* qui connaît des problèmes financiers. *Terre des hommes* (prix de l'Académie) paraît en 1939. Il va alors enchaîner les prix littéraires. Progressiste, il écrit dans *Marianne* par exemple, et dans *Terre des hommes* il dénonce le nazisme. Il rejoint les Forces françaises libres. C'est un an avant sa mort au cours d'une mission qu'est publié *le Petit Prince.*

Saint-John Perse Né à Pointe-à-Pitre, de son vrai nom Alexis Leger (1887-1975), il quitte la Guadeloupe en 1899. Entré aux Affaires étrangères en 1914 alors qu'il avait déjà publié *Éloges* (1911), il rédige *Anabase* et *Amitié du prince.* Secrétaire général du ministre des Affaires étrangères de 1933 à 1940, il accompagne Daladier à Munich. Opposé à tout compromis avec Hitler, il est considéré comme un ennemi du Reich et son appartement à Paris est saccagé lors de l'Occupation. Exilé aux États-Unis, déchu de la nationalité française, radié de la Légion d'honneur et privé de ses biens par Vichy, il est réintégré dans ses droits à la Libération. Resté aux États-Unis, il s'y consacre à la poésie (*Exil,* 1941-1944, *Vents,* 1946, *Amers,* 1957). Prix Nobel de littérature en 1960, il a vu son appartenance créole très discutée mais les Antillais, en particulier les tenants de la créolité, continuent de mener avec son œuvre un dialogue littéraire constant comparable à celui qu'ils entretiennent avec Césaire*, autre grand « aîné » de la littérature antillaise.

Saint-Pierre-et-Miquelon Situé au sud de Terre-Neuve, et constitué de deux groupes d'îles, au sud Saint-Pierre, au nord Langlade et Miquelon, cet archipel a été occupé par des marins français depuis le XVIIe siècle. Objet de rivalité entre la France et la Grande-Bretagne, il est d'abord cédé à cette dernière en 1713 (traité d'Utrecht) puis redevient français par le traité de Paris de 1763. De nouveau anglaises au cours de la Révolution française, les îles sont rendues à la France par le traité de Paris en 1814. Elles sont occupées par les Forces françaises libres du général de Gaulle* en 1941, malgré l'opposition des États-Unis. Elles comptent alors 4 500 habitants. Devenu territoire d'outre-mer en 1946, puis département d'outre-mer en 1976, Saint-Pierre-et-Miquelon accède au statut de collectivité territoriale en 1985.

saint-simoniens Connus comme socialistes utopistes du début du XIXe siècle, ils ont aussi eu une place importante et originale dans l'expansion en Méditerranée. Ils la conçoivent moins sous la forme d'une domination politique de type colonial qu'à travers la constitution de zones d'influence et une association entre civilisations, suivant en cela leur guide, Enfantin (1796-1864). Un tableau le représente en tenue d'administrateur du PLM, avec l'œuvre de Saint-Simon, la Bible et le Coran. Michel Chevalier publie *Système de la Méditerranée,* « lit nuptial de l'Orient et de l'Occident », dans le journal *le Globe* en 1832. Il y appelle les Européens à se répandre « vers l'Orient qui leur tend ses bras féconds et parfumés ». Professeur au Collège de France, conseiller de Napoléon* III, il est un de ceux qui ont préparé le traité de libre-échange avec la Grande-Bretagne en 1860. Les quelque 500 disciples de Saint-Simon, polytechniciens, ou sortis de l'École des Mines et des Ponts et Chaussées, sont aussi entrepreneurs, tels Talabot, les frères Pereire, qui dirigent des compagnies de navigation, de chemin de fer, des banques, lancent l'idée de Suez* ; ils sont aussi officiers en Algérie, où ils prônent dans les bureaux* arabes et dans l'armée une « affamiliation » (une fusion, y compris par le mariage) entre populations. Enfantin se rend en Algérie pour la première fois en 1839 en tant que membre de la Commission scientifique de 1840-1842. Il fonde le journal *l'Algérie.* Les débuts de l'occupation sont marqués par des débats sur la nécessité ou non d'une colonisation rurale et sur les différentes méthodes de colonisation. Un des buts de la Commission scientifique est donc d'explorer le pays pour résoudre ces questions. Le résultat des recherches d'Enfantin est *la Colonisation de l'Algérie,* une œuvre théorique où il prône un peuplement français. La Commission ne retient pas son rapport. Enfantin s'efforce aussi, vainement, de convaincre Bugeaud* de mettre un frein aux razzias et lance une campagne contre lui, soutenue par Tocqueville*, contraignant le général à passer la main au duc d'Aumale*. Mais la grande figure des saint-simoniens est Ismayl Urbain*.

Sakiet Sidi Youssef Outre une série de contentieux classiques (terres coloniales, relations économiques, présence militaire, frontières), la guerre* d'Algérie rend impossible des relations normales entre le Maroc, la Tunisie et la France. L'arraisonnement de l'avion transportant les chefs du FLN*, le 26 octobre 1956, entre Rabat et Tunis, ouvre une crise. Le territoire tunisien est dans la zone des combats, car l'armée française y conserve des bases, et l'ALN y dispose de sanctuaires (10 000 hommes en 1958, 20 000 début 1962). Les incursions répétées en Algérie de l'ALN* à partir des pays voisins suscitent la création de la « ligne Morice », barrage miné et électrifié aux frontières. Le droit de poursuite appliqué systématiquement par l'armée française entraîne le bombardement du village tunisien de Sakiet Sidi Youssef, après un affrontement où trois soldats français sont faits prisonniers, le 8 février 1957. Le bilan est de quatre-vingts morts, dont de nombreux enfants. La Tunisie rompt les relations diplomatiques, dépose une plainte au Conseil de sécurité de l'ONU* et exige l'évacuation de toutes les places occupées par l'armée française, dont Bizerte*. Les officiers activistes d'Algérie préparent une riposte d'envergure et envisagent d'occuper le pays ! Le retour de De Gaulle* calme le jeu. Mais la Ve République aura sa part de conflits, tel Bizerte.

Raoul Salan Militaire, chef de l'OAS (1899-1984). Saint-cyrien, il participe lors de la Première Guerre mondiale à la bataille de Saint-Mihiel en 1918, est blessé au Levant et effectue de longs séjours en Indochine. En 1939, il aide les maquis éthiopiens contre l'Axe. En juin 1940, il commande un bataillon sénégalais. Chef du deuxième bureau en A-OF sous Vichy, il s'illustre en août 1944, lors de la libération de Toulon à la tête du 6e régiment de tirailleurs sénégalais. En 1945, Leclerc lui confie l'évacuation du Tonkin par les Chinois. En mars 1946, Salan paraphe les accords militaires avec Giap*. Adjoint du général de Lattre en 1950, il lui succède comme commandant en chef. En décembre 1956, commandant en chef en Algérie, il applique les méthodes de la contre-guérilla, couvre les exactions de la bataille* d'Alger et renforce l'appareil répressif. Énigmatique, ayant échappé à un attentat (16 janvier 1957), il envoie le 9 mai 1958 à Paris un télégramme : l'armée n'acceptera pas que l'on brade l'Algérie. Le 13, le gouvernement l'investit des pouvoirs civils et militaires en Algérie, tandis que Massu* annonce la création d'un Comité de salut public. Salan lance à la foule sur le forum le célèbre « Vive de Gaulle ». Nommé délégué général du gouvernement le 9 juin 1958, il devient gouverneur militaire de Paris en décembre. Le 9 juin 1960, mis à la retraite, il fuit en Espagne. Le 21 avril 1961, il rejoint le général Challe lors du putsch, puis prend la tête de l'OAS*. Pour faire échec aux négociations d'Évian, il lance en mars 1962 des manifestations de masse, qui tournent au drame sanglant, et un maquis de volontaires dans l'Ouarsenis. Après le cessez-le-feu du 19 mars, conscient que la politique du pire tourne au bain de sang, il désavoue les provocations de l'OAS. Arrêté à Alger le 19 avril 1962, condamné à la détention à perpétuité, il commence la rédaction des quatre tomes de ses *Mémoires*. Il est libéré le 15 juin 1968 et amnistié en 1982.

santé

Une colonisation ambiguë

Elle occupe une place privilégiée dans le discours sur la mission civilisatrice, qui la présente comme un des aspects positifs de la colonisation. Le Dr Schweitzer*, le bon *toubib*, la religieuse infirmière mobilisés contre une nature hostile, au secours d'un cortège de races malades, ont envahi l'imaginaire blanc. Ce n'est pas entièrement faux, pour un Jamot qui traque en brousse africaine la maladie du sommeil ou un Alexandre Yersin qui combat la peste en Chine et en Indochine toute sa vie. Mais les choses sont plus complexes.

Politique sanitaire coloniale

Le but premier a été de protéger les soldats, décimés par les fièvres lors des conquêtes: la malaria, la dysenterie tuent plus que l'ennemi, à Madagascar* par exemple en 1895. C'est plus tard que la quinine* et la vaccination seront efficaces. Il faut ensuite protéger les colons, améliorer leur acclimatement. Un mélange d'humanisme et d'intérêt bien compris, les insuffisances de la ségrégation urbaine pour préserver des contagions ont entraîné une politique sanitaire en direction des colonisés. Son but est aussi de « disposer d'une population non seulement saine, stable et paisible, mais qui croisse en nombre et progresse [...] jusqu'à nous donner [...] cet appoint des masses sans lesquelles la mise en valeur ne sera jamais qu'un mot », souligne une circulaire du 6 octobre 1941 sur l'A-EF. Et il faut aussi des tirailleurs* ! C'est ce que disent les gouverneurs généraux ou, de manière plus cynique, ceux qui veulent « faire du nègre ». Le corps de santé, qui existe depuis 1890, est formé dans des écoles navales remontant au début du XVIIIe siècle. Un enseignement de médecine tropicale est créé à Bordeaux et Marseille. Gallieni* institue en 1902 à Madagascar une Assistance médicale indigène (AMI), imitée en Afrique, en Indochine et au Maroc, qui dispense soins gratuits et conseils d'hygiène, organise des campagnes de vaccination avec les instituts* Pasteur. Son efficacité est inégale, plus grande à Madagascar et au Maroc. A. Lasnet, qui a créé à

Madagascar le laboratoire de l'AMI, devient, après la Première Guerre mondiale, président du Conseil de santé des colonies; il soutient le développement de l'assistance médicale et, en 1924, obtient de Daladier une série de mesures dans ce sens. En A-OF, où l'AMI est créée en 1905, après un corps des infirmiers indigènes en 1889, il y a 3,7 millions de consultants en 1938. Mais, dans le sud du Sahara, on ne dénombre qu'un médecin* pour cent mille habitants vers 1950, 12 hôpitaux, 487 médecins, dont 237 Africains et 200 sages-femmes. Les lenteurs des applications pratiques des découvertes expliquent des délais de plus de 50 ans pour la lèpre, 29 pour la trypanosomiase.

Ces faiblesses tiennent aussi aux hésitations à former un personnel chez les colonisés, aux réticences à en faire des médecins égaux des Blancs. À Dakar, les études sont de cinq ans seulement. Les diplômes indochinois ne sont pas valables en métropole. Cependant, aux rangs inférieurs, infirmiers, médecins auxiliaires et sages-femmes autochtones, dont les effectifs grandissent, assurent des fonctions de médiation, de passeurs* culturels. Ils vulgarisent des attitudes nouvelles face au corps* et à la maladie. Car les colonisés ne sont pas inertes dans ce domaine non plus, et les femmes africaines ont imposé la création d'hôpitaux pédiatriques. Quel a été le résultat de cette politique de santé? Quel est l'état sanitaire des populations colonisées?

Maladies et colonisation

L'ouverture coloniale et la mise en mouvement des hommes, la paupérisation due aux conquêtes ont fait d'abord apparaître de nouvelles maladies – telle la peste en Afrique noire à partir de 1899, qui frappe Dakar en 1920 et 1944, tel le choléra en Afrique du Nord en 1831 –, en ont aggravé d'autres et ont favorisé les épidémies... La tuberculose conquiert les colonies. Les diminutions de population – effets des guerres, des dépossessions – ne sont pas rares, au contraire, au début de la période, avant la transition démographique; le tiers de la population africaine entre 1880 et 1920, autant en Algérie vers 1870.

Mais la médecine a engagé la lutte contre la pathologie exotique. Parmi les principaux fléaux, le paludisme a durement frappé les soldats en 1830, imposant d'évacuer 18 000 hommes d'Algérie, et les colons de la Mitidja. Son vecteur est découvert en Algérie en 1880, ce qui vaut à son inventeur, Laveran, le prix Nobel. Son traitement, extrait de l'écorce du quinquina à partir de 1920, est efficace, ainsi que la prophylaxie par assèchement. La fièvre jaune tue plus de la moitié des Européens du Sénégal en 1878, bloquant la pénétration, et fait des victimes en A-OF pendant l'entre-deux-guerres. Son vaccin, mis au point par Jean Laigret, se généralise dans les années 1930 et la fait disparaître. Le choléra sévit en Afrique de 1889 à 1896, de 1899 à 1923; endémique dans le delta du Gange, il fait 50 000 victimes en Indochine en 1925. Une immense campagne de vaccination le jugule à la veille de la Seconde Guerre mondiale. En Cochinchine, en 1871 la vaccination antivariolique, obligatoire et prise en charge par la marine, se fait en masse de 1878 à 1887. Contre la variole aussi, des campagnes sont engagées au Tonkin en 1888, en A-OF en 1902. La production de vaccins en Indochine par Calmette a un effet certain, et le même médecin connaîtra la gloire dans les années 1920 pour la mise au point du BCG contre la tuberculose. Les découvertes de Charles Nicolle sur le pou à Tunis permettent de lutter contre le typhus, il est récompensé par le prix Nobel. La mise au point d'un vaccin antipesteux par les docteurs Girard et Robic permet la disparition du fléau à Madagascar, alors que trois ans plus tôt, en 1935, il y avait eu 3 750 victimes. La lèpre – qui touche 40 000 personnes en A-OF en 1937 –, est prise en charge par les missionnaires et l'effort sanitaire principal est organisé à Saint-Louis du Sénégal et à Bamako, en conjuguant recherche, isolement et reclassement social.

Mythe du toubib et imaginaires

L'action sanitaire, dont les résultats sont contrastés, apparaît comme ambiguë. C'est une vision raciale des populations qui prévaut, les pathologies sont interprétées comme les «grands fléaux de la race» attaquables par des vaccinations de masse, plus que par des traitements individuels. La médecine a aussi des fonctions idéologiques et a des liens avec l'anthropologie: outre la mission civilisatrice de l'homme blanc, elle contribue à répandre l'image de races inférieures. Elle s'inscrit dans un combat contre la culture indigène, contre le sorcier et ses mauvais remèdes, un combat de la science occidentale qui vise à discréditer marabouts* et guérisseurs. Dans les pays musulmans elle cherche à conquérir les femmes, gardiennes de la personnalité indigène.

Il n'est pas étonnant que l'une des réactions les plus fréquentes ait été un refus du *toubib* au début de la période coloniale. Mais cette résistance le cède à une acceptation et à une utilisation de la médecine blanche. On a moins étudié un autre aspect de cette histoire, l'utilisation des plantes et recettes traditionnelles, comme le quinquina par les Européens, les emprunts aux médecines traditionnelles.

Sarda Garriga Homme politique,de son vrai nom Joseph Napoléon Sébastien Sarda (1808-1877). Chargé en 1848 par la IIe République de décréter l'abolition* de l'esclavage à La Réunion, il négocie avec les planteurs qui en réclament l'ajournement. Proclamée le 20 décembre, l'émancipation est assortie de l'obligation préalable pour les affranchis de se munir d'un livret de travail sous peine d'être réputés vagabonds et d'être internés dans un atelier de discipline, créé à cet effet. La mesure limite temporairement la désertion des plantations et évite les violences craintes par les planteurs. Il n'est pas, à la différence de Schœlcher*, reconnu comme un libérateur malgré les efforts de réhabilitation des Leblond* à son égard à partir de 1946. Des Réunionnais s'opposent encore aujourd'hui à un hommage à l'homme réputé avoir servi les intérêts des planteurs. Il a été aussi un penseur du bagne*.

Albert Sarraut Homme politique colonial, gouverneur et ministre (1872-1962). Radical, député puis sénateur de l'Aude de 1902 à 1940, il a été six fois ministre des Colonies et deux fois président du Conseil. Gouverneur général de l'Indochine de 1911 à 1914, puis de 1916 à 1919, il s'efforce de trouver une autre voie face aux aspirations nationalistes. En 1921, il dépose devant la Chambre un projet de loi « portant fixation d'un programme général de mise en valeur des colonies françaises », visant à relancer une dynamique en fonction du bilan de la guerre. Mais les députés ne le suivent pas dans son audace financière. Il reprend son projet dans *la Mise en valeur des colonies françaises* en 1923. En 1931, il tranche sur l'optimisme ambiant en affirmant que « la crise de la colonisation partout est ouverte » (*Grandeur et servitude coloniales,* 1931). Radical mais ministre sous le Bloc national, membre de la Ligue* des droits de l'homme mais partisan de réformes prudentes, il incarne les ambiguïtés de la IIIe République. Il préside l'Assemblée de l'Union* française de 1951 à 1958, retraite dorée sans grande portée.

Jean-Paul Sartre Philosophe, opposant actif à la guerre* d'Algérie (1905-1980). Premier à l'agrégation de philosophie devant Simone de Beauvoir en 1929, il est l'un des fondateurs, en 1945, des *Temps Modernes,* qui ne consacrent au début que peu de place à la colonisation, moins qu'*Esprit,* et Sartre a surtout préfacé L. S. Senghor*. Son grand engagement politique a été la guerre d'Algérie. « On n'embastille pas Voltaire », a dit de lui de Gaulle*. Sartre signe le manifeste* des 121 et il appelle (ou on le fait appeler) à « porter les valises » lors du procès Jeanson. Dans sa préface aux *Damnés de la terre* de Fanon* en 1961, il dénonce le « strip-tease de notre humanisme » et annonce la fin de la mission historique de la « péninsule Europe ». Cet engagement se poursuivra par la suite jusqu'à ce qu'il adopte une attitude plus critique envers le tiers-mondisme. Il participe aux opérations « Un bateau pour le Vietnam » avec Glucksmann et Aron en 1979.

Léopold de Saussure Psychologue (1866-1925). Son livre *Psychologie de la colonisation française dans ses rapports avec les sociétés indigènes* (1899) reprend les thèses de Gustave Le Bon. « Les races n'ont cessé de diverger depuis leur origine et sont désormais séparées les unes des autres par des caractères stables anatomiques et mentaux [...]. L'écart mental entre deux races étant évalué d'après l'écart des civilisations, on peut se rendre compte [...] qu'il ne suffira pas de quelques générations pour accomplir une transformation... » L'assimilation « se heurte dans les sociétés organisées au respect des traditions et provoque le mécontentement et la résistance. Bien au contraire, elle satisfait les intérêts et la vanité des nègres ou mulâtres de nos anciennes colonies créoles. » « Inadaptée, l'assimilation par la loi, par l'école, est impossible et nuisible. » À la fin du XIXe siècle, les thèses assimilationnistes* reculent sous le choc de ce discours.

Victor Schœlcher Homme politique antiesclavagiste (1804-1893). Son nom demeure attaché à la seconde abolition* de l'esclavage en France, le 27 avril 1848. Fils d'un fabricant alsacien de porcelaines de luxe, il entre dans le commerce familial après des études au lycée Louis-le-Grand et voyage, à la demande de son père, pour trouver de nouveaux marchés dans la Caraïbe (et notamment à Cuba) et en Amérique. Il y découvre la réalité esclavagiste, choisit de lutter contre ce système infâmant pour l'humanité. En 1832, il hérite de la manufacture, qu'il vend rapidement pour se consacrer à ses activités philanthropiques, au journalisme et à la politique. Affichant des convictions républicaines et franc-maçonnes, il dénonce alors l'esclavage. En 1833, il publie *De l'esclavage des Noirs et de la législation coloniale*, en 1840 *l'Abolition de l'esclavage*, en 1842 *Des colonies françaises, abolition immédiate de l'esclavage*, en 1842-1843 *Colonies étrangères et Haïti*, en 1847 *l'Histoire de l'esclavage dans les deux dernières années*. Il anime les réunions de la Société française pour l'abolition de l'esclavage, créée en 1834. Alors qu'il est au Sénégal, la IIe République est proclamée. Dès son retour en France, nommé sous-secrétaire d'État à la Marine et aux Colonies, il convainc le gouvernement provisoire d'adopter immédiatement le décret sur l'abolition de l'esclavage dans toutes les colonies françaises. Celui-ci est prêt le 27 avril. Sa promulgation est prévue le 10 août afin de préserver la récolte de cannes à sucre (de fait, l'abolition sera anticipée à la Martinique et à la Guadeloupe, différée à La Réunion). Dès les premières élections au suffrage universel masculin dans les colonies antillaises et jusqu'en 1851, Schœlcher y est élu comme député mais choisit d'être le représentant de la Martinique. Le durcissement du régime le pousse à fonder le journal *la Réforme,* qui paraît pour la première fois en Guadeloupe en 1849. Il y défend les droits des nouveaux citoyens, l'instruction libre et le suffrage universel. L'ensemble de son action et l'adhésion à ses idées, dénoncées et attaquées par les anciens maîtres, ont été dénommés « schœlchérisme » dans les colonies antillaises. Pourtant, il a mené d'autres combats, notamment contre la peine de mort. Contre le coup d'État par Louis Napoléon Bonaparte, il est présent sur les barricades de Paris. Proscrit, il quitte la France pour la Belgique puis pour l'Angleterre, où il demeure pendant dix-huit ans et publie, en 1853, une *Histoire des crimes du 2 décembre* puis, en 1857, une vie de Haendel. En 1859 puis en 1869, il refuse l'amnistie proposée par Napoléon III.

En août 1870, dès les premières défaites devant la Prusse, Schœlcher revient en France. Il est à l'Hôtel de Ville de Paris, le 4 septembre, lorsque la république est proclamée. Nommé colonel d'état-major puis général à la tête d'une légion d'artillerie, il combattra jusqu'à la capitulation et deviendra conciliateur puis représentant du peuple de Paris. Aux élections de février 1871, il est réélu dans les trois colonies françaises (Martinique, Guadeloupe, Guyane) mais choisit à nouveau de représenter la Martinique. Il est nommé en 1875 sénateur inamovible. Attaché à la construction d'une république universaliste, il soutient une politique d'expansion coloniale et d'assimilation en Afrique notamment. Parallèlement, il lutte pour l'enseignement primaire obligatoire, la protection des enfants abandonnés, les droits civils des femmes. Il fonde en 1882 *le Moniteur des colonies,* qui recueille l'ensemble des lois y afférant, et lègue quelques années plus tard l'ensemble de sa bibliothèque à la Martinique, où, en 1888, la commune de Case-Navire prend son nom. Ses cendres sont transférées au Panthéon en 1949 au nom de son combat pour la République et l'abolition de l'esclavage.

Albert Schweitzer Philosophe, prédicateur, musicologue, Schweitzer (1875-1965) démissionne de son poste de directeur de séminaire et entreprend des études médicales. Il part pour l'Afrique en 1913 et installe son village-hôpital à Lambaréné, au Gabon, « à l'orée de la forêt vierge ». Incarcéré comme ressortissant allemand au début de la Première Guerre mondiale, il repart en 1924 à Lambaréné, où il mène de front ses recherches médicales et ses recherches théologiques et philosophiques. Élu en 1951 membre de l'Académie des sciences morales et politiques, il reçoit le prix Nobel en 1953. C'est le « bon docteur », qui a voué sa vie à soigner les déshérités. Le livre *Il est minuit docteur Schweitzer,* de Gilbert Cesbron, puis le film du même nom, où son personnage est incarné par Pierre Fresnay, font de lui un personnage de légende. Il faut toute l'impertinence et la causticité d'un Boris Vian pour s'en moquer dans une chanson.

scoumoune Utilisé en Afrique du Nord depuis 1930 au moins (Lanly), ce mot vient du corse *scomun* ou de l'italien *scomunica* (« excommunication »). Il a été répandu en France par le milieu corse et marseillais et signifie « malchance » en argot.

scoutisme Fondé en 1899 par Baden-Powell, officier colonial britannique, et appuyé par Kipling, ce mouvement pour la jeunesse est plus tardif en France. Il est placé sous la présidence d'honneur de Lyautey, ce qui signale le lien avec l'entreprise impériale, à laquelle le scoutisme apporte des chefs de corps et d'esprits sains. Il a connu chez les colonisés un développement important où les missionnaires ont eu, en Afrique, une grande part. Les jeunes y trouvent un modèle occidental de formation de la personnalité, le statut qui lui est lié, ses avantages, le prestige de l'uniforme, les voyages, l'accès aux élites... Des guides féminines suivent. Le scoutisme a contribué à l'émergence des classes moyennes et des leaders nationaux. Mais le foot, le cinéma, la danse le concurrencent.

Les sociétés musulmanes promeuvent elles aussi des associations qui appuient les partis nationalistes, pour encadrer les mouvements populaires, éviter qu'ils ne dégénèrent en affrontements incontrôlables, pour préparer des cadres. Né en mars 1933, victime de la répression de 1938, le scoutisme tunisien prend un grand essor dans les années 1945 et compte des milliers d'adhérents. Il exprime un peu partout la participation accrue des jeunes à la vie publique et au nationalisme. En Indochine, créé en 1930 pour les hommes, 1936 pour les jeunes filles, il joue des valeurs confucéennes – hiérarchie, obéissance – et modernes, en encourageant l'esprit d'initiative.

La situation algérienne est particulièrement complexe, et des scouts musulmans se constituent à partir des années 1930, soumis à la malveillance de l'administration. En juin 1942, les Scouts de France fondent une branche musulmane de l'association qui compte 400 garçons en 1946. Les effectifs atteindront 5 000 membres. Ils sont très influencés par le nationalisme, tel le futur historien Mahfoud Kaddache. Le scoutisme a été un des rares lieux de contact entre les jeunes des deux communautés. Chez les Français, très peu choisiront le camp des libéraux et des progressistes, tel le Dr Pierre Chaulet. On les retrouvera lors du « procès des libéraux » et des « chrétiens progressistes » de 1957 concernant des Européens liés au nationalisme algérien, dont trente-cinq d'entre eux seront acquittés. Les Scouts de France sont déchirés et la majorité est longtemps hésitante, même si des individualités dénoncent très tôt la répression. *Témoignage chrétien* publie les carnets de Jean Muller, qui ont un grand écho. Le GEROJEP (Groupe d'études et de rencontres des organisations de jeunesse et d'éducation populaire), qui comprend cinquante-trois associations, lance en juin 1960 un appel à la paix. Chez les scouts aussi le malaise face à la guerre* d'Algérie est manifeste.

SDN Elle naît le 28 juin 1919, quand les vainqueurs de la Première Guerre mondiale se mettent d'accord sur un pacte, incorporé comme préambule au traité de Versailles, et entre en vigueur en 1920. Elle est un pâle écho aux Quatorze Points du président Wilson, dont le cinquième portait les espérances des pays colonisés : « Un arrangement librement débattu, dans un esprit large et absolument impartial, de toutes les revendications coloniales, basé sur la stricte observation du principe que, dans le règlement de ces questions de souveraineté, les intérêts des populations en jeu pèseront d'un même poids que les revendications du gouvernement dont le titre sera à définir. » Espoir déçu.

C'est la Société des Nations qui a la charge des mandats* sur d'anciennes colonies allemandes et des territoires détachés de la Turquie, confiés à la France et la Grande-Bretagne. Mais l'organisme, où les États-Unis ne siègent pas, se révèle rapidement incapable de faire respecter les engagements et se fissure avec les mésententes des vainqueurs. Son inefficacité face à l'agression italienne en Éthiopie annonce son impuissance face à la guerre.

Victor **Segalen** Écrivain et sinologue (1878 1919). Médecin, il aurait pu faire une carrière coloniale classique. Mais il est fasciné par Gauguin*. *Les Immémoriaux*, nourris de culture ethnologique, montrent la destruction de la langue et des mythes de Tahiti (1907). « Le divers décroît. Là est le grand danger terrestre. C'est donc contre cette déchéance qu'il faut lutter, se battre, tirer, mourir peut-être avec beauté. » C'est la Chine surtout qui l'a fasciné : devenu interprète, il observe, cherche les vestiges archéologiques, s'initie à la calligraphie. *Stèles* et *René Leys*, son *Essai sur l'exotisme* sont à l'opposé de Loti* : refus du voyage, de la pacotille, avec « le palmier, le chameau, le casque colonial, les peaux noires et le soleil jaune », qui font obstacle au retour à soi.

Jean Senac Poète (1926-1973). « Je n'ai pas connu de père/Mon pays est ma mère/qui ont le même visage. » Le poète pied-noir, bâtard, homosexuel, rallie les Algériens. Ou plutôt une Algérie métisse, pluraliste. « Je suis de ce pays. Je suis né arabe, juif, espagnol, berbère, français. Je suis né mozabite et bâtisseur d'émirats, fils de grande tente et gazelle des steppes… Je suis né algérien… » Il ne trouvera pas cette Algérie qu'il souhaitait et il n'a pas la nationalité algérienne, faute de l'avoir demandée, comme l'exige le Code de la nationalité voté en 1962. Membre fondateur de l'Union des écrivains algériens en 1963, il écrit et fait des émissions de radio, jouissant d'une certaine liberté jusqu'au coup d'État de Boumediene*, en 1965. Évincé de Radio Alger, il est assassiné dans des conditions mystérieuses.

Sénégal Dès le XVIIe siècle, Hollandais, Français et Britanniques se livrent une bataille féroce pour le contrôle des côtes de la Sénégambie. La France, par le traité de Paris du 30 mai 1814, s'impose et prend possession des territoires du Sénégal. Faidherbe*, nommé gouverneur en 1854, y mène une politique active et engage une lutte contre les mouvements séditieux et les invasions maures et toucouleur. En 1857, Dakar est fondée officiellement, ce qui permet une meilleure organisation de la colonie. Afin de poursuivre la conquête de l'Afrique occidentale, Faidherbe crée plusieurs postes militaires. De 1857 à 1863, les Toucouleur et les Maures sont défaits. Dans le Djolof, le roi Alboury Ndiaye n'est vaincu qu'en 1890. Malgré son traité de mai 1858, la France doit lutter aussi dans le pays ouolof, notamment contre Lat Dior qu'elle vainc en 1886. Se référant à l'islam, le fondateur de la confrérie mouride, Ahmadou Bamba Mbacké, oppose également une résistance à la pénétration coloniale française. En Casamance, les Français poussent les Anglais vers la Gambie et les Portugais vers la Guinée. Avec ces derniers, ils signent en 1888 une convention qui leur permet de s'installer à Ziguinchor.

Les frontières administratives de la colonie sont modifiées en 1895 avec la création de l'Afrique-Occidentale française (A-OF), et en 1902 Dakar supplante Saint-Louis comme capitale de l'A-OF. La citoyenneté française accordée dès 1848 aux « habitants libres » puis, en 1916, aux habitants des Quatre* Communes (Dakar, Saint-Louis, Gorée et Rufisque) fut une des particularités du Sénégal dans cet ensemble de colonies. Dans ce contexte, la scène politique (surtout municipale), syndicale et associative fut très animée et les réformes du système colonial très discutées.

Après les réformes d'après guerre, la loi-cadre* de 1956 renforça les pouvoirs de l'Assemblée territoriale et accéléra l'évolution vers l'indépendance, qui se fit en association avec le Soudan au sein de la fédération du Mali, le 4 avril 1960; mais celle-ci éclate le 20 août 1960. Léopold Sédar Senghor* est élu président de la République sénégalaise le 5 septembre 1960.

Lamine Senghor Militant communiste noir (1889-1927). Né au Sénégal dans une famille de paysans, il est d'abord employé de maison. En 1915, il est incorporé. Tirailleur, gazé, décoré, la guerre en a fait un révolté. Rallié au PCF, membre du *Paria**, il a été l'âme de la première organisation noire en France, le Comité de défense de la race nègre et de son journal *la Voix des nègres* (février 1926), puis de la Ligue de défense de la race nègre et du *Cri du nègre* (1927). Parfois en accord avec le PC, parfois en conflit, son charisme, son activité débordante malgré sa maladie et ses dons d'orateur en ont fait un animateur exceptionnel. Paul Vaillant-Couturier préface sa *Violation d'un pays* (1927), pamphlet qui fait écho au *Procès du colonialisme* de Hô* Chi Minh. « Les esclaves devinrent libres ! […] Ils formèrent l'alliance fraternelle des peuples libres. » La réalité est moins brillante : au long de leur histoire, les mouvements noirs sont déchirés entre modérés et radicaux, assimilationnistes et nationalistes. Le précurseur meurt dans un isolement à peu près complet, mais Kouyaté* reprend son œuvre.

Léopold Sédar Senghor Écrivain, président de la République du Sénégal (1906-2001). Né dans une famille récemment convertie au catholicisme, Léopold Sédar Senghor, au double prénom euro-africain, entre à l'école des missionnaires puis poursuit des études de lettres en khâgne, où il fait la connaissance de Georges Pompidou, qui l'oriente vers le socialisme. C'est l'époque effervescente de *l'Étudiant noir*, de *Légitime Défense*, revues animées par Césaire*. Citoyen français en 1933, premier Africain agrégé de grammaire en 1935, Senghor se préoccupe surtout alors des problèmes culturels. Avec l'agression italienne en Éthiopie et les mouvements des années 1936, ses positions se radicalisent. Député socialiste du Sénégal en 1945, ministre du gouvernement Edgar Faure en 1955, puis de De Gaulle*, président de la République du Sénégal en 1960, académicien français en 1983 et normand d'adoption, sa biographie résume les variations et les passages identitaires. En 1939, dans *Ce que l'homme noir apporte*, il théorise son idée de la négritude*. Dans son œuvre ressortent son *Anthologie de la nouvelle poésie nègre et malgache*, préfacée par *l'Orphée noir* de Sartre* en 1948, *Hosties noires* ainsi que *Négritude et humanisme* en 1964.

Sétif Dans cette ville du Constantinois a lieu, le jour de la Victoire, le 8 mai 1945, une manifestation revendiquant la libération de Messali* et l'indépendance. Elle tourne à l'émeute et à un début d'insurrection, qui fait 102 morts européens. La répression entraîne le massacre de milliers de musulmans, plus de 20 000 selon les estimations des historiens. Elle mêle des milices européennes aux soldats, creusant le gouffre entre les deux communautés. Ferhat Abbas* est arrêté. Surtout, une nouvelle génération de nationalistes se forge. On considère que cet événement rend la guerre inéluctable.

signares À Saint-Louis du Sénégal, les signares (du portugais *senhora*), comme les « Brésiliennes » de la Côte de l'Or, du Bénin, ou comme les femmes de Tamatave ont joué un rôle important. La plus connue est Anne Pépin, mariée au chevalier de Boufflers à la fin du XVIIIe siècle. Mariées à des Européens le plus souvent « à la mode du pays », c'est-à-dire après approbation de la famille et remise des cadeaux rituels, elles étaient abandonnées la plupart du temps lors du retour en France, mais prenaient le nom du mari, transmis aux enfants. Vantées pour leur élégance et leur beauté, elles étaient aussi des femmes d'affaires avisées et beaucoup d'entre elles se sont enrichies considérablement. Avec l'interdiction de la traite puis de l'esclavage, leur rôle de médiatrices recule, et, après l'arrivée de Faidherbe*, qui a lui-même eu un fils naturel, le concubinage remplace ce type de mariage. Alors que les hommes des Quatre* Communes sont devenus des citoyens, le Code civil français a cantonné les femmes dans le rôle de mineures. Elles reconvertissent alors leurs activités vers les investissements immobiliers ou les centre arachidiers.

Les unions mixtes ont donné naissance à Saint-Louis à une bourgeoisie métissée qui fournira des négociants ou des professions libérales pendant la colonisation, partisans d'un réformisme politique leur accordant une véritable place dans la société.

smala, smalah Ce mot daté de 1845 figure dans *le Littré*. Il vient de l'arabe *zmala*, « maisonnée », « famille », et désigne aussi le groupe de tentes d'un chef puissant. Le terme est devenu célèbre avec la prise de la smala d'Abd* el-Kader qui a fait l'objet de nombreux tableaux, dont celui de Horace Vernet. En français populaire, il signifie « nombreuse famille » (*quelle smala!*).

Riad Solh Nationaliste libanais (1894-1951). Avocat, issu d'une famille de notables sunnites opposée aux Ottomans, il participe au dialogue islamo-chrétien sous le gouvernement de Faysal (1918-1920). Il s'enfuit au Caire après la défaite de Faysal face aux Français à Maysaloun (1920). Au cours de son exil, il reste engagé dans le combat nationaliste arabe et anticolonial. Opposé à la séparation du Liban*, membre du Bloc national syrien, il noue des liens étroits avec les autres nationalistes. En 1938, il rentre à Beyrouth. Sunnite, il est nommé président du Conseil en 1943 et se rallie à l'indépendance d'un Liban arabe. Il est assassiné à Amman par un membre d'un parti pansyrien.

Solitude Elle symbolise la résistance contre le rétablissement de l'esclavage en 1802 et fait partie des grandes figures du mythe héroïque de la lutte des Guadeloupéens. Née du viol de sa mère sur le bateau négrier, Solitude (1772-1802) s'est battue contre les soldats du général Richepance (qui a donné son nom à plusieurs rues, de plus en plus souvent débaptisées aujourd'hui, comme c'est le cas à Paris) sous la direction de Delgrès*. Quand ce dernier et ses troupes sont vaincus en mai 1802, elle est capturée et condamnée à mort. Enceinte, elle se voit accorder un sursis mais est exécutée au lendemain de son accouchement, le 29 novembre 1802. Sa statue aux Abymes, en Guadeloupe, et celle de Joséphine de Beauharnais à Fort-de-France, en Martinique (qui a été décapitée et tachée de sang à plusieurs reprises depuis 1993) présentent les deux faces de l'histoire des Antilles. André Schwarz-Bart lui rend hommage dans *la Mulâtresse Solitude* (1972) et un film de Christian Lara, *1802, l'Épopée guadeloupéenne,* lui a été consacré en mai 2006.

Sonacotra La question du logement des travailleurs algériens suscite sa création en 1956 pour gérer les foyers destinés à réduire les bidonvilles* et limiter les abus des marchands de sommeil. Avec le FAS, Fonds d'action sociale, un dispositif nouveau se met en place. Le but, comme toujours, mêlait projet social et contrôle de la population, tentative de la soustraire au FLN*. Ces foyers sont soumis à une administration d'origine coloniale et à des règlements de caserne ou presque, jusqu'aux grèves des loyers de 1975 qui ouvrent une nouvelle période.

souk En 1636, *zoco* désigne le « marché » d'un pays arabe ; il devient *soucque* en 1829, puis *souk* en 1844 (de l'arabe *suq*). En langage familier, dans les années 1960 (selon *le Grand Robert*), « souk » renvoie à « désordre, pagaille ».

congrès de la Soummam Dans cette vallée de la Kabylie, dans les conditions difficiles de la guerre, seize délégués ont élaboré le 20 août 1956 un programme et des règles de conduite pour le FLN*. Ramdane Abbane * et Amar

Ouzegane y posent les bases d'une direction collégiale, de la primauté du politique sur le militaire. Cette plate-forme, considérée comme la plus démocratique de l'histoire du nationalisme algérien, a été critiquée par Ben Bella* et les chefs militaires, qui y voyaient une menace pour leur pouvoir.

sous-développement Le terme s'impose dans les années 1960 par opposition à « développement », notion très ethnocentrique dans la mesure où elle pose en modèle les sociétés industrielles. Le débat porte alors sur les causes : retard dû aux blocages, aux inerties des sociétés dominées, selon l'interprétation libérale ou, pour les économistes du tiers-monde et pour les marxistes, conséquences de l'impérialisme et de l'exploitation coloniale. Aujourd'hui, la problématique est beaucoup plus complexe, on tient compte de données environnementales pour le « développement durable » par exemple, d'une diversification du tiers-monde* (pays les moins avancés, émergents, nouveaux pays industriels, etc.).

Jacques Soustelle Cet anthropologue (1912- 1990), brillant spécialiste des Amérindiens, a été sous-directeur du musée de l'Homme. Il a été aussi résistant, gaulliste, et brièvement ministre des Colonies en 1945. En janvier 1955, Pierre Mendès* France le nomme gouverneur général de l'Algérie, pour appliquer un plan de réformes. Froidement accueilli par les pieds-noirs*, il s'entoure de conseillers comme Germaine Tillion* et Vincent Monteil et prône l'intégration. Son libéralisme le conduit aussi à créer les centres socio-éducatifs et il tente de pallier la sous-administration du pays par les Sections administratives spécialisées. Marqué par les atrocités des insurgés algériens du 20 août 1955 dans le Constantinois, il va défendre une répression sans limites et quitte Alger entouré par une foule qui cherche à le retenir. Son remplacement est à l'origine du 6 février 1956, où Guy Mollet* capitule devant la foule d'Alger. Engagé pour le retour du général de Gaulle* au pouvoir en 1958, irréductible de l'Algérie française, il fonde le comité de Vincennes, soutien de l'OAS* en France, puis dirige le CNR/OAS, clandestin, après le cessez-le-feu. Recherché, il vécut en exil jusqu'à l'amnistie de 1968. Il entre à l'Académie française en 1982.

spahis Le terme, d'origine turque, désigne à l'origine les cavaliers indigènes employés lors de la conquête pour un service de guerre, mais aussi de police, en qualité d'éclaireurs ou de courriers, sous le commandement de chefs prestigieux, comme Yusuf. En 1841, ils sont constitués en unité régulière. Le maréchal Randon les organise en smalas, installées aux frontières et en bordure des hauts plateaux, et leur fait attribuer des terres. Des spahis tunisiens et marocains apparaissent après les protectorats. Ils s'illustrent lors de la conquête du Maroc, qui fait entrer dans la légende leur célèbre burnous rouge. Bien que toujours montés à cheval, ils se battent héroïquement en 1940. Motorisés, ils fournissent les escadrons de reconnaissance lors du débarquement en France en 1944. Ils participent à la guerre* d'Indochine, et surtout à la guerre* d'Algérie. Leurs régiments sont dissous lors de l'indépendance, à l'exception du 1er spahis de Valence, qui perpétue aujourd'hui leur tradition.

Victor Spielmann Journaliste, anticolonialiste (1866-1938). D'une famille d'Alsaciens qui ont choisi de rester français, il exploita un lot de colonisation près de Bordj Bou Arreridj. Ruiné au début du XXe siècle, sa sensibilité libertaire l'oriente vers le journalisme et la défense des Algériens contre le pouvoir colonial. Avec quelques amis défenseurs des « indigènes », il publie, avant 1914, notamment, l'hebdomadaire *le Cri de l'Algérie,* exceptionnel document sur la nuit coloniale. Après 1918, il adhère un temps au Parti communiste – qu'il était trop libertaire pour supporter longtemps – et il est compagnon de l'émir Khaled*, dont il rédige les discours en français. Fondateur des si bien nommées éditions du Trait d'union, il écrit plusieurs libelles et livres dénonçant les spoliations et les injustices coloniales. À sa mort, le cheikh Ibn Badis* lui consacre dans le *Chihab* une nécrologie lui décernant le titre d'*al malak ul haris lil cha'b il jaza'iriyy* (« l'ange gardien du peuple algérien »).

sport Signe de l'intérêt nouveau porté à cette question, les archives d'Outre-Mer lui ont consacré une exposition en 1992. Le sport existe dans toute société, comme jeu où le champion représente son groupe : lutte, course, arc, canotage, jeu de balle... Avec la colonisation, la culture physique, le sport entrent dans l'école pour le « développement de la race » et pour inculquer la discipline. Certains sports européens ont pénétré dans les sociétés colonisées. Une piscine municipale est ouverte à Saigon pour les Indochinois en 1937. Il en est de même pour la natation, le tennis et la boxe anglaise. Le premier tour cycliste d'Algérie date de 1929. Mais les emprunts aux sociétés colonisées sont rares, à l'exception des sports de combat asiatiques et du surf. Le *moring* réunionnais, cousin de la capoeira brésilienne, associant lutte, danse et rituels religieux, est resté le fait des esclaves.

Pourquoi le succès du cricket en Inde et l'universalisation du football ? La simplicité des règles a pu jouer si on les compare au rugby. En Afrique du

Nord, le football paraît le produit d'une génération spontanée tant il est répandu. C'est un sport très pratiqué par les Indochinois, par exemple dans les provinces du delta du Mékong; des clubs y apparaissent dès les années 1920 et une coupe récompense les équipes gagnantes.

En A-OF, c'est la rue, avant les missionnaires et la Laïque, qui adopte le foot. Il y a même un conflit entre l'administration qui privilégie la gymnastique, et la population. Vichy* supprime une grande partie des associations sauf en Indochine*, où le gouverneur général vichyste, Decoux, encourage les sports en même temps que sont créées des associations de jeunesse très contrôlées. Il institue un commissariat aux Sports et à la Jeunesse qui fonde une école de maîtres d'éducation sportive, il crée stades et piscines. Le Tour d'Indochine cycliste est lancé à l'image du Tour de France. Après la Seconde Guerre mondiale, la libéralisation entraîne le développement rapide du sport.

Celui-ci est donc un enjeu dans les relations entre les communautés, qui s'identifient à leurs champions. C'est pour cette raison que les colonisés ont créé leurs propres associations sportives. Celle de la Musulmane naît en Tunisie en 1905. Les premiers clubs tunisiens de football sont créés entre 1907 et 1918 (le Stade africain, tunisien musulman, le Stade tunisois, juif), en réplique aux clubs français comme le Racing Club de Tunis. Signe de l'émergence d'un « nationalisme sportif », le football gagne les grandes villes de l'intérieur avec la constitution, à côté de clubs français, italiens ou maltais, de clubs tunisiens. En Algérie, le Mouloudia Club algérois créé en 1921 est le club de la casbah. Après des débuts difficiles, dus à la méfiance des religieux face à une innovation et au spectacle de corps dénudés, il impose ses couleurs, rouge et vert, en battant le Racing universitaire algérois de la jeunesse dorée française. Il devient ainsi le symbole de la société musulmane soutenu par les notables. Pour lutter contre cette pente, le gouvernement général d'Algérie veut obliger par circulaires en 1928 et 1936 les clubs musulmans à intégrer des Européens. Inquiet de la prolifération des clubs fondés sur une base ethnique, le gouvernement général de l'A-OF refuse lui aussi longtemps l'extension de la loi de 1901 et tente d'imposer des associations sportives mixtes. En 1947, ces circulaires sont abrogées.

Mais la situation la plus fréquente est la ségrégation, et c'est en 1950 seulement qu'un club mixte est créé à Brazzaville. La guerre* d'Algérie surtout a hypothéqué les échanges sportifs : affrontements, attentats, comme en 1956 et 1957, puis départ des footballeurs algériens de France sur décision du FLN pour constituer une équipe nationale. Certains ont sacrifié une belle carrière.

Car les colonies ont fourni une longue liste de champions. El Ouafi est la seule médaille d'or aux JO de 1928, pour le marathon. Ben Barek, joueur marocain, est « la perle noire », l'Algérien Zaaf devient une vedette du Tour de France pour ses échappées aussi impétueuses que brèves, Alain Mimoun, surtout, premier au marathon de 1956 aux jeux Olympiques, bat enfin Zatopek. La boxe a concerné, outre les petits blancs, les juifs, tel Alphonse Halimi, puis les musulmans. Mais c'est Cerdan* qui est le héros des pieds-noirs.

Aujourd'hui, les Antillais (Marie-José Perec...) et les anciens colonisés deviennent des héros nationaux. Christian Karembeu, dont le grand-père a été exposé en qualité de « cannibale » en 1931 à Paris, membre de l'équipe nationale de foot, a refusé de chanter *la Marseillaise* pour protester contre cette exposition. Zinedine Zidane* est la figure emblématique du sport, de la réussite, en France et dans son pays d'origine.

sucre de canne Son arrivée en Europe a suivi les chemins de la colonisation. On découvre avec les conquêtes d'Alexandre le Grand en Perse « le roseau sucré qui donne du miel sans le secours des abeilles », dont l'origine est située dans l'Insulinde. En Grèce et dans l'Empire romain, il est un produit de luxe et un médicament. Cependant, sa culture se développe surtout en Océanie, en Chine du Sud, en Égypte puis dans le Sahara entre le Ier et le Xe siècle, et, enfin dans l'Espagne du Sud au IXe siècle, apportée par les Arabes qui ont envahi l'Asie. Le goût du sucre se développe avec les croisades, à partir du XIIe siècle, car les croisés rapportent les plants en Grèce, en Sicile et dans le sud de la France. Les besoins augmentant, les marchands de Venise s'imposent comme des intermédiaires indispensables entre Alexandrie et l'Europe, le raffinage s'effectuant, entre le Xe et le XIVe siècle, dans leur ville. Dès cette époque, Portugais et Espagnols commencent à cultiver la canne à Madère, aux îles Canaries, au Cap-Vert puis au Brésil au XVIe siècle : le système de la grande plantation sucrière négrière, instauré avec la découverte des Amériques, se développe. Colonisation, sucre et esclavage* deviennent indissociablement liés au développement du monde moderne occidental.

Dès 1505, Saint-Domingue fabrique du sucre, et, à partir de cette date, toutes les nouvelles terres colonisées des Caraïbes et de l'Amérique latine sont consacrées à la canne avec une main-d'œuvre esclave d'origine africaine. Dans la première moitié du XVIIe siècle, la production se développe dans les Antilles* françaises grâce aux Juifs marranes expulsés du Brésil. Pour protéger les productions coloniales, Colbert instaure le système de l'exclusif*, qui impose aux colonies de ne commercer qu'avec la métropole. À la veille de la

Révolution, la France est à la première place européenne pour le raffinage et le commerce du sucre, particulièrement à Rouen, Nantes, La Rochelle et Marseille. Il est redistribué vers la Hollande, l'Allemagne, la Scandinavie, mais, en 1789, la Révolution paralyse totalement le commerce français. Le domaine colonial se désagrège: le soulèvement des esclaves de Saint-Domingue en 1792 puis leur opposition à la tentative de rétablissement de l'esclavage par Napoléon conduisent à l'indépendance de la colonie en 1804; en outre, la guerre avec l'Angleterre, qui contrôle les mers et certaines colonies françaises comme la Martinique et Sainte-Lucie, empêche l'arrivée du sucre de canne. Sous la pression de ces conditions politiques, des campagnes des philanthropes réclamant l'abolition* de l'esclavage, et, surtout, avec la production du sucre de betterave en métropole, par des méthodes industrielles qu'encourage l'État, le lien entre esclavage, colonisation et production sucrière est rompu par la France en 1848.

canal de Suez Ferdinand de Lesseps déploie l'esprit d'entreprise saint-simonien*, aidé par des études d'ingénieurs français, par la révolution des marchés mobiliers. Il crée la Compagnie universelle du canal maritime de Suez en 1857. Il lève la moitié des fonds nécessaires, l'Égypte fournit le solde, les travaux étant assurés par une main-d'œuvre locale, soumise à la corvée et immigrée, et grâce aux dragues montées par des sociétés françaises. Le canal ouvre dès 1869 et bénéficie de plusieurs programmes d'approfondissement, d'élargissement et d'équipement électrique au fil des décennies, ce qui permet à la « route des Indes » de passer des *clippers* aux *steamers*. L'inauguration est l'occasion de cérémonies fastueuses, où l'Église encense la civilisation, où le progrès est exalté.

En Égypte, l'État surendetté doit vendre en 1875 sa participation de 35 % dans la Compagnie du canal à la Couronne britannique, qui en 1882 proclame son protectorat. Cette emprise politique dure de 1936 à 1945, mais les troupes britanniques ne quittent la zone du canal – sous la contrainte – qu'en avril 1956. Cette pénétration a servi de levier à l'axe Le Caire-Le Cap, qui, après Fachoda* (1898), consacre l'impérialisme britannique en Afrique orientale et australe; elle a permis aussi de pérenniser les empires coloniaux de l'océan Indien et de l'Asie du Sud-Est. Un ultime grand programme d'investissements est conçu en 1949-1955: le volume alors dragué équivaut aux deux tiers de ce qui a été extrait pour creuser le canal en 1859-1869. La Couronne britannique, surtout préoccupée des programmes d'investissement et des intérêts des armateurs, laisse la Compagnie de Suez maîtresse des discussions avec l'Égypte indépendante quant à l'avenir du canal, qui doit revenir au concessionnaire en 1968. Maladroitement, elle ne propose pas de compromis avec l'Égypte pour partager plus vite les bénéfices d'un trafic en plein boum. L'accord de 1949 n'attribue que 6,5 % du profit net à l'Égypte (ce qui correspond au dixième des sommes distribuées aux actionnaires), la société voulant se constituer une réserve pour rembourser son capital à l'expiration de la concession ou en cas de confiscation. En juillet 1956, le canal est nationalisé par Nasser. Après la crise militaire franco-anglaise et israélienne, qui suscite l'ire russo-américaine, la Compagnie obtient de l'Égypte en 1960 une forte indemnité et la garde de ses actifs européens. L'égyptianisation du canal est mise en œuvre, pour les pilotes et les techniciens. Symbole positif d'un impérialisme de diffusion du progrès technique, le canal avait fini, malgré l'ampleur des investissements réalisés, par devenir le symbole négatif d'un impérialisme de rente néocolonial.

les surréalistes Leur fidélité à l'anticolonialisme et leur attention aux cultures non occidentales obéissent à une même logique : redécouvrir une « faculté primitive écrasée par des siècles de servitude mentale, un âge "préhistorique" où les antinomies fondamentales créées par la civilisation n'encombraient pas encore notre esprit ». Lors de la guerre du Rif, comme contre l'Exposition* coloniale de 1931 ou dans leur soutien à la création littéraire des Africains et des Antillais comme Césaire*, et contre les guerres* d'Indochine et d'Algérie, on retrouve ces constantes. Plus lucides aussi que beaucoup d'intellectuels, les surréalistes marquent leurs réserves envers le FLN*.

accords Sykes-Picot (mai 1916) Les négociations pour le partage des territoires arabes de l'Empire ottoman, conduites par le Britannique Mark Sykes et le Français François-Georges Picot, aboutissent aux accords portant leur nom. Les deux puissances s'entendent sur un projet qu'elles cartographient ainsi : chacune disposera d'une zone de contrôle direct, désignée par une couleur (bleu pour la France, rouge pour l'Angleterre), et d'une zone d'influence (lettre A pour la France et B pour l'Angleterre), où seront créés un ou plusieurs États arabes. Elles y auront la priorité de l'exploitation économique et le monopole de l'encadrement politique et administratif. La Palestine sera internationalisée. En décembre 1918, moyennant une prise de participation dans l'exploitation du pétrole mésopotamien, Clemenceau* abandonne à l'Angleterre la région de Mossoul, initialement sise en zone A, et accepte que la Palestine passe sous influence britannique. C'est cette dernière mouture qui sera consacrée par la conférence interalliée de San Remo d'avril 1920.

syncrétismes religieux africains Considérée comme l'hybridation d'une culture, la notion est restée longtemps péjorative, comme les métissages. C'est l'ethnologue Roger Bastide qui lui a donné en France ses lettres de noblesse scientifiques.

Dans l'éventail des réactions à la colonisation, le religieux, fruit d'une longue histoire où celle-ci a imprimé sa marque, a une place particulière. C'est le cas en Afrique plus que partout ailleurs avec sa christianisation ou, ce qu'on sait moins, avec l'africanisation du christianisme. Mais le caodaïsme* et le Hoa Hao* en Indochine, où la part de la culture occidentale est réduite, sont importants aussi comme réinterprétations en réaction à la colonisation. Aujourd'hui, trois grands ensembles coexistent en Afrique: le christianisme au Sud, l'islam du Nord au Sahel, la zone sahélienne étant la plus contrastée. L'islam, qui est bien antérieur au christianisme, a fait des progrès considérables à l'époque coloniale, où il est apparu comme un facteur identitaire. Les religions animistes prédominent au Bénin et demeurent influentes en Côte d'Ivoire, au Liberia, au Togo, au Burkina Faso. Leur enracinement, le foisonnement et la diversité des cultes (chasseurs, pasteurs, agriculteurs), ne sont pas contradictoires avec leur capacité évolutive. Car elles ont une histoire.

Les prophétismes réagissant aux crises ne sont pas nés avec la colonisation, les emprunts de dieux non plus. Cette réalité a des précédents anciens avec l'Église éthiopienne depuis le IVe siècle et les syncrétismes angolais et mozambicain des XVIe-XVIIe siècles. Les sociétés africaines adoptent des cultes allogènes pour faire face à des phénomènes nouveaux: prudemment, le royaume d'Abomey avait coutume de faire sien le dieu d'un peuple vaincu. Dans le même sens, intégrer des religions universalistes – islam ou christianisme –, c'est réagir à la pénétration des forces étrangères, s'ouvrir à la mondialisation. Ainsi, le roi du Bamum tente au XIXe siècle, dans une société récemment islamisée, une synthèse avec le christianisme et les croyances traditionnelles. Le rite est en langue bamum, écrite à l'initiative du souverain: « Dieu est capable d'écouter les prières de toutes les races humaines dans leurs langues respectives… car c'est Lui qui a créé tous les hommes et qui les a dotés du pouvoir d'inventer leurs langues. »

Longtemps étudiées en fonction de la problématique opposant les résistances à la collaboration, l'authenticité aux implants étrangers – et donc perçues négativement comme aliénation –, les expressions africaines du christianisme le sont désormais comme une manifestation de créativité culturelle. Elles témoignent de l'extraordinaire aptitude au syncrétisme du continent et de sa capacité à conjuguer des identités multiples. Face à la colonisation, le harrisme* est une tentative de répondre à la supériorité des Blancs, à l'inégalité des races et à la modernité occidentale.

Né au Congo dans les années 1920, le kimbanguisme*, dont le prophète a été formé par les missions protestantes, est représentatif des messianismes avec la longue traversée du pays, l'arrestation, les pouvoirs thaumaturges. D'abord pacifique, le mouvement se radicalise avec la répression. Le bwiti, lui aussi, veut expliquer la supériorité des Blancs par les fautes des Noirs. Mais, à la différence des autres cultes, pour lui le recours est un repli sur l'origine, une remontée hors de l'histoire. La vie d'ici-bas n'est pas la vraie vie. Chez les Fang dans les années 1930, le bwiti s'appuie sur le culte des ancêtres, auquel s'ajoutent des figures bibliques. Autre mouvement, celui de Matswa* : l'abbé Fulbert Youlou a été perçu comme sa réincarnation.

Les religions traditionnelles perdurent et on parle même d'une revanche, en particulier avec les vieux rites agraires, la pratique des sacrifices, qui s'adaptent aux nouvelles conditions. L'Afrique apparaît comme une gigantesque réserve de religions et de syncrétismes réemployant des traits antérieurs à la colonisation qui sont son originalité.

Bien sûr, la sociabilité chaleureuse des cérémonies, les chants et la danse* apportent des substituts à l'érosion des solidarités anciennes. Mais ces constatations ne sauraient éclipser les dimensions spirituelles, la soif de communier dans la parole biblique. L'inculturation* et la contextualisation, c'est-à-dire l'adaptation du message chrétien aux cultures africaines, se manifestent dans l'emploi de notions telles que l'Église mère, le Christ ancestral, la force vitale bantoue. La traduction de la Bible en 134 langues et du Nouveau Testament en 232, les adaptations de la liturgie, des dévotions, la relecture de l'iconographie témoignent d'une capacité d'appropriation remarquable. Cette effervescence est parfois attachée aux Églises orthodoxes, parfois affirmée dans des Églises indépendantes.

S'il n'y avait pas eu cette adaptation des religions du Livre, le continent ne compterait pas aujourd'hui 37 % de chrétiens (contre 7,5 en 1900) et 42 % de musulmans (contre 1/3 en 1900).

T

tabou Ce mot vient du polynésien *tapu* et signifie « sacré, interdit ». Il est transcrit par Cook en 1777.

Tanger Place avancée de l'Afrique pointant vers l'Europe, elle a été fortifiée pour défendre l'islam contre les chrétiens. Devenue siège des légations étrangères du Maroc, dotée d'un statut international en 1923, qui garantit sa neutralité et sa liberté économique, elle est une ville cosmopolite, comptant jusqu'à 30 % d'étrangers. Elle a été le lieu de rendez-vous de la Beat Generation (« génération révoltée ») des écrivains américains des années 1950, qui suivent Paul Bowles, Truman Capote, Burroughs… et cherchent l'inspiration, le kif, les amours échappant aux interdits. Tanger a une place importante dans le récit de voyage et le tourisme de l'époque coloniale. Elle a vu passer Dumas, Delacroix*, Loti*, Mark Twain, Beckett, Juan Goytisolo, Montherlant*, Paul Morand, Jean Genet, de Amicis et Moravia… Joseph Kessel fait de la ville le personnage d'*Au Grand Socco* en 1952. Mais Tanger, lieu de naissance de Tahar Ben Jelloun, c'est aussi *le Pain nu* de Mohamed Choukri et un thème traité par nombre d'écrivains marocains. Ce lieu de contact et d'échange a eu son union mixte célèbre, entre une Anglaise, Emily Keen, et un descendant du prophète, cherif d'Ouezzane, racontée dans *My Life Story*.

Ta Thu Thau Militant trotskiste vietnamien (1906-1945). Né dans une famille pauvre, il est reçu 3e sur onze au baccalauréat indochinois en 1923. Comme son aîné et modèle Nguyen An Ninh*, il gagne la France moins pour y poursuivre des études que pour s'engager dans l'activisme politique. Dans les années 1930, le trotskisme vietnamien qu'il incarne avec ses camarades apparaît comme l'expression la plus radicale des nouveaux intellectuels voulant rompre à la fois avec le nationalisme d'une bourgeoisie vietnamienne anémique et le socialisme dans un seul pays défendu par l'URSS. Son journal en langue française, *la Lutte,* rassemble radicaux et marxistes de toute obédience dans les luttes de 1932 à 1937. Sa mort, intervenue dans des conditions troubles à Quang Tri, comme l'assassinat de ses amis trotskistes Tran Van Thach, Phan Van Hum et Huynh Van Phuong, s'inscrit dans le contexte de la lutte pour le pouvoir entre les staliniens et leurs concurrents.

Tchad La république du Tchad actuel a connu au Moyen Âge de puissants royaumes: le Bornou, le Baguirmi, le Darfour, le Kanem et l'Ouaddaï. Au XIXe siècle émerge l'empire de Rabah, qui prospère dans le commerce des esclaves et de l'ivoire grâce à sa forte armée dotée d'armes performantes. Contrariant les ambitions des Européens, particulièrement des Français, qui voulaient se rendre maîtres du bassin du lac Tchad, Rabah se heurte aux troupes commandées par Lamy et meurt lors de la bataille de Kousséri, en 1900. Afin de lutter contre la confrérie* Sanoussiyya est créé un « Territoire militaire des pays et protectorats du Tchad » jusqu'en 1965. En 1910, le Tchad est rattaché à l'A-EF. En 1920, il se détache de la colonie de l'Oubangui-Chari et devient autonome avec une administration civile.

Il s'agrandit en s'adjoignant le Tibesti en 1929; un accord non ratifié en 1935 entre Pierre Laval et Mussolini prévoyait la cession à l'Italie, alors présente en Libye, de la bande d'Aouzzou. C'est cet accord qui servira de prétexte au colonel Kadhafi pour occuper ce territoire.

Les Français développent la culture du coton dans le Sud fertile. La colonie a souffert des migrations forcées de travailleurs pour la construction du chemin de fer Congo-Océan. Sous l'impulsion de Félix Éboué*, elle est la première des colonies françaises à rallier la France libre en 1940. Leclerc y lance la campagne de Libye (1941-1943) afin de reconquérir l'Afrique du Nord. La marche vers l'indépendance, acquise le 11 août 1960, se fait sous la houlette de Gabriel Lisette et de François Tombalbaye.

télégraphe En 1830, il faut de 3 à 5 semaines pour transmettre un message et obtenir une réponse entre Paris et Alger*. En 1861, le premier câble télégraphique est posé à travers la Méditerranée*. En 1857, les 7 200 km de lignes installées en Inde ont permis de vaincre rapidement les Cipaye, soldats indiens soulevés. En 1864, les insurgés tunisiens, conscients de la menace, coupent les fils télégraphiques posés par une compagnie française. En 1865, l'Inde est raccordée à l'Angleterre: il faut 5 heures pour établir la liaison entre Londres et Bombay en 1870 et quelques secondes après la Première Guerre mondiale. En 1879, la côte orientale de l'Afrique bénéficie de ce moyen d'information rapide, et, en 1885, la côte occidentale. Au début du siècle, la Grande Bretagne a posé 250 000 km de lignes. « La planète est câblée », disaient les saint-simoniens* dès le début du XIXe siècle.

Terres Australes et Antarctiques françaises (TAAF) Elles comprennent la terre Adélie, les îles Crozet, et Kerguelen, et les îles Saint-Paul et Amsterdam.

Les îles Crozet, Marion et Kerguelen sont prises par des marins bretons en 1772. Les annexions officielles datent de la fin du XIXe siècle et, pour les Crozet, de 1912. Marion, oubliée, sera prise par l'Union sud-africaine. La végétation y est rare, y vivent éléphants de mer et différentes variétés d'oiseaux. Les îles Amsterdam (60 km^2) et Saint-Paul (7 km^2), situées dans le sud de l'océan Indien, sont d'origine volcanique. Le climat, humide et venteux, est tempéré, la végétation relativement dense. Elles ont été découvertes en 1522 par l'expédition Magellan, puis redécouvertes au XIXe siècle et occupées par le gouverneur de l'île Bourbon au nom de la France en 1843. Un conflit avec l'Angleterre est évité. Les deux îles sont annexées en 1892. Vivent à Amsterdam entre 25 et 35 personnes selon la saison et 600 vaches, descendantes d'un élevage tenté par un Réunionnais au XIXe siècle. Saint-Paul a été dératisé en 1999, pour mettre fin à la prolifération de ces animaux qui prospéraient. La pêche profite d'une faune particulièrement riche. En 1955, Saint-Paul et Amsterdam sont retirées à l'administration de Madagascar et deviennent un territoire de statut spécial. La terre Adélie (432 000 km^2), découverte par Dumont d'Urville en 1840, est occupée par une mission scientifique. Située sur le continent Antarctique, au sud du 66e parallèle sud, c'est un plateau recouvert d'un glacier. Des accords internationaux préservent l'environnement (Madrid 1991). Aujourd'hui, les TAAF sont des bases scientifiques importantes pour l'étude du climat et de la pollution.Les seuls habitants de ce territoire (environ 210 habitants en 1989) sont les équipes des stations scientifiques permanentes sur les Kerguelen, les îles Crozet, Nouvelle-Amsterdam et la terre Adélie. Les Kerguelen ont le droit d'embaucher des marins étrangers, ce qui permet de contourner les lois sociales françaises.Le territoire est sous la responsabilité d'un administrateur et d'un conseil consultatif, tous les deux nommés par le gouvernement français.

territoires du Sud (Sahara algérien) Ce sont les régions sahariennes algériennes (Aïn Sefra, Ghardaïa, Touggourt, In Salah) régies par l'armée depuis leur occupation à partir de la prise de Laghouat, en 1844, et leur conquête, achevée entre 1900 et 1914. En Tunisie aussi, le Sud est sous administration militaire de la côte jusqu'à Ghadamès. La « pacification » reste fragile, comme le montrent les révoltes de 1917. C'est en 1934 seulement, au moment où la confrérie Sanoussiyya est écrasée par l'Italie en Libye, qu'elle est achevée. Dans le nord et le sud du Sahara voisinent l'armée d'Afrique et les troupes de marine*, devenues troupes coloniales en 1900. Les deux ensembles ont des traditions différentes, képi bleu des Affaires indigènes et képi noir à l'ancre d'or affichant leurs différences.

Abdelaziz Thaalbi Étudiant de la Zitouna*, ce lettré tunisien, juriste et théologien (1874-1944) s'inscrit dans le courant réformateur. Son traité de 1905, cosigné en français par El-Hadi Sebaï et César Benattar, *l'Esprit libéral du Coran*, effectue une relecture de l'histoire de l'État mohammédien, pour fonder une interprétation moderniste de l'Islam. À Paris, il publie en 1920 avec l'aide d'un docteur en droit tunisien, Ahmed Saqqa, sous le titre de *la Tunisie martyre : ses revendications* le manifeste du premier Parti libéral constitutionnaliste, plus connu sous le nom de Destour*, qui revendique un Parlement tunisien et la responsabilité du gouvernement tunisien. Exilé de 1923 à 1937, il parcourt les pays arabes. À son retour, Habib Bourguiba*, qui voit en lui un rival, l'évince et le présente comme un conservateur, image qui lui est restée longtemps attachée, et qui est remise en cause aujourd'hui.

le camp de Thiaroye En décembre 1944, ce camp militaire près de Dakar accueille près de 13 000 tirailleurs* libérés des camps allemands. Le pécule qui leur est dû n'étant pas versé, une mutinerie éclate, brutalement réprimée. Outre les 35 morts et une centaine de blessés, des condamnations sont prononcées et les prisonniers ne seront libérés que lors de la visite du président Auriol* en 1947. Entre 1944 et 1945, quinze autres incidents concernant les soldats sont enregistrés, dont les causes sont matérielles mais aussi racistes. *Le Camp de Thiaroye*, d'Ousmane Sembène, en 1988 retrace cet épisode.

Georges Thierry d'Argenlieu Haut-commissaire en Indochine, à l'origine de la guerre (1889-1964). Ancien élève de l'École navale, il démissionne en 1919 pour entrer dans l'ordre des Carmes et prononce ses vœux en 1921. Résistant, il a participé à l'opération de Dakar et au ralliement de l'A-EF à la France libre, avant d'être nommé haut-commissaire dans le Pacifique. À partir de 1943, il dirige les Forces navales de la France libre en Europe. Nommé haut-commissaire en Indochine* quand Hô* Chi Minh proclame l'indépendance du Viêt Nam*, le 2 septembre, et quand les forces britanniques désarment les Japonais en Cochinchine*, il arrive à Saigon en octobre 1945. Il obtient en 1946 des accords avec le Cambodge* et avec le Laos* entraînant le retour de la France, mais échoue dans ses négociations avec le Viêt-minh*. Sa proclamation d'une république de Cochinchine autonome à la veille de l'ouverture de la conférence de Fontainebleau a été une des causes du déclenchement de la guerre, en décembre 1946. Rappelé en métropole en mars 1947, il se retire au couvent d'Avon.

Aurélie Tidjani-Picard Épouse du cheikh de la Tidjania (1849-1933). Son histoire pourrait s'apparenter, par certains côtés, aux contes de fées. Née dans une famille modeste, elle a été bercée dans son enfance par les récits de son père sur la conquête de l'Algérie, à laquelle il a participé. Alors qu'elle est au service d'une famille de diplomates, elle fait la connaissance du cheikh de la confrérie Tidjania, soumis à un exil doré en France en 1870. Opposé aux unions mixtes, le gouverneur général refuse son mariage, mais, selon une version non confirmée par les archives, le cardinal Lavigerie* aurait célébré la messe du mariage religieux. Elle s'installe avec son époux à Aïn Mahdi, où elle va régner et mettre de l'ordre dans les finances, cherche à jouer un rôle de médiatrice que les bureaux* arabes voient d'un mauvais œil. Après le décès de son premier époux, elle épouse le frère de celui-ci, mais – sans enfant – elle sera écartée par les héritiers et meurt à Kourdane, le palais qu'elle a édifié, où sa tombe porte deux textes, l'un en français et l'autre en arabe. Demeure le flou sur son éventuelle conversion, revendiquée par la confrérie Tidjania. On peut aussi s'interroger sur l'influence, dont elle se targue, dans le choix favorable à la colonisation de la Tidjania, qui soutient la pénétration saharienne.

tiers-monde Né sous la plume d'Alfred Sauvy dans *l'Observateur* du 15 août 1952, le mot désignait (par analogie avec le tiers état) les pays n'appartenant ni au bloc occidental ni au bloc de l'Est, le plus souvent colonisés ou récemment décolonisés. Le terme a fait le tour de la terre. Les sciences sociales s'en sont emparées et l'Institut d'étude du développement économique et social à Paris l'a repris comme titre de sa revue. Son impact a été concomitant du neutralisme et du tricontinentalisme, de la notion d'unité des sociétés d'Afrique, d'Asie et d'Amérique latine. Il a été associé à l'idée de solidarité Nord-Sud, d'un internationalisme élargi à l'échelle du monde (tiers-mondisme). Depuis, les mythes révolutionnaires se sont effondrés. La fortune du mot a connu une courbe rapidement descendante. Écrit en majuscules, puis en minuscules, puis au pluriel, il date aujourd'hui. La notion est-elle encore opératoire ? Qu'y a-t-il de commun entre un Amérindien, un Abyssin, un Afghan, un Chinois ? Avec la « mort des idéologies », les grandes civilisations et les religions paraissent des réalités autrement plus importantes.

Certes, la notion de tiers-monde est encore associée à celle de sous-développement. Mais cette dernière est tout aussi floue : on distingue en effet les PMA (pays les moins avancés), les PRI (pays à revenus intermédiaires), etc. Les évolutions contrastées depuis un demi-siècle conduisent soit vers les NPI (nouveaux pays industrialisés), soit au contraire vers des situations de chaos. Demeure cependant l'immense problème de cette « misère humaine qui cherche humblement, férocement sa place au soleil » (Alfred Sauvy) et de la gigantesque fracture appelée aujourd'hui Nord-Sud.

Germaine Tillion Ethnologue, spécialiste de l'Algérie (née en 1907). Élève de Marcel Mauss* et de Massignon, elle effectue quatre missions scientifiques en Algérie de 1934 à 1940 pour étudier les populations berbères de l'Aurès*. Membre du réseau de résistance du musée de l'Homme, elle est déportée en 1942 à Ravensbrück. Au sortir de la guerre, elle consacre ses recherches à la dénonciation des totalitarismes et ne revient à l'Algérie qu'en 1954. Elle a traité dans *le Harem et les cousins* (1966) la domination masculine dans les sociétés méditerranéennes. De 1955 à 1956, elle est chargée de mission au cabinet de Jacques Soustelle*. Elle publie *l'Algérie en 1957*, *les Ennemis complémentaires* (1960), *l'Algérie clochardisée*. Elle dénonce à la fois le terrorisme et la torture et fait pleurer Yacef Saadi, responsable du FLN, qu'elle rencontre clandestinement pendant la bataille* d'Alger, quand elle lui reproche les attentats aveugles. Elle met en place les centres sociaux destinés à faciliter l'éducation et la scolarisation des jeunes Algériens, dont six animateurs – parmi lesquels Feraoun* – sont assassinés par l'OAS* en1962.

Tintin Il ne pouvait ignorer la colonisation, l'Afrique, le désert (*le Crabe aux pinces d'or)*... Dans *Tintin au Congo* (1930), le héros, qui a détruit une vieille locomotive indigène avec son automobile, s'exclame devant l'affolement : « Silence !... on va la réparer votre vieille tchouk-tchouk ! » tandis que Milou encourage les Noirs : « Tas de paresseux, à l'ouvrage ! » L'enquête de *Tintin au pays de l'or noir* le conduit à démasquer Bab el-Ehr. Mais, dans *Coke en stock*, en 1958, il dénonce l'esclavage. Hergé, très influencé par le catholicisme d'extrême droite belge a été accusé de développer une vision raciste. « Quels as ces missionnaires ! » s'écrient les bons nègres reconnaissants de leur œuvre civilisatrice. Parmi ses bêtes noires, le pire est Rastapopoulos, « plus ou moins grec, louche, levantin, apatride ». On sait que, en 1946, puis en 1970, les rééditions de *Tintin au Congo* ont nettoyé le vocabulaire : « nègre » devient « Noir ». Haddock renonce à moricaud, anthracite, fatma de Prisunic... Si Tchang, le jeune Chinois, échappe à ces stéréotypes, il faut y voir l'influence des prêtres connaissant la Chine et l'amitié d'un Chinois. Pour compenser, les Japonais sont aussi laids que méchants dans *le Lotus bleu*.

On ne peut cependant réduire *Tintin* à ces dimensions idéologiques, on y retrouve tous les archétypes : le désert, l'île, la jungle... et un héros qui, comme ceux de Jules Verne, a séduit plusieurs générations et a encore ses fidèles : c'est donc qu'ils disent des choses fondamentales. Et qu'ils aient fait le tour des langues du monde prouve qu'ils ont une vocation universelle.

tirailleurs sénégalais Le 21 juillet 1857, un décret crée le 1er bataillon. Pour Faidherbe*, ces hommes doivent remplacer les troupes européennes pour les campagnes africaines. Le recrutement s'étend en dehors du Sénégal*. Les premiers soldats, volontaires, sont d'origine servile et proviennent de quelques groupes ethniques jugés plus « guerriers » que d'autres et destinés à former la « Force noire » voulue par Mangin. Ainsi les Bambara, dont la langue* donne naissance au sabir utilisé à l'instruction. À partir de 1912, la conscription est introduite, elle prend de l'ampleur au moment de la Première Guerre mondiale. Pendant la durée du conflit, 160 000 tirailleurs sont recrutés ; leur taux de pertes équivaut à celui de l'infanterie métropolitaine. En 1940, les tirailleurs paient un lourd tribut lors de la campagne de France. Ils participent à la Libération en 1944, mais ils sont remplacés par les jeunes soldats français à partir de septembre dans le cadre des opérations de « blanchiment » des unités. La fin de l'année 1944 est marquée par une série d'incidents graves parmi les rapatriables et les prisonniers de guerre libérés, dont le plus sanglant se déroule à Thiaroye*, au Sénégal, en décembre. Les tirailleurs sénégalais participent à toutes les campagnes de la décolonisation, ce qui leur vaut une image négative au Maghreb, et servent d'ossature aux armées nationales formées à partir de 1960. Ils sont entrés dans la légende patriotique avec la Première Guerre mondiale, sous les traits de Banania*, légende où se mêlent paternalisme, admiration de la force brute et mépris. Le service sous les drapeaux a donné naissance au type de l'ancien* combattant, révolté comme Lamine Senghor*, ou « loyal » et récompensé par de petits avantages, mais le prix du sang n'est pas le même pour tous comme le montre l'inégalité des pensions, qui défraie la chronique.

Jean-Marie Tjibaou Militant kanak (1936-1989). Né dans la vallée de Hienghène, sur la côte nord-est, ce fils de chef reçoit une éducation catholique et est ordonné prêtre en 1965. À partir de 1967, il suit des études supérieures à l'Institut de sociologie de la Faculté catholique de Lyon puis à l'École pratique des hautes études. Préoccupé par l'identité et la condition kanak, il obtient en 1971 sa réduction à l'état laïc et s'engage dans des activités associatives. Entré dans l'administration territoriale, il organise en 1975 le festival Melanesia 2000, qui a pour double objectif de faire découvrir aux kanak leur identité et de présenter cette culture au monde non kanak. La reconnaissance culturelle et l'émancipation politique sont donc intimement liées dans la pensée de Tjibaou. Il remporte en 1977 la mairie de Hienghène avant d'être nommé vice-président de l'Union calédonienne, qui prend position pour l'indépendance. En juin 1979, il participe à la création du Front indépendantiste, puis, en juin 1982, il devient vice-président du Conseil de gouvernement à la faveur d'un renversement de majorité. Après le boycott actif des élections territoriales du 18 novembre 1984 par les partis indépendantistes, il est un fondateur du Front de libération nationale kanak socialiste (FLNKS). Il s'affirme dès lors comme le leader de la cause et son porte-parole en France, dans le Pacifique Sud et sur la scène internationale. Il revendique la souveraineté politique, qui permettrait au territoire de choisir ses partenaires et de construire l'indépendance, appuyée sur un modèle de développement harmonieux. Après l'affaire de la grotte d'Ouvéa*, il est l'un des acteurs des accords de Matignon*, qui suscitent l'opposition de certains indépendantistes. Le 5 mai 1989, il est assassiné à Ouvéa par Djubelli Wea, l'un de ces opposants aux accords.

Alexis de Tocqueville Penseur libéral et homme politique (1805-1859). Considéré aux États-Unis comme un critique de la disparition des Indiens, il est aussi perçu comme un admirateur du système américain. Sur l'Algérie, il a écrit trois textes importants, dont deux rapports d'enquête en 1841 et 1847 pour la Chambre des députés. Dès 1837, il prend position pour un maintien en Algérie. Des interprétations polémiques en font un partisan de la « guerre totale » : « Si en Europe on ne brûle pas les moissons, c'est qu'en général on fait la guerre à des gouvernements et non à des peuples... On ne détruira la puissance d'Abd el-Kader qu'en rendant la position des tribus qui adhèrent à lui tellement insupportable qu'elles l'abandonnent. [...] Je crois que le droit de la guerre nous autorise à ravager le pays et que nous devons le faire [...]. Je crois de la plus haute importance de ne laisser subsister ou s'élever aucune ville dans les domaines d'Abd el-Kader... » En sens contraire, on met en avant sa critique de Bugeaud et de l'arbitraire du régime militaire, son souci de ne pas détruire les cadres sociaux, la propriété indigène, l'enseignement, l'organisation religieuse : « Nous avons rendu la société musulmane beaucoup plus misérable, plus désordonnée, plus ignorante et plus barbare qu'elle n'était avant de nous connaître », écrit-il dans son *Rapport sur l'Algérie* (1847). Les querelles de citations tronquées et isolées de leur contexte sont moins intéressantes que la réflexion sur la politique algérienne, la difficulté de concilier guerre de conquête et coexistence de deux populations, où Tocqueville voyait le seul avenir.

Togo Objet de rivalités à cause notamment de la rade naturelle bien protégée et de sa position stratégique favorable à la construction de forts, il passe sous contrôle allemand : Gustav Nachtigal signe un traité de protectorat le 5 juillet 1884 avec Plaku, représentant le « roi » (*Mlapa*) du Togo. Avec la Première Guerre mondiale et la défaite de l'Allemagne, le Togo, comme le Cameroun*, devient un mandat* de type B, attribué à la France. Les élites sont associées à l'administration du territoire. Mais la crise et la pression fiscale suscitent les « événements de 1933 », ou « mouvements des femmes ». Dans le contexte de crise économique, les femmes de Lomé manifestent en effet en janvier contre la hausse excessive des droits sur les places du marché. Après la Seconde Guerre mondiale, la France et l'Angleterre ont l'obligation de favoriser la marche des populations vers l'indépendance, ce qui permet au Togo de se doter d'institutions politiques stables. Les élections organisées par les Nations unies le 27 avril 1958 amènent Sylvanus Olympio au poste de Premier ministre. Il conduit le pays à l'indépendance le 27 avril 1960 et est élu président.

Tombouctou ou Timbouktou Ville mystérieuse et interdite, elle appartient à ces cités mythiques qui ont fasciné les Européens au XIXe siècle. Protégée au sud par des régions difficiles d'accès et au nord par un Sahara* hostile, l'oasis s'est dérobée au regard des explorateurs jusqu'au jour où le major anglais Gordon Laing réussit à y pénétrer, en 1826, avant d'être assassiné par ses guides. René Caillié* y entre le 20 avril 1828 et en ressort déçu : la capitale du Soudan n'est qu'un carrefour du commerce caravanier. Sa conquête deviendra ensuite un objectif majeur pour parachever l'empire africain. La colonne Bonnier, remontant le Niger, l'atteint le 10 janvier 1894 avant de trouver la mort au cours d'un affrontement avec les Touareg*. L'arrivée du détachement de Joffre scelle une occupation définitive, entérinée par la convention du 21 mars 1899. Tombouctou comptait environ 6 000 sédentaires.

Tonkin (ou Bac Ky, Bac Phan ou Bac Bo) Ce terme désigne la région du Viêt Nam* du Nord comprenant le haut Tonkin montagneux – peuplé des minorités ethniques –, et le bas Tonkin, formé par les vallées des affluents du fleuve Rouge, où dominent les Kinh (Viets). Durant la conquête coloniale, le Tonkin a opposé une longue résistance avant d'être intégré à l'Union indochinoise, en 1887. Il est réunifié avec l'Annam* (Centre) et la Cochinchine* (Sud) au sein d'un État souverain (république démocratique du Viêt Nam) en 1945.

torture → guerre d'Algérie et torture

Touareg Ils occupent les massifs du Hoggar, du Tassili des Ajjers, de l'Aïr et de l'Adrar. Pourquoi l'image positive, qui leur attribue des valeurs aristocratiques, chez Duveyrier, Jules Verne et dans le cinéma ? Parce qu'ils sont berbères*, et donc nos cousins, selon la vulgate raciale du XIXe siècle, malgré l'islam. Ils ont formé des confédérations de tribus hiérarchisées où les nobles Kel Rhela au Hoggar et Ogharen aux Ajjers élisaient à vie leur *amenokal* (chef de la confédération) selon une filiation matrilinéaire. Leurs vassaux, Imrads ou Haratins, se chargeaient du quotidien. Ils parlent le tamacheq (ou tamahaq) et utilisent encore aujourd'hui une écriture, le tifinagh. Montés sur leur méhari, armés du javelot et de la *takouba* (épée avec une garde cruciforme), le visage dissimulé derrière leur *litham*, ces guerriers ont été de redoutables combattants. Indépendants, farouches adversaires des Français et de leurs alliés les Chaambas, ils fondaient leur genre de vie sur le *rezzou* (razzia par une troupe armée) et la nomadisation. Les Touareg hoggar et ajjer étaient environ quatre mille en 1900.

→ Sahara

Ahmed Sékou Touré Premier président de la Guinée indépendante (1922-1984). Fils d'Alfa Touré, boucher, et d'Aminata Fadiga, dont la filiation avec l'Almamy Samory Touré* est aujourd'hui établie, il est né dans un milieu de commerçants sarakolé. Titulaire du CEP, après divers métiers, il devient comptable en suivant un enseignement par correspondance, entre dans la Compagnie du Niger français, puis intègre par concours les services financiers des PTT en 1944. Il crée le Syndicat professionnel des agents et sous-agents indigènes des transmissions en Guinée, en 1945, devient secrétaire général de l'Union des syndicats confédérés de Guinée, affilié à la CGT, en 1946, et participe au Congrès constitutif du RDA à Bamako. Secrétaire général du

Parti démocratique de Guinée (PDG) en 1950, il conserve ses responsabilités syndicales, organise des grèves, est brièvement emprisonné puis révoqué au début de 1951. Élu conseiller territorial de Beyla en 1953, maire de Conakry en 1955, député à l'Assemblée nationale française de 1956 à 1958, il est vice-président du Conseil de gouvernement de la Guinée en 1957. Il appelle à voter « non » au référendum de 1958 et mène son pays à l'indépendance. La France lui supprime toute aide. Sékou Touré instaure un régime autocratique et répressif qu'il maintient jusqu'à sa mort, aux États-Unis.

Samory Touré Résistant à la conquête française en Guinée (1830-1900). Né à Manymbaladougou dans la région du bas Konyan, en république de Guinée actuelle, il devient marchand (*dioula*) très jeune, ce qui le fait accéder à la prospérité en vendant de la cola, des esclaves, des armes notamment. En 1850, la capture de sa mère, Masorona Kamara, par le clan des Cissé, l'oblige pour obtenir sa libération à s'engager à leur service pendant « 7 ans, 7 mois et 7 jours » d'après la légende. Il y apprend le maniement des armes et montre ses qualités de stratège militaire. Il réussit à s'enfuir avec sa mère et s'engage dans l'armée des Bérété, un lignage ennemi des Cissé. Samory y reste moins de deux ans avant de retourner chez ses parents. Il constitue une armée qu'il professionnalise avec des structures immuables, confiant à ses seuls parents des responsabilités, équipant ses hommes d'armes à feu acquises auprès des marchands européens ou reproduits par ses habiles forgerons. Les soldats, bien entraînés, sont quelquefois encadrés par d'anciens tirailleurs. Son empire s'étendit de la Guinée au Burkina Faso actuel.

Une autre constance dans ses conquêtes sanglantes fut de conserver les structures politiques des vaincus, Samory préférant lever les tributs et administrer militairement les pays conquis. Ses ambitions hégémoniques dans le Sahel furent contrariées par les Français, dont il voulait se jouer en les opposant aux Anglais. Habile tacticien, il remporte une bataille à Woyowayanko le 2 avril 1882, mais préfère signer des traités avec la France, où il envoie un de ses fils, Karamoko, en 1886.

Par la suite, il doit céder des pans entiers de territoires conquis, sous la pression des avancées françaises, et progresse vers l'est, où il se heurte à des résistances de plus en plus vives, d'autant qu'il islamise de force les populations vaincues. Samory adopte la stratégie de la « terre brûlée » pour échapper aux troupes coloniales. Il est capturé le 29 septembre 1898 par le commandant Gouraud et exilé au Gabon, où il meurt en captivité le 2 juin 1900. Ses cendres sont rapatriées en Guinée le 28 septembre 1968.

tourisme et colonisation Les écrivains, les peintres et les photographes ont fait naître le goût du voyage, facilité par les progrès des transports. Avec l'ouverture de sa gare, Biskra en 1889 est le rendez-vous des peintres des oasis et du Sud algérien. Le Maroc* devient une destination réputée. L'hôtel de la Mamounia à Marrakech est décoré par de grands artistes, tel Majorelle qui dessine aussi des affiches touristiques. La propagande – on pense à Angkor*... – encourage aussi les voyages, les caravanes d'élèves. À l'exotisme* s'ajoute le spectacle de la mise en valeur. Le Centenaire* de l'Algérie en use. Dans le prolongement de ces manifestations, la Compagnie transatlantique publie des affiches alliant la beauté des ruines de Timgad aux réalisations dans la Mitidja. Mais il y a aussi des échecs: au Sahara*, en 1924, le projet Citroën d'une traversée confortable dans des autochenilles, avec des étapes dans des palaces, aboutit à un échec total, qui coûte 15 millions de francs à la compagnie. La sécurité ne peut être assurée totalement et le projet a des allures pharaoniques ruineuses. La Croisière* noire a parmi ses objectifs de masquer cet échec, qui présente une image négative de l'esprit d'entreprise de la marque. Le tourisme qui s'est développé au Sahara est le plus souvent le contraire du Sahara des Sahariens: sable chaud là où dominent les pierres des regs, imaginaire centré sur l'« extra », le beau, à l'opposé de l'ascèse et de la spiritualité vécues par les vrais amoureux du désert.

C'est surtout après la Seconde Guerre mondiale que l'Afrique devient objet de publicité touristique. Un voyage coûte 30 000 francs auparavant, il est donc réservé à de riches sportifs. Les affiches mettent l'accent sur la nature exubérante, les paysages, l'été en hiver, les femmes. Elles s'attachent à montrer le contraste entre la modernité et la tradition: Air France en 1949 met en valeur la force d'un Noir sur une pirogue, avec à ses pieds un fauve capturé, alors qu'en haut de l'affiche un avion traverse le ciel. En Tunisie, dans les années 1950, une jeune femme blonde en maillot de bain, sur une plage de sable, côtoie deux femmes voilées. Le tourisme permet aussi une politique de promotion de l'artisanat d'art non négligeable. Mais c'est après les décolonisations que le tourisme de masse se développe et que les destinations sont de plus en plus lointaines.

Toussaint Louverture Fils d'un Africain originaire du Bénin-Togo, François Dominique Toussaint (1743-1803) a appris un peu de latin et de français, puis à lire et à écrire maladroitement. Affranchi en 1776, il est propriétaire d'une terre de treize hectares et de vingt esclaves. Il participe à l'insurrection de Saint-Domingue d'août 1791 sous les ordres de Georges Biassou. Il rallie la République après l'abolition* de l'esclavage en mai 1794, et la Convention le fait général de brigade. Gouverneur général à vie, seul chef de la colonie, il brise l'opposition des mulâtres et décide d'unifier l'île en occupant la partie espagnole à la tête d'une armée de 40 000 hommes. Il s'oppose au rétablissement de l'esclavage et à l'armée d'Emmanuel Leclerc (époux de Pauline Bonaparte) en 1802 en utilisant une stratégie inspirée par les nègres marrons, faite de guérilla, d'embuscades et de harcèlement de l'ennemi. Arrêté le 7 juin 1802 et enfermé au fort de Joux dans le Jura, il y meurt le 7 avril 1803. Depuis 1998 une plaque à son nom est apposée au Panthéon. Icône de la mémoire anti-esclavagiste, il est difficile à cerner et fait l'objet d'interprétations contrastées: « jacobin noir », révolutionnaire, « révolutionnaire d'Ancien Régime », attaché à bâtir un pouvoir et à assurer la prépondérance des Noirs.

travailleurs, grèves et syndicalisme

Naissance d'un mouvement ouvrier chez les colonisés

La transformation du paysan en ouvrier ne se confond pas avec le processus qui s'est accompli dans les métropoles au XIXe siècle, car la situation coloniale imprime sa marque.

Travail salarié

Pour assurer les grands travaux d'équipement, routes, chemins* de fer, ports, le manque de bras est fréquent avant que la croissance démographique et l'érosion des structures traditionnelles aient créé un immense vivier de travailleurs. Deux sources de main-d'œuvre ont été indispensables: l'immigration* et le travail*forcé, ainsi que des types comme l'engagé*. Au sud du Sahara*, les plantations d'arachide* et de cacao* de Côte d'Ivoire ont embauché dans des « bassins » éloignés, des ethnies différentes. Bien sûr, partout, l'encadrement technique est européen, mais, au Maghreb, une partie du salariat qualifié et même, au début de la colonisation, les manœuvres ont été fournis par des Français et, plus encore, par des Italiens et des Espagnols. En Indochine, les Chinois jouent ce rôle au début de la colonisation.

Ce monde du travail est organisé en fonction de frontières de couleur qui le fractionnent. La fonction publique, les métiers dotés d'un statut, autrement dit privilégiés dans l'océan de précarité colonial – cheminots, ouvriers des arsenaux – se recrutent dans la population française au Maghreb. En dessous, les Européens, Espagnols en Algérie, Italiens en Tunisie fournissent maçons, menuisiers, mécaniciens, mineurs... Ils exercent des fonctions de commandement subalternes, contremaîtres, chefs de travaux, les métiers exigeant un savoir-faire. Le tout corseté dans une stricte inégalité: les traminots de Tunis sont divisés en trois catégories (Français, Italiens et musulmans, car les juifs sont exclus du métier) avec, pour des tâches identiques, des salaires allant du simple au double. Les frontières ethniques sont particulièrement complexes. En Indochine, au distinguo colon-indigène s'ajoutent les différences entre les Chinois, qui forment une partie de l'aristocratie ouvrière, les « habits bleus », et les manœuvres autochtones, les « habits marrons ». Les tensions sont fréquentes entre dockers et mineurs tunisiens et ceux issus des autres régions d'Afrique du Nord, au point que de véritables batailles à la dynamite opposent Tripolitains et Djeridi à Gafsa*.

La condition ouvrière est bien plus dure qu'en Europe. En Indochine, les salaires varient entre 2 à 5 francs contre 60 à 70 francs en métropole en 1936. Le docker est appelé *bouchkara* en arabe, du nom du sac de jute qui lui ceint les reins. Les fléaux sociaux: alcoolisme, drogue, délinquance, font des ravages. Jusqu'en 1926, le travailleur tunisien victime d'accident est censé prouver devant les tribunaux la responsabilité patronale. On imagine mal que, sans ressources, analphabète, il ose même y penser. Le capitalisme joue de sa position à la charnière de deux mondes: celui de la modernité, des sociétés par actions, de la Bourse, et le monde précapitaliste, où il prélève la force de travail. Alors qu'en métropole le patronat a mené une longue lutte pour imposer aux paysans de devenir des mineurs, en colonie, au contraire, il a conservé leur part de « sauvagerie », comme à Gafsa. Il faut ajouter que de son côté le rural fait tout pour échapper au bagne industriel, s'accroche à son lopin, à son terroir, à son douar ou à sa communauté villageoise le plus longtemps possible et ne cherche que des ressources d'appoint dans le travail salarié. En Asie, la figure du coolie (sueur et peine), ou manœuvre, est associée à l'économie de plantation, aux mines et manufactures. Mais c'est peut-être en Afrique que les conditions de travail sont marquées par la violence la plus extrême, celle du travail forcé.

De manière générale, les bas salaires expliquent la faible mécanisation des entreprises et le peu d'intérêt du patronat pour la formation ouvrière, dont les avantages – qualification, régularité – seraient assortis d'un coût considéré le plus souvent comme trop élevé. Et l'impossibilité ou le refus d'appréhender la logique de l'entreprise est une difficulté supplémentaire.

Cependant, les choses commencent à changer à partir du Front populaire, puis à la Libération: l'extension d'une partie de la législation sociale métropolitaine tend à stabiliser les ouvriers. C'est aussi le moment où la déstructuration du vieux monde – accélérée par la crise de 1929 – impose la recherche d'un travail salarié. Le gouvernement Blum* veut intégrer une partie du salariat dans le système, l'éloigner des nationalistes. Des HBM (habitations bon marché) pour indigènes commencent à être construites. En 1952, l'Afrique est dotée d'un Code du travail. Il aura fallu pour cela vaincre une longue résistance de la droite. Et c'est en 1956 seulement que les allocations familiales sont égales pour tous en Nouvelle-Calédonie. Au sein du monde colonisé s'affirme une aristocratie ouvrière dans le secteur moderne: au Sénégal en 1952 (et cela a valeur générale), les salaires de l'industrie sont deux fois plus élevés que ceux de l'agriculture. Le docker syndiqué prend le pas sur l'ancienne aristocratie des artisans de la médina de Tunis. Et le travailleur échappe au sort d'une masse inemployée. Mais c'est le résultat d'une conquête où le syndicalisme, la grève sont déterminants.

Grèves

Dans le mouvement ouvrier, elle sont souvent fondatrices, comme en Europe au XIXe siècle. En l'absence de liberté syndicale et de législation sociale jusqu'en 1936, les manœuvres, encore attachés souvent au monde rural, n'ont pas d'autre moyen que la grève « sauvage », longue, violente, grève-émeute, parfois, comme celles des mineurs un peu partout et celles des dockers, celles de Porto-Novo en 1923 pour négocier avec un patronat qui s'y refuse. Ce sont elles qui imposent un salaire atteignant un minimum vital ou s'en rapprochant. Elles sont l'acte de naissance des groupes de travailleurs, construisent leur mémoire, telle celles des cheminots sénégalais en 1920 et 1926, des dockers de Tunis en 1924, des mineurs des phosphates tunisiens en 1936… Au Maghreb, une poussée de grèves, impulsées par le juin 1936 français, gagne les docks, les mines, voire l'agriculture – et transforme les rapports de forces avec le patronat colonial, qui, sous la pression du gouvernement Blum, doit accepter un train de mesures: un Code du travail en Indochine en 1936, une législation concernant sa durée, les congés payés, les retraites, les allocations familiales, un salaire minimum. Cette transition s'est faite à travers des conflits extrêmement violents, dont le directeur de la mine de M'Dillah en Tunisie donne une idée: « Les délégués ouvriers toujours peu instruits et frustes, ont une mentalité d'enfants. Ils se considèrent comme égaux au résident général… interviennent à tort et à travers dans les conflits… »

À cet égard, l'année 1936 est décisive, en particulier en Indochine et au Maghreb. La grève n'est donc pas seulement l'action d'un groupe déjà constitué, elle est souvent aussi la condition de naissance de ce groupe.

Tirant la leçon de la puissance de cette arme, les mouvements nationalistes utiliseront les grèves comme arme politique en lançant de grands arrêts du travail dans les années 1950 ou durant la guerre* d'Algérie.

Syndicalisme

Dans la situation coloniale, caractérisée par la ségrégation, les syndicats sont parmi les rares organisations intercommunautaires. Les associations de fonctionnaires, cheminots et salariés du secteur public, ont été d'abord le fait des Français, longtemps les seuls à être légalement autorisés à créer et à diriger les syndicats, voire à y adhérer. En Tunisie, les Italiens, maçons et mineurs, ont lancé les premières grèves du début du siècle et créé des associations. La barrière de la couleur, les tensions entre colons et indigènes se retrouvent dans les syndicats. Protectionnisme ouvrier, refus de la mixité, refus de l'égalité des rémunérations ne sont pas rares. Mais cette tendance se heurte aux confédérations métropolitaines, qui ont pris en charge la défense des intérêts des indigènes. Rival du travailleur colonisé, le colon est donc aussi un modèle. Aussi est-ce par rapport à lui que les autochtones élaborent leurs revendications. C'est dans les mêmes organisations qu'ils se forment aux luttes sociales.

Le plus souvent, la première phase de nationalisation du mouvement ouvrier s'est effectuée au sein des syndicats français, lors des années 1936 – au Maghreb et en Indochine –, puis des années 1946-1950. En mars 1937, en A-OF, les travailleurs titulaires du certificat d'études obtiennent le droit syndical ; près de 8 000 Sénégalais en bénéficient, et en 1952 ce droit est étendu à tous pour l'ensemble de l'Afrique noire française par le Code du travail. Émerge ainsi une conscience spécifique, qui ne se confond pas avec l'idéologie nationaliste des élites politiques. Comment comprendre autrement que les Algériens n'aient créé des syndicats concurrents de la CGT et de FO qu'en 1956 ? L'Union marocaine du travail naît seulement à la veille de l'indépendance, en 1955, d'une scission tardive avec la CGT.

Les mouvements revendicatifs ont parfois inquiété l'Administration, qui y a vu un risque de déstabilisation. À Thiès, au Sénégal, en 1938, en Indochine en 1937 et en Tunisie fin 1937, la répression sanglante de trois grandes grèves marque l'échec du gouvernement Blum. Mais l'émergence d'une élite salariée autochtone et le poids acquis par le mouvement ouvrier ont fait de celui-ci un partenaire nécessaire. Dans la logique néocoloniale, les gouvernements de gauche l'ont associé à une politique de modernisation et cherché à l'éloigner des partis. « Syndiquez-vous », appelait le résident général Labonne au Maroc dans les années 1945 pour faire pièce à l'Istiqlal. Souvent ignorantes de la question ouvrière en raison de leur origine et de leur culture, les élites nationalistes se sont montrées mal à l'aise face à cette réalité, qui ne coïncidait pas avec leur volonté de diriger le peuple comme une masse homogène, soumise à un unanimisme national. Les revendications salariales n'épargnent pas les employeurs indigènes, que les emprunts à l'idéologie du mouvement ouvrier français inquiètent. Il est vrai que dans les années 1950 la force dominante est bien le nationalisme : partout, la tendance est à la création de confédérations nationales ou panafricaines comme la CGTA (Confédération générale des travailleurs africains) en 1956 et l'UGTAN (Union générale des travailleurs de l'Afrique noire) en 1957. Cas particulier, en Guinée, c'est le syndicat qui est à l'origine du parti et du pouvoir de Sékou Touré*.

Les relations entre partis et syndicats sont complexes. L'exemple le plus remarquable est tunisien, en raison de sa précocité, puisqu'une Confédération générale des travailleurs tunisiens (CGTT) naît en 1924. Si la répression met fin au mouvement, il a ancré une mémoire ouvrière. Dès 1932, le gouvernement Herriot, sous l'impulsion de Léon Jouhaux*, a institué la liberté syndicale en Tunisie*. En 1936 et 1946, des organisations nationales sont reconstituées. L'importance prise par l'Union générale des travailleurs tunisiens dans les années 1950, sa capacité d'entraînement en ont fait un acteur clef de la décolonisation. Les errements des communistes face à la question coloniale lui ont permis de se poser en champion à la fois de la question sociale et de l'émancipation politique. L'UGTT a bénéficié, dans le cadre de la guerre froide, du soutien de FO et de la Confédération internationale des syndicats libres contre la Fédération syndicale mondiale. Ainsi, Farhat Hached*, son leader, prend-il une dimension africaine et internationale. Son assassinat en 1952 ne parvient pas à juguler le mouvement social. Au contraire, il suscite des affrontements meurtriers jusqu'au Maroc, dans la ville ouvrière qu'est Casablanca*. Il y a là une expression concrète d'un cours ouvrier dans le mouvement national. Cet ensemble de conditions a permis à l'UGTT d'être une pièce maîtresse du bloc historique dirigé par le Néo-Destour, qui conquiert le pouvoir en 1956.

Cependant, au moment des indépendances, le syndicat n'est que la partie – la classe – alors que le nationalisme, qui représente le peuple tout entier, jouit de la légitimité primordiale. Le syndicat demeure donc subordonné au parti. Dans les luttes de pouvoir qui accompagnent la succession d'État, il est étroitement soumis, et les tentatives de travaillisme avortent en Tunisie, où les successeurs de Farhat Hached n'ont pas son poids face à un Bourguiba*. C'est aussi le cas en Algérie, où Ben Bella* fait défenestrer les dirigeants de l'UGTA, lors du Ier congrès de 1963, par des hommes de main censés exprimer la volonté des chômeurs. Le populisme fait pièce ici à l'ouvriérisme. Après la vague de grèves accompagnant les indépendances, le mouvement revendicatif retombe pour une décennie au moins.

Des facteurs sociologiques expliquent la faiblesse structurelle du syndicalisme : le caractère minoritaire du travail salarié et son statut privilégié dans une société déstructurée, où domine le sous-prolétariat. Le syndicalisme, dont une partie des adhérents ont bénéficié largement du *spoil system* rendu possible par le départ des colons ou les retombées pétrolières, se tient à distance des misérables et des émeutes de la faim.

Pour l'Indochine, c'est le modèle kominternien qui s'est imposé : le Parti communiste précède, crée et contrôle le syndicalisme. L'absence de tout droit syndical (que Blum n'ose pas établir) radicalise les luttes ouvrières sous les effets de l'action révolutionnaire et de l'engagement politique. La répression rapide, l'occupation japonaise, la guerre ont contraint les syndicats à la clandestinité et à une soumission accrue au PC.

tribu L'appartenance à ce groupe humain défini par une parenté, un ancêtre fondateur, réel ou imaginaire – d'où en arabe le nom *ben*, ou *ibn*, fils de... –, fonde les solidarités, l'accès aux ressources, les relations d'alliance ou d'opposition avec les autres groupes, selon l'ethnographie du XIXe siècle, qui en fait l'organisation type des sociétés traditionnelles. « Tribalisme », péjoratif, vise les comportements empêchant la formation de l'État moderne, et il est fréquemment utilisé à propos des conflits africains. La colonisation a contribué à rigidifier les appartenances tribales, en les utilisant dans son contrôle des populations et en les opposant.

Trung Trac et Trung Nhi Alors que le pays était placé sous l'administration des Han, les deux sœurs (?-43) ont pris la tête d'une révolte armée et libéré momentanément le Viêt Nam de la tutelle chinoise, lui permettant deux années de fierté et de liberté. La contre-attaque menée par Ma Vien, général chinois, a eu raison de leur résistance. Face à l'ennemi trop puissant, elles se sont donné la mort en se jetant dans la rivière de Hat Giang près de Hanoi. Les deux sœurs Trung représentent l'équivalent vietnamien de Jeanne d'Arc.

Truong Vinh Ky dit Pétrus Ky Intellectuel réformateur indochinois (1837-1898). Fils d'un mandarin converti au catholicisme, les prêtres lui enseignent le chinois et le *quôc-ngu*, puis le latin et le grec. Il apprend aussi l'anglais, l'italien, le portugais, le japonais... Sa réputation de polyglotte attire l'attention de l'administration française. Pris en otage par la France, qui s'est servie de la persécution des catholiques pour sa politique coloniale, et par la monarchie vietnamienne, qui confond défense de l'intégrité du royaume et orthodoxie confucéenne, et devenu un élément incontournable dans le jeu diplomatique, Pétrus Ky tente l'impossible pour garder la distance entre les deux. Il en est de même de la brève période où il assiste Paul Bert* au *Co Mat* (« Conseil secret ») de la cour d'Annam* (1886-1888). À la mort de ce dernier, il retourne à Saigon et y mène une triple carrière de professeur, de journaliste et d'écrivain (ouvrages de traduction, de lexicologie et d'anthropologie). Comme Paulus Cua, il a été un homme relais entre la culture traditionnelle et la culture française.

Philibert Tsiranana Homme politique malgache (1912-1978). Né dans le nord de Madagascar*, d'un milieu paysan plutôt aisé, Tsiranana fait partie des rares Malgaches non originaires de l'Imerina (du pays merina) à avoir achevé le cursus de l'enseignement indigène. Instituteur à vingt ans, il intègre en 1945 le corps des professeurs assistants; au terme d'études à l'école normale de Montpellier, comme boursier, il est promu instituteur du cadre métropolitain, puis nommé professeur de l'enseignement technique à Tananarive. Il entre en politique en 1952 comme conseiller provincial de Majunga, dans le Nord-Ouest. À partir de la mise en œuvre de la loi-cadre*, Tsiranana, fondateur en 1956 du Parti social démocrate (héritier du Parti des déshérités de Madagascar, rival du MDRM, Mouvement démocratique de la rénovation malgache) franchit, avec le soutien de la France, les étapes vers la magistrature suprême: il devient président d'une république membre de la Communauté en 1959 et indépendante en 1960. Trois fois réélu, il tombe en 1972 à la suite d'un mouvement révolutionnaire contre l'État néocolonial et meurt à Tananarive en 1978.

Tunisie

Au temps du protectorat

Le 10 mai 1881, le traité du Bardo scellait le protectorat* français, laissant en place les institutions – bey, ministres, administration régionale –, tout en les doublant de fonctionnaires français – résident général, secrétaire du gouvernement et contrôleurs civils.

La rivalité franco-tunisienne

La Tunisie a été, avec l'Indochine, le banc d'essai d'un système tirant les leçons des erreurs de l'Algérie : pas de politique de peuplement, ou le moins possible, pour contrebalancer une population italienne longtemps plus nombreuse que celle d'origine française, et non pour soumettre les indigènes. Le voisinage de Rome a en effet été une épine dans le pied de la France, et, si elle est écartée en 1881, Mussolini, revendiquant la Tunisie et la Corse, s'efforcera de prendre une revanche. Hitler ne l'a pas soutenu pour ne pas rompre avec Vichy*, mais la Tunisie a été un des théâtres des combats de la Seconde Guerre mondiale. Pour les Alliés, elle est une tête de pont vers la Libye et la base d'un débarquement en Italie et dans le sud de la France. Sa situation stratégique à la charnière des deux Méditerranée lui vaudra un conflit avec la Ve République à Bizerte* en 1961. Hors ces enjeux, le pays n'offre que peu de motifs de rivalités. Ses gisements de phosphate et ses plaines du Tell, les oliveraies du Sahel et de Sfax sont ses seules ressources notables. Elles sont mises au service de sociétés capitalistes, la Société marseillaise de crédit, qui obtient 100 000 hectares à l'Enfida et la Compagnie de Sfax-Gafsa*.

Originalité du nationalisme bourguibiste

L'originalité du pays tient à son nationalisme, à une dynamique politique qui a permis une décolonisation relativement douce. Les intellectuels – les modernistes de la mosquée de la Zitouna* et les produits de Sadiki* – y ont joué un rôle déterminant tout au long de la période. Des associations culturelles, la Khaldounia (du nom d'Ibn Khaldoun, grand penseur de l'histoire des sociétés musulmanes), fondée en 1896, les Anciens de Sadiki (1905) rassemblent les partisans de la Nahda* (Renaissance). Ils s'attachent à la fois à la réforme de leur société et à un aménagement du système colonial, tel Thaalbi*. Les Jeunes* Tunisiens, dirigés par Béchir Sfar et Ali Bach Hamba, publient un journal en langue française, *le Tunisien*. Ils expriment un ensemble de revendications tendant à une association de la population aux bénéfices de la colonisation et cherchent à éviter une dérive du protectorat vers l'administration directe, vers le modèle algérien, auquel poussent les « prépondérants », les représentants de la colonie française. Mais leur stratégie de compromis est mise en difficulté par des émeutes qui éclatent dans le cimetière du Djellaz en 1911, suivies par un long boycott des tramways en 1912. Tenus pour responsables, sept Jeunes Tunisiens sont arrêtés et exilés, les autres renoncent à l'action politique, ou modèrent leurs revendications.

Dans les années 1920, c'est un nouvel échec pour les espoirs d'évolution du système, que le Destour, né en 1919, nourrissait. La répression qui frappe la CGTT en 1924, l'absence de réformes, l'impuissance du Destour et les blocages conservateurs dont Tahar Haddad* est victime pour son plaidoyer en faveur de l'émancipation de la femme entraînent une nouvelle donne avec l'apparition d'une génération elle aussi nouvelle. Le Néo-Destour*, dirigé par Bourguiba*, devient un parti de masse qui affronte la France en transformant le rapport de forces sur le terrain et à travers l'action diplomatique. Ni la politique du gros bâton de Peyrouton*, de l'amiral Esteva, de Mons, de Hautecloque, ni les demi-mesures du Front populaire ou de la Libération n'apportent de solution, alors que les aspirations nationales grandissent. Le lobby colonial, appuyé sur la haute administration et le Quai d'Orsay, s'engage dans une spirale répressive au moment où l'édifice impérial est ébranlé. Au fil de ces échecs, la cour beylicale a perdu son prestige, les notables tunisois ont été supplantés par des militants beaucoup plus dynamiques, la Zitouna s'est enfermée dans une défense identitaire, laissant le monopole de la modernité au Néo-Destour: la vieille Tunisie n'a plus guère d'avenir. Les choses se nouent quand Diên* Biên Phu rend impossible l'immobilisme de la part de la France.

Une décolonisation réussie

Le salut viendra d'un compromis entre les élites modernistes sadikiennes et une gauche française qui peut y voir une de ses rares réussites. Mendès* France a dit cette affinité: « Le degré d'évolution auquel est parvenu le peuple tunisien – dont nous avons lieu de nous réjouir d'autant plus que nous y avons largement contribué –, la valeur remarquable de ses élites justifient que le peuple soit appelé à gérer ses affaires. » Et, à la différence de l'Algérie, les religieux sont écartés du pouvoir et même de toute sanctification de la nation au nom de l'islam. C'est aussi un tour de force d'avoir tenu en bride le nationalisme arabe et écarté l'ombre d'un Nasser pourtant au faîte de sa gloire. Cela tient beaucoup au charisme de Bourguiba*. Mais il faut souligner l'importance du syndicalisme, de son leader Farhat Hached*, formé lui au sein du réformisme de la CGT puis de FO. Il fait de l'UGTT, fondée en 1945, le fer de lance du mouvement national. Le Parti communiste tunisien, entravé par la « ligne » du PCF, lui abandonne le terrain. Hached, mal vu par la FSM (Fédération syndicale mondiale), proche des PC, trouve un accueil très efficace dans la CISL (Confédération internationale des syndicats libres). L'appui des syndicats américains lui offre une tribune mondiale. Plus que le Néo-Destour, l'UGTT, avec ses grèves générales, ébranle l'ordre colonial. Cette modération paie. En 1952, le Conseil de sécurité de l'ONU* est majoritairement contre la France, qui se livre à une politique de répression la mettant en situation d'accusée. L'assassinat du syndicaliste augmente encore son prestige.

C'est ce capital politique que l'UGTT apporte à Bourguiba dans ce qu'on peut appeler le bloc historique des forces modernes contre les éléments conservateurs de la vieille Tunisie – palais beylical, Zitouna, notables tunisois, régions et catégories attardées d'autant plus attachées au conservatisme du vieux monde qu'elles seront en situation subordonnée dans le nouveau. En 1955, la Tunisie bénéficie de l'autonomie interne, étape vers une indépendance proche. Dans cette conjoncture, c'est encore l'UGTT qui peut contrôler la violence populaire. Elle évite un débordement par le phénomène dit fellagha : ses dirigeants obtiennent l'arrêt de la lutte armée dans le Sud tunisien, où Salah Ben Youssef – le chef de la coalition des mécontents, principal rival de Bourguiba – est influent. Le 20 mars 1956, c'est l'indépendance. Le bey sera remplacé par une république le 25 juillet 1957, l'aristocratie provenant de l'Empire ottoman par une classe moyenne provinciale qui promet que son ascension sera le destin de tous. Bourguiba place son pays dans la mouvance occidentale, dévoile publiquement les femmes, fait adopter un Code de la famille sans équivalent ailleurs. Il est resté longtemps dans les manuels d'histoire français pour cela.

U

UDMA Fondée en 1945 par Abbas*, elle préconise une République algérienne autonome, associée à la République française. L'Union démocratique du manifeste algérien, qui perd rapidement de l'influence sous la pression coloniale et celle des nationalistes radicaux, est dissoute en 1956.

UNEF Créée en 1907, l'Union nationale des étudiants de France reste longtemps – comme la majorité des étudiants – très à droite. Les choses changent quand la charte de Grenoble, en 1946, adopte la formule « jeunes travailleurs intellectuels ». La Mutuelle nationale des étudiants de France, MNEF, est créée en 1948. C'est surtout la démocratisation de l'enseignement supérieur et l'accès de couches nouvelles à l'université qui entraînent une transformation sociologique et culturelle du monde étudiant. Au prix d'une dure bataille, y compris physique, contre l'extrême droite (Jeune Nation en particulier), l'UNEF est conquise par la gauche, et à partir de 1956 les anticolonialistes y sont majoritaires. Elle renoue en 1960 avec l'Union des étudiants algériens, l'UGEMA, et organise les grandes manifestations contre la guerre* d'Algérie, débordant le PC. C'est que sa direction est pressée par la menace pesant sur les sursis des étudiants, ainsi que par la radicalisation anticolonialiste et l'influence des réseaux Jeanson et Curiel*. Pour les militants de l'UNEF, des mouvements chrétiens et ceux de l'UEC (Union des étudiants communistes), la guerre d'Algérie a été la découverte du poids politique de la jeunesse et des intellectuels, qui, avec la crise de la gauche républicaine, annonce mai 68.

Union des populations camerounaises Créée en avril 1948 à Douala, elle devient section camerounaise du Rassemblement* démocratique africain, alors lié au PC, ce qui la désigne comme un adversaire de l'administration. Elle poursuit un triple objectif : l'unification, l'indépendance et le changement des relations avec la France. Ruben Um Nyobé, son secrétaire général, tente d'en faire un parti de masse, implanté dans tout le pays. Surtout présent dans le Sud-Ouest, il recrute des militants et des sympathisants dans toutes les régions, même si le Nord musulman est peu touché. En octobre 1950, l'UPC rompt avec la ligne majoritaire modérée du RDA. Se heurtant à l'opposition de l'administration, le parti échoue aux élections en 1951 et 1952. En mai 1955, des émeutes imputées à l'UPC éclatent dans tout le pays, entraînant son interdiction. Celle-ci est suivie en juillet de son exclusion du RDA et de son passage à la clandestinité. En décembre 1956, l'UPC s'engage dans la lutte armée mais ne peut implanter de maquis en dehors de la Sanaga maritime. Um Nyobé est tué par une patrouille française en septembre 1958. Son successeur, Félix Moumié, est assassiné à Genève en 1960. Le ralliement d'une partie des militants au nouveau gouvernement camerounais, dirigé par A. Ahidjo, provoque une scission. La lutte armée se poursuit jusqu'en 1962 en pays bamiléké mais elle s'effondre sous les coups de l'armée française sans pour autant entraîner la disparition définitive du parti.

Assemblée de l'Union française Prévue par le titre VIII de la Constitution française, l'AUF se réunit de fin 1947 à 1958. Elle est censée participer à la nouvelle politique à l'égard des colonies devenues DOM* ou TOM et des territoires et pays qui souhaitent s'associer à elle (les protectorats exclus). Composée de représentants des DOM-TOM et des États associés et en nombre égal de membres élus par l'Assemblée nationale et le Conseil de la République, elle devait être consultée pour les projets relatifs à l'Union française (UF). Ses membres pouvaient transmettre des résolutions à l'Assemblée nationale et faire des propositions au gouvernement et au Haut Conseil de l'UF. Y siégèrent par exemple R. Barbé pour le PCF, C.-A. Julien* pour la SFIO, J. Foccart* pour le RPF, et elle eut pour présidents le MRP Daniel Boisdon (1947-1950), l'indépendant Jacques Fourcade (1950-1951) et le radical Albert Sarraut* (1951-1958). Comme l'Union française, l'AUF est une construction complexe (composée de pays ayant huit statuts différents) et ambiguë. Le discours généreux (lutte contre les discriminations) prône l'association et promet des évolutions. En réalité, les limites sont vite atteintes.

L'AUF a été victime des gouvernements qui n'ont pas voulu lui donner l'importance qu'elle souhaitait, de la guerre froide qui freinait les audaces réformatrices (en 1951, l'AUF rejette le principe du collège unique, ce qui maintient les représentations séparées et inégales des colons et des colonisés) et enfin des contradictions de la Constitution, qui affirmait: « La France forme avec les peuples d'outre-mer une Union fondée sur l'égalité des droits et des devoirs, sans distinction de race ni de religion. L'Union française est composée de nations et de peuples qui mettent en commun ou coordonnent leurs ressources et leurs efforts pour développer leurs civilisations respectives, accroître leur bien-être et assurer leur sécurité. Fidèle à sa mission traditionnelle, la France entend conduire les peuples dont elle a pris la charge à la liberté de s'administrer eux-mêmes et de gérer démocratiquement leurs propres affaires. » Si elle propose de conduire les peuples « par étapes » vers la liberté de s'administrer, l'autonomie ne sera pas de caractère politique. « Dans les TOM, il ne saurait être question de reconnaître aux assemblées une fonction législative », écrit Daniel Boisdon en 1949. La loi-cadre* ne modifie pas sensiblement cette approche. Vers la fin de la IVe République, des projets de réforme envisagent l'évolution de l'Union française sous la forme d'une confédération (L. S. Senghor*) ou appellent à la « repenser ».

Ismayl Urbain Saint-simonien, conseiller pour le royaume arabe de Napoléon III (1812-1882).Son influence politique a été certaine. Enfant naturel, métis descendant d'esclaves par sa mère, non reconnu par son père, il trouve dans le saint-simonisme un itinéraire dépassant cette condition, faisant de lui le témoin de l'alliance des races. Avec Gustave d'Eichtal, il échange une longue correspondance sur la race noire et les préjugés. Lors du voyage d'Égypte avec Enfantin, il se convertit à l'islam, pour associer les deux croyances. « La communion du musulman et du chrétien, voilà ce que je réalise en moi. C'est un témoignage que je rends à Moïse, apôtre de Dieu, c'est un nouveau témoignage d'amour pour le Père car tous les prophètes et tous les révélateurs vivent en lui. C'est une réhabilitation sainte du renégat, de l'apostat... Voici que j'ai déjà pris sur moi et avec moi les bâtards, les esclaves, les Noirs, puis les musulmans, les renégats. » Sa carrière se déroule en Algérie comme interprète auprès de Bugeaud*, du duc d'Aumale*... Il analyse avec lucidité le drame de la conquête, toujours « l'épée dans le fourreau ». Son intelligence et sa connaissance de l'islam font qu'il participe au Conseil consultatif affecté au gouvernement général. Il est le mentor de la politique arabe de Napoléon III*, de l'idée de « royaume* arabe ». Marié à une musulmane, très marginal dans la société coloniale, il publie *l'Algérie pour les Algériens* (1861), *l'Algérie française, indigènes et immigrants* (1862) et de nombreux articles sur l'islam. Abd el-Kader le reçoit à dîner avec l'ambassadeur ottoman à Paris et les frères Pereire, banquiers et saint-simoniens. Son rôle a été beaucoup plus important que celui du père Enfantin, dont *la Colonisation de l'Algérie* en 1843 n'est pas publié par le ministère de la Guerre pour son hétérodoxie. Père d'une jeune fille déchirée entre les deux civilisations, il a du mal à faire face aux problèmes de sa vie personnelle et, détesté par les civils, qui voient en lui un défenseur des indigènes contre leurs appétits, il doit fuir l'Algérie en 1870. C'est « lui qui le premier a mis en plein jour cette formidable question indigène », dit Masqueray*, autre observateur lucide de la politique algérienne. Enterré à Alger, ce passeur de rives n'a aucune rue à son nom.

urbanisation

Diversité de la ville coloniale

Si la ville n'est pas une création de la colonisation, elle se développe avec la colonisation, par les migrations, les fonctions nouvelles. Elle le fait dans des conditions très différentes selon les périodes (l'urbanisme de Casablanca n'est plus celui d'Alger) et en fonction de la société indigène, chacune ayant élaboré un modèle de ville, ce qui a induit une grande diversité.

Maghreb

Dans les sociétés musulmanes, dès l'origine, la ville est au cœur de la civilisation. Aussi est-elle au centre du choc colonial. Les Européens d'Afrique du Nord cultivent le stéréotype d'un islam réfractaire aux villes, oubliant les créations de Kairouan ou Fès, et ne retiennent que les villes romaines, ressuscitées par la France. Lors du Centenaire* de 1930, la cantate officielle insiste sur les ruines latines où broutent les chevaux des Bédouins, les constructions arabes n'étant que le résultat du pillage des cités antiques. En réaction, la population algérienne voit dans la ville française un lieu de perdition ou de luxe à conquérir. La littérature des années 1950 en fait un thème central, façon d'exprimer le drame d'une société définitivement déruralisée sans avoir pu s'urbaniser jusqu'à l'éviction des colons. En fait, les Français ont beaucoup détruit la ville musulmane d'Alger* et transporté leur modèle de ville. Tunis, où les entrepreneurs italiens ont longtemps dominé, manque de hauteur et de grandeur. Inspiré par des urbanistes de talent, tel Henri Prost, Lyautey* a donné toute sa mesure au Maroc. « Ce qui m'embête, voyez-vous, c'est que je ne bâtirai plus de ville » : cette phrase dit sa passion, celle d'un esprit moderne, d'un despote éclairé. C'est lui qui tranche en faveur de Rabat comme capitale contre Fès. Il décide aussi de ne pas toucher à la médina* et de construire en face une autre ville. C'est au point que les dictionnaires font de cette juxtaposition l'essence de la ville maghrébine. À Fès et Rabat ont été mis en œuvre les grands principes lyautéens, pour préserver la médina en l'assainissant, en lui maintenant ses élites, en l'isolant. Le souci est à la fois hygiéniste – à une époque où les enquêtes sanitaires cernent les foyers de risques microbiens –, esthétique et despotique pour circonscrire le danger d'insurrections possibles. Dès novembre 1912, un service des Beaux-Arts et des Monuments historiques protège la médina, appuyé par une législation sauvegardant les bâtiments et contrôlant toute intrusion européenne... Il faut faire grand pour la « ville neuve ». Très directif, Lyautey limite à Casablanca* la spéculation qui sévit ailleurs. Régénérer la cité en rénovant l'artisanat, en créant des structures de gestion ouvertes aux grandes familles : ce deuxième objectif ne peut que freiner une évolution irréversible. À partir des années 1930, la médina se dégrade en raison de son appauvrissement, de celui de ses élites ou de leur abandon ; elle subit la pression démographique, se peuple de miséreux. Elle fait peur aussi, telle la casbah d'Alger. Avec un succès inégal, la ville européenne incarne la colonisation, sa richesse, sa puissance, concentre une grande partie de la population française. À la fin de la période, le phénomène nouveau est aussi et surtout le développement d'une troisième ville, pseudo-ville à la périphérie des deux autres, le bidonville*.

Afrique noire

La population en Afrique noire se modifie. Alors qu'elle était formée de ruraux pour près de 90 % jusqu'en 1945, la progression de la population urbaine ne cesse de s'accélérer, avec des différences selon les territoires, l'indépendance ne constituant pas une rupture dans ce domaine. Les villes précoloniales subissent une véritable « sélection » dès le début du XXe siècle, ne survivant que lorsqu'elles répondent aux besoins de la colonisation. Pour les mêmes raisons, de nouvelles agglomérations sont créées. La population urbaine se développe grâce à l'exode rural au profit des capitales politiques et/ou économiques, des grandes villes portuaires et des grands nœuds de communication ; la natalité ne joue un rôle significatif qu'à la fin du siècle. En 1956, Dakar, la ville la plus peuplée de l'A-OF, avait 300 000 habitants – elle en aura 1,6 million en 1990 – ; dans le même temps, Abidjan passe de 128 000 habitants à 2,2 millions. Les agglomérations importantes possédent toutes un centre administratif et économique, des quartiers résidentiels occupés par des Européens, des quartiers africains et parfois, en bordure, des zones d'habitation précaire. La différenciation sociale recouvre en fait une ségrégation raciale. Mongo Beti a choisi pour titre d'un livre en 1954 *la Ville cruelle*.

Indochine

Les pays d'Indochine ont eu leurs villes dans un passé prestigieux, Angkor* pour ne citer qu'elle, dont les ruines grandioses découvertes par l'expédition

Doudart de Lagrée sont le témoin le plus célèbre. Au Viêt Nam, les villes – sur le modèle des villes chinoises – étaient avant tout le siège du pouvoir impérial et bureaucratique (Thanh Long/Hanoi et Phu Xuan/Huê). Des ports comme Ben Nghe et Hoi An étaient intégrés dans les réseaux d'échange de la mer de Chine de Batavia à Formose, Canton, Manille, Bangkok. Comme ailleurs, la colonisation accélère le développement des villes. Surtout, après la Première Guerre mondiale, Saigon et Haiphong deviennent des ports commerciaux et industriels de grande envergure tandis que la puissance colonisatrice revitalise l'ancienne capitale, Thanh Long, en en faisant le siège du gouvernement général de l'Indochine en même temps que le centre intellectuel et artistique de l'Union indochinoise (musée, université, imprimeries, journaux). Avec un programme ambitieux d'urbanisme, Ernest Hébrard, prix de Rome, comme Prost au Maroc, privilégie un style « indochinois » à Hanoi et préserve l'habitat indigène (le Hanoi des trente-six rues correspondant aux métiers) contre les partisans de la table rase et de l'européanisation totale.

En fait, les villes ou les quartiers correspondent partout aux hiérarchies sociales et ethniques. Cholon, où les Chinois sont majoritaires, est la ville la plus homogène. Mais, en 1940, 70 % des habitants de Saigon-Cholon vivent encore dans des quartiers de paillotes, avec le manque de confort, la promiscuité et son lot de maladies et de fléaux (incendies ou inondations).

utopie Thomas More la place dans l'île à laquelle il donne ce nom en 1516. Par les voyages, par l'installation outre mer de phalanstères, des cités idéales ou communautés, l'utopie croise la colonisation. Un des classiques du genre au XVIIIe siècle est Diderot dans Supplément aux voyages de Bougainville. Sébastien Mercier crée en 1770 le monde post-esclavagiste dans l'*An 2440*. Inspiré par Sébastien Mercier, Diderot dans *l'Histoire des deux Indes*, s'écrie : « Où est-il ce grand homme que la nature doit à ses enfants vexés, opprimés, tourmentés ? Où est-il ? Il paraîtra, n'en doutons point, il se montrera, il lèvera l'étendard de la liberté… L'ancien monde joindra ses applaudissements au nouveau. Partout, on bénira le nom du héros qui aura rétabli les droits de l'espèce humaine, partout on érigera des trophées à sa gloire. » Les saint-simoniens* cherchent la Mère en Orient et une terre promise en Abyssinie. Une partie de la famille Reclus* a créé en Algérie* une petite communauté d'esprit libertaire. Un exemple de communautés idéales qui n'ont guère vécu le plus souvent.

V

la vahiné dans l'imaginaire Louis Antoine de Bougainville découvre en 1768 une île qu'il baptise la Nouvelle Cythère : les femmes y « sont les rivales des Géorgiennes en beauté et les sœurs des Grâces toutes nues ». Dans son récit *Bougainville et ses compagnons autour du monde*, il dit son émerveillement devant ces « nymphes nues » et s'étonne que les Polynésiens invitent les marins à en choisir une et à la « suivre à terre ». Diderot y fait écho dans son *Supplément au voyage de Bougainville*. La femme polynésienne est présentée comme vouée au plaisir, sans compagnon attitré et jaloux. La vahiné, c'est d'abord la danse – l'*upa* – et la volupté : elle tresse des colliers, se parfume et se pare de fleurs. Dans un Occident qu'enserre un maillage moral et sexiste contraignant, elle offre une échappée belle.

La vahiné aura son « look » dans la mode européenne. La chemise d'abord, chemise *aloha* – dont les motifs reprennent ceux du *tapa* (tissu traditionnel hawaïen d'écorce battue) –, qui est créée dans un but commercial par Ellery Chun en 1936. Elvis Presley la rend célèbre dans *Blue Hawaï* (1963), ainsi que d'autres acteurs comme Montgomery Clift. Le collier de fleurs, qui est le symbole de l'accueil polynésien, est inséparable de la vahiné. Tout cela se retrouve dans la carte postale, qui lui consacre un grand nombre de reproductions. Elle fait l'objet d'une littérature aussi variée qu'importante.

La chanson lui donne une place considérable. La vogue commence aux États-Unis dans les années 1920 avec un grand succès commercial, *Ukulele Lady*, créé en 1925 par Gus Khan sur une musique de Richard A. Whiting. En France, Henri Kubnik chante en 1946 *Talimao*. « Une fleur sur l'oreille/ Une guirlande et rien en d'sous/ Elle courait/ Offrant son corps/ Au premier qui en voulait. » En 1962 encore, *le Petit Journal des petites filles de Modes et Travaux* proposait des modèles de poupées tahitiennes dont la fabrication avait été lancée par une société allemande, August Luge and Company, de Sonneberg, dans les années 1930.

Le cinéma* s'empare de la vahiné. *Moana,* de Robert Joseph Flaherty, tourné en 1926, est considéré comme le précurseur des documentaires. Les films de fiction ont pour thème un pays féerique et l'amour, comme en témoigne *Tabou. A Story of South Seas,* de Murnau, diffusé en 1931, l'année de l'Exposition coloniale.

La littérature ne pouvait manquer de s'intéresser au thème, et les magazines pour enfants *Fillette* ou *la Semaine de Suzette* en font une abondante consommation. Avec Lautréamont, on retrouve le thème dans *les Chants de Maldoror.* Gauguin*, à qui on attribue une des premières utilisations du mot vahiné dans *Noa Noa,* va lui faire faire le tour du monde avec sa peinture. En réaction à ces mirages de l'exotisme, Lévi-Strauss* publiera *Tristes Tropiques.* La vahiné reste, aujourd'hui, comme le « mythe du bon sauvage », l'image du paradis perdu.

Alexandre Varenne Homme politique (1870-1947). Avocat, puis journaliste à Paris (*la Volonté*, *la Lanterne* puis *l'Humanité*...), il est élu député du Puy-de-Dôme. C'est un des rares socialistes, avec Moutet*, spécialiste des questions coloniales. Nommé gouverneur général de l'Indochine en juillet 1925, face aux nationalistes et au rapprochement (très temporaire !), en Chine, du Guomindang et du Komintern, il souhaite associer les colonisés à la gestion. Après avoir évoqué une indépendance future dans son discours inaugural de décembre 1925, il se borne à une réforme des conseils consultatifs indigènes et à ouvrir plus largement l'accès à la fonction publique. Il obtient également une loi libérale sur l'admission à la nationalité française des métis et met en place des mesures scolaires, sociales (contrôle des crédits usuraires, restriction de l'octroi de concessions, création d'une Inspection du travail), sanitaires (vaccination, épuration des eaux, réseau médical) et économiques (hydraulique agricole, réseau ferré). Sa réforme fiscale (création d'un impôt sur le revenu pour les Européens, taxe à l'importation) permet un assainissement des finances de la colonie, mais suscite des campagnes hostiles, relayées en métropole par les partis de droite. Il ne sera pas reconduit dans ses fonctions après la victoire de Poincaré en 1928. De nouveau député du Puy-de-Dôme (1928-1936), puis délégué du Tonkin au Conseil supérieur des Colonies (1936), il continue à intervenir dans la politique asiatique à la commission des Affaires étrangères de la Chambre des députés, puis par ses contacts avec le Guomindang. Sous l'Occupation, il protestera à plusieurs reprises contre la politique menée par Vichy* en Indochine et s'exprimera à l'occasion de la conférence de Fontainebleau en 1946.

vaudou ou vodou Il est implanté en Afrique, surtout au Dahomey et au Togo actuels. Culte des forces naturelles et des ancêtres comme les autres religions africaines, il s'est transformé dans les sociétés esclavagistes du Brésil et des Antilles. De manière syncrétique avec le christianisme, il est devenu un refuge identitaire – comme le créole* – pour les esclaves. Son panthéon mythologique s'accompagne de rites, sacrifices et offrandes dont l'accomplissement est la transe. Il permet de situer l'individu dans sa société et dans un ordre du monde, ce qui explique qu'il n'ait pas disparu, contrairement à ce qu'on attendait et espérait souvent.

René Vautier Cinéaste engagé né en 1928, anticolonialiste, résistant, il réalise en 1951 *Afrique 50* (interdit jusqu'en 1990), où il dénonce l'exploitation de la main-d'œuvre indigène. Dès 1954, il récidive et réalise un documentaire sur la conquête de l'Algérie. *Une nation l'Algérie* sera censuré pour une phrase du commentaire: «Si l'Algérie a été indépendante, elle le redeviendra certainement.» Fin 1956, il part pour l'Algérie et fait partie des rares cinéastes français à tourner dans les maquis de l'Armée de libération nationale et en tire *Algérie en flammes*. Il est arrêté en 1958 sur l'ordre de la direction du FLN* et passe vingt-cinq mois dans une prison en Tunisie, premier signe du pouvoir autoritaire qui se met en place lors de la guerre. Après l'indépendance, jusqu'en 1966, il participe cependant à la création du Centre audiovisuel d'Alger. De retour en France, il réalise *Avoir vingt ans dans les Aurès* (1972), dont le scénario s'inspire de témoignages d'appelés de la guerre* d'Algérie.

la Vénus hottentote («Saartjie Baartman») Elle serait née en 1789 dans l'ethnie des Khoi Khoi d'Afrique du Sud. Employée chez un fermier hollandais, elle est remarquée par un médecin britannique qui l'emmène à Londres en 1810. Elle est cédée à un imprésario qui l'exhibe en raison de deux traits de son anatomie: une stéatopygie marquée (accumulation de tissus graisseux sur les fesses) et le «tablier hottentot» (élongation des lèvres inférieures, ou macronymphie). Elle erre de cirque en cirque avant d'être revendue à un marchand français. À Paris, elle est montrée sur les scènes de music-hall et les foires. Elle meurt en 1815 à vingt-cinq ans de la tuberculose. Moulé, disséqué par Cuvier (son cerveau et ses organes sexuels seront conservés dans des bocaux) son corps sera exposé jusqu'en 1974. En 1994, l'ethnie khoisan réclame ses restes et la loi du 6 mars 2002 la restitue à son peuple.

Jules Verne Écrivain, auteur du « roman de la science » et de l'expansion occidentale (1828-1905). Il a été couvert d'éloges par Lyautey*, « parce que depuis vingt ans, les peuples qui marchent ne font que du Jules Verne ». L'expansion occidentale est en effet un des thèmes majeurs des *Voyages extraordinaires*. Survoler l'Afrique* en ballon, faire pénétrer la Méditerranée* au cœur du Sahara*, voyager au fond de la terre, à 20 000 lieues sous les mers ou dans l'espace, tout cela relève d'une seule et même passion. Servis par la précision et la profusion des descriptions, les livres de Jules Verne renvoient aux grands archétypes (voyages initiatiques, passages...) et aux grands mythes fondateurs de la modernité. Ils nourrissent une inébranlable croyance dans la supériorité de l'homme européen, dans la grandeur de sa mission universelle, et ont contribué à en intégrer dans notre culture la face coloniale. Quelle que soit la sympathie que suscite le personnage du capitaine Nemo (le fait qu'il s'agit d'un Indien, donc d'un Aryen, n'y est pas pour rien), il est inéluctablement condamné pour avoir cherché à s'opposer à la civilisation, qui « ne recule jamais ». Au demeurant, la plupart des ennemis de l'Occident ne bénéficient pas d'une telle bienveillance, et l'islam en particulier suscite une violente répulsion. *Michel Strogoff* est confronté au sadisme des Tatars. Dans *Mathias Sandorf*, les « Aissassouas au dernier degré de l'exaltation religieuse et de l'ivresse alcoolique, la face stupeuse, les yeux hors des orbites, broyant du bois, mâchant du fer, se tailladaient la peau, jonglant avec des charbons ardents, s'enroulant de longs serpents qui les mordent aux poignets, aux joues, aux lèvres, et auxquels ils rendent la pareille en dévorant leur queue sanglante ». Si proches de notre race que soient les Touareg*, leur fanatisme en fait des ennemis, que *l'Invasion de la mer* fait disparaître en les noyant. Jules Verne a eu beaucoup d'émules dans la littérature de jeunesse.

vêtement Protection contre la nature ou de la pudeur, parure, il est devenu avec la colonisation un marqueur identitaire très fort. En A-OF, une réglementation datant du début du XXe siècle condamne la nudité au nom de l'hygiène et de la santé. Comment s'habiller, se demande toute une littérature, en fonction de l'acclimatation nécessaire et du maintien de la supériorité du Blanc et de la Blanche ? Le casque colonial est dans les esprits plus encore que sur la tête. Et le comble est que l'Africain l'adopte. Car le vêtement européen suscite des emprunts : à Madagascar, le « lamba », qui couvrait hommes et femmes, vivants et morts, le cède en ville au modèle du colon. Jacques Berque constatait qu'au Maghreb le changement se faisait d'abord aux pieds, et beaucoup plus difficilement sur la tête : le « vieux turban » s'oppose au fez, que porte le jeune* musulman. Partout le complet veston devient l'uniforme des élites évoluées, alors que les dockers de Tunis, signe de la dégradation de leur condition, sont appelés les « hommes au sac », du nom de l'oripeau qui ceint leurs reins. Les femmes, elles, restent longtemps en retrait, ce qui ne signifie pas dans l'immobilité, car les boubous africains, qui étaient au demeurant différents d'une société à l'autre, se transforment. Les religieuses couvrent le corps* des enfants africaines et donnent des cours de couture, rassemblent les jeunes filles dans des ouvroirs. En Afrique du Nord, la cité voile les femmes musulmanes, qui ne sont pas voilées à la campagne. Une histoire du vêtement serait utile qui raconterait aussi comment aujourd'hui l'Occident cultive la « mode ethnique ».

le régime de Vichy Le régime de Vichy conserve l'essentiel des colonies françaises entre juillet 1940 et novembre 1942. Pendant ces deux années, il entretient une relation forte avec l'outre-mer, dans lequel il voit non seulement un moyen de régénérer une métropole vaincue mais aussi une carte maîtresse dans ses relations avec l'Allemagne. Cette place explique la volonté de défendre l'empire contre toute agression, prioritairement contre les Anglo-gaullistes, comme à Dakar, en septembre 1940. Elle est aussi à l'origine d'un effort de propagande sans précédent, érigeant les colonies en « mythe consolateur » pour une opinion publique métropolitaine jusqu'alors peu intéressée. Sa politique coloniale présente une double image. Elle se veut rénovatrice, engageant une réflexion sur la refonte des liens institutionnels entre la France et son outre-mer, envisageant une intégration organique mais aussi une citoyenneté d'empire, un sénat, thèmes que les Constituants de 1946 reprendront. Dans le domaine économique, Vichy est contraint au changement en raison du blocus imposé par les Britanniques, qui rend nécessaire un premier pas timide vers l'industrialisation. Il s'agit de la concrétisation d'une réflexion déjà amorcée avant la guerre qui remet l'État au centre de la stratégie de mise en valeur.

Mais Vichy est aussi synonyme d'un retour en arrière et d'abord d'une mise en cause des valeurs de la République et des acquis du Front populaire. L'ordre, l'autorité, la hiérarchie redeviennent les axes essentiels au service d'une vision passéiste des sociétés colonisées qui voit les élites traditionnelles appelées à jouer un rôle plus important. La législation antisémite métropolitaine connaît une application rigoureuse, notamment en Algérie, où le décret Crémieux est abrogé. Cependant, en dépit de ses efforts, Vichy est incapable de défendre avec succès l'empire au Levant dès juillet 1941 puis à Madagascar, en Afrique du Nord et aux Antilles, alors que l'Indochine vivait depuis l'été 1940 sous un fragile condominium franco-japonais. De même, sa politique économique ne parvient pas à enrayer l'asphyxie des territoires, qui entraîne une profonde dégradation de vie chez les colonisés. Ce phénomène, associé à un racisme toujours plus présent et à un ordre plus brutal et exigeant qu'auparavant, approfondit chez les indigènes un désenchantement qui accélère le processus de décolonisation.

Pierre Vidal-Naquet Historien, militant anticolonialiste (1930-2006). En 1958, *l'Affaire Audin* sort aux éditions de Minuit. Soucieux de s'inscrire dans une défense des valeurs de justice bafouées par l'armée, s'inspirant explicitement du *Preuves* de Jaurès*, son auteur, un jeune spécialiste de la Grèce antique, enseigne à l'université de Caen. Touché par le sort de Maurice Audin, militant communiste et assistant de mathématiques à l'université d'Alger, disparu entre les mains des parachutistes, qui prétendent qu'il s'est évadé, l'historien met sa méthode historique au service de l'analyse du dossier et démontre le mensonge. Son engagement ne désarmera pas. Devenu un des plus grands antiquisants français, il affine sans cesse sa connaissance de l'affaire Audin et continue à lutter contre la raison d'État, qui voudrait, notamment, faire oublier les crimes de l'armée. C'est ainsi qu'il signe en octobre 2000 un appel demandant au chef de l'État et au Premier ministre de condamner la torture entreprise au nom de la France durant la guerre* d'Algérie. Une petite place Maurice-Audin a été inaugurée en 2005 près du Collège de France.

Viêt-minh Du 15 au 19 mai 1941, Nguyen Ai Quoc (Hô* Chi Minh), venu de Chine, réunit le 8e plénum du comité central du PCI aux environs de Cao Bang (haut Tonkin) pour fonder le *Viêt Nam Doc Lap Dong Ming Hoi*, Ligue pour l'indépendance du Viêt Nam (en abrégé, Viêt-minh). Il s'agit donc d'un front dont le but est l'indépendance nationale. Cette stratégie, conforme à celle du Komintern lorsque le monde entre dans la Seconde Guerre mondiale, est imposée au PC chinois sous le dénomination « front uni antijaponais » et sera généralisée dans les partis communistes européens en résistance contre les occupations nazie et fasciste. Le Parti* communiste indochinois fait passer au second plan la lutte des classes pour rassembler tous les patriotes anticolonialistes en s'assurant toutefois l'hégémonie dans ce front national. En 1951, le Viêt-minh sera fondu dans une autre organisation frontiste, le *Lien Viêt,* mais les Français notamment continuent de désigner leurs adversaires sous le nom de Viêt-minh, une manière de nier l'existence de la république démocratique du Viêt Nam. Dans le droit-fil de cette première initiative de

Hô et du PCI et dès l'annonce de la capitulation japonaise, le 15 août 1945, le PCI réunit une Convention nationale à Tan Trao, les 16 et 17 août. Le congrès coopte un comité provisoire de libération composé de cinq membres, dont quatre communistes, avec à sa tête Hô Chi Minh pour restaurer un état vietnamien indépendant. Hô entre dans Hanoi, où il proclame la république démocratique du Viêt Nam* le 2 septembre.

Viêt Nam (du Nord et du Sud) Le Tonkin*, l'Annam* et la Cochinchine* (les Ky), administrativement séparés par la volonté coloniale dans le cadre de l'Union indochinoise, ont été réunifiés au sein d'une république indépendante proclamée le 2 septembre 1945. Les accords de Genève (1954) mettant fin à la première guerre* d'Indochine, le Viêt Nam est divisé en deux territoires de part et d'autre de la rivière Ben Hai, le Nord placé sous l'autorité de la république démocratique, et le Sud sous celle d'une république nationaliste soutenue par les États-Unis. Mais le refus du président du Viêt Nam du Sud, Ngo* Dinh Diem, d'organiser des élections libres en vue de la réunification du pays et la formation de deux États ennemis relance dès les années 1960 une guerre à la fois civile et antiaméricaine qui ne s'achève qu'en avril 1975 avec la fondation de la république socialiste du Viêt Nam réunifié (1976).

vigne En Algérie, il y a un âge d'or du vin, du début du siècle aux années 1930, les découvertes de Pasteur permettant la réfrigération de moûts pendant les grosses chaleurs. Le phylloxera qui touche le vignoble languedocien et le coupage des vins métropolitains ont été déterminants : les surfaces décuplent entre 1878 et 1905, atteignent 400 000 ha en 1935. Les exportations représentent 43 % du total en 1912. Les crédits ne font pas défaut. La vigne a sa place dans la culture des Européens, qui trouvent leur produit plus « viril » que celui de la mère patrie. Elle est très coloniale aussi parce que très peuplante, en terme de main-d'œuvre – quatre fois plus que les céréales –, à laquelle il faut ajouter celle des ports. Les Espagnols ont joué un rôle important, mais un salariat indigène se développe aussi. Avec la crise de 1930 et à la fin de la période coloniale, le vin sera un motif de contentieux avec les viticulteurs du Midi, et l'arrachage encouragé.

Paul Vigné d'Octon Pamphlétaire, homme politique (1859-1943). Médecin militaire de 1881 à 1889, il démissionne de la marine et se lance dans une carrière littéraire et politique. Il livre contre Paul Leroy-Beaulieu*, théoricien de la colonisation et dirigeant du Comité de l'Afrique française, un combat électoral de 1889 à 1898. Il intervient peu sur la colonisation comme député, sauf contre l'expédition de Madagascar en 1894 et dans l'affaire Voulet-Chanoine* en 1900. Parmi ses pamphlets virulents dénonçant les crimes de la colonisation, *la Gloire du sabre* (1900), que Flammarion a refusé de mettre en vente, *la Sueur du burnous* (1911), *Terre à galons*. Il a collaboré à *l'Aurore* de Clemenceau, *la Guerre sociale, la Bataille syndicaliste*. Mais ce n'est pas un anticolonialiste, il appartient plutôt à la catégorie des imprécateurs contre les crimes outre-mer, dont la presse du début du siècle présente nombre d'exemples. Dans *la Sueur du burnous*, il déclare : « J'ai fait ce rêve : il y avait sur la terre une justice pour les races soumises et les peuples vaincus. Fatigués d'être spoliés, pillés, refoulés, massacrés, les Arabes et les Berbères chassaient leurs dominateurs au nord de l'Afrique, les Noirs faisaient de même pour le reste de ce continent et les Jaunes pour le sol asiatique. » Longtemps oubliées, ses œuvres ont été rééditées récemment.

villages de liberté Gallieni*, s'inspirant de Frey, les multiplie et crée le nom à partir de 1887, ce qui lui vaudra d'être lauréat de la Société antiesclavagiste de France, fondée par Lavigerie*. Officiellement, le but est de protéger les esclaves libérés et de les assister. En réalité, ces villages ont été souvent des réserves de main-d'œuvre installées près des postes, de porteurs, en particulier au Soudan*. Marchand les a utilisés parmi bien d'autres. Contrairement à ce que l'on croit souvent, après 1848, la lutte contre l'esclavage a connu jusqu'à à la fin du XIXe siècle beaucoup d'accommodements et de complicités. La loi n'a pas été étendue systématiquement dans les nouveaux territoires coloniaux, qui ont refusé parfois d'accueillir les captifs en fuite. En fait, l'esclavage disparaît peu à peu, ainsi que les villages de liberté, entre 1905 et 1910.

Maurice Viollette « L'Arabe », disent de lui les Français d'Algérie, pour le stigmatiser. Républicain-socialiste, Viollette (1870-1960) condamne l'expédition de Madagascar en 1898 et les violences au Congo en 1902. En 1910, rapporteur du budget des colonies, il critique l'arbitraire en Indochine avec le soutien de Jaurès* et obtient le rappel du gouverneur général. Il met aussi à nu « la chasse aux indemnités aux dépens de l'État français » de la société N'Goko Sangha, ce qui lui vaut l'animosité du lobby colonial. En 1919, il soutient le projet de réformes de Clemenceau en faveur des musulmans algériens. En 1925, il accepte une nomination en Algérie, dans l'espoir d'y apporter des changements sous l'égide du Cartel des gauches. Bien qu'il réprime vigoureusement l'action communiste et interdise les journaux du PC et des nationalistes, il ne peut s'imposer aux colons et doit démissionner en novembre 1927. Il lance une mise en garde dans *l'Algérie vivra-t-elle?* (1931): « Les indigènes n'ont pas encore de patrie. Donnons-la-leur vite, ou sans cela, ils en feront une autre. » Le Front populaire offre de nouvelles possibilités et il prépare une loi, dite projet Blum-Viollette, accordant la citoyenneté à quelque 25 000 musulmans qui conserveraient leur statut personnel: soldats, diplômés, aristocratie du travail, élus. La fronde de Européens d'Algérie, la peur d'un coup de force de type franquiste font enterrer le projet. Cet échec, prouvant l'impossibilité de réformes politiques et poussant vers le nationalisme les partisans de l'assimilation, marque une rupture. Face à l'insurrection algérienne, Viollette maintient sa fidélité à l'assimilation républicaine. Il est le président d'honneur de l'Union pour le salut et le renouveau de l'Algérie française, créée en 1956 par Soustelle*, soutient Guy Mollet*, puis se rallie à la politique gaulliste, quand toute autre solution semble impossible.

Andrée Viollis Grand reporter de son vrai nom Andrée Claudius Jacquet de la Verryere (1879-1950). Après des études de lettres à la Sorbonne et à Oxford, elle devient grand reporter. Elle franchit l'Himalaya en avion en 1929, publie *Tourments sur l'Afghanistan* et *l'Inde contre les Anglais* en 1930. Elle accompagne en 1932 Paul Reynaud, ministre des Colonies, en Indochine et publie un article dans *Esprit* « Indochine SOS », préfacé par Malraux*, qui fait choc dans l'opinion par la critique du colonialisme et l'appel à une politique de réformes. Elle dénonce aussi *le Japon et son empire*. En 1935, elle devient codirecteur de *Vendredi*. Proche du PC, elle s'engage activement dans tous les comités de défense des colonisés et des réfugiés politiques ainsi que dans les mouvements féministes. Elle suit l'évolution du Front populaire donnant la priorité à l'antifascisme sur les aspirations nationalistes des colonisés, qui est sensible dans *Notre Tunisie*, en 1939, où la menace mussolinienne sur la Méditerranée et les possessions françaises est le souci prépondérant.

affaire Voulet-Chanoine C'est un des crimes de la colonisation tombé dans l'oubli. Au moment où Fachoda* occupe les esprits, en 1898, une colonne* infernale passe inaperçue. En France, car en Afrique elle est encore présente dans les esprits. Trois missions doivent converger vers le lac Tchad, afin de lier les possessions françaises d'Afrique du Nord, d'Afrique occidentale et d'Afrique centrale. C'est celle que commandent les capitaines Voulet et Chanoine, forte de 1 200 hommes et donc exigeante en porteurs, eau et aliments, qui sème ruines et massacres. Paris cherche à mettre fin à cette dérive, mais Voulet fait tirer sur la troupe chargée de l'arrêter. On a imputé à un coup de folie, à la chaleur, à la « soudanite », ces crimes. La mort des deux officiers permet de clore l'affaire. Et la victoire sur Rabah, qui dominait le Tchad, est l'essentiel. En 1900, sa tête et sa main droite sont ramenées par les survivants de la colonne.

presse illustrée des voyages Fin XIXe-début XXe siècle, plusieurs journaux traitent des découvertes et des voyages. Des hebdomadaires, comme *le Monde illustré*, *l'Illustration*, y consacrent des articles, même *l'Ouvrier* prétend en sous-titre traiter des voyages: c'est dire la demande du lectorat. *Le Monde illustré* suit les voyages de l'empereur en France et dans ses colonies, par des reportages, généralement stéréotypés, mettant l'accent sur l'accueil enthousiaste des populations: la part y est difficile à faire entre la propagande et l'information, entre le récit de voyage et la vulgate coloniale. *Le Journal des voyages* (de 1877 à 1929), absorbe *la Terre illustrée*, *Sur mer et sur terre*, *Mon bonheur*, *le Monde inconnu*, *Sur terre et sur mer* et *Voyages à travers l'action mondiale*. Il promet le récit d'explorations « presque au débotté », de grandes chasses aux fauves, des romans d'aventures comme ceux du Capitaine Danrit (Driant*), de Mayne-Reid. Louis Boussenard (1847-1910) se fait connaître avec *le Tour du monde d'un gamin de Paris* (1880), répondant au *Tour du monde en quatre-vingts jours* de J. Verne* (1873). Paul Deleutre, dit Paul d'Ivoi (1856-1915), fait faire le tour du monde en un an au héros des *Cinq Sous de Lavarède* (1894). Tous ces romans de voyages s'agrémentent de rencontres avec des Peaux-Rouges, des cannibales, et affirment la supériorité du héros « blanc » sur un monde encore envahi par le chaos et la sauvagerie.

Le Journal des voyages se propose aussi de suivre « nos troupes coloniales », de raconter « l'histoire au jour le jour des hauts faits de nos officiers et soldats coloniaux », liant ainsi étroitement la science géographique et la domination des territoires parcourus. L'exotisme*, l'ouverture curieuse à l'altérité ne sont donc pas le trait essentiel de ces récits. *Le Journal des voyages* se flatte d'être soutenu par l'Académie française, la Ville de Paris et le ministère de l'Instruction publique: il dit en effet se plaire « à répandre parmi la jeunesse le goût de la science géographique et des choses coloniales. Son programme qui est d'instruire en amusant, l'œuvre éducatrice et moralisatrice qu'il se propose, les efforts qu'il ne cesse de faire pour développer dans les jeunes esprits les idées de dévouement, de courage et de patriotisme ont été appréciés en haut lieu. » La gravure donne à imaginer l'aventure du voyageur plus que la réalité géographique, dans une perspective éminemment ethnocentrique.

WYZ

Wallis-et-Futuna Le premier peuplement polynésien remonte à 3 300 ans. Les deux archipels furent « découverts » en 1616 par des Hollandais pour Futuna et en 1767 par l'Anglais Samuel Wallis pour l'autre archipel. Leur évangélisation par des maristes est marquée par le martyre du père Pierre Chanel (saint patron de l'Océanie) en 1841. Après un premier échec de protectorat en 1842, en raison de la prudence de Guizot, le grand chef de Wallis ou *lavelua* (membre d'un groupe lignager ayant un statut aristocratique), la « reine » Amélia, aidée par le supérieur de la mission, établit une demande de protectorat, imitée par les deux porteurs de titres « royaux » de Futuna. Il devient effectif en 1887. Sa taille réduite (142 km2) explique qu'il n'y ait pas eu une colonisation foncière. Quatre ou cinq *coprahmakers* (fabricants d'amandes desséchées et d'huile de noix de coco) se partageaient le marché limité de l'huile de coco, issue des plantations missionnaires et autochtones.

À Wallis, le résident, un chancelier et un radio représentaient la présence française jusqu'au second conflit mondial. À Futuna, le délégué du résident était par tradition un missionnaire. En 1940, le résident Vrignaud, resté fidèle à l'État de Vichy*, a préféré la « famine » à la « farine » ; il sera remplacé en 1942 par un représentant de la France libre. Suite au référendum de 1959 (94,47 % de oui), le territoire d'outre-mer des îles Wallis-et-Futuna est mis en place le 29 juillet 1961. Il était et est toujours dérogatoire sur trois points : perpétuation du droit coutumier pour le civil, maintien du statu quo foncier, conservation d'un enseignement confessionnel.

wilaya Ce mot signifie « province ». C'est la principale division territoriale du FLN* pendant la guerre* d'Algérie. La 4e est celle de l'Algérois. La fédération de France du FLN* était la 7e wilaya.

yaouled Ce mot vient de l'arabe *ouled* et signifie « enfant ». Il désigne un gamin, cousin de Gavroche ou du poulbot.

Yen Bay et les soulèvements de 1930 Dans la nuit du 9 au 10 février 1930, 200 tirailleurs de cette forteresse qui commande le fleuve Rouge, appuyés par une soixantaine d'insurgés de l'extérieur, assassinent cinq officiers et sous-officiers français et s'emparent de la place. Ce devait être le début d'une insurrection lancée par le Viêt Nam Quoc Zan Dang (Parti national du Viêt Nam, créé en 1927), inspirée du modèle du Guomindang, mais la répression l'écrase en quinze jours. Plus de 1 000 accusés sont jugés, 80 condamnés à mort, près de 600 à la prison.

De manière inattendue, une deuxième phase insurrectionnelle s'ouvre, cette fois dirigée par le jeune Parti communiste. Elle commence par de grandes grèves en février dans les plantations, qui se répandent en Nord Annam et en Cochinchine. Des dizaines de milliers de paysans se mobilisent aussi. Les mauvaises récoltes entraînent des actions ouvrières et paysannes : marches sur les centres administratifs, attaques des débits d'alcool de la régie, incendies des registres fiscaux. Dans l'été 1930 se mettent sur pied des soviets qui chassent les notables, abolissent les impôts et les dettes, répartissent les rizières communales… À partir de septembre, la répression fait reculer le mouvement, acculé à la famine dans le Nord Annam. Il y a des milliers d'arrestations, plusieurs milliers de morts, et l'appareil du PC est démantelé. Si les nationalistes ne se relèvent pas des coups qui leur ont été portés par l'administration, le communisme y survit et fournira les cadres des luttes à venir. Car le temps des mouvements de masse anticolonialistes est venu au Viêt Nam.

youyou Cri modulé par les femmes arabes pour exprimer le plus souvent leur joie collective.

Zinedine Zidane Né à Marseille en 1972 dans la cité de la Castellane, fils d'un Kabyle venu s'employer dans les huileries, « Zizou » s'impose comme le sportif modèle, simple malgré son statut de star, mobilisé pour la cause des enfants malades… parfaitement intégré par son mariage. En 2002, il recommande aux jeunes de voter et dit son inquiétude devant la situation sans se prononcer politiquement. Reçu triomphalement en Algérie en 2006, il vit sa double appartenance sans déchirement. Il multiplie les récompenses (ballon d'or, onze d'or, meilleur joueur du monde de la FIFA…). Considéré comme l'un des cinq plus grands joueurs du monde de tous les temps, il a remporté la Coupe du monde de football en 1998, le championnat d'Europe des nations, la Ligue des champions. Il devient en 2001 le joueur le plus cher du monde. Il a joué son dernier match le 9 juillet 2006 pour la finale de la Coupe du monde opposant la France à l'Italie. Le «coup de boule» de Zidane à un joueur italien ayant insulté les femmes de sa famille va rester dans les annales du sport*. De même le match France-Algérie, en octobre 2001, qui voit le terrain envahi par des jeunes manifestant une algérianité plus provocante que réelle. Le sport ne peut exorciser tous les démons du passé colonial et la réussite de quelques vedettes résoudre la question sociale, les problèmes des quartiers dits sensibles.

Zitouna ou Zeitouna Mosquée de l'Olivier ou Grande Mosquée de Tunis, elle est avec la Grande Mosquée de Fès, la Qaraouyine, l'une des deux universités théologiques les plus prestigieuses d'Afrique du Nord. Beaucoup d'Algériens ont suivi ses enseignements faute d'un établissement comparable dans les trois départements français d'Algérie. La Zitouna a été un vivier de la pensée religieuse et du nationalisme. Elle a été rivale des élites formées au collège Sadiki*. Dans le discours de légitimité de Bourguiba*, elle a été présentée comme un haut lieu des notables tunisois et du conservatisme. Les choses sont plus complexes, comme le montre un Tahar Haddad*. L'université est le lieu de tensions très violentes entre notables – les oulémas – qui constituent le corps professoral, et des étudiants issus des milieux populaires, un affrontement entre réformateurs et traditionalistes qui hypothèque les possibilités de modernisation culturelle. L'université Zitouna sera réduite à la formation de théologiens dans la Tunisie indépendante, les autres enseignements étant assurés par l'université laïque.

zouaves Leur nom vient de la tribu kabyle des Zouaoua, qui fournissait des guerriers aux souverains du Maghreb. En fait, le corps, créé en 1830, compte très vite une majorité de Français. De ces débuts subsiste la tenue: chéchia, large culotte (*saroual*) et veste courte, sans col, ornée, de chaque côté, d'une fausse poche, dite «tombeau». Les «chacals» forment un corps d'élite qui s'illustre lors des campagnes du second Empire et pendant la guerre de 1870. Leur image se popularise, comme celle du troupier français, premier soldat du monde, mais loustic et chapardeur. Sous la IIIe République, ils s'ouvrent aux appelés et accueillent de jeunes Français d'Afrique du Nord, notamment des Juifs, jusque-là écartés des armes par la tradition musulmane. Aux côtés des tirailleurs*, les zouaves se distinguent lors des deux guerres mondiales et prennent part à la guerre* d'Algérie. Tous leurs régiments sont dissous après 1962, à l'inverse des régiments de spahis*.

Bibliographie

Atlas, études générales, outils de travail

AJAYI (J. F A.), CROWDER (M.) [ed.], *Historical Atlas of Africa*, Longman, Londres, 1985.

BERTRAND (Romain), *Mémoires d'empire. La controverse autour du fait colonial*, éd. du Croquant, 2006.

BOUCHE (Denise), *Histoire de la colonisation française*, Fayard, 2 t., 1991.

ETEMAD (Bouda), *De l'utilité des empires. Colonisation et prospérité en Europe*. A. Colin, 2005.

LAZARUS (Neil), *Penser le postcolonial. Une introduction critique*, éd. Amsterdam, 2006.

LEMARCHAND (Philippe) [dir.], *Atlas géopolitique du Moyen-Orient et du monde arabe*, Bruxelles, Complexe, 1993.

LIAUZU (Claude) [dir.], *Colonisation. Droit d'inventaire*, A. Colin, 2005.

Outre-mers (revue de la SFHOM), anciennement *Revue française d'Histoire d'Outre-mer.*

ROBINSON (Francis), *Atlas of the Islamic World since 1500,* Phaidon, Oxford, 1987 (2e éd.).

THOBIE (Jacques), MEYNIER (Gilbert), COQUERY-VIDROVITCH (Catherine), AGERON (Charles-Robert), T.II, *Histoire de la France coloniale, 1914-1990*, A. Colin, 1990.

Esclavage, traites et abolitions

les Cahiers des anneaux de la Mémoire, Nantes : Association les Anneaux de la Mémoire.

COTTIAS (Myriam), *la Question noire : histoire d'une construction coloniale*, Fayard, 2006.

COTTIAS (Myriam), STELLA (Alessandro), VINCENT (Bernard), *Esclavages et Dépendances serviles*, l'Harmattan, 2006.

DORIGNY (Marcel) [dir.], *les Abolitions de l'esclavage de L. F. Sonthonax à V. Schœlcher, 1793-1794-1848,* Vincennes, Presses universitaires, 1995.

DORIGNY (Marcel) et GAINOT (Bernard), *Atlas des esclavages*, Autrement, 2006.

DUBOIS (Laurent), *les Vengeurs du Nouveau Monde : Histoire de la révolution haïtienne*, Nantes, les Perséides, 2006.

EVE (Prosper), *Le 20 décembre 1848 et sa célébration à la Réunion,* l'Harmattan, 2001.

GAUTIER (Arlette), *les Sœurs de Solitude: la condition féminine aux Antilles, du XVIIIe au XIXe siècle*, éd. Caribéennes, 1985.

GISLER (Antoine), *l'Esclavage aux Antilles françaises (XVIIe-XIXe siècle)*, Karthala, 1965, 1981.

OUDIN-BASTIDE (Caroline), *Travail, capitalisme et société esclavagiste : Guadeloupe, Martinique (XVIIe-XIXe siècle),* la Découverte, 2005.

PÉTRÉ-GRENOUILLEAU (Olivier), *les Traites négrières. Essai d'histoire globale*, Gallimard, 2004.

RÉGENT (Frédéric), *Esclavage, métissage, liberté : la Révolution française en Guadeloupe 1789-1802*, Grasset, 2004.

SCHMIDT (Nelly), *Victor Schœlcher et l'abolition de l'esclavage*, Fayard, 1994.

VERGÈS (Françoise), *la Mémoire enchaînée. Questions sur l'esclavage*, Albin Michel, 2006.

Impérialisme et politique coloniale

AGERON (Charles-Robert), *France coloniale ou parti colonial ?*, PUF, 1978.

ALMEIDA-TOPOR (Hélène d'), LAKROUM (Monique), *l'Europe et l'Afrique, un siècle d'échanges économiques*, A. Colin, 1994.

BOIS (Jean-Pierre), *le Maréchal Bugeaud*, Fayard, 1997.

BONIN (Hubert) et CAHEN (Michel) [dir.], *Négoce blanc en Afrique noire. Le commerce de longue distance en Afrique subsaharienne du XVIIIe au XXe siècle*, Société française d'histoire d'outre-mer, 2001.

BOUVIER (Jean), GIRAULT (René), THOBIE (Jacques), *l'Impérialisme à la française, 1916-1960*, la Découverte, 1986.

BRUNSCHWIG (Henri), *Mythes et réalités de l'impérialisme colonial français, 1871-1914*, A. Colin, 1960.

CANTIER (Jacques) et JENNINGS (Éric) [dir.], *l'Empire colonial sous Vichy*, Odile Jacob, 2004.

CHAFER (Tony) and SACKUR (Amanda) [eds], *Promoting the Colonial Idea. Propaganda and Visions of Empire in France*, London, Palgrave Publishers, 2002.

COURDURIÉ (M.) et DURAND (G.) [dir.], *Entrepreneurs d'empires*, Marseille, CCIMP, t. XIII, 1998.

DIMIER (Véronique), *Formation des administrateurs coloniaux français et anglais entre 1930 et 1950*, thèse, université de Grenoble, 1999.

ETEMAD (Bouda), *la Possession du monde. Poids et mesures de la colonisation*, Bruxelles, Complexe, 2000.

FRÉMEAUX (Jacques), *l'Afrique à l'ombre des épées (1830-1930)*, SHAT, 1993, 1995.

GIRARDET (Raoul), *l'Idée coloniale en France de 1871 à 1962*, la Table Ronde, 1972.

HODEIR-GARCIN (Catherine), *Stratégies d'Empire. Le grand patronat colonial face à la décolonisation*, Belin, 2003.

KLEIN (Jean-François), *Soyeux en mer de Chine. Stratégies des réseaux lyonnais en Extrême-Orient (1843-1906)*, les Indes savantes, 2007.

LEFEUVRE (Daniel), *Chère Algérie. Comptes et mécomptes de la tutelle coloniale (1930-1962)*, SFHOM, 1997.

LEMAIRE (Sandrine), *l'Agence des colonies*, thèse, Institut universitaire européen, Florence, 2000.

LIAUZU (Claude), *Aux origines des tiers-mondismes. Colonisés et anticolonialistes en France 1919-1939*, l'Harmattan, 1982.

LUIZARD (Pierre-Jean) [dir.], *le Choc colonial et l'islam. Les politiques religieuses des puissances coloniales en terres d'islam*, la Découverte, 2006.

MCCUSKER (John) [dir.] et alii, *History of World Trade since 1450* (2 t.), Farmington Hills, Thomson-Gale, 2005.

MALON (Claude), *Le Havre colonial de 1880 à 1960*, Presses universitaires de Caen, 2006.

MARSEILLE (Jacques), *Empire colonial et capitalisme français (années 1880-*

années 1950). Histoire d'un divorce, Albin Michel, 1984.

ZANCO (Jean-Philippe), *le Ministère de la Marine sous le second Empire*, Service historique de la Marine, Vincennes, 2003.

Société coloniale

Cahiers internationaux de sociologie, « Georges Balandier, lecture et relecture », vol. 101, janvier-juin 2001.

CLANCY-SMITH (Julia Ann) and GOUDA (Francis) [eds], *Domesticating the Empire. Race, Gender and Family Life in French and Dutch colonization*, University of Virginia, Charlottesville, 1998.

CORNWALL (Andrea) [ed], *Readings in Gender in Africa*, Indiana University Press, avril 2004.

HUGON (A.) [dir.], *Histoire des femmes en situation coloniale, Afrique et Asie*, Karthala, 2005.

KENBIB (Mohammed), *Juifs et musulmans au Maroc, 1859-1948*, Rabat, université Mohammed V, 1994.

MARTIN (Phyllis M.), *Loisirs et société à Brazzaville pendant l'ère coloniale*, Paris, Karthala, 2005.

MC CLINTOCK (Anne), *Imperial leather. Race, Gender and Sexuality in the colonial Contest*, Routledge, New York, London, 1995.

MEMMI (Albert), *Portrait du colonisé. Portrait du colonisateur [1957]*, Gallimard, 1985, rééd. Folio.

SAADA (Emmanuelle), *La « question des métis » dans les colonies françaises : socio-histoire d'une catégorie juridique (Indochine et autres territoires de l'Empire français; années 1890-années 1950)*, thèse, EHESS 2001.

SEBAG (Paul), *Histoire des Juifs de Tunisie, des origines à nos jours*, l'Harmattan, 1991.

STOLER (Ann Laura), *Race and the Education of Desire. Foucault's History of Sexuality and the colonial Order of Things*, Duke University Press, London and Durham, 1995.

WEILL (Georges), *Émancipation et progrès. L'Alliance israélite universelle et les droits de l'homme*, Nadir, 2000.

Aspects culturels

ALDRICH (Robert), *Vestiges of the colonial Empire in France. Monuments, Museums and Colonial Memories*, Palgrave/Mac Millan, Basingstoke, 2005.

ALMEIDA-TOPOR (Hélène d'), *le Goût de l'étranger. Les saveurs venues d'ailleurs depuis la fin du XVIIIe siècle*, A. Colin, 2006.

BANCEL (Nicolas), DENIS (Daniel), FATES (Youssef) [dir.], *De l'Indochine à l'Algérie. La jeunesse en mouvements des deux côtés du miroir colonial (1940-1962)*, la Découverte, 2003.

BENIAMINO (Michel), GAUVIN (Lise) [dir.], *les Études francophones. Concepts de base*, Limoges, Pulim, 2005.

BUSSIÈRE (Michèle de), MÉADEL (Cécile), ULMANN-MAURIAT (Caroline) [dir.], *Radios et télévision au temps des « événements d'Algérie » 1954-1962*, l'Harmattan, 1999.

CHALAYE (Sylvie), *l'Image du Noir au théâtre de Marguerite de Navarre à Jean Genet (1550-1960)*, l'Harmattan, 1998.

CONKLIN (Alice L.), *A Mission to Civilize : The Republican Idea of Empire in France and West Africa*,

1895-1930, Standford, Standford university Press, University of California, 1997.

Cooper (Frederick) and Stoler (Ann-Laura), *Tensions of Empire : Colonial Cultures in a Bourgeois world*, Berkeley, University of California Press, 1997.

Dartigues (Laurent), *l'Orientalisme français en pays d'Annam, 1862-1939*, les Indes savantes, 2005.

Delisle (Philippe), *Renouveau missionnaire et société esclavagiste, 1815-1848*, Publisud, 1997.

Denis (Sébastien), *l'État, l'armée et le cinéma pendant la guerre d'Algérie, des origines du conflit à l'indépendance,* thèse de doctorat, 2 vol., 2004.

Dorlin (Elsa), *la Matrice de la race. Généalogie sexuelle et coloniale de la nation française*, la Découverte, 2006.

Ezra (Elizabeth), *The Colonial Unconscious. Race and Culture in Interwar France*, Cornell University Press, Ithaca and London, 2000.

French Politics and Cultural Society, "Regards croisés : Transatlantic Perspectives on the Colonial Situation", n° spécial, vol. 20, n° 2, summer 2002.

Gannier (Odile) et Picquoin (Cécile), *1791 : le Voyage du Capitaine Marchand, les Marquises et les îles de la Révolution*, éd. Au Vent des Îles, Tahiti, 2003.

Girardet (Raoul), *l'Idée coloniale en France de 1871 à 1962,* Hachette, 1990.

Gruzinski (Serge), *la Pensée métisse*, Fayard, 1997.

Lebovics (Herman), *la « Vraie France ». Les enjeux de l'identité culturelle (1900-1945)*, Belin, 1995.

Lejeune (Dominique), *les Sociétés de géographie en France et l'expansion coloniale au XIXe siècle*, Albin Michel, 1993.

Levêque (Isabelle), Pinon (Dominique), Griffon (Michèle), *le Jardin colonial*, Actes Sud, 2005.

Liauzu (Claude), Liauzu (Josette), *Quand on chantait les colonies*, Syllepse, 2002.

Maxwell (A.), *Colonial Photography and Exhibitions. Representations of the "Native" People and the Making of European Identities*, Londres, Leicester University Press,1999.

Moura (Jean-Marc), *l'Europe littéraire et l'ailleurs*, PUF, 1998.

Prudhomme (Claude), *Missions chrétiennes et colonisation, XVIe-XXe siècle*, Cerf, 2004.

Saïd (Edward), *l'Orientalisme, l'Orient créé par l'Occident*, Seuil, 1997 ; *Culture et impérialisme*, Fayard-le Monde diplomatique, 2000.

Singaravélou (Pierre), *l'École française d'Extrême-Orient, ou l'institution des marges (1898-1956) : essai d'histoire sociologique et politique de la science coloniale*, 1999.

Weber (Jacques), *Littérature et histoire coloniale*, les Indes savantes, 2005.

Weil (Patrick), Dufoix (Stéphane) [dir.], *l'Esclavage, la colonisation, et après…*, PUF, 2005.

Décolonisations

Branche (Raphaëlle), *la Torture et l'armée pendant la guerre d'Algérie, 1954-1962*, Gallimard, 2001.

Charle (Christophe), *la Crise des sociétés impériales : Allemagne, France, Grande-Bretagne, 1900-1940.*

Essai d'histoire sociale comparée, Seuil, 2001.

Cooper (Frederick), *Decolonization and African Society. The Labor Question in French and British Africa*, Cambridge, Cambridge University Press, 1996.

Droz (Bernard), *Histoire des décolonisations au XXe siècle*, Seuil, 2006.

la Guerre d'Algérie au miroir des décolonisations françaises, Actes du colloque en l'honneur de Charles-Robert Ageron, SFHOM, 2000.

Harbi (Mohammed), Stora (Benjamin) [dir.], *la Guerre d'Algérie 1954-2004, la fin de l'amnésie*, Laffont, 2004.

Hargreaves (John), *Imperialism, Décolonization and Africa*, London, Mac Millan Press LTD, 2000.

House (Jim) et Mac Master (Neil), *Paris 1961. Algérians, State terror and Memory,* Oxford University Press, 2006.

Jordi (Jean-Jacques), Temime (Émile), *Marseille et le choc des décolonisations*, Edisud, 1996.

Le Sueur (J. D.), *Uncivil War. Intellectuals and Identity Politics during the Decolonisation of Algeria*, University of Pennsylvania Press, 2001.

Mauss-Copeaux (Claire), *Appelés en Algérie. La parole confisquée*, Hachette, 1999.

Meynier (Gilbert), *Histoire intérieure du FLN (1954-1962)*, Fayard, 2002.

Michel (Marc), *les Africains et la Grande Guerre. L'appel à l'Afrique (1914-1918)*, Karthala, 2003.

Morin (Valérie), *les Rapatriés et l'État*, l'Harmattan, 2007.

Pervillé (Guy), *Pour une histoire de la guerre d'Algérie*, Picard, 2002.

Rey-Goldzeiguer (Annie), *Aux origines de la guerre d'Algérie (1940-1945). De Mers el Kebir aux massacres du Constantinois*, la Découverte, 2001.

Rioux (Jean-Pierre), Sirinelli (François) [dir.], *la Guerre d'Algérie et les intellectuels français*, Bruxelles, Complexe, 1991.

Ruscio (Alain), *la Guerre française d'Indochine (1945-1954). Les sources de la connaissance. Bibliographie, filmographie, documents divers*, les Indes savantes, 2002.

Stora (Benjamin), *la Gangrène et l'oubli. La mémoire de la guerre d'Algérie*, la Découverte, 1991.

Thénault (Sylvie), *Une drôle de justice. Les magistrats dans la guerre d'Algérie*, la Découverte, 2001 ; *Histoire de la guerre d'indépendance algérienne*, Flammarion, 2005.

Tonnesson (Stein), *The Vietnamese Revolution of 1945. Roosevelt, Ho Chi Minh and de Gaulle in a World at War*, Sage Publications, London, 1991.

Turpin (Frédéric), *De Gaulle, les gaullistes et l'Indochine. 1940-1956*, les Indes savantes, 2005.

Maghreb, Moyen-Orient

Ageron (Charles-Robert), *les Algériens musulmans et la France*, PUF, 1968.

Arbid (W.), Kançal (S.), Mizrahi (J.D.), Saul (S.) [dir.], *Méditerranée, Moyen-Orient : deux siècles de relations internationales. Recherches en hommage à Jacques Thobie*, l'Harmattan, 2003.

Carlier (Omar), *Entre Nation et Djihad. Histoire sociale du nationalisme algérien*, FNSP, 1995.

CLANCY-SMITH (Julia), *Rebel and Saint. Muslim Notables, Populist Protest, Colonial Encounters (Algeria and Tunisia, 1800-1904)*, University of California Press, Berkeley, Los Angeles, London, 1994.

DUNWOODIE (Peter), *Writing French Algeria*, Oxford, Clarendon Press, 1998.

FRÉMEAUX (Jacques), *les Bureaux arabes dans l'Algérie de la conquête*, Denoël, 1993.

GOSNELL (Jonathan), *The Politics of Frenchness in Colonial Algeria, 1930-1954*, Rochester, New York, University of Rochester Press, 2002.

JULIEN (Charles-André), *Histoire de l'Algérie contemporaine*, t.1 : *La conquête et les débuts de la colonisation (1827-1871)*, PUF, 1964.

LAROUI (Abdallah), *Histoire du Maghreb, un essai de synthèse*, Centre culturel arabe, Casablanca, 1995.

LIAUZU (Claude), *Naissance du salariat et du mouvement ouvrier en Tunisie*, CNRS, 1978 ; *Empire du mal contre grand Satan. Treize siècles de cultures de guerre entre l'islam et l'Occident*, A. Colin, 2005 ;

LORCIN (Patricia), *Kabyles, arabes, français : identités coloniales*, Pulim, 2005.

MÉOUCHY (Nadine) [dir.], *France, Syrie et Liban 1918-1946. Les ambiguïtés et les dynamiques de la relation mandataire*, Damas, IFEAD, 2002.

MERAD (Ali), *le Réformisme musulman en Algérie de 1925 à 1940. Essai d'histoire religieuse et sociale*, Paris-La Haye, Mouton, 1967.

MEYNIER (Gilbert), *l'Algérie révélée. La guerre de 1914-1918 et le premier quart du XXe siècle*, Droz, Genève, 1981.

MEYNIER (Gilbert), KOULAKSSIS (Ahmed), *l'Émir Khaled, premier Zaim ?*, l'Harmattan, 1987.

MIZRAHI (Jean-David), *Genèse de l'État mandataire. Service des Renseignements et bandes armées en Syrie et au Liban dans les années 1920*, Publications de la Sorbonne, 2003.

NOUSCHI (André), *Enquête sur le niveau de vie des populations rurales constantinoises de la conquête jusqu'en 1919*, PUF, 1961.

PERVILLÉ (Guy), *les Étudiants algériens de l'université française 1880-1962*, CNRS, 1984.

PROCHASKA (David), *Making Algeria. French Colonialism in Bône (1870-1920)*, MSH, 1990.

REY-GOLDZEIGUER (Annie), *le Royaume arabe. Politique algérienne de Napoléon III*, Alger, OPU, 1977.

RIVET (Daniel), *Lyautey et l'institution du Protectorat marocain*, l'Harmattan, 3 vol., 1988 ; *le Maghreb à l'époque de la colonisation*, Hachette, 2002.

STORA (Benjamin), *Messali Hadj*, EHESS, 1978.

TURIN (Yvonne), *Affrontements culturels dans l'Algérie coloniale. Écoles, médecines, religions, 1830-1880,* François Maspero, 1971.

Afrique au sud du Sahara, Madagascar

L'AFRIQUE ET LA CRISE DES ANNÉES 30, n° spécial de la *Revue française d'Histoire d'Outre-mer*, 1976.

ALMEIDA-TOPOR (Helène d'), *l'Afrique au XXe siècle*, A. Colin, 2003.

ALMEIDA-TOPOR (Hélène d'), LAKROUM (Monique), SPITTLER (Gert), *le Travail en Afrique noire. Représentations et pratiques à l'époque contemporaine*, Karthala, 2003.

AMSELLE (Jean-Loup), *Logiques métisses. Anthropologie de l'identité en Afrique et ailleurs*, Payot, 1990.

BENOT (Yves), *les Députés africains au Palais Bourbon de 1914 à 1958*, Dakar, éd. Chaka, 1989.

BERNAULT (Florence), *Démocraties ambiguës en Afrique centrale. Congo-Brazzaville, Gabon (1940-1965)*, Karthala, 1996.

Cambridge History of Africa, Cambridge UP, ROBERTS (A.) [ed], vol. 7, 1986 et CROWDER (M.), vol. 8, 1988.

CASSOU (Marcel), *le Transsaharien. L'échec sanglant des Missions Flatters*, l'Harmattan, 2005.

CHEVRIER (Jacques), *Littératures d'Afrique noire française*, Nathan, 1999.

CHRÉTIEN (Jean-Pierre) [dir.], *l'Invention religieuse en Afrique. Histoire et religion en Afrique noire*, Karthala, 1993.

CHRÉTIEN (Jean-Pierre), TRIAUD (Jean-Louis) [dir.], *Histoire d'Afrique. Les enjeux de mémoire*, Karthala, 1999.

CLAYTON (Anthony), *Histoire de l'armée française en Afrique (1830-1962)*, Albin Michel, 1994.

Clio, « Femmes d'Afrique », n° spécial, 6, 1997.

COQUERY-VIDROVITCH (Catherine), *le Congo au temps des grandes compagnies concessionnaires (1899-1930)*, Paris-La Haye, Mouton, 1972, rééd. EHESS, 2002.

COQUERY-VIDROVITCH (Catherine), MONIOT (Henri), *l'Afrique noire de 1800 à nos jours*, PUF, 1974.

DIOUF (Mamadou), *Histoire du Sénégal*, Maisonneuve et Larose, 2001.

DUCLOS (France), Loiseaux (Olivier), *l'Afrique au cœur*, Seuil-BNF, 2005.

GREVOZ (Daniel), *Sahara, 1830-1881, les mirages français et la tragédie Flatters*, l'Harmattan, 1989.

FAUVELLE-AYMAR (François-Xavier), CHRÉTIEN (Jean-Pierre), PERROT (Claude-Hélène), *Afrocentrismes. L'histoire des Africains entre Egypte et Amérique*, Karthala, 2000.

FRÈREJEAN (Louis), *Objectif Tombouctou*, l'Harmattan, 2000.

GOERG (Odile) [dir.], *Fêtes urbaines en Afrique. Espaces, identités, pouvoirs*, Karthala, 1999.

GONDOLA (Didier), *Villes miroirs. Migrations et identités urbaines à Kinshasa et Brazzaville*, Karthala, 1997.

Histoire générale de l'Afrique : VOL. 6, dir. J. F. Ade Ajayi, *l'Afrique au XIX*e *siècle jusque vers les années 1880*; VOL. 7, dir. A. du Boahen, *l'Afrique sous la domination coloniale 1830-1935* ; VOL. 8, dir. A A. Mazrui, *l'Afrique depuis 1935* ; Publications de l'Unesco/NEA, 1987.

HUMBERT (Jean-Charles), *la Découverte du Sahara en 1900*, l'Harmattan, 1996.

ILIFFE (John), *les Africains. Histoire d'un continent*, Flammarion, « Champs », 2002 (1re éd., 1997).

JOLY (Vincent), *l'Europe et l'Afrique de 1914 aux années soixante*, Rennes, Presses universitaires de Rennes, 1994.

KESTELOOT (Lylian), *Histoire de la littérature négro-africaine*, Karthala-AUF, 2001.

KONATÉ (Doulaye), *Relecture des lieux de mémoire à la lumière de la construction nationale au Mali*, l'Harmattan, 2006.

MICHEL (Marc), *les Africains et la Grande Guerre. L'appel à l'Afrique (1914-1918)*, Karthala, 2003.

MBEMBE (Achille), *De la post-colonie. Essai sur l'imagination politique dans l'Afrique contemporaine*, Karthala, 2000.

M'BOKOLO (Elikia), *Afrique noire, histoire et civilisations*, Hatier, 1992.

NIMIS (Erika), *Photographes d'Afrique de l'Ouest. L'expérience Yorouba*, Karthala, 2005.

PANDOLFI (Paul), *les Touareg de l'Ahaggar*, Karthala, 1998.

RAISON-JOURDAN (Françoise), *Bible et pouvoir à Madagascar*, Karthala, 1991.

RAISON-JOURDE (Françoise) [éd.], *les Souverains de Madagascar. L'histoire royale et ses résurgences contemporaines*, Karthala, 1983.

RAISON-JOURDE (Françoise), RANDRIANJA (Solofo), *la Nation malgache au défi de l'ethnicité,* Karthala, 2002.

RANDRIANJA (Solofo), *Société et luttes anticoloniales à Madagascar (1896-1946)*, Karthala, 2001.

SIBEUD (Emmanuelle), *la Construction des savoirs africanistes en France, 1878-1930*, thèse EHESS, 1999.

SURUN (Isabelle), *Géographies de l'exploration. La carte, le terrain et le texte (Afrique occidentale 1780-1880)*, thèse EHESS, 2003.

Indochine – Viêt Nam

BESANÇON (Pascal), *Une colonisation éducatrice ? L'expérience indochinoise(1860-1945),* l'Harmattan 2002.

BOURDEAUX (Pascal), *Émergence et constitution de la communauté du Bouddhisme Hoà Hao : contribution à l'histoire sociale du delta du Mékong (1935-1955),* thèse EPHE, 2003, 2 t.

BROCHEUX (Pierre), *Hô Chi Minh, du révolutionnaire à l'icône*, Payot, 2003.

BROCHEUX (Pierre), HÉMERY (Daniel), *Indochine, la colonisation ambiguë (1858-1954)*, la Découverte, 2001.

CHESNEAUX (Jean), *l'Asie Orientale aux XIXe et XXe siècles*, PUF (Clio), 1966 ; 2e éd. 1973.

COOPER (N.), *France in Indochina. Colonial Encounters*, Berg, Oxford, New York, 2001.

DEVILLERS (Philippe), *Histoire du Vietnam, 1940-1952,* le Seuil 1952.

FOREST (Alain), *les Missionnaires français au Tonkin et au Siam (XVIIe-XVIIIe siècles). Analyse comparée d'un relatif succès et d'un échec certain*, l'Harmattan, 2000, 3 vol.

FOURNIAU (Charles), *Vietnam, domination coloniale et résistance nationale (1858-1914),* les Indes savantes, 2001.

FOURNIAU (Charles), TRINH (Van Thao) et alii, *le Contact colonial franco-vietnamien. Le premier demi-siècle (1858-1911)*, Publications de l'université de Provence, 1999.

GUILLEMOT (François), *Révolution nationale et lutte pour l'indépendance au Viet Nam : l'échec de la troisième voie « Dai Viet » (Dai Viet QuocDan dang, 1938-1955),* thèse EPHE, 2003, 3 t.

HÉMERY (Daniel), *Révolutionnaires vietnamiens et pouvoir colonial en Indochine. Communistes, trotskistes, nationalistes à Saigon de 1932 à 1937*, François Maspero, 1975.

LARCHER-GOSCHA (Agathe), *la Légitimation française en Indochine: mythes et réalité de la « collaboration franco-vietnamienne » et du réformisme colonial (1905-1945)*, thèse, Paris-VII, 2000, 2 t.

MARR (David), *Vietnam 1945. The Quest for Power*, University of California Press, Berkeley-Los Angeles, 1995.

MONNAIS-ROUSSELOT (Laurence), *Médecine et colonisation. L'aventure indochinoise. 1860-1939*, CNRS, 1999.

MORLAT (Patrice), *les Affaires politiques de l'Indochine (1895-1923). Les grands commis du savoir au pouvoir*, l'Harmattan, 1995 ; *Indochine années vingt : le balcon de la France sur le Pacifique*, les Indes savantes, 2001.

MUS (Paul), *Vietnam sociologie d'une guerre*, Seuil, 1952.

NGUYEN (The Anh), *Monarchie et fait colonial au Viet Nam (1875-1925). Le crépuscule d'un ordre traditionnel*, l'Harmattan, 1992.

NGUYEN (Van Ky), *la Société vietnamienne face à la modernité. Le Tonkin de la fin du XIXe siècle à la fin de la Seconde Guerre mondiale*, l'Harmattan, 1995.

PAPIN (Philippe), *Viet Nam. Parcours d'une nation*, la Documentation française, 1999.

TA (Thi Thuy), *les Concessions agricoles françaises au Tonkin de 1884 à 1918*, les Indes savantes, 2006.

TRINH (Van Thao), *l'École française en Indochine*, Karthala, 1995 ; *Vietnam, du confucianisme au communisme. Un essai d'itinéraire intellectuel*, l'Harmattan, 1990.

ZINOMAN (P.), *The Colonial Bastille : A History of imprisonment Vietnam, 1862-1940*, Berkeley, University Press of California, 2001.

DOM-TOM

AFFERGAN (Francis), *Anthropologie à la Martinique*, Presses de la FNSP, 1983.

ALDRICH (R.), *France and the South Pacific since 1940*, Macmillan, 1993.

ANGLEVIEL (Frédéric), *Histoire de la Nouvelle-Calédonie. Nouvelles approches, nouveaux objets*, l'Harmattan, 2006.

ANGLEVIEL (Frédéric) [dir.], *la Nouvelle-Calédonie, terre de métissages*, Annales d'histoire calédonienne, vol.1, les Indes savantes, 2004.

BAILLEUL (Michel), *les Îles Marquises, Histoire de la Terre des Hommes du XVIIIe siècle à nos jours*, Cahiers du patrimoine, ministère de la Culture de Polynésie française, Tahiti, nov. 2001.

BARBANÇON (Louis-José), *l'Archipel des forçats. Histoire du bagne de Nouvelle-Calédonie (1863-1931)*, Presses universitaires du Septentrion, 2003.

BENSA (Alban) et LEBLIC (Isabelle) [dir.], *En pays kanak*, éd. de la Maison des Sciences de l'Homme, 2000.

BLAIS (Hélène), *Voyages au Grand Océan. Géographie du Pacifique et colonisation, 1815-1845*, éd. CTHS, 2005.

BUTEL (Paul), *Histoire des Antilles françaises, XVIIe-XXe siècles*, Perrin, 2002.

CHEUNG (F.), *Tahiti et ses îles (1919-1945) : étude d'une société coloniale aux antipodes de sa métropole*, l'Harmattan, 1998.

COMBEAU (Yvan), *la Vie politique à La Réunion (1942-1963)*, Nathan-Sedes, 2002.

CHRISNATCH (Alain), *la Nouvelle-Calédonie*, la Documentation française, 2004.

GAUVIN (Gilles), *Michel Debré et l'Île de la Réunion : une certaine idée de la plus grande France*, Villeneuve d'Ascq, Presses universitaires du Septentrion, 2006.

GERBEAU (Hubert), *les Esclaves noirs. Pour une histoire du silence*, Balland, 1970 ; rééd. Océan Éditions, 1998.

HERMÈS, « La France et les outre-mers. L'enjeu multiculturel », 32-33, 2002.

Journal de la Société des Océanistes, « Nouvelle-Calédonie, cent cinquante ans après la prise de possession », n° 117, musée de l'Homme, 2003.

LAUX (Claire) [dir.], *101 mots pour comprendre le Pacifique, île de Lumière*, Nouméa, 2002.

MERLE (Isabelle), *Expériences coloniales. La Nouvelle-Calédonie*, Belin, 1995.

RADIGUET (Max), *les Derniers Sauvages, la vie et les mœurs aux îles Marquises*, Phoebus D'ailleurs, 2001.

RÉGENT (Frédéric), *Esclavage, métissage, liberté : la Révolution française en Guadeloupe, 1789-1802*, Grasset, 2004.

REGNAULT (Jean-Marc), *le Pouvoir confisqué en Polynésie française. L'affrontement Temaru-Flosse*, les Indes savantes, 2005.

REGNAULT (Jean-Marc) [dir.], *François Mitterrand et les territoires français du Pacifique (1981-1988) : mutations, drames et recompositions*, les Indes savantes, 2003.

SAINTON (Jean-Pierre) [dir], *Histoire et Civilisation de la Caraïbe; Guadeloupe, Martinique, Petites Antilles - Tome 1: le temps des Genèses (des origines à 1685)*. Maisonneuve et Larose, 2005.

TERRIER (Christiane), *la Colonisation de peuplement libre en Nouvelle-Calédonie (1889-1909)*, thèse, Université de la Nouvelle-Calédonie, Nouméa, 2000.

TJIBAOU (Jean-Marie), *la Présence kanak*, Odile Jacob, 1996.

L'index des noms et des thèmes
est consultable sur le site Hermès
http://www.hermes.jussieu.fr

Achevé d'imprimer en mars 2007
par Liberduplex (Espagne)
300822-01 mars 2007/ 110 04 456